U0933874

珍藏本
纪念版

汉译世界学术名著丛书

东方的文明

上册

〔法〕勒内·格鲁塞 著

常任侠 袁音 译

2017年·北京

RENÉ GROUSSET

LES CIVILISATIONS

DE L'ORIENT

TOME I. – L'ORIENT

TOME II. – L'INDE

PARIS 1929—1930

汉译世界学术名著丛书
（120年纪念版·珍藏本）
出 版 说 明

2017年2月11日，商务印书馆迎来120岁的生日。120年前，商务印书馆前贤怀揣文化救国的理想，抱持“昌明教育，开启民智”的使命，立足本土，放眼寰宇，以出版为津梁，沟通中西，为中国、为世界提供最富智慧的思想文化成果。无论世事白云苍狗，潮流左右激荡，甚至战火硝烟弥漫，始终践行学术报国之志，无改初心。

迻译世界各国学术名著，即其一端。早在20世纪初年便出版《原富》《天演论》等影响至今的代表性著作，1950年代后更致力于外国哲学和社会科学经典的译介，及至1980年代，辑为“汉译世界学术名著丛书”，汇涓为流，蔚为大观。丛书自1981年开始出版，历时三十余年，迄今已推出七百种，是我国现代出版史上规模最大、最为重要的学术翻译工程。

丛书所选之书，立场观点不囿于一派，学科领域不限于一门，皆为文明开启以来，各时代、各国家、各民族的思想与文化精粹，代表着人类已经到达过的精神境界。丛书系统译介世界学术经典，引领时代思想，为本土原创学术的发展提供丰富的文化滋养，为推动中国现代学术和现代化进程做出了突出的贡献。

为纪念商务印书馆成立120周年，我们整体推出“汉译世界学术名著丛书”120年纪念版的珍藏本，寄望既利于文化积累，又便于研读查考，同时向长期支持丛书出版的译者、编者和读者致以敬意。

两甲子后的今天，商务印书馆又站在了一个新的历史时间节点上。我们不仅要铭记先辈的身影和足迹，更须让我们的步伐充满新的时代精神。这是商务人代代相传的事业，更是与国家和民族的命运始终紧密相连的事业。我们责无旁贷，必须做好我们这代人的传承与创造，让我们的努力和成果不仅凝聚成民族文化的记忆，还能成为后来人可以接续的事业。唯此，才能不负前贤，无愧来者。

商务印书馆编辑部

2017年10月

目　　录

第一卷　近东与中东的文明

第二卷　印度的文明

第一卷

近东与中东的文明

译　者　序*

近东和中东，在近代史上是西方帝国主义者侵略的对象，长时期受到殖民者的剥削与压迫，因此人民的经济与文化，都不能正常地发展。而在古代，他们却各有其光辉灿烂的文化，劳动人民所创造的艺术，至今数千年，仍然焕发着光彩。古代的西亚和北非，沿地中海以至伊朗高原，是史前社会古文明发源地之一，如古代埃及、亚述、巴比伦、波斯、古代阿拉伯等地，从远古时代起，各民族就已发展着自己卓越的艺术成就。他们的艺术历史，和我国的艺术历史，同样悠久。并且彼此之间，更有长期的文化交流关系。从各古代文明国家所遗留的艺术遗物看，可以证明这些国家的古代人民有丰富的智慧和惊人的创造力。从我国的文献记录看，可以证明人民彼此之间的交往及其长期的友谊。这些遗留的艺术历史资料，都是非常宝贵的。

中国与亚洲西部的文化交通，始于公历纪元以前。西汉武帝刘彻时(公元前140—前87年)，张骞通使西域，大史学家司马迁作《史记・大宛列传》，记载着当时知道的最西的国家，有安息、条

* 本书据中华书局2003年版。受生活及翻译年代所限，译者行文或带有时代特点，谨此保留，以示敬重，请读者自行裁量。

支、犁靬、奄蔡等国，安息王曾献大鸟卵及犁靬善眩人，为中国接触西南亚洲最早的记录。东汉时甘英抵条支，至安息西界，临西海以望大秦。安息王满屈献狮子及条支大鸟，时谓之安息雀。桓帝延熹九年(公元166年)，大秦王安敦通使自日南徼外来献象牙、犀角、玳瑁等物，这时已由西南陆地的交通发展到印度洋海上的交通。中国由西南亚洲远通罗马的贸易关系，到这时已发展得很盛。中国的丝织品，得到西方古罗马人的非常爱好，西方史地研究者所常称的一条“丝绸之路”，就贯串着不少古代国家。在两汉人的著述中，安息即以后的波斯，为伊朗高原的古称。条支即以后的大食，为阿拉伯半岛的古称。犁靬即亚历山大，又名大秦，为罗马帝国属地的古代名城。由于对这些地区的交往频繁，文化互相传播，逐步加广加深，古代人民间的友谊，即由此奠下了基础。

到公元3世纪三国魏晋以后，记述西南亚的史料与旅行家的游记日益加多。在南北朝隋唐时，对于西南亚诸国，在中国古史中，常有专篇记录。唐代的长安和泉州，更侨居着不少西域人。波斯、天方大食的文化风习，由陆路和海道传播而来，中国的文明，也向伊朗、阿拉伯、东非传播而去。中国人民与西南亚非人民的关系，达到很亲密的程度。

宋代设市舶司于泉州，以管理对阿拉伯人的贸易。宋代周去非著《岭外代答》、赵汝适著《诸蕃志》，记载大食诸国的情况。到元代交通西亚，远达东欧，对于文化的沟通，也起了不少作用。

明代中国与亚非诸国的贸易往来，更加频繁，至今在亚非沿海国家，尚能发现中国的瓷器、钱币等作为历史的证物。明初郑和的足迹，远达非洲海岸，其随从马欢、费信、巩珍等人，著有《瀛涯胜览》《星槎胜览》《西洋蕃国志》等书，作了概括的记录，为中国与亚非诸国在公元15世纪初年的友好活动，保存了重要的历史资料。

自从西方帝国主义者殖民主义者侵入了亚非海岸，继而深入，屠杀掠夺，占有了这些地区，奴役当地的人民，囊括财富，这里的人民遂陷入悲惨的生活，古代文明几被消灭，古代文化遗物，也大量地被捆载而去，成为欧美各大博物馆中的藏宝。近百年来，我们中国人民，也曾受到帝国主义者相类似的暴行，因此对于亚非人民当年的遭遇，是可以深切体会的。我们研究西亚、北非的古代文明，不仅尊重他们古代人民的智慧创造，同时也为这些国家的人民，在长期被压迫下的革命复兴运动，对帝国主义者殖民主义者的斗争精神，感到鼓舞和兴奋。今天他们挣断了敌人的锁链，重新独立，对这些传统的古代艺术一定能够更加发扬。

我们研究近东和中东的古代文化考古艺术，选译了法国勒内·格鲁塞的这本著作，这是一本西方学者所写的具有代表性的书，可以帮助我们对古代埃及、亚述、巴比伦、波斯、阿拉伯的文化艺术历史，增加不少知识。著者生前是法兰西科学院院士，曾任巴黎吉美博物馆馆长多年。他对东方文化艺术有广博的学识和深入的研究，并且吸收了同时代学术界研究的成绩，做了有系统的叙述，在书中收集了丰富的插图，这对我们都有一定的参考价值。多读点历史，可以开拓更广阔的眼界，对中近东的人民所创造的文化艺术，会有更深入的认识。原著者关于东方考古与美术的研究，著作颇富，其中具有代表性的四卷本亚洲美术考古丛书，即《近东与中东》《印度》《中国》与《日本》，已成为西方专业研究者对亚洲美术参考必备之书。本书即其中之一。原著者的学术观点，由于各种条件所限，肯定存在着许多可商榷之处；但其依据大量丰富的物质文化资料，对中近东文明做了系统的叙述，这对于我们了解北非、西南亚国家人民的智慧创造，进行文化交流，增进友谊是很有益的。我们译出此书，并增加了注释，读者可以从中吸取有益的东西，弃其无用的东西，这是译者的愿望。由于能力的不够，谬误之处，尚希纠正。

常任侠

一九七七年四月廿四日于北京中央美术学院

序　　言

我曾受命为有教养的读者大众写一篇亚洲艺术的一般性介绍，本书就是应此要求的一部试作。今要申明，在这简短篇幅内，我并不妄图将考古学上及艺术上的所有资料予以详尽论述。我的微望只是愿本书能在各种不同风格和时代之间作成一条引线，并使读者对形形色色的艺术流派与作品获得一充分而正确的观念。抱定此宗旨，我的目的是要适当地联系着通史写出这部艺术史，这自然并非重复我曾于他处以较长篇幅发表过的、对一些事实的重要解说，而是重新建立起其历史背景。为使这一切生动地表达出来，我尽量提供许多图片的以及文字的说明——后者，即是说引证了一些文学作品，尤其是诗歌。这样做，我可能受到一种批评，认为这是一部既无创见又多主观的著作，但对此非议的最好答复，是使读者了解并喜爱这个研究题材。

本卷专述“近东”和“中东”，包括伊朗。第二卷将论及印度、“后印度”(Further India，即缅甸、泰国、印度支那等地)及马来半岛，第三卷述及中国和中亚，第四卷则述及日本以及中国西部的西藏*。

---

* 中译本将“西藏地区的文明”调整至第三卷“中国的文明”部分，列为第三卷第五章。

在末卷之尾，附有若干参考书目，和这四卷中所用的专有名词、术语和东方文字的索引。[①]

此书多承各位收藏家、旅行家，及各博物馆负责人允许复制所藏的艺术品或照片，否则恐永难问世。本卷尤多受惠于维未尔（Henri Véver）、哥达尔德（André Godard）、杜西特（Doucet）、维俄来（Violet H.）、德·劳瑞（Eustache De Lorey）、考提勒蒙特（Gervais Courtellemont）、维各涅尔（Charles Vignier）、萨尔（Sarre）教授和伯特隆大尉（Captain René Bertrand），以及巴鲁克斯（Charles Boreux）、杜骚德（Dussaud）、德留顿（Driotton）、康特诺（Contenau）诸君，此外尚有东方学者多位，不能一一列名，今谨于此表示我恳切的谢意。

① 参考书目及索引中译本欠附。

第一章　东方最古的文明：新石器时代的文明

东方的新石器时代遗物

亚洲文明，大部分无疑地可溯源至史前时代，即使并非普遍如此，至少也显然属于同一根源。对于东方史前期遗物的研究，“虽然只是在近三十年左右才进行，但它提供了一些见解已深深涉及伟大的历史诸文明之间，尽管后来发生了尖锐的分歧，开始时已形成不同程度的承上启下的亲缘联系”。

关于属大西洋、多瑙河、乌克兰，以及爱琴海的诸文明，因不在本书范围之内，姑不具论，在这里我们所见到的第一个史前期文明乃是埃及文明。沿利比亚境内今已干涸的尼罗河支流两岸，曾发现有旧石器时代的居民点，和属于“下旧石器时代”（Lower Palæolithic）的数以千计的磨削石斧，式样属法国考古学家们所谓的“舍利式”和“阿舍利式”，这是由于在塞纳河－马恩河之间的舍利和亚眠附近的圣·阿舍利两地发掘到的旧石器时代遗物而得名的。但此后即突然中断，可确称为新石器时代的文明一直无迹可寻；然而我们现在却于纳伽达、阿拜多斯，和埃尔－阿姆拉等地的尼罗河畔发现了丰富的“后新石器时代”——即当石器时代告终而铜器开始出现之时，“其年代至少约在公元前 5000 年”——的文明。在这古远时代，此流域内的居民——大多数无疑属于和地中海各民族有亲缘的一种或数种民族——已驯养了狗、驴、牛、羊和瞪羚，并且种植了大麦、谷子和小麦。他们的武器和工具——镰刀和犁头——以及家用什物都是用燧石制成的。特别是黄色燧石片所制的微弯的小刀，打磨得如金属一般，异常精美。但最使我们惊叹的则是他们的瓶罐类器皿。这些由砂岩、花岗岩、大理石、闪绿岩、黑曜石、雪花石或水晶等所雕制的水瓶，不论是圆筒形或混圆形，都属于遗存至今的史前期最美丽的器物之一。他们的饰品一部分是新石器时代的式样——如骨质、象牙质或燧石质的手钏和项链——另一部分则已是铜质的了，尤其是针锥之类。至于陶器艺术，也有丰富的遗物，依年代先后而言，最早的是光滑的泥质红陶瓶类，在口端周围饰有黑色研光的环带，其次为粗面的红陶，最后是有各种纹饰的红色或淡黄色的陶器。至于形制也穷极变化，有碗，圆筒形的瓶、壶，浑圆的罐，三足的鼎，等等。所有器具都是徒手制成，不用任何旋轮，上面的图绘也未经火烧过。花纹则或为几何图形——花斑、长方格、同心菱、锯齿，或交错的新月与线轴纹、平行波浪纹、螺旋纹，以及蜗牛形的花纹；或为仿绘的动植物形态——一列列的程式化的水鸟、树木，等等；有时也装饰着真正的图画：如送丧的小船，奠酒的瓮，或仪礼中的舞蹈等，这一切也都是同样程式化了的（图 1）。

这里可注意的是埃及学者们常把埃及此种后新石器时代的文明区分为两个阶段：第一阶段当公元前 7500—前 5000 年，中心地在上埃及的纳伽达，其性质似乎是属于非洲的；第二阶段当公元前5000—前3500年，中心地在北部，其性质则似属于亚洲。

另一方面，继第二阶段之后的一个时代内——可适当地名为"原史时代"，在法老统治前的各族人民遗留下来的一些片麻岩版上，所雕刻的战争和行猎图景都有显著的现实主义风格（如图2）。值得注意的是此类石片上的动物——狮子、雄牛、羚羊——和甚至人类形象，在一般轮廓和对肌肉的处理上，有时与古迦勒底同类的艺术品有明显的亲缘。尤其雄狮（图3），如赫尔氏所指出，使人想到如拿迦勒底-亚述的狮像和法老时代埃及的狮像比较起来，它更近似于前者。这一点特别值得注意，因为它无疑地指出了在最早的埃及和最早的原始苏马连文明间存在着商业和艺术的关系。

在迦勒底或依拉姆（以拦）并无旧石器时代遗物发现，这无疑是因为在第四世纪之初此地区尚沉没在水下。至后新石器时代（即新石器时代之末铜器时代之始），在依拉姆的未来首都苏萨附近有一伟大文明出现。在苏萨的最深堆积层，所谓"苏萨Ⅰ期"地点，和在此以西约95英里属于所谓"苏萨Ⅰb"期的帖佩-木西安地方，德·摩尔根氏曾发现有从事农业和畜牧业的居民遗址，他们仍然制造燧石的武器和冻石（steatite）或雪花石的器皿，但同时纯度达百分之九十的铜质武器和镜子也已很习见了。这种人所制的陶器十分精美。那些杯、碗、锅等器皿与同时代的埃及陶器不同，都无疑是用轮子磨制的，上面的花纹装饰也经过烧制，由于火候的差别而呈淡红色以至褐色或黑色。纹饰也是一部分为纯几何图形——包括有无数条混合的波浪式花纹，锯齿纹，顶角相对而两边伸张如蝴蝶双翅的三角形纹，甚至有“马耳他十字纹”[①]或卍字纹[②]——一部分仿自动物或植物的形态。因而我们在苏萨Ⅰ期地点和木西安都发现有图案式的棕榈树，有巨大犄角的山羊或野羊，和水鸟或涉禽等图画，这一切都是完全程式化了的，其风格显示出惊人的装饰效果(图4、5，图9)。但在木西安出土的各种残片中，我们也发现少数表现出符合自然界现实的观察，如其中一幅美丽的牝赤鹿头像(图8)。

“苏萨Ⅰ期”的古艺术家们，怎样会获得此种气魄雄健、结构浑厚的程式化艺术的成就呢？显然这是肇始于对大自然的现实主义的观察。苏萨的史前期居民，当新石器时代之初，似乎即画下了他们眼前所看到的动植物形态。其后由于反复描绘，他们逐渐把这些形象融化为一种几何画式的装饰花纹。对此问题，波提叶氏在《波斯使团记》(*Délégation de Perse*)第13卷中所发挥的学说，我们认为已做出结论，虽然法兰克弗氏的意见与此相反。但如康特诺博士所指出，如果这种自然主义的作风存在于“苏萨Ⅰ期”时代即已流行的程式化装饰之前，则我们即必须承认在该地曾有过一个极为悠久的艺术潜伏期。“苏萨Ⅰ期”的艺术，我们由于忽视了它的起源故觉得是原始的，其实是已经过几千年演进过程的结果了。的确，在那些好像挂衣架子似的、有着不可能的纤细腰围和宽肩阔胸的典型人体(图6)，或具有几乎成一整个圆环的、极度夸张的大犄角的野羊(图7)，再或如有着异常修长但极优美的颈或腿

① Maltese cross，即四端呈叉状的十字形。——译者

② 卍原文作 Swasti Kas。

的水鸟，和好像贯穿起来的一串串飞禽（图 7）等程式化的绘画之前，必已有一个悠久得难以置信的作画习惯。仅只考虑到这一点，使我们设想到早在“苏萨Ⅰ期”以先，便已存在着一个惊人古远的苏萨了。

关于在苏萨Ⅰ期地区的此种进步文明的年代，最近曾被修正。不久以前还推断它约当公元前 3500—前 3000 年之间；但现在一般公认应属于更早的年代，即近于公元前 6000—前 5000 年。它似乎在公元前 3500 年左右即告终止。此外，当发掘时有一层五码厚的土地将它与代表原史期和有史期文明的沉积层分开，表明文明的中断；但据最近研究，这里似乎并不是一种绝对的间断；无论如何，我们总应承认有苏萨Ⅰb期型式的存在，这便形成了苏萨Ⅰ期和苏萨Ⅱ期之间的过渡时期，它主要以帖佩－木西安地方为代表。其后直至公元前 4000 年或前 3500 年顷，始有一种新文明出现，以“苏萨Ⅱ期”地点为代表，其特征是陶器的重复发现和书契的产生（弯曲体文字）。再后，约当公元前 2800 年或前 2200 年，即至“苏萨Ⅲ期”阶段，标识这一文明的则是直笔划字体的发展成功。

我们在此可指出将苏萨Ⅰ及Ⅰb期与苏萨Ⅱ期分割开的这一时代中所发生的重大艺术变革。我们曾看到，苏萨Ⅰ期陶器作风的特色是上有惊人优美的程式化花纹。苏萨Ⅱ期陶器上的图形，其艺术性即大为降低，但更较为接近自然。虽然此种复返自然主义的风格无可否认地降低了艺术性，但却显示出苏萨的艺术又一次转向实际观察的本源。我们见到的不再是具有夸大的长腿的涉禽，而是生着短腿的天鹅和鹧鸪，张着两翅的鹰，和犄角长度已合理化了的山羊，并且表现着自然姿态——如回头后望等。至此，我们遂看到苏萨最古的圆筒式印章，其年代始于公元前3000年，上面所雕的相斗的雄狮或公牛，低头挺角向前冲突的雄牛，在“生命树”左右分列的跳跃着的山羊类动物，关闭在围栏内的野兽等，都是具有令人惊叹的创造性和现实主义风格的作品——的确，它们都是如此伟大，虽然已将亚述动物雕刻艺术的精华尽行包含在内，但相形之下亚述人的技巧却显得风味冷漠而枯燥，只有克里特岛上米诺时代的[①]艺术中的斗牛和跃狮图，在手法的自由流畅上才有些地方可与之媲美。

继苏萨的艺术之后，并且与它有密切关系的，我们可以提到赫兹菲尔德教授近年在波斯库地斯坦和法尔斯省的发现。当1927和1928年，这位德国考古学家在达玛干和波赛波利斯发现一种可注意的古文明，他认为是纯属于铜被发现以前的新石器时代的。如果此种观点得到证实，则这一文明将早于苏萨Ⅰ期的文明，后者，我们曾看到，已是属于后新石器时代的了。赫兹菲尔德教授的见解，甚至以为产生苏萨文明的正是新石器时代的波斯。但无论对此先后问题怎样看法，这两种文化间的亲密关系是显而易见的。达玛干和波赛波利斯所发现的“新石器时代”的彩陶，在那几何形花纹和人类及动物形体（山羊、野羊，或“祈祷人”像等）上，使我们立即联想到苏萨Ⅰ及苏萨Ⅰb期的器皿。但在苏萨Ⅰ期与苏萨Ⅱ期之间似曾有一个文化的中断期，或至少是停滞期，而库地斯坦和法尔斯出土的前雅利安人的陶器却似乎证明着在其文化发展上有

① 克里特岛上的新石器时代以后的文化期，约公元前3000—前1500年。米诺斯（Minos）为该岛之王。——译者

显著的连续性。

这种连续性的迹象甚至当青铜时代的最盛期也可见到。事实上，赫兹菲尔德曾在涅哈文德地区发现一系列青铜时代的彩瓶，其中有一些上面显现出奇异的现实主义风格的动物花纹，还有一些上面，使人联想到苏萨Ⅰ期的成列涉禽，和苏萨Ⅱ期的时兴花样，纹章式的鹰。同时，在这些彩陶和同在涅哈文德发现的印章或符箓上，也出现了美索布达米亚特有的伟大的动物雕绘艺术；例如所画的蹑行的鬣狗（动作翔实如生，令人惊叹），或一些狸形野兽吞食着鹿类动物的图画，此种题材，变成了后来定居在这一草原上的苏美尔人的艺术中的典范。[①]

在位于苏联土耳其斯坦的阿斯哈巴德附近，与波斯边境毗邻的安瑙地方，旁普莱考察团曾发现三处时代相连的史前期遗址。第一处（安瑙Ⅰ）属于后新石器时代之末，以磨光的石器和铜器为特征，今推定其年代约在公元前 3000 年（当苏萨Ⅱ期之末或Ⅲ期之初，或者稍后），那里居民已种植着小麦和大麦，并饲养了羊、牛和猪；在第二处（安瑙Ⅱ），我们看到骆驼、山羊和狗都已为人所驯养；第三处遗址，约在公元前 2000 年，则是铜器时代的最高峰。安瑙各遗址所出土的文物，除了雪花石和大理石的容器外，还有整批的彩陶，最早期的是粉红色、淡红色或浅黄色的底子，有时是单色素面，有时装饰着棕色的几何形花纹；这些装饰一般都由直线组成，并且有些正如在依拉姆见到的由一个个菱形以其二旁的角与

① 涅哈文德出土的陶器中，一部分已由 Migeon 和 Nazare Agha 捐赠巴黎卢浮宫（Louvre）博物馆。参看 G. Contenau 在法国博物馆学报 1930 年 2 月号上的文章。

邻相交构成的格子纹即是；我们还可注意几种树枝形花样，这与在苏萨所见者亦复类似，又安瑙Ⅲ号地点还有一些画作“裸体女神”似的小像，我们也同样发现于古代的依拉姆和迦勒底。

1916年斯坦因爵士在伊朗东南方赛伊斯坦南部曾发现若干与安瑙多少有些类似的后新石器时代的遗址。在这里，他所发现的除了仍属于新石器时代型式的器皿，但也兼有铜器外，同时还有许多陶质容器，由于烧制的火候不同，其颜色由浅黄、浅红，或浅绿以至红、灰，或呈斑驳变幻的色彩。这些物件在形制上似乎看出在制造时曾应用了旋轮，以及种种为安瑙所特有的技术程序。这些陶器与在安瑙出土的相同，上面也没有把柄，而在美索布达米亚和埃及的后新石器时代的容器上，把柄已开始形成了。这里的装饰花纹主要是几何图形：平行的波形或锯齿形线条，三角形顶角相交而成为“蝴蝶花纹”，连结成链的菱形纹，S形纹（在中国也可见到），在井字纹底子上散布的彼此结成树叶状的半圆形花纹。也有单独用树叶纹的。此外我们也见到少数动物的剪影图，都具有明显独自的写实风格，特别是一些大角野羊和山羊的头像。印度考古调查团在距此不远的俾路支境内的那尔地方曾发现一些类似的陶器，据马凯氏考定系属于苏萨Ⅰ期的时代。陶器底子为淡红色，所饰花纹为深红色或黑色，有平行的横条纹，条间夹杂着波浪纹、十字纹、三角纹、菱形纹及同心圆纹等，其一般意趣，我们将看到，与中国新石器时代的陶器颇为近似。

远东的新石器时代

从俾路支我们再渡到印度西北部后新石器时代和铜、石器并用时代的(Chalco lithic)居民点哈拉帕和摩亨焦-达罗，两地都位于印度河流域，前者在旁遮普邦，后者在信德邦。在这里我们看到了正式的城市，从那些巨大的砖筑地下结构和拱形下水道方面即可显然看出其重要性。约翰·马歇尔爵士在摩亨焦-达罗发现了三个上下重叠的城市遗址，他把最下一层的年代暂定为约当公元前3300年，其余两城各约当公元前3000年及前2700年，但根据在迦勒底所确立的年代学指出，这里假设的年代恐怕晚近得多了。居住在这些城市中的来源不明的人民，已经造出了棉织品，并且驯养着牛、羊和猪。在1920—1925年间，“印度考古调查团”在这两处遗址的不同深度下，发掘到的物品除了常见的磨光的石质和铜质用具及燧石的武器外，还有铜制的工具和器皿以及金银饰物。我们并注意到一种上釉的青色和白色的瓷器及一些素陶，同时还有黑底红花的彩陶，都使人联想到俾路支和赛伊斯坦的出土文物。但最引人注目的乃是上千件作印章用的石灰岩片。上面雕有动物形象——普通多为公牛、瘤牛、虎和大象——和一种与象形文字极为接近的图画字体(图10)。这些印章和苏美尔人治下迦勒底印章的相似，殆可一目了然。尤其上面所雕的雄牛，也令人联想到美索布达米亚那些圆筒印章上的同类形象。在摩亨焦-达罗还发现一件石灰岩的人物胸像，那芦苇般的胡须使人一见即想到可与某些美索布达米亚的型样相比。的确，许多作者都以为在哈

拉帕和摩亨焦－达罗的遗物中看到了一脉相承的美索布达米亚和苏美尔人的文明。这种文明与原史时代的迦勒底和依拉姆文明，无疑地显出有深厚的亲缘，但它仍旧保持着鲜明的独特性。所以摩亨焦－达罗和哈拉帕印章上所刻的动植物，大部分限于该地区所特有的品种：瘤牛、象、犀牛、虎、蛇（“nāga”，那迦）和野无花果树等。此外，这里印度河谷的图画字和最早的苏美尔人或苏希安的楔形文字也有显著差异。最后一点，在印度河流域发现的印章都是长方形的，从没有像迦勒底所有的那种圆筒形式。然而在美索布达米亚和印度河之间，商业上的联系是一定存在的；事实上，赫尔氏与武利所领导的英美考察团，近来在迦勒底的基什确曾发现一枚来自印度河的印章，年代属于公元前 2500—前 2350 年[①]，其上甚至刻有哈拉帕式的图画文字。这两位考古家在迦勒底的吾珥还发现过一件约属于同一年代的冻石印章，上面的凹雕金牛全然是哈拉帕的式样，但文字却是楔形字了。然而，最起码的谨慎态度也会提出，商业上或甚至文化上的关联，并不一定表明种族和语言的一致。对于前此指出的中国史前期遗物和安瑙、苏萨及乌克兰史前期遗物相类似一事，我们也抱同一见解；至于在印度和在哈拉帕及摩亨焦－达罗的后新石器时代文明的问题，将在本书第二卷第一章中再做较详尽的研究。

中国有旧石器时代遗物存在久已无人置疑，但直到约 1920 年始为桑志华和德日进二氏所发现。在河套鄂尔多斯草原的黄土层

① 即当吾珥第三朝代，这年代是我们的友人瓦特林氏（Watelin）所考定，他曾与武利氏合作参加发掘基什的工作。

下，这两个考察团找到属于穆斯特期（Mousterian）[①]和奥鳞耶期（Aurignacian）[②]形制的磨削燧石器具。经过几千年的中断后，出现许多新石器时代的居民点，在这期间形成了黄土层，将此整个时代与那些旧石器时代的沉积层分开。这些居民点是1920—1924年间瑞典学者安德生及其同伴们，在河南、甘肃、满洲等处发现的。其中两个主要地点是甘肃的齐家坪和河南的仰韶，据安德生和阿恩氏推断，前者约当公元前3500年，后者当公元前3000—前2700年之间，这都是根据苏萨的古代纪年而考定的，我们觉得，依据关于苏萨年代的最近学说，竟会推断出中国最古遗址的过去年代，这是不能使人同意的。但无论如何，这里发现的武器和用具都仍是属于新石器时代的，如骨质的镰刀，燧石的刀片，大理石或贝壳的指环，等等。齐家坪阶段，正确说属于新石器时代的末期，那里出土有素陶和少量的单色彩陶。及至仰韶阶段，我们则无疑地目睹了自新石器时代到后新石器时代的过渡时期，这已被用来推断不仅在河南的，也有在甘肃的许多不同遗址的古物了。在这里曾发掘到大量的彩陶和素陶，后者或呈现如黏土似的灰色，或里面为灰色，表面则因烧制而成红色或淡红，或甚至灰褐色，这些陶器都是由精心加工的黏土所做成，多附有把手，并且像是经过轮制的。其中某些式样似乎预示着后来中国铜器的型式；显著的如三足的鬲，这使人联想到鼎一类的铜器。然而我们当记得，从特洛伊的最古

① 旧石器时代文化之一种，后于"阿舍利"，先于"奥鳞耶期"，因其石器发现于法国 Vezere 河之 le Moustier 洞而得名。——译者

② 旧石器时代文化之一种，其石器发现于法国南部 Aurignac 之地，因而得名。——译者

城市遗址以及埃及的后新石器时代遗址出土的古物中，也都有此类三足陶器出现。同样情形，这里一些陶器上的耳与埃及王朝时代以前陶器上的耳正相类似，而齐家坪陶鬲上有另一种可以从中穿绳将鬲吊起来的耳，则也令人想到基什出土的迦勒底陶器上的耳的式样。此外，某些新石器时代的中国陶器又和俄罗斯南部的陶器相同，那上面的花纹图案似乎是用绳子勒成的，或甚至是在席子上滚过而压成的。

中国新石器时代彩陶的底子多带红色，由于烧制的火候不同，色调也有差异，自红砖色以至红褐色，但也常有呈黄白、暗白或灰色的，上面花纹则为触目的红或黑色，有时也近于橙黄或深灰。在灰陶上花纹通常为红色，而在红陶上则为黑色或暗红色。至于装饰花样则几乎全为几何图形，包括有：树叶形花样，上有点子和条纹，或中间划分一线；曾在东亚见过的两个三角形顶角相交如蝴蝶翅的花纹，在这里则加以扩张使交点成一个结子；由三角形或菱形拼合的格子纹；宽道的“蛇皮”纹；花条纹；由一束条纹变化成的卷涡纹；末一种与仿自海底植物的爱琴海地区的花纹同样和谐而富装饰风——或如双凸镜状、周围并绕以缘饰的花纹，这可能是表示一张嘴或一只眼；与希腊式有些相似的回旋纹，但较狄庇朗(Dipylon)[①]陶器上的花纹略为疏朗；满布斑点的纵道纹，有锯齿形的边缘，即所谓“葬纹”，因为只有在墓葬中才能发现。这一课题在本书第三卷第一章内论及后新石器时代的中国文化时，再做较详

① 希腊公元前8世纪的一种陶器，原发现于雅典“狄庇朗门”附近。其上有高度发展的几何形花纹，尤其是回旋纹(雷纹)和程式化的人、兽图纹。——译者

的叙述。安德生氏还发现过几种依照动物形象而作的花纹（兽纹），但这似乎乃是例外；半圆形纹暗示着一行飞鸟，而在甘肃出土的一个陶罐上甚至还有一排程式化的禽鸟（可能是水鸟），与苏萨或埃及王朝前的同类图纹颇为相似。我们在这里无疑地看到一件标本，它建立了中国新石器时代和近东新石器时代之间的一个不可否认的接触点。我们还可以说，河南和甘肃出土的彩陶，在那形式的健劲，质地的坚固，色彩的绚丽（可注意一些令人赞美的红色），以及装饰花纹——无论是条纹、波纹或螺纹——的富于节奏感上，都可算是史前期艺术中最完美的作品。（图 11）再可提到的是，勃莱克博士对于与这些古物同时发现的人头骨所做的初步研究，似乎指出我们现在所谈到的这种民族已经就是今日的中国民族了。至于在日本的新石器时代和后新石器时代的遗物，将在第四卷第一章内加以探讨。

从这简短的一般性讨论中，我们可以总结来说，当后新石器时代——即磨光的石器时代已近于结束，而铜器正开始采用时——埃及、美索布达米亚（尤其伊拉姆）、东部伊朗、西北印度、西部土耳其斯坦和中国北部形成了许多文化中心。各地域的居民都已知耕稼牧畜。他们无疑已习于贸易，因为特别是在后新石器时代的中国，已使用着可能来自喀什噶尔的玉和玛瑙贝（cowry）或贝壳作为货币了，后一种是必须从渤海湾携带到甘肃的。在彩陶方面，我们发现出自一些不同地点的陶器，都有奇妙的类似之处：例如埃及和后新石器时代的苏萨，苏萨和安瑙，安瑙和中国的后新石器遗址，苏萨、安瑙和赛伊斯坦，以及赛伊斯坦、俾路支和印度的哈拉帕及摩亨焦－达罗二遗址等地点之间，所出土的陶器都是如此。根据这一有力证明，我们可以认为，那种相信各伟大的史前期文明都是彼此完全隔绝的说法极不可靠，而要立即予以摒弃，同时也反对那种民族迁移的无用假说。让我们且满足于这样一个结论：即当历史的黎明期，从埃及直延展到黄河及印度河，曾存在着一种共同的文明，“我们可称它为彩陶文明”。使用着多少相同的工具，其美术品在理想上、制造过程上和题材上也具有肯定的类似性质①。然而这种在基本花纹上的普遍一致，并毫无损于各中心点的工业上和艺术上的独立性。我们还可以说，这一未经确定的文明，曾产生过一些伟大杰作。

我们将看到，此种后新石器时代共同文明的这些中心，怎样由分散发展和各自进步而产生出东方世界的四个伟大的历史文明：即埃及文明，美索布达米亚文明（它本身又产生出伊斯兰教以前的及伊斯兰教的波斯文明），印度文明和中国文明。

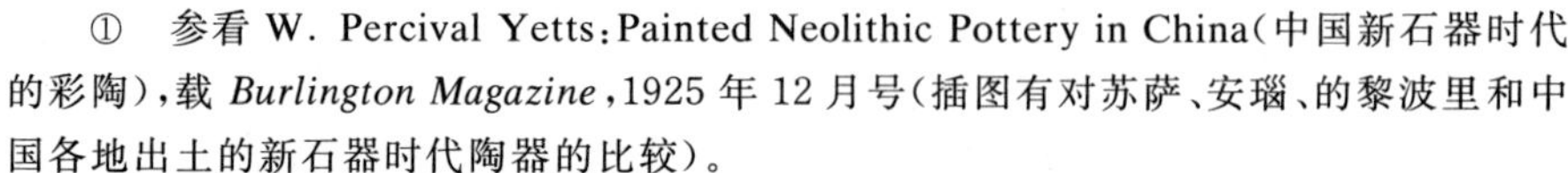

① 参看 W. Percival Yetts：Painted Neolithic Pottery in China（中国新石器时代的彩陶），载 *Burlington Magazine*，1925 年 12 月号（插图有对苏萨、安瑙、的黎波里和中国各地出土的新石器时代陶器的比较）。

第二章　埃及文明

孟斐斯文明

后新石器时代埃及的辉煌灿烂的文明，预告了在法老们统治下的埃及文明的来临，因此我们看到，后者正是由前者直接产生的。

当埃及为法老们统一的前夕，其民族早已是同一种源的了，虽然它无疑是由一种属于地中海民族特性的，和具有倍尔倍尔族(Berber)、赛姆族(闪族)以及非洲民族亲缘的各种不同成分所构成。几世纪来它已分裂为许多部落，彼此以其本部落的图腾动物和本部落的守护神而区分：荷拉斯(Horus)[①]的食雀鹰，阿纽比斯(Anubis)[②]的豺，奥赛里斯(Osiris)[③]的不死鸟[④]，拉(Ra)[⑤]的雄狮，阿蒙(Ammon)[⑥]的公羊，等等。经过一个期间后，这些部落减少到两个，上埃及和尼罗河三角洲各一；约在这时期，埃及文明留

① 白日之神，鹰头。——译者

② 墓地之神，豺头。——译者

③ 冥土之神，死者的裁判，为 Horus 及 Anubis 之父。——译者

④ Phenia。或作火凤凰。——译者

⑤ 日神，古埃及主神。——译者

⑥ 原为底比斯地方之守护神。——译者

下了具有强烈的创造性活动的迹象，在他们已有的彩陶和新石器时代型的坚硬石瓶外(这些器皿继续沿用到最后三个王朝的时期，或更久远)，埃及人又增加着铜制的武器和工具，以及铜的和金的珍饰品；他们在片麻岩版上镌刻着有历史性的浮雕——战争和狩猎的图景及宗教场面——那种写实而又精致的作风，在性质上几乎已成为一种典范。最重要的，是他们发明了文字——最初是十分原始而如图画式的，其后，我们将看到，即发展为一方面是象形的传统，另一方面则是拼音的体系了。

在公元前第 33 世纪后半叶，或在公元前第 34 世纪之初(约公元前 3315 年，或据最近梅叶氏考定的近似年代，即约当公元前 3197 年)，埃及的两部分在法老统治之下联合而成一个王国。从一开始，这王国就主要是宗教性质的。法老被认为是神的化身，每逢大典，他额戴黄金的蛇形章(uræus)，手持代表神权的牧杖和打禾杖，以淡漠超然的符合仪礼的姿态，出现在顶礼膜拜的群众面前，他虽然还活在人间，却已参与了死后永劫的事业。

因此埃及每个人的宗教就使他成为国王的奴隶和虔诚的崇拜者，而法老们的王国也就奠基在人民这种最神圣的信仰上。

在这不可动摇的基础上，尽管发生过如晚近摩列氏所辑述的各种社会变化或甚至根本变革，埃及的 25 个王朝在几千百年间却始终是一脉相承。它们的历史主要分为四个时期：孟斐斯帝国时期，自公元前 2895 年至前 2360 年，或自公元前 2778 年至前 2242 年；第一底比斯帝国时期，自前 2160 年至前 1660 年；第二底比斯帝国时期，自前 1580 年至前 1100 年；以及赛伊斯时期，这一时期直绵延至前 525 年。

孟斐斯帝国当第四王朝时(约公元前 2840—前 2680 年)达到其最盛时代,此朝有齐奥普斯、克夫林和麦克里诺斯诸王,他们建造了大金字塔,并且如门太特氏最近的发现所证明,曾将埃及的势力扩展到远达腓尼基的毕布罗斯。

孟斐斯的艺术曾给我们留下一些不朽的作品。这乃是大金字塔、基泽地方的大狮身人面兽以及开罗博物馆中所藏的人物造像的时代。这种艺术也和法老们的君主国本身一样,同埃及人的宗教信仰,尤其是他们对来生的观念都有极密切的关系。金字塔就是作为法老坟墓之用的,这些都是由人赤手造起来、形状规则的大山,有的几乎高达五百英尺,而那些流传下来的造像或浅浮雕,大部分也仅只是墓葬的人像或图案。这是因为所有埃及人,自法老以至贫农,都把他们的一生消磨在准备来世的命运上。埃及人相信有灵魂,或更可说是"代身"的存在,它居住在人体内,在死后还能在坟墓中继续过着尘世的生活。为了使这种在坟墓中的生存可能实现,必须具备某些条件:对木乃伊的保存,墓中还要有代表死者、他的亲友以及他在世间各种职业的造像和图画,这一切都被认为是到另一世界里还要继续存在下去的。这些图像表现得越完善逼真,死者获得的安全舒适的生存机会也越多,因此渗入了整个埃及社会的此种宗教观念,对于美术的发展,尤其造型美术,有着很大的贡献。

回顾过去已存在了几乎三十世纪的埃及艺术,至第四王朝时达到了顶峰。这一时代的造像乃是名副其实的肖像雕塑。姿势都极自然逼真,有时在处理上经过了深刻的理想化,有时人物及其周围环境的特点被表现得近于讽刺的程度。我们可以举出那座在头后立着一只展翅鹰的伟大的克夫林王的闪绿岩雕像为例。这是一件艺术性极高的作品，它那高贵的神情予人以深刻的印象。如马伯乐氏所说："对于王者的尊严，体现得具有如此深度的作品，实在是罕见的。"属于同样作风的，有今藏纽约市立博物馆中的密科里诺斯王及王后的片麻岩组像，以及开罗的麦克里诺斯王三人组像（图 12）。风格全不相似的则有木雕的卡－阿培尔像，通称为乡长色肯－巴拉特（Sheikh-al-balad），或第五王朝时金字塔下的工作检查官（图 13）。这是一个具有高度写实风的肥胖、自满、傲慢的有产者的肖像，容貌刚毅而稍显伧俗，步态已经有些笨重了，但除此以外却是精力充沛气派十足；这雕像可以看成像是一个罗马最好时候的包办捐税的人。同属这一时期的有巴黎卢浮宫中的书记官坐像，那冷漠严厉的相貌和锐利的目光，显得异常生动；还有开罗博物馆中的书记官坐像，则表现出一个失意官吏所有的近乎恶毒的神情。更有其他许多半身像，在此不能具论，它们的表情都带有那样强烈的生活气息，以致有时令人觉得烦扰，好像那古老的雕刻魔法师当真把死者的灵魂囚进他所造的偶像里，使它永世过着同样的不论是贵族的还是富人的生活，就像还在国王齐奥普斯的时代一样。（图 14、15、16）事实上，所有这些雕像都证明具有一种现实主义的灵感和丰富变通的表现手法，在此后的年代中，埃及艺术永远不能再恢复到这种程度了，因为它很快就把自己束缚起来。

的确，孟斐斯的人物造像的主要兴趣，即在于这种几乎完全以体现人物个性为主的特色中——可称为它们的强烈的资产阶级性格中。无论是希腊的雕刻——它多少总经过一些理想化而成为奥林匹斯天神式的——或是罗马帝国的造像，都未能在这同一程度上给我们这一种“真实存在”的令人困惑的印象，这一种接触到我们心灵上的人类兄弟般的感觉。

底比斯文明

第一底比斯帝国至第十二王朝时（约当公元前2000—前1788年）国势鼎盛，那时相继秉政的一些国王几乎都以阿美涅姆赫特和西努斯列特为名。这一时代与前时代相同，也是以艺术上的百花繁盛和复兴为其特色。现在开罗博物馆所藏、原发现于里什特的一些石灰岩的西努斯列特一世的造像，即可认为是埃及艺术的精品之一；它们在头部都有着神情无上优美而尊严的丰满、含笑的面容，那鼓舞着它们的和谐境界和使它们似乎沐浴其中的快乐气氛，正与希腊天才们的最崇高的意想类似。的确，第十二和十三王朝的全部艺术都具有无限魅力。孟斐斯时代的肖像无疑较此更为有力并富于写实性，而至拉美西斯王在位时的雕刻又更为精致优雅、华贵典丽，但在这两种风格间承先启后的第一底比斯帝国的这些胸像，却如此巧妙地将雄健与典雅混合起来，因而我们可以认为，总的来说它们乃是埃及古典主义艺术中最有代表性的作品。第一底比斯帝国在绘画方面，也曾给我们留下来一些值得赞美的壁画。我们可以提到贝尼－哈珊地方的克努姆赫特普二世陵墓中祭堂壁上的美妙的猫像，它正卧在芦苇中等候着猎物。“在这里我们看到了这只动物所有的每一项特色”，马伯乐氏说：“那伸长的脖颈，颤动的脊背，摇着的尾巴，在扑跃以前稍微向后缩回的身体，和使那

猎物夺魂丧魄的紧紧盯住的眼睛。”我们还可以举出在同一飨堂内的花鸟画，那是能够和中国这一类艺术品中最精致的作品媲美的；再如农民为克努姆赫特普王在地下驯养羚羊的美丽画幅，也见于贝尼－哈珊的墓壁；最后还有一些战舞和拳击搏斗的战争场面，这在普通教科书上我们已常可看到了。在末后所说的一些图像里，虽然用着埃及艺术上始终采取的因袭方式——例如脚部总是千篇一律的侧面形，而眼睛则像是从正面看来的样子——那线条的自由流畅和一种动的感觉却令人为之赞叹，可以说，这几乎具有着电影的特色，能达到这种境界的除了日本艺术外恐怕再也找不到了。

我们可以注意到，在第十二王朝时，埃及和叙利亚以及第二个中米诺时代的克里特岛都保持着政治上和艺术上的联系——前者由蒙太特氏在毕布罗斯的发掘和杜·布伊孙氏在荷姆斯地区的夸特那－米什列菲的发掘可证明；后者则由于在底比斯的一些坟墓中发现有米诺时代的卡美瑞斯[①]型的古瓶可以为证。

接近公元前1660年左右，埃及受到历史上通称为希克索（牧人王朝）的一些亚洲部落的侵略，并且部分被其征服。经过一世纪的斗争，他们被驱逐了，底比斯帝国在第十八王朝下又复兴起来，这是埃及历史上最光辉的一个朝代（公元前1580—前1321年）。本王朝的伟大的法老吐特谟斯三世（死于公元前1447年）和阿门诺菲斯三世（公元前1415—前1380年）征服了叙利亚，并且和巴

① 克里特岛上地名，此处发现的米诺时代陶器，其制作之精美于公元前2500年左右达到最高峰，色彩鲜丽（有黑、白、黄，及两种红色），有的几乎薄如蛋壳。——译者

比伦、亚述、米坦尼（西部美索布达米亚的王国）以及后期米诺时代的克里特岛等王国都建立了友好关系。其后法老阿门诺菲斯四世（公元前 1380—前 1362 年）因企图实行宗教改革而引起混乱，虽然他的继承者吐坦卡蒙（死于公元前 1350 年）改行谨慎的反面政策，结果这第十八王朝仍不得不让位给更符合正统宗教的王室，即第十九王朝（公元前 1321—前 1200 年）。在此同时，北部叙利亚已被喜特人（赫族）所征服，后者是小亚细亚的一个民族，部分属于亚洲人，部分属于印度－欧罗巴人，对此我们后文将再细述。经过长期战争后，法老拉美西斯二世（公元前 1300—前 1234 年）与喜特人瓜分了叙利亚，他自己并与喜特人联姻而结成同盟，但当他的后继者在位时，埃及曾两次受到爱琴海的航海民族爱琴人和阿开雅人的攻击，时为公元前 1229 年和前 1192 年。最后埃及虽然获胜，但经过这些灾难之后元气大伤，遂退回到它的尼罗河谷内，除了在公元前 7 世纪有过短期的亚述人进犯外（前 670、前 663 年），一直保持独立到公元前 525 年，其后即为波斯所灭。尼罗河三角洲地方有许多城市都曾为其首都——自公元前 651 年后即定都于赛伊斯。

因此从各方面看来，拉美西斯二世时乃是这法老帝国最后的一个伟大时代。它同时也最出名，特别是由于其建筑物。人们在埃及几乎找不到一座城市里没有拉美西斯所建造或重修过的古迹。他完成了在卡尔纳克和卢科索的宏伟的神庙，并在古尔纳营造了表彰其盛名的拉美赛姆殿堂。所有这些神庙都是以完全一致的雄伟壮丽的设计图样造成的。在最前面是夹道对列的狮身人面兽或公羊像，其后是满布浮雕的方尖塔，通至前庭，这里入口两翼有着极巨大的门阙。再进则为柱殿(hypostyle hall),那是用像森林似的柱子支撑着一个平的屋顶,柱的高度有的达到 65 英尺(卡尔纳克的柱殿中有这样的柱子 134 根)。殿内壁上遍饰绘画与雕刻,表现着法老的丰功伟业。每逢祭祀大典时,即在这殿内举行成为埃及人的宗教之一部分的行列祈祷。由此便可进到内殿神堂,其中设有神龛,那是只有法老和高级祭司才许可入内的。

"这些底比斯的神庙给人的印象是无可比拟的雄奇伟丽。排排圆柱的巨大比例,通体外观予人的厚重压迫之感,巍峨神像所附着的幻魅森厉气氛,满堂花岗岩雕刻的永恒清寂境界,激动着每个现代游客,使他产生一种超越人间的感觉。"在法老时代,当可怖的神秘幻影翱翔于列柱之间,而一切都致力于加强这个场所的庄严气象时,给人的此种印象一定更为深刻。这里对光线的层次设计得也很巧妙,由外庭开始,是敞向着东方的明朗的天空,列柱殿里,即沐浴在神秘的半明半暗的光线中,进至神堂内,则只见巨大神像的阴影在朦胧微光中缓缓移动。在这里,远离开每一个世俗的眼光,埃及的这些谜一般的神,有着羊头、狼头或鹰头的神,和法老面对面地平等交谈着,使人感到,神要表明法老乃是他们在地上的代表者。

但这有着古代神统以及这些神殿和坟墓的埃及并不是埃及的全部。与此并存的是一个纤巧秀丽而妩媚动人的埃及,正像由戴着珠宝的盛装妇女的大小雕像和化妆用品及家具等所显示的那样。前者以一种永恒不灭之感,震撼着我们的心灵,后者却以难于置信的现代气质和对服装的敏锐感觉——简单说,即它那种女性的温柔迷惑着我们。我们只有到遥远的希腊的塔纳格拉(Tanagra)[①]或18世纪的日本，始能发现在琐细事物上表现出来的这样微妙才能。在第二个底比斯帝国的许多王者造像上，如阿门诺菲斯四世、吐坦哈门和拉美西斯二世等的造像(图15，图16)，我们已注意到雍容华贵的成分已多于威严庄重了。此种温文尔雅之风，在这一时期或赛伊斯时期的大多数王后和贵妇的头像上表现得尤为从容自如(图17—19)。但它主要的成就乃是女人的裸像，我们只要想到那始终阻碍着埃及雕塑进展的一切清规戒律——例如身体向前方端正坐立、两臂紧贴身旁的那种教条——即可看出这一成就不能不说是一大功绩了。而且尽管开始有此种不利条件，这些底比斯和赛伊斯时代的裸体雕像仍证明具有新鲜而富于活力的气息，甚至亚历山大派雕刻本身也不能磨灭我等对它们的记忆(图20—22)。此外还有一些梳妆用品等小物件，如盛发油或香水用的匙等，都显示出底比斯和赛伊斯的艺术家们怎样充分地掌握了女性躯体的装饰价值(图23，图24)。他们和希腊人是古代仅有的能自由地模仿裸体的雕刻家。亚述人，举例说，是把人体隐蔽在长袍下面的，而埃及人则甚至在雕造法老的妻子或女儿时，也毫不犹豫地表现出圆满的乳房、柔软的小腹线条，或透明衣着下的臀部的曲线。在坟墓中发现的绘画上常见的歌女和舞女们所穿的衣服，更远比雕像上的还要稀薄透明，据说，“披着这种轻纱有意地显露隐处，是为邀请雕塑家或画家们去更细腻地追摹那躯体的轮廓，以夸示其婀娜而优美的姿态。”

① 古希腊比奥细亚之城名，以精致的雕塑小陶像著称于世。——译者

事实上，女人在埃及社会中所占的地位，远较在其他东方各国更为重要。她是真正的一家之主，并且亦如希罗多德（Herodotus）[①]所证言，她已预先享有了如谛阿克列多思[②]在《西拉库斯的女人》（*Syracusan Women*）中所写的那种名声和行动自由。埃及的讲故事人使我们以同样轻快激动的心情，窥见在法老统治下城市中的寻欢作乐的生活，好像我们以后将在拉格底斯（Lagides）的亚历山大城可能看到的一样。他们展示在我们眼前的女人形象是："温柔多情，头发像黑夜一样的黑，牙齿洁白光亮，胜过燧石碎片，体态轻盈苗条，胸乳紧束端正。"在灵怪类的故事，例如可能属于第一底比斯帝国时代的《克夫（Khufui）和魔法师》中，他们给我讲述一件发生于公元前 2000 年的恋爱故事："一天国王陛下带了扈从到作为他的首席侍读的史官家里去时，这史官妻子的眼光落到国王的一位近臣身上；她一看到他，就立刻觉得不知自己身在何处了。……"法老时代还有一些恋歌，曾由莫列特氏译出，它使我们不仅联想到旧约中的"雅歌"，还想到希腊教中的《祷词集》（*Greek Anthology*）。

上面草草述过这一梗概之后，有一个问题要在我们面前提出：埃及对于东方文明的贡献是什么呢？最初看来，似乎尼罗河谷的特殊性过于显著，而且法老们世界的历史上的孤立性也过于全面，因此使得埃及文化的主要特质不能传布到其他东方世界去。并且事实上，如与亚述和依拉姆将其物质文明传给阿开密尼德王朝的

① 希腊史学家，公元前 484(?)至前 425(?)。——译者

② 希腊诗人，约生于公元前 310 年顷。《西拉库斯的女人》一篇有周启明氏译文，即"希腊拟曲"中之"上庙"。——译者

波斯的那种过程相比，我们确没有看到埃及的文化遗产曾直接传播给其他民族。

但是这种印象只有当我们忽视了这一连锁的中间环节时，才会固执不变。因为从第二千年期到波斯时代，一直存在着一个共通影响的混合地带，例如在埃及和亚述之间即有一个由腓尼基和叙利亚为代表的传播地区。我们曾看到，从很早的时期开始，早至古代孟斐斯帝国时，在泰尔、西顿、毕布罗和其他腓尼基城市中的海上居民们即已接受了这个法老帝国的影响。同时这些赛姆族人民，和在叙利亚的所有其他居民相同，对于在巴比伦的他们本民族的各方面都感到有吸引力。因此历史上的腓尼基艺术，从传留至今的雕花石棺和金匠的工艺品上看来，表现了一种由埃及和迦勒底－亚述的技巧相结合的经验与风格。在这种具有高度综合形式的叙利亚艺术的例证中，我们只要举出巴黎卢浮宫所藏象牙板上的有动物图像等的精致浮雕就够了，这是1928年图罗－但真氏和巴罗伊斯氏在幼发拉底河东岸阿列坡以北的阿尔斯兰－塔什地方发现的。这些牙板原来装饰在大马士革国王哈泽尔（公元前844—前812年）的象牙床上，后来当那位自公元前812至前783年统治亚述的阿达德－尼拉里三世围攻大马士革时，被他的儿子本－黑达德（Ben-Hadad，公元前812—前773年）献给了亚述王（参看杜骚氏在《法国博物馆通报》1929年7月号上的文章）。像这一类作品，清楚地显示出埃及的影响怎样向着美索布达米亚方向扩展，并且与迦勒底－亚述的影响相接触。我们还将要有机会提出这同一影响出现在喜特人的艺术中，而且甚至在萨尔恭王的亚述艺术中——例如在阿萨尔哈当的狮身人面兽。最后一点，阿

开密尼德王朝波斯人建造他们的柱殿的观念，就是借鉴自埃及的，这种建筑形式从底比斯直传到波赛波利斯，而后那些波赛波利斯的柱廊又被孔雀王朝时代的印度人仿来建造了华氏城今巴檀那的宫殿。

第三章　迦勒底-亚述文明

苏美尔-阿卡德文明

从历史的黎明时期开始，迦勒底和依拉姆这片土地，和埃及曾为后新石器时代文明活动中心那样，曾盛极一时，为诸强国的所在地。

我们发现，迦勒底从它历史的一开端时起——根据勒格伦氏最近所解读的泥版文字得知，其时近于公元前第四千年期的中叶——即已分为两个区域，无疑的这在很久以前就已如此了。这便是苏美尔和阿卡德两地，而且这的确也像是符合着两种不同的民族和语言：苏马连（苏美尔的）民族和苏马连语，闪族（赛姆族）和闪族语。

苏马连语是一种很特殊的语言，性质与闪族语不同，是迦勒底南部的城市如吾珥、拉伽什等处的人们所讲的语言，根据一些薄浮雕看来，苏马连民族的特征似乎是“圆而略短的头颅，鹰嘴似的大钩鼻，剃光的头和颜面”。据推测，楔形文字——或应说是象形文字，当它逐渐程式化后即产生了楔形文字——就是在迦勒底由苏马连语而创始的。

迦勒底北部城市——基什、阿伽德和巴比伦——所说的是赛姆语。由最古的薄浮雕上看，阿卡德的人民“头部侧面形略显凹陷，直鼻，鼻端较圆平”。此外他们也不剃发，并且留着胡须。

当历史一开始时，苏美尔和阿卡德两地在政治上还是界限分明的，但迦勒底文明却已是一种混合的、所谓“苏美尔-阿卡德”式的文明了，其中很难区别何者属于何一地方的因素。特别是关于神的方面——两民族无疑的在很久以前就信奉着共同的多神教——和楔形文字方面，这也是赛姆人和苏马连人同样采用的。

另一方面，迦勒底始终保持它自己的特色，虽然它也依然遵循着和它毗邻的依拉姆相同的演进过程，后者我们在前文已曾讲到。因此在迦勒底最早的后新石器时代的聚落中（可能属于公元前第五千年期）[①]遗留有和苏萨Ⅰb期式相类的古物，而最古的苏美尔文明则与苏萨Ⅱ期相当，即约为公元前3500—前3100年。此外，在苏萨出土的一些由整块沥青雕凿的、极为古拙的雕像上，那人物形象与上面所说“圆颅钩鼻”的苏美尔人就颇为类似。虽然如此，今日能解读的最初流行于依拉姆的语言，所谓“安赞尼特（Anzanite）语”，却与苏马连语以及赛姆语显有不同。

在迦勒底的各个城市中，无论是赛姆人的还是苏美尔人的，为首均有一位诸侯，所谓“帕帖西”（Patesi），他同时也是当地神祇的最高祭司。这些神祇中，我们可以提到的有天神阿努，地神恩利尔，风暴之神阿达德，水神埃阿，月神辛，日神沙玛什，木星神玛尔都克，丰饶与战争女神伊什妲儿等。许多神祇都具有天文上的性格——天文学，或应说是占星学，在迦勒底的社会中占据着极重大的地位。

① 参看：Moret，*Histoire ancienne*，Ⅰ.i.124页。

为了研究星宿的运行，迦勒底人建造了他们最初的神庙观测台，这是巨大的砖类建筑，照例是高达七级的阶层式方尖塔的形式。

迦勒底地域富足，这可以用那里土壤的肥沃来解释，或更可说是由于苏美尔－阿卡德人民善于利用土地所致。由楔形文字的泥版证明，从历史的黎明时期起，迦勒底就和埃及相同，曾受到人民大力开发。国王们的主要职责之一就是开凿并维护灌溉沟渠，因为如此，迦勒底才繁华灿烂得像花园一般，使人们留下了传统的所谓“地上天堂”的记忆。

农业的繁荣产生了手工业的进展。在奢华品艺术方面，没有一种民族显出比迦勒底人具有更高的创造力。他们的工匠以熟练无比的技巧，制造出色彩鲜艳的毛织品、华丽的绒毡、精美的家具和被整个东方所求购的黄金工艺品。为了推销这些产品，迦勒底的商人们循着幼发拉底河和沙漠路径，远达阿美尼亚和卡帕多西亚的群山以及叙利亚的海岸。他们随着货物还把他们的楔形文字带给了邻境各民族，这是用钉子形的铁器在黏土版上刻画的。在当时他们是亚洲唯一具有一套完整文化的民族。因此在公元前整个第三千年期，甚至直到前4世纪，这一文化在西亚所扮的角色有些和在希腊－罗马时代的古希腊文化相同。如自阿玛那和菩伽兹－科伊出土的泥版证明，当公元前14世纪时，米坦尼的国王，喜特人的君主，小小的迦南人的王侯，和埃及十八王朝的法老们，都是依靠迦勒底的书记官而彼此互通音信的。

迦勒底历史文明的最古遗迹，是1927—1928年赫尔和武利两氏的英美考察团在吾珥（帖尔－埃尔－木迦耶）和吾珥附近的帖尔－埃尔－乌巴德两地发现的。其中一部分归属于吾珥的第一王

朝（约公元前 3100—前 2800 年），一部分属于在第一王朝以前的一个时期，暂定其年代为前 3500—前 3200 年左右。这些代表苏马连人文化的古物，包括有冻石和雪花岩的瓶，其式制类似在王朝时期以前的埃及所有，黄金珍饰（舒伯－阿德女王的头饰），以黄金为头、琉璃（lapis lazuli，天青石）为须的公牛头像之类的雕刻；彩色石镶嵌，其中有一幅是镶有作为贡品的动物形象的盛宴图；还有一些石灰岩的浮雕，其中一幅是一辆由驴子或半驴半“格力芬”（gryphon，鹰首狮身的神话怪物）动物拉着的战车，上面的人物肯定是属于苏美尔人型的。

面对这些公元前 3100 年或更早的作品，我们第一个印象就是对它们所揭示的高度文明和精美的艺术感到惊讶。我们只要一看武利氏所发掘出的物品即可明了，这里有那么多的杰作。例如，有作为一种棋戏用的镶贝壳平板，其中已发现有以更写实的手法表现出来而成为后代传统的题材，即面面相对的成双动物：人立的狮子撕碎着鹿类的野兽，后者也是以后足立地，还有成对的牛类或鹿类的动物，以纹章上姿势站在“生命树”的两旁。在这些图像中，其后历三十个世纪的美索布达米亚文明已经生动地展现在我们面前了。再如，在一架豪华竖琴的前面板的贝壳镶嵌画上，我们见到了英雄吉尔迦美士扼杀两头雄牛的题材（这传说在那时即已为人所知）；或如赋予了人类属性的动物，那式样直到较晚的年代才在埃及发现——以后腿作人立的狮子、豺狼和熊，拿着食物或是鼓着竖琴，那种动物的幽默风趣，我们将在四千年之后日本鸟羽僧正氏[①]

① 鸟羽僧正（1712—1800 年），天台宗僧侣，名觉猷，因系鸟羽离宫坛所的护持僧，故名鸟羽僧正。他擅长讽刺的即兴画。——译者

的画上再见到。再如更好的例证是在所谓“标准”墓葬内，我们已经发现一幅真正的史诗式图景，其中那些伟大有序的各组画，直到二十个世纪之后我们才又在亚述的浮雕上看到：行动中的战车，载着御者和长枪手，将被征服的敌人践踏在马蹄之下；还有由扈从拱卫的君王，战车停在他身后边，正在赐见战俘；再有是这位国君和他的廷臣们在得胜后奠酒谢神。其后是乐师和舞蹈者们的行列，最末，结束这组图画的则是战利品通过国王面前接受检阅：家畜，一包包的物品，等等。当我们在很久以后的公元前 7 世纪看到亚述诸王的纪胜石刻时，不要忘记在苏马连历史上这种史诗式场面的古代原型。尤其是当我们见到萨尔恭王时代的写实风的动物雕像时，我们一定想起武利氏在吾珥的这片遗址所发掘出的古物残部：舒伯－阿德女王墓中的银质母牛头，和在此近旁、于前述竖琴前方发现的黄金与琉璃的公牛头。这些头像，在那粗犷的美和雄劲的现实主义作风中——如此雄劲刚健，一似呼吸着专横政治的精神——显示出已存在着迦勒底－亚述的、阿开密尼德朝的，以及萨珊王朝的动物雕刻的全部原则了。我们甚至可以怀疑，这种苏美尔－阿卡德的现实主义在进入有史时代时，由于发展成一完整体系和一种古典主义的因袭方式，是否失掉了一些它的自然生成的趣味；还有那所谓“穆斯林式的枯燥乏味”是否早在汉谟拉比时代便已开始了。

此外，女王舒伯－阿德墓中出土的、顶端有一驴形雕刻的束约缰绳的用具，也已经预示出高加索和草原地带的整个艺术风格，那里的缀有青铜饰件的挽具和灯台，上面即装饰着鹿的形象。

当我们看到了不仅是这一发展过程，更有被突然揭示出的、在如此悠远时代即已完全构成的全部中、近东的美学法则时，我们实在不能不深为感动。因为我们只要想一想那年代就够了。舒伯-阿德女王的坟墓，我们已曾看到，约属于公元前3100年，即当吾珥第一王朝的时代。但那座更深的吾珥第四号古墓，即通称为"标准"墓葬，则据武利氏考定竟可追溯到公元前3500年。

在迦勒底，与此同等悠远年代有关的，我们也可提到属于苏美尔人时期的基什城的古物，这是1928—1929年由牛津大学和芝加哥田野博物馆(Field Museum)组成的考古远征队发现的，队中有兰顿、马凯、瓦特林、彭尼曼诸氏。于此发掘出的小件赤陶——包括一辆有御者和马的战车，彩色的苏美尔人头像，成组的生着大角的鹿类动物的浮雕——其年代约始于公元前3000年。但我们可以去观察一下在基什的这个遗址的更深地层，在经过一次由文化中断为标识的大洪水——使人想到可能是《旧约·创世记》中所说的大洪水——之后，我们发现有远为古老的文化层，其中文物已证明着属于一种先进的文明：例如一具有优美的交错花纹的铜质匕首的柄，其年代据瓦特林氏考定约当公元前3200年，还有些圆筒形印章，他认为系公元前3500年之物。在更深处还曾发掘到后新石器时代的沉积层，其年代据瓦特林氏考定约在公元前4000年[①]。

我们对于从泰罗——即古代苏美尔人的拉伽什城——出土的遗物虽然早有所知，但那也是属于这同一文明的。泰罗文物中历史最悠久的是今巴黎卢浮宫所藏的一个通称为"羽饰人"的小薄浮

① 参看瓦特林：《基什发掘报告》，《亚细亚杂志》，1929年7—9月号，第111—112页。

雕，是约为公元前3000年的遗物。这个人像表现出前述的苏美尔人的全部特征：鹰嘴般的钩鼻，净光光的面孔；上身依照某种宗教仪节而赤裸着，下身穿着长裙。与此型式相同并同属于前3000年左右的是卢浮宫所藏的一面石灰岩版，上雕拉伽什的“帕帖西”乌尔－尼那和在他周围的一家人。这位君侯和其他的人都是同样苏美尔人脸型，更因为他们都科头剃发，颜面光净，此种特征在这里遂更为显著。还有更值得注意的，就是那座有名的“兀鹰碑”，这是乌尔－尼那之后隔代的拉伽什国君伊安纳顿为纪念战胜敌人城邦而建造的。碑的前面表现着伊安纳顿率军克敌制胜的情形。所有国王以及士兵都镌刻得如一般的苏美尔人，但戴有头盔；兵士们列成密集的方阵，各持长枪和长方的盾牌；国王则一手携枪一手拿着一把弯刀；远方有兀鹰正啄食着敌人的尸体。在碑的背面，我们看到拉伽什之神一手持着权杖，另一只手握着作为他的标识的展翅的鹰，鹰爪中抓着一头狮子，那战败的敌人则被包在一面网内。

在这座石碑上，苏美尔的雕刻已经证明具有浑莽、雄健和生气勃勃的特色，这在全部十五个世纪的亚述－迦勒底历史中，将要一直成为其艺术上的遗产。最后，伊安纳顿之孙，拉伽什王恩帖米那曾留存下来一个华丽的银瓶，今藏卢浮宫，瓶身上雕有四只狮头的鹰，各擒着一系列狮子、鹿和野山羊，同时每头狮子又咬着下一组中的鹿或野羊的口鼻。像这样，如波提叶氏所指出，甚至在如此古远的时代.迦勒底人即已肯定地制定了那种纹章式艺术和面面相对的形体的传统原则，此后历代相传，自喜特人、亚述人、阿开密尼德朝和萨珊朝的波斯人，一直流传到阿尔泰的各民族。这种装饰题材与古代迦勒底人所表现的对怪物与人或兽斗争传说的偏好具有密切的关系。从泰罗发掘出的大量圆筒形印章上充满了这种图景，其中主要是受到吉尔伽美什和怪人恩奇都的古史诗的启示，其构图都是对称的。不错，在这些圆筒形印章上，除了此种纹章式姿势外我们同时还发现一些怪物的形象，例如双头的鹰和牛身人面的所谓“克鲁比姆”，这种怪物后来亚述人曾予以充分的发展，但早在拉伽什和阿伽德时代即已经成为定型了；还有生翼的龙，它常作站立式，体披鳞甲，前爪如狮子，后腿如猛禽，蛇头蛇尾，像卢浮宫所藏的古底亚王的一个祭器上所雕的那样。在这里，所有西亚和中部、北部亚洲的艺术，由萨珊王朝的直到西伯利亚的纺织品——以高加索和南俄罗斯的艺术为两者的过渡阶段——又一次受到古代苏美尔人的大师巨匠们的影响①。同类的动物图像——还没有完全程式化的——曾发现于苏萨出土的圆筒印章上，其年代约为公元前 3000 年。我们可以特别指出狮子和雄牛的互斗，和奔突着的雄牛或跳跃着的鹿类野兽，奇怪的是那种活泼的现实主义风格和动作的自由流畅，竟与克里特岛的艺术品十分类似，而亚述的艺术却永不能再回复到像这样的程度了②。

在下一个时代，即阿伽德帝国时期，这种已经大有前途的艺术又得到可惊的进展。阿伽德是当时赛姆族所据阿卡德地区的主要城市。它的国王老萨尔恭王，或称“萨尔鲁 - 金努”(Sarru-kinu，真正的王)，和纳拉姆 - 辛(公元前 2875—前 2712 年，或谓前 2700—前 2600 年)征服了全部美索布达米亚。这第一个赛姆族的

① 参看本书卷三图 88—101。此处指原书所附插图及编号，中译本欠附。

② 参看 G. Contenau:《东方考古手册》卷一，1927 年版，381—401 页，插图 287—302。

帝国给我们遗留下一件令人赞叹的艺术品，即今藏卢浮宫中的纳拉姆-辛的胜利碑，上面表现的是这位君侯率兵攻打一处山地，当地居民受到奇袭并被屠杀的景象。在这里仍可看到兀鹰碑的那种粗犷豪放之风，但艺术家更进一步显示出技法的自由奔放和对人体解剖的认识。那位头戴有牛角形饰物的峨冠的国王，乃是一个超比例的夸大形象，他很神气地高高站着，左手持弓，右手提着尖头下垂的枪。这里塑造的裸体形态和所用的熟练流畅的手法，在军士们身上也显得毫不逊色，他们登山时的动作在薄薄的战裙下体现得极为美妙。但在这方面最可注意的也许要算那些战败者的形象了。如国王脚下踏着的人物，被抛掷下山的尸体，还有逃而复返、向国王求赦的被征服的敌人，和他的为要躲闪一枝投中的标枪而仰面跪倒的同伴等，所有这一切都可以和爱琴海地区的建筑上的"人字墙(pediment)"上的浮雕媲美。此外，这里人物布置得轻快可喜，配景安排得审慎而不过于强调或繁重，也都表示出这座碑构图的巧妙不凡。

当阿伽德覆灭后，苏美尔人在吾珥王朝下复取得霸权，其帝国在公元前2475—前2358年间也像以前的阿伽德帝国那样统辖美索布达米亚全境。但这一时代的苏美尔人艺术，为我们主要熟知的却来自一个小王侯，即拉伽什当地的"帕帖西"古底亚，他在政治上只是个第二流角色，约活跃于公元前2492年左右。

在古底亚时代以前，迦勒底的雕刻除少数小雕像和陶器外，一般只限于石刻画和浅浮雕。到这时才摆脱开此种胆小作风的最后迹象，并且像一个冒险出航远洋的水手终于看不见了原来的海岸那样，现在它要和周围的一切奋斗了；而一夕之间它即产生出伟大杰作。那些动物雕刻家们留下来的作品，如卢浮宫所藏的雕有以背相对的两头狮子的古底亚的权杖，已经具有了亚述萨尔恭王时代狮像的全部写实主义风格。还有金属工匠们则铸出一些小造像。如乌尔－保拉伽什的古底亚前任统治者时代的铜质“预防之神”，这是一个有胡须的小神像，正跪在地上把一颗钉子钉进地里去，他那侧面形的精致和动作的优美，不但可以与亚述的艺术品相比，甚至可以和希腊的艺术品媲美。最后，在大批雕像中，我们看到由泰罗运到卢浮宫的一些闪绿岩的古底亚造像，其中最精美的一座——可惜头部残缺——是这老王叉手坐着，膝上放着一部他营造的建筑物的图样。所有这些作品中，古底亚都是披穿一件袒露出右臂和右肩的衣服。与纳拉姆－辛的胜利碑相同，这里对裸露部分——右肩右臂——肌肉的塑造有着可赞赏的写实风格，又因为艺术家在此是用的圆雕，所以更显得雄劲触目；甚至在被覆盖的部分，那肢体也没有完全为服装所掩——不像后来亚述艺术所发展的那样；我们只要看看它背部大块肌肉的运动，即觉得那身体像是在薄薄的衣着下活着一般。同样情形，与亚述艺术的样式相反，此种民族型的略显短粗的外貌，在这里由于处理手法的雄浑阔大而得到了补正；而且这一型式虽然粗壮丰硕，却有端谨凝重之致，在整体上产生一种不寻常的匀称雄健和结构有力的效果。至于头部，则剃成苏美尔人式，并且一般都戴着缠成一卷的头巾似的东西，它们那健壮的结构使人想到某些古代希腊艺术中的头像。的确，如康特诺氏指出，我们在这里所谈到的作品，“本应该不久即发展成如几乎在两千年以后的希腊人的那种精纯洗练的艺术才是”。但这一种艺术，虽然显得意味深长而具有自信，并且已经解脱束缚以致可望有着无限前途，却在进展中要受到一些阻碍，那无疑是由于一连串的外人入侵结果，因而使得迦勒底的命运不再由他们自己所掌握了。

巴比伦文明

最后一个苏美尔人的帝国——吾珥帝国，在公元前2358年顷为两个异族所灭，即东方的依拉姆（以栏）人和西方的亚摩利人。依拉姆人在迦勒底南部建立了一个本族的王朝，北部则沦入来自叙利亚的赛姆族的亚摩利人的势力之下。亚摩利人建立其中心于巴比伦，这一城市因此将成为迦勒底的首府。他们的国王之一汉谟拉比扫灭南方的依拉姆王朝而奠立了巴比伦帝国，其势力一直伸张到全部美索布达米亚。

不管这亚摩利人是纯赛姆族还是同化于赛姆族型，有一点能肯定的是他们很快就并入了阿卡德的世系，并且成就了在迦勒底的赛姆人的业绩。在这一方面汉谟拉比乃是古代阿伽德诸王的真正继承者。他具有出色的统治才能，并且曾下令编纂了一部鼎鼎大名的法典，它至今仍是我们了解迦勒底社会的最好史料之一。

汉谟拉比时代的艺术，流传下来一些有头等重要性的作品，其中最可注意的是在苏萨发现的今藏巴黎卢浮宫中的闪绿岩石碑，上面镌刻着这位迦勒底君王的法典。碑上雕刻的汉谟拉比作站立祈求状，头戴头巾，身着长袍，袒露右臂；太阳神沙玛什坐在对面宝座上，向他口授律条。这一浮雕上线条的明澈洗练，结构的“凝重端丽”，以及那神祇和国王姿势的尊严庄重，都曾受到应有的赞美。但与纳拉姆－辛的胜利碑相比，如康特诺博士所指出，它虽然显得“技巧似乎更为精练，笔致更为稳重，或甚至在比例上受到更恰当的注意”，但这进展也只是到此种形式上的优点为止。遮在衣服下面的身体不再有任何生命的那一时代已经到来，其后在亚述人手中，衣服就仅只是为了其本身目的而被处理了。康特诺博士结论说，亚摩利人的王公们虽可能成为他们的苏美尔－阿卡德人臣民的热心弟子，并且在某种程度上使阿伽德和拉伽什时代的技巧臻于成熟，然而他们却没有更进一步寻求任何新的事物，从整体看来似乎只是留意于墨守着传统的艺术法则。

在文学方面，汉谟拉比时代也同样自囿于集成、编纂和保存迦勒底的原来已经很丰富可观的思想宝藏上。现在赛姆族的阿卡德分子已胜过苏美尔人，而肯定地占了优势。由于这一原因，古苏美尔的史诗大多数都被移译为赛姆文；同时赛姆族作品本身也被编辑起来藏于皇家的和寺院的图书馆内。所以这个亚摩利人时代在保存迦勒底的文学上所具有的重要意义，颇有些和雅典的庇西特拉图（Peisistratus）及其继承者的时代对于成为确定形式的荷马作品的保存相同。

事实上，赛姆文（修正本）的吉尔伽美士的史诗似乎即编定于这一时代——苏美尔人的吉尔伽美士有些像希腊神话中的赫克力士，他是女神的儿子，但受到另一女神伊什妲儿的迫害，因为他拒绝了这女神的爱情而激恼了她。属于这同一时期的还有迦勒底人对开天辟地和大洪水的说法，这些雄伟的史诗和《创世记》有着同样的情调，同时我们发现迦勒底的祈祷词和著名的“受难的正直人之诗”中也同样含有希伯来的“诗篇”那种抒情诗式的哀怨，那诗和旧约中的“约伯记”极为相似，诗中语气的激烈粗暴，那种凡人在他所奉的神面前的可怜景象（这神则被设想是善猜忌而且可怕的），那些悲惨的并且有时是绝望的呼叫，和在这里提出整个道义问题时所有的力量，以及从古代神统中引申出的阴森丰富的想象——在这些方面，迦勒底的才智所表现的确实和《旧约》上有某种因缘。因此可见迦勒底的思想，这远古时代的东方人道主义，在邻近各民族的智慧演进上的确发生过决定性的影响。同样情形，我们将看到，迦勒底的装饰题材也将在许多世纪内使后来的诸民族：喜特人、亚述人、阿开密尼德朝的以及萨珊朝的波斯人，在他们的装饰美术上受到启发。

喜 特 文 明

汉谟拉比王朝和伟大的巴比伦帝国在公元前 1925 年顷被自小亚细亚高原下来的侵略者喜特人（赫族）所毁灭。在随后发生的混乱中，居住在迦勒底东方山区的卡西特人占据了巴比伦城，并且在此统治了五个多世纪，即自公元前 1760 年至前 1185 年。巴比伦在一方面虽然仍保持着它的文明成果，另一方面，于异族统治下在艺术的演进中却经受到显而易见的阻碍，并且陷入了政治上的衰微状态，结果使得埃及第十八王朝的法老们，喜特人及亚述人先后掌握了东方的霸权。

当公元前 20 世纪喜特人第一次在历史上出现时，他们是生活在以卡帕多西亚为中心的安纳托利亚高原，在这里他们建首都于哈图沙什即现在的菩伽兹－科伊[1]。他们似乎是一个混合的民族。很可能这喜特人联盟的核心是亚洲人——即是说，是纯正的安纳托利亚人。也很可能是印欧民族的一个上层阶级，经由博斯普鲁斯海峡来到这里，而占据了比当地民众更高的地位。至于他们的文化，其中除了本土成分外，我们还可辨别出有假借自迦勒底的成分与之并存。一部分喜特人的文章，尤其摩崖上的铭文，是用一种尚未完全解读的特殊象形文字刻写的，这是他们本民族的字体。同时喜特人也使用着源出于迦勒底的楔形文字。德国的考古团曾于菩伽兹－科伊发现一整部写在楔形文字泥版上的王室档案，但其中有些用的是巴比伦的赛姆语，这是当时的外交用语，其他则是喜特联邦中的各种尚不能完全识别的土语。他们的宗教，是尊奉一位雷雨和高山的大神铁叔布，他的象征物是斧子与公牛；还有一位伟大的女神，她乃是希腊神母西贝丽的原型。

喜特人很稳固地立足在小亚细亚，他们占据了卡帕多西亚、旁图斯和一部分亚美尼亚及西里西亚，从这里统治着弗里吉亚和吕底亚；并且在公元前第 20 世纪开始扩展其势力到北部叙利亚和美索布达米亚。当公元前 1925 年，我们已看到，他们蜂拥而来，在突然袭击中攻陷巴比伦，大肆劫掠。又在公元前 1370 年，征服了位于美索布达米亚西北部、幼发拉底河大回弯处的盛大的米坦尼帝国。

这时期喜特诸王的威势自黑海和吕底亚一直伸张到亚述的边界。在南方，他们使北部叙利亚脱离了对埃及的依附，并且于公元前 1350 年自己对该地树立了宗主权。尽管法老拉美西斯二世于

① 在今土耳其安哥拉之东 145 公里。——译者

公元前1295年在卡德什，即现在荷姆斯附近的帖尔－内比－门德地方战胜了喜特人，而结果埃及还是与他们瓜分了叙利亚，将北部划归喜特人而南部归埃及人。在这次和平之后，随之于公元前1279年它又与埃及结为密切的同盟。于是这强大的喜特帝国遂在美索布达米亚以西、叙利亚以北的小亚细亚地方巩固地建立起来，并且延续了几乎两个世纪。然而和埃及相同，它在公元前1229—前1192年之间也遭受到航海民族爱琴人和阿开雅人的突然侵袭，其后它又在西北方和东南方同时受到攻击，由西北方来的是色雷斯－弗里吉亚人，他们夺得了喜特在小亚细亚的属地，东南方是亚述人，他们从公元前第12世纪起即不断地侵占着在北部叙利亚和西部美索布达米亚的喜特的其余领土。早在公元前1110年亚述人即第一次征服了在卡尔开密什的这个大大缩小的喜特王国。接近公元前1060年，喜特人摆脱了他们的统治，但于公元前850年及前715年又再度被覆灭，在末后一次他们就永远被并入亚述帝国了。

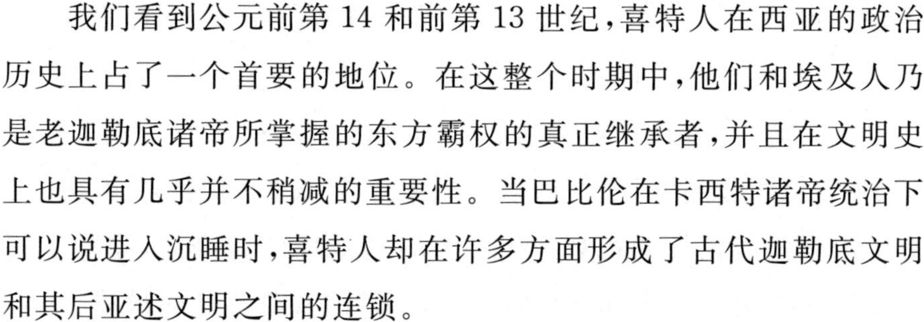

我们看到公元前第14和前第13世纪，喜特人在西亚的政治历史上占了一个首要的地位。在这整个时期中，他们和埃及人乃是老迦勒底诸帝所掌握的东方霸权的真正继承者，并且在文明史上也具有几乎并不稍减的重要性。当巴比伦在卡西特诸帝统治下可以说进入沉睡时，喜特人却在许多方面形成了古代迦勒底文明和其后亚述文明之间的连锁。

由于在卡帕多西亚的菩伽兹－科伊和雅西里－卡雅，利卡俄尼亚的伊布里兹，小亚美尼亚的马拉提亚，幼发拉底河畔的卡尔开密什，和叙利亚－西里西亚边界的真吉尔里等地的发掘而揭示出的喜特艺术，经德国学者们、捷克布拉格的赫罗兹尼氏和法国的波提叶氏及康特诺氏等人的研究，现在已呈现出其独特色彩。它虽然受到迦勒底的古代艺术的启发，也在较小的程度上受到埃及传统的影响，但却显得有确实的独到之处，并且常常证明着它的创造才能。

迦勒底人营造一切建筑时全部都用普通的砖，而喜特人虽然在建筑物的上部也使用砖，但用石块作基座。此外与迦勒底的建筑师们不同的是，后者似乎除了砌砖工程外对任何形式的柱子全不注意，而他们却广泛地应用着圆柱，喜用一根木质圆柱竖立在石质柱础上——这一方式也为木锡南文化的希腊所采用。最后，也是他们最主要的贡献，即是他们想出用许许多多浅浮雕装饰建筑物的基座和柱础；这些基座上的浅浮雕和雕花的柱础乃是喜特艺术的特色，正如希腊艺术中的中楣（frieze）上的浮雕和刻花的柱头。此外，喜特人对于浅浮雕似乎具有嗜好，以至在整面石壁上都满布这种浮雕：显著的例子是菩伽兹－科伊附近雅西里－卡雅那座建于岩石上的庙宇的台基，其上镌刻着铁叔布神和“伟大女神”的婚媾，图式是两行神祇，各站在特有的动物身上，进前彼此相会。如康特诺博士所指出，在这幅远属于大喜特帝国时代，即约当公元前 14 世纪的作品中，我们可以发现喜特艺术的一切特点：“喜把雕刻的图像排成长长的行列；喜描写动作；结构浑厚豪放，删除了琐细部分而只表现其大体；常以兽像装饰门道，或平贴在墙壁上，或雕造得一似那动物的前身要破壁而出。”的确，当我们熟视在雅西里－卡雅的神像行列，或菩伽兹－科伊一面石灰岩上的壮丽的太阳神浮雕时，我们得到的印象是，这里见到的乃是美索布达米亚艺

术的一支，它和迦勒底的艺术同样雄伟有力，并且可能具有一种更高的运动感，但是至少在这第一期内，它却忽略了那些插话式的琐细部分，此点将成为日后亚述艺术的特色。

喜特的第二组古物是在卡尔开米什的一批，波提叶氏对此有过深刻的分析，这似乎是从公元前14世纪一脉相承直到前第9世纪。这一组中的一些最古的浮雕，上面有神灵和动物——狮子、公牛和鹿——在一起的，如波提叶氏指出，表现出与古代苏美尔－阿卡德的艺术、和与亚述的艺术比较起来，它更接近前者。而在最近期的浮雕上，例如宫廷的和日常生活的景象，如狩猎图等，却多于宗教性的题材。在这两种典型作品中，对于动物，特别是狮、鹿和公牛的处理，是用一种触目的刚健手法，与亚述艺术相同，往往强调浮雕上躯体的主要关节部位，而且气魄浑厚并具有现实感，尽管在技巧上略显古拙，却能成功地表达出这些动物在门类、姿势和动作上的鲜明特点。亚述萨尔恭王朝的艺术，只不过将此等性质加以发展，即出现了后来科尔萨巴德（Khorsabad）动物雕刻家们的杰作。这里也常将兽身和人头，或人身和兽头结合在一起，而造出一些幻想的怪物，这是受到埃及和迦勒底的启发的，但仍保存着本地的风格。尤其是喜特人的狮身人面兽，由于借用了迦勒底的技巧，在雕造上显然与埃及的有别；但它有时也采取一种颇为典型的两头动物的形状，略似希腊神话中的“齐米拉”①，即在正常的部位上有一个人的头，而在胸前又生出一只狮子头。另一方面，我们在

① Chimera，幻想的怪兽，狮头、羊身，背上又生一山羊头，蛇尾，口内喷火，或译作吐火兽。——译者

卡尔开米什的浮雕上还可注意一些兵士的行列，那种头盔上有着一簇羽毛的军装，似乎正是亚述和木锡南兵士们的中间型式。

根据波提叶氏研究，在真吉尔里发现的古物似乎自公元前 14 世纪起至前第 8 世纪止也是彼此连贯的。在这里发现过一些精美的柱础，是由两只狮身人面兽接合在一起而形成的，对于这种怪物的处理，在此处完全用着美索布达米亚式的手法；与此风格相同的还有许多守护门口的狮像，躯体为浮雕而头部为圆雕——这些狮子和狮身人面的“司芬克斯”，我们如想到其年代，似乎很可能启发了对守护萨尔恭王宫宫门的狮像和牛身人面的“克鲁比姆”像的雕造。在真吉尔里的薄浮雕上，与在卡尔开米什的相同，我们可以注意一些狩猎场面，虽然那技法颇为朴拙，但充满动的意趣；有些浮雕是大神铁叔布，手执雷楔；还有些是精美的喜特型的战士，从他们的服装上即可以辨识：如三重冠（ tiara）式的高高的头饰，或是弗里吉亚人式的帽子，披拂颈上的发卷，垂到腿部的长长的腰绦繸子，和锐而上翘的鞋尖。在真吉尔里以北的马拉提亚曾发现一幅优美的薄浮雕，今藏巴黎卢浮宫，表现一个王者驾车还猎一头鹿（图 25）。从其年代看来（约公元前 1000 年），认为像这样的作品乃是在亚述薄浮雕上极常见的类似的行猎图景之原型，是有些道理的。

亚　述　文　明

且不论亚述人的民族成分如何——它包括有苏美尔人、赛姆人、米坦尼人和其他分子——当它历史上的古典时期到来时，它呈现的是一种完全赛姆人的外貌。在这时它是一个强大的军事化民族，比其巴比伦的堂兄弟们更强悍勇武。如在亚述人的薄浮雕上所看到他们都是体格粗壮，肌肉发达，鹰钩鼻，粗鼻孔，厚嘴唇，大而锐利的眼睛，一副威风凛凛的面貌。并且如他们自己在铭文上所透露的，他们作战时勇往直前，胜利时淫佚而夸耀，对被征服者则残忍无情。当他们在公元前 13 世纪进入世界史的主流中时，他们已经形成为一种军事国家，战争自始至终是它的立国大业。

亚述最早的国王[①]是两个民族大神的祭司长，这两个神，一是国家的"名祖"亚述神，一是金星伊什妲儿，她是战争之神也是丰产之神。尽管有此神祭司制的本原，亚述帝国却从来不像法老们的国家那样具有宗教的性格。它主要乃是一个军事国，任何神秘色彩和它的本质都是不适合的。它和占据巴比伦的卡西特诸王争雄交战，历两世纪之久(公元前第 14、13 世纪)，到提革拉－毗色一世在位时(约前 1115—前 1100 年)第一次获得胜利。在经过一个世纪的湮没不明后，阿述纳吉－帕尔二世(前 884—前 859 年)和沙尔马尼色三世(前 859—前 824 年)逐渐将美索布达米亚各邦和叙利亚收为藩属。此后又经过一段新的隐晦中落时期，当时相邻各民族都摆脱了它的羁绊，其后国王提革拉毗色三世(前 746—前 724 年)出，于公元前 732 年攻克大马士革，复于前 728 年陷巴比伦。他的征服工作由萨尔恭王朝(前 722—前 612 年)继续进行着。这一王朝的缔造者，即营建科尔萨巴德王宫的萨尔恭二世(前 722—前 705 年)，灭以色列王国于前 722 年，又破乌拉尔图(即阿

① 原文作"神"，疑误。——译者

拉拉特)于前 714 年，这是一个由高加索民族所卜居的国家，位于今日的亚美尼亚。萨尔恭二世的儿子西那克里布(西拿基立，前 705—前 681 年在位)即将巴比伦尼亚完全并入版图(公元前 689 年)。西那克里布之子伊撒尔－哈顿(前 681—前 669 年在位)征服埃及而加以宗主权(前 670 年)。最后，伊撒尔－哈顿的儿子阿述巴尼－帕尔(前 669—前 626 年)又灭了中东最末一个独立国依拉姆(前 646 年)。至此亚述在东方已再无敌人。以武力的恐怖为基础的萨尔恭王朝统治，现在已无可争论地奄有在东西方自卡帕多西亚到伊朗，南北方自阿拉拉特到埃及和波斯湾的一片地区；甚至未曾成为亚述帝国之一部分的伊朗和小亚细亚也受到其文明的影响。它的首都尼尼微乃是实际的世界首都。

没有一种民族比亚述人受到更严厉的裁判了；而在他们的性格中也诚然难于找到任何能引起人同情的东西。他们作战残忍，为政严峻，乃是一个冷酷专横的国家——那专横而冷酷的程度，相形之下在我们看来古代东方的其他民族几乎都是慈悲仁爱的了，甚至连腓尼基人或犹太人也不例外。但他们也有那些民族的弱点。顽强、凶猛，筋骨健壮，他们可以代表着具有一切热情与机巧的优良的人类动物；亚述战士就有像一头大猛兽那种可怕的美，并且亚述人也正是由于他们的野蛮暴戾才能在历史上占一席地位。他们的残暴的政策不自觉地有益于文明的进展。这些古代的亚洲罗马人，凭借着血与恨，凭借着恐怖，建立了一个行政体系，结果将所有东方民族在同一桎梏下联合起来。他们是东方的至尊贵胄，将以前各文明古国都融汇于一大帝国之内。他们以剽掠屠杀的手段使和平降临于自尼罗河至阿拉拉特山。不错，这帝国正当萨尔恭王朝在最后完成对它的建造时崩溃下来，并且这死一般的和平被所有受苦难人民的起义所代替。但在这一方面亚述人的事业却比他们的国家存在得更长久，而萨尔恭王朝的暂短而可怕的和平则成为阿开密尼德王朝的福泽绵长的和平之先驱。萨尔恭诸帝缔造的广泛的政治上的统一永未再消灭。这一萨尔恭帝国在不同的称号和主子之下，历经迦勒底王朝、阿开密尼德王朝、马其顿王朝、萨珊王朝以及阿拉伯人王朝，轮流赓续，兴废替嬗，而这个中东帝国一直是历史上最恒久的因素之一，并且至终烙有尼尼微和巴比伦的物质文明的痕迹。

迦勒底－亚述的文明已经包含了几乎全部阿拉伯－波斯文明的精华，而萨尔恭王朝在其专制政体的粗暴浮夸、居处的穷奢极欲，以及其一切成员所特有的任性放纵和凶猛强悍等方面，也已经表现出全部东方精神了。

首先，国王并不是一位神，像在埃及那样；他乃是一军之首；因为整个亚述人民就只是一支军队，它几乎经常在作战。这位“军团之王，伟大之王，强力之王，亚述土地之王”一生中有一半是在马背上或战车上、在狩猎中或作战中、在残杀野兽或人民时度过的。不打仗时，亚述的国王们就去猎野牛或狮子，并且单人和它们格斗。战争，在他们眼中不过是一种更有刺激性的行猎形式，能供给他们同样的兽性乐趣。这些君王们也像他们步兵中的普通小卒那样用长枪和弓箭冲锋陷阵，而在杀人时，则用他们那双尊贵的手将俘虏生生剥皮，贯以木杙，或把俘虏的眼睛弄瞎。

他们在行动中所表现的凶残本性，在和平时即为任情放纵的生活所代替。在这样对比下，东方人的气质完全表露无遗。这位单独和狮子或野牛、喜特人和依拉姆人搏斗过的君王，以后会经年累月地退处深宫，纵情享乐，如传说中的萨达纳培拉斯似的沉湎于荒淫嬉戏之中。每遇庆祝节日，他就要在一片灿烂耀目的伞盖羽扇下面出现，服饰如神像，又打扮得像后宫的弄臣一般。让我们想象一下如薄浮雕上所保存的有着放荡的嘴唇、刚毅的侧面、炯炯的目光，并穿着奇异服装的萨尔恭君王在这种场合中的情景。他在脸上精心地涂抹着脂粉，须发敷着香料，并且仔细地卷成一排排的小髻，垂拂在胸前和两肩；头上戴一顶白色上有蓝条纹的毛织品的冠冕，形如一个截去尖的圆锥体，用一道满布金色玫瑰花的宽缘勒在前额；蔚蓝的长袍上饰有红色玫瑰花朵，边上缀着四道宝石流苏；长袍露出两臂，腰间束着一条绣花宽带，带上插一副匕首；袍外罩一件无袖外衣，两侧敞开，绣制得花团锦簇，并饰有各式各样的金银珠宝。除了这套豪华的服装外还有大量的珍饰：黄金的项圈和耳环，鞘上装潢着金片和金狮浮雕的短剑等。在东方阳光照耀下，这一身珠光宝气和在素白、纯蓝色的毛织品上的闪闪金饰，一定会产生一种令人目眩神迷的效果。

我们可以想象群集在萨尔恭朝君王周围的济济跄跄的达官显贵们，自元戎或首相，即所谓“塔坦”（Tartan）以至年轻的小王公，也都同样盛妆华服地精心打扮着。最后，我们不妨设想一下作为这一场面背景的亚述战士们，那些在埃及、阿拉拉特和依拉姆久历疆场，打过20次胜仗的精兵，如他们的主子一样手中掠够了黄金，身上染遍了鲜血，也像他一样狂欢纵饮着，庆祝他们的胜利。他们和科萨巴德的人面翼牛“克鲁比姆”一般威风凛凛地组成了萨尔恭王朝的英勇的护卫者。这里有骑兵，这些可怕的亚述骑兵们惯于只用膝盖一夹便能指使马匹的回旋进退，他们在远处的奔腾声曾引起了以色列先知们的守夜人的焦虑；还有战车兵，每辆重型战车上有士兵三名；再有步兵，拿着矛或弓，头戴圆锥形的兜鍪，有时上面缀一簇短缨，身穿皮铠，上覆甲叶，掩护着胸部和两肩，腰束一条齐膝的短裙，下边露出紧腿裤和高皮靴，靴前结着带子。他们装备着一个枝条编成、上蒙金属板的大盾牌，一张弓，一把短剑和一支六英尺长短的矛，井然有序地列队前进，像薄浮雕上所显示的样子。队伍上方，在密林般的枪锋刀刃之间扬起了王室的旌旗，图案是一个带翼的轮子内有持弓的亚述神，举负在两头雄牛的头上。

当庆祝胜利的日子里，看到这些武装部队们随在萨尔恭王身后登上宫殿或庙宇的宽大台阶道时，一定是一种惊人雄伟的景象。宫室和神庙建在由炙晒的砖砌成的高台上，这台犹如人工造的丘垄，使得在很广大的地区内都能看到。萨尔恭王宫最壮观的地方，我们由科尔萨巴德的浮雕上可以想见，显然正在那建筑的入门处——这高大的宫门左右有庞然的方塔夹峙，并有仿佛黑暗的亚述神之化身的狰狞的人面翼牛“克鲁比姆”守护着。跨过这道可怕的宫阙，进至一个广大的方形庭院，由此可以通达内廷。这就是“禁城”，这里像现代苏丹们的后宫一般，完全隔绝了外间的流言传说。在这深宫的清凉阴影里，萨尔恭朝的君王们暇时可以追忆他在埃及或波斯湾的炎炎烈日下，在叙利亚的沙漠及依拉姆的沼泽中的苦战。宫内每一幅浅浮雕，内阁图书馆内每一块泥版，都颂扬着君王的可夸耀的事迹，他的战功，他的猎事，他的享乐，以及他的复仇雪恨。整所宫殿——这是一座宫殿式的堡垒，它那豪华富丽却掩饰不住它的好战尚武的特色——好像是一首赞美亚述诸王及

其神祇之光荣的伟大圣诗。

对尼尼微诸神的尊崇——这和萨尔恭的胜利是有密切关系的——也就是对这民族本身的尊崇。它们的胜于埃及、犹太和依拉姆的诸神，即象征着亚述的世界霸权；庙宇乃是在王宫地位之上的。这里的庙宇是依据迦勒底神庙的式样而造成，其特有标识是所谓“泽古拉特”（Ziggurat），即层累的方塔，逐层向上缩小。一般多至七层，每层奉祀一星，并且各为一种颜色——白、黑、黄、暗红、朱红、银或金等色。在最上层金色方坛顶上建有神堂，供奉这民族的“名祖神”亚述，或阿尔比拉的文字护神伊什妲儿。就在这里，萨尔恭诸王每当出征或行猎之前，即由巫史和占星家们环侍着，来向他们的主人各大神祈问休咎——这些神乃是迦勒底苍空上的灿烂明星。

这个粗暴的民族是有高度发展的文化的。它在迦勒底各科学问的学校里受到陶冶，集聚了这种珍贵遗产，并留传给我们。亚述的末帝阿述巴尼－帕尔在尼尼微设立了一座规模极大的图书馆，成千方的泥版曾在此被发现并运往大英博物馆。这图书馆保藏有当日搜集到的为迦勒底－亚述社会存在期间即约二千四百年内的全部科学和文学的知识；前文引述的关于迦勒底的史传，一部分就是经此媒介而流传至今的。但是在这时期的文献中，为亚述所特有的乃是其诸王的铭文。在这里我们看到亚述的武功战绩，都是由那些建业者逐日记述的——而且是用着怎样的语气！在这方面，最富于表现性的莫过于阿述纳吉－帕尔二世的铭文了，它对亚述诸王的可怖形象射出一道强光，使他们那种具有蛮性的快乐和嗜血习性的无比骄横姿态活现在我们眼前：“我在两人中杀死一人;我在城门之前建起高墙;将敌酋的皮活剥下张布墙头。有些人活葬在石墙内,余人沿墙贯以木桩;我命令将多人当面剥皮,并将人皮蒙于墙上;我用人头做成荣冠,并将他们遍体鳞伤的尸身堆成花环。”他结束这些话时像野兽咆哮似的宣称:“我站在这废墟上,脸上因欢悦而容光焕发。在充分发泄我的震怒中,我得到了满足。”

亚述的艺术

亚述的艺术对上叙一切提供了忠实的说明。尼尼微和科尔萨巴德的薄浮雕正是描写在石刻壁画上的王室行动纪事史。

在这方面,和其他许多方面相同,亚述的艺术不仅肇源于迦勒底,也出身喜特,或更可以说是由迦勒底经过喜特演变而来,我们只要将前述菩伽兹－科伊附近雅西里－卡雅的薄浮雕和亚述的作品,如在马泰发现伫立动物身上的成列神像加以比较,便可对此深信不疑;后者完成于西纳克里布时代(公元前 705—前 681 年),这已是颇晚近的年代了,但仍遵循着古老的喜特样板的一般题材、结构,甚至作风,更一般地说,亚述人用一队队的神话上或历史上的人物来装饰他们的建筑物基层的设计,就是受了喜特人的暗示的。由于亚述人不像喜特人用巨石做建筑的地基,他们只得在表面贴一层石块以便刻制薄浮雕,这样产生的效果是相同的。再如卡尔开米什的遗墟所证明,亚述人在这些浅浮雕上所表现的不仅有神话和宗教的题材,此外首先还有“世俗的”——即历史的——题材,如君王们在战争或田猎中的伟大业绩等,这也是受教于喜特人的。

最后，使亚述雕刻家们在热爱生活并且于作品中体现运动感这一点上，喜特人的影响也远较卡西特人时代的迦勒底诸大师们的影响为多。但亚述的艺术由于重视细部，所以它与喜特艺术的差别可以一望而知。喜特艺术，我们已看到，其结构是大刀阔斧式的，装饰也稳重简洁。而亚述在这方面则是追随着后期迦勒底的作风，把每一个须发的由鬓鬈和每一件雕出的珍饰都刻画得几乎纤微毕露（如图 26）。他们因将注意力都集中在织物的细致纹饰上，遂使得雕像躯体在富丽厚重的衣着下隐藏起来（如图 27）。另一方面，在露在衣外的赤裸部分，例如手臂，这种对于工细风格的爱好使他们在处理肌肉上夸大到粗暴的程度。如此丰富的细部表现，如果不是由于构思鲜明、手法雄健而严格保持着整体的一致性的话，很快就会令人烦厌的。尽管这种民族型的笨重形体和过于堆砌的装饰，致使亚述艺术不能企望达到任何秀丽庄重的境地，但由于作品力求精确，有合于比例之感；并且所雕人像天然具有威严的仪态，所以它仍然成就一种不可否认的堂皇伟丽的效果。

此种尊严华贵之风，甚至在最早时期，包括阿述纳吉－帕尔二世（前 884—前 859 年）及其继承者沙尔马尼色三世（前 859—前 824 年）当政时在内，已经很动人地表达出来。不过这两位君王的巨大立像仍颇为古拙，外观也过于肥矮，服装只是僵直的圆筒形。而在石碑上的浮雕人物就成功得多了。这两类作品都十分质朴可喜，所着衣织物上的花纹也还有些淡雅之致，这是可资识别的；同时在那带翼的牛和尼姆鲁德的巨大狮像上，我们可以注意到其技法的成熟而富于热情，这种技巧将在萨尔恭朝动物雕刻者的杰作中登峰造极。至于容有许多人物的历史图像，其特点是缺乏任何配景(只有少数暗示性的点缀以表示行动的场所),并且在人像上几乎完全漏刻了楔形文字的铭记。

至萨尔恭朝(公元前 722—前 705 年),现实主义风的背景如果不见于狩猎场面,至少已出现于战争场面中,在此开始对各种不同树木已可辨识。这些浮雕过去一直刻得十分低浅,现在则变得凸突起来,铭文也改刻在人像旁,而不是在人身上了。当西纳克里布在位时(前 705—前 681 年),用风景作衬托即渐趋普遍,景物甚至体现得很精确,如棕榈、松、柏、藤或芦苇等草木都刻画入微。雕刻家对宫室或营帐的每个生活插曲都感兴趣,因而将所谓"世态图景"及其伟大历史性的结构结合在一起。最后,至阿述巴尼－帕尔当政时(前 669—前 626 年),这种浅浮雕完成了它的发展过程,而成为充满各样形体的真实图画。其中人物和野兽同样都富有令人惊叹的动态。现实主义的生活插曲和世态景象都受到出色的巧妙处理。风景被表现得尤为可爱。人物身材一般较以前加高,不再那样粗矮了。至于技巧,也达到它的最高成就,每幅图景都以可赞美的圆熟手法雕刻出来。

在观察这种演进的全部过程时,我们可以识别出某些一般的典型作品只在细部上各不相同。在神话动物中,首先是用于守护门阙左右的人头翼牛,这雕像从正面看是圆雕,侧面看则是浮雕(因此用视觉上的机巧手法使它显现五条腿)①。它躯体如牡牛,但鬈毛和鬃则类狮子,还有鹰的一双巨翅。这个混合着人、牛、狮、

① 侧面浮雕像上四条腿中的后一条前腿,在正面圆雕中又重现于前方,因此石像上共有五条腿。——译者

鹰的神话动物，在它戴着宝冠的须发毵毵的面孔上，显现一种矜贵肃穆表情，这已经很像希腊奥林匹斯天神像了。它是“伟大的自然力的混合”，并具有如大神宙斯般的威严气概。同样特色也见于此类的其他动物雕像上，其中有将人的上半身和狮子身体连接在一起的。

这些神话中的头部，一如普通世人的头像，完全仿制着亚述人的典型。主要是一种雄赳赳的型式，不仅君王和带须的战士们如此，就是光嘴巴的青年头像也一般无二。在这全部雕像中，我们发现有同样的强悍表情。但在个别型式上却不及埃及作品那样明显，不同人物只是由其服饰标识来表示而已。

尽管有以上所指各特点，必须承认，亚述人在塑造人体上却较埃及人逊色，原因是，我们已看到，他们将身躯隐藏在服装之下而忽视了裸体。另一方面，在他们可以自由研究的动物形体上，所表达出的熟练技法则使这些艺术家成为古代世界最伟大的动物雕刻者。描绘西纳克里布和阿述巴尼－帕尔的战争场面诚然是具有史诗式的雄壮景象，但只有在库雍吉克（即尼尼微今名）和科尔萨巴德的君王出猎图中，我们才见到真正的伟大杰作。

作为人们在战争和狩猎中之伙伴的马，自然是尼尼微大师们不倦研究的目标。薄浮雕的作者们用鉴赏家般的亲切小心手法将它的美丽形状以及每件马具和奢华装备都雕造出来（图 28—30）。亚述的马，虽然是阿拉伯马的近亲，具有优美的头型和特别富于表情的面孔，却似乎属于另一个较为粗短而肥重的血统。在此类浅浮雕上，有些雄骏的马匹可以使我们赞赏，它们正在前进途中被遏止了，切望着再举步，全身不耐烦地颤动着。又如在库雍吉克的一幅巨大的阿述巴尼－帕尔王出猎图中，那些奔驰的马匹都具有绝佳的肌腱，而屹立在车上，弯弓欲射的国王也充满了在逐猎中获得的喜悦与兴奋神情（图 31）。除了此种富有动态的场面外，我们还可赞赏那些在御马厩中休息的马，其中一匹正在宫中马伕所持的秣桶内吃草，一个马伕则在刷他的马，刷子刷过肢体时这马伸直了身子。亚述人在雕塑属于马类的其他动物时，也用着同样可喜的手法。今藏大英博物馆中那幅阿述巴尼－帕尔王猎野驴（onager）的浮雕是尽人皆知的：一群野驴，受到国王的奇袭，四处乱窜着。有的被箭贯穿了，在地上打滚；有的被猎犬咬着后腿拽倒了；更多数的则是急急奔逃；一头小驴停下来踢起后腿，那牝驴则回过头来召唤它的小仔。这些图像线条的优美和行动的迅速是同样动人的。

在两幅猎取野山羊的石刻中，也可看到同等优美景象：山羊正吃青草时受到狙击，其中一只转身向空中嗅着，几头小羊正啮野草或跟在它们母亲后边走；这时警报来了，箭飞着；羊群四散乱蹿起来。

关于阿述巴尼－帕尔王的猎犬也应该一谈。这些都是特种优良猛犬，训练得可以对抗狮子。它们套着皮带，牵在猎人手里，因为急于扑向猎物，焦躁地想挣脱，狺狺着向前挣得绳子紧紧的（图 32）。稍远地方，在上述的一幅图像内，我们看到它们在工作了，将牙和爪都扑在野驴的身上。

但亚述人的最高成就乃是对狮子的塑造。他们的确是依照活物而把它刻画下来的，和他们的狮像相比，甚至希腊人的同类作品看来也只是想象的动物了。他们不仅时常出去猎狮，而且还养驯它们，并把它们带到宫里去。所以在阿述巴尼－帕尔王的一幅浮雕中，表现出一头雄狮和一头母狮在御园的棕榈树和藤萝之间任意游荡着，雄兽站在那里，神态威猛，牝兽则懒洋洋地卧在地上，把头搁在伸出的前爪上边。再如一头被捉住的狮子，正从栏中放出来到斗兽场里去角斗，它带着惊愕愤怒的表情，咆哮着向前冲去。我们还可举出大英博物馆所藏那幅可怜的负伤牝狮像(图33)：它后半身已中箭瘫痪了，但这猛兽濒死仍强自挣扎着，转过来面对着敌人，昂头做最后的怒吼。另一幅是阿述巴尼－帕尔王只身与一头狮子搏斗。旁有铭文记述这一事件说："我，万国之王，亚述之王，阿述巴尼－帕尔，奋神威孤身徒步向沙漠中一巨狮进击，捉其耳，蒙大神亚述及战神伊什姐儿之佑，亲手以矛洞其身。"最后，亚述的雕刻家们对于圆雕的狮子也同样擅长，巴黎卢浮宫所藏的得自科尔萨巴德的青铜狮子像可为明证：这兽俯卧着张口而吼，显出健壮的大块肌肉，侧斜的后肢和可怕的尖牙，"张着嘴，口鼻间露出皱纹"。

亚述人对狮和牛的处理手法使阿开密尼德朝的波斯雕刻家们受到很大程度的感悟。全部波斯艺术，包括萨珊王朝的在内，更继承了亚述的纹章式的题材。所以在亚述装饰中大量表现的半狮半鹰的异兽图——例如，在阿述巴尼－帕尔王外衣上的图形——后来也出现在萨珊朝的纺织品上；如在塔夸－夷·布斯坦石洞中的喀斯鲁二世乘马雕像的长袍上的龙—孔雀花纹饰。其他为日后广泛流行的图像中还有一种带翼的牛，那秀丽优美的形态很像一匹马，这些都是一对对的，在另一头翼牛或一株长生树的左右，以完全对称的姿势面对面地用后足人立着。此外还有鹰或类似鹰的怪物，站在别的动物头上。这些可远溯至古时苏美尔－阿卡德圆筒印章上的装饰主题，经过喜特人的改进，传给亚述人，再由亚述人传给波斯和“大伊朗”。在这方面，我们可以注意到亚述文明如何渗入到阿拉拉特和高加索一带的其他阿拉罗地安人之中，其所播的种子，我们将看到，要在伊朗和外高加索、在南俄罗斯和阿尔泰各民族间都发出生命来。

讲过亚述的雕刻之后，现在我们再来谈其绘画。至今为止，我们对此题材所知很少；但在 1929 年，巴黎卢浮宫的图罗－但真氏曾于叙利亚杰兹列地方的帖尔－阿玛尔（即昔之提尔－巴尔希布）发现一座亚述宫殿，其内部距地约六英尺处装饰有巨幅壁画，年代似属于提革拉－毗色三世时代（公元前 746—前 727 年）。画面上我们发现了与当时雕刻上相同的题材：战争、屠杀及宫廷朝觐等情景，和所习见的人物。其中乘马奔驰的骑士，一般都具有勇武雄壮的光彩。这些壁画的处理技法和那些薄浮雕十分类似。它在不同的颜色之间往往用深色的界线分清。所用色彩则包括红色（一种棕红）、白色和蓝色（像在毡毯上可看到的那种蓝）。黄色和绿色是直到萨尔恭朝才被用在亚述绘画上的[①]。

---

① 这些壁画由卡夫累氏复制，不久将在卢浮宫展出。详情可参看图罗－但真氏：《提尔－巴尔希布之亚述绘画真迹》，载《叙利亚》卷Ⅺ（1930 年版），113 页，有附图。

第四章　波斯的伊斯兰教时代前的文明

阿开密尼德王朝的文明

波斯人、米代人和大多数古代伊朗的其他民族都属于伊朗族，这是印度－伊朗人或称“雅利安”（这两个名称意义是相同的）大家庭中的一支，而后者本身形成为印度－欧罗巴民族中的一部分。我们不知道他们是在什么时候定居在伊朗的；我们只要注意到，当公元前 14 世纪时，在美索布达米亚的西北部居住着一种米坦尼人，他们的国王带有印度－伊朗式的称号，所敬奉的神也是印度－伊朗的。

原始的伊朗语言和梵语（Sanskrit）有密切的关系。我们发现它有两种方言形式：一为“老波斯语”，是法尔斯即波斯本部的语言；一为“真德语”，这代表一种米代（米地亚）的方言，并且是拜火教圣书即《阿吠斯陀》所用的语言。后来还有一种伊朗语，所谓帕拉维语（或作派勒维），则是帕尔提亚人（安息人）和萨珊王朝的语言。

最初出现于历史上的伊朗人是卜居在今日伊拉克－夷·阿杰

米的米代人。公元前 612 年，他们的国王赛阿克萨利斯攻陷尼尼微，覆灭了亚述帝国。亚述的领土为米代人及其盟邦巴比伦人所分割，前者取亚述本土，后者则取迦勒底和叙利亚。至公元前 550 年或前 549 年，米代人的帝国又为另一强大的伊朗民族波斯人所灭。这位波斯的征服者居鲁士次第蚕食的土地有：米代及其藩属，于公元前 549 年；吕底亚王国——即小亚细亚——前 546 年，远达印度河的东部伊朗，前 545 年至前 539 年之间；最后是迦勒底即巴比伦帝国及其藩属叙利亚，前 538 年。这样建立起来的帝国，被他的强大的阿开密尼德王朝统治着一直到公元前 330 年，而在前 525 年居鲁士之子冈比西斯更进而征服了埃及。在其国势一度衰微后，王族大流士一世（前 521—前 486 年）即位，重整江山。我们知道这位君王和他的儿子薛西斯一世（前 486—前 465 年）曾试图征服希腊未果。至公元前第 5 世纪之末与第 4 世纪之初时，阿开密尼德朝诸帝一般多以阿塔薛西斯或大流士为名，他们对希腊各城邦间的内阁即仅限于外交上和经济上的干涉了，至末帝大流士三世，遂为马其顿之王亚历山大大帝所灭，后者于公元前 334—前 324 年间征服了波斯帝国。

波斯人从他们历史上的第一阶段看来，无疑是古代世界的最高尚民族之一。他们的荣誉感和人道感以及任侠尚义性格，在亚述 - 巴比伦或布匿克（即“迦太基的”）的邪恶和野蛮残忍的社会之后，使人感到一种宽慰。从他们开始进入历史时期起，我们似乎即觉得他们是同我族类。希腊人经过和波斯人的战斗后，往往把他们当作可敬的敌手，而当心不像对普通属国似的去覆灭他们，这是没有看错的。希腊史家希罗多德曾写过：“波斯青年受教有三事：

骑马、射箭和永说真话”。

印度－伊朗民族的原始宗教，在伊朗人和印度人分离以前，信奉着两类主神：一是“提婆”（Dēva），即“天神”，青天上的神；一是“阿修罗”（Asura）或“阿胡拉”（Ahura），即“真主”，其性质属于道德方面者较多，而纯属自然方面者较少。两民族分裂后，伊朗人和印度人对这两类神祇也有了不同看法。印度人把“提婆”径直变为上帝，而将阿修罗降为如希腊神话中“泰坦”般的地位，成了神的仇敌，不久更演变为魔鬼。另一方面，伊朗人则将“提婆”变作魔鬼，所谓“提夫”（div），而使“阿修罗”成为唯一的真神。据大流士一世镌在岩石上的铭文看来，到阿开密尼德王朝时，伊朗人已经又走过了另一发展阶段，阿修罗其中之一的被奉为“智慧之主”的“阿胡拉－玛兹达”，已被认为即使不是唯一的神也是“最伟大的神”了；而且在阿开密尼德朝统治下时，王室唯奉阿胡拉－玛兹达，而忽略了所有其他神祇；由此到一神教的一步距离就不很大了。这种崇拜的主要特点是在露天的祭坛上燃起圣火（“阿塔尔”（ātar）），在波赛波利斯的阿开密尼德朝诸王陵墓内的高浮雕上有许多图景可为证明，国王立在燃火的祭坛之前，而阿胡拉－玛兹达——或许是国王的“弗来瓦什（保护神）”——如一个有翼的神灵形象在上方出现。在阿开密尼德朝的浮雕上，印度－伊朗的另一大神米特拉我们却很少见到——这位神祇原来具有一种社会的性质，即“信约之神”，后来则变成为太阳神了。最后一点，我们知道阿开密尼德朝人是埋葬他们死者的。与此种一般性质的国教并存的，似乎还有一个僧侣的教派或阶级，即希罗多德所提到的麦吉教（Magian，原词单数作 Magu 或 Mōbadh），虽然希氏对此点没有谈到，但看来

他所述及的麦吉教非他，恐怕也就是左拉图斯特拉或琐罗亚斯德的玛兹达教（拜火教，祆教）。

琐罗亚斯德的生存年代尚未确定。今日的波斯学者们多认为应在约公元前第7世纪。传统的说法是他生于米代，在20岁时即遁世隐居，33岁开始传播他的教义，曾教化了一位名维什塔斯帕的王子，并曾远行到巴克妥利亚（大夏）；77岁时，为蛮族的入侵者所杀。琐罗亚斯德的圣书《阿吠斯陀》中最古老的部分“伽塔（圣歌）”似乎成于这位教主的实际生存年代，即公元前第7世纪，而《阿吠斯陀》中的其余部分则显然较为晚出。琐罗亚斯德自己在“伽塔”中说，他是来净化宗教的。他的教义是在崇高的精神方面，以被称为二元论——这名称也许不确切——的本原为基础。它一方面有阿胡拉－玛兹达，是为光明和良善的本原，而被当作神的；另一方面则有昂格拉－玛恩纽，为黑暗和罪恶的本原，有如玛兹达教中的撒旦。前者造出了世上一切善，后者造出了一切恶。和阿胡拉－玛兹达并存的还有一些将神圣品德予以人格化的神，其地位和基督教中的天使有些相同：首先是六位“阿美沙－斯朋陀”，即“圣不朽者”，这乃是抽象观念或基本道德的人格化，如“沃胡－玛诺”，即“善良思想”之神，“阿沙－瓦希什陀”，即“高尚德行”之神，等等。在这些高级神祇之下还有无数圣灵，所谓“耶泽陀”（Yazata），其中第一位是“阿塔尔”，火神，在玛兹达教中它始终扮演着主要角色；它被称为“阿胡拉－玛兹达之子”，圣火祭坛就是为祀奉它而设的。在“耶泽陀”中，我们还可提到“阿波”，水神，这也和火神是同等神圣的；还有“赫瓦尔”，日神，特别代表着光的威力，并为前述善神“米特拉”的仆从，而专祀米特拉本身的教派日后竟使这位

神祇进而征服了希腊－罗马世界；最后则有“弗来瓦什”，它一面为保护神，一面又代表灵魂的神圣本质，更有“伟力特拉格纳”（Verethraghna，后为巴拉姆 Bahram），即胜利之神，等等。与这一群善神对立的还有一群恶神，这是由昂格拉－玛恩纽造出的，其中我们可以注意到“达依瓦”（daeva，即提婆 Deva）和许多其他印度多神教中的神，现在被贬为恶魔或魔王的地位，和“得鲁吉”（druj）即厉鬼及“派丽佳”（Pairika，或波丽 peri）即女妖为伍了。世界的历史就是这两个原则间的不停斗争，善与恶的决斗的历史。玛兹达教徒相信灵魂不灭，人死后灵魂经过“裁判桥”，依据其生前行为，或升往“圣歌之乡”，或去地狱和“得鲁吉”在一起。此教经文的结尾是对万物最后命运的一种乐观设想；据说在时间终了时，将有如基督教中的“弥赛亚”者出世，名为“琐希安特”，这是琐罗亚斯德之子，他在琐罗亚斯德身旁——后者将再出现——主持死者复活后的最后审判。至时大地漫覆着一片汪洋似的熔金，审判于是开始；一切恶类，包括昂格拉－玛恩纽，都将毁灭，一切善类则将得救，这样最后表明了善终于战胜恶。我们可以补充的是，阿开密尼德朝诸王对死者是予以葬埋的，而正统的琐罗亚斯德教徒们则要暴露死者的遗体，因为恐怕与尸体接触而染污了火、地、水等神圣的原素。这一细节证明，玛兹达教当萨珊王朝统治下虽成为波斯的国教，但在阿开密尼德朝时，它无疑的只不过是一个教派或一个宗教阶层人士的信念而已。

此外，似乎没有一个君主国家比阿开密尼德王朝更开明宽大或自由放任的了。只要想到这一朝代的组织观念、治理天才和宗教方面的容忍，就足可说明其性质。

波斯帝国的行政机构是大流士一世所制定的。这位君王将他的广大国土划分为约 20 个行政区或州郡(satrapies)，每区为首的有三位长官：州长(satrap)，他原来是只处理民间事务的；皇家秘书，掌管文牍；驻防军司令官。州长、秘书和军官都同样隶属于一位特任的巡按之下，他定期巡查各地方行政。我们看到，这样的组织曾受到一种双重原则的启示：第一，中央集权，这在当时是极可注目的；第二——至少在一开始——是真正的分化权力，其目的在防止地方长官们希求独立。

但这种集中化绝不是要使那些被阿开密尼德帝国所吞并的各民族消灭。始终忠于自由主义的波斯人，一旦成为东方的至尊民族之后，仍然允许在其治下的不同民族及各种固有文明和他们自己的文明并肩前进。他们对各归顺人民信奉的宗教所抱的容忍态度，也同样值得注意。东方的其他征服民族，尤其亚述人，都是对外国人民，同时也对外国的上帝作战的；大神亚述和伊什妲儿也俘虏了耶路撒冷的耶和华，泰尔或贝阿尔，巴比伦的马尔都克，苏萨的苏希纳克，和底比斯的阿蒙等神。而与此相反，阿开密尼德朝的波斯人却从不曾将阿胡拉－玛兹达置于赛姆人或埃及人所敬的诸神之上。后来至萨珊王朝使波斯和西方因之分裂的对玛兹达教的那种狂热信仰，当时在他们却是完全生疏的。犹太人对这些波斯人的态度就有着深远的意义；犹太民族，从他们的先知口中对埃及、亚述，或迦勒底的征服者们，以及对后来赛琉西或罗马的统治者们除了发泄出同样的咒诅外，没有其他语言，而最后却心悦诚服地承认阿开密尼德朝诸王是他们的主人。它几乎将居鲁士变成一位民族英雄，并使一个犹太女子以斯帖登上《圣徒传》中的亚哈随

鲁王的宝座[①]。而总的说来，这种判断是符合历史的。诚然，阿开密尼德王朝也像所有东方的君主国一样，是一个专制的国家，它过于受到那些反复无常、粗暴愚弱的君王们的轻举妄动之害，但此类宫廷中的戏剧性事件，对这庞大帝国在政治上的影响，却没有像在恺撒时代血染罗马的情形那样重大。正像尼禄暴君的疯狂无道并不妨害外地罗马人们享有和平生活一样，这里的某一位大流士或亚达薛西斯王个人的反复任性，也毫未阻碍东方世界享到阿开密尼德朝政府的福利设施。

在这里，一个固定的、正规的税收制度代替了亚述人对被压迫民众随时发起的暴敛穷征。又在帝国各部，从小亚细亚到埃及，自叙利亚到外乌浒河地方，都建立了大道的交通网，并由一种常设的驿站系统慎重维护着。在古代世界已成为规律的民族与民族间、人与人之间、城市与城市间的那些战争，到此时突然终止了。以广泛的和平，与后来左右西方世界的"罗马太平盛世"类似的"阿开密尼德朝太平盛世"，在两个世纪中遍及从高加索山脉到阿拉伯沙漠，从博斯布鲁斯海峡和西里内伊卡到印度河的整个东方。这较之过去时代实在是一极大进步，并且是可以恰当地与在希腊时代分崩离析的诸城邦相形之下、建立起所谓"Orbis romanus"即"罗马世界"后所产生的情况相比的。

忘记了波斯人的这些功绩，而把他们只看作与希腊人对抗的亚洲"野蛮"的敌人，这是不公正的。我们不应该因为波斯人在战争和文化上显得不如希腊人，即断定他们的民族和功业也完全低

① 见旧约《以斯帖记》，此处指以斯帖被亚哈随鲁王立为王后。——译者

劣；有哪种民族，无论古代或现代，日耳曼或甚至拉丁，与前第 5 世纪的雅典人相比而不被认为是未开化的民族呢？事实上，这些所谓“蛮族”，在东方世界中并没有表现得自己有负于作为雅利安人代表的使命。甚至可以说，他们和罗马人乃是古代唯一能在持久的基础上组成一个伟大帝国的民族——这种成就，希腊人尽管有它一切光辉的特质，却始终未能做到。至于波斯人，在其中东霸业中的第一件成果就是奠立了阿开密尼德政府——一个统一而有秩序的政府，由整个看来它是平和而行德政的——而在这片土地上，几千百年来赛姆族的英才们除了长久制造着分裂、仇恨和暴行外，一直别无所能，这成就实在是雅利安族英才们一种不小的荣耀。

米代－波斯文明乃是东方最辉煌的文明之一。希腊人从来就不惮其烦地赞扬着苏萨和波赛波利斯的荣华；而且今日的发掘，使我们重见到彩釉炼瓦浮雕的“射手”“众神”等作品，更证实了这一印象。此种艺术的根源在于那伟大的亚述－巴比伦传统；我们将看到，迦勒底－亚述的影响在产生波斯艺术上所起的作用是如此重大，只能以希腊艺术对罗马艺术的影响与之相比。从文学观点上看，我们也只要想到，楔形文字是被阿开密尼德王朝一开始就采用的，不过予以不少简化，即将那符号数目减少到 36 个；因此所有阿开密尼德朝的铭文，无论是单独由老波斯语，还是像常见的那样由三种语言即老波斯语、依拉姆－安赞尼特语及迦勒底语所撰刻，都用的是楔形文字。至于他们的物质文明，阿开密尼德朝诸王在王室的外表装饰上更完全是底格里斯河和幼发拉底河的古王国的继承者，以至他们的居住处所也选定在迦勒底－依拉姆领土上的苏萨。所以从某些方面看，除了道德的因素外，米代人攻克了尼尼微和波斯人攻克了巴比伦，在某种意义上却等于古代迦勒底－亚述的文明中心征服了伊朗。

阿开密尼德王朝的艺术

然而阿开密尼德王朝人士在全部艺术领域内却是革新者，首先是在建筑方面。他们的宫室是建造在至今仍可看到的坚固的石料结构上的，用以代替旧时亚述的砖制而仅在表面覆盖一层石材以容纳浮雕的台基。此外，他们还效法埃及的石柱，并且广泛应用起来。在萨尔恭朝的宫殿中，圆柱只是一种装饰物，而在阿开密尼德朝的宫殿内它已成为一个主要的部分了。但这种圆柱的设计虽来自卡尔纳克和卢科索，那柱头装饰却仍是亚述式，所用的题材可直接溯源到萨尔恭朝，即由两个以背相对的牡牛的前半身所组成。另一方面，阿开密尼德王朝似乎也仿效埃及修建岩石坟墓的设计，除了在玛什哈德－夷·木尔伽布地方的居鲁士的小小丘冢外——这一建筑，据萨尔教授说，好像是模仿着波斯的石椁形式，其他所有阿开密尼德朝诸王的陵墓都是在半山腰间开凿而成，正面有雕饰的石壁，使人联想到埃及坟墓的入口处——自然，那装饰主题都是伊朗式的，如拜火坛和阿胡拉－玛兹达的光轮等。

迦勒底－亚述的纪念物大部分是为了宗教目的而造的。但在伊朗，祆教的虚空抽象的唯灵主义则认为利用神庙是受到外教异端的污染；因此建筑既不能再作为宗教膜拜中的用物，就只有为君王服务了。这也就是何以在波赛波利斯和苏萨的阿开密尼德朝的两群建筑物都是宫殿的缘故。

波赛波利斯卫城是以一个自然的丘壑为台基，由106级阶梯的宏伟台阶登临其上，踏道台阶两侧的面壁（象眼）上都排列着战士、扈从和纳贡的王公等的薄浮雕，它们好像也在踏级而上的样子。台阶尽头上建有薛西斯王门阙，上去是一片极大的平台，其上在一条西北至东南向的直线上，耸立着首先是薛西斯柱殿，有圆柱72根，每根高达80英尺；其次是大流士宫，规模较小；再次则是更巨大的薛西斯宫，和阿塔薛西斯三世所建的宫殿。在这一串建筑物后面——即其东北面——有较此高出十英尺的第二片平台，那上面屹立着"百柱大殿"，据萨尔教授说，这可能是大流士建造的，他无疑是受到底比斯柱殿景象的启发。阿开密尼德朝的这些柱廊及其石刻的薄浮雕，乃是波赛波利斯遗迹中唯一保存得较好的部分，至于用亚述式的砖瓦构造的居室部分则已完全圮坏不见了[①]。

装饰波赛波利斯和苏萨的巨大建筑物群的薄浮雕和柱头雕刻，证明了波斯乃是亚述的学生（图34、图35）。波赛波利斯的薛西斯柱殿所饰的有翼牡牛和人头牡牛，其面部为圆雕而身体为浮雕，正是直接效法于亚述的同类雕像；引人注意的歧异之处，则是阿开密尼德王朝艺术家们所改进的地方：面部的圆雕更为显明触目了，亚述那种故弄玄虚的五条腿的式样已被取消，再有那伸张如扇形的两翼则显得特别优美。但一般说来，他们对亚述的人体模型却不是这样直接抄袭的。亚述的英才们，由于重视肉体的特质和对强力的崇拜，在雕刻上一直做着一切事物的物质面貌的奴隶，如它所夸张表现的人体肌肉和刻画入微的装束修饰即为明证；他

① 参看赫兹菲尔德：《波赛波利斯遗墟现状报告书》（柏林，德黑兰版，1928年）。

们的雕像，尽管生气勃勃并具有可惊的运动感，却始终可以说像是被它的过分繁丽给压倒了。与此相反，波斯的杰出作者们很快就摆脱了这种物质世界的制压，为的是可以升起到一个纯粹沉思冥想的境界。迦勒底－亚述诸神都具有如此浓厚的肉身气质，好像牺牲的气味都把它们吸引得“像蝇子似的”；与此相反，在这里看到的宗教，其神灵如“阿美沙－斯朋陀”，却只是抽象观念或品质的化身。受到这样完全不同观念的启示，波斯艺术，如萨尔教授所指出的，证明要具有一种使其形式变得超脱而隽逸的肃穆之风。在对于衣着的处理上，此种差别即显然可见。亚述的雕像，其服装都是华丽厚重并且紧附在身上的，被遮盖的身体线条不甚分明，而在裸露的部分——例如手臂——又相反地将那肌肉的活动夸张地表现出来。而在伊朗艺术中，雕像的衣服虽然不像他们的弟兄西赛亚人（Scythians，月氏人）那样空空荡荡的，但也肥大得多了，同样情形，薄浮雕上的衣着也被用审慎的手法刻画得宽松肥大，襞褶简洁高雅。当这种风尚由于观察的结果而达到匀称适当时，我们遂看到了真正端严壮丽，同时线条又柔和安适的精妙作品，如薛西斯殿巨大踏道侧面浮雕的赛种人和叙利亚人纳贡者皆是（图 36）。这些作品，据笔者的意见，与印度阿育王时代的艺术有着密切关系（可与鹿野苑石柱头对照），并且足可与之媲美。但这样脱离了物质世界，这样质朴而有意加以简化的作风，有时被夸张得过于教条化而且枯燥了。简单说，伊朗的阿开密尼德朝艺术（在萨珊朝更甚）已揭示出它的缺陷。它和罗马式艺术或中国北魏的佛教艺术相同，具有一种富于神韵的特色，并且与之相似也将前一期的异教造型技巧变得柔和而飘逸，但同时也使那内容空虚起来。

自然，拜火教也造出了神像。代替着迦勒底－亚述雕刻中的形形色色的诸神，在波赛波利斯我们只发现了阿胡拉－玛兹达的造像（也或许是君王的“弗来瓦什”即护神像?）。这无疑是从我们在萨尔恭军旗上所见到的有翼和轮的亚述神像演化而来。但阿开密尼德朝人士从这古老题材中又创造出一个新的样式；这位“智慧之主”，头戴形似软帽的低宝冠，有着肥大的衣袖，线条优美的日轮和涡纹，一双极大的羽翼作为背景，衣服上的襞褶暗合着翼上的条纹，这一切正适于作为一种较西方旧约圣经更属于纯精神方面的宗教中的神祇造像——那是一种柏拉图式的超然的精神主义。直到萨珊王朝的时代，拜火教才把这有翼的神像易为骑马的阿胡拉－玛兹达像，这正是以他们的“大王”本身为模型而造出的。

波赛波利斯和苏萨浮雕上的阿开密尼德朝王者，也使人联想到萨尔恭的君王，但也同样的简单化，首先让我们观察到生活中的一切细节，国王的姿态在这里被减为四种：有在圣火祭坛前的礼拜，有制伏披枷锁的敌人——如在贝希斯敦（或比苏敦）的刻石画中的大流士，有登位临朝——如在波赛波利斯中心建筑物的一面浮雕上的大流士，再有摧伏妖魔。在所有这些图像中，阿开密尼德朝的君王和上述阿胡拉－玛兹达的雕像相同，都戴着“希达里斯”（cidaris）即“上宽下窄的软帽形的三重冠”。他穿着肥大的“米代式的长袍”，宽长的袖子直垂到脚面。那矜贵淳朴之风在这里又一次给人造成一种庄严的印象。站在这些作品面前，我们深深领会到他的尊严骄贵，甚至希腊人也称他们为“伟大的王”，而其领土在当时也是空前庞大的。

在上文提到的波赛波利斯的一块薄浮雕上，刻着一个由一群被统治的人民扶持的君主，每人都以各自的民族型式、服装和姓名表现出来。图旁附有铭文，好像从悠远的过去向我们发出声音："若思大流士陛下统驭国土凡几，试观图中拥戴朕位者即明，并可知波斯征伐于异域，其锋镝无远弗届。"

德·摩尔根氏的考察团在苏萨发现的彩釉炼瓦雕壁，完成了对波赛波利斯所论述的这一课题。琉璃瓦的制造方法是来自亚述的，由尼姆罗德和科尔萨巴德两地发掘到的残片可以证明，那上面雕有国王、战士、雄狮、牡牛、鸟类以及柳木等。波斯人使这种艺术更普遍化了，并用来组成一些装饰，色调的美丽和线条的柔和都特别悦目，同时由于其意象的崇高而且重复着那同样的题材，就更造成一种堂皇壮丽的效果。每人都会记得巴黎卢浮宫所藏的"射手"（图37）"雄狮"和有翼牡牛（图38）的彩釉雕壁；那射手们，装备着弓、箭袋和长枪，并且像他们的君王似的穿着肥袖宽袍，头上戴的却不是如波赛波利斯那样的王冠（tiara），而是用一根小带子系着的铁胄（兜鍪）；那狮像虽然在肌肉上和张口怒吼的神情上显得手法雄劲，但比起萨尔恭朝浮雕上的狮子来却写实风较少而装饰性较多了。苏萨的翼牛雕刻也是如此，它们比起亚述的作品来也是优美过之而劲健不及。

试对这种观察做一总结，可以说，阿开密尼德朝的艺术给我们的印象是一种更恬静的亚述形式，比起萨尔恭朝的艺术来，其动态和变化都较少——是一种浑厚、肃穆，而充满庄严端丽之风的艺术形式。在下一卷中，我们将看到它怎样影响了印度孔雀王朝的艺术。现在我们就要来看它在本地波斯萨珊王朝艺术中的延续了。

萨珊王朝的文明

伊朗被亚历山大征服之后，从公元前330年至前250年一直处于希腊各王朝的势力之下。约当此时，伊朗民族有一支在科尔萨巴德获得独立：这就是帕尔提亚人（安息人），老波斯语称之为“帕尔塔瓦”，后又称“帕拉瓦”，因此他们的语言即称作“帕拉维语”，我们曾看到，这种语言乃是伊朗一种方言，是由老波斯语发展而来的一个形式；再者，不管提出什么学说，帕尔提亚人（安息人）也无疑是属于伊朗民族；甚至他们像被指说的那样混有西赛亚人（月氏人）的成分，他们那雅利安人的特性也是无可置疑的，因为月氏人本身就是“外伊朗”地区的游牧的伊朗人。

安息人阿萨栖兹王朝——这名称是由其创业者阿萨栖兹或称阿沙克而来——统治的年代自公元前250年起至公元前224年止。它处于和希腊的赛琉西朝几乎不停斗争的状态——从他们手中夺得了伊朗西部和美索布达米亚——其后又和希腊的文化在东方的继承者和保护者罗马人战斗，他们对阿萨栖兹朝获得了西部美索布达米亚和亚美尼亚而提出挑战。阿萨栖兹朝两位最著名的王，一是密斯利德提斯一世或作密斯拉德特大帝，他于公元前约174年至前136年在位，曾奠定了安息帝国历史上的疆域，由玛尔夫到巴比伦尼亚；又一位是奥罗德斯，他曾于公元前53年在卡里（即哈兰）地方阻止了罗马执政克拉苏的入侵。

阿萨栖兹王朝这样便恢复了伊朗的独立，并且成功地保卫它抵御一切侵略逾四个世纪之久，因此他们可以正当地称为阿开密尼德朝诸王的继承者,并复用了“大王”和“列王之王”的称号。然而就在这些伊朗的英主统驭之下,伊朗文明似乎仍处于冬眠之中,这是由于随亚历山大大帝而来征服了东方的希腊文明的影响还过于强盛的缘故。他们虽是伟大的全伊朗之王——其版图一度曾由叙利亚伸展到印度河流域——并且经常和希腊-叙利亚诸王,以及其后的罗马恺撒们作战,但阿萨栖兹诸帝在他们当政的四个世纪中,始终仍是希腊文化的挚友。在货币上,他们经常铸有自称为“亲希腊者”的称号;这些钱币也肯定是希腊式的,不仅在铸造方面,即使在艺术的灵感——或至少是在意图——方面也是如此,而且币上的铭文也是用希腊字组成的。阿萨栖兹诸帝,正像与他们同时统治着大夏和印度河流域的贵霜王朝的君王们一样,已被“希腊化”了,或采取着希腊的习俗,这样做并非由于爱好,而是由于时尚。有一件巧合而具特征性的事是,当罗马执政克拉苏的人头被送来时,阿萨栖兹王朝中最伟大的奥罗德斯王正在听欧里庇得斯[①]所写的戏剧。

但甚至当这希腊时代的极盛时,雅利安精神在那最不妥协的拜火教形式下似乎仍保持了一个据点:波斯本部,希腊人称之为“波西斯”,即现代的法尔斯省,为阿开密尼德王朝的世袭统治地。本省当地的王侯,初为赛琉西朝的藩属,后又向阿萨栖兹王朝称臣,在他们遗留下的钱币上证明了他们对拜火教的虔诚崇奉。在公元后第3世纪初叶,法尔斯又转入另一个源出于拜火教祭司家

① Euripides(公元前480—前406),希腊大悲剧家。——译者

庭的王室手中，即萨珊王室[①]，其为首的阿打失一世起义，推翻阿萨栖兹朝，并杀其末帝(公元 224 年)。这次胜利的结果是阿打失自立为全伊朗的王中之王，只有大夏除外，那里仍被“大月氏”人的贵霜王朝所占据。萨珊朝的首都一个是法尔斯的伊斯塔克尔(Istakhr)，在故城波赛波利斯之北，又一个是在迦勒底的原为阿萨栖兹朝首都的泰息封－赛琉西亚双城(维・阿打失)。

萨珊王朝——即阿打失的王室——公元 224—652 年据有波斯王位。它以保卫伊朗及伊朗文化为其一贯宗旨，在西方抗拒着罗马人及其后的拜占庭人，在东方则抵御着代替外乌浒河的贵霜王朝而起的突厥——蒙古的游牧民族——初为第 5 世纪的嚈哒白匈奴人，其后为第 6 世纪后半叶的突厥人。有几次萨珊朝诸王甚至要越过伊朗本部边境重建过去的阿开密尼德大帝国，自兴都库什山直达地中海。在西方，沙浦尔一世——萨珊朝第二代君主，在位年代 241—272 年——于 259 年虏获了罗马皇帝瓦利里安，这一惊人的胜利，后来曾自豪地表现在萨珊朝的雕刻上以为纪念；其次他又征叙利亚，但在那里未能保持着他的占领。当萨珊王朝末叶，于 531—579 年当政的喀斯鲁大帝，或称克斯劳埃斯一世阿努希完，(“阿努沙克鲁完”意为“灵魂不朽者”)，成功地侵入叙利亚，于 540 年在一次奇袭中攻取了安提阿城，并开拓其疆土远达也门。于 590—628 年在位的喀斯鲁(或克斯劳埃斯)二世帕维兹(Pavēz 或 Parvīz 意为“胜利者”)在 613 年曾一度将叙利亚、巴勒斯坦、埃及和小亚细亚置于其统治之下，并维持了一些年，并且几乎夺得了

① Sasanid，亦译萨萨尼。萨珊(Sassan)为阿打失祖父之名。——译者

君士坦丁堡，直到628年他受到拜占庭的皇帝赫拉克流斯的反击，而于美索布达米亚本土被征服。在东方，萨珊诸帝也以同样热忱为保卫并扩张雅利安主义而奋斗。瓦拉兰，或称巴拉姆二世（276—293年）从萨迦王朝末帝手中夺取了赛伊斯坦；而荷尔木兹或称荷尔米兹二世（303—310年）似乎在某种程度上支配着在喀布尔的贵霜朝君王，并曾娶其女为妃。但在4世纪之末，有一些可能属于蒙古人种的游牧民族嚈哒人，从贵霜王朝的最后统治者手中夺取了外乌浒河地方，其后于425年顷又占据了大夏和喀布尔。他们次一步即进攻萨珊帝国。萨珊王巴拉姆五世（巴拉姆·古尔）——在位年代为420—438年——击退了他们，但他的一个继位者腓鲁兹或称庇罗兹（459—484年）则战败，并于484年在巴尔克附近被他们所杀。最后，当565年顷，萨珊王朝的喀斯鲁一世和中亚另一民族突厥人，即土耳其人联盟对抗嚈哒人。嚈哒人覆灭，国土为萨珊及突厥人瓜分，前者收复了大夏，后者则取得索格地安那即外乌浒河地方。近年安德烈·哥达尔夫妇在巴米延（梵衍那）所见到的萨珊——佛教壁画，和哈金氏在杜克塔尔－夷·奴希尔番所见到的同类壁画，都证明了波斯帝国在这时代曾扩展到大夏。然而数年之后，突厥人已稳固地立足于外乌浒河地方了，又把大夏从萨珊王朝统治下夺去。

萨珊帝国立国之初，即要恢复其原来的民族、宗教，以及君主政治，所以在全部享国期间，它的情感一直是民族主义和宗教虔敬主义的。萨珊王朝真实的民族特质，从它流传下来的一切铭文和钱币上即显然可见。在示及国王尊号时，希腊式的“Basileus basileōn（王中之王）”和“希腊人之友”的称号已被帕拉维的“奥尔玛兹德(即相当于阿胡拉－玛兹达的帕拉维语)之仆”和“阿利亚之王”所代替。萨珊诸王越过了马其顿或帕尔提亚的篡夺者,而自称为阿开密尼德朝诸王的直接继承人,并且为了方便而编制出一个宗谱,把阿打失一世和大流士及薛西斯的血统联系在一起。但阿开密尼德诸帝曾经毫不犹豫地大量汲取了先是亚述－巴比伦的、其后是希腊的文明,而阿打失及其后裔却始终是完全专属于波斯的。末代大流士的帝国乃是一个世界性的帝国,它同时为希腊人和萨迦人所保卫。萨珊帝国则属于伊朗民族,并且是严格的雅利安人的。它不像希腊－罗马帝国那样,那里所有各民族都曾握得权势,而且在其皇帝中可以数到有西班牙人、叙利亚人、非洲人和伊利里亚人[①]。萨珊帝国则是清一色的伊朗人,最多也只是允许在某种范围内使亚美尼亚或叙利亚的文化和它本民族的帕拉维文化并存而已。

这样以民族的情感为基础,萨珊帝国遂能重复振兴了由大流士所建立的强大的行政机构。帕尔提亚(安息)政权在本质上是封建的,因此和那些世袭的“萨特拉普”(州县)不断产生纠纷,他们往往有和君王几乎同等的权力。萨珊朝的君王们并未能消灭这些封建贵族,也或甚至未能完全解除了他们世袭的职位,但一般说来却成功地得到他们的服从拥戴。其后由“玛尔兹班”,即边疆长官和“拉德”(rād),即省区长官以至“沙里干”(shahrikān)或“狄克汗”(dikhan),即大地主庄头们,都被迫尊服中央的权力了。

琐罗亚斯德的拜火教和伊朗的复国有着密切的关系。萨珊朝

① 伊利里亚(Illyria),亚得里亚海东部古国。——译者

的初代君主曾敕令编订一部完整的玛兹达教圣书，即《阿吠斯陀》，现在留传给我们的这部著作就是此种本子。再者，他们的宗教政策似乎也与阿开密尼德朝有些不同。后者虽也奉祀阿胡拉－玛兹达，但他们对他的崇拜实际等于信奉一种一神教，严格来说，他们并不像是琐罗亚斯德的信徒。自玛兹达教人在冈比斯王死时篡夺政权后，这王朝一直不信任几乎使他们退离王位的祭司阶级。另一方面，萨珊诸帝却允许教士们在政府内占据极高地位，随着王朝的建立，同时产生了一个正式的教会，并且有由类似教皇的所谓"摩巴丹－摩巴德"（mōbadhān-mobadh）领导的一个拜火教徒的组织。在贵族支持下，教会势力甚而变得如此强大，以至在第 4 世纪时，君王政府也要设法抵制它了。有些君王实行这种政策得到的结果很是悲惨，如阿打失二世（379—383 年）、沙浦尔三世（383—388 年）、雅兹达伽德一世（399—420 年）和巴拉什（484—488 年）等都是如此；其中第一位被废黜，其次两位被弑，第四位则被大贵族和拜火教徒们把眼弄瞎。最后一位要实行改革的君王卡瓦德或阔巴德一世（488—531 年），甚至支持了财产公有的运动者马兹达克[①]以反对贵族和拜火教徒们所享有的社会特权；但他也遭放逐了。而当他返国复位后，他又重回到正式的宗教传统。总而言之，这些尝试的失败，证实了作为新朝建国基础的政治——宗教原则的势力：那原则即是萨珊朝君主政体和玛兹达正统教会的密切联盟。

① 公元 5 世纪之末伊朗被压迫的人民在马兹达克领导下普遍起义，要求共同分配财产，即称为"马兹达克起义"，后在贵族武力镇压下失败，公元 529 年马兹达克被杀。——译者

萨珊王朝的艺术

萨珊朝的艺术在历史上具有极大的重要性，因为它形成了两种截然不同的艺术风格的连锁，即基于亚述传统的阿开密尼德朝的艺术和穆罕默德教的艺术两者间之连锁。

萨珊朝建筑的特色是引用了一种新的成分，即卷屋顶，本来这在帕尔提亚时代因受罗马影响曾于哈特拉出现过，但现在变得更为普遍了。在法尔斯省非鲁扎巴德地方的萨珊朝第一座王宫，即阿打失一世（224—242 年）的王宫中，我们发现一间门厅内即修建着筒形穹窿。又在法尔斯的萨尔维斯坦宫中也有一个性质相似的卵形圆屋顶。萨尔教授和赫兹菲尔德教授指出，此种拱形厅堂已包含有伊斯兰教礼拜寺中的所谓“埃完”（eivān，后来阿拉伯名为“利完”（liwān））建筑的原则。萨珊时代的主要遗迹之一是泰息封的“塔夸-夷・基斯拉”，或称“喀斯鲁圆顶殿”，其实这却是沙浦尔一世（242—272 年）所建的。在它中央部分有一间广大的圆顶殿堂，即宝座所在的觐见室，其内椭圆形的穹窿近时已倒塌了。这里还保存着完整的巨大拱形结构，又一次使人联想到其后波斯的清真寺中最优美的圆顶。在它两侧的堂皇壮丽的建筑正面，现在还残余半壁直立未倒，其上完全敷设着各种建筑装修，作得好像有高下四层的样子——一行行的拱廊、壁龛、壁柱和圆拱等，都是邻邦叙利亚的形式。同样重要的是国王喀斯鲁二世（590—628 年）在波斯库地斯坦建立的以他的宠姬命名的“夸斯尔-夷・希琳”。这是一片极广阔的建筑物，修建在一个几乎占地三百英亩的园林之

内，共包括两处宫殿。其一名“夸拉阿－夷·恰哈尔·夸庞”（意为四十座门），内有一座正方形的勤政殿，上建一个椭圆形的顶阁。另一处主要宫殿名为“伊玛拉特－夷·喀斯鲁”，则建造在一片由圆拱支持着的极大的平台上，并由斜的坡道通达其上，然后经过一道有24根柱子的列柱廊，即可进入一座有圆顶阁的方形觐见室。我们可以把这一群建筑物与波赛波利斯的大流士和薛西斯的宫殿相比，至于其花园、池沼和凉亭等的布置，则令人想到伊斯发罕的萨法维王朝的王宫。

如果萨珊朝遗迹中的装饰能保存至今，则此种艺术与伊斯兰教时代波斯艺术的类似处，无疑地更会显明触目。尤其是“塔夸－夷·基斯拉”宫，一定是满布着绘制在灰泥上的装饰图画，但没有一件存留下来。另一方面，在它主要结构部分所用的材料，如用石块和石子外涂一层灰泥以作墙壁，和用平整的砖以作柱子，质量似乎都很差。萨珊王朝的建筑师们和继起的波斯建筑师们相同，好像时常对于并不十分坚固的建筑物也认为很可满意，因为每代帝王都准备放弃前朝的故宫，以便再自造新的宫室。这全部效果必是由建筑表面所敷的装修获得的，那种瞬息荣华的灰漆绘制的或琉璃瓦的彩色装饰，一旦被忽略后很快就会剥落破碎了。萨珊王朝大部分绘画和雕刻的亡佚，尤其值得惋惜，因为从那些由于作品本身性质或所在位置而使之得以保全的地方——如那夸什－夷·鲁斯他姆或塔夸－夷·布斯坦的岩石雕刻，或在难到的岩洞中，如杜克塔尔－夷·奴希尔番的壁画——看来，我们发现这里所见到的乃是一个极有力量的艺术派别。

在法尔斯的波赛波利斯附近的那夸什－夷·鲁斯他姆，保存

了一些镌刻在岩石上的伟大浮雕，其中大多数属于沙浦尔王一世（242—272 年）时代。这位君王也主持了在卡兹伦之北，以其名命名的沙浦尔地方的浮雕。这些岩石浮雕中所喜用的主题之一，是大神奥尔玛兹德（或奥尔木兹德）授王以权杖图。在那夸什－夷·鲁斯他姆，所雕的国王乃是死于公元 242 年的开国之君阿打失。国王与神对面骑在马上，两匹彼此相触的马形状全然相同，而神与王除了他们特有的标识和头饰外，也几乎完全一样——二者的姿势，一个授冕，一个接冕，也正类似。这种使得国王好像是上帝之复本一般的严格对称的安排，可赞美地体现出这个既专横又虔敬的王朝的"王权神授"观念。此处的上帝与君王互相接近的姿势，并不像罗马赛斯丁教堂藻井上所画的耶和华与亚当用手指的一触，那画上的深渊表明神与人的间隔；这里乃是绝对封建性质的授权。人间的藩属自认为与天上的宗主乃是一脉相传的——在此种无可否认的雄壮与深切感人的庄严的想象中，君王与他所尊奉的神正面相对的古代萨尔恭的题材，已受玛兹德教精神特性所有的全部观念之影响而崇高化了。

的确，从须发排成层层鬈鬈的典型皇室人物起，这里令我们追忆到亚述－阿开密尼德艺术之处不一而足。但萨珊朝的浮雕，虽然也如阿开密尼德朝，取消了亚述浮雕上所特有的过于繁琐的细部，其造型却较之波赛波利斯的更为雄健有力。在这里我们感到有像在阿开密尼德王朝作品前的同样印象，甚至觉得它们更有力量——但也更为沉重。此种较沉重之风，宣告着中世纪的来临。例如以那夸什－夷·鲁斯他姆浮雕上的马匹与波赛波利斯的相比，我们发现在这里代替居鲁士和大流士的轻骑兵的，乃是披挂铠甲的骑士，骑的都像是拖车负重的那种健壮的马。

据对萨珊朝艺术极有研究的萨尔和赫兹菲尔德两教授指出，在波赛波利斯附近的那夸什－夷·拉甲布有一幅完全类似的授权图，虽然残破不整，但似乎较之那夸什－夷·鲁斯他姆的那幅在技巧上有显著的进步。那厚重的皇袍已被宽松有褶纹的长袍所代替，使人物更显得生动而高雅。同一题材在沙浦尔地方的岩石雕刻上再次被重复，所雕的是巴拉姆王一世（273—277年）从奥尔玛兹德手中接受皇冕。这里的两匹马，没有过于挨近，并且表现得如此真实而充满生气，使人几乎想到是弗罗基俄氏[①]的作品。此外，艺术家所雕的不是神与君王同时持冠，而是神将王冠送过去，君王则以极自然的姿势伸手去接。最后一点，如萨尔教授所说，这里有褶纹的衣服体现出这两个崇高的形体甚至比那夸什－夷·拉甲布的那幅更为开朗而精美。

使萨珊王朝雕刻家最易受鼓舞的题材之一，即上文所说公元259年沙浦尔王生擒罗马皇帝瓦利里安。在那夸什－夷·鲁斯他姆的浮雕上，沙浦尔王正像在受冠图中的样子骑在马上，被俘的恺撒则屈膝跪在他面前。在沙浦尔，这一幕表现得更为淋漓尽致，并刻画出此著名插话的第二阶段：这位“万王之王”，由他的骑兵随从着，正携着自由民希里阿底斯的手，当着跪在地下的瓦利里安面前把他送到罗马军中，叫他做他们的领袖。与此作风相似并且同样充满生气的是沙浦尔地方的另一幅浮雕，表现的是巴拉姆王二世（277—293年）战胜一个无疑属于阿拉伯人种的外族；这里的马

① Andrea del Verrocchio（1435—1488年），意大利雕刻家兼画家。——译者

匹、骆驼和蛮族型式都是以极熟练的技法描刻出来的，足可与波赛波利斯的赛种人和叙利亚进贡图媲美。

在看到某些庄严凝重的“授冕”图景之后，我们可能料想不到萨珊王朝浮雕中最触目的特色之一乃是那气势生动的风格。在那夸什－夷·鲁斯他姆，我们可以指出一些马上战斗的画面，它们都异常地充满运动感；其中之一是一个骑士——也许更像是一位君王，这身份还未被确定——正用长矛刺死一名罗马骑兵。这位萨珊朝的君王，纵马前奔，折断了罗马人的兵器，将敌人冲击得人仰马翻，好像在我们中世纪骑马比武的情形。此处构图的浑莽雄大，意匠的活泼饱满，使得这一幅杰作可以和萨尔恭朝纪念石刻中最好的马上战斗场面同等并列。

这种富于行动的特色，在基尔曼沙东北方的塔夸－夷·布斯坦石窟中尤为显著。石窟之一内的雕刻是献给喀斯鲁二世(590—628 年)的，在一块石板上有这位君王的一幅优美的骑马像，高高的浮雕几乎和圆雕一样了。左侧是在沼泽地带猎取野猪的图景：野猪正被骑着大象的猎人从芦苇处赶出来(注意这些象和印度阿旃陀及摩婆里普拉姆艺术中大象雕刻肖似)；君王本人则自一艘小船上引弓向野猪瞄射，后边追随着一些小船，船内坐满乐师正在奏乐(当国王射猎时伴奏音乐的题材，在晚至萨法维朝时代还可见到)；这里在处理于奔突时受乱箭攒射而坠在御舟周边的巨大野猪时，所用的手法具有强烈的现实主义风格。在同一块石刻的另一侧则是猎鹿图，君王和侍臣正追逐一群从隐藏处被惊起的鹿类动物；兽群的逃遁、奔跑或跌倒的动物那行动的逼真，使我们看来在各方面都可以和阿述巴尼－帕尔的猎野山羊的浮雕媲美。当我们看到波斯细密画中所绘的鹿类动物时，不要忘记这一图像或在杜克塔尔－夷·奴希尔番的壁画。事实上，我们将看到，在描写动物时波斯始终不曾失掉它伟大的艺术传统，而这传统是和印度的孔雀王朝、笈多王朝，以及伊斯兰教时代的艺术有关系的。

岩石上的浮雕，那材料有时很坚顽难于掌握，此外或因历时过久而致消磨损坏。但有些表现萨珊朝艺术中的动物生活或英勇事迹的金属盘片，却保存得完整无缺。有两块银盘，其一是大英博物馆中所藏康宁罕氏的搜集品，所刻为巴拉姆·古尔王（420—438年）猎狮图，另一面银盘藏于法国国家图书馆，为喀斯鲁王二世（590—628年）行猎图，都是伊朗的伟大作品。巴拉姆·古尔王那面银盘上，表现的是这君王和一窝狮子搏斗的情形：他右手用剑砍中扑来的雄狮的头，左手抓住一头小狮，同时雌狮正向这破坏者冲过去；那匹萨珊朝的大战马则当这恶兽扑来咬着它胸部时，用后足人立起来。这整个一组画面有一种悲惨气氛，与萨尔恭时代最富于戏剧性的狩猎场面相等；在此我们无疑地又见到亚述传统的继续，单是那窜冲过来的狮子型式即可证明。法国国家图书馆所藏的银盘上的喀斯鲁二世像（图39）也同样优美，这是一个古代亚述君王乘马驰骋的形象，他正向一群野猪、鹿和野山羊发射着如雨的利箭。这位尊贵的猎人奔驰迅速，由于那飞扬的披风上的飘带，所谓“科丝蒂”（kosti）和马具上的流苏而更显得加强。至于向前逃窜或中箭滚倒的动物，我们发现其中有着如塔夸－夷·布斯坦浮雕上那种逼真而精确的技法，以及“可以辨别各种不同动物的才能”，这是库雍吉克和科萨尔巴德的大师们曾从古代东方学得的。此外，美索布达米亚的动物雕刻家们的伟大传统，一直到伊斯兰教

统治下仍继续存在，我们在伊斯兰教最盛期发现的许多晚出的纯萨珊朝式技艺的作品可为明证；例如今藏法国国家图书馆中的索尔提科夫氏所搜集的刻有一个精美的猫科动物的银碟即是(图40)。我们可以将它与杜西特氏收藏的黑石圆雕的一个怒吼的雄狮头像相比，据维各涅尔氏推断，这狮子头像年代约在公元4世纪至5世纪之间。类似情形，当我们研究到拉伊的伊斯兰教陶器时，我们切不应忽略了维各涅尔氏搜集品中有拜火人物和动物图像(骆驼及山羊)的优美的萨珊王朝陶器。

直到近年来，大家都相信萨珊王朝没有绘画流传下来；但在这方面，法国考古团在阿富汗的发现却给我们展开了新的眼界。曾经哥达尔夫妇调查并复制过的、属于3—6世纪的巴米延的伟大岩石壁画，显示出和印度及希腊的成分同时并列的，还有可正确地称之为萨珊式的题材。这些壁画，尽管受到佛教的启示，其主要人物之一却表现着一位萨珊朝君王所有的一切特色：整洁的长发，软冠似的头饰，上戴新月和日轮，飘扬在两肩上的"科丝蒂"——正是卢浮宫和大英博物馆所藏银盘上的巴拉姆·古尔王和喀斯鲁二世的型式。关于此点，我们可以回忆到萨珊王朝和白匈奴人之间为了巴尔克和巴米延地方曾有过长时期的斗争，最后此地终被喀斯鲁一世的帝国吞并。巴米延的壁画上还有一个同样可宝贵的发现：在那些印度的僧侣、犍驮罗派的佛陀以及纯罗马风的四马拉的战车之旁，同时还有许多穿着宽边长袍、其一在腰间系着一条窄带子，并拿着长剑和矛的人物，它们在各方面都和德国格伦威德尔及冯·勒考克两教授领导的考察团在中国新疆发现的属于7世纪的克孜尔(Qizil)壁画上的骑马人类似，后者也是同样具有伊朗风格

的。巴米延这幅壁画上，将那无疑是沙浦尔、巴拉姆和喀斯鲁的王者典型和我们可称之为“克孜尔骑士”的典型并列，证明了这些伊朗风的绘画，无论是佛教的还是摩尼教的——我们以后将发现此教盛行于7—9世纪的中亚，自库车至吐鲁番——实际上正如我们所假定，都受到了萨珊艺术的启示，或者更可说这乃是伊朗绘画的一个地方性的，或外围的支派。确定了这一点后，我们将来在研讨到中亚时，即可更好地认识斯坦因爵士在喀什噶尔（疏勒）的丹丹乌里克所发现的那幅属于第8世纪的不寻常的壁画了，那画上的佛教中的神“金刚力士（持金刚）”形象一如萨珊朝的君王：黑胡须，戴王冠，穿绿袍，着高靴，即完全又是某一代巴拉姆王或喀斯鲁王的型式。在此铁证之前，我们不得不承认萨珊朝的艺术，在几世纪之间，终于传布其影响经过大夏和外乌浒河地方而远达大戈壁沙漠腹地，并且甚至当萨珊王朝自身在伊朗本土为伊斯兰教所覆灭时，这种影响也仍然继续存在不衰。

不仅如此，巴米延的壁画显示出萨珊朝艺术虽然可能具有充分的原创性，但它似乎受到西方古典艺术影响的渗入。在西部，在那夸什－夷·鲁斯他姆的岩石浮雕以及有最初几代国王造像的钱币上，我们都可推测到有来自罗马的某些影响，但这很快就被同化了。类似情形下，在东部的大夏，如巴米延的若干壁画所证明，萨珊朝的艺术接触到希腊艺术的一个流派，即犍驮罗的希腊式的佛教艺术。但我们以为比此种影响——这对拜火教的杰出的作者们是有些生疏的——更有兴趣的是，萨珊王朝艺术仍在这东部边境与印度本土的，即笈多朝艺术的接触。我们已曾提到塔夸－夷·布斯坦的动物雕刻家们和阿旃陀及摩婆里普拉姆的动物画家们在技法上的类似。此种类似点在阿富汗卢伊附近杜克塔尔－夷·奴希尔番地方的岩石壁画上变得更为触目，这是哈金氏于1924—1925年发现的，1927年巴尔托克斯氏曾来重访。这些壁画较之在巴米延的壁画更特具萨珊朝风格，而且据哈金氏的意见，它们甚至也许是大夏的征服者喀斯鲁王一世本人勒令绘制的，如是则其年代当在570年顷。事实上，画上中央的人像所戴的头饰上有一狮头，据赫兹菲尔德教授说这表现的乃是作为大夏总督的萨珊朝亲王。在杜克塔尔－夷·奴希尔番的壁画上还有一个人像，哈金氏认为这使人联想到那夸什－夷·鲁斯他姆第Ⅳ号浅浮雕上的沙浦尔像。此外，除了这些王者像外，哈金氏还使人注意各种动物绘像——羚羊、野羊、牛、鹿、一头狮子和一头象——这也同样令人想起笈多朝的以及塔夸－夷·布斯坦的动物画家，或更可说它在前者和后者之间建立了一种联系；至于妇女绘像则更勿待论，它们和印度笈多派绘画的杰作，阿旃陀的妇女绘像有更直接的血缘。

在这方面，我们可以回忆两派艺术自开始时起的亲缘，这是在波斯阿开密尼德王朝的雕刻与印度孔雀王朝桑奇(Sāñchī)地方的雕刻之间即已被注意到的。现在我们发现印度笈多朝及其后的绘画，和属于同时代的6、7世纪萨珊朝的作品之间也有同样的亲缘。我们如果下结论说，印度和伊朗经常保持着某种艺术上的接触，而且两派具有某些共同的题材，特别是对动物的表现，也许是正确的。

除了造成萨珊朝艺术和印度笈多朝艺术间之亲缘的自然主义面目外，这时代的波斯艺术有时还表现出另一种全然不同的面目，即有装饰性程式化倾向的纹章式的艺术。这一趋向，继承了古代迦勒底-亚述的装饰艺术，并且如我们所看到的情形，由于拜火教对抽象事物和严格教条的爱好而加强，至萨珊王朝时代的伊朗形式似已确定。它由此创造出一种特殊风格，传之于高加索民族、俄罗斯草原的游牧民族，并经他们再传至北方的蛮族、哥特人、斯堪的那维亚人、本地的日耳曼人，以及在东北方的匈奴和突厥的游牧部落。特别是在他们的织造品和金银工艺品中，可以看出萨珊朝的装饰者如何从那些题材上剥掉其造型特质，而由活的形态中提取纯几何形的图案。在欧洲的博物馆和教堂的圣器安置所中，都藏有丰富的萨珊朝或有其风格的织造品，其上即根据此种风格表现着为求装饰效果而多少予以程式化的幻想怪物：头和前爪似猫，而翼和尾部如"开屏"孔雀的"龙孔雀"；或武士骑在半狮半鹫的"格力芬"或带翼的狮的背上，和其他"格力芬"作战；或完全对称的成对野羊或雄狮，各举一前足对面而立；或如迦勒底-亚述所喜好的题材，即程式化的狸形野兽吞食着同样程式化的鹿类动物，这种花纹在远至如科兹洛夫考察团在蒙古诺音-乌拉地方发现的匈奴人的织造物上将再见到。然而在这方面，说萨珊王朝影响了"安息-萨尔马提亚"的艺术却是用词不当的，因为萨珊王朝直到公元第3世纪才出现，而其时安息人已早在数世纪之前消失了，并且萨尔马提亚人也即将被哥特人和匈奴人所消灭。但可肯定的是——如法尔克博士的研究所证实——有着程式化的鸟类、"格力芬"和怪物互斗的花纹的萨珊朝纺织品，对于第3世纪至第10世纪间中亚的织造品是有影响的。另一方面，此种萨珊朝所特有的图案式的动物花纹，我们将看到，不仅见于埃及和波斯的伊斯兰教时代的纺织品上，也见于伊斯兰教初期，在法提马王朝（绿衣大食）统治下的自高加索以及埃及这地区存留下来的青铜器皿——尤其是在鸟形或麋鹿形的水罐上。

从这一观点看来，最具有代表性的莫过于爱尔米塔什博物馆[①]中曾为勃布林斯基氏收藏品之一部的萨珊朝錾花和"敲花"(repouseé)的铜质水罐。这些浑厚凝重的狮形、马形，或鸟形的精雅作品，乃是法提马时代阿拉伯的"阿夸玛尼里"(acquamanili，饭后所用盛蔷薇水的碗)以及中世纪西欧的铜质日用器物的原型和范本。

事实上，除非我们彻底领悟到有双重倾向的萨珊朝艺术——一种趋势是用自然主义的手法表现活的形体，特别是动物，另一种趋势是创造装饰性图样和抽象的几何图案——在亚洲所起的巨大作用，否则我们对伊斯兰教的艺术是不可能了解的。

① 俄国圣彼得堡的一所皇宫博物馆，是凯萨琳二世(Catherine Ⅱ)于1765年建成的。——译者

第五章　阿拉伯文明

伊斯兰教以前的阿拉伯和伊斯兰教

尽管喀斯鲁二世和赫拉克略皇帝的战争造成了伊朗政治上的衰竭，但当伊斯兰教徒侵入时，萨珊朝文明却正处于全盛时代。盖当伊朗的“列王之王”和拜占庭的“恺撒”进行自610年绵延至628年的长期战争时，穆罕默德（570—632年）已经统一阿拉伯，并且创立伊斯兰教。

在穆罕默德到来之前，阿拉伯人还只是些蛮族。阿拉伯语，它和埃塞俄比亚语以及南部阿拉伯语形成了赛姆族语言的南方一支，在第6世纪时已成为文学上的语言发现于中部阿拉伯，被所有诗人用来作为表达心意的媒介。这些诗人，其中主要的如死于530—540年之间的伊姆鲁尔－夸斯，还有活跃于6世纪末叶的安塔尔，都是东方文艺界中最伟大的形象。前者是贵族纳吉德的儿子，他经历了许多少年的冒险事业后，即过着一种骑士游侠式的生活；他的父亲被仇家所害，他立志一生以报此仇为目的，其后他似乎投入拜占庭军队里，并死于军中。他的最美丽的《慕阿拉夸》，以充满繁丽多彩的想象力歌颂着他的所爱，后来为一切阿拉伯的古典诗人所援引，但其中也有着古朴自然的迷人处。至于安塔尔，则依时代先后论是伊斯兰教以前的伟大诗人中的第二位，为一个著名领袖和一个黑奴所生的儿子。他最初是被划为奴隶身份的，但由于英勇，才在家中争得一个地位。他也用牧歌似的隐喻歌颂着他那“羔羊般温柔的情妇，可爱的阿布拉”的美貌；但他还以部落间的斗争，家族间的世代仇杀，以及作为游牧民族之伙伴的骆驼和马的忠诚行为作题材。他一生都在战场上，也死在那里，是被仇家杀死的。他的名望是由那部著名的《安塔尔传奇》而来，这是在第9—12世纪根据民间诗歌编成的；这故事有一种优美的史诗般的旋律，情节变幻生动，那古老的“贝都因”人（游牧人）的粗犷而任侠的精神在这里又复活了。

在这样一个仍信奉较为原始的异教，各民族都区分得极为细微，有着很强的诗才和豪迈性格，不受任何正式法律的约束，并且生活在一种全然无政府主义状态下的落后民族中，显露出有如此卓越的火一般热情的天才，即可看出阿拉伯民族于第7世纪之初在历史上所占的微不足道的地位，与其人民性格是如何不相称了。当穆罕默德取得大权时，伊斯兰教以前的阿拉伯在精神上和军事上是充满了盛大潜力的。

穆罕默德于公元570年生于麦加，属于强有力的古莱氏族，这一带的贸易都在他们掌握中。他是一个沙漠商队经纪人的遗腹子，并且开始以赶骆驼为生，他的职业使他接触到阿拉伯的各个不同部落，其中有的信奉犹太教或奈斯脱利安派基督教（景教），这些关系，只会肯定他自己潜思默想的成果，这无疑地有助于决定他在宗教上的天职。

穆罕默德当接受作为先知的“天启”时，还是一个年轻、热诚而豪爽的人，对一切崇高目的都充满热情，并且智能远超侪辈。阿拉伯的各部落原来是堕落到偶像崇拜的，那性质由对麦加城卡巴神殿的“黑石”的崇拜即可看出；他于是决意要将他们提高到一神教的水平，一种彻底的一神教，它必须是十分简单而纯洁的。他们在无穷尽的内战互斗中彼此打得筋疲力尽，并且在一种完全无政府的状态下生活，他于是决心把他们团结成一个伟大的民主而统一的政府。他们还保留着距未开化不远的那些残忍而野蛮的风俗，他于是以教化、训练并指导他们为己任。他由于所在国家和时代的局限，在解释他的宗教体系中带有某些神秘色彩，但这乃是一个清晰而连贯的体系，有积极性，合实际，而且是可以立即实行的，它要使阿拉伯人民更生，并把他们的道德水平提高到远超过他们的祖先。

一旦制定他这教义的主要方针，并获得一神教的观念后，穆罕默德即不肯再使这真理的宝藏为独自所有了。他那热诚的灵魂引导他向亲属们布道；但他们全不愿听信他，因为他们是属于麦加的异教贵族的，恐怕对自己不利。穆罕默德于是转向麦加的老百姓、各族阿拉伯人和甚至异乡人传布教理。他家中挤满了穷人，他对他们都像朋友似的招待。富人与穷人，主子与奴隶，基督徒与犹太人，他都一视同仁。在热情奔放的雄辩的即席演说里，他对所有的人宣称真主的唯一和社会的平等，他的话像火一般烙印在这些移居不定而热情的阿拉伯人的心上。但麦加人，特别是靠朝拜偶像为生的古莱氏人，决定要制止他的宣传而杀死他。他及时地逃出此城，并到麦地那去避难，那里的居民和麦加人是世仇，遂欢迎他来做他们的领袖。他出逃的日期公元622年6月25日，所谓“黑吉拉节”即作为伊斯兰教的纪元。

在麦地那，穆罕默德建造起第一座清真寺，其后，自己做了该城人民的领袖，他即开始从事于阿拉伯的统一。这是一件艰巨的事业，用了十年光阴的战斗，在其间这位“先知”显露出他也是一位英雄。他必须一步一步而且一族一族地征服阿拉伯，费时八年才征服麦加。那个城市顽固地崇奉着异教，不愿接受任何能破坏对卡巴神殿之瞻拜的宗教改革。穆罕默德于 624 年在巴德尔战胜麦加人后，625 年又在乌胡德被他们打败，而终于在 630 年攻克了他的故乡。他毁掉了偶像，但原宥了仇敌，这样既合于政策又表现出他的宽大。他将卡巴神殿改为一座礼拜寺，这一适当行为，使得麦加仍保持着宗教上首都的地位，同时对这受人瞻礼的对象赋予一种庄严神圣的气氛。

在使得阿拉伯民族统一之前，穆罕默德还必须征服开柏尔的犹太分子，也门、哈德拉芒特、俄曼和纳吉德的异教部落，并使他们改变宗教信仰。当这事业一旦完成，整个阿拉伯现在已包含一个民族并且信奉一个上帝后，他即回到麦加。在 632 年 3 月间组织了第一次盛大的穆斯林参礼，据说参加的信士在十万人以上。这位“先知”的理想达到了，但二十年的斗争却消耗了他的身体，他感到自己末日已临近。他于是召集了他的信徒，对他们宣讲了最后的训教：“你们大众，要谛听我的话，因为我不知今后一年内是否还能和你们在一起。你们彼此要仁爱正直。每人之生命财产应视为神圣不可侵犯。受人好意的人要以德报德。你将在真主之前陈述你的行为。要倾听女人的诉说，因为她们乃是你的伴侣；你要像真主托付给你们的一件好事物那样看待她们……须知所有穆斯林彼此都是兄弟，你们都是同胞一家。慎防一切不义行为……"然后，他举手向天，呼道："啊，真主，我是否已说出了我必须说的话，而且完成了我的使命？"群众同声回答："是，您已经完成了。"于是他说，"啊，真主，请接受此证言"，然后即散会了。这一景象，以及那圣经般的单纯和博大的人道号召，使得最后几个怀疑者也都归信了这"先知"的教义。几天以后，在632年3月8日，他在亲自看见自己事业的胜利后去世了。

使伊斯兰教获得可惊的扩张能力，这巨大力量不仅在于其远较所取代的异教为优越的多数教理宏大崇高，而大部分由于它于适当时机来到一正在等待它的世界，它恰能代表人民的宗教需求、社会渴望，以及政治野心。事实上，伊斯兰教并未在任何方面创立真正新鲜的事物；它只是将已经存在的趋势付诸实行，而在光天化日之下完成了几世纪以前即已开始的暗中的进化过程。

在宗教范围内，穆罕默德的教义于各方面看来不过是此前已有的各种宗教——犹太教、基督教，以及玛兹德教——的综合与简化。伊斯兰教圣书《可兰经》（或称古兰经）常自《圣经》、《希伯来法典》（*Talmud*）、《福音书》，甚至《阿吠斯陀》中得到启示，而犹太教的教义在其中占了很大一部分。古兰经中的安拉就是以色列古代的耶和华，这位"战神"，是一个严厉而抽象的神祇，他并非诉诸人们的理智，而是唤起他们的想象力至最高程度。穆罕默德还从犹太教中假借来为东方所必要的摄生圣训，要常斋戒沐浴，行割礼，禁食猪肉，此外他又加上禁饮酒。他承认《摩西王书》（*Pentateuch*）的灵异特色和摩西的神圣使命；同样也承认《四福音书》的灵异特色和基督的使命，以及圣母玛丽亚的尊严。基督教中他所反对的只是对基督的尊崇，圣者和圣像的礼拜，以及整个教会组织。另一方面，他却袭用了它在道德上的虚空基础：灵魂的不朽，死者的复活，最后审判，天国与地狱等。但因为他是传教给东方人士的，所以他的天堂显得确实是快乐之乡。他的某些箴言具有福音书似的精神，并有类似基督教的仁爱情感。他常反复申说这种训诫，“要彼此相爱，不可追究同胞的过失”；或说，“真主原宥那悔过的人，因为‘他’是宽大而慈爱的……感动真主者并非牺牲的肉与血，而是你的怜悯心。正义行为在于信仰真主、施助孤苦、赎放俘虏、多行赈济和真诚无欺。信士应以其所得到的最好事物给予穷人。他们在行善时应受赞美，如在暗中行之，则更为称赞”。无论有意识地或无意识地，穆罕默德在这种犹太——基督教的影响外，无疑还受着玛兹德教的影响，它直接或间接地提供他关于天使的说法，那里的奥尔玛兹德和阿里曼的大决斗，或是那十分类似的耶和华与撒旦的争斗，启发了他使安拉和伊布里斯永久战斗的观念。

奥美雅王朝的文明

阿拉伯在政治上现在已经统一了。此后它即只有一个信仰，其性质是热烈的精神方面的和绝对一神教的；一个道德标准，即古兰经的道德，简单、纯洁而博大；一个社会组织，即一个以平等为基础，而由“先知”所建立的既是神权政治，同时又是教主政治的国家。于是它就要进而征服东方了。

穆罕默德并没有能在生前见到所谓“吉哈德”(Jihad)，即伟大的战争或“圣战”。这是在他刚去世后即由他的继位者所谓“哈里发（辅师）”，也就是他的代理人们发动而且胜利结束的，这些哈里发是：阿布－巴克（622—634年）、奥玛尔（634—644年）、奥斯曼（644—656年）和阿里（656—661年）。我们已看到，拜占庭帝国及萨萨尼朝的波斯由于长期交战都国势大衰，阿拉伯人遂乘机摧毁了前者并覆灭了后者。634年在阿吉纳达因和636年在雅库萨的两次战争，使他们赢得了拜占庭所属的巴力斯坦和叙利亚两省，其后在640—642年又征服了埃及。还有637年在夸地西亚和642年在涅哈文德的两次胜利，使他们成了波斯的主人。在这种变乱中，拜占庭帝国虽然失去了叙利亚、埃及，其后不久还有非洲，但至少却保持了小亚细亚，而波斯的萨珊帝国则全部陷入征服者的势力之下。因此在不数年间，阿拉伯的版图即自非洲及图拉斯山脉扩展到乌浒河及印度河，在第8世纪，它甚至越过乌浒河而从向中国称藩的突厥——伊朗王朝手中夺得了外乌浒河地方。

最初的四位哈里发——其在位期间为622—661年，并且这些广大地域的征服都是在他们统治下实行的——始终忠实于穆罕默德的精神及本民族的传统。他们是阿拉伯人，而且一直保持着阿拉伯人的特色，是没有宫室，没有一切奢华品，没有需求的沙漠中的酋长，对自己和对别人都同样艰苦，与本族人平等而亲密地住在帐篷里。这老大帝国在有些年内就是由贫苦的贝都因人在游牧的营帐（dwār）中治理的。但这种情况不能长久继续下去，阿拉伯的统治——它代表着教主政治的单纯，轻视一切物质文明和世俗文化，并且是一个军事国家——几乎不能和建立在中东古老历史构造上的稳定政府的基础相适应了；而事实上，阿拉密阿－拜占庭的叙利亚和萨珊朝的波斯不久即至少在文化方面——如不是在宗教方面——战胜了他们的凶狠的征服者。

叙利亚是头一个实行这种和平的报复的。在征服它之后，阿拉伯最强大的家族之一，属于麦加古老的古莱氏豪族的奥美雅家族即被委任统治其地，而不久即变得对那里习惯起来。另一方面，当政的哈里发——穆罕默德的女婿、虔诚的阿里——则始终仍拥护那毫不妥协的正统的伊斯兰教。于是不久在沙漠中的贝都因人和已变得半叙利亚化了的奥美雅家族之间即爆发了战争。阿里战败，公元 660 年奥美雅家族的摩阿维亚遂即位为哈里发。

奥美雅王朝（白衣大食）自 660 年至 750 年统治着阿拉伯，以大马士革为首都。这一王朝的哈里发们自然也并不抛弃对伊斯兰教的信仰，而同时在事实上则将他们前任的神权政治改变为一种正式世俗的，而且照拜占庭的意义说是中央集权化的国家。在他们统治之下，这阿拉伯帝国变得竟有些像叙利亚帝国了。它在行政上是以拜占庭的政府为榜样，并继续聘用了大批希腊与叙利亚的官吏。特别是叙利亚的基督徒，在宫廷中占有很大势力；其中有一位萨尔江·宾·曼苏尔即是摩阿维亚的首相。在大马士革的王宫中，奥美雅朝的一些以雅齐德或瓦立德为名的哈里发们，使自己处在一种令信徒们蒙羞的奢靡环境中，而同时却显得有自由精神，嗜好诗歌与艺术，并且对此甚至有些一知半解的知识，这在来自沙漠的子孙身上是颇为出乎意料的。例如 680—683 年在位的雅齐德一世就酷好行猎和宴乐，对于酒类和声色犬马都很在行，轻视宗教，受有教养，使我们觉得他不像是"先知"的同伴倒像一位自由的赛琉西王。为了摧毁那虔诚派的反对，在他的唆使或允许之下，公

元 680 年在克比拉杀害了穆罕默德的女婿阿里一家。这一戏剧性的事变后果十分重大，它使伊斯兰教分裂为两个互相仇恨的教派，反对者的什叶派，即阿里家的复仇分子，和倾向新朝的逊尼派，即多数派。

奥美雅朝诸王现在已成为正式的穆斯林皇帝了，并且要使他们在大马士革的宫廷和拜占庭的宫廷相颉颃。他们的意图是要有一个可以和“圣宫”及“圣苏菲亚教堂”媲美的王宫及清真寺，于是为他们所雇用的希腊建筑师遂采取了拜占庭的艺术以应伊斯兰教的需要，而创造出阿拉伯的艺术。

阿拉伯艺术所产生的主要建筑形式自然是清真寺（即“玛斯吉德”（masjid）后称“杰米”（Gāmi）），其中首要部分是四道平顶的列柱圆拱廊殿（阿拉伯语称为“里瓦克”（riwāq）或“里完”（līwān），源自波斯语的“埃完”（eivān））。这四道柱廊围成一个方形庭院“萨哈尔”（sahr），院中设有“大净”（沐浴）用的喷泉；正廊面向麦加，较其他三面为宽大，间数也较多，这就是主殿，为接待众信士的祈祷所；它常被一个有格子孔的木障子分为两部，在后墙是指向麦加方向的壁龛，所谓密赫拉布（Mihrāb）和传教者的讲台，即“明巴尔”（Minbar）；最后，在这建筑之侧还有一座或多座尖塔或称望月楼（manārå）[①]。招祷司即从这上面召唤信徒们祈祷（作“拜功”）。这种设计，如前曾指出，似乎抄袭自叙利亚的基督教的长方形教堂（basilica），斋戒沐浴用的庭院相当于罗马建筑内的中庭（atrium），“里完”相当于古教堂中的 narthex——也和法国哥特式教堂

① 旧译为光塔。——译者

中的通廊(aisle)作用相同——格孔障相当于圣坛隔板(chancel-screen),“密赫拉布”相当于一个小型主教宝座(apse),而高尖塔则相当于钟楼。叙利亚清真寺的装潢也和拜占庭的教堂相同,用着大理石、各种宝石、珍贵金属,以及珐琅镶嵌细工等。

奥美雅朝的主要建筑纪念物是在大马士革和耶路撒冷。耶路撒冷的“库巴特·埃尔-萨克拉[①]”即“圣岩堂”,而被误称为“奥玛清真寺”的,在建筑学的字义上讲不大能称作清真寺,乃是一座灵庙或礼拜堂:它是八角形,上有一个圆屋顶,建在圣经传说的神圣岩石上。这是哈里发阿布德·埃尔-马立克在公元691年利用拜占庭的材料如圆柱、柱头等修建的。另一方面,在这附近的埃尔-阿夸萨清真寺,也是这同一位马立克教主根据查士丁尼的一座初期教堂的设计所建;还有在大马士革的大清真寺,或各奥美雅清真寺,是708年左右瓦立德教主在希俄多西皇帝的一座教堂的地基上,依照上述以前清真寺的设计建造的。大马士革的大清真寺,我们在这里承蒙德·劳瑞氏的特允复刊了一些优美的照片,是建在一个长方形的平面上,其中主要的“里完”(廊殿)连同“密赫拉布”及“明巴尔”(讲坛)设在较宽度的南面。它的特色是有三座高尖塔,名为“约婚塔”“耶苏塔”,和“夸伊特-比”,其中只有第一个与原建筑属于同一时代。和叙利亚的其他清真寺相同,这里的一部分圆柱是从较早的建筑中取来的,并且是拜占庭的式样。其内部,特别是左右翼廊(transept),都装饰着镶嵌细工(fusaī-fasa),这是哈里发瓦立德从君士坦丁堡请来的希腊艺术家制作的。从德·劳

① 按:“埃尔”为阿拉伯文中的冠词,译文亦可省略。——译者

瑞氏近时发现的残片中，我们即可以鉴别出大马士革的大清真寺中的这些奥美雅朝镶嵌细工。还可以注意耶路撒冷“圣岩堂”内，在外圈到柱间圆拱里面的镶花装饰。这里镶嵌的色调是浅蓝或深蓝色，或金底上用棕色，有从瓶中伸出的葡萄叶花纹，在这些珍贵的作品中，我们看到阿拉伯的奇妙幻想第一次在一个古老的拜占庭主题上开动起来——那种阿拉伯的巧思后来以其特有的蔓藤花纹和库发式花字体①构成无数题材，而丰富了东方的装饰艺术。

奥美雅朝叙利亚的文明变得日益光辉灿烂起来。好像伊斯兰教的革命只是要将大马士革变作东方的首都似的。正在这时奥美雅王朝被在波斯发起的一个叛乱覆灭了，同时叙利亚在伊斯兰教内的霸权也随之消亡。

阿拔斯王朝的文明

奥美雅王朝之起而取得政权，曾被阿里家族一派的人认为是窃夺行为，尤其自克尔比拉悲剧之后。这一派，即被称为什叶派的，不仅在阿拉伯，而且在波斯都获得了无数追随者，它虽一时屈服于那打击的暴力，现在已恢复过来。阿拉伯人虽然成功地以一种新的宗教加诸伊朗，但却证明他们无力吞并伊朗民族。他们在种族上以及语言上同化了美索布达米亚、叙利亚和埃及，然而在对雅利安主义的统治上却未收到任何效果。在这地区，语言上的继

① 库发（Kufa，阿拉伯名 al-kūfah）为幼发拉底河下游的城市，该地初以此种阿拉伯字母用于精装古兰经上，后则用为建筑上的装饰花纹。——译者

续并未中断，因为从流传至今的属于第9世纪的最初一个波斯语的文件上看来，此种语言似乎已有了它的固定形式，这是当萨珊王朝时代由南方的帕拉维语直接发展而来的。因此波斯之改奉伊斯兰教，并没有像其他美索布达米亚的国家那样为伊斯兰教所并。它一方面皈依了伊斯兰教，同时仍保留着自己的面目，但这新波斯却从伊斯兰教自世界各地带来的种种因素得到新的生命，从其狭隘的民族主义中释放出来，在穆斯林革命中表现出来的全部活力使之得到了加强，最后并被赋予一种更敏锐、活跃而且热烈的感觉。在这方面，伊斯兰教在伊朗所起的作用，正和基督教在西方一样；这两个赛姆族人的宗教，在各自的范围内，其一建立了一个穆斯林的波斯，另一个则建立了一个基督教的欧洲，与前此的萨珊朝的伊朗和希腊－罗马世界相比都变得无比地富足而复杂。原因是，正由于它们与本民族精神的对立，这异国宗教给当地民族的意识中带来了一种歧异成分，这些因素激起了怀疑、道德上的斗争，以及感情上的冲突——换句话说，即是激发了生气与热情。

什叶派受到波斯人的热烈拥护，并对他们反抗奥美雅王朝提供了教义上的正当理由。如我们所见，它主要的特点是以一种合法论为号召，宣称穆罕默德一家和他的门婿，即被奥美雅家族所排斥的阿里，应有权即位为哈里发。在什叶派所定的严格顺序中，代替哈里发的是一世系“伊玛目”即“导师”，这都是由阿里的后裔中选出的。不仅如此，这种穆罕默德合法嗣承者的论调也正与波斯的民族统一主义相合，因为据说阿里的儿子、克尔比拉殉教者之一的“伊玛目”胡赛因曾娶了萨珊王朝末帝雅兹达伽德三世的女儿。阿里和胡赛因的遇害已形成一种话题，它使得波斯的什叶派一直处于激昂愤慨之中，这一心情由于“玛狄”即“暗中的导师”的说法而更加强烈，所谓“玛狄”犹如基督教中的救世主弥赛亚或袄教中的“琐希安特”，他在世界末日时胜利地返来，在大地上建起了真主的统治。

波斯民族在政治上的复兴，与持异议的什叶派在宗教上的怨愤，都为一个显贵的阿拉伯家族阿拔斯族所利用，他们也是穆罕默德的亲属，乃是那位“先知”的一个叔父的后裔。阿拔斯族与阿里家族有婚姻的联系。因此鼓动波斯的科拉桑在747年叛变奥美雅家族。经过三年的战斗后，他们推翻了奥美雅王朝，他们的领袖阿布尔－阿拔斯于750年自立为哈里发。至于他借口为之起兵的阿里家的“伊玛目”们则被撇开，什叶派仍然是反对派。

尽管什叶派真正要求的权力受到背弃，这次阿拔斯的革命却显示出波斯分子在阿拉伯帝国中的胜利。伊朗人已形成了阿拔斯朝军队的骨干，并且在胜利之后，新朝也召他们来分享政权。在国家各部门中执行任务的就是这些人，正像在奥美雅朝的叙利亚人一样。由于西班牙的脱离而独立——奥美雅朝的遗族已撤退到西班牙，并于756年建立一个反国教的帝国——和其后于969年埃及的分裂而成立另一个反国教的哈里发国家，即法提马帝国，使得阿拔斯朝的统治局限于亚洲范围之内，因而更增加了其中伊朗分子的重要性。

被称为“穆斯林的萨珊君王”的阿拔斯朝诸哈里发们不能再像奥美雅家族那样仍住在大马士革了。他们自己定居在伊朗和阿拉伯世界之门槛处的巴比伦，这是过去的沙浦尔和喀斯鲁诸王的帝国的所在地。在这里，阿拔斯朝第二代的埃尔－曼苏尔于762年建立了他的新都巴格达，它注定了不久即要成为东方第一大城市。伊朗人自始即在巴格达占有显著的优势，因而这一广大帝国的行政权都委之于巴玛基德家族之手，这一族纯属波斯血统，而且内心似乎也十分倾向波斯。巴玛基德一家在哈里发埃尔－曼苏尔(754—775年)、埃尔－玛狄(775—785年)和哈琅·埃尔－赖世德(786—809年)在位时都执掌大权，直到803年，上面最后一位哈里发对他们的权势渐感不安起来，遂处死其家族的一人，对其余的人也都不再宠信。他们的败落，只是将伊朗分子的胜利略为推迟而已。哈琅·埃尔－赖世德死后不久，他的两个儿子，为阿拉伯人所拥戴的埃尔－阿民和母亲是波斯人而为波斯分子所支持的埃尔－玛蒙互争王位，结果在813年玛蒙在他母亲的同族人援助之下获胜了；他于813—833年在位期间，伊朗人势力大振，有一时期他自己甚而都宣称加入了什叶派。

阿拔斯朝的初期，标志着阿拉伯文明，或更可说是阿拉伯－波斯文明的最高峰。君王们的个人功绩对这种昌盛情况有很大关系。其中大名鼎鼎的哈琅·埃尔－赖世德似乎是一位睿智聪敏的国君，为有古老门第的阿拉伯贵族的真正典型。他比任何其他东方统治者都慷慨磊落、胸襟阔大，而且不仅以他在巴格达对世界各地使臣款待之盛超过了尼尼微、巴比伦、亚历山大利亚，以及拜占庭的诸奇妙事物而满足。这位《天方夜谭》中常写到的哈里发曾使女王爱丽妮①的使者对他的豪华生活目眩神怡，而且和查理曼大帝以及唐代的中国人士发展着友好关系。他内心中深感到作为国

① 拜占庭的女王，780—802年在位。——译者

王的责任之重大。如巴玛基德家的被贬所证明，他意欲自任首相，直接去接近他的人民。我们看到他和法国的路易皇帝相同，亲自临朝解决百姓的纠纷，他断案时的机智，使他获得了“公平的哈琅”的美名。当夜色来临时，他常改装假扮睡在巴格达的街道上，和云集在这座大城集市上的来自四面八方的群众混在一起，向每人问及民间的疾苦、需要和愿望。

阿拔斯帝国乃是丰富的物质文明的中心，描述这一时代社会情景的大量阿拉伯故事，经常提到巴格达和其他伊拉克大都市的神话般的富饶繁盛，在阿拔斯帝国首都的市集上，聚积了东方的一切物产，伊朗的商队给他们运来了撒马尔罕的地毯，玛桑达兰的生丝，玛尔夫和尼沙普尔的丝织品，图斯和舒什塔尔的天鹅绒，科拉桑和今日阿富汗地方的蓝宝石和天青石，拉伊的陶器，此外还有麦克兰的甘蔗和糖食，设刺子、耶兹德和伊斯法罕的美酒和香精等。从美索布达米亚、叙利亚和非洲来的商旅，给阿拉伯人自阿勒坡和大马士革带来香料，“大马士革”制盔甲，金匠工艺品，精美的马具，华丽的地毯及平金锦缎，自摩索尔带来棉纱，自泰尔和贝鲁特带来五色玻璃器皿，自埃尔－孚斯塔特（即开罗旧城）带来木刻、象牙盒子、香炉和陶瓦器物。在波斯湾的阿拉伯船只往来于巴士拉和印度马拉巴海岸各港口，停泊在西拉夫和马斯喀特等处，给伊拉克运回来马来群岛的香料，锡兰的珍珠，印度的贵重木材、棉纺品和肉桂，中国西藏的麝香和中国东部的绸缎。在波斯湾的阿拉伯的重要驻足地西拉夫犹如从巴格达到印度去的一个前哨。商人苏里曼在 851 年到印度和中国去的航行，和《天方夜谭》中水手辛德巴德的故事，都证明了阿拔斯帝国与远东间交通的繁盛，而经由中亚的

陆路交通之频繁，我们将看到，也可以从在拉伊的陶器中发现中国唐代的器皿而得到明证。

关于心智方面的活动，也与此种经济上的繁荣相称。在这以前，阿拉伯的诗歌还只是原始式的，讴歌着商队的生活、战斗的快乐，和面对着永远是碧天黄沙之奇观的游牧人民的热烈单纯情感。而当它必须表达前所未知的大量道德观念、东方新主人们的奢华生活、骑士式的奇妙恋爱和各种优美的方言时，变化即发生了。古代游牧诗人的抒情诗为新的诗歌形式开辟了道路，我们并且看见在巴格达有一种宫廷诗歌出现，它时而愉快时而忧郁，时而谐笑时而深情，全部充满细腻、热烈和富于幻想的情致，好似阿尔汗布拉宫[①]的装潢一般的轻快优美。此后年代中波斯大诗人们的灵思妙想在阿拔斯朝的诗人中已经见到，他们有许多人的确已具有纯波斯人的血统了，否则就是阿拉伯和波斯的混种，而且虽然采用阿拉伯语作为表达思想的工具，他们同时却始终遵守着伊朗的风尚；这时代中最伟大的抒情诗人阿布-努瓦斯就是如此，他死于 810 年，他的恋诗和挽歌都表现出一种既细腻又深厚的情感。

同时哲学思想也开始发展起来，这种运动的主要动力来自叙利亚的基督教徒——景教徒以及“一性派”教徒[②]，他们在阿拔斯帝国治下也像在旧日萨珊帝国时同样人数众多。特别是景教徒，

① 西班牙 Granada 省之著名摩尔人王宫，意为“红堡”，大部分建于 1248—1354 年间，伊本·阿玛尔王及其后嗣在位时，其中装饰为阿拉伯式。——译者

② 基督教中的一派，一称“雅各派”，盛行于中世纪埃及、努比亚、埃塞俄比亚等地；主张神、人一性，集于基督一身，有如水与酒之相溶；而奈斯脱里安派（景教派）则以为基督所具的神、人二性，如水与油之相混，二者仍是截然分开的。——译者

他们将希腊圣者们的主要著作译为叙利亚文，其后又译为阿拉伯文，产生了很大影响，并且其中有许多人因具有天文和医药方面的科学知识而为巴格达的朝廷所罗致，并受到哈里发的个人宠任，所以他们的影响可以公开传布。使阿拉伯人和波斯人知晓柏拉图的哲学、亚里士多德和亚历山大派的哲学、欧几里得几何学和托勒密地理学的，正是这些人。应用哲学的思考以解释古兰经，遂产生一种教理上的神学，所谓“可拉姆”（kalām），其中分为两派，在这上面阿拉伯－波斯的辩术用尽了它的一切机巧宝藏：一派名“穆台及力派”，其注解展示出一种纯理性的倾向；一派名“穆台卡林派”，则为较严格的正统派。与通常对古兰经的解释相反，许多穆台及力派的学者赞颂着自由意志的原则；其他人则否认安拉所具有的类似圣经上的少许凡人形象，甚至其形而上学的属性，而使他成为一种超越人类领悟之上的绝对原则；有些人甚而似乎要以一种神性内在论代替古兰经的卓越的一神论。于公元 813—833 年在位的哈里发马蒙，他在巴格达建立过一所类似大学的机构，并召集所有学者举行自由争辩，对穆台及力派学说是公然赞许的。自由思想直到哈里发穆台瓦基尔（847—861 年）以前都占着优势，这位教主则是支持穆台卡林派的虔信反动的教义的。

阿拔斯王朝的艺术

阿拔斯朝在阿拉伯艺术史中是最重要的时代。不幸必须承认的是，自巴格达受到 1258 年的破坏及随之而来的其他灾害后，该城的纪念物几乎荡然无存；著名的所谓左贝妲[①]墓——她死于公元 831 年——根本不属于这位王后。在幼发拉底河的拉夸，还较为幸运，那里尚存留哈琅·埃尔－赖世德的一些王宫，再有就是位于巴格达之北、在幼发拉底河上的萨马拉，它于 836—889 年曾一度代替巴格达为阿拔斯朝哈里发们的首府。在萨马拉，哈里发穆台瓦基尔的清真寺和王宫巴库瓦拉的遗墟至今仍矗立着，同时这一遗址的其他部分，经德国赫兹菲尔德教授领导的考察团的发掘，及法国考古学家维俄来氏的博洽研究，使我们对这全部建筑外观获得一些具体观念。这座清真寺是“巨大的长方形，四周围以高墙，墙壁内面敷装炼砖，有 25 道拱廊的主殿位于南面，其余三面各有一较小殿堂；这些廊道高度都在 35 英尺以上，支以大理石的柱子；四座大殿都敞向一座广大庭院，院中央有一装修富丽的喷泉”。（维俄来氏）至于萨马拉的王宫，据维氏的描写是：其废墟所占地为一大矩形，边长逾一公里。在西方正前面，有三座砖结构的圆拱仍直立未圮。这三个穹窿正面对河流，原为庆祝或公众朝觐时所用，前面通向广阔的河谷。在它脚下，一层层宽阔的坪坛与喷泉如瀑布降落一般排列下去。后面是三层内庭，使一些排成十字形的房屋可以采到光线；即王座所在的宝殿；再后许多较低的房屋则为附有豪华浴室的起卧房间。在东面，可看到一长方形大花园的轮廓，四周是半露柱的围墙，内有若干人工瀑布，还有些装修华美的小亭阁相通。北面为一广阔的水湾，由一密布岩洞和池沼的斜路通达。最后在此大片建筑物后面的群房则是后宫，此外还有朝臣的住所，

① Zobeida Khatun（公元 765—831 年），哈琅·埃尔－赖世德的王后。——译者

一座小礼拜寺，和哈里发的侍卫及骑兵们居住的巨大外围建筑。

维氏指出，此种普遍形式的布置是仿自伊朗建筑物的。在这里，萨珊朝的影响已和拜占庭及叙利亚－科普特艺术的影响混合起来。至内部装饰，其墙壁上都敷一层划为格子形的泥灰，形成一面高三英尺四英寸的护壁，其上则为类似三叶花形的圆拱，此种贴壁装饰即仿自萨珊王朝。又在拉夸的哈琅·埃尔－赖世德王宫遗址中，也同样发现有自萨珊朝时代留存的装饰主题；例如一些拱廊、圆拱、壁龛等，都令人惊奇地联想到泰息封的塔夸－夷·基斯拉的建筑。但在萨马拉的艺术中，这种装饰设计已肯定为伊斯兰教的风格了，如以程式化花朵组成反复出现的几何图形的中心，各以绦带相连；或在末端或连接处以成串的小珠组成瓶形或古琴形；或为葡萄与藤叶相缠的蔓延花纹等；维俄来氏的专著中对此都有记述。

美索布达米亚地方的阿拔斯朝建筑不仅对于其后的波斯艺术，甚至对于叙利亚－埃及的建筑本身都有很大影响。最近赫兹菲尔德、维俄来和安德烈·哥达尔德诸氏的著作向我们指出，伊斯兰教的埃及遗存至今的第一座最大的纪念遗迹伊本－吐伦清真寺，大部分即曾受萨马拉建筑的启发。这座巨大的建筑物是总督伊本·吐伦在公元876年所建，他自869年起就实际脱离巴格达的哈里发统治而自行独立了。这建筑为长方形，长390英尺、阔425英尺，为有拱廊的清真寺中最卓越的典型。它全部用砖造成，我们如不知是自美索布达米亚模仿而来，则这实在是埃及领土上所发现的一种可惊奇的材料了。此外这里还第一次看到在此地区出现的尖顶圆拱——这型式也是源出于伊朗的。最后，就装饰雕刻而言，傅洛瑞氏在伊本－吐伦清真寺所发现的三种主题正与赫兹菲尔德教授在萨马拉所发现者相同——直线形的图案、深雕的装饰和缠枝葡萄的花纹。在此处，我们又发现构成伊斯兰教装饰的两种主要成分：几何画和植物形的花纹，这在原则上是反对以动物形象为根据的装饰的。

阿拔斯朝初叶的陶器艺术，由于从拉伊（即拉吉斯）、桑坚、苏萨、萨马拉和埃及孚斯塔特等地的若干发掘物之证明，是值得特别注意的。其中许多件据已故培扎德氏推定属于早至萨珊朝时代；但它看来虽显有萨珊朝的风格，事实上却如维各涅尔氏首先宣称，近又经科克林氏对苏萨和萨马拉出土的标本加以比较而确证，这些只不过是早期穆斯林的作品，其年代可推知为正当这一短期首都的繁盛时代，即公元836—889年。在苏萨，我们发现出土陶器形制的先后顺序正与萨马拉出土者相同：表面无光的、乳白色的杯子，饰有钴蓝色、有时近于绿色的程式化簇叶或花朵的图纹；还有些无光面的杯子，在黄色及绿色的底子上浅浅浮雕出，或划刻或塑造出几何图形或有棕榈树的花样；再有些优美的杯子，表面为黄色、绿色，或金赤色的光泽，上有装饰效果富丽的程式化的簇叶、圆徽，和花朵的图纹，偶尔也有图案式的动物形体。在科克林氏所著的《萨马拉的陶器》（叙利亚，1926年）中对此有更详尽的记述。

陶器的主要制造中心似乎是拉吉斯即拉伊，这一城市自波斯帝国时代起即已著名，直到1221年被毁灭时止，在各伊斯兰朝代中仍保持其重要性。拉伊出土的杯碗之类，有些粗面的器皿，在整个底子上布满浮雕的花纹，其装饰常为淡蓝色；其他的橄榄绿色的光面器皿，值得注意的是对人物形象的处理，尤其是“圆脸骑马人”

的题材，我们此处是从纳扎尔·阿伽收集品内一只碗上复制的[①]。但像此类的物件已经超过阿拔斯本朝以外而到达13世纪的赛尔柱王朝的全盛时期了。这里可以提及维各涅尔氏由正确经验所建立的推定拉伊出土陶器之年代的标准：在属于9世纪的物器上，我们往往发现在其边缘内侧有一圈花环，而在13世纪的陶器上则未见。

从陶器上看来，阿拔斯朝的伊朗曾毫不犹豫地表现出人物形象，我们如将目标转移到图画上，如曾经萨尔教授和赫兹菲尔德教授做过重要研究的萨马拉壁画所揭示，则此种印象更可得到证实。根据赫氏的结论，哈里发王宫墙壁上所饰的人物或动物行列，显得与前此的希腊-利凡特画派，较之与以后的波斯细密画更为接近。萨马拉的女性的卵形脸型[②]，使人联想到有几分像斯坦因爵士在《古代和阗》卷一中发表的第3世纪中国新疆米兰的壁画上佛教《须大拏太子本生经》图中某些"利凡特"(东方)式的人物。此外，在一些男性典型上——如赫氏复印的一个基督教牧师的肖像(《Malereien》图版LXI)——则发现有某些拜占庭以前的利凡特艺术的特点，如被库芒特氏(Franz Cumont)考察研究过的道拉·欧罗波斯(Doura-Europos，萨里西亚 Salisiya)的壁画上所见者相同。最后，在萨马拉看到有些动物图像，则与玛兹德教时代的波斯艺术有着直系血缘——骆驼的行列使人联想到波赛波利斯，圆徽中的鹿类动物则使人想到塔夸-夷·布斯坦。在这里，我们似乎又

① 原书遗漏此图。——译者

② 参看赫氏《萨马拉之绘画》，图版LII、LIV，及LXXI。

遇到了“迟来的古物”——或用德国术语的所谓“Spätantike”——即一种具有罗马－萨珊式风格的旧日型式残存到伊斯兰教时代之中。正式伊斯兰教的绘画是直到更后才在小型细密画中出现的。

然而我们或可注意到，在萨马拉的大幅画和这种小型画之间的过渡阶段，则有勒·考克氏的考察团在中国新疆发现的画派，特别是吐鲁番的摩尼教绘画，年代属于第8及第9世纪，在这画上我们已发现有波斯小型画的工细妩媚作风，和在萨马拉绘画上看到的对大部分的布局与处理。看来在伊朗本部在连续性上有间断时，“大伊朗”即常常供应了必要的环节。并且，甚至不需要离开伊朗本土以外，我们也可注意到，一方面在萨马拉一幅壁画上的有蓄着黑须、外形修长而精神奕奕的奇异的拜占庭－阿拉伯风的男子像[①]，另一方面在13世纪阿拔斯朝的巴格达派手写本——例如代俄斯科利底斯手写本的插图，及维未尔氏收集的最早期的小型细密画——上看到的那些明显的赛姆族型的人物之间，也具有某些类似之点。

哈姆丹尼王朝的社会

驻跸在萨马拉的哈里发们，乃是阿拔斯王朝最后的确实统辖着他们整个帝国的人。之后，当哈里发国家的中心地移到巴格达，并停留在那里一直到1258年的灾难[②]时止，阿拔斯朝的统治至少

① 参看赫兹菲尔德氏:《Malereien》图版LXIII。

② 指旭烈兀于1258年2月率蒙古兵攻陷巴格达(报达)城。——译者

自暂时的宗教顺从的观点看来是分裂了。我们将看到，波斯虽然仍处于哈里发的正常宗主权之下，却在同时已分为若干不同的伊朗的小朝廷。在所谓阿拉伯本土——美索布达米亚和叙利亚——上，也同样建立了许多地方性的小王朝，其中最可注意之一是纯阿拉伯人（也门人）的哈姆丹家族在西部美索布达米亚和北部叙利亚所建的两个以“爱弥尔”（emir，总督）为首的形式的国家，一在毛希尔（今摩索尔），存在于929—991年；一在阿勒波，存在于944—1003年。本朝中最名声显赫的君主是944—967年在位的阿勒波的赛夫·阿尔-道拉，这是一位传奇式的英雄，当伊斯兰教的其他君王们对于“圣战”都漠然不感兴趣时，他却一生都消磨在企图保卫北部叙利亚而抵抗拜占庭之侵袭的英勇战斗中，那后者正日益威胁着要重新征服这一地区。在斗争的间歇时期他就写诗，因此我们才看到了这位彩虹上之武士的优美诗篇。他的堂兄弟，作为他的副官的阿布-菲拉斯·哈姆丹尼也仿效他，将战争和文学的荣誉结合起来，在一次长期被俘中，他曾写作了一些至今仍很出名的战争悲歌，用以自慰。在阿勒波的赛夫·阿尔-道拉的宫廷成了当时杰出作家们的常聚之处，像阿拉伯的亚里士多德主义的创立者、哲学家埃尔-法拉比，就是从他的故乡外乌浒河地方到这里来请求赛夫·阿尔-道拉庇护的，他在950年死于这君王的身边。

埃尔-慕坦纳比，一位或可算是阿拉伯最伟大的诗人，在赛夫·阿尔-道拉的宫廷中生活过很长时间。他的作品特色是有一种抒情写意的情调，既淹博又精练——或者过于精练了——并反映着这个高贵的叙利亚-阿拉伯社会，即三百年来文化的承嗣者的复杂错综的趋向：一方面，我们发现一种奇异的怀疑主义，使得慕坦纳比能嘲笑自己扮作预言者角色的幼稚行为；另一方面，在这秩序井然的宫廷中，似乎仍存在着一些旧日游牧人民的雄迈精神：例如他写过“我是战斗与慷慨赏赐的儿子，是刀与枪的儿子。沙漠与我的诗歌，骆驼的驮鞍与山岳，一直代替了我的父亲与祖先。”慕坦纳比认为赛夫·阿尔－道拉是一个值得崇拜的英雄。他用火样热烈的隐喻颂扬着他这恩主对拜占庭军团或沙漠中的其他阿拉伯“爱弥尔”们的胜利；或是这位豪侠的哈姆丹尼在战胜之后对敌人的宽大和对被俘公主们的尊重优待。

伊斯兰教的埃及：法提马王朝的社会

埃及也像阿拔斯王朝的其他行省一样，曾自行脱离了本朝。代表哈里发为此地总督的土耳其雇佣军领袖伊本－吐伦和穆罕默德·伊克希德相继两次要求有建立世袭的王朝之权，而先后也确创立了两个实际上独立的朝廷，统治着埃及和南部叙利亚；第一个即吐伦王朝，自公元 868 年至 905 年，第二个伊克希王朝，自 935 年至 969 年。这两个在埃及的最早的土耳其王朝，和后来的马穆禄克王朝相同，也是以奖励文艺为其特色；我们已看到在开罗的伊本－吐伦清真寺，从考古学的观点上，以及从它与萨马拉建筑纪念物的关系上看来是如何的重要了。在这座清真寺内，我们还可注意到有一种次要的、叙利亚－拜占庭的影响，从柱头的美丽花纹上即可辨识出来。

虽然在埃及的这些土耳其总督们已经自行独立，但仍保留承认在巴格达的阿拔斯的哈里发国家的政治宗主权和宗教上教主的权势。然而自969年后，一个更严重的分裂发生了：埃及被法提马王朝所征服，这是一个曾建立在小阿非利加洲的阿拉伯人的王朝。但他们却还是不顺服着巴格达哈里发的精神的权威，而是在非洲又建立一个分裂的哈里发国家——所谓“异端的哈里发国”——并举起什叶派的旗帜反抗以阿拔斯朝为代表的逊尼派正统。法提马朝的阿尔-穆伊兹征服了埃及并奠都于孚斯塔特，即今日的开罗（米斯尔·埃尔-夸西斯）之后，信奉伊斯兰教的东方——更勿论奥美雅王朝治下的西班牙（白衣大食帝国）——仍处于两个对立教派的分裂之下：巴格达阿拔斯王朝的逊尼派哈里发国家（黑衣大食帝国），这是被亚洲的穆斯林们所一般承认的；和开罗法提马王朝的什叶派哈里发国家（绿衣大食帝国），这则是被非洲的穆斯林们在原则上所承认的。

法提马王朝于公元969—1171年一直为埃及之主。尽管开罗和巴格达两城都经常受到土耳其雇佣军的骚扰，法提马政府大体上仍是一个惠及人民的政府。由阿尔-穆伊兹（969—975年）和埃尔-阿吉兹（975—996年）两位哈里发，以及其后当11世纪之末在一家原为亚美尼亚血统的有才能的大臣们治理之下而造成的稳定政治，使埃及获得了可以和法老时代或亚历山大时代媲美的农业和商业的繁荣。当时的埃及乃是地中海东部诸国（利凡特）的商业中心，并一直保持此地位到十字军时代，因为意大利的商人却习惯于到亚历山大城的货栈来收购印度和东印度群岛的纺织品和香料。

这种繁荣景象也反映到艺术领域内。法提马王朝的埃及遍布了许多建筑物，有一些一直遗存至今。其中最早的是在开罗的埃尔－阿扎尔清真寺，是法提马王朝的将军朱哈尔在970—972年建造的。但克列斯维尔和傅洛瑞二氏的研究，似乎指出只有这建筑的中央部分是当时所建，其余则是在法提马朝末叶或马穆禄克朝，或甚至在奥托曼帝国统治时重修的。其较古老的部分是仿效伊本－吐伦清真寺的式样用砖造成，与较晚近的石造部分有别。此外，从建筑的观点来看，我们觉得其中可看出有受到突尼斯的影响处，如中央廊道两旁的双排柱子的设计即是；还有伊朗的影响，这在柱廊的圆拱以及其间的拱形神龛上也可以看出，其中尖顶式的则使萨拉丁氏想到了波斯的型式。通称为哈里发埃尔－哈基姆（996—1020年）清真寺的建筑，实际是990年开始兴建的，但各种装修则造成于这位君王在位期间的1012—1013年，它用了和吐伦清真寺相同的设计图样，而且也同样用的是砖材，并有一个砖造的圆顶阁——这又一次和吐伦及阿尔－阿扎尔两清真寺相同——建在"密赫拉布"以上的八角形穹窿筒（drum）上端。在开罗的法提马朝最后期的清真寺内，石材终于胜过砖材——例如1125年竣工的埃尔－阿夸玛尔清真寺的正面即是；在应用石材的同时，还出现了些新的建筑主题，诸如形成进口处门楣的内券石（Voussoir），正面上深深的"密赫拉布"，和钟乳石状的三角穹窿（pendentive）等，这一切在阿尤布朝和马穆禄克朝都得到无限发展。另一方面，就正式所谓装饰而言，特别是在石质或木质镶板上的铭刻装饰手法，法提马朝清真寺已可举出几件实例预示着马穆禄克艺术之荣耀——尤其在埃尔－哈基姆清真寺外部正面的石门口上，或这尖塔上，以及像埃尔－阿夸玛尔清真寺门口上面圆窗那样的某些镂穿的屏障上的雕饰都是。

在这种装饰性的石工上，我们看到了趋向于阿拉伯风装饰的萌芽。这种风格在法提马时代的木刻中已经成熟，并达到了强劲奔放的境界，其中最早的作品之一是成于996—1020年的埃尔-阿扎尔清真寺的大门，今藏开罗"阿拉伯博物馆"。其中还收藏许多法提马时代的刻木镶板，题材多采自动物，有些从王侯的宫殿中得来。镶板所雕有怪物袭击着鹿类动物，鹰抓野兔，面面相对的鸟——这是仿自萨珊朝纺织品上古老的纹章式题材。我们还可注意到骑士追猎各种野物，自狮子以至野兔，舞蹈和奏乐的场面，驼背的女人等，这些奇异题材使人想到拉伊出土陶器上的彩绘花纹。此种摹写动物题材而无所顾忌的精神，无疑可用法提马朝哈里发们信奉什叶派教义来解释。这种艺术与旧日萨珊朝或穆罕默德统治下的波斯艺术之近似，或也应从他们信奉什叶派——这是大部分波斯人所奉的宗教——一事找到说明。在法提马朝的青铜器中也可显然追寻出这同一影响，多数铜器都用为水罐或香炉。常作动物形如半鹰半狮的"格力芬"、鹿、马、狮子、野兔、孔雀，等等，其中最著名的是今藏意大利比萨"坎波·桑托"(圣墓地)的高四十英寸的"格力芬"。它们和勃布林斯基氏所收藏的同类铜器极为相近，表现出一种"过期的萨珊朝"式风格，形成了旧时波斯艺术与第9世纪波斯艺术之间的过渡阶段。在这里，我们能再度看到法提马王朝的什叶派使得伊斯兰教的埃及与伊朗如何密切接近。此外，作为联系两国和它们艺术之例证的，还有12世纪叙利亚北部奥尔图魁德小朝廷的一些小青铜片，那上面动物形体的花纹即使人想到萨珊王朝的艺术。我们可以注意到，法提马时代的此类青铜动物，其形制虽以其使用目的而定，但其风格仍不免受到各种不

同影响，使之简洁与雅致兼备，有时甚至高贵得可与伊斯兰教艺术中最优美的作品并列。

这一论点在织造品方面也同样适用。法提马朝有许多纺织品流入西方，无疑是由于十字军东征的结果，现在在卢浮宫、维多利亚、阿尔伯特等博物馆和巴黎圣母院以及法国各教堂的圣物安置室中，都可发现当时的优美产品。我们不要忘记，织造物似乎乃是科普特人埃及的民族工艺品。但科普特人织品本身大部分也受到萨珊朝艺术的感染——从萨珊与从拜占庭所受到的影响几乎相同，我们看到吉美美术馆所藏安蒂诺耶出土的实例时即可深信此点；所以萨珊朝的影响，不论是直接的还是经过科普特艺术的媒介转播的，在法提马朝的织造品中看来都占优势；我们发现这里的动物题材，特别喜作图案式并且如纹章上的姿势，正如在被阿拉伯征服之前夕的伊朗所见。再者，这些狮、鹰、"格力芬"、纹章式的鹰——有时也有用更近于自然主义精神所处理的兔或鸟——的反复循环的图样，大体都附隶于一种可正式称为伊斯兰教式的装饰风格之下——即互相交错，或连绵漫长的程式化簇叶的花样，此种以后即将发展为"阿拉伯式"了。

法提马朝的陶瓷艺术，和别种艺术相同，也受到伊朗的影响。我们已看到，在伊本-吐伦的时代孚斯塔特所感受的阿拔斯朝治下萨马拉的影响是如何巨大。至法提马王朝时，萨马拉已经没落，而孚斯塔特也让位于开罗，但这后一座城市的陶器工艺仍从波斯的工场，特别是在拉伊地方的，继续得到启发。有些杯盘，上有程式化簇叶或花束组成的圆环围绕着面向左侧的兔子（图 41），这种光泽的装饰在开罗和在拉伊两地所发现的完全相同。这里一如伊朗，对动物主题都以大刀阔斧的手法处理，尤其是所描绘的鸟类，如鸭子、鹰，等等；有时甚至可见到人物，在这方面，拉夸出土的杯子可资比较，此杯今藏卢浮宫，为毛提奥克斯氏收集品，年代约在10—12世纪之间，其上有两幅女子胸像，在整个外观上使我们有几分联想到萨马拉的壁画——这也是完全不足为奇的。

阿尤布王朝和马穆禄克王朝统治下的叙利亚－埃及文明

至11世纪后半叶，法提马王朝（绿衣大食）国势浸衰，我们将看到，公元1076年，叙利亚本部（大马士革地区）即被已征服波斯的赛尔柱突厥人夺去，其后至1099年巴力斯坦又被十字军攻陷。伊斯兰教在叙利亚与十字军作战时，发现它自己是孤立无援的。最后于叙利亚－伊斯兰教的封建政权内，由突厥人努尔·阿尔－定体现出一个统一的因素。努尔·阿尔－定在1146—1173年间任摩索尔和阿勒波的最高统治者，他在1154年也攫取了大马士革。他的一位副官，库德·萨拉·阿尔－丁·尤索夫，即我们所知的萨拉丁（死于1193年），灭法提马王朝而自立为埃及之主，后于1169年又使这国家复归依阿拔斯朝的国教；再后于1174年占据了伊斯兰教统治下的叙利亚，并于1187年从十字军手中夺回了耶路撒冷和法兰克所占的叙利亚大部分。在这位既是勇猛的战士又是机敏的政治家，并有着虔敬而开明精神和慷慨豪侠性格的伟大人物的政府之下，叙利亚和埃及尽管同十字军不断斗争，却进入了一个新的繁荣时代。为萨拉丁所创建的这个叙利亚－埃及帝国，在他死后仍存在下来。他的王朝,即所谓阿尤布王朝,虽然不止一次受到他家族中人的分裂,但仍一直统治到 1250 年,并且出现了几位无愧于其创业者的君主,例如曾与伊斯拉莫菲尔皇帝腓德烈二世为友的马力克·埃尔-卡米尔(1218—1238 年)等;的确,在这些君王下,伊斯兰教和基督教之间才最接近于互相了解。阿尤布朝在智识方面常采用自由主义的政策,他们所表现的较大程度的容忍,和阿尤布朝骑士与法兰克骑士由于彼此敬重而生出的同情相惜之心,使得萨拉丁王朝的苏丹们和某些基督教国家的君王们在政治上缔结了暂时性的条约①,并在道德上开始互相了解。在许多方面,这对埃及和叙利亚说来乃是一个黄金时代;开罗、大马士革和阿勒波至今仍能自豪地向人们指出这一伟大时代的建筑纪念物。

公元 1250 年,阿尤布王朝被马穆禄克王朝(奴隶王朝)推翻,如我们所知,后者乃是一些雇佣军,大部分为突厥人或赛加西亚人血统,是在伊斯兰教下的俄罗斯和高加索的奴隶市场被买来编为阿尤布朝苏丹们的禁卫军的。一旦废黜了阿尤布王室后,他们的首领即立刻自立为苏丹。他们对埃及和叙利亚的统治延续了二百余年,计分两个时期,即巴里·马穆禄克(1350—1390 年)时期,和布尔吉·马穆禄克(1382—1517 年)时期,后者于 1517 年被奥托曼征服而告终。这被称为"奴隶君王"的马穆禄克人其实并未能建立正式所谓的王朝,他们的权力通常并不是传之于去世苏丹的儿子身上,而是落入最精悍的军士之手。其中有许多都证明是强有

① 第六次十字军远征时,腓德烈二世曾与埃及的苏丹订立商约。——译者

力的人物——如苏丹毕巴尔斯（1260—1277 年）和苏丹夸拉翁（1279—1290 年），他们消灭了法兰克人在叙利亚占领地的最后残余，并遏止了蒙古人的入侵。他们虽然专横暴戾、嗜杀妄为，但对艺术却几乎都是开明的赞助者。这个怠惰而又好战、凶残而又文雅的自负矜夸的暴发的贵族阶级，身后不仅在光荣的战绩方面，而且在奢靡豪华的享乐和纪念建筑的美丽方面，都给东方留下了可惊赞的声誉。

在阿尤布朝和为其延续的马穆禄克朝，阿拉伯的艺术确实达到了最高峰。阿尤布朝的建筑——特别是在叙利亚的——具有刚健明快的特色。所用的材料都是坚固、优美而耐用的。由于此种整块优质石料的经久性，最简单的装饰主题也呈现出无限典雅细致。此外再加线条的遒劲生动和一般意境的雄奇宏伟。阿尤布朝时代，即“反十字军”的时代——在叙利亚则为伟大的阿拉伯时代——确是成功地使自己赋有一种如史诗般壮丽的艺术。随着阿尤布王朝的建立，出现了一个崭新的艺术形式所谓“麦德拉萨”（madrasa），即学校式的清真寺，其平面布置如十字形，这种新式样是从神学方面的考虑而得到启示的——现在法提马朝的什叶派既已被逐出埃及，于是要想把逊尼派，即正宗派的四个分支在“玛德拉萨”中各占一地位。同时阿尤布王朝还重修了过去数世纪中一些伟大的建筑遗迹，如开罗的阿姆尔清真寺、耶路撒冷的库巴特·埃尔-萨克拉清真寺和大马士革的城砦等。在这方面，马穆禄克朝也效法前朝，如阿勒波的城砦就是苏丹毕巴尔斯（1260—1277 年）所重建的。但马穆禄克朝也兴建了许多自己的建筑物。毕巴尔斯陵就是大马士革城最著名的建筑之一。从 1285 年起，苏

丹夸拉翁(1279—1290年)在开罗营造了一群建筑物，包括一座清真寺，一座陵墓和一所医院。这座清真寺特别展示出我们以后将在巴尔库克清真寺再次看到的那种设计的原型：它包括一个长方形的殿堂，沿着各边有两道列柱回廊，殿顶藻井几乎与这礼拜寺本身同样巍峨。再有苏丹哈珊清真寺，完成于1362年，并在若干方面表现出受有伊朗-美索布达米亚的影响，曾被萨拉丁氏特为指出是在建筑十字形平面图的清真寺中最优美的："中央为一大庭院，有沐浴用的泉亭，中庭的东面通达宽广的有尖拱的'里完'(廊殿)，形成礼拜堂本体，加上三面的'里完'遂完成了这十字形的平面图；在十字的每两'臂'之间，设有这正统教派四个支流的各学林，每处都有一较小的中庭和学生屋舍。"外面看来，这寺有一个宏伟庄严的外观，它矗立着两个高耸入云的八角形尖塔，较高的一个共分三层，高度近180英尺。清真寺各侧外面装饰着高高的平整的石壁面(piers)，将垂直的一层层窗子分割开。这样建筑物用了最简单的手法产生出一种令人难忘的效果。这里以完全不加彩饰，只用严肃的灰色石块为主而给人造成的雄伟印象，显示出阿尤布朝和初期马穆禄克朝的叙利亚-埃及艺术能够如何在堂皇壮丽方面与君士坦丁堡的奥托曼帝国最名垂不朽的建筑争胜。

布尔吉·马穆禄克朝的建筑自苏丹巴尔库克(1382—1398年)清真寺始，这是建于开罗城内的，平面布置如十字形，"特异之处是做礼拜用的'里完'几乎和中庭同样宽阔，内分三条廊道，和基督教教堂颇为相似。"内部装饰则有大理石嵌板和彩色玻璃窗，天花板上满布交织的巨大玫瑰花饰，还有钟乳石状的橹板。第二座巴尔库克清真寺建于城外，是他的陵庙。正面外壁砌有明暗相间的层石；设有这位苏丹和他儿子寝墓的大殿有一个圆顶阁，内部修以精美的钟乳石状的三角穹窿，简洁质朴。在这里，叙利亚的阿尤布朝各派的雄劲刚健的传统，又一次被完整地保存下来。至布尔吉朝的末季，马穆禄克的艺术仍产生出罕见的典雅和无限精致的作品，如苏丹夸伊特－比（1468—1495 年）的遗址和苏丹宽苏·埃尔－古里（1500—1516 年）的遗址。夸伊特－比清真寺（图 42）包括礼拜寺本身，一座陵墓，一个泉亭和一所“学校”，其平面布置也是成十字形的。在看到这个小巧的杰出建构时，首先引人注目的是外壁砌成红白两色相间的装饰效果。正门有花岗岩门楣，周围绕以白色大理石内嵌黑色大理石组成的回纹，上承圆拱，拱顶端呈凸起状，内卷石黑白相间。除了这种和谐的双重色彩外，考古家们还一致赞美那秀丽的尖塔与“无面甲的头盔”形的圆顶阁所构成的平衡感，圆顶表面饰有网子般的图案式簇叶和玫瑰花纹。阿拉伯艺术在这座礼拜堂上所造成的精致优美风格可谓无以复加，在某种意义上这也是它自己的坟墓——因为不过数年后，在 1517 年，它即为奥托曼帝国所征服。但夸伊特－比的陵墓虽仍具有典雅壮丽的特色，比起前述各建筑物来却已显得缺少生气勃勃的气象了。在将来这种精致的艺术，由于其过于繁多的巧妙技能，使我们可以体会到它所依据的那些熟练的法则。

然而阿拉伯建筑的伟大传统在外族统治下其生命仍延续不衰，不仅埃及，即叙利亚也如此，如大马士革的一些建筑物即可作为其持久性的明证，其中自 1554 年苏里曼大帝所建的泰基亚清真寺起，有建于 1571 年的德尔维希亚清真寺，和建于 1585 年的希纳米亚清真寺，直到 18 世纪建造的阿泽姆宫止，后者现在为大马士革“法兰西伊斯兰教考古美术学会”所在地。此处有幸刊印的这些建筑的优美照片，就是这学会已故会长德劳瑞氏特赠的。[①]

阿尤布和马穆禄克两朝的装潢彩饰之美，较之其建筑也毫无逊色。对这方面的最好的批评家米吉昂氏写道：“在全部装饰中，我们经常发现对花叶主题的处理是以程式化的花朵做成圆环，围绕一个中心蓓蕾的……任何地方的石上装饰的雕刻题材，几何图形的或阿拉伯式蔓藤花纹的，都不及夸伊特－比寺院中这样瑰丽美妙。”

阿尤布朝和马穆禄克朝的木刻，是从法提马朝艺术的装饰法则中解脱出来的。米吉昂氏又写道：“这是两层木雕的最美丽的时代，即在一层浅浮雕的装饰背景上，又凸出一层布局淡雅的花卉或几何图形的高浮雕。”法提马朝木工的特色是在花卉装饰上有优美的格子花纹，并且雕工精巧细腻而略显杂乱无章。阿尤布朝的艺术则对这些题材加以变化，将它们镶在宽粗挺拔、端严雄健的几何形线条上，使之稳妥鲜明，而具有一种浑厚气象。如1178年建于开罗的“以玛目”（教长）阿尔－苏菲伊的纪念碑，1193年建于大马士革的萨拉丁纪念碑，1216年建于开罗的“伊密尔”塔里布纪念碑（部分今藏“维多利亚及阿尔伯特”博物馆）——本书或米吉昂氏所著《伊斯兰教艺术手册，造型艺术及工业》（第二版，巴黎，1927年）中有此实物的图片——将使我们对这种既富丽又刚健、纯洁的风格获得一个具体观念。在马穆禄克朝，簇叶和玫瑰花图样的美妙精致也同样值得称赞，但因用了着色的木材，所以更显得华丽，而

① 图片欠附。

且线条之美几乎有过分细腻之嫌。维多利亚及阿尔伯特博物馆中陈列的著名夸伊特－比寺的“明巴尔（讲经台）”或可算此种作风最完美的样品。与这些木刻相同，清真寺门上的铜铸装饰也证明了马穆禄克朝的阿拉伯风格的华美壮丽；应该注意的是，动物图形在成为钩连状或蔓延状的程式化簇叶花纹中仍可遇到，这无疑是在正统格律中的法提马朝的奔放不羁作风的残余。

最后要说到一种应属于更严肃性质的艺术，即阿尤布和马穆禄克时代还给我们留下一些精美的武器、铁器和铜器（图 43）。其中铜质用具——水罐、瓶、盆、浅盘、香炉、灯架，放古兰经的铜盒和“库尔希”（kursī）即小桌——格外值得注意。这些物品其材料的美丽、形式的雄健典雅，使它们可以承受这些繁复的装饰而不显得过分笨重。此外，尽管此种装饰题材繁丽得令人眼花缭乱，然而那些遒劲的“库发式”花样字体，绵连的程式化的簇叶，交织错杂的图样，玫瑰花饰，阿拉伯式蔓藤花纹，以及偶可见到的纹章式题材，则仍保留着其笔致的活泼生动和稳妥凝重，不仅悦目而且赏心——后一点我们认为正是阿拉伯装饰中的秘诀。马穆禄克朝清真寺中的雕花上色的玻璃灯，也表现出同样的特色和美丽。最后，马穆禄克的陶器，长久以来都未能得到完全确定，现在由于德劳瑞氏在大马士革（巴布·阿尔－沙奎地方）的发掘，已使我们有了更清楚的认识。它在奥托曼帝国时代的叙利亚－埃及的陶器，以及自 16 世纪起的所谓“大马士革陶器”的精雅制品中，又继续得到新生。现在大马士革考古美术学会的指导人正在把这些高贵流派研究清楚。

在上文略述梗概的东方阿拉伯艺术的演进中，是否能肯定指出哪一时代最为重要呢？我们的意见是，这答案可能没有什么怀

疑。东方的阿拉伯古典艺术，以13世纪阿尤布朝和它们的继承者初期马穆禄克朝在大马士革和阿勒波的建筑物为代表。萨拉丁、科克布里、萨伊夫·阿尔－丁、阿尔－阿狄尔和毕巴尔斯等人的陵墓，夸玛利的"玛利斯塔姆"（医院）和"宝泉"（Fountain of the Treassure）——仅举大马士革的建筑物为例——所展示的主要特色，在奉伊斯兰教的土地上能达到此种境界的可谓后无来者。像西班牙、埃及，或波斯各派中那样显得有些造作的秀丽处，在这种建筑和装饰上是没有的。这里一切都是单纯、坚实、强健，具有一种阳刚之美，并在实质上合于结构的原则。作为建筑家兼装饰家的阿尤布朝诸大师们，乃是唯一懂得平衡的真正价值和雕琢优美的石材的本质价值的人。在这些建筑的正面，他们只是经常反复使用着雕凿的拱心石（keystone，"龙门石"），或齐如刀裁的边缘，或镶在拱门周围的有粗凸浮雕的花边；这些既雄劲又有力的简单得令人吃惊的巨大而准确的线条，从严肃的美丽材料中获得了意想不到的装饰价值。甚至像是在建筑正面上露出笑颜似的拱门内蜂房状钟乳石，往往也是凝重端严的，丝毫没有后期马穆禄克朝作品那种虚有其表的美术趣味[①]。在石刻上以及在木刻上的"库发"式花字，也可看到同样的颇为骄傲的美和雄赳赳的气概。和阿尤布时代在古老的大马士革所造的不朽建筑遗迹相比，临近地区或以后数世纪中有多少杰作都要显得微不足道了——它们都是些浅薄应伪的建筑效果的混合，缺乏着一切永久性！

① 参看罗星塔尔氏："Pendentifs, trompes et stalactiles dans l' architecturex orienrale"（巴黎，Genthner 版，1928年）。

第六章　波斯的伊斯兰教文明

阿拉伯－波斯文明，自萨曼王朝至赛尔柱王朝

我们已经看到自 10 世纪以后的阿拉伯文明的演进，而撇开了旧时哈里发帝国治下的伊朗省。这样省略是由于在那时代以后，伊朗虽仍处于伊斯兰教教主统治之下，但从政治和文化的观点看来，它已经又重新主宰了自己的命运。现在既已有波斯的文明存在，我们就要对它的历史做一个简短的说明了。

当第 9 世纪时，阿拔斯朝的伊朗发生一个重大现象：阿拉伯人的文明要素丧失了他在政治上的优势，伊朗人的文明要素则不动声色地占了上风；及至 11 世纪，也是如此，后者又将领导权转移给土耳其（突厥）人，而这些土耳其人却很快地采用了伊朗的风俗习尚。他们在小亚细亚虽然坚决保持着自己的作风，并把那半岛建成了一个土耳其斯坦第二，在波斯他们却很快地使自己适应了这一古老的民族文化。因此 10—12 世纪在波斯的所有王朝，无论是伊朗人的还是土耳其人的——它们彼此相继——对这民族型式的文明都有所贡献。

在 9 世纪中，伊朗人的文明成分就很快胜过了阿拉伯人。近公元 820 年时，科拉桑（呼罗珊）总督、波斯人塔希尔宣称独立，他和他的家族占据着这一省份直到 872 年。这一年塔希尔王朝被另一个原为赛伊斯坦人的波斯平民血统的萨法尔家族所覆灭，它统治着东部伊朗直到 900 年。在 900 年，属于较显赫的血统的第三个家族、由那斯尔一世创建的萨曼王朝又推翻了萨法尔王朝，并取而代之统治了伊朗东部，直到 990 年。这新朝的诸王——名字几乎都称为那斯尔、伊斯玛意尔、阿玛德、努赫、阿布德·埃尔－马力克或曼苏尔——定居在外乌浒河地方的布哈拉，这一地区在当时是完全伊朗化了的。在他们统治之下，呈现出伊朗的文艺复兴，因为他们只是近时才改奉伊斯兰教的，对于以前作为拜火教教徒的时代记忆犹新。一旦当权之后，他们一面仍忠实于新的信仰，一面也渴望恢复和过去的传统关系；并且将自己的家世和萨珊朝的英雄巴拉姆·楚宾联系在一起。正是在这勇武的王朝治理之下，波斯文化的历史才真正开始。在他们的布哈拉的宫廷中，和所辖的其他大城市——撒马尔罕、巴尔克、玛尔夫和尼沙普尔——中，开始反对阿拉伯语文的优越地位，由此产生了古典的波斯文学。第一位波斯大诗人卢达歧——死于 954 年——就是生活在萨曼王朝那斯尔二世的宫廷里的。不久后又有一位波斯诗人，出生于图斯并死于 952 年的达基吉，为萨曼朝的努赫一世写了一部史诗，述及伊朗过去的神话中的国王古什塔斯普在位的时代，和琐罗亚斯德的说教，这诗后来被引用在菲尔道希的《沙－纳玛（列王纪）》中；至于菲尔道希，这位波斯的荷马，其生存年代约在 932—1021 年，他与达基吉同为图斯人，并且也在萨曼朝统治下开始其事业。此外，

萨曼朝的外乌浒河地方还是一个哲学研究的中心，吸引来许多伊斯兰教中最著名的学者。阿拉伯最伟大的哲学家伊本－希纳，即我们所知的阿维森纳，于980年左右生于布哈拉附近，他在进入布益朝的宫廷以前，就曾受到萨曼朝的努赫二世的奖励庇护，并在这位君王的图书室中完成了他的研究。

当萨曼朝统治着东部伊朗时，另一个伊朗人的王朝布益朝自立为西波斯之主，并将其地分割给它的成员。自公元935年至1055年，布益家族的三支就以这种方式，一支统治伊拉克－夷阿拉比，一支统治法尔斯，第三支统治伊拉克－夷·阿杰米。布益朝也自称为本民族的萨珊王朝后裔，并且也像所有波斯人一样表明信仰什叶派伊斯兰教。公元945年，这家族中的一员名为穆伊兹·埃尔－道拉的，进入巴格达并强迫哈里发任命他为“阿弥尔·埃尔－乌玛拉”(amir al-umara，即大总督)，这一地位相当于法兰克的梅罗文加王朝(Merovingian)[①]的大宰相。事实上，从那时直到1055年，这布益家族的大总督假借阿拔斯王朝之名擅取了一切大权，而削弱了王朝本身。他们中间最有名望的是阿多德·埃尔－道拉(‘Aḍod al-Daula，944—982年)，他在统一计划下重新组织了布益朝的全部统治地，并且也自任为艺术的倡导者以和同时的萨曼王朝的王侯们抗衡。因此他在巴格达营造了各种建筑物，并在法尔斯兴建了巨大的公共工程，如横跨设剌子附近库尔河的“班得－阿弥尔”堤堰之类。他的光荣事业曾受到伟大的阿拉伯诗人埃尔－慕坦纳比的歌颂，这位诗人在他治下的设剌子住过一

① 克罗维斯所建，于公元500—750年间统治着高卢及日耳曼。——译者

些时期。他是第一个使得哈里发授以“苏丹”和国王(“malik”)称号,后来并授以“列王之王”称号的穆斯林公侯,这即等于恢复了旧日在阿拔斯哈里发圣权庇护下的萨珊朝君王的称号和几乎它的全部实权,而这位哈里发则现在只是精神上的教主了。我们将发现在哲学家阿维森纳的恩主和友人中,还有布益朝的其他王侯,拉伊哈马丹和伊斯发罕等地的公爵等。

在 11 世纪,东部伊朗和西部波斯的两个伊朗人朝廷先后都因突厥人的入侵而覆灭。这些突厥人最初来自中亚——即现在中国的新疆和一部分蒙古地区——自 9 世纪起,他们即扮作了为阿拉伯-伊朗各王朝服役的雇佣军而平和地渗入伊斯兰教的世界,正像第 4 世纪时,日耳曼人作为客军和盟军被允许进入罗马帝国一样。并且和在罗马的情形相同,在武装部队入侵之后,分散的与平和的移民不久也随之而来。

在伊朗建立的第一个突厥王朝是伽色那王朝,他们原为伊朗的布益朝诸王的雇佣军,但至 960 年时因和主子发生纠纷而脱离,定居在阿富汗的伽色那,遂以其地名为号。至 995 年,他们强迫萨曼朝末代君长割让科拉桑的一部。不久后他们的领袖马慕德(公元 999—1030 年)即灭萨曼王朝,并将若干领土(科拉桑和外乌浒河地方)收归己有;其次又征服另一伊朗王朝布益王朝,夺得它的伊拉克-夷·阿杰米;最后他转向印度,从一些印度土王手中取得旁遮普。伽色那朝的马慕德乃是最早的一个突厥-穆斯林君主。他也是第一位被巴格达的哈里发授予“苏丹”称号的突厥首领。此外,这位正统逊尼派伊斯兰教徒突厥人,极其认真地把自己封为阿拉伯文明的倡导者。他的宫廷中留住过最著名的波斯诗人——翁苏里、米努奇里和菲尔道希，其中最伟大的菲尔道希甚至将自己于1010年完成的《列王纪》奉献给他；两人虽然终于发生争论，但我们也不该因此忘记这位诗人的长期得宠。无论怎样，伊朗民族的史诗竟在一个突厥王朝统治下写成，总是一件奇怪的可注意的事；这最好地说明了波斯文化在这个经历过一切政治上的盛衰兴替的国家中的继续。

公元1040年，伽色那王朝被另一个突厥的赛尔柱王朝逐出了东部伊朗。1055年赛尔柱的领袖图格里尔伯格（或托格鲁尔·伯格，死于1063年）又推翻了建立在巴格达、与阿拔斯哈里发并存，并仍统治着西部波斯的布益王朝。他代替了布益朝在哈里发身旁的地位，哈里发则承认他为临时的代理教主，并授以波斯的“苏丹”和“众王之王”的称号。第二代的赛尔柱朝苏丹阿尔普·阿斯兰（1063—1072年）在亚美尼亚的马拉兹夸德击溃了拜占庭军，这个决定性的胜利使得亚美尼亚转入赛尔柱人之手，并为他们打开了小亚细亚的门户。至这族人的第三代苏丹马力克·沙（1072—1092年）时，赛尔柱帝国处于鼎盛时代。当时它占有全部伊朗、美索布达米亚、叙利亚和小亚细亚。从宗教观点看来，赛尔柱朝的征服标志了逊尼派分子对曾受到布益王朝保护的什叶派的胜利，因为这新朝是正统派的伊斯兰教徒。倘以为这个突厥王朝的入承大统在政治或文化方面显示出任何衰落现象，那却是错误的。赛尔柱诸王们不仅很快地使自己适应于阿拉伯-波斯的文明，而且自任为这一文明的忠实保卫者。马力克王的政府在著名的首相尼扎姆·埃尔-穆尔克的领导下，是仁德而开明的。本身为政治论著

《治国策》之作者的尼扎姆·乌尔－莫尔克，乃是当时所有大作家如波斯诗人阿马尔·开阳[①]和哲学家埃尔－伽扎利等的保护者，并在巴格达的尼扎米耶"玛德拉萨"建立一个最高学府，这对于阿拉伯－波斯的文学产生了很大影响。

1092 年马力克王逝世之后，他的帝国即为赛尔柱家族的各支所分裂，其中主要的是在波斯和在小亚细亚的两支。在波斯的苏丹职位仍保留在马力克王的儿子们手中。这些苏丹们为首的是桑加尔（或星加尔，1117—1157 年），他是一位豪侠勇武的君主，一生都在外乌浒河地方作战，以保卫伊朗反抗新的突厥－蒙古的入寇。但至 1194 年，在波斯的赛尔柱朝，终于被另一个也信奉伊斯兰教并且采用伊朗风尚的突厥王朝所倾覆——即花剌子模（今基发）诸王所建的王朝，他们自公元 1194 年起至 1220 年蒙古大举进犯时止统治着伊朗，并且大体上仍继续实行前朝的事业。在现在波斯首都附近的拉伊，或称累赛斯，仍保留着对光辉的赛尔柱时代的记忆，因为这里著名的有着尖的雉堞的圆塔幸免于蒙古人的破坏，这塔即使不是如传统所说可追溯到托格里尔伯格本人时代，据萨尔教授的意见，似乎也仍属于 12、13 世纪的。

我们不该忽略的赛尔柱朝的另一支是在小亚细亚。由赛尔柱王朝中较幼的一支在小亚细亚（突厥语称为"卢姆"）建立的苏丹国家，以科尼亚为首都，其国祚则较为绵长，计自公元 1077 至 1302 年。它在历史上的重要性是不应予以过低评价的。从人种志来说，它消除了对小亚细亚的希腊化，并将这一块直属于拜占庭的土

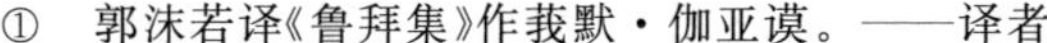

① 郭沫若译《鲁拜集》作莪默·伽亚谟。——译者

地变成和他们故乡土耳其斯坦相同的完全图兰式的领土。在美术和甚至文学方面，它在很大程度上展开了由此造成的“新土耳其（突厥）”对伊朗的影响。事实上，在科尼亚的王庭中，波斯文化占有最大的优势，如苏丹们的名号即是明证——凯喀斯鲁、凯卡乌斯、凯库巴德——这些都是由伊朗史诗中借用来的；还有那伟大的波斯神秘诗人查拉尔·埃尔－定·卢米（1207—1273年）的事迹也可作为证明：他的一家从波斯来，在赛尔柱朝的保护下居住在科尼亚，在这里他创立了那著名的“玛夫拉维”（Mavlavi）教团，即舞蹈的托钵僧教团。

10—13世纪的波斯文学

因此尽管这些统治王朝原是突厥人建立的，但伽色那、赛尔柱和花剌子模的时代在波斯的文学和美术上却是一个伟大的时代。举例说，对伽色那王室的纪念，即不可分地与对诗人菲尔道希的纪念联系在一起。

菲尔道希，公元932年左右生于科拉桑的图斯近郊，曾将伊斯兰教以前的伊朗的英雄传奇编入一部六万行的长诗“沙纳玛”即《列王纪》。这诗完成于1010年，并奉献给他的保护者伽色那的马慕德苏丹，他就在这苏丹的宫廷中生活过。与马慕德失和后，他离开了伽色那到布益朝领土的西波斯去。在1020年他返回图斯，死在那里。

由菲尔道希的才华而赋予定型的这部伊朗史诗，在公元650年当萨珊王朝末叶时即已被一个著名的波斯人丹尼士瓦尔（Danishwar)用帕拉维文纂集在一起，名为《库代·纳玛》，但现在已亡佚了。菲尔道希用现代波斯语所加工的，正是这一作品的半历史半传说的史诗式的内容。所以尽管波斯改奉了伊斯兰教，我们发现这位穆斯林诗人所写的却是在萨珊王朝流行的全部伊朗传说。

在这里我们不能试图缕述这《列王纪》的内容。下面将提到的是和波斯小型画有关的其中一些最著名的插话。我们只简单说，这诗开头写的是开国第一位盖尤玛尔斯和传说的庇士达地安朝诸王：胡善、塔姆拉特和贾姆希德，即艺术与文明的创始者们的故事。贾姆希德的两个儿子、伊朗人的祖先伊拉吉和图兰人的祖先图尔彼此敌对，乃是伊朗和图兰尼亚——即波斯人世界和月氏人世界的彼此敌对的开始。伊拉吉被图尔杀死后，他的一个后裔米努奇里也使图尔丧命而为他复了仇。但对图兰新君阿夫拉希雅布的斗争仍继续进行下去。

就在这时，伊朗史诗中最卓越的英雄卢斯塔姆在菲尔道希的诗中出现了，他乃是波斯的海格立斯而兼罗兰。在传说中他和东部伊朗有关；他的父亲扎尔像希罗多德所写的居鲁士王一样曾被遗弃而为神鸟希木尔格所救，是赛伊斯坦的国王，他的母亲则是喀布尔王之女。庇士达地安王室灭亡后，卢斯塔姆遂即波斯王位而建开雅尼王朝，这或可符合历史上的阿开密尼德王朝，但这朝的神话国王则是凯库巴德、凯卡乌斯、凯喀斯鲁、卢拉斯普、古什塔斯普、伊斯番狄雅尔、巴曼、女王胡美和达拉布。在他们的统治下，伊朗和图兰的战斗仍在进行，并且在伊朗方面突出表现着卢斯塔姆的功业。这里最好的插话之一是卢斯塔姆和他的亲生子索拉布的决斗，索拉布是这位英雄和一位图兰公主的短期恋爱的结晶，长大成人后遇到他的父亲，因为不相识而向他父亲挑战，结果受了重伤；这里最动人的一幕是在儿子临死前，父子终于彼此相认。另一著名插话是伊朗的骑士毕坚的故事，他在出外打猎时，碰见了图兰国王的女儿，因为受到她的诱惑，他遂使自己被敌人擒去放在地牢里，后来被卢斯塔姆救出。多亏卢斯塔姆的参预，波斯王凯喀斯鲁最后获得了对图兰人的决定性胜利，并将他们的国王阿夫拉希雅布俘获处死。常作为小型画题材的第三个插话，是王子伊斯番狄雅尔（或伊斯芬狄阿尔）的故事，他是国王古什塔斯普之子，这位王子又因反击图兰人而享名；但伊斯番狄雅尔却因为要与卢斯塔姆较量一番而被受神鸟希木尔格之保卫的英雄所杀。至于这无敌的卢斯塔姆则是被他的异父兄弟沙伽德和喀布尔国王的阴谋所害，他们使他和他的忠实坐骑拉克什落到满布尖刀的陷坑里。

《列王纪》中其次则是以亚历山大大帝（伊斯坎达尔）的故事为题材，他被写作一个阿开密尼德朝的王子，为“达拉布之子”，是名为大流士的一位国王与一位马其顿的公主所生的。伊斯坎达尔在他母亲的国土内流浪，但来到这里要求继承王位，打败了他的异母兄弟达拉（即大流士·科多曼），而成为波斯的合法的国王。《列王纪》中没有写到阿萨栖王朝，但称扬着萨珊朝的历史，其中一些君王都变成传奇的英雄了——例如“七气候”（Seven Climates）公主们的恋人巴拉姆·古尔、喀斯鲁·阿努希完，和美貌的希琳的恋人喀斯鲁·帕维兹等。

这就是这部浩瀚的史诗的内容，它包括有美妙动人的章句，也有冗长沉闷的段落，要了解以后的波斯的抒情诗甚至绘画，是必须熟悉这部史诗的。

赛尔柱的波斯产生了两个伟大作家:用阿拉伯文写作的哲学家伽扎里和用波斯文写作的阿马尔·开阳。伽扎里(1058—1112年)和菲尔道希同为图斯人,他求学于尼沙普尔,后来则执教于在赛尔柱首相尼扎姆·埃尔-穆尔克庇护下的巴格达的尼扎米亚"玛德拉萨";但不久就舍弃尘世生活。自此以后,除了在尼沙普尔执教的那段时期,他都过着一种虔诚而勤学的退隐生活,直到1112年于图斯死去。这种退隐生活标志着他思想上的一个新的趋势。他原为阿拉伯哲学家们的弟子,那些人都多少有几分是阿维森纳的继承者——即亚里士多德派的哲学家——但对希腊各大师的研究显示出这些知识系统都是相互破坏的。他确信了它们的空虚,并求助于宗教的灵性感受,包括苏菲主义(Sūfism)的学说——伊斯兰教的神秘派。因此他的哲学上的怀疑主义遂带有一种深厚的宗教情感,使得这位哲学家成为伟大的波斯神秘派诗人的先驱。

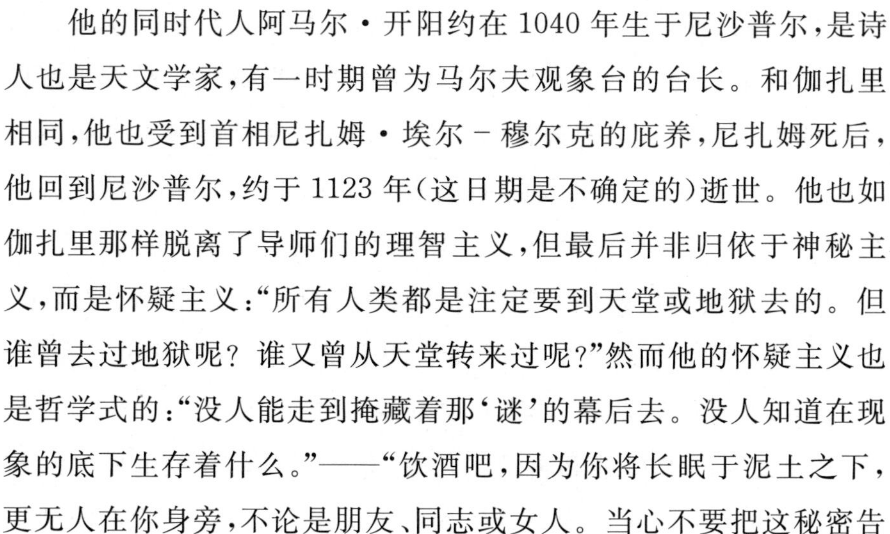

他的同时代人阿马尔·开阳约在1040年生于尼沙普尔,是诗人也是天文学家,有一时期曾为马尔夫观象台的台长。和伽扎里相同,他也受到首相尼扎姆·埃尔-穆尔克的庇养,尼扎姆死后,他回到尼沙普尔,约于1123年(这日期是不确定的)逝世。他也如伽扎里那样脱离了导师们的理智主义,但最后并非归依于神秘主义,而是怀疑主义:"所有人类都是注定要到天堂或地狱去的。但谁曾去过地狱呢?谁又曾从天堂转来过呢?"然而他的怀疑主义也是哲学式的:"没人能走到掩藏着那'谜'的幕后去。没人知道在现象的底下生存着什么。"——"饮酒吧,因为你将长眠于泥土之下,更无人在你身旁,不论是朋友、同志或女人。当心不要把这秘密告诉任何人：郁金香一朝萎谢，将永不再开花了。”——“问及那难测的神秘的人，没有一个走出过阴影的圈子一步。”这样尖刻的智慧，乃是一种深沉的消极幻灭源泉：“我的出生固无益于上天，我的离世也无损其庄严美丽。我两耳中从未听到有谁说出这种来与去的原由。”——“我们乃是上天弈棋时的卒子。在‘生存’的棋盘上，我们只作为它的消遣物。那以后我们就一个个又回入虚空的盒子里。”

这种幻灭之感表现在辛酸深刻的诗里面，因为在开阳的诗中，知识的虚无主义和一种使人震颤的敏感发生着冲突：“我们来了有什么用？我们去了又有什么用？哪里是织成我们生命的经线？多少脆弱的身体已为这世界所粉碎了！它们化成的烟又飘散在哪里？”甚至作为阿马尔·开阳主要话题的酒神颂歌也难掩藏这种辛酸而深切的人类痛苦：“饮酒吧，这是你的青春时代，那有着玫瑰花、美酒和知己的季节留下来的财富。享受这一瞬间吧，这一瞬就是你生命的全部。”——“坐到草地上来，我的人儿！不久这草地就要从你我坐过的尘土上发出芽来了。”而最后跟踵而来的却是藉以短暂的美来慰藉阴郁的智慧的心灵：“春风柔和地吹拂着蔷薇花的面颊，在花园荫下.这可爱的面颊有多么甜蜜！你诉说的过去一切，对我已全无诱惑力了……享乐今朝吧，莫再说起昨日。”

花剌子模时代产生了四个伟大波斯诗人——尼扎米、阿塔尔、萨狄和查拉尔·埃尔－定·卢米。尼扎米是库姆地方的人，死于1201年；他所写的是阿拉伯－波斯诗歌中的伟大的浪漫主义话题，特别是关于马吉能和蕾拉的传说，他们乃是阿拉伯的罗密欧与朱丽叶，也是由于两家族间的仇恨把两人分开；莱拉违背本愿地嫁

给另一个求婚者后，马吉能在失望之下隐退到沙漠里去。后来蕾拉做了寡妇，遂终得与马吉能重聚，但她不久即死去了，她的情人也追随她到坟墓里。尼扎米还写过一篇关于美丽的希琳的传说的诗：她受到国王喀斯鲁·帕维兹和建筑师法尔哈德两人的热爱，后者以为她死了，因而绝望自杀。

阿塔尔生于尼沙普尔，约在1230年逝世，是一个苏菲派诗人，他的神秘主义表现在其多于想象描述的奇妙的"鸟语"一诗中，给自己穿上一件最富于诗意的想象的衣服，在这里我们看到鸟类的——即灵魂的——世界，它们由戴胜鸟带领着去寻求由神话中大鸟希木尔格所象征的上帝。这一旅行是以不可思议的消灭想象中似为宇宙万能的上帝而告终，今引戴胜鸟的话说："我向你们所宣称的造物主，并不单独存在，这整个世界就是他的创造。有象或无象，都是属于他的创造。"再如："看啊，在这神灵的太阳的一线光辉下，你看到在它周围无数的阴影都消失了……当空间的海洋停止扬波时，那海面上所成的形象也都消灭……把心灵遗失在这海洋中的人，即将永远安息了。"

最伟大的波斯诗人萨狄生于设剌子，出生年代有人说是1184年，也有人说是1193年。他开始求学于巴格达的尼扎米亚"麦德拉萨"，曾到过叙利亚、阿拉伯和小亚细亚，约于1282年或1292年死于设剌子。他的主要作品是在公元1257年写的《花园》(*Bustan*)和在1258年写的《玫瑰园》(*Gulistan*)，以及一部抒情诗集(*Dīwān*)。他的主旨和阿塔尔相同，也是苏菲派的神秘主义，但与那位前辈不同的是，他的气质并不十分像一个真正的神秘主义者，倒有些像是道德家，虽然苏菲主义给他的诗词提供了使人赞赏的课题。他的讲说道德是含笑的、温和的，并有着深挚的人性，乐观而不夸张，沉郁而不绝望，使我们想到罗马诗人贺拉士的作品。他同时还是良好的伙伴，正直的人，信上帝者——更不消说是绝妙的诗人——在我们可称之为波斯的人文主义中他乃是最崇高的形象。

萨狄自己告诉我们他写这篇《玫瑰园》的念头是怎样引起的："我们正在散步。那是春天里。空气中散发柔和的暖意，玫瑰花盛开的季节开始了，树上披着绿叶，好像欢乐人们的节日盛装。那是五月的头一个黄昏。夜莺在丝柏树上鸣啭，深红色玫瑰上的微颤的露珠，像是含羞的少女面腮上的汗滴。那一夜我请友人到我的花园里。你知道，实在再没有比它更讨人欢喜的花园了。人们会说这里地上都散布着细碎的钻石，每个葡萄叶上都悬挂着普丽雅德七仙女[①]的项链。清澈的溪水在一旁潺潺地流去。鸟儿甜蜜地歌唱着，我的心头乃漾起一种极大的静穆之感……清晨我看见友人用袍子下边兜起满满的玫瑰花、紫苏花、风信子和雁来红，他要把这些芬芳的货物带到城中去。我对他说：'园中的玫瑰只有一日的寿命，花儿的信誓有时是要落空的。''那我怎么办呢？'他说。我答道：'我要做一部《玫瑰园》来娱悦人们的心灵。秋风凋谢不了它的叶子，狂飙扫不灭春天将带给我们的欢乐。'"

要分析萨狄的作品是不可能的，那整个风格包括有微妙的色调和精细的观察。我们只举他这种作风的一两个例子："在原野上一日彼此相逢——你和我；一同离开了这城市——你和我。你也

① 阿特拉斯(Atlas)与女仙普丽昂(Pleione)所生之七女，即昴宿七星。——译者

知道在一起是多么美好——你和我，再没有别人只有着——你和我”（“四行诗”）。再如这幅结尾略带嘲讽情调的美妙图画：“我从未经过比这更美好的时刻：那夜我把我的恋人拥在胸前，注视着她那浮满睡意的眼睛……我对她说：‘亲爱的，我的苗条的小丝柏，现在不是睡眠的时候，唱吧，我的夜莺儿！让你的嘴像玫瑰花蕾似的展开吧。不要再睡了！我的心灵的扰乱者，让你的口唇献出你的情爱的媚药吧。’……我这恋人于是抬眼看看我，喃喃低语道：‘扰乱了你的心？可是那不是你将我唤醒的吗？’”再如：“你的恋人一直反复说着她从不曾属于别的人，她述说她的一生事迹，并说出能为她的话作证的人名……你微笑了，因为你知道她曾属于另一个人，她是在撒谎。但这又有什么相干呢？她的唇在你的唇下面不是同样温暖吗？她的肩头在你的拥抱下岂不是同样柔软吗？”（《花园》）在这含笑的彻悟之下有着一种耽迷肉欲的悒郁，这又一次使我们联想到贺拉士：“嬉戏作乐的时代对我已是一去不返了……我也曾年轻过，玫瑰还不及我容颜的鲜艳，水晶也不及它的光彩，乌黑的发鬈垂拂在我的颈上，一件丝袍却成为我这纤弱肢体的过重负担……”（《花园》）。但在萨狄却有着比伊壁鸠鲁派更多的欢笑与幽怨。在他的诗中，感情找到了明白无误的语言。试看下面一节简短的悲歌：“他们说五月的和风是甜蜜的，甚至像玫瑰的芬香，像在玫瑰园中，在绿色原野上，和在蔚蓝的天空中的夜莺的歌唱。啊，你知道并不是这样，只有当恋人在这里时，这一切才是甜蜜的。”后面还有：“我曾说：‘在分离时，我将有勇气。’但等那一天到来了，我的勇气也消失了。”（“四行诗”）我们可以用这些诗句来作一结束，在这里表达了波斯圣者的恻隐之心：“蝼蚁曳着麦粒踯躅

前进时，不要去折磨它吧！因为它是在生活，而生活是美好的。”

查拉尔·埃尔－定·卢米（1207—1273年）是波斯最伟大的神秘派诗人和《玛斯纳维》（*Mathnavī*）的著者，他是巴尔克地方人。公元1226年，他的家庭定居在赛尔柱朝苏丹在小亚细亚的首都科尼亚，这里的苏丹们乃是诗人的庇养者。卢米在科尼亚度过了一生，他在此创立了“玛夫拉维”托钵僧的教派，他的坟墓至今尚存。

卢米的诗受到苏菲派神秘主义的启发，他是这派主要代表之一。这是一种极奇异的神秘主义，有时接近基督教的有神论者，有时又接近印度多神教的瑜伽派（Yogism），但它始终燃烧着对上帝的热爱：“语言于我何有？”（真主对忠实的信徒说）“我所要的只是一颗热烈的心；将心放在爱的火焰上；即可不计什么思想或表示了。”在另一节里，这位信徒用着等于将人性完全消灭于神性之中的不可思议的谵语叫道：“我如顽石而死，复变为草木；我如草木而死，复超生为鸟兽；我如鸟兽而死，乃复生为人；及我为人而死时，我将复生为天使，我甚而将超逾天使而成为人所未经见之物，于是我即成为无物之物，无物之物！”在伊斯兰教中为稀有现象的这样与上帝的融和为一，导致了一种如印度教式的与大自然的密切的心灵相通：“我是日尘，我是日球，我是清晨的红霞，我是黄昏的气息……”事实上，卢米如此清晰地看到了上帝在自然界中的表现，如德·维克斯男爵所说，我们有时几乎相信他当真在其中看到上帝本身了。这位苏菲派诗人叫道：“宇宙乃是这‘广大智慧’（上帝）的外貌。”而在这种意味上，当卢米说“我是今世和来世……；我是人，我是‘生存之海洋’中的精灵与珍珠，我是高山和平原、珍珠和大海”时，他无疑地是代表上帝的。

波斯绘画的起源

赛尔柱朝和花剌子模朝的波斯美术，是可以与这时代的文学媲美的。

在12、13世纪时，拉伊的陶瓷在釉面装饰的应用上达到了最高峰，此外，同时还发展了绘制或划刻花饰的技术。在此种器皿中，使我们更感兴趣的还不是某些样品上的“在乳白色底子上闪着金碧光彩”的金属釉面的变幻绚丽，而是那有着人物形象的图案本身，其中具有特色的滚圆面孔乃是最初期的伊朗早期小型细密画上流行的典型(图44)。拉伊陶瓷器上的人物，正可以和阿诺德爵士在他所著《伊斯兰经》中复制的细密画上类似的人物型式相比。此后不久，尤其在多彩的陶瓷上，人像已不仅被当作一种装饰主题，而是渐被布置在朝觐、狩猎、打马球的骑士和豪华的宴会等场面中了。在描绘人物画的同时，动物画的艺术也在发展，所画的不仅有马——这是和骑士分不开的——还有狮子、熊、骆驼、水牛、麋鹿、兔和鸟类，大部分都有引人注意的写实风格。这样在13世纪时，波斯的绘画开始在拉伊的艺术家的碗、瓶和瓷砖上，同时还在手写本中的细密插画上，找到了更稳当的表现处所。

事实上，我们现在所谈到的绘画传统根本未从伊朗土地上消失过，最早期的波斯绘画和8世纪的摩尼教书中的饰画及小型细密画几乎没有什么不同。

我们知道，摩尼教是一种奇异的混合宗教，半像玛兹德教半像基督教。此教为第3世纪中叶波斯人摩尼在萨珊帝国创立，他约当公元214年生于息太封，在275年被巴拉姆王一世视为异端而殉教的。现在全体伊斯兰教徒一致传说摩尼是一位有名望的画家（菲尔道希即称他为“画家摩尼”），摩尼教经典上的插图被此教派推举为最好的宣传形式。这种传说，由德国格伦威德尔和勒·考克所领导的考察团在中国新疆吐鲁番地区的发现而完全证实。这里，在今日中国新疆腹地戈壁大沙漠的中心——此处于公元760—840年曾为突厥民族所建立的、奉摩尼教的回纥帝国的所在地——格伦威德尔和勒·考克两位教授发现了大量壁画和有插图的手写本（今藏柏林民俗博物馆），画着回纥王公、公主、男女施主和摩尼教僧人，后者一部分肯定是伊朗人的型式。尽管这些作品的题记是突厥族的回纥文，但给人的印象却是纯粹伊朗式的。在某些方面，那花卉题材和程式化的簇叶已开蒙古人统治时代的波斯细密画形式的先声。这里的人物有时是圆圆的年轻面孔，正和将在14世纪波斯细密画上出现的人物相似；有时，相反的——如在回纥王公的肖像上——也有更显著的卵形的带黑须的面孔，虽有着中亚式的丰满，但使人联想到的却不是帖木儿时代的细密画，而是萨马拉的壁画或13世纪美索布达米亚的绘画。

这情形是不足为奇的。赫兹菲尔德教授在萨马拉发现的绘画，和勒·考克在吐鲁番发现的这批摩尼教-回纥的施主和僧侣的绘画时代正好相同；而斯坦因爵士在和阗附近的丹丹乌里克所发现的8世纪的伊朗-佛教壁画，也与在萨马拉的阿拔斯朝壁画属于同时。使人想到有萨珊朝作风的丹丹乌里克的“执金刚”（Vajrapāṇi）像，和下文将讲到的13世纪初期阿拔斯朝巴格达派细密画上的人物图像也有些近似。再如斯坦因在他所著《古代和阗》中复制的丹丹乌里克的木格格上骑马和骆驼的人物，也使我们想到这一些阿拔斯朝的细密画（尤其是舍斐氏收藏的手写本中的插画）。最后，当我们看到格伦威德尔和勒·考克在库东附近克孜尔的所谓“画家洞”（Grotto of the Painters）和“海马洞”（Grotto of Hippocamps）中所发现的风采温雅的骑者和美貌的侍者像时，我们在心里将想起全部波斯绘画——它的模特儿，它的理想，以及它的技巧。

克孜尔的骑者像，在第5世纪巴米延的萨珊朝壁画上某些人物（哥达尔夫人曾复制）和波斯古典小型细密画上喜绘的优美的绅士像间，形成一个连锁。虽然年代久远，在克孜尔“画家洞”中留下了自己肖像的那位画家，可称为我们确知的头一位伊朗艺术家。

但我们上面所讲的乃是外伊朗，这一部分一直仍崇信着佛教和摩尼教，并且摆脱了萨珊朝的正统宗教于先，继又免于改奉伊斯兰教于后。而从在哈里发统治之下的伊斯兰教的伊朗流传下来的第一个伟大画派，则是第12和13世纪美索布达米亚的属于严格的阿拔斯派。必须承认，这一派在神韵上与其说是波斯的不如说是完全阿拉伯和拜占庭的。在这里显然可以见到拜占庭技巧的影响[①]。而且其中人物一般都是突出的赛姆族型，鹰钩鼻、椭圆脸、连鬓胡须，生气勃勃的姿势，神经质的动作，表现得像赛种人本身一样的粗犷，毫没有后来波斯艺术那种文质彬彬和过分秀媚的神

① 阿诺德爵士：《伊斯兰教的绘画》（牛津大学出版社，1929年），图版Ⅷ及Ⅸ（“基督教与伊斯兰教杰作中之类似作品”）。

态。它们都有一些拜占庭画像的严峻冷漠、道貌岸然的风格，但却没有那种教士式的特色。相反，它们在布局上且具有创造性、热情，和自由奔放的作用，使人想到乔托派的绘画。这一派的主要大师似乎有以下诸人：阿布德·阿拉·伊本-法德尔，他在 1222 年为《戴奥斯柯利底斯药物学》作小型画插图，此书今为马丁氏收藏品；于 1230 年左右为埃尔-哈利里的《玛夸玛特》作插图的无名画家，原书今藏列宁格勒"亚洲博物馆"内；瓦西特的雅亚·伊本-马慕德，他于 1237 年左右画了埃尔-哈利里的《玛夸玛特》的另一种手写本的插图，今藏法国国家图书馆（舍斐氏本）。在后两种手写本中，我们可以注意到几组人群的画幅，如刚才所说，都具有强烈的表情、活泼的模仿动作和表达人物个性的能力，这些特色，我们认为在波斯小型画中恐怕再不会体现得如此深刻了。另一方面，如骑骆驼的商队，结婚的行列，一群群骑马或骡子的打着旗帜的人（见舍斐氏本），表现出在动物画上也有同样动人的写实风格。正如亚述的雕刻家们创造了狮子的永久典型，桑奇的雕刻家们创造了大象的永久典型一般，这位瓦西特的雅亚·伊本-马慕德和他的模仿者们也确切地创造了阿拉伯骆驼的典型——温驯文雅而略有漫画风趣——无论是用于驮运货品，或为富人的奢侈物，还是用于战争之中。我们要提到的伟大的阿拔斯派画家中的第四位是生活在 13 世纪初叶的某一艺术家，他曾为巴地·埃尔-扎曼·埃尔-贾扎里所著的书 *Treatise on Automata* 作过插图，其中一页画有一持杯的人（今为维未尔氏藏品），和上文谈到的丹丹乌里克的若干绘画有些类似。最后我们还可提到维未尔氏收藏的一幅画，一女子昏倒在一老人臂中，旁有三个神态悲戚的人陪侍，这是一幅表现深刻哀痛的完全伊斯兰教式的“Pieta”图[①]。这一强大的阿拉伯－波斯的巴格达画派，在13世纪曾达到最盛时代，在14世纪蒙古人统治下也仍继续存在，此派的许多画幅可以在阿诺德爵士近时出版的两部插画丰富的著作中看到，即《伊斯兰教绘画》中和《伊斯兰教经》中图版33及以后各图。

在这些作品面前（其数量的稀少我们只有觉得遗憾），对于阿拉伯的英才们在图画艺术方面的能力不可能再有怀疑了。不幸在原属于阿拉伯民族的土地上，此种才能却显得很贫乏，如前文所说，这并非由于古兰经的禁阻（完全不像有时传说那样对此悬为厉禁），而是由于后来宗教方面的猜疑。穆斯林的绘画当蒙古人、帖木儿和萨法维的时代在伊朗土地上是得到充分发展的。

我们将称之为巴格达派的绘画阿拔斯派，它显然受到拜占庭艺术的影响，与之并列的，我们应提到属于同时期但为东部伊朗所特有的别一流派，它在另一方面则似乎于某种程度上遥遥受到了中国的影响。萨基西安氏在君士坦丁堡的伊尔底兹图书馆内见到一部可能为12世纪赛尔柱时代的科拉桑人毕德培所著的《寓言集》，其中用不分明暗部分的淡色渲染所画的写实风格的动物插图，显示了对中国画的技法有所熟悉，与此并列的还有古老的阿开密尼德朝－萨珊朝的自然主义传统的动物画。如科克林氏所指出：“当时波斯绘画还没有完全找到它的正确道路，而且也不曾达到任何统一的风格，但在吸取了外国的因素后不久，在这一派中，

① 圣母玛利亚抱耶稣尸体而悲哀的图画或雕刻。——译者

一种比预期的甚至更强烈的统一风格即建立起来。”①

对这一时代的伊朗雕刻是否也可以这样说呢？自然可以，如果我们想到13世纪在卢姆的赛尔柱王朝美好时代的科尼亚的浮雕。如萨尔教授指出，现在保存于科尼亚博物馆中的此种艺术品的少数片断——如举起地球的有翼的神灵、将狮子和龙劈为两半的奔驰着的骑士、追逐羚羊的带翅的狮子等——令人直接想起前文所说的伟大的萨珊朝浮雕，或某些同属萨珊朝时代的织造品或金饰品——这是古代波斯装饰主题继续存留于突厥人治下的安纳托利亚内地的一个奇异的明证。在安纳托利亚的赛尔柱朝的其他建筑物上，如在希萨里亚、尼格德、西瓦斯等地，我们也发现有雕作狮头的承溜口和以犬、马、鸭的头，或人头鸟身来装饰的石质拱门。因此我们在这里面对着一个普遍的传统：安纳托利亚的赛尔柱朝艺术乃是波斯艺术。

蒙古人的波斯：伊尔汗王朝和帖木儿王朝

在13世纪开始，全部伊朗，除了为阿拔斯哈里发短期所辖的巴格达和伊拉克·伊·阿拉比的小小地区外，都在花剌子模王朝——今基发地方——统治之下。这是一个突厥民族所建而奉伊斯兰教的王朝，其文化曾受到伊朗文化的强烈影响。但公元1220年，蒙古人如疾风骤雨般突然袭来。在几个月之内花剌子模帝国

① 《艺术评论》，1930年9、10月份，230页。

即被成吉思汗的军队所灭，那军队于1220及1221年征服了外乌浒河地方及东部伊朗，使两地陷于可惊的荒废状态。蒙古人后来也表现出他们是波斯的宽厚甚至开明的主子；但这些最初的侵略者却仍然是些蛮族，全然无视阿拉伯-波斯的文化，所以他们的入侵乃是伊朗历史上最大的动乱之一。不过开始这只限于东伊朗，至于西南各省，如法尔斯和阿拔斯朝在巴格达的领土等则幸免此灾难。在1224年和1231年之间，花剌子模王室的后裔、传奇人物扎阑丁·曼格布儿尼——他的事迹，如纳萨维所述，乃是最不寻常的历险故事[①]——的确曾一度试图恢复其先辈在伊斯法罕到塔布里兹的王国。但这短期的光复又在蒙古人于1231年的一次新的侵犯之前破灭了，这一次它覆灭了整个波斯，只有阿拔斯朝在巴格达的统治除外。最后于1258年，来了那末次打击。蒙古可汗旭烈兀受其兄长"大可汗"之命统辖波斯，占领了巴格达，将最末一代哈里发处死，并毁灭了这哈里发国家。至此波斯全境皆为蒙古人所有了。

但在1258年的蒙古人已不是1221年的蒙古人了。他们在这一时期已和具有古老文明的国家有了接触，东方是中国，西方是波斯，因而他们自己也变得开化了。在这蒙古帝国的中心，成吉思汗的子孙们都被分封在旧有各古国的领土上，由于事态的发展而渐成为各个国家。早在1227年，成吉思汗之子察合台即在外乌浒河地方和东部土耳其斯坦建立了一个汗国，它不久为突厥的环境所同化，并改奉了伊斯兰教。同样方式，成吉思汗后裔旭烈兀征服巴

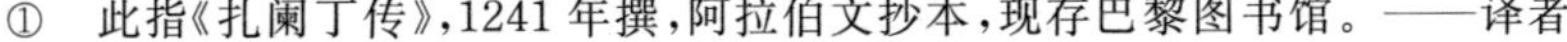

① 此指《扎阑丁传》，1241年撰，阿拉伯文抄本，现存巴黎图书馆。——译者

格达之后，也在波斯建立了一个自己的王朝，即所谓伊尔汗朝，它于1256—1336年统治着这一地区，并以阿塞拜疆的大不里士为中心。他的治绩是良好可喜的，曾给波斯带来一个既安定又公正的政府。本朝中的政治家们，如死于1291年的犹太首相萨德·埃尔－道拉，和死于1318年的史学家拉史德·埃尔－定，都是伊朗历来所知的最好的行政人士。特别应注意的是，虽然这蒙古政权是由刀剑建立起来的，但在当时以及其后却以种族间和宗教上的容忍态度为其特色，这是由于伊尔汗王朝虽然建立在伊斯兰教的土地上，但其最初诸帝，如旭烈兀(在位年代1256—1265年)、阿八哈可汗(1265—1281年)和阿鲁浑可汗(1284—1291年)等，则仍遵照蒙古祖先的传统而为佛教徒，并且肯定地是倾向景教的。此外，为了反击他们天然的敌人，埃及的马穆禄克人，他们的政策就是要向拉丁民族的西方和拜占庭，以至小亚细亚的阿美尼亚分子的基督教徒们取得联盟。这种态度一直为他们的继承者，甚至那些多半是由于策略而非宗教热忱而皈依当地臣民之信仰的帝王们所保持。改奉伊斯兰教的蒙古可汗们如加哈赞(1295—1304年)和完者都(1304—1316年)等，一般都显得忠实于他们祖先的此种折中而宽大的传统。与那些过去的统治者相同，他们也重视与他们的族兄，成吉思汗的子孙、信奉佛教的中国大可汗们之间的接触。所以在波斯的蒙古人的伊尔汗王朝时代，首先是以受到中国的影响为其特色，这种影响深深地反映在艺术方面。

伊尔汗时代留下来的遗迹过于稀少，不能据以做任何论断。我们只要注意1260年在玛拉伽建造的旭烈兀的女儿的坟墓，和1316年在苏丹尼亚建造的奥加图墓。前者有塔一座，上饰琉璃瓦的镶嵌细工，以前上端曾建有八角形基座的方尖顶；后者是一个八角形建筑，上安一座圆顶阁，内部遍敷镶嵌细工花样的琉璃砖瓦装修。据设想前一座建筑物可能是要仿照蒙古人的生活习惯而造成的巨大的帐篷式样。至于后者，则表现出是“第一个大规模应用陶瓷装饰的实例”，所以萨法维朝的宫殿已经预先显示在这座成吉思汗王室最盛时代所建的纪念物中了。

但蒙古时代建筑的最高峰则首先以在德黑兰和拉伊之南的瓦拉明的精美的清真寺为标志。这一礼拜寺建于旭烈兀的伊尔汗王朝末代的 1322 年，在帖木儿时代确曾经过大力修缮。但因此它甚而更成功地展示出在逻辑上和历史上的波斯传统的延续。这建筑有着简洁的风格，那巍峨的圆顶纯净明丽，经过其中心伸张着一个华美的玫瑰花结形的镶嵌细工装饰。我们还可注意那具有蜂巢状砖造穹隆的尖圆拱大走廊上的钟乳石装修，又在寺内面向入口有着尖顶壁龛的朝向台（“密赫拉布”）也值得注意，那花网般的穹窿是建在一个有繁丽的“库法式”花体字的可喜的小饰带上的。最后，在这建筑的正面，有一个精致的深浅两种蓝色的彩瓷壁面，但可惜不久就要消失不复见了。另一方面，如将这建筑物墁壁的装饰与哈马丹的古老清真寺的正面和拜堂的此类装饰加以比较，则对考古学家将是一有益的研究。

至于绘画方面，我们的资料就丰富得多了。首先这里可以观察出受有中国的影响，但在波斯，我们当可想起，这种中国影响是符合当地已经根深蒂固的习惯的。事实上，巴格达画派——其成就在 13 世纪的伊拉克已曾看到——在远至蒙古人治下的外乌浒河地方的中心仍继续存在。在英国“皇家亚洲学会”图书馆和爱丁堡大学图书馆中都藏有得自察合台时代外乌浒河地方的1310年的拉史德·埃尔-定手写本，上面由巴格达的某一个名穆罕默德·伊本·马慕德的人所作的小型细密画即是确证。这两页精美的作品，一幅画着骑在马背上的哈姆扎和阿里，一幅画着先知穆罕默德围攻巴努·纳地尔城，都依据13世纪伟大的阿拔斯派传统，作风雄健端严，其中人物都是阿拉伯人典型，马匹也是外乌浒河地方的高大的战马，与矮小的蒙古马不同。在阿诺德爵士和阿道夫·格罗曼氏所著的《伊斯兰经》(1929年)中的图版36—41上可见到许多复制品。同书(图版42—47)还复印了维也纳国立图书馆所藏1334年的哈利里(玛夸玛特)的插画，也是同一风格。如这些图版所证明。在这里我们仍可看到具有强烈的赛族人典型和拜占庭作用倾向的阿拉伯-波斯的巴格达派的画，它一直继续存在至14世纪中。爱丁堡大学图书馆所藏《摩西传》中的画页也同样具有显著的阿巴斯派特色；但这抄本中许多题材如菩提树(智慧之树)和"印度群山及其居民"则已经完全用了中国的技法；其他画页上还有一幅德里的苏丹阿拉·埃尔-定宫廷图景，苏丹和他的首相都充分地表现着阿拔斯派的赛族人那种神态，而我们注意到与他们对面的青年人像则已是中国人的典型了。最后，在这手写本中我们还看到一幅《摩诃婆罗陀史诗(大兄弟书)》中的战争场面，那显然完全是中国-蒙古的风格。又维未尔氏收藏品中有一部也是得自外乌浒河地方的属于第14世纪的前二十五年中——即当成吉思汗后裔察合台统治时——的《列王纪》，在书中的小型插画上我们又一次发现了这种各派影响之奇异的混合的明证。在《列王纪》的一页上，画着以山地为背景的一个骑马的人，那高、瘦的索格地安那(康居)种马,那具有十分明显的阿拉伯-波斯人侧面型的骑者。那稳重而赫奕的装饰,那蓄意使之显得生硬而缺乏纤丽秀雅的笔致,表现出阿拔斯派的遗风,而在图上右侧的一群人则显示着中国的技法和中国人的典型。

在法国国家图书馆所藏的拉史德·埃尔-定抄本上,此种中国-蒙古的影响体现得更为直接而确凿。布罗舍氏对此著名的抄本曾写过一篇权威性的论著,据这位学者的研究,这本书是在1310—1315年当历史学家拉史德·埃尔-定还在世的时候,在大不里士城抄写并作图的。在窝阔台大可汗接见使臣、蒙哥大可汗及其嫔妃(图45)和托雷可汗的九子等画上,中国的影响占有无可争论的地位,并可说是属于其本地情况的。这些成吉思汗家族的肖像画中都要小心翼翼地墨守着远东艺术的法则,这确是十分自然的。因此这里乃是明显的蒙古人典型,而技法则全部是中国式。这些画最好地证明了伊尔汗王朝对他们出身本源的中国作风与传统的经久不变的爱好。我们还可以注意阿诺德爵士在《伊斯兰书》中复制的原藏伦敦"印度事务部"图书馆的穆伊齐所著《诗集》内的苏丹桑加尔(Sanjar)宫廷中的纯属中国-蒙古型的人物插图。同样特征,在马尔托氏遗赠卢浮宫的属于同一时代,即14世纪前二十五年的一部《列王纪》中的几页插画上,也可见到。上面所画的表现忽必烈战争中实际情景的骑兵冲锋图,正可以和日本住吉庆恩[①]所画著名的《平家物语》中突出的骑兵相比。但自此以后,由

① 住吉庆恩,日本镰仓初期(14世纪)画家,住吉派之祖,原姓藤原,因居住吉,故改此姓。——译者

中国输入的因素与波斯的本土因素即逐渐融合无间，例如在法国国家图书馆所藏的拉史德·埃尔－定抄本中的一页旭烈兀围攻巴格达的插画上，即可看出。

旭烈兀王朝，即伊尔汗王朝于 1335 年因封建主的兴起而灭亡，波斯遂分裂为许多地方性的小朝廷。这些小王朝中主要的有：(1)在巴格达的蒙古人的加拉伊里王朝(1336—1441 年)；(2)在伊斯法罕和法尔斯的阿拉伯－波斯人的穆扎法里王朝(1313—1393 年)；(3)在科拉桑境内赫拉特的阿富汗人的卡尔特，或库尔特王朝(1245—1383 年)。其中最可注意的是穆扎法里王朝，此朝的两位继承者沙－舍亚(1357—1384 年)和曼苏尔王(1387—1393 年)以对伟大的波斯诗人哈菲兹(生年约为 1320 年，死于 1389 年)的爱护而出名。至 14 世纪末，由伊尔汗王朝分裂出来的当地小朝廷都相继被突厥征服者帖木儿——我们称为塔木兰——所灭了。

帖木儿在公元 1336 年生于外乌浒河地方，出身自当地一个与成吉思汗王室有亲属关系的突厥族大家庭。他在当政的初年，即致力于驱逐察合台王朝的蒙古可汗，并消灭本土的竞争者，而自立为一国之主。1369 年帖木儿以撒马尔罕为首都即位为外乌浒河地方的国君后，即从瓜分波斯的各小王朝的手中夺取了波斯。他于 1383 年自卡尔特王朝取得了科拉桑，1393 年自穆扎法里王朝取得法尔斯，并于 1393 年自加拉伊里王朝取得巴格达。这样他遂为其自身利益而统一了伊朗。其后他又进军俄罗斯，于 1396 年曾深入至莫斯科，并入犯印度，于 1398 年克德里，又进攻小亚细亚，于 1402 年在安哥拉击败奥托曼帝国的苏丹拜雅齐。随着这些征伐而来的是可以和初期蒙古人相比的难以形容的残酷暴行以及劫掠和屠杀。此类暴行在帖木儿时代尤其不可宽恕，因为他本人是一个极虔诚的伊斯兰教徒，而他的一切征讨——无论是在波斯、俄罗斯、印度，还是在小亚细亚——都是对其他伊斯兰教徒作战的。但这凶猛的战士也还有他另外的一面，他是一位开明的君主，是艺术的友人，并且是学者和诗人的庇护者。传说攻陷设剌子时，他曾笑释了诗人哈菲兹。在为他所爱的外乌浒河地方，他完全潜心于各种和平的技艺。他劫掠了设剌子、巴格达、大马士革和德里，只是为了要装饰他的王都，那里的一个奇迹就是他的陵墓，所谓"古尔·阿弥尔"。

帖木儿死于 1405 年，经过诸子争位的扰攘时期后，他的第四子沙·鲁克得到全家族的拥戴继承王位，于 1405—1445 年统治外乌浒河地区和波斯。他建都于赫拉特，乃是帖木儿朝最伟大的一位君王。他宽仁大度，爱好和平，但必要时在战争中却是一位熟练的指挥者。他爱护学者、诗人和艺术家，把他们都招致赫拉特，在那里他建立了一个宏伟的图书馆。他的儿子乌鲁·贝格原被任为外乌浒河地方的总督，于 1447—1449 年入承王位，也效法他的父亲，表现为格外赞助对天文学的研究。乌鲁·贝格还是一个诗人，他的撒马尔罕的宫廷也是一个文艺中心，可以和赫拉特媲美。这时期中，被称为"帖木儿朝文艺复兴"的 15 世纪的美术和文学活动，在这两个城市正进入最高潮。在美术方面，我们以后将看到，它以保有、兼受波斯和中国影响的精美绘画为其特色；又从文学观点看来，则对波斯文学有着显著的发展，并产生了全部突厥文学，这显然是受到伟大的波斯作品的启发。但写出时所用的乃是察合台的语言——即外乌浒河地方特有的突厥方言。这种高度发展的

文化，在帖木儿王朝的阿布·赛义德（1452—1469年）和胡赛因·拜夸拉（1469—1506年）在位时代仍保持不衰，他们是在15世纪后半叶君临赫拉特的。这两位君主的政治势力此时已不能伸展到东部伊朗以外了，因为波斯西部正陷入土尔库曼族的两个部落——夸拉-科雍鲁（黑羊）和阿克-科雍鲁（白羊）——之手，阿布·赛义德因试图收复这一地区而丧失生命，胡赛因·拜夸拉遂放弃了收复西部的打算，并以统治着东部伊朗为满足。他选择了伟大的突厥诗人、历史学家兼道德家米尔·阿里·希尔·纳瓦里（1440—1501年）为他的大臣，后者乃是“帖木儿文艺复兴”时代用察合台语写作的最伟大的人。米尔·阿里·希尔·纳瓦里和胡赛因·拜夸拉把当时最有声望的作家都吸引到赫拉特来，其中可注意的有诗人杰米和两位史学家米尔·克完德和克完德米尔。在阿里·希尔的请求下，米尔·克完德——死于1498年——完成了他的波斯通史《劳达特·埃尔-萨法》。米尔·克完德之孙克完德米尔，生于1475年，死于约1535年，也是应阿里·希尔之请写出了他的第一部著作，正当他寿命终了之前，他在帖木儿家族在印度的君王巴卑尔和胡马雍的宫廷中完成了他的《哈比布·埃尔-希雅尔》。最后，胡赛因·拜夸拉也是当时的主要美术家们——如画家毕在德和书法家玛什哈德的苏丹阿里等——的庇护者。

帖木儿王朝于1500—1501年被成吉思汗王族后裔、蒙古的舍伊巴尼王朝逐出外乌浒河地方和东部伊朗。舍伊巴尼迫使帖木儿朝末代君王巴卑尔逃亡印度——他在那里奠定了蒙兀儿（Mughul）帝国的基础——并在外乌浒河地方建立了一个新的乌兹别克政权。以布哈拉和撒马尔罕为首都的乌兹别克帝国，1500—

1599 年之间一直在舍伊巴尼王朝势力之下。这一王朝，其文化完全是突厥式的，虽然笃信伊斯兰教，但却保持着伟大的帖木儿朝传统，尤其是在察合台语文学和绘画方面。直到舍伊巴尼王朝在布哈拉被其他突厥人的王朝代替之后，外乌浒河地方的文化才最后衰微下来。

帖木儿王朝的建筑，首先以帖木儿的都城撒马尔罕的遗迹为代表。我们可以谈到的有纪念帖木儿的姊妹——死于 1371 年——的清真寺，沙－金达（1392—1434 年）清真寺，和建于 1484 年的著名帖木儿陵“古尔·阿弥尔”。兹两建筑中最突出的一点是釉瓦装饰占有极大比重。这是有物质上的原因的：外乌浒河地方不产石材，所以必须使用砖瓦。此外也还有趣味上的原因：中亚突厥部落的奢侈品以五彩氍毹为主，他们喜欢把这种毡毯上的绚烂效果反映到建筑上的陶瓷装饰上去。因此在帖木儿姊妹的清真寺和沙－金达清真寺一类的纪念物上，建筑只是琉璃镶嵌细工的凭藉而已，镶嵌花饰主要色调是宝蓝色，交映着淡红色的砖，十分和谐。至于“古尔·阿弥尔”，其特征则是一个八角建筑，内部有一十字形的殿堂，上部为一庞大的植物球根状的穹窿。圆顶外部装饰着琉璃瓦的半圆筒形弯肋，其下支持它的穹窿筒上则饰有一圈也是琉璃瓦的“库法”式字体花雕。我们该感谢维俄莱氏和勒·布里克氏赠给我们在此刊出的这座建筑物的照片[①]。

和这一批帖木儿时代建筑有关系的有大不里士的蓝色清真寺（Blue Mosque），这是 1437—1468 年间在波斯西部继帖木儿朝之

①　图片欠附。

后的短期的土尔库曼黑羊王朝的杰汗·沙所建。它也装饰着精美的彩瓷镶嵌，那颜色，如狄厄拉弗伊氏和萨尔氏所说："自苍白至深蓝变幻不一，色调有暗绿、茶褐和黑色等，有时甚至饰有金色的错综花纹"。

帖木儿朝(1369—1500 年)及为其延续的舍伊巴尼朝(1500—1600 年)，乃是伊朗和外乌浒河两地的波斯绘画的最伟大时代之一。就在此时，我们看到在赫拉特派和撒马尔罕派中，中国的和阿拔斯朝的影响已谐调地融汇在一起，同时还有严格说来的波斯派，它最后同化了前两个画派。

在某些得自科拉桑的 15 世纪后半叶的绘画上，也发现有受到中国和伊朗影响的两种潮流并存，虽然两者未经任何融合；这些画一度在格劳布氏收集品中，但现在则存于维未尔氏藏品和波士顿博物馆内。在一块原绘有纯属明代作风的花鸟的中国丝绢上，又补画了一对伊朗恋人喀斯鲁王和希琳，穿着波斯式的服装，但是中国人的脸型，因而评论家也说不出这里是波斯画家用中国方式画的还是中国艺术家用波斯方式画的。同类风格也见于巴黎"装饰美术馆"所藏属于克瓦朱·基尔曼尼手写本的一幅小型细密画上，画的是胡美来到中国皇帝的宫廷，背景为一座花园。这幅画，约作于 1430 年，乃是赫拉特派中的精品，在人物和花卉上都可爱地混合了中国明代画的秀丽和波斯画的优雅。如库奈尔氏写道："这些人物本身也变成了花朵，并在这繁华的花丛和芬香气息中自然地盛开着"。这画可能是纪雅斯·埃尔-定·卡利尔所作，他曾随外乌浒河地方的使节团三次出使中国，有机会研究明代的画法。

在法国国家图书馆所藏《穆罕默德启示录》中的插图(图 46)

上，那中国式的题材和伊朗式主题的结合，我们认为也同样的可喜；这书是1436年为沙·鲁克所作，用察合台的突厥文和回纥字体抄写，并在赫拉特作的插画；在那纯如中国"芝云"式云端的天使和半人半马的"埃尔－布拉克"，都是中国型的鲜艳的圆脸和斜睨的眼睛；反之"先知"和他的弟子们的脸型则实际是阿拉伯－波斯人的瘦长脸。整个结构给人一种具有热忱和神秘情感的奇妙印象。在此类作品中，帖木儿时代的中国－伊朗画派使我们联想到安哲里科修士的天国幻象。在心灵纯洁者的天堂中，赫拉特派的天使是可以和那位费亚索勒[①]大师所画的天使并列的。

在克瓦朱·基尔曼尼手写本中的细密画则有较纯粹的伊朗风，这是朱内德·那夸什·埃尔－苏丹尼于约1396年当帖木儿在位时在巴格达所作，今藏大英博物馆；在这方面，我们可以提到种种宫廷生活的景象，如嫔妃的后宫，欢乐活跃得像座鸟房似的——这些画页已经预示了毕在德派的同类图景；这里还有一幅两位骑士的决斗场面，他们已跳下马来清算彼此的纠纷，背景是一片幽美的树林，使人想起法国15世纪的小型画家们以及哥佐利[②]或安哲里科的林木背景。在这手写本中，还有几幅由另一方面来表现宫廷景色的小型细密画，可以证见当帖木儿朝统治下伊朗贵族生活的悠闲自在。我们可特别提及一些骑马的风流人物候在恋人楼台下的可爱画面，女人出现在树丛中的阳台上，周围有群鸟飞翔，其中的一双恋人常画作巴拉姆·古尔王和他们的情妇，或是喀斯鲁

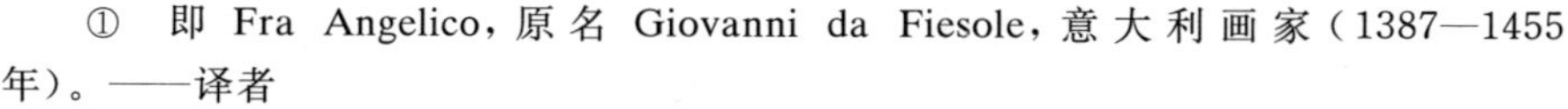

① 即 Fra Angelico，原名 Giovanni da Fiesole，意大利画家（1387—1455年）。——译者

② 原名 Benozzo di Lese，佛罗伦萨画家（1420—1498年）。——译者

王和希琳。在这些作品中,我们已经看到古典波斯小型画中所有的那种几乎过分的纤丽,有些空幻的秀媚,而且时常还有那种颇为淡漠的美。我们觉得,在原为舒尔兹氏藏品的两页《列王纪》的插画上,却有更多的雄健笔致和动作描写,其中一幅已归马丁氏,另一幅则为莱比锡"美术工艺馆"所有,前者画的卢斯塔姆在一片神秘的树林的阴影下安眠,他的那匹著名的马拉克什正独力逐走一头狮子,后一幅则画的是卢斯塔姆的一次胜利。

让我们在最后提起注意,虽然波斯画坛在15世纪时为帖木儿朝的赫拉特派和撒马尔罕派所支配,但它也全未忘却较早期属于巴格达派的阿拔斯朝艺术家们那种极不相同的传统。只看这里复刊的维未尔氏收藏品中的一页即足证明*,所画的是一个可爱的女人躺在繁花盛开的园中的一株树下,四周有侍女环绕着;这画在型式和技法上都暗示有一种不甚明确的意大利风,使人联想到前面说到的在同一收藏品中的"pieta"图。

在这匆促的简单叙述中,我们略去了帖木儿朝画师中最伟大的名家毕在德,这是因为他标志着这一时代的结束,并成为帖木儿时代和萨法维时代之间的联系,即旧的赫拉特派——那艺术至他而登峰造极——与未来在西部波斯各派之间的联系,这些派后来都称他是他们的创始者。

这位波斯最大画家卡美尔·埃尔-定·毕在德约在公元1440年生于赫拉特,是大不里士的皮尔·塞义德·阿玛德的弟子。他在1469—1506年间居住在赫拉特,为帖木儿朝末代君王胡

* 图片欠附。

赛因·拜夸拉的供奉，大臣阿里·希尔·纳瓦里则是他的庇护者。我们以后将看到，在帖木儿王朝衰亡后，他如何依附了萨法维朝的波斯新君，而到他们大不里士的宫廷中去过活。

在可称为毕在德氏的“帖木儿朝时代”的作品中，有两幅精彩的苏丹胡赛因·拜夸拉肖像，其一为F.R.马丁氏收藏品，那仅只是一幅在绿色底子上所作的未完成的插画；这里我们第一次看到在波斯艺术中的一幅真正的肖像画——像当时在亚洲只有日本人和中国人才懂得的那样去研究一个人，画出其身体特征和内心活动。这种巧妙的绘画与前一时期的作品之间的距离，正像法国中世纪祈祷书中的装饰画与孚开氏[①]或甚至克卢埃氏[②]的肖像画之间的距离一样。属于毕在德一生中这一时期即约1467年的作品，还有《扎法尔·纳玛》(胜利书)中的插图，这是沙拉夫·埃尔-定·阿里·雅兹地所写的一部帖木儿史，今藏波士顿博物馆，画的有坐在王位上的帖木儿，帖木儿宫廷中的入觐场面，突击要塞，骑兵进攻，或修建寺院等；此处我们看到这位作为执政者、军中统帅和艺术赞助人的外乌浒河地方的征服者的全部生活，以写实的笔法，合于历史的准确性，以一种运动之感和平民生活的气息在我们眼前通过，这实在是使人惊叹的。帖木儿朝诸王的史诗式的战绩距当时还很近，一定还萦绕在人们心中——因为帖木儿死于1404年，而这部波士顿所藏的手写本中的插画则作于1467年——但最主要的是，他们现在发现作这些画的人不仅是书本彩饰家和书法

① 法国画家，公元1415(?)—1480(?)年。——译者

② 法国画家。——译者

家，而且是一位卓越艺术家，他具有像乔托[①]似的那样鲜明的个性，并且也同样是一位伟大的改革者。

又在开罗“皇家图书馆”中所藏毕在德氏于1487年为萨狄的诗集“布斯坦（花园）”的一种手写本所作的插图，也有同样的风格。这些细密画内包括有宴会场面和清真寺内部景象，每个人物在画法及形象的优美和心理表现上，都是一件小型的杰作。此外还有一幅吃草的牝马图，从这幅画和波士顿博物馆中那部手抄本上的美妙的骑兵进击图看来，即可将毕氏列为在蒙古时代与赵孟頫同样水平的画马画家。萨基西安氏又认为大英博物馆所藏1442年的一部尼扎米氏的“卡姆萨（五部作）”手写本中的几页插图也是毕在德的作品，其中有一幅可注意的阿拉伯人骑在骆驼上作战的场面，正可和这位作者所画的骑兵作战图媲美。

大英博物馆中还有另一部1434年的尼扎米的“卡姆萨”手写本，其中插图马丁氏认为是毕在德所作，而米吉昂氏和萨基西安氏则以为有些是毕氏同时人、赫拉特的夸西姆·阿里所作，其余的则或是阿伽·米拉克所作。这里面有些幅不愧为毕氏本人的作品，我们可以在库奈尔氏的画册中欣赏到——亚历山大和希腊七圣者，扮为亚历山大的苏丹胡赛因·拜夸拉，等等。今藏苏联列宁格勒图书馆的这一作品的16世纪初叶的复抄本上，也包括几幅属于同一流派的细密画，其中可注意的一幅是曾为萨尔教授复制的苏丹马吉能和蕾拉在一些动物之间的图画——这是在一片风景中的具有圣芳济传说式迷人的纯洁而温柔的景象。最后，有些评论家

① 意大利佛罗伦萨画家及建筑家（公元1267？—1337年）。——译者

认为现在杜西特氏和科克林氏所收藏的两幅被俘君王的伟大画像也是毕在德的作品，后一幅，马丁氏以为画的乃是土耳库曼白羊王朝的末代统治者，他是在 1502 年被萨法维朝的君王处死的。

为了完成对东部伊朗地区的必要叙述，在转到萨法维朝治下的波斯的历史之前，关于舍伊巴尼朝的艺术还要说几句话。因为自 1500—1599 年继帖木儿王朝之后而据有外乌浒河地方王位的舍伊巴尼王朝，也像前朝极力提倡各种艺术。本朝的创业者穆罕默德・舍伊巴尼（在位年代 1500—1509 年）及其继承者库克宽吉（1510—1530 年）对美术家和诗人都予以眷顾。倘以为在他们统治之下外乌浒河地方已丧失了它的艺术上的荣耀，而使那光荣转为萨法维朝的波斯所有，这是不对的。不仅如此，外乌浒河地方的舍伊巴尼朝的绘画和 16 世纪萨法维朝初期的绘画，彼此间更有着密切的关系。要相信这一点，举例来说，我们只要想到巴拉姆・古尔王猎野驴的一幅画，今从米尔・阿里・希尔・纳瓦里的诗集《地完》上复制于此①，这书是 1526 或 1527 年在赫拉特出现的，现藏法国国家图书馆；我们如果不了解赫拉特在当时乃是隶属于波斯而非外乌浒河地区，则这作品既可算作舍伊巴尼朝也可算作萨法维朝。另一方面，和萨法维朝的波斯画很少区别的，是一幅苏丹桑加尔在一片花树盛开的景色中，勒住马听取一个老妇人的申诉的图画——这是在 1545 年的一部尼扎米的手写本上，由“马慕德和穆罕默德”在布哈拉为舍伊巴尼王朝的阿布德・埃尔－阿吉兹所绘，今藏法国国家图书馆。画上花木绚烂，背景迷人，人物和马匹的优

① 图片欠附。

美，人像面貌的精致——这一点的确使人想到克卢埃——以及那老妇人像的写实笔法，各方面都可以和西部波斯的最优秀作品媲美。

至于帖木儿时代的波斯和突厥的诗歌，其成就也不逊于同时的绘画。有两个人特别值得注意，即波斯诗人哈菲兹和杰米。

哈菲兹无疑地出生于设剌子，其时约当公元 1320 年，并生活在为穆扎法里朝君王统治下的该城，有几位君王还是他的庇护者。他在 1369 年当设剌子臣服于帖木儿之后逝世。这位诗人，这位波斯的阿那克利温①，恰当地被认为是波斯最伟大的抒情诗人之一。

使他产生灵感的课题乃是波斯古典诗词中的永恒的题材。他颂扬着他所喜爱的设剌子的美丽，那灌溉它的卢克那巴德河的以及为它的装饰之一的木撒拉散步场的恩惠。他诉说那花园的美好：“夜将尽了，这时我被玫瑰的芬香所吸引，来到花园里，像夜莺似的找寻能平静我的热病的香膏；暗影中闪着一朵玫瑰花，红得像用纱遮住的灯火，我凝视着它的面庞。”他尤其喜欢歌颂设剌子的女人和孩子们的美丽：“玫瑰之可爱，只因为我心爱的人是可爱的……园中的草地和那吹拂着的清风，倘不为我心爱的人像郁金香似的面颊而存在，则其恩惠又何有？我那心爱者的芳唇和神采，如不亲吻和爱抚，也如同一无所有。”在这里，我们再也看不到阿马尔·开阳的借着爱和酒掩盖眼泪的悲观主义了；也看不到萨狄的那种神秘主义的爱；它乃是一首无限甜蜜的歌，述说着人们在月光之下，有夜莺出没，地下铺着茉莉、水仙、白头翁、郁金香和玫瑰花地毯的花园中的爱恋，这一切在诗中表现得和我们自己的诗十分近

① Anacreon，希腊抒情诗人（公元前 563？—前 478？年）。——译者

似:“在夜色的黑暗中,我想要把我的心从你那发束的羁绊里解脱出来,但我感到你面颊的厮磨和口唇的吮吸,我紧抱你在我胸前,你的长发如一团火将我包围,我把我的唇压在你的唇上,而以整个灵魄和心都奉献给你。”总括来说:“享乐,青春,行歌于玫瑰花间,啊,哈菲兹,这就是你的命运。使者除了传达他的消息外,是没有其他任务的。”

帖木儿时代的另一伟大诗人杰米 1414 年生于赫拉特附近,曾受到胡赛因·拜夸拉的宠爱,于 1492 年死在该城。他是最后一位波斯古典派诗人,他也歌颂着早期各大家所写的多数题材,如尤索夫和佐来卡,蕾拉和马吉能,或是希坎达尔——即亚历山大大帝——的历险事迹。所以在帖木儿朝统治的全盛时代,波斯的灵魂也仍忠实于它的伟大的传统。帖木儿朝诸王虽然原为突厥族人,但是却自由宽大得能助长这种历史的延续,而这一延续在纯波斯人的萨法维王朝下,就表现得更为加强了。

萨法维王朝的波斯

自 11 世纪中叶以后,伊朗即几乎完全臣服于突厥人的或蒙古人的王朝,只除了少数例外。然而,如我们已曾看到的情形,波斯的文明由于具有如此充沛的生命力,所以始终处于它的一切蒙古和突厥的主子之上。至 16 世纪开始,一个源起自阿塞拜疆的纯波斯种族的萨法维家族终于推翻了异族统治,使古老的伊朗重新恢复了对自己命运的掌握。

萨法维家族是特别适于代表对波斯民族主义的实现的,因为他们都信奉着什叶派教，这一派从 8 世纪以来一直就是波斯人的真正宗教，他们的集会上喊出了反对阿拉伯人或突厥人主子的呼声，而那些人则全是逊尼派信徒；这种宗教上的歧异时常与种族上的差别趋于一处，以至到 16 世纪时什叶派信徒已变得和波斯人是同义词了。因此当萨法维家族一旦举起了什叶派的大旗，他们的目标在全波斯立即被认为是属于民族性的了。这种环境说明了他们何以能迅速获得成功。萨法维朝的第一代君主伊斯玛意尔一世(1502—1524 年在位)于 1502 年及其后数年间从土耳库曼游牧民族的白羊王朝统治下夺得了阿塞拜疆、伊拉克－夷·阿杰米和法尔斯。东部波斯(科拉桑)，就我们所知，则为取代了帖木儿朝的舍伊巴尼王朝所掌握了。1510 年伊斯玛意尔在马尔夫击溃了舍伊巴尼军，将他们赶回到乌浒河北岸，并兼并了赫拉特和科拉桑，至此波斯全境皆自由了。伊斯玛意尔的末年则致力于防范自西部边疆入寇的奥托曼人了。

从此时起直到本朝之末，这种与奥托曼人的斗争始终在连续的残酷战争和相间着只带来暂时停火式的和平下进行着，并兼有种族战争和宗教战争的一切特色，是一场突厥人与伊朗人的决战，逊尼派与什叶派的决战。在光复后的波斯，其危机时时是更加严重的，因为当奥托曼土耳其人在西面向它进攻时，在亚美尼亚和底格里斯河流域、乌兹别克朝的土库曼人也自科拉桑于东面攻其后方。伊斯玛意尔王的儿子、继位的塔玛斯普一世(1524—1576 年)的一生就在抗拒这种双重危机中度过，然而这并不妨碍他自己表现为当时最开明的君主之一，特别是一位对波斯绘画的高贵的奖励者。但在 1585 年当沙王阿拔斯一世将即位时，从奥托曼和乌兹别克来的双方面的危险,又一次变得十分严重起来。奥托曼人侵入了阿塞拜疆,乌兹别克人则侵入了科拉桑。阿拔斯一世(1587—1629年)立即显示出他是伊朗历史上最伟大的君王之一。他在重整波斯军队后,于1597年在赫拉特附近大破乌兹别克军,并将他们逐出了科拉桑;其次,于1603年,他也以同样方式将奥托曼人驱出阿塞拜疆,并于1623年甚至将他们赶出了巴格达。如是他遂能专心致力于和平的艺术了。他的外交政策是要使波斯和东方各强国互相提携,从而包围奥托曼人。在国内,他则着手一个使其王国物质复兴的计划,即要仿效欧洲的方法,尤其在军事方面。最后,我们在下面将看到,他使首都伊斯发罕遍布了壮丽的建筑物。

尽管阿拔斯一世的继承者——萨非(1629—1642年)、阿拔斯二世(1642—1667年)和苏里曼(1667—1694年)——都暴虐无道,这种政策却大体为他们所遵守。他们虽然没有能保持住巴格达而使它终于陷入土耳其之手,却能维护所承袭的伊朗土地完整无缺。在他们统治之下,波斯文明继续放射着灿烂的光辉;他们在伊斯发罕的宫廷,我们将看到,仍然是一个最高级的艺术中心,尤其在绘画方面。他们也效法阿拔斯一世,试图和西方国家建立正常的交往,并对欧洲的旅行家予以盛意的接待——塔弗尼埃和沙尔定二人即可证明。但在苏丹胡赛因(1694—1722年)即位时,受到萨法维朝压迫的阿富汗人叛变。他们于1722年入侵波斯,陷伊斯发罕,废黜了沙王。

这就是萨法维王朝的结束。其后阿夫沙尔·那狄尔王逐走了阿富汗人,恢复了波斯王国,但他很快就推翻了萨法维朝的王子,而于1736年自立为王。虽然他的政府励精图治,军队也屡获胜利，使波斯的武功甚至远扬名于印度，但这位天才冒险的统治时期太短了，因而未能成就一件流传久远的功业。当他于1747年被暗杀后，纯波斯人的桑德王朝遂怀有最高的一统希望，他们在1750—1794年占据了西部波斯。桑德的君主卡利姆可汗(1750—1779年)由于他所实行的一些恢复工作而享名。他造了许多著名建筑以装饰王室所在地设剌子，并使过去的纪念建筑物得到认真的整修，如萨狄的灵庙和诗人哈菲兹的坟墓等。但桑德朝的统治也为期过短。公元1794年他们被土耳库曼族的夸加尔王朝推翻，后者尽管做出了值得赞许的努力措施，但在时势改变下，却不能再为波斯恢复萨法维时代的政治上的力量和艺术上的荣耀了；所以萨法维时代，即伊斯发罕的伟大时代，始终仍是波斯艺术的黄金时代。

在萨法维朝，由于阿拔斯一世的活动，波斯的建筑受到相当大的刺激：他要在一个新的计划上用一系列建筑物重建伊斯发罕，使他的声名永垂后世。在这城市的中心是一片大广场，即“美丹-夷·沙”，周边耸立着“多彩门”，或称“阿拉-夸培”，可通至王宫；萨德尔清真寺，钟殿，王室清真寺，或称“玛斯吉德-夷·沙”，和“魁萨里亚”，即“帝国广场”；王宫的东端朝向广场，其南边则是一带园林，点缀着亭台殿阁，最有名的是“四十柱宫”，或称“奇希尔-苏通”，殿内墙壁上都装饰着图画。在城内另一部分，阿拔斯一世修建了一条极宽极大的通道，名“查尔-巴格”或“四花园”，从“奇希尔-苏通”园附近直达“哈扎尔-加里尔”公园，或称“千亩园”，这里也罗列着宫室、石筑水池和喷泉等。

“玛斯吉德-夷·沙”表现出波斯古典清真寺的典型平面设

计，在这里，那种有四道回廊的旧时清真寺已被另一种布置所代替，即这方形中庭有四个巨大的排成十字形的臂似的“埃完（廊殿）”，各与方庭每一面的中央成直角。在入口“埃完”的前面有一座极大的门厅，以整个宽度和高度向外敞开。这座“玛斯吉德－夷·沙”除了中庭正面的拜殿即“埃完”内有一个“密赫拉布”外，拜殿两侧还有两座殿堂彼此平行，其中也都有各自的“密赫拉布”，又在左右两座“埃完”以及连接从拜殿到两侧殿堂的两个过厅中也各有一“密赫拉布”；因为这些设有神龛的每座殿堂之上都建有一个圆顶，所以这所“王室清真寺”，如萨拉丁氏指出，实际是由和谐的一组七个个别的清真寺形成的。他说：“这全部建筑乃是一件具有古典的明净风格和趣味的杰作”。至于寺院的外部装修，萨法维朝的艺术家们在这上面大量地使用了一切丰富烧釉材料：琉璃砖瓦、陶瓷镶嵌等（参看后文）。

萨法维朝的宫室之美，不仅在于建筑的简洁和装修的华丽，也在于其周围布置的幽美迷人。这方面，我们从现在实地照片上看到的，由于岁月的剥蚀，实在已不及当时曾获得充分印象的欧洲旅行家们所记述的那样多。关于“查尔－巴格”，我们可以引录法国沙尔丁氏的记述：“这条通道，在阿拔斯王的命令和直接监督下，修建并点缀着大量豪华的楼台殿宇……这个可称为伊斯发罕的公共散步场同时也是我向所未见的最美丽的通衢大路，当中引一条水道以供水……在这魅人的大路两旁都是幽美宽广的园林，每座花园中都有两处殿阁。数条穿过它的横街也是宽阔的水道，旁边种着双排高大的法国梧桐树……这大路直通到国王的安乐宫……当这幽美的园林中的喷泉喷水时，那景色实在是无比地瑰丽壮观，尤其在春天百花初放的季节，因为园中遍地是鲜花，小河两岸和石造池塘周围更特别繁盛。”

但阿拔斯一世不以仅装饰了伊斯发罕为满足。1613 年他在玛桑达兰的阿什拉夫城中一个至今仍称“巴格－夷·沙”（御花园）的公园中心，兴建了一处精美的宫殿——第二个“奇希尔－苏通”（四十柱宫）。它的美丽迷人，旅行家们屡有记述。由于玛桑达兰近山，所以王宫的水阁凉亭四周能建造一些活的喷泉、人工小河和湖泊。在这里，建筑师的才能又一次由在萨狄和哈菲兹诗中所写的波斯对于园林的趣味而得到提高。

萨法维时代也有一个优秀的画派盛极一时。应该注意的是，这一派与帖木儿朝的赫拉特派有直接的渊源。帖木儿王朝覆灭后，赫拉特派中最后的一位也是最伟大的一位画家毕在德生存于约 1440—1524 年——归附了萨法维朝的君王伊斯玛意尔一世，追随他到大不里士，并在此终其天年。这位帖木儿朝的老画师在这里将具有一世纪之久的光荣传统的遗产，同时还有科拉桑和外乌浒河地方老辈小型细密画画家的一切丰富资源，都传给了这年轻王国的艺术家。事实上，由于他的教导造就出一群弟子，后来都成了著名的大家；在他这些门徒中我们可以提到沙伊克－扎达·科拉桑尼，苏丹尼亚的弥尔·穆萨维尔，阿伽·米拉克和穆扎法尔·阿里，最末一人后来被任命装饰伊斯发罕的“奇希尔－苏通”殿。

与毕在德相同，阿伽·米拉克似乎开始其事业于科拉桑——所以他的名字叫埃尔－科拉桑尼——无疑正如毕在德氏在赫拉特的情形。他也如毕氏居住在大不里士的初期萨法维朝宫廷里。1539—1543 年左右，他在这城中为萨法维朝的君王塔玛斯普绘一部尼扎米的《卡姆萨》(五部作)的手写本画插图。其中有一幅《穆罕默德升天图》,今藏大英博物馆。在这页名画上,根据赫拉特派的传统,这位"先知"被包在一个极大的金色光环里,金光抖动着上升像一大团火焰;他骑在身如牝马的贞女埃尔－布拉克的背上,好像古代的"帕格索斯"[①]似的正向蔚蓝的天空奔驰;他跨过祥云——在图中画作中国的"芝云"式样——甚至越过日轮,正由天使长吉布拉伊尔引导着飞升上蓝色的太空,其他天使们则拿着礼物在他前后飞翔。我们觉得,在宗教艺术品中,很少有在创造一种神秘气氛时能达到这样高的成就。这一新的"以西结之幻象"[②]传达出丰富的想象力,越过了我们的星球,越过了云层,甚至越过了众星世界而直入安拉的天国。犹如有些印度教的艺术品——例如象岛上的大自在天摩赫首穆尔蒂(Mahesamurti)雕像——在我们看来恰似多神教中上帝的化身一般,大英博物馆中的《穆圣升天图》也正是一神教的超然梦想的最精纯的体现:它好像一幅安哲里科修士的作品而具有米开朗琪罗的全部力量。

与这种受有特殊灵感的作品全不相同,阿伽·米拉克和他这一派画家们之出名还由于他们的许多幅"地完"图——即宫廷生活的景象——尤其是一部精美的尼扎米手写本中的插图,都是阿伽·米拉克于1524年亲笔所作,今为波斯艺术史大家马丁氏保藏。从这些作品看来,我们可以认识到阿伽·米拉克氏对波斯细密画的新的贡献。他插画的人物,如库奈尔教授所说,已较毕在德

① Pegasus,希腊神话中文艺女神缪斯(Muse)所骑的飞马。——译者

② 见旧约《以西结书》第一章。——译者

的人物更为细瘦而文雅。在他笔下，贵人、标致的青年和可爱的贵妇们都有着修长的体态和高贵的优美的风采，这种作风在伊斯发罕的艺术中始终盛行不衰。而在相对的一面，这些肖像却失去了毕在德所画人物的某些淳朴性格。它们显然有不久即要陷入因袭和雕琢的危险。但我们必须承认，这种造作雕琢也不无其动人之处；这正与在乔托之后的波提切利的时代类似。

塔玛斯普王——于1524—1576年间君临大不里士——的宫廷还成为另一大画师苏丹·穆罕默德的避难所。他也受到君王的恩宠，并且是他的绘画方面的顾问。苏丹·穆罕默德是一位宫廷画家，他的画中，那种为我们在阿伽·米拉克作品中已注意到的，将人物画得有修长而高贵的外貌和刻意表现出不受拘束的优雅姿态的倾向，显得更为突出了。从几幅肖像画中我们可以对此种新的风格获得一些具体观念，各画的年代自1530年至1540年，是维未尔和科克林二氏的收藏品，所画有韶秀的男子读书图，人物有时倚着花树，有时则是按照东方的方式跪坐着，嗅着一枝花。在维未尔氏的收藏品中还有一幅塔玛斯普王阅书时的精彩画像，是苏丹·穆罕默德的亲笔（图47）。苏丹·穆罕默德的这种贵族式的趣味，也启发了德·罗斯其尔德氏收藏的一部约作于1537年的《列王纪》中的插图，特别是卢斯塔姆捉获骏马拉克什的一幅，此外还有马丁氏画册中复印的一组塔玛斯普王出外狩猎图。

这种趋势的胜利是由赫拉特的乌斯塔德·穆罕默德完成的，他是上述大画师的弟子。在被指为是他的作品中，我们只需提到萨姆邦氏收藏的一幅贵妇摘百合花图，和旧为哥劳布氏藏品的在花树下的两个恋人图，两者都是具有波提切利式典雅作风的模范。

但乌斯塔德·穆罕默德也留传下一些完全不同风格的绘画，如马尔托氏遗赠给卢浮宫的一部分在秀丽的风景中的乡村生活景象，都有着恬静安适的淳朴之风和简洁精练的线条；还有可以和日本鸟羽僧正的画媲美的一些幽默趣味的素描，如今藏列宁格勒图书馆中的他所画的《鸟兽戏画》即是。

在离开塔玛斯普王时代前，我们不能不说到一部作于那位君王在位期间的精彩的赫拉特派的《列王纪》，这是阿富汗国王陛下赠给哥达尔德夫妇的，今蒙哥氏夫妇惠允从这部作品中复印了15幅大张插画。首先，我们看到最初代的国王之一盖尤玛尔斯在群山中建立他的政府，这是一幅在树木山岩间一片繁花盛开的空地上的愉快的王庭图景。之后为年轻的伊朗王子米努奇里杀死突兰尼亚领袖图尔，是由一位在帖木儿朝和萨法维朝战争中的同时人根据目击实况而作的骑兵交锋图。再以后，我们看到卢斯塔姆的父亲扎尔和喀布尔王之女密拉布公主的婚礼，这是一幅用动人的社交仪节的精神处理的史诗场面。

这批画中，其次是由卢斯塔姆拥上王位的开雅尼朝的诸王；这里是凯·卡乌斯在恶魔的煽惑之下，正乘着一辆由大鹰拉着的车子企图去征服天界，这是一幅奇妙的装饰画，在蔚蓝的天空背景上有金色的中国式的“芝云”。再次是波斯王古什塔斯普之子伊斯番狄雅尔的业绩，插图上画的是这位英雄斩狮后入浴；还有突兰人的领袖纳斯提罕的征服者、伊朗英雄毕坚的功勋：他骑在马上，注视着敌人的无头尸身。在这页插画上，借着古老的伊朗史诗题材，我们可以看到直接对帖木儿朝苏丹反抗察合台部落的战争，或萨法维朝君王由骑兵营拥簇着拒战乌兹别克侵略者的追忆。还有卢斯塔姆救毕坚出离陷阱，后者是被突兰人投在阱内的；卢斯塔姆击败突兰人；卢斯塔姆因与自己的儿子索拉布不相识而将他致命地伤害后，正倾听他临终言语时的悲痛场面；最后，还有卢斯塔姆之死，他和那匹忠诚的马拉克什一同坠入他的兄弟，即与喀布尔国王同谋的叛徒沙伽德暗设的满布尖刀的陷阱里。

这里复制的哥达尔德氏所藏手抄本中以后几幅插图*，则是关于有史时代各王朝的传说的，如沙浦尔一世在他父王阿打失面前打球的情形，这是一幅典型的贵族游戏图，球戏或马球戏，我们在萨法维王朝或大蒙兀儿王朝的宫廷中将可大量见到。还有巴拉姆·古尔斩杀守护王座的猛狮而即位为王；印度王侯的使者和喀斯鲁·阿努希尔完的大臣、马尔夫的布祖尔格米尔弈棋图，这是帖木儿朝或萨法维朝式的典型宫廷生活景象，具有波斯式典雅风格的精妙作品，看来真正是美观悦目的；再有萨珊朝君王喀斯鲁·帕维兹战胜了谋篡者巴拉姆·楚宾，这是帖木儿朝和初期萨法维朝绘画中所擅长的生动的骑兵交战图的典型作品，但后来萨法维朝的画家们对这题材却再不能以同样力量描绘出来了。在宫廷景色上，17 世纪萨法维朝的绘画确能达到更高的典雅境界，其肖像画也能有更微妙的心理表现和更完善的优美姿态；但也就是这种细腻手法，使得所画的最凶猛的骑兵冲杀变得好像是一场游戏，与一次马球运动几乎无从区别了，它们在艺术上获得了秀丽优雅的韵味却失去了刚健生动的气魄。最后，此处复印的哥氏手写本中的

* 图片欠附。

末一幅细密画*上，我们可以注意天使的型式和从空中急速飞降的姿态；这一页上天使的形象显得与法国国家图书馆中的《穆罕默德升天图》上的天使颇不相同，而与萨尔教授收藏的描写一位公主由许多神灵服侍的画更为近似，这幅外乌浒河地方的图画约作于1500年，在这里，中国的影响和波斯的传统已融合为一而造成一种神秘而空幻的印象，一种由某位苏菲派诗人的梦想而产生的幻境。

一般说来，在帖木儿朝和萨法维朝统治之下，外乌浒河地方的绘画在表现花卉和鸟兽的方式上，的确更进一步证明了此种中国艺术与波斯艺术的融合，它兼有明代画的纯熟笔致和波斯画的典雅明快风格。在这方面，我们只需举出波士顿美术馆所藏精妙的三只熊的画即可看出：画中两只熊在地上，另一只正向树上爬；那描绘的精湛技巧可同任何时代的最卓越的风景和动物画家媲美。

我们已看到，萨法维朝文明的顶点是阿拔斯一世在位的时代（1587—1629年）。这一时代的主要画家似乎是阿伽·里扎和里扎·阿巴希，有些艺术史家认为这两人乃是一个，但库奈尔教授则以为两者各有其人。阿伽·里扎活跃于1570年左右，他的作品是一些似嫌过于精致纤丽并完全女性式的温雅青年王子像（如图48），仿苏丹·穆罕默德的美貌青年画像的笔意，或更工细优美。里扎·阿巴希则约生存于1630年顷，所画也是些标致的僮仆和过分漂亮的司觞敬酒人，但也有少数较率真而通俗的作品，如德·瓦希洛特氏和萨尔氏所收藏的裸体女像或相拥抱的恋人等（如图

* 图片欠附。

49)，甚至还有一些“风俗画”式的景象，写实风的人物典型，和托钵僧及牧羊人的古怪面貌等，都是用荷兰画派及佛兰芒画派的幽默笔调所描绘的。在阿拔斯一世时代，我们可以提及的画像有穆罕默德·尤索夫·埃尔－胡赛因尼，他活跃于1580年左右，还有穆罕默德·夸西姆，约活动于1626年。在此后的时代中，则有穆因·穆萨维尔，他的活动约在1677—1680年，接近1700年，即这一王朝的末日；还有穆罕默德·阿里。最后几位大师们甚至比他们的前辈更喜爱描画加以夸张的儒雅俊秀人物，这些人物都有着几乎过度锐利的目光，并且一律是翩翩少年，所用的拘谨手法正透露出一个时代的没落情调；他们的画过于温文尔雅，于是也就较为空洞，正是它的精巧工致，在这里变得只成了这一派的形式主义，这与中国明代末期的情形正复相似。

但必须承认，萨法维朝的绘画并不能指定是某某艺术家的作品，或者说至少它们的归属是不确定的。在此复制了一些作品*，大部分为亨利·维未尔氏赠刊。我们根据其风格上或题材上的近似而加以类别。首先是宗教画，有两幅维氏收藏的16世纪作品，画的是所罗门王的朝廷，依照伊斯兰教艺术的通例，他正被一群天使、魔怪和动物等(后者特别富于画趣)环绕着，由于他的全知全能，使得它们都听从他的指使。另一幅16世纪初叶的画，也是维氏藏品，写希巴(Sheba)[①]的会魔法的女王由天使们围绕着，其中有一个美妙的舞蹈的天使，可以和前文所说萨尔氏收藏的外乌浒

* 图片欠附。

① 或作Saba，阿拉伯南部的古国。——译者

河地方细密画上的天使相比。维氏收藏品中还有一幅巨大而雄伟有力的绘画，所罗门和希巴的女王并坐在王位上，周围仍聚集着那些天使、魔怪和禽兽。最后，在类似题材中，我们还可以提到狄默特氏所藏16世纪的《穆罕默德升天图》，和维氏所藏的一位先知在清溪之畔受天使们服侍的图画。又在维氏收藏品中，还可注意到有一幅自成一格的“埃尔－布拉克”像，她被画为有翅的半人半马形，用马蹄状的后足直立着——这一动人的形象完全具有它自己独特的气氛，其中可立即看出一种异教的诱惑性，和伊斯兰教的神秘情感。

在宫廷“朝觐”类场面中，我们获允从维未尔氏收藏品内复制一些画幅，那种优美迷人的简朴风格仍与帖木儿朝的此类作品相似，只是在某些典型细则上已经肯定是萨法维朝形式了，特别是在装束的微细方面——例如年轻人从头饰上脱落下一环发鬈，垂在鬓边；而那头巾则变得益趋精致，终于达到像17世纪的时髦青年所戴的那样异常尺寸。另一方面，还有些“朝觐”画幅，除了它们的萨法维式技巧外，同时还显露出受有印度－蒙兀儿的影响——例如法鲁克－别格的作品即是，他是16世纪末的波斯画家，而恰巧也在印度的阿克巴皇帝的宫廷中工作。

再次是君王行猎图，这题材是萨法维朝画派从帖木儿朝画派继承而来。其过渡阶段则以16世纪前半叶在赫拉特的萨法维朝艺术家为代表，尤其米尔·阿里·希尔·纳瓦里的《诗集》中的巴拉姆·古尔王狩猎的画幅。《诗集》今藏法国国家图书馆，书中插画约于1527年绘制于赫拉特。

在此类图画中，我们常感到吃惊的是古代动物画家合乎自然的传统，这里的正啮草或奔驰的羚羊、瞪羚、野羊和野驴等画幅，仍保持其地位不变，这些动物画无愧于它们光荣的亚述－波斯典范；还有狐狸和野兔，姿态也充满了那种天赋的狡猾神情。但我们也不能忽视一件事实，即萨法维朝的画家对于狩猎这一课题是用优雅而非雄健的精神来处理的。我们只要看看这些矫健的骏马，尽管躯干坚强，但却有羚羊般的轻捷和天鹅似的秀美；或再看看这些少年英俊的猎人，他们头巾上饰毛，戴有皮套的手腕上架着鹰隼，后随纯种的伊朗猎犬，驰马而过；甚至在和狮子单独搏斗时，他们所表现的最难能的狩猎技艺看来也像在作戏一样。总之，虽然我们在此又一次发现自萨尔恭时代直延续到萨法维时代描绘动物形体的伟大艺术，乃是伊朗最卓越的艺术，但旧日的热烈雄健作风已经日益为典雅工致所代替了。

古代帝王们的确曾耽迷于这一类猛烈的事业，但只身与野兽搏斗到这时显然已变得只是一种游戏，一种贵族消遣，一种只为适应体现优美姿势和精巧细腻之情致的题材了。这一理想在乡村景色中更可不受拘束地成功表达出来，如维未尔氏所藏画页上栏框装饰常描画的即是。其中有青年王子、俊秀的僮仆和可爱的贵妇、含笑的持杯进酒人、男女乐师等，在种植着毛茛的花毯般草地上，在小溪边，在吊着秋千的花树下——或像佛罗伦斯派风景画上似的在尖尖的丝柏的狭长阴影下，他们都沉溺于宴饮、作乐和谈情说爱；在地平线上嬉戏的羚羊，岩石后潜行的狐狸，都和这幅壮丽的田园景象中的主角同样神态高贵，而成为画幅的一部分。萨法维朝的设剌子画派在这些园林宴饮或妇女集会的景色上，又以质朴的笔触带来一种它自己特有的情调，这虽或显得有些故意做作，但仍很优美迷人。再有一些史诗话题也常被采用作为富于优雅情致的画面的凭藉——如当可爱的希琳出浴时，喀斯鲁·帕维兹王突然使她吃惊地出现了，这一题材在法国国家图书馆藏的一部作于公元1624年的尼扎米手写本上，被巧妙地表现出来；再如希琳凭身阳台上，倾听喀斯鲁王的诉语，国王则像某个苦恋中的单纯僮仆似的徘徊在她门口。如是这些手写本上的插图一般都把16、17世纪波斯宫廷中所举行的庆贺场面蒙上一种传说的气氛，遂更增加了它们的诗意。

最后，萨法维的大师们，尤其在17世纪，还特意作了一些较大的人物画，不用风景衬托，只是常与克劳埃氏的画相类似的白描。我们曾说过，这里有整批的此类作品，依照波斯人的爱好，画的都是有着团团的面孔和文雅而略显呆板的俊美的青年、僮仆、饲鹰的人和司觞进酒者（如图50，图51）。有时还有修眉长眼的可爱女子，或独自一人或正倾听恋人的热烈陈辞。有时艺术家们更画一些老人或学者以自娱，都是椭圆脸形，连鬓胡须，带着微弱而怀疑的笑容，充满阿马尔·开阳的辛辣的智慧，并使人惘然追忆到哈菲兹。我们从这后期波斯细密画所获得的，而为其主要情调的双重印象——有时过于文雅精巧和往往有一种夸张的贵族式的优美——在本书下一卷中将萨法维朝艺术，与更富于自然主义风格和有血有肉的蒙兀儿时代的印度艺术加以比较时，即变得更为显著了。

但波斯的装饰性插图与绘画不应只从手写本的篇幅上追索，还要在毡毯上寻求，因为萨法维派最伟大的细密画家们都曾被号召去为毡毯的织造设计图样，所以这上面的题材往往与画上的题材相同，例如受到最早萨珊朝“天堂”图传统之启示的园林题材即

是。尤可注意的是我们在这里还发现了狩猎和与野兽相斗的图景。如米吉昂氏在《伊斯兰教艺术手册》卷Ⅱ图362上说："这些毯子，有的是用丝织的，内夹金银线，但最多还是用质地优良而有光泽的羊毛混合着丝线织成的。"有时这样的毯子在一切细部上都使人想到一幅著名的图画。即如柏林腓德烈博物馆（Friedrichs Museum）有一块毯子，米吉昂氏的上著书中有复制图版（卷Ⅱ，图442），上面优美的图案式簇叶、葡萄叶和动物等，正和伊斯发罕的"阿拉－夸培"（多彩门）壁画上所表现的相同；又在舒勃隆的那块著名的有狩猎图景的毯子[①]和在巴黎"装饰美术馆"中类似的一块[②]，乃是我们这里插图的忠实副本。在那上面我们发现萨法维朝绘画的一切特有主题：繁花盛开的草地背景，疾驰的骑者在追逐猎物的狩猎场面，动物的搏斗，野兽的奔逃，或树巅群鸟的飞翔，还有细瘦优美的麋鹿和马匹，或像少年肢体般纤秀的丝柏等。我们还发现中国装饰美术的影响在这里比在细密画上存在得更久远：如芝云，盘曲如蛇的龙，鸾凤和其他神话上的飞禽，都是从明代中国模仿而来。此种有动物题材的织造品，除了取法当时远东艺术的图像外，还将我们带回到伊朗最悠久的过去时代。我们在这上面经常看到首先出现于最古老的迦勒底圆筒印章上的面面相对的纹章式野兽图案，这一传统是由萨珊朝的织造物传留下来的。

但这上面的几何图形和花卉，装饰则格外堂皇华丽。即使波斯的绘画至今荡然无存，甚至假如有动物图案的毡毯也都消失不

① 米吉昂：《伊斯兰教艺术手册》，卷Ⅱ，图443。

② 同上书，卷Ⅱ，图444。

见，单只是这些装饰着花卉或礼拜寺灯盏的伟大的毯子，也足可以证明一种纯洁而有奇妙趣味的典雅风格在这国家内曾得到发展。这种装饰确实是悦目而赏心的。“这些高度程式化的花朵型式多模拟着百合花或向日葵；它们都长着细长的，有时坚劲如铁的枝干。我们还看到整束的水仙花，插在瓶内的郁金香，或用链子悬着的清真寺灯盏”（米吉昂氏语）。除了此种似乎在库姆地区特别流行的僵直挺拔的花卉装饰外，我们还可提到为伊斯发罕和赫拉特的毯子所特有的另一种较为柔软灵活的风格。在这里，米吉昂氏说：“我们发现有任意设计的牡丹和簇叶，有着优美柔软的花茎，或在其间蔓延着飘带。”像这类的毡毯能使我们更好地了解那句著名的俗语：“波斯人乃是花的诗人。”此种嗜好是有着深远的原因的：这国家本来一部分是沙漠和不毛之地，因而使得花园在波斯即成为——用古老的希腊阿开密尼德朝的话说——许多“天国”了。凡是在伊朗高原旅行过的人，都记得在潺潺小溪畔神妙地显现的一枝波斯花朵，衬着单调的紫红色背景，它本身就如沙漠中的一个绿洲。有如德美森氏所说：“波斯人描绘和布置的花卉有一种迷人的轻快和娇美的情趣。他们所用的清雅色调与背景上柔和的阴影巧妙地相谐调。必须承认的是，波斯的织造品很少像其他东方纺织品那样鲜艳明丽，但它们在所偏嗜的柔嫩的色调与微妙的配合上，以及在创造的才能与精巧上，则超过了一切他国出品。”

这样将花卉题材从因袭的束缚中解放出来，似乎是波斯所特有的贡献。因为它在表现人物和鸟兽的形体时虽然依旧墨守成规，但在处理花卉上伊朗却用了可惊异的合乎自然的手法。不过这种灵感的源泉则是自遥远的外界而来——即来自拜占庭-阿拉伯艺术的因袭形式。“当花卉的图案出现时，它们即长期被局限在为拜占庭所遗传的呆板的几何图形范围内，由于这缘故此种题材遂在可惊的程度上被程式化了，而且那所仿拟的花卉也是完全不真实的。然后，这一切渐渐变得柔软灵活起来；线条失去了它的一些僵硬刚劲之致，自 14 世纪以后，这种装饰风格由于对花的形状做了实际观察而变得更近于自然了——固然这只限于少数的几种：石竹花、风信子、郁金香、野玫瑰和桃花”。[①] 由此观点看来，这些地毯正可当作伊斯发罕或设刺子的某秘密花园中的一片奇妙的草地，带着它的一切奢靡逸乐而到安拉的天国。

波斯的织毯还有第三种典型，即“在中央为一个大圆徽或椭圆徽，装饰着高度程式化的和刚劲挺拔之致的花卉”。我们可以注意到，这种式样与伊斯发罕的大清真寺内的彩瓷壁面具有密切的亲缘。二者在效果上同样都像是经过极度放大的一页彩饰画。这一类毯子给人的印象实在是堂皇壮丽的。米吉昂氏说：“没有东西能比此派的优美织毯更引人注目了。它在构图上表现出一种极丰富奇幻的想象力。然而其中花样虽如此繁密错杂，但仍受着合于严格逻辑的对称律的支配。没有一位画家的作品能像伊斯发罕的伟大织匠在迷人织物上所展现的这样，成就着如此卓越的和谐画面与罕见的巧妙意境。”

最后，如波普氏所指出，有些误称为“波兰的”毯子一定也就是 17 世纪的波斯毯。这些用丝织的、在金银闪光的底子上有着程式化的簇叶和缠枝花样的毯子，由于它的华丽贵重，乃是萨法维朝的

① 米吉昂：《美术》十六号。

使臣用作礼物献给欧洲各国朝廷的。

波斯的绘画除了细密画以外很少为欧洲人所知，因而人们忘记了它也有壁画的形式。装潢着伊斯发罕的奇希尔－苏通殿整个内部的壁画，即可列入东方艺术中最卓越的作品之内。

奇希尔－苏通的壁画有两种。在正殿内的是极大的壁画，遮满了整个上部壁板，其中主要的两幅是那狄尔·沙战胜阿富汗人和印度人。其余四幅尺寸也极大，有沙·塔玛斯普的一次战争，接见大蒙兀儿的使臣，和两幅在伊斯发罕宫廷内的宴会场面，其一有阿拔斯王接见。最末这画，金碧辉煌，构图繁丽，有一种稀见的庄严气象。至于接见印度使臣的一幅，则是一个真正的历史文献；上面对波斯人和印度人的特征都是以审慎的忠实笔法表现出来；使臣的肖像则是用当时的印度－蒙兀儿画派的风格描绘的；在这里，人们几乎以为看到的是维未氏收藏品内的一些耶罕吉尔宫廷中的小型画，被放大至真人的尺寸了。

但"四十柱宫"中最有兴趣的一部分则是较小幅的画。这些画一般约一码稍多宽，一码半长，在距地二码高处的沿壁上。题材通常都是牧歌性质的——例如某一位传说中的公主，偃卧在繁花盛开的园中树下，一手闲放在酒瓶上，或在梦想她的恋人；稍后，他已和她在一起，正向她敬酒；有时两人亲爱地拥抱，互相举杯邀饮；在一幅画上，那青年人已经不胜酒力了，但他的情妇仍然激动着，她头发紊乱，用略带讥诮的目光注视着他。再如在点缀着树木岩石的背景间，碧绿色的草地上发亮着的鲜艳的花，就像我们在哥佐利或基兰达约①的画上所看到的那样，一个年轻女人放纵地舒展开

① 基兰达约（Ghirandajo，1449—1494年），佛罗伦萨画家。——译者

双臂横陈在草上——一副优美妖冶的姿态，那波提切利式的长长玉体穿着紧身的暗红长袍，系一条金色腰带，脸上神情充满欲望，整个画面使人想到意大利大师们的手法。（图 52）再如另一美貌女人，扭着身子恹恹地倚着一根树枝，睁着梦幻般的眼睛，倾听她的恋人所诵的诗句。接着我们又看到一幅最精致的珍品：衬着岩石的背景，在碧草杂花间，一位公主坐在树下的红色和金色的垫子上，正用眼圈墨抹着睫毛；她右手描着那精细的线条，左手拿着镜子；映着暗金首饰的明艳温暖的粉面正对镜低俯着；她身穿褪了色的乳黄夹暗金色的长袍，以无限优美的姿势懒洋洋地半倚半坐。这慵懒的娇姿，苗条的形体，有黑黑睫毛的长眼，因日久而剥褪的色彩的那种温柔神秘气氛，给人的印象正和波提切利氏所画的最可爱的人体相似，或者如不嫌冒渎地说，也和印度阿旃陀石窟的人像画类似。还有另一幅女像，以同样的姿势坐着，正在开启一个酒瓶；她穿一件暗金色上有玫瑰花纹的长衫，倚坐在一些有和身上同样花纹的深绿色或暗红色的褥垫上。再后的一幅画，那奇妙的色调则是一大成就：一个女人穿着紫栗色的长衣，上饰中国式的祥云，正向一位容貌动人的王子敬酒，后者身穿有暗金色调的乳黄色长袍，上面像在大马士革的瓷器上似的散布着许多蓝色、粉色和绿色的小花束。（图 53）

这些画的一个特点是作为大多数背景的光秃、峻峭而奇幻的山岩，初看时这似乎只是一种因袭的惯例，其实却的确是密切观察的体现。从库姆到设剌子，穿过伊朗内地这片沙漠，沿路都可以看到此种奇异景象，这些连绵不断的形如鬼怪的山冈，时常使这一带景色显得像是在洪荒绝灭的行星上一般。而且这些伊朗特有的山石在这里被处理得有一点意大利式风格，如佛罗伦萨的拉菲尔兹派；而那有着鲜艳花朵的深绿色草地，我们已经注意到，则像安哲里科和哥佐利的画一样。

原来意大利的影响在各方面都是不可否认的。在奇希尔-苏通宫的外殿中，在右手的一面，有一幅裸体女像：她坐在树下，两脚放在石砌的水池里，俯身在这喷水池上；池中央立着一个铜质的"萨提儿"（Satyr，半人半山羊的神话动物）。这意外地令人想到乔吉内[①]所作的《合奏图》（*Concert*），或像是他的一幅模仿品偶尔流入了伊斯发罕的"四十柱宫"。还有一幅年轻的母亲正对幼儿哺乳，则使人想到某些意大利安布利亚（Umbrian）派的圣母图。再后还有一些狩猎的场面，其中人物都像是从卢浮宫逃出来的火枪手的画像；而最后使我们惊奇的是那些头戴有羽饰的毡帽，身穿绉领衣，镶花边，佩勋章，着长筒靴的路易十三时代风格的绅士的全身像，这些画几乎都像是要标有意大利的伪造者仿写的凡·戴克[②]和香宾[③]的签字了。

论及萨法维朝的艺术时，也不能不提到布满伊斯发罕"阿拉-夸培"所有厅房走廊的壁上和天花板上的装饰画。这些葡萄叶、程式化的簇叶、连锁花样、阿拉伯式蔓草花纹、各种花卉、玫瑰花结、圆形或椭圆形花饰，以及千变万化的孔雀尾毛图案等，都是以高尚正确的趣味而设计布置的。在这里被改用来绘制壁画的萨法维朝小型细密画的技巧，已上升到一个很高的艺术水平，而且看来奇怪

① Giorgione（1478—1511 年），威尼斯画家。——译者

② Anthony von Dyrke（1599—1641 年），佛兰德斯画家。——译者

③ Philippe de Champaigne（1602—1674 年），佛兰德斯画家。——译者

的是，由于它给人一种既优雅又壮丽的双重印象，结果竟使我们预先欣赏到可称为波斯的路易式的风格。

我们尚可补充说，在阿拉－夸培的壁上装饰画中，杂在那些纯花卉或几何图形的题材之间，还可以看到美妙动人的一群群步态生动的麋鹿、羚羊和瞪羚，都表现得和当时的细密画同样逼真而优美。又有用后肢蹲坐的狡猾的狐狸，或栖息在天花板角落处或藤叶卷纹中的各种鸟儿——神鸟“希木尔格”、孔雀、鸽子、夜莺等——对此也可以下一同样考语。在这些画内，我们也发现了上述的细密绘画传统的全部影响。

最后，为了要了解波斯的色彩和装饰这两门学问，最有益处的莫如研究那些敷满萨法维朝各清真寺内部和外部的彩瓷镶嵌，尤其是伊斯发罕的“玛斯吉德－夷·沙”（王室清真寺）。这座著名建筑物的主要色调是蓝色，它那礼拜堂连同柱廊及圆顶向天空耸立着，有如一部完美的蓝色交响乐。但靠近仔细观察时，即可见到这里有多少种不同色调、多少种调和的衬色啊，它们各自都完备圆满，而配合起来又形成一个和谐的整体。

入口门洞的总的色调是杂有黄、绿色花枝的深蓝色，与装饰着外面蜂房纹花边（mouldings）的淡蓝色，明暗程度很不相同，这种不同色调由于在二者之间以高超的艺术手法于尖头拱门洞边缘上划过那条似乎充满生气与活力的绿色凹线而更加显现出来；还有不同的是门口两边格形长条壁画（Panels）的宝蓝色，上面有饰以白色圆光的孔雀尾花样和四种绿色线轴形图案；又在门左右突出的侧柱上为杂有黄色花枝的青绿色调；再有在整个大门横框上作为所镌巨大白色古兰经文底子的天蓝色，这种蓝色在那两旁纯绿色的高尖塔衬托下显得更为生动悦目。我们可以无保留地赞美这种以轻松的手法将多样变化的构想、所有一切蓝青与碧绿的色调完全和谐地配列混合成一个庄严瑰丽的整体，一个上凌霄汉的蓝色天空交响乐。

诚然，必须认识的是，这里所见乃是对此种美学上的精微细腻风格经过十个世纪之研究而得的最后成果。为了全面了解 17 世纪萨法维朝的古典主义，必须回溯到波斯最早的古典时代，即 12 世纪的伟大的赛尔柱宫的艺术，如今日仍可看到的建于 14 世纪初叶的瓦拉明的清真寺即是。提到这座庄严的大礼拜寺，我们但愿这崇高的建筑物以及它最后残存的蓝色琉璃装修能迅速得到保护修整，过迟即不及了。

我们还愿在此一吐为一切旅行家们所同抱的另一个类似希望——即这些宏伟的波斯清真寺不要再对考古人士和美术工作者闭门不纳了。当许多地方的寺院如土耳其的——甚至那神圣的伊尤布清真寺，以及叙利亚和巴勒斯坦的——甚至奥玛尔清真寺——都对游览者开放时，波斯的清真寺却由于少数几个伊斯兰教神学家的狂热信念，仍固执地闭关自守。逊尼派的教条虽更为严格，但尚肯开放它们的礼拜堂供人瞻仰赞美，而主张完全自由的什叶派却坚持这些属于过去时代的禁令。我们谨此希望现在掌握波斯命运的开明统治者们将终止这种由外国人看来对它只是有损无益的事态吧。

从对波斯艺术的这种简略的探讨中，我们能得到什么样的最后印象呢？

在信奉伊斯兰教的土地，其他地区也发现有内容较丰富的艺术流派。大马士革的阿尤布派在对精细石材的强烈处理上，证明具有更粗豪雄健的风格和结构上的美。在布鲁撒的奥托曼土耳其人的艺术和在伊斯坦布尔的某些清真寺——苏里曼尼耶或苏丹阿米德清真寺——则有更有力而富诗意的灵悟妙想，以及更多的实质感。但惟独波斯的艺术有从亚述－阿开密尼德时代到萨法维时代绵延不绝的一贯传统，也就是我们曾试图予以阐明的。不仅如此，它还直接由其本土所产生，超越了一切人为的因素，它与波斯的土地是分不开的：在那里，衬着永远存在的紫红兼金黄色沙漠的背景，边上镶着玫瑰色的山峦，地平线处像月球上景色似的兀立着几座荒山裸岩，一道小溪，数株白杨，路旁再有一间歪斜破旧的旅舍，这就突然呈现出一种完全出人意外的艺术价值。

这里除了有不断令人想到的沙漠景象外，还有高原上的无比纯净的清新气氛，使得每一色调都更加精雅工丽。在蔚蓝色天空的衬托下，为波斯建筑师们所喜好的颜色都获得一种异乎寻常的价值——如哈马丹和瓦拉明的古老清真寺的砖材的柔和明快色调，或伊斯发罕的巨大建筑圆顶的神异优美的蓝色，或库姆清真寺圆顶的金色，都遗世而孤立在一望无垠的沙漠怀抱内。在这个国家和它的艺术之间存在着一种深厚的和谐，一种超过人的因素的密切关系，它将会存在得更长久，因为这里的荒墟正与此国土呈现着同一风光，而沙漠本身也具有和它的遗址古迹相同的色调与外貌。

但伊朗文化的范围并不仅局限于伊朗本部领土的波斯、阿富汗和外乌浒河地区之内。它还伸展到一个极广阔的外围地带，包括在西方的土耳其和在东方的伊斯兰教治下的印度。

我们曾经指出，土耳其在11世纪征服了小亚细亚，又在14世纪征服了色雷斯，就文化关系而论，在许多方面也包括了对两地的伊朗化。尤其当土耳其人于1326—1338年间从拜占庭统治下夺取了俾斯尼亚连同布鲁撒、尼西亚和尼科米底亚之后——直到1453年占领了君士坦丁堡——他们即放任他们的禀赋才能自由发挥。当日为年轻的希腊诸神出没之处的博斯普鲁斯海峡和马尔马拉海的沿岸，此时又被奥斯曼人以新的美的源泉丰富起来。对于"风光明媚的希腊"，奥斯曼土耳其人是经过"东方式"幻想的媒介而看到的，由于这些征服者心中都怀有对那阴郁草原和无边荒野的乡思，因而使这里的景物也获得一种忧抑情调。从拜占庭的宫殿中，他们能经常听到博斯普鲁斯海峡对面，在斯库台里和草木葱茏的布鲁撒的那边有"夜莺在亚洲的丝柏上悲唱"。因为这些奥托曼土耳其人，当他们在伊朗的边境处长期逗留时，也像以前的赛尔柱人一样深深地受到波斯的影响。波斯的古典主义对于他们，正如希腊主义之对于欧洲北方各民族一般。他们将波斯诗人所想象的一切温柔而奇妙的形式都徙居在地中海的景色中。他们觉得萨狄和哈菲兹的诗句，从布鲁撒和伊斯坦布尔的花园中也像从伊斯发罕和设刺子的玫瑰园中同样得到了共鸣。如是，波斯的优雅、精致，而且稀罕的文化，连同那外敷琉璃镶嵌的清真寺、辉煌的阿拉伯式花纹、幽美的水殿凉亭，和可爱的秘密园林，都在这马尔马拉海沿岸的新环境里适应下来。从整体来看，我们也许有理由要颂扬历史上的盛衰变化了，因为正如伊朗当初曾迎接了希腊-罗马的文明一般，于是也轮到古老的拜占庭来了解波斯的文化，结果是在欧洲的门户处仍保留了一角土地，它安睡在东方的莽原中，长

期以来躲开了西方文明的骚扰,并且几乎无视时光的飞逝。

让我们先来看看在布鲁撒的如幻想中极乐净土式的景色。这里确实是伊朗伊斯兰教的天堂,那些渴望在地下安眠的大苏丹们是不需要再寻找其他佳城的。我们试问,何处是安拉的天国和萨狄的梦境呢?它恰正是在这像毕在德或安哲里科的画中一样温柔的清新的空气、肥沃的土壤、幽静的树木、灿烂的小河和细软的草地之间。在这环境里,奥托曼人企图要将最良好的叙利亚－埃及的传统和波斯的传统融合在一起。建于 1414—1424 年之间的布鲁撒城著名的“绿色清真寺”,或称“叶希尔－杰米”的十字形平面设计,就是直接仿自阿尤布朝和马穆禄克朝的“玛德拉萨”(学林)而加以简化,并似乎“浓缩”成一个更凝练的形式的;但在这建筑前面展开的那片植有树木的广场则说明这一地点仍受到波斯式“天堂”精神的支配。而且一进入这寺院时,整个波斯即呈现在我们面前。那包括全部琉璃镶嵌的装修即纯粹是波斯式的。这里以各种绿色的统一色调为主,并和谐地配合着宝蓝色,犹如一部色彩协奏曲,看来极为悦目而令人心情振奋舒畅。整个墙壁的下部分都用嫩绿色的六角形琉璃瓦镶在蓝色的壁画上,由此以上直到镶有彩瓷的天花,则是用这同一主导色调组成的令人眼花缭乱的千万种圆形椭圆形图案,以及玫瑰花结、花环、簇叶和花枝等,和谐地混合着各种深浅的绿色和宝蓝色,并衬以黄色、白色、黑色和奥斯曼瓷器所特有的一种深红色,益增其艳丽。在“绿色清真寺”后面建立的一座作为苏丹穆罕默德一世(1421 年)陵墓的八角形纪念建筑物上,也发现了这种“波斯的盛宴”,它在内部以及外部也都布满了以各种绿色和宝蓝色为主要色调的类似花样的彩瓷镶嵌。

奥斯曼人渡过欧洲发现了拜占庭的建筑。他们在一见惊赏之下，遂予以采纳和适应——结果就造出了圣索菲亚教堂。但其后他们突然心情变化，不久即出现了奥托曼人特有型式的清真寺，利用拜占庭的平面设计图而采取波斯的装修。但在这里，土耳其人也并不以屈从地抄袭波斯或叙利亚-埃及的装饰主题为满足。他们从伊朗的技术中推演出一些新的法式，正如蒙兀儿人后来在印度所作，于是不用走出波斯的美学教条范围之外就发展出一种独出心裁的土耳其艺术来。这样他们同时从波斯和马穆禄克朝的埃及借用来钟乳石状装饰的原则，而创造出一种特有的直线式或结晶式的钟乳石状装饰，这都是他们自己的构想。类似的情形，关于琉璃镶嵌的应用，在布鲁撒还只是对波斯作品的抄袭仿制，而当土耳其人将这种波斯的彩色装潢移置于细瓷般的白净底子上，使得这些绚丽色彩与那光泽的白大理石表面可赞美地配合时，它又呈现出一种全新的意境。

因此，由于采用了大理石和其他一般坚硬材料，以及他们大胆的建筑构想，使得奥托曼人的清真寺具有一种为伊斯兰教其他流派所不曾达到的雄伟庄严气象。苏里曼大帝在君士坦丁堡所建的“苏里曼尼耶清真寺”，是 1550—1566 年著名建筑师希南氏建造的。他于 1489 年生于安纳托利亚的凯萨里亚，父母都是希腊人，他做过苏丹西利姆一世、苏里曼大帝和西利姆二世的建筑师，1578 年死于君士坦丁堡。但他的得意弟子尤索夫则被阿克巴皇帝聘请到印度去，我们将在本书第二卷内看到，他参与于在德里和阿格拉的蒙兀儿朝建筑。

这座著名的清真寺在空间和时间上都庞然显现于整个伊斯兰

教历史之上。一位研究拜占庭艺术的法国大作家戴尔氏在几行富有诗意的描述中称赞它的“堂皇高大的比例，拱门和圆顶阁线条的和谐而有节奏感，斑岩石（porphyry）圆柱和大理石壁面在色调上的变幻，砌有黑白相间的内券石的拱廊，那自地面直到穹窿圆顶都镶有彩瓷花纹的‘密赫拉布’（神龛）的华丽墙壁，和照亮殿内深处的奇妙的彩色玻璃窗”。这位著名学者虽然挚爱拜占庭的艺术，但也承认这“苏里曼尼耶”胜过圣索菲亚教堂，“当我们来到苏里曼清真寺的宽大的拜殿中央，在那高高的圆顶之下，前面是饰有黄金的钟乳石状装修的神龛，其上有从五彩窗子中投射来的像在哥特式教堂内一般的半明半暗的神秘光线，这时我们所产生的情绪是强烈而难忘的”。建筑师在造起这些圆顶阁和高尖塔的整齐阶层时所有的熟练成功的技巧，使得这建筑物呈现一种为叙利亚、埃及或伊朗的任何其他清真寺所不能比拟的轩然高举之势。奥托曼清真寺的此种巍峨高耸的特色，或者要以 1610 年建于君士坦丁堡的苏丹阿米德的寺院最为明显，由于在它侧面都开有窗子，并重复应用一些半圆顶的奥室（apse）和门廊（pronaos）及高尖叠造了开有窗孔的圆顶阁，使得它的内部给人一种异常明亮的印象。关于将“波斯的彩瓷装饰”改变为“奥托曼式彩瓷装饰”，我们可以注意阿米德清真寺内部此种五光十色的效果：这里的彩瓷镶嵌是以白色为底子，上饰各样花卉，“有爬在绿色花枝上的荷兰石竹、风信子、蓝色和柿红色的玫瑰，有自花钵中下垂的郁金香和瞿麦，还有缠绕在格架上的灰色柏树枝和蔓藤叶子，以及一串串的葡萄”。把这些装饰主题与在伊斯发罕各清真寺中的加以比较，即可看出奥托曼艺术对古老的波斯传统题材增加的是什么了。

因此奥托曼的清真寺也像西洋的哥特式建筑一般，能使人对上帝不由得产生一种肃然起敬之情，不过这是用了伊斯兰教的美学和神秘主义表达出来的。与伊斯兰教在宗教上和艺术上的理想相对立的莫过于哥特派的艺术和中世纪的神学了。然而虽有一切歧异，在此种气氛中我们却突然感到二者具有同等的艺术价值和类似的精神面貌。一座像苏里曼尼耶或阿米德的这样精美的奥托曼清真寺，乃是一件如此庄严淳朴的作品——我们可称之为绝对的淳朴——以致使人的心灵不可避免地要面对一个在美学中自行解决了的形而上学的问题。诚然，我们于此仍感到自己是处于波斯美学理想的一般范围之内，那深深迷人的四周景象，五色变幻的彩瓷装潢，都暗示出伊朗的神秘的感觉主义依然形成了我们这一幻想的伴奏。但纯正的波斯各流派的理想，不外是要将伊朗的散布着的玫瑰花的草地变为安拉的天国。而在这里，相反的是，这些作品的高度的和谐，这种达到了与希腊的典范有同等高峰的土耳其－波斯古典主义的精练，则完全给人一种可以销魂的莫大喜悦——这心情中没有暴力或苦闷，也不知有基督教中那种物质与精神的斗争，或哥特式艺术的那种强烈的内在冲突；因为在伊斯兰教的最静穆的哲学中，可爱的自然造化和美好的尘世事物都只是安拉的仁慈表现而已。因此伊斯兰教的卓越的神学，这绝对的一神教，竟不觉与希腊的多神教携起手来；而在这片古代希腊的土地上，曾把波斯的幻梦给它带来的奥托曼人，最后经由伊斯兰教的迂回路径，又恢复了对物质美的崇拜。于是这些伟大的奥托曼古典时代的清真寺遂成了一切祈祷者和一切美的表现。

在看到波斯的美学理想在西方启发奥托曼的艺术后，在本书

的下一卷中还要指出在东方它怎样以相同的方式产生出印度－蒙兀儿的艺术。从这双方面的比较中,我们也许已可引申出如下的结论:波斯的美的理想,在其本土由于缺乏坚牢耐久的材料,于某种程度上一直只局限于精神领域之内,而一旦发现能完全实现时,即需要有新的表现方法了。如泰姬陵即也像苏里曼尼耶寺一样,可以说是以伊朗的灵魂出现在印度或希腊的身体之内的。

于伊斯发罕,哈什特・比希什特宫

1928 年 10 月 31 日

译名对照表

A

Abagha　阿八哈可汗

ʻAbbāsids　阿拔斯(王朝)

ʻAbd al-Azīz　阿布德·埃尔-阿吉兹

Abd Allāh ibn-Faḍl　阿布德·阿拉·伊本-法德尔

ʻAbd al-Malik　阿布德·埃尔-马力克

Abla　阿布拉

Abū-Bakr　阿布-巴克

Abū-Firās Hamdāni　阿布-菲拉斯·哈姆丹尼

Abu'l-ʻAbbās　阿布尔-阿拔斯

Abū-Nuwās　阿布-努瓦斯

Abū Saʻīd　阿布·赛义德

Abydos　阿拜多斯

Achaeans　阿开雅人

Achaemenid　阿开密尼德(王朝)

Acheulian　阿舍利式

Adad　阿达德

Adad-Nirari　阿达德-尼拉里

Aḍodal-Daula　阿多德·埃尔-道拉

Adolf Grohmann　阿道夫·格罗曼

aeneolithic　后新石器时代

Afrāsiyāb　阿夫拉希雅布

Afshār Nādir-Shah　阿夫沙尔·那狄尔王

Agade　阿伽德

Aghā Mīrak　阿伽·米拉克

Aghā Rīzā　阿伽·里扎

Ahasuerus　亚哈随鲁王

Ahmed　阿玛德

Ahriman　阿里曼

Ahura　阿胡拉

Ahura-Mazdā　阿胡拉-玛兹达

Ajaṇṭā　阿旃陀

Akkad　阿卡德

Akbar　阿克巴

ʻAla al-Dīn　阿拉·埃尔-定

al-Amin　埃尔-阿民

al-Amrah　埃尔-阿姆拉

Ala-Qapy　阿拉-夸培(多彩门)

al-Aqmar　埃尔-阿夸玛尔

al-Aqsa　埃尔-阿夸萨

al-‘Aziz 埃尔－阿吉兹
al-Azur 埃尔－阿扎尔
Aleppo 阿列坡
al-Fārābi 埃尔－法拉比
al-Fustat 埃尔－孚斯塔特
al-Ghazali 埃尔－伽扎利
al-Hariri 埃尔－哈利里
‘Alī 阿里
Allah 安拉
al-Mahdi 埃尔－玛狄
al-Ma‘mun 埃尔－玛蒙
al-Mansūr 埃尔－曼苏尔
al-Mutannabi 埃尔－慕坦纳比
Alp Arslam 阿尔普·阿斯兰
Altai 阿尔泰
Amarna 阿玛那
Amenemhet 阿美涅姆赫特
Amenophis Ⅲ 阿门诺菲斯三世
Amesha-Spenta 阿美沙－斯朋陀
amir al-umara 阿弥尔·埃尔－乌玛拉(大总督)
Amorites 亚摩利人
‘Amr 阿姆尔
Anatolia 安纳托利亚
Anau 安瑙
Andersson 安德生
Andre Godard 安德烈·哥达尔
Angra-Mainyu 昂格拉－玛恩纽
‘Antar 安塔尔
Antinoë 安蒂诺耶
Antioch 安提阿
Anu 阿努
Apo 阿波
Aq-Qoyunlu 阿克－科雍鲁(白羊)
Ararat 阿拉拉特
Arbela 阿尔比拉
Ardashīr Ⅰ 阿打失一世
Arghun 阿鲁浑可汗
Arne 阿恩
Arsacids 阿萨栖兹(王朝)
Arshak 阿沙克
Arslān-Tāsh 阿尔斯兰－塔什
Artaxerxes 阿塔薛西斯
Aryan 阿利安
Asha-Vahishta 阿沙－瓦希什陀
Ashraf 阿什拉夫
Askhabad 阿斯哈巴德
Aśoka 阿育王
Assarhaddon 阿萨尔哈当
Assur 亚述神
Assurbani-pal 阿述巴尼－帕尔
Assurnagi-pal Ⅱ 阿述纳吉－帕尔二世
Asura 阿修罗
ātar 阿塔尔(圣火)
‘Aṭṭār 阿塔尔
Auhrmazd 奥尔玛兹德
Avesta 《阿吠斯陀》
Avicenna 阿维森纳
Ayyūbids 阿尤布(王朝)

Āzarbaijān 阿塞拜疆
Azem(A'zam) 阿泽姆宫

B

Baal 贝阿尔
Bab al-Sharqi 巴布·阿尔-沙奎
Babur 巴布尔
Babylon 巴比伦
Bactoria 巴克特里亚(大夏)
Badi'al-Zamān al-Jazalī 巴地·埃尔-扎曼·埃尔-贾扎里
Badr 巴德尔
Baghdād 巴格达
Bagh-i Shāh 巴格-夷·沙(御花园)
Bahman 巴曼
Bahrām 巴拉姆
Bahrām Chubīn 巴拉姆·楚宾
Bahrām Gūr 巴拉姆·古尔
Bahri Mameluke 巴里·马穆禄克
Balāsh 巴拉什
Balkh 巴尔克
Balkuwārā 巴库瓦拉
Bāmiān(Bāmiyān) 巴米延(梵衍那)
Banū Nadīr 巴努·纳地尔
Barmakids 巴玛基德家族
Barrois 巴罗伊斯
Barthoux 巴尔托克斯
Basra 巴士拉
Bāyazīd 苏丹拜雅齐
Bedouin 贝都因人
Behistun(Bisutūn) 贝希斯敦(比苏敦)
Ben-Hadad 本-黑达德
Beni-Hassan 贝尼-哈珊
Berber 倍尔倍尔族
Beyrut 贝鲁特
Bibars 毕巴尔斯
Bidpay 毕德培
Bījan 毕坚
Bithynia 俾斯尼亚
Blochet 布罗舍
Bobrinsky 勃布林斯基
Boghaz-Keui 菩伽兹-科伊
Bokhārā 布哈拉
Brusa 布鲁撒
Burji Mameluke 布尔吉·马穆禄克
"Bustān" "花园"
Buzurgmihr 布祖尔格米尔
Byblos 毕布罗斯

C

Cæsarea 希萨里亚
Caliph 哈里发(辅师)
Cambyses 冈比西斯
Campo Santo 坎波·桑托(圣墓地)
Cannanite 迦南人
Cappadocia 卡帕多西亚
Carchemish 卡尔开密什
Carrhæ 卡里

Cavra 卡夫累
Chaghtai(Jaghtai) 察合台
Chalcolithic 石器与铜器并用时代的
Chār-Bāgh 查尔·巴格(四花园)
Chardin 沙尔定
Charles Diehl 查利·戴尔
Charles Vignier 查利·维各涅尔
Chelles 舍利
Chellean 舍利式
Cheops 齐奥普斯
Chihil-Sutūn 奇希尔－苏通(四十柱宫)
Cilicia 西里西亚
Clouet Françoise 克卢埃氏
Contenau 康特诺
Crassu 克拉苏
Creswell 克列斯维尔
Ctesiphon-Seleucia 泰息封－赛琉西亚
Cunninghan 康宁罕
Cyaxares 赛阿克萨利斯
Cybele 西贝丽
Cyriades 希里阿底斯
Cyrus 居鲁士

D

daeva 达依瓦
Damāghān 达玛干
Damascus 大马士革
Dandān-uiliq 丹丹乌里克
Daqīqī 达基吉
Dara 达拉
Dārāb 达拉布
Darius Ⅰ 大流士一世
Demaison 德美森
de Morgan 德·摩尔根
Derwīshiya 德尔维希亚
Dēva 提婆
Dieulafoy 狄厄拉弗伊
Dioscorides 代俄斯科利底斯
Doucet 杜西特
Doura-Eurpos 道拉·欧罗波斯
druj 得鲁吉(厉鬼)
Dukhtar-i Nūshirvān 杜克塔尔－夷·奴什尔凡
Dussaud 杜骚氏

E

Ea 埃阿
Eannatun 伊安纳顿
Edward Meyer 梅叶
Elam 依拉姆(以拦)
Elephanta 象岛
emir 爱弥尔(总督)
Enkidu 恩奇都
Enlil 恩利尔
Entemena 恩帖米那
Ephthalite Huns 嚈哒人,白匈奴人
Esar-haddon 伊撒尔－哈顿

Esther 以斯帖
Eustache De Lorey 德·劳瑞
Eyub 伊尤布

F

Falke 法尔克
Farhād 法尔哈德
Fārs 法尔斯
Farrukh-beg 法鲁克－比
Fāṭimids 法提马王朝(绿衣大食)
Firdausī 菲尔道希
Fīrūz 腓鲁兹
Fīrūzābād 非鲁扎巴德
Frankfort 法兰克弗
Franz Cumont 库芒特
fravashi 弗来瓦什(保护神)
Frederich Ⅱ 腓德烈二世

G

Gāthā 伽塔(圣歌)
Gayōmarth 盖尤玛尔斯
Ghazan 加哈赞
Ghazna 伽色那
Ghiyāth al-Dīn Khalīl 纪雅斯·埃尔－定·卡利尔
Gilgamesh 吉尔迦美士
Gizeh 基泽
Grünwedel 格伦威德尔
Gudea 古底亚王
"Gulistān" "玫瑰园"
Gupta 笈多
Gūr Amir 古尔·阿弥尔(帖木儿墓)
Gurnah 古尔纳
Gushtāsp 古什塔斯普

H

Hackin 哈金
Hadramant 哈德拉芒特
Ḥāfiẓ 哈菲兹
Hall 赫尔
Hamādān 哈马丹
Ḥamza 哈姆扎
Harappa 哈拉帕
Hārūn al-Rashīd 哈琅·埃尔－赖世德
Hatra 哈特拉
Hattushash 哈图沙什
Hazael 哈泽尔
Hazār-jarīl 哈扎尔－加里尔(千亩园)
Hegira 黑吉拉节
Heiji Monogotari 《平家物语》
Heraclius 赫拉克流斯
Herodotus 希罗多德
Herzfeld 赫兹菲尔德
Hindu-Kush 兴都库什山
Hittites 喜特人(赫族)
Homs 荷姆斯
Hormuz 或 Hormiz Ⅱ 荷尔木兹或荷尔米兹二世

Hrozny　赫罗兹尼氏
Hulagu　旭烈兀
Humāy　胡美
Humayun　胡马雍
Ḥusain　胡赛因
Ḥusain Bāiqarā　胡赛因・拜夸拉
Hushang　胡善
Hvare　赫瓦尔
H. Violet　维俄来
Hyksos　希克索(牧人王朝)

I

Iblis　伊布里斯
Ibn-Sīnā　伊本－希纳(阿维森纳)
Ibn-Tūlūn　伊本－吐伦
Ibriz　伊布里兹
Il-Khāns　伊尔汗王朝
imam　伊玛目(导师)
Imru‘ L-Qais　伊姆鲁尔－夸斯
Indo-lranian　印度－伊朗人
Iṇdo-Scythian　大月氏人
Iraj　伊拉吉
‘Irāq-i‘ Ajamī　伊拉克－夷・阿杰米
‘Irāq-i‘ Arabī　伊拉克－夷・阿拉比
Isfahān　伊斯法罕
Isfandiyāṛ(Isfendiar)　伊斯番狄雅尔(伊斯芬狄阿尔)
Ishtar　伊什妲儿
Iskandar　伊斯坎达尔
Islamophil　伊斯拉莫菲尔
Ismā‘īl　伊斯玛意尔
Istakhr　伊斯塔克尔

J

Jahangir　贾汉吉尔
Jahān Shāh　杰汗・沙
Jalāl al-Dīn Mangburni　扎阑丁・曼格布儿尼
Jalāl al-Dīn Rūmī　查拉尔・埃尔－定・卢米
Jalayirids　加拉伊里王朝
Jāmī　杰米
Jamshid　贾姆希德
Jauhar　朱哈尔
Jenghiz-khan　成吉思汗
Jezireh　杰兹列
Jibrā‘īl　吉布拉伊尔(天使长)
Jihad　吉哈德
Junaid Naqqash al-Sulṭanī　朱内德・那夸什・埃尔－苏丹尼
Justini　查士丁尼

K

Ka-Aper　卡－阿培尔
Ka‘ba　卡巴神殿
Kābul　喀布尔
kadesh　卡德什
Kaikātu　凯克图汗

Kai Ka'us 凯·卡乌斯
Kai Khosrau 凯喀斯鲁
kaiqubād 凯库巴德
Kaisariya 凯萨里亚
Kaiynids 开雅尼王朝
kamares 卡美瑞斯
Karīm-khān 卡利姆可汗
Karnak 卡尔纳克
Kart(Kurt) 卡尔特(库尔特)王朝
Kassites 卡西特人
Kavādh(Qobad) Ⅰ 卡瓦德(阔巴德)一世
Kāzrūn 卡兹伦
Kerbela 克比拉
Kermanshah 基尔曼沙
Khaibar 开柏尔
Khammurabi 汉谟拉比
Khamsā 卡姆萨(五部作)
Khephren 克夫林
Kherubim 克鲁比姆(牛身人面兽)
Khiva 基发
Khnumhetep Ⅱ 克努姆赫特普二世
Khorāsān 科拉桑(呼罗珊)
Khosrau Ⅱ 喀斯鲁二世
Khubilaid 忽必烈
Khwājū Kirmānī 克瓦朱·基尔曼尼
Khwāndamīr 克完德米尔
Khwārizm 花剌子模
Kish 基什
Koechlin 科克林
Kokburi 科克布里
Konia(Qonia) 科尼亚
Koran(*Qoran*) 可兰经(古兰经)
Koyunjik 库雍吉克
Kozlov 科兹洛夫
Kühnel 库奈尔
Kurdistān 库地斯坦
Kurd Salāh al-Din Yusuf (Saladin) 库德·萨拉·阿尔-丁·尤索夫(萨拉丁)
Kūshān 贵霜王朝

L

Lagash 拉伽什
Lailā 莱拉
Langdon 兰顿
Le Brecq 勒·布里克
Legrain 勒格伦
Licent 桑志华
Licht 里什特
Liwān(eivān) 利完(埃完)
Louvre 卢浮宫
Luhrāsp 卢拉斯普
Luxor 卢科索
Lycaonia 利卡俄尼亚
Lydia 吕底亚

M

Macedonia 马其顿

Mackay　马凯
Madrasa　麦德拉萨(学校式清真寺)
Maqamat　玛夸玛特
Magian　麦吉教
Mahabharata　《摩诃婆罗多》
Maḥmūd　马慕德
Maidān-i Shāh　美丹－夷·沙
Majnūn　马吉农
Makrān　麦克兰
Malabar　马拉巴
Malāzqerd　马拉兹夸德
Mālik al-Kāmil　马力克·阿尔－卡米尔
Malik Shāh　马立克·沙
Mameluke　马穆禄克王朝
Ma'mūn　马蒙
Mangu　蒙哥(可汗)
Mānī　摩尼
Manichæan　摩尼教
Manṣūr　曼苏尔
Marāgha　玛拉伽
Marduk　玛尔都克
Maristam　玛利斯塔姆
Marteau　马尔托
Marv　玛尔夫
Mashhad-i Murghab　玛什哈德－夷·木尔伽布
Masjid　玛斯吉德(清真寺)
Maspero　马伯乐
Mathai　马泰
Maurice P'ezard　培扎德
Maurya　孔雀王朝
Mautiaux　毛提奥克斯
Māvalipuram　摩婆里补罗
Mavlavi　玛夫拉维
Māzandarān　玛桑达兰
Mazdak　马兹达克
Mecca　麦加
Medes　米代人
Media　米代
Medina　麦地那
Menphis　孟斐斯
Mentet　门太特
Merovingian　梅罗文加王朝
Mihrāb　密赫拉布
Minbar　明巴尔(经坛)
Minoan　米诺时代的
Minūchihrī　米努奇里
Mir'Ali Shir Navali　米尔·阿里·希尔·纳瓦里
Mirān　米兰
Mir Khwānd　米尔·克完德
Mir Musavvir　弥尔·穆萨维尔
Misr al-Qāhis　米斯尔·埃尔－夸西斯
Mitanni　米坦尼
Mithra　米特拉
Mithridates(Mithradat) I　密斯利德提斯(密斯拉德特)一世

Mohenjo-Daro	摩亨焦-达罗
Monophysite	一性派教徒
Mosul(Mausil)	摩索尔(毛希尔)
Mughul	蒙兀儿
Muḥammad(Mahomet)	穆罕默德
Muḥammad Alī	穆罕默德·阿里
Muḥammad Ikhshīd	穆罕默德·伊克希德
Muḥammad Qāsim	穆罕默德·夸西姆
Muḥammad Yūsuf al-Ḥusainī	穆罕默德·尤索夫·埃尔-胡赛因尼
Mu'īn Muṣavvir	穆因·穆萨维尔
Mu'izz al-Daula	穆伊兹·埃尔-道拉
Muscat	马斯喀特
Mutakallim	穆台卡林派
Mutawakkil	穆台瓦基尔
Mu'tazilit	穆台及力派
Muẓaffar Alī	穆扎法尔·阿里
Muẓaffarid	穆扎法里王朝
Mycenaean	木锡南
Mykerinos	麦克里诺斯

N

Nagada	纳伽达
Najd	纳吉德
Nal	那尔
Naqsh-i Rajab	那夸什-夷·拉甲布
Naqsh-i Rustam	那夸什-夷·鲁斯他姆
Naram-Sin	纳拉姆-辛
Naṣr I	那斯尔一世
Nastīhan	纳斯提罕
Nazare Agha	纳扎尔·阿伽
Nehāvend	涅哈文德
Nestorian Chritanity	奈斯脱利安派基督教(景教)
Nicæa	尼西亚
Nicomedia	尼科米底亚
Nigdeh	尼格德
Nimrud	尼姆罗德(宁穆禄)
Nineveh	尼尼微
Nishāpūr	尼沙普尔
Niẓām al-Mulk	尼扎姆·乌尔-莫尔克
Niẓāmī	尼扎米
Noïn-ola	诺音-乌拉
Nūḥ	努赫
Nūr al-Dīn	努尔·埃尔-定

O

Ogodai	窝阔台
Oljaitu	完者都
'Oman	俄曼
'Omar	奥玛尔
'Omar Kaiyām ('Umar-i Khaiyam)	阿马尔·开阳
Omayyad	奥美雅王朝(白衣大食)

Orodes　奥罗德斯
Ortuquid　奥尔图魁德王朝
'Othmān　奥斯曼
Ottoman　奥托曼

P

Pahlavi(Pehlevi)　帕拉维语
Pairika　派丽佳
Parthians　帕尔提亚人(安息人)
Pāṭaliputra　华氏城
Patna　巴檀那
Pavēz(Parvīz)(即 Khosrau Ⅱ)　帕维兹(明利王)
Penniman　彭尼曼
Persepolis　波赛波利斯
Phrygia　弗里吉亚
Pīr Saiyid Aḥmad　皮尔·赛义德·阿玛德
Pisa　比萨
Pishdadian　庇士达地安朝
Pontus　旁图斯
Pottier　波提叶
Pumpelley　旁普莱

Q

Qādisiya　夸地西亚
Qaimari　夸玛利
Qaisāriya　魁萨里亚(帝国广场)
Qa'it-bay　夸伊特－比
Qājār　夸加尔王朝
Qala'a-i Chahār qapī　夸拉阿－夷·恰哈尔·夸庇(四十座门)
Qalawun　夸拉翁
Qarā-Qoyunlu　夸拉－科雍鲁(黑羊)
Qāsim'Alī　夸西姆·阿里
Qasr-i Shīrīn　奈斯尔－夷·希林
Qizil　克孜尔
Qubbat al-Sahkra　库巴特·埃尔－萨克拉(圣岩堂)
Quchqunjī　库克宽吉
Qum　库姆
Quraish　古莱氏族
Qutna-Mithrifeh　夸特那－米什列菲

R

Raiy　拉伊
Raksh　拉克什
Rameses　拉美西斯王
Raqqa　拉夸
Rashīd al-Dīn　拉史德·埃尔－定
Rhages(即 Raiy)　拉吉斯
Rizā'Abbāsī　里扎·阿巴希
Rūdakī　卢达歧
Rūi　卢伊
Ruknābād　卢克那巴德
Rustam　卢斯塔姆

S

Sacæ　赛种人

Sa'dī 萨狄
Ṣadr 萨德尔
Ṣafawids 萨法维王朝
Ṣāffārids 萨法尔家族
Ṣafī 萨菲
Saif al-Daula 赛夫·阿尔－道拉
Saint Acheul 圣·阿舍利
Saïs 赛伊斯
Saka 萨迦(王朝)
Sakisian 萨基西安
Salisiya 萨里西亚
Sāmānids 萨曼王朝
Sāmarrā 萨马拉
Sambon 萨姆邦
Sanjar(Sinjar) 桑加尔(星加尔)
Sardanapalus 萨达纳培拉斯
Sargon 萨尔恭王
Sarre 萨尔
Sarru-kinu 萨尔鲁－金努(老萨尔恭王)
Sarvistān 萨尔维斯坦
Sāsānids 萨珊王朝(萨萨尼王朝)
Schefer 舍裴
Scutari 斯库台里
Seistān 赛伊斯坦
Seljuks 赛尔柱王朝
Semites 赛姆族(闪族)
Sennacherib 西那克里布(西拿基立)
Senusret 西努斯列特
Shaghād 沙伽德
Shamash 沙玛什
Shah Mansur 曼苏尔王
Shāh nāma 沙纳玛(列王纪)
Shah Rukh 沙·鲁克
Shah-Shuya 沙－舍亚
Shah-Zinda 沙·金达
Shaibāni 舍伊巴尼
Shalmaneser Ⅲ 沙尔马尼色三世
Sharaf al- Dīn' Alī Yazdī 沙拉夫·埃尔－定·阿里·雅兹地
Shī'ites 什叶派
Shīrāz 设剌子
Shīrīn 希琳
Shub-ad 舒伯－阿德女王
Shushtar 舒什塔尔
Sidon 西顿
Simurgh 神鸟希木尔格
Sin 月神辛
Sināmiya 希纳米亚
Sinān 希南
Sindbad 辛德巴德
Sirāf 西拉夫
Sirot' Antar 安塔尔传奇
Sir Aurel Stein 斯坦因爵士
Sir Thomas Arnold 阿诺德爵士
Sistine 赛斯丁
Sivas 西瓦斯
Siyāsat-nama 《治国策》
Sogdiana 索格地安那

Sohrāb　索拉布
Soltykov　索尔提科夫
Stambul　斯坦布尔
Ṣūfism　苏菲主义
Suleiman　苏里曼
Sulṭān 'Ali of Mashhad　玛什哈德的苏丹阿里
Sulṭān Hasan　苏丹哈珊
Sulṭāniya　苏丹尼亚
Sulṭān Muḥammad　苏丹·穆罕默德
Sumer　苏美尔
Sumerian　苏马连(苏美尔的)
Sumeyoshi Keion　住吉庆恩
Sunnites　逊尼派
Susa　苏萨
Susian　苏希安
Syrenaica　西里内伊卡

T

Ṭāhir　塔希尔
Tahmāsp I　塔玛斯普一世
Tahmurat　塔姆拉特
Tāq-i Bustān　塔夸－夷·布斯坦
Tāq-i Kisrā　塔夸－夷·基斯拉
Taurus　图拉斯山脉
Tavernier　尼塔弗埃
Teilhard de Chardin　德日进
Tekkiya　泰基亚
Tell-Ahmar　帖尔－阿玛尔
Tell-el-Mugáyir　帖尔－埃尔－木伽耶
Tell-el-Ubaid　帖尔－埃尔－乌巴德
Tell-Mebi-Mend　帖尔－内比－门德
Tello　泰罗
Tepe- Mussian　帖佩－木西安
Teshub　铁叔布
Thebes　底比斯
Theocritus　谛阿克列多思
Theodosius　希俄多西皇帝
Thothmes Ⅲ　吐特谟斯三世
Thureau-Dangin　图罗－但真
Tiglath-pileser Ⅰ　提革拉－毗色一世
Til-Barsib　提尔－巴尔希布
Timur-lang(Tamerlane)　帖木儿(塔木兰)
Transoxiana　外乌浒河地方
Tughrilbeg(Toghrul Beg)　图格里尔伯格(托格鲁尔·伯格)
Tului　托雷可汗
Ṭulūnids　吐伦王朝
Tūr　图尔
Turkoman　土库曼
Tūs　图斯
Tutenkhamen　吐坦卡蒙
Tyre　泰尔

U

Uḥud(Ohod)　乌胡德
Uigur　回纥,维吾尔
Ulugh Beg　乌鲁·贝格

Unṣurī 翁苏里

Ur 吾珥

Urardhu 乌拉尔图

Ur-Nina 乌尔－尼那

Ustād Muḥammad 乌斯塔德·穆罕默德

Uzbeg 乌兹别克

V

Vajrapāṇi 金刚力士

Valerian 瓦利里安

Varahrān(或 Bahrām Ⅱ) 瓦拉兰或巴拉姆二世

Varāmīn 瓦拉明

Vishtaspa 维什塔斯帕

Visivantaro Jataka 须大拏太子本生经

Vohu-Mano 沃胡－玛诺

Von Le Coq 冯·勒考克

Vulture Stele 兀鹰碑

W

Walīd 瓦立德

Wāsiṭ 瓦西特

Woolley 武利

X

Xerxes I 薛西斯一世

Y

Yaḥyā ibn-Maḥmūd 雅亚·伊本－马慕德

Yasili-kaya 雅西里－卡雅

Yazd 耶兹德

Yazdagard Ⅲ 雅兹达伽德三世

Yazīd 雅齐德

Yeshil Jami‘ 叶希尔－杰米(绿色清真寺)

Yogism 瑜伽派

Yūsuf 尤索夫

Z

Zafar nāma 扎法尔·纳玛(胜利书)

Zāl 扎尔

Zand 桑德

Zanjān 桑坚

Zarathustra, Zoroaster 左拉图斯特拉,琐罗亚斯德

Zend 真德语

Zenjirli 真吉尔里

Zobeida 左贝姐

Zuleikhā 佐来卡

第二卷

印度的文明

序　　言

本书是这部书的第二卷，计划作为亚洲艺术研究的入门，专论伊斯兰教的和非伊斯兰教的印度文明体系；包括后印度[①]及马来群岛，但不包括喀什噶尔和西藏[②]，它们将于本书第三及第四卷中的中国部分述及。

印度以及渊源于此的文化，事实上有如别一天地，乃是世界上三四个伟大的人类思想中心之一。这里的印度式的美学理想和人文主义，对全世界来说，是与地中海诸国的或中国的美学理想和人文主义具有同等价值的。

为了说明这个文化中心，与前一卷一样，或更多地刊载丰富的插图，并广征博引各种原著。因为只要把《神通游戏经》（即《方广大庄严经》）的一页经文与阿玛拉瓦提的浮雕共举，或把《黑天赞歌》的一颂与一幅拉吉普特的小型画并列，即可造成一种气氛，这比起任何叙述文字都更能暗示出这些作品产生时的周围环境。用这种方法，我企图提供一幅印度文明的图景，至于有关印度的史实及思想史，尚请读者参阅我的另一种著作。

---

① 后印度指缅甸、泰国和印度支那等地。——译者

② 喀什噶尔（即今新疆维吾尔自治区喀什）和西藏自古以来就是中国的领土。——译者

本书之所以能够问世，完全由于友人的帮助，他们是：维多·哥劳布、芬诺特、帕尔门特尔、奥罗西奥、考德、亨利·麦且尔、安德列·哥达尔、费契尔、哈金、亨利·维未尔、斯托克利、杜西特、卢氏、菲力浦·斯特恩、让·布何特、梅塔、阿南达·库玛拉师瓦密、刚哥利及印度考古调查团与大英博物馆诸君，并承他们惠予各种有趣插图，一并在此致谢。读者如愿对此做进一步的研究，请即参看以上各位所发表的著作或收藏品。此外，本文作者所抱的唯一宏愿，希望能鼓励读者，在上述各大师的指导下，继续其对印度美学的研究。

第一章　佛教的及婆罗门教的印度

印度文明的起源：印度与加尔底亚的关系问题

在本书第一卷中，曾提到一些印度河流域的史前期文明。我们当记得，这种文明远溯至青铜－石器期——即铜器以及其后的青铜器和石器一起出现的时期。由旁遮普省的哈拉帕和信德省的摩亨焦·达罗所发现的遗迹证明，两地的文明似可追溯到公元前4000年之末或前3000年之初。据印度考古调查团团长马歇尔爵士初步假定，在摩亨焦·达罗的三个城（那遗址是上下重叠的），其大概年代：第一个约为公元前3300年，第二个约为公元前3000年，第三个约为公元前2700年。这两处遗迹地基之坚固，即指明这里居民是一种早已有组织的、能过城市生活的人[①]。他们饲养家畜，生产棉织品，制造红地黑花的陶器和一种上釉的蓝白色彩陶，同时还发现有铜质的器皿和工具以及燧石制的武器，但令人最

---

① 参看《印度考古调查报告》（*Archaeological Survey of India, Annual Report*）1923—1924年，图18、20；同书，1924—1925年，图17—26；同书，1925—1926年，图17—46。

感兴趣的则是数以百计的石质、象牙质和陶质的印章，也有骨质和其他杂料的。印章上除了刻有动物图像外，还有近似象形文字的图画字[①]。这种兽类题材正可与加尔底亚古国（迦勒底）的圆筒式印章上同样题材相比。但这上面除了字体和那楔形文字不同外，所刻的动物也大部为印度所特有，如瘤牛、象、虎和犀等。仅此已足证明，摩亨焦·达罗文明与美索不达米亚的新石器时代文明虽然可能有某种接触——而且也必然会有——但它仍是属于本土的。不过我们也可以用摩亨焦·达罗和加尔底亚之间过去存在的某些种族亲缘，姑且来解释上面所指出的二者艺术上的近似。这种假说，我们须承认，直到不久以前还像是毫无根据的；但自晚近李维之论出，此说似又颇为可信了。李氏近来主张原始加尔底亚的苏马连人语汇和南亚（澳－亚洲）及大洋洲的语言有奇妙的类似处，而印度原始民族蒙达人所说的话即属此后一系统——普兹卢斯基氏，且认为此种蒙达人是印度河－恒河一带的旧主人[②]。

我们还可注意到，近年的发现使我们能在印度河与美索不达米亚之间标志出一系列彼此相关的阶段。在第一卷开头，曾提到斯坦因和哈格列夫在俾路支和赛伊斯坦所发现的绘有几何图形和

① 《印度考古调查报告》，1923—1924 年，图 19；同书，1924—1925 年，图 22、28；同书，1925—1926 年，图 32。

② 应该指出，摩亨焦·达罗（Mohenjo-Daro）雕刻的人种型，并非完全是苏马连人（Sumerian）型的。参看魏吉尔（Philippe Vogel）：《1925 年印度考古年鉴》（*Annual Bibliography of Indian Archaeology for 1925*，莱顿，1928 年），图 3 所载精致的复制品（石雕有须的头像等）。

树叶形的瓶子[①],并谈到这种瓶既与摩亨焦·达罗的彩瓶相类似,又与安瑙和苏萨的陶器相类似。现在请注意赫兹菲尔德教授于1928年在波斯(伊朗)法尔斯省玛玛西尼区库兰贡和夸斯尔·夷·西林附近撒耳浦尔·夷·左哈布地方发现的石刻。这些浮雕,尤其是国王和从者向一对神祇礼拜的一幅,显然为苏马连人形象。赫氏毫不犹豫地认为,这与马歇尔爵士所曾提出,以摩亨焦·达罗为代表的那种文明的黄金时代,属于同一时期:即约公元前3000年[②]。经过这样一些发现,苏马连人世界和印度河流域间的距离遂变得缩小了,至少在空间上是如此。它们已经不复是独立的两点,一向把这两地分开的地理上的鸿沟正日渐填满了。

其次,与苏马连语系和所谓澳-亚语系之间构成的比较有关,我们可以提及在摩亨焦·达罗所发现的一具精美的铜质裸体舞女小雕像,那朴素典雅的作风及其动作姿态和美拉尼西亚[③]艺术的某些特点是不无相似的。[④]

由另一观点来看,摩亨焦·达罗的动物雕刻与最初的印度-

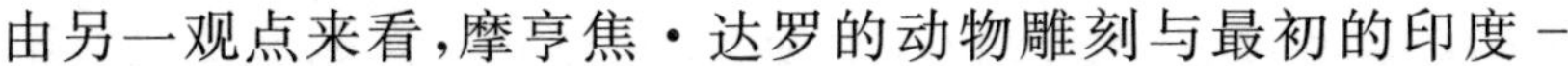

① F. H. 安德鲁斯(Fred. H. Andrews):《斯坦因在赛伊斯坦发现的新石器时代的彩陶》(Painted Neolithic Pottery in Sīstān Discovered by Sir Aurel Stein),《伯林顿杂志》(*Burlington Magazine*),1925年12月,第304页(附图);哈格列夫(H. Hargreaves),《1925年在俾路支斯坦的发掘》(Excavations in Baluchistan,1925),《印度考古调查记录》(*Memoirs of the Archaeological Survey of India*),第35期,加尔各答,1929年;《印度考古调查报告》,1925—1926年,图13—15(哈格列夫,《俾路支斯坦的拿尔地区的发掘》(Excavation at Nāl, Baluchistan))。

② 《伦敦图画新闻》(*Illustrated London News*),1927年11月19日,第905和926页;1929年5月25日,第892页;1929年6月1日,第942—945页。

③ 美拉尼西亚(Melanesia),大洋洲中部岛屿的总称。——译者

④ 《1927年印度考古年鉴》,开恩研究所(Kern Institute),莱顿,1929年,图2。

雅利安派即孔雀王朝派的雕刻之间，似乎也可找到少许类似之处。这种雕刻中最早期的实例，我们将要看到，是阿育王石柱的柱头，其中在萨拉那特(鹿野苑所在地)的，始造于公元前3世纪。现在把鹿野苑石柱头雕刻的动物，如瘤牛、象等，或甚至把公元前1世纪的桑奇大塔石门上的动物雕像与摩亨焦·达罗的同类兽像加以比较，我们很难不认为二者之间不存在着一种遥远的关系。在摩亨焦·达罗的印章上不是已经表现出印度古典艺术的一个主要优点，即处理动物形象时采用极雄浑而又柔和的自然主义手法么?同样，在此遗址所发现的一个雪花石的似羊似牛又似象的异兽雕刻，或那具精致的陶质猴子坐像，都可看成为自阿育王石柱柱头起直到摩婆里补罗城的战车式建筑止，全部印度动物雕刻艺术的预展。或再如马歇尔爵士所复制的红陶水牛和陶质猛犬，从这两具小雕像上我们可以看到怎样有力的综合结构——这乃是印度艺术的另一显著特色![1] 最后，我们下文不久即将赞赏到的桑奇雕刻中的林莽生活，在摩亨焦·达罗的印章上也已赫然可见：在那上面，我们有时可看到猎人在树上潜蹑着一只猛虎，这虎正向他转过头来；有时又可看到一头犀牛正在攻击两个土人。诚然，如果现在所推定的年代正确无误，则印度新石器时代后期与孔雀王朝的艺术之间，前后相隔已有十五个世纪以上。但是只因这一连锁的中间环节遗失了，即必须认为其关系也不复存在么？此种刻印技术，一定是在雅利安人到来而印度河流域的都市文明覆灭后失传的；而且雅利安人印度的最早作品——牙刻或木刻的小品——也都无

① 《印度考古调查报告》，1925—1926年，图29、32及38。

迹可寻。所以当印度人从希腊人的样品中学到了怎样把从前刻在象牙或木头上的浮雕镌刻到石块上去后，我们发现其作品真正达到成熟的境界。然而藉此事实，由摩亨焦·达罗或哈拉帕的出土物看来，不免使我们要问，此处是否又遇到了像爱琴海地区的同类情形呢？在那里，古希腊人以前的文化就是经印欧民族的入侵者毁灭后，结果又被他们并入希腊文明之内的。①

关于哈拉帕和摩亨焦·达罗出土古物的年代，确凿可考的证据，其主要之点，是巴格达博物馆目录第 1822 号的石质印章，此章发现于伊拉克的基什，属于前雅利安手法的凹雕，刻有一只牛类动物，和同样属于前雅利安的象形文字。这无疑是由印度河传到加尔底亚的。巴格达博物馆标签上记其年代为“约公元前 3200 年”。馆员告诉我们，此物发现在属于闪族之前、苏马连人时代的基什的一个古代堆积物层中。虽然如此，有经验的考古学者如瓦特林仍怀疑这印章，不知确在原处发现，还是由属于较近期的堆积物层中滑落，或是约于吾珥第三朝代（公元前 2470—前 2360 年）自印度河传入加尔底亚的。又，费契尔的见解很公正，他说如果印度河流域的“前雅利安”文明既可能因雅利安人的到来而毁灭，那么似乎最好将这文明的年代，至少其晚期，向后推迟到这种人入侵的时代，即近于公元前千年之初。这一意见，将使我们在必要时可以解释印度河流域的前雅利安艺术和古代印度-雅利安艺术间可能有

① R. 钱达（Ramaprasad Chanda）：《在印度河流域残存的史前文明遗物》（Survival of the Prehistoric Civilization in the Indus Valley），《印度考古调查记录》，第 41 期，加尔各答，1929 年。

过的亲缘了。[①]

雅利安人的印度：吠陀的诗篇

这些新来者，即有史期的印度人，和他们的弟兄伊朗人形成了印度-欧罗巴人种大家庭中著名的一族，即印度-伊朗人或称雅利安人。印度人语言和伊朗人语言的最古形式——印度的吠陀梵语和伊朗的阿吠斯陀语及古波斯语——之间，具有密切的亲缘。这使我们设想二者曾有过一个长久的共存时期。

当这些印度人——我们现在将用他们的梵语名字雅利安人来称呼他们——在约公元前2000年末自伊朗进入印度河-恒河平原时，他们势必要从土著民族手中攫得这些国土。这些原始土著民族在今天的印度仍有代表，他们是属于这两族人：即达罗毗荼人和蒙达人，前者在德干高原仍有稠密的人口，后者则最后仅限居住于中部或东部印度的少数几个地区内。在这人地生疏的环境里，从祖国伊朗来的雅利安人似乎形成了一个对外隔绝的社会。尽管种族的混合不可避免，吠陀经中的主要成见似仍是切望人种的纯一，但这只不过是战胜者对于被征服群众慢性报复的本能防御而已。雅利安人社会的三个阶级——婆罗门，即僧侣；刹帝利，即武士；吠舍，即庶民——不得不在他们自己和非雅利安居民之间造成

① R.钱达：《吠陀时代的印度河流域》(The Indus Valley in the Vedic Period)，《印度考古调查记录》，第31期，加尔各答，1926年；库玛拉师瓦密(Ananda Coomaraswamy)，《古代印度红土陶烧偶像》(Archaic Indian Terracottas)(藏于波士顿美术馆)，《Ipek评论》，1928年，第64—76页。

一个不可逾越的深渊。而由于创立了这种专属的“种姓”，雅利安人社会中渐渐也出现了同样的悬隔。尤其婆罗门种姓所获得的重要地位，是古代世界上任何僧侣阶级闻所未闻的。

由于物质上的原因，婆罗门的圣典吠陀，是一代一代口传下来的。在第6世纪以前，它不可能被写出来，因为印度的文字源于阿拉密安语，这极可能是当阿开密尼德王朝的波斯人，在统治旁遮普（五河地区）时传入的。但由这语言的古朴看来，可以假定，吠陀在成为口传的丛集形式时，约在公元前五百年内。其内容主要是祈祷文、颂神诗和祭祀的礼仪——祭品包括献神的牛乳、蜂蜜、糕饼和由“苏摩”（一种蔓草）汁发酵制成的饮料。这说明吠陀中并不缺乏枯燥的祈祷形式。虽然如此，在这里却仍可发现许多美好的诗篇——诗趣盎然，丰富多彩，具有如荷马史诗那样的想象力。

这些诗内所赞颂的众神，是由最初的雅利安人从伊朗带来的。可以想到，此种尚为半游牧民族的神，乃是天空诸神，他们的具体轮廓还有些含混不清。

首先是太阳神，它有不同的名称——阿迭多、苏利耶、娑维特利或毗湿纽（偏入天）——这些古老的自然赞美诗中一首说：“你以光明普照生民大地，充满诸天太空，俯视一切万物。七匹褐马为你引车，使人目眩的苏利耶啊，你的美发戴上光芒之冕，你明察一切的大神啊”！与苏利耶有关的是黎明之神乌莎斯（太白金星）及天部御者阿须云。黎明以动人的清新姿态，鼓舞了吠陀诗人：“她已来临，焕发着洁白的光彩，携着光辉的犊子，幽暗之神给她让位，黎明与黑暗，如不朽的姊妹，彼此追随，前进不已，复相消灭。……此光明之神，引来青春的欢歌；此辉煌之神，照耀并给我们打开门户。她使变化的世界觉醒，复为我们发现财富。唤醒生存的万物。这位天帝的女儿，她显示自身，容光四射，正当青春，穿着明亮的衣服。……你统辖大地一切财宝，啊，你黎明之神，以你的光明给我们带来今天的欢乐！……曾看见黎明之初辉的人们已经逝去，而将见其来日之光辉者又到来！……黎明之神，照耀一切过去未来，长春不灭，自依其法则而前进。……起来，生命的呼吸已降临，黑暗退隐、光明正前进，她让路于太阳的行程。我们已临一转机，生命于此复得延续。今日，啊，慷慨之神，愿在你的光照中，以生命与繁荣，赐予歌诵你的人，以及我们一切众人。"(《梨俱吠陀》)

与此性质相类的是婆楼那，即水天或星空之神，他俯视着人类种种行动。诗中赞美这一宇宙大神时说："啊，婆楼那，你呼吸成风，激动大气，天地无边，尽涵于你身内，啊，婆楼那，你包容一切世界！你的祥光，照视可爱的天地在周围形成。"因陀罗是雷霆之神，他藏在暴风雨的浓云后面，指挥着大气，在性格上是更近于人的："神已来临，山岳震骇，天地动摇，其所过处，树木丛林，无不战栗。"

事实上，因陀罗不久即变作战神，成为与当地土人竞争获胜的雅利安人的守护神；他成为"因陀罗王"，在印度绘像中，他身披璎珞，头戴王冠，手持金刚杵(雷火)、法轮、战斧及象棒，乘白象。由于他战胜了旱魃阿希和维利特罗二蛇妖，甘露才又降落在焦枯的土地上。"因陀罗以雷火击阿希"，吠陀赞美诗中这样歌诵着，"他倾注雨水于大地，并开放天上之山洪。他击杀阿希，水就像群牛之奔向牛栏，复归河道。”还有在称颂神圣的恒河系诸流时，诗人唱出这样的句子：“因陀罗已准许你所渴望的奔腾激跃了。你流注大海，如载乘于车；啊，美丽的众川，滚滚波涛，并肩前进，每一川流，互相呼应。……我将永远颂扬因陀罗的丰功伟业；他斩断妖蛇，摧毁堤堰，水欲飞翔，沛然下降。”

因陀罗的伙伴中，应该提及的有摩鲁特和鲁特罗，即风伯和雨师。“摩鲁特推云如榨乳，于殷殷雷声中，挤出乳水。……他们以赤马来挽战车，林木当之，如遇野象，齐根拔落。”又在另一章中说：“洪水咆哮，有如雄牛，向草木注入生命的种子。他摧毁树木以及妖魔，宇宙震颤于其英武的臂下，这发着怒吼的巨灵击杀恶人时，清白无罪者也为之战栗。当他那湿润的使者挥鞭跃马，宣布他的来临时，在积雨的浓云中，此神现形，声如狮吼，闻于远方。狂风疾奔，雷电飞舞，草木昂首，夫空鼓胀。神以甘露洒遍大地，一切众生，俱得繁盛。……吼吧，雷霆与丰产之神，驾你满盛雨水之车，驱驰太空，曳大水袋，在我人顶上张开大口，使高低坡谷尽沾雨露。倾此巨盆，下注雨水，勿加限制，使洪水泛滥于天地，并为群牛做一大水槽。”（《梨俱吠陀》）这一富有热带地方生气的有力的大自然颂歌，说明这摩鲁特之父与森林之神鲁特罗后来怎样在湿婆的名称下，变成宇宙力量的源泉，成为地球和生殖的力量，和印度多神教的具有生命力的原素。

在吠陀诗中，甚至祭祀之神也采取一种自然的形象。因为吠陀中的祭祀是如此重要，以至它的各个成分的本身也被认为神圣而受崇拜。如祭火，阿耆尼和主祭僧侣所诵的咒语“婆罗摩”就是如此[①]。火神阿耆尼的祭祀本源，的确从来未被完全忘记，因为在后来的绘像中，画着他有两个头，象征着婆罗门祭火和家庭祭火；四只手臂，各持祭祀所用之具——砍柴的斧子、点火的火把、扇火的扇子和倾倒祭品的匙子。这一神祇，婆罗门教把他提高到与空界诸神同等的地位，结果遂变得彼此相混了。首先是与神火混合，晨祷的祭祀火焰岂不像在召唤光明的复返和大自然的觉醒吗？"光辉之神、诸圣者之祭司及向导阿耆尼，已醒来迎接黎明。他由虔诚者的手所燃起，发其光至远方，而打开黑暗之门。我们所崇拜的阿耆尼，在歌颂者的赞辞及诗歌中益行增长；我们的使者，他为永恒秩序的千态万貌而欢欣，在破晓之时发出光辉。"（《梨俱吠陀》）

稍后，在《娑摩吠陀》中，火，即阿耆尼，也根据像古代爱奥尼亚的哲学家们所推论的同一理由，被称颂为宇宙间的主要元素："这个金胎之神已经出现。他虽新生，但已为世界之主。他于天地间无所不在。舍此之外岂有其他的神为我们所当奉祭？他赋予生命及力量。一切生物，一切神祇，都服从它的法则。永生与死亡不过是他的虚影。在积雪的高山之上，在波涛汹涌的大洋之中，可见其伟大；苍空上界是他伸张的两臂。天上地下，清虚太空，都由他而得安然建立。他自上空倾下洪水，由他的关怀而安定的天地，皆向他仰望下拜，而苏利耶也在东方放出其光彩。当孕育金胎和由此产生阿耆尼的大水到来时，诸神之灵，即唯一之灵，于是苏生。他

① 婆罗摩（Brahma），即梵天，代表它的咒语是"唵"字（Om），这里说婆罗摩咒语，即指此字。——译者

傲视四周一切诸神，唯他为众神之神！”其后在史诗《摩诃婆罗多》中，也以类似的辞句颂扬这祭火，这时他已变成宇宙万物的力量了：“啊，阿耆尼，你乃风之灵，嫩芽之髓，水为你的种子。你在万物中，随之增长，以达成熟。一切生命皆寄寓于你身内。你装扮为日，以其光芒汲起地上之水；复使灵雨，及时下降，一切万物，乃得更生。然后万物复又生你：于林木绿叶、湖泊、大海及婆楼那之全部水宫中，无所不在。”

除了这些主神外，还有无数次要的神，首先有阿修罗，这是一类极古的神，一度曾和以上所举的“提婆”（天神）相等。但后来却变为与诸神对敌的恶神，不久并有了恶魔的性格。其次有阿布萨罗，原为变幻无常的彩云，后来发展为诸天玉女，以其迷人的魅力为众神的神秘意图服务。此类神中还有迦摩天即爱欲之神，其像持花弓，乘鹦鹉。另一类是四护世即四天王和所领各部精灵，其中有北方的俱毗罗，或称多闻天王（毗沙门），统领着药叉（夜叉），即有异能的善鬼恶鬼[①]；南方增长天王（毗琉璃），统领着腹大如瓶的鸠槃荼（瓮形）；东方持国天王（提多罗吒）领乾闼婆（寻香），即乐师神；西方广目天王（毗留博叉），领那伽（龙），即一种有魔力的精灵，居深渊的水宫中，时现蛇形时现人形，顶上有眼镜蛇般的头部掩覆如盖[②]。在印度神话中，那伽的敌人是迦楼罗（金翅鸟），为一种常

① 参看插图 147、插图 12 的女药叉像（Yakshini）。又参看库玛拉师瓦密，《药叉》（*Yaksas*），《斯密逊研究所收藏品》，第 80 卷，第 6 号，华盛顿，1928 年。

此处所指为原书插图。中译本对原书插图有所取舍，并重排序号。此处所指图片欠附。

② 魏吉尔：《印度蛇的传说，或印度传说和艺术中的龙》（*Indian Serpent-lore, or the Nāgas in Hindu Legend and Art*），伦敦，1926 年，附有阿旃陀美丽的浮雕蛇王像。

作人首鸟喙的大鸟，在佛教和婆罗门教的雕刻中，常有金翅鸟擒走那吉（雌龙）的题材。最后，还可提到另一类精灵：紧那罗，常作希腊神话中的女妖形。[①]

这些神祇虽有种种富于诗意的吸引力，但不久便已不能再满足印度的思想界，因而很早就有沉思玄想的观念出现，此种观念在《奥义书》（优婆尼沙昙）中已有充分发展，这是约于公元前 7 世纪或公元前 6 世纪附入吠陀圣典的一部哲学宗教的自由思索的书。在这新的宗教著作中，我们发现一种前所未有的教义，然而它却毫无例外地支配着此后所有一切印度教派，即轮回转化说——一切众生永无穷尽地投生转世，今生的祸福都视其前世所行的善恶而定。《奥义书》同时还发挥一种精神上的一元论，认为灵魂的本性和宇宙的本性即神格，是同一的。此宇宙的神格被名为“梵”，最初原指僧侣祈祷时的仪礼，后由此名产生一特有的祭祀之神“大梵天王”。在印度雕刻中，我们可以看到此神头上有螺髻，手持婆罗门的藻瓶。

在如此古远的年代，实在说，印度人心灵中即已显露出神秘主义的倾向。多数婆罗门苦行师，或如他们所称的“相应行者”（瑜伽行者）的，当思维奥义书中的或类似的观念时，都遁世林栖，修行思

① 此处所举各鬼神，多在佛教神话所谓“天龙八部”之内，即：一、天众；二、龙众；三、药叉；四、乾闼婆；五、阿修罗；六、迦楼那（金翅鸟）；七、紧那罗（歌神）；八、摩睺罗迦（大蟒神）。又，四天王所领的八部鬼众亦作：一、乾闼婆；二、毗舍阇；三、鸠槃荼；四、薜荔多（饿鬼）；五、诸龙；六、富单那（臭饿鬼）；七、药叉（勇健鬼）；八、罗刹（捷疾鬼）。见《翻译名义集》，第 2 卷。——译者

念，以求于自心深处寻得对无尽轮回的解脱。耆那教和佛教就是由这种心情所产生的。

关于耆那教，我们在这里将不多论述。此教的开派祖师是被称为“大雄”的伐弹摩那（若提子），似于公元前600—前528年居住在恒河流域的东部。[①] 其教义是修苦行的，认为灵魂因与尘世接触而染污，只有转向自我才能得救。耆那教徒制定教规，要人安贫乐道，廉洁自守，慈悲一切。其道德法则是敬爱一切众生，不论它如何低贱，这就是“非暴力主义”，或称“无害”，直到今日，在甘地的教示内还可以发现；而在佛教中，我们也将可看到其发展。

佛陀的一生及传说

佛陀释迦牟尼的一生，是在恒河流域的东部度过的，据现在专家们推定，其最接近的年代约为公元前563—前483年，但他的事迹流传至今却包着一层传说的外衣。不过这些传说都极为美丽，以至我们几乎不知道最应赞赏的是什么——是这表面上诗一样的神话，还是佛陀自己的最亲切、最人道的教义的美。传说中，时而述及这富有魅力的王子的神奇经历——他是比半神更为神圣的人，是印度最奇妙的故事中的英雄；时而又使我们听到一位在我们

① 参看库玛拉师瓦密：《波士顿美术馆印度艺术藏品目录》（*Catalogue of the Indian Collections in the Museum of Fine Arts Boston*）第4卷，《耆那教绘画和写本》（Jaina Paintings and MSS），波士顿，1924年，第5—17页，《大雄的生活和其他耆那教祖师》（Life of Mahāvīra and other Jinas）。

身旁的智者的柔和严肃和无限仁慈的讲话。[①]

根据这种教义，佛陀乃是超凡入圣的人，在万千次连续转世中，积修无量善业，最后成就最上智慧，出离诸苦而入涅槃。成佛之前，是为菩萨（善提萨埵），或“觉有情”，即佛的候补者，在天国中准备着末次降凡。因此，这位未来佛陀释迦牟尼就在他最后降生之前，于兜率天中“受应供者所供养”。一日得知他托胎之时已到，在离开天界前，他召集了天神鬼众，讲说佛法，并给他们介绍他的后继者弥勒（慈氏），未来的佛陀。诸神为佛访寻降世的国家，结果选定今奥德省和尼泊尔边境的迦比罗国（劫比罗伐窣睹）国主，释迦族的净饭王之家。在全印王侯中，没有比净饭王更勇敢更聪明的了。王后摩耶夫人则具有一切印度的标准美，如《神通游戏经》[②]中说：“她正当如花的妙龄，艳丽无双。她有黑蜂似的美发，纤巧的手足，迦邻陀衣似的柔软身体，青莲嫩瓣似的明眸，曲如彩虹的玉臂，频婆果（相思果）似的朱唇，须摩那（茉莉）似的皓齿，弓形的腹，深藏的脐，坚实丰满的肥大臀部，象鼻似的美好光致的大

① 关于佛陀生活的图像研究，可参看费契尔（A. Foucher）：《犍驮罗的希腊式佛像研究》（*L'Art gréco-bouddhique du Gandhāra*）第1卷，第290—599页；克罗姆（N.J. Krom）：《按〈神通游戏经〉所造的婆罗浮屠塔上的佛陀生活雕刻》（*The Life of Buddha on the Stūpa of Barabudur, according to the text of the Lalitavistara*），海牙，1926年，附有120幅复制品。

② 《神通游戏经》（*Lalitavistara*）现有两个梵文校刊本：一是R. Mitra校的（见印度加尔各答《佛教丛刊》），一是Lefman校的。我国有两个旧译本：一是竺法护（公元308年）的《佛说普曜经》，又名《方等本起经》；一是地婆诃罗（公元683年）的《方广大庄严经》，又名《大庄严经》。现存的梵本与我国译本，内容基本上相同，但故事的详略，彼此则大有出入。又按内容来看，也与宝云（公元421—453年）译的《佛本行集经》大致相同。——译者

腿，羚羊似的小腿，玫瑰胶脂似的手掌脚掌。这正是妇女中的珍珠，以其绝色，而得中选。”

当菩萨择定到净饭王和摩耶夫人家降胎时，全自然界都欢欣鼓舞。百鸟群集在王宫顶上，鸣声相和，草木花叶，一时荣敷，池沼内遍生奇妙的莲花。王后摩耶得到一种严重的预感，退入后宫，凝神静思。正是这时，菩萨下凡，化作一个小象来入胎（印度绘像中的小象与欧洲古典艺术中的爱神和天使地位相同）——这小象“洁白如雪、如银，有六根长牙，胭脂色的头，美丽的脚，壮观的鼻子，一排金子似的短牙，步态优美，骨节坚强，犹如铁石，是所有象中最美好的。”在雕刻中把这菩萨化象入胎的情景通俗化了，即雕作诸神载象于小舆内；还有托胎图：摩耶横卧榻上，周围有四护世守卫。

菩萨出生时到达，他母亲前往迦毗罗城外的蓝毗尼园，如在雕刻上所常见的情形，她端然而立，右手攀着一株无忧树的树枝，菩萨遂由她右胁下出生；吠陀和婆罗门教中两位最高的神因陀罗（帝释）和梵天都赶来迎候，并以双手承捧这婴儿。龙王难陀（欢喜）和优槃难陀（善欢喜）在天空显现半身，射下温凉两道净水，使释梵二天为此新生的婴儿灌顶沐浴。这小儿向四方上下各行了七步，即成世界之主。“尔时一切众生，欢喜踊跃，身毛尽竖，人天乐器，自发妙音，四时花木，悉皆荣茂，和风徐吹，送来种种奇花异香。”

这位小太子被名为悉达多。他回到迦毗罗城时，一队天女为他牵引宝辇，但他生后七日，他的母亲摩耶圣后即因快乐而命终升天。她的地位被她的妹妹摩诃波罗阇波提所代替。她是佛教传说中最崇高的人物之一。不久，雪山（喜马拉雅山）的苦行师，老圣者阿私陀——佛教中的西面[①]，即预言这初生的童子，若在家则为统治天下的“转轮圣王”，若出家则成佛。他指出在这婴儿身上已可看到佛所具有的种种体相——由于在绘像上的重要性，我们只需记得的是顶上肉髻——或可说是为了便于戴王冠而挽的发髻吧；还有眉间白毫和足下千辐轮相。据通常的说法，当菩萨随父母去谒天祠时，所有吠陀和婆罗门教的神像，当真都起座拜伏在他面前，并歌颂说：“弥楼（一作须弥楼，须弥山）不拜芥子，溟海不拜牛蹄迹中的水，日月不拜萤火，岂有这样大智慧者来拜小神？”我们要记得这一特点，佛虽然并非天帝，只是无比的英雄，是“人中狮子”，但众神却都较他低下，而是绝对从属于他的。

佛经中讲过他的童年事迹后，下面便是他青年时代的传说：悉达多入学后，他的与生俱来的知识使师长大为惊异。而且早在此时，菩萨似即有了悟道的预感。撰述《佛所行赞》的诗人（马鸣菩萨）说，一天他注意到农夫在田野耕作，“看见青草被犁翻起，散布着许多虫卵和被杀死的幼虫，他不胜悲哀，好像目睹他的人民遭受屠戮。又见农夫受风尘骄阳的吹晒，面容憔悴，这位最高尚的人更起了深深的怜悯心”[②]。他坐在一株阎浮树（玫瑰苹果树）荫下，第一次默想到世间普遍的苦恼。但他的父王遣人寻他来了，最后找到他时，日落荫移，而阎浮树影不动，仍然覆蔽着这位少年圣者。

现在已经到了该为悉达多完婚的时候了。他们要选一个完美的女子，“仪态端庄，服饰淡雅，好行善事，爱念左右如对自身，知圣

① 西面（Simeon）是最初见到圣婴基督的以色列先知；见《路加福音》。——译者

② 参看古译：“路旁见耕人，垦壤杀诸虫，其心生悲恻，又见彼农夫，勤苦形枯悴，蓬发而流汗，尘土坌其身，太子性慈悲，极生怜悯心。”——译者

贤书。最后安息而最先早起。”国中少女都在太子面前走过以求中选，但只有一人符合以上条件，即美貌的瞿波[①]。瞿波的父亲因为悉达多自幼生长深宫，娇生惯养，不知他是否像一个真正刹帝利似的具有英武勇健的特质，坚持要一试他拳、剑、弓矢等各种技艺。结果在一切竞技中，悉达多都获胜了，并显出他是唯一拉得开他的英勇祖先所遗留的巨弓的人。于是瞿波与他成婚，同时照王室惯例为他纳了无数嫔妃。

关于菩萨在后宫粉黛间的生活，撰述《神通游戏经》的虔诚的历史家和阿玛拉瓦提以及印度尼西亚的婆罗浮屠的雕刻家们也有同样亲切的描写刻画。“太子安卧榻上，众美女以种种乐器奏出妙音来取悦他。”但在这女乐中间，这位“人中狮子”却是忧郁的。鼓乐弦歌之声已经告诉他“三界变幻不定，犹如秋云；众生死生，犹如演戏；人世飘忽，如山洪落地，雷火经天。”他的父亲净饭王曾受预告，防备他有这种思想，便当心不使他看到世上的苦恼景象，因此当一天悉达多要去游园时，所有病、弱、困顿的人都被逐离道旁；但虽有王命，神意却仍使这青年先后看见一个衰朽老翁、一个病人和一具死尸——这一切象征性的遭遇犹如无情棒喝，提醒他富贵欢乐的虚空幻灭。他于是来见他父亲，请求准许他出家学道。国王原来是把本族的希望全部寄托在悉达多身上的，遂用尽方法，想使他回心转念。“复教宫内，严加约敕。诸婇女等，昼夜莫停，奏诸音乐，显现一切娱乐之事；所有女人幻惑之能，悉皆显现，以欲枷缚，

① 即耶输陀罗（Yasodhara）。——译者

使着欲心，勿舍出家。”①据《神通游戏经》是这样说，但在《佛所行赞》中却讲得更为详尽。它告诉我们净饭王怎样再一次将他儿子送入充满婇女的园林中：她们见他到来，都低声软语，请他“观看爱欲之神”。她们围着他，张大着眼惊奇而赞美着，用莲花萼般柔美的手向他致敬，他的一个童时友人优陀夷奉王命来鼓励她们争妍竞媚。有的女人用臂缠着他，像连理枝似的想用力把他拉住，有的由于不慎或喜极忘形，遮掩她们那青春肢体的薄薄纱衣滑落下来；有的攀在芒果树枝上扭摆着她们的诱人身躯，最后还有的在太子耳边唱着充满情欲和春天气息的森林之歌。但他已了悟了一切事物的空虚无常，对当前美色漠然无感。他回到宫中，决心要弃离尘世。

一天夜里，后宫已经安睡，悉达多从床上坐起来，见这些女人都沉沉入梦。她们那蜷曲的身体失去了往常的优美姿态。“纵横各倒卧，悉现诸丑秽，狼藉犹残尸。”于是他匍匐而出，唤起驭者车匿，牵来马厩中最好的战马犍陟。据《佛所行赞》说，这时菩萨对这忠实的骏马讲了一段极动人的话；他良久抚摩着这匹高贵的走兽，解说着对它的期望和叫它出来，在救世这事业中它所尽职责的重要。驭者车匿想要劝阻他的主人，但是无效。他说：“人中狮子，您要到哪里去？您有长长的睫毛和眼睛，像莲花瓣一样可爱，光明清净，像秋天的满月，像月下欣欣吐芳的白莲，颜貌端正，像初放的鲜花；辉煌显赫，如纯金夜玉，明珠电火，您行步如象舞，威仪巍巍，如

① 此节引文原见旧译《佛本行集经》。又本书有关佛传的引文，大都据梵本《神通游戏经》和《佛所行赞》，其中凡与我国旧译相同处，即用旧译文，否则另按格鲁塞氏原书转译。——译者

雄牛兽王，又如雁王——您要到哪里去？”但菩萨向他指出自己这一使命的必要；诸神也赞助他的计划，使迦毗罗城的守门警卫昏睡不觉。在这一队圣者之前，城门自开，四天王来捧着马足，潜密无声地出城而去。

一到城外，这匹良驹犍陟立刻兼程而进。出了国境，菩萨在一座树林前下了马。他把所戴的金环珍饰等赐给车匿，于是向这哭泣着的驭者和马告别，那马舐着他的脚，也恋恋不舍。然后他拔出利剑，斩断头发，抛在空中，由诸神持还天宫。现在菩萨只缺少一件隐士的衣服，于是一位神人（净居天）出现，他扮作山野的猎师，把自己的穷破的服装同这逃亡者所穿的婆罗奈斯城织造的金彩衣交换了。从此就再不见悉达多太子其人，只有一个林中隐士比丘瞿昙（乔达摩）——此后他就被这样称呼了，或称释迦牟尼，即释迦族的圣者。

菩萨曾先后在几个地方隐居，尤其是近毗舍离城的一地，他和隐士阿罗陀[①]在一起，并做了他的弟子。但这位导师的教义却不能使他满意，他又动身东行，来到摩揭陀国（今比哈尔省南部）。他在国都王舍城像游方僧似的募化乞食，国王频婆娑罗（影坚王、瓶沙王）对他十分尊崇护持。其后他又到优楼频罗村（木瓜林），看见尼连禅河“水流皎洁，涯岸平正，点缀着树木丛林，周围有牧场村落。”菩萨很喜欢这里景致的平淡自然。经中述及他说：“这地点实在闲旷可喜，引人留恋，正适于王子出世清修。”——这些可注意的话，似可显示出这历史人物的佛陀的中道观念和对美好事物的神

① 阿罗陀（Arāta）或作 Arāda；全名 Arāta-Kalāma，阿蓝迦兰。——译者

往，这比较和苏格拉底式或柏拉图式的精神有些相近，而与印度的某些极端观念却远离了。……

然而就在这里，菩萨和他周围的五个弟子开始修习严苛的苦行，历六年之久。他盘膝不动地坐着，身体衰弱到极点，如一具骷髅。诸神都为他的生命担忧了，他的母亲摩耶夫人也哭着急忙自天而降。但菩萨使她安心下来，因为他已觉悟到这种苦行的无益，于此并不能发现解脱的正道。他遂放弃苦行和那些机械的瑜伽行为，决意用明智的方法寻求真理，而首先要使支持心灵的身体恢复，因为后者对于前者是不可缺的。于是他取食了邻村一个名叫善生[①]的虔诚少女所奉献的乳糜，并在尼连禅河中沐浴了疲极的肢体，使精神一爽；他的五个弟子却因此诋毁他而相率离去了。他遂独自向菩提伽耶[②]走去，那里生长着智慧树[③]，佛教义理的要旨就是在这神圣的无花果树荫下具备完成的。

经中对以下的事件讲得特别详细：菩萨坐在树根下，一个座位很神秘地从地面升起，座上散布着一些新刈的净草。于是他开始审谛思维，以求解救世界的大道。佛教中的天魔（为爱欲及死亡之神迦摩天的一形）恐他一旦道成，而使自己的势力毁灭，想要阻扰他。当菩萨在菩提树下禅定时，魔王波旬遂率领众魔军来袭。《神通游戏经》中对这些恶魔的描述，絮絮地讲得很是生动可喜，在印度和土耳其斯坦的一些佛像石刻中，都很忠实地据此叙述作为题材。他们呼啸着来包围世尊，向他投掷着漫天如云的武器，有的是

① 即须遮多；一作 Nandabalā，旧译难陀婆罗阇。——译者

② 旧译"菩提场"，今存大塔及金刚座，为著名佛教古迹之一。——译者

③ 菩提树；一作aśvattha，吉祥树。——译者

整座的大山。但当这些物件近身时，都变为宝盖花环。群魔又从口里眼里射出毒物烈火，但火焰在中途即被阻住，只围着菩萨身外回旋，如一座光罩。菩萨于是召天地来为他殊胜的功行作证，他以手触地，大地裂开，地神涌出，出现半身，向他恭敬顶礼。

魔王见恐怖方法无效，又改用其他武器。他使他的女儿们去媚惑菩萨。她们对他唱道："朋友，让我们来作乐吧。请看，四季中最可爱迷人的春天已经来临。这是女人男人们享乐的时节。树上繁花开放，群鸟到处飞翔，请看生着嫩枝的花木，上有杜鹃鸟[①]和蜂儿鸣唱，来吧，到这女仙们来来往往的林中，到这铺着厚厚软软的草地上，来尽情欢乐吧，……您的体态美好而文雅，我们生来就是要给神和人们以快乐的，快起来享受你美好的青春吧。"《神通游戏经》中还说，她们那绸缎般光泽的头发涂着浓馥的香料，脸上也巧妙地化着妆，美丽的眼睛大得像盛开的莲瓣，那诱惑的声音继续说："请看她们，主人，她们是可爱的，而且除了相爱外别无其他念头。看啊主人，她们那高突滚圆的丰满乳房，那令人销魂的腰间三条折痕，还有那轮廓优美的肥宽臀部。她们的腿好像大象的长鼻，她们的臂被钏镯遮掩，几乎不能看见，她们腰中系着带子，发出闪闪金光。看啊，主人，她们像天鹅般温雅，诉说着动人心弦的柔情蜜意，而且更精通一切放荡逸乐。看啊，主人，她们都是你的女奴……"菩萨也战胜这种进攻，正像击退别的侵袭一样，不久当三个魔女最后尽力来媚惑他时，他使她们都变成了龙钟的老妪。

菩萨战胜诱惑后，仍然在这树下趺坐入定，集中思念于世间诸

① Kokil-birds 亦译郭公鸟，布谷鸟。——译者

苦，和对此的解脱方法。他以智慧光明，普照十方，看到生死轮回的永无穷尽，由地狱道、畜生道，以至诸天神众，无能或免；而所有生、所有命、所有死，都是苦恼。“于是澄思净虑，当夜终拂晓，晨鼓鸣时”，菩萨廓然大悟，他逆观十二因缘，证知一切苦因都起于对生存的欲望，而生欲又起于我们对思想、自我和物质世界的错误观念。因此扫除众因，断灭生欲，一切痛苦也随之消失……。菩萨由是悟道，证取正觉（菩提），成为至上的佛陀。

佛成道后，在树下还逗留了四周，到第五周时，全境忽然发生可怕的暴风雨。龙王目真邻陀化身巨蟒，盘曲在佛身下，将他承举于洪水之上，并用它的七个头为盖，蔽覆佛顶，以遮风雨——这景象我们将在许多佛像中看到，尤以印度支那半岛的克美尔人的作品中为多。

现在佛既已妙契于宇宙的真理，但还想将它普遍传到世间。大神梵天和帝释齐来向佛劝请，要他为一切众生说法。他于是开始讲道，经语所谓“转法轮”。他先到波罗奈斯城的鹿野苑，找到曾经离弃他的五个弟子，施以教化。佛的“波罗奈斯城说法”就是在他们面前宣讲的，这正如基督的“登山训众”[①]。世尊所说如下：“僧人们，世上有两种极端，应该避免，一种是欲乐的生活，这是卑劣、下流、违反智慧、没有价值，而且空虚的。还有一种苛苦的生活，也是悲惨、没有价值，而且空虚的。僧人们，一个完善的人要远离开这两种极端，而走适中的道路，这样才可以达到寂定，修成正觉，悟彻大道而般涅槃。……僧人们，要知苦恼的真义：凡生、老、

① 登山训众（Sermon on the Mount），见《马太福音》，第5—7节。——译者

病、死和与亲爱者相别离——这些都是苦恼。要知苦恼的原因，即是对欲乐、生存和幻象的渴求，再要知道关于消除苦恼的真义，这即在于根绝欲望而灭尽希求。”①。

无疑的，这些话极可能是世尊所说。在另一部经中他还说：“我来是要给愚昧的人以智慧、施舍、知识和德行——具备这三者，这是不会朽坏的。行小善较完成艰难的工作更有价值。人如愿知施舍效果的重大，将不吃尽最后一口食物，而舍与别人。不造福众生，不慰安孤苦的人，即不是完善的人。……我的教义乃是慈悲的教义；这即是世上享乐的人觉得它困难的缘故……解脱的大道是对一切人开放的。婆罗门和旃陀罗（屠户，贱民）同样由妇女怀胎而生，但他对这贱民却关闭了解脱之道，……消灭你的欲念，像大众推翻草舍那样；但要知道，相信隐居茅庐即能逃避情欲的人，则是自欺。唯一破除邪恶的方法就是明智的真理。”

这的确是一种大慈大悲的教义。它以慈悲代替了婆罗门教中的繁文缛节，它代替一切，同时也即是一切。世尊说：“有一种供物，较乳、油和蜜更为方便的，就是布施。勿杀生畜，而要放生。让它们去寻觅水、草和清风吧！”佛教的慈悲是普及宇内的，它抚慰着一切痛苦，所谓“洒泪多于大海之水”，佛还说：“弟子们，我教之中只有一义，即求解脱，犹如大海之中只有一味，即盐是也。”佛有一个妙喻，表象这种悲天悯人的思想：“弟子们，试想在山侧森林中，有一大穴和一水潭，附近居住大群野兽。可是看啊，有人来了，要伤害这些野兽，他堵塞了好的、安全的通路，另辟一条沼泽小径，弟

① 这即所谓“苦、集、灭、道”四圣谛，是佛教的基本教义。——译者

子们，这样兽群就要灭亡了。但是，弟子们，又有一人来要做善事，他为兽群打开了安全之路。”这人自然不是别人，而是佛陀自己。

佛在鹿野苑收了最初五个弟子后，不久又有六十僧徒入门，这样僧团便建立起来。僧人必须剃发，穿黄衣，并遵从安贫、持律、清净身心的誓约。种姓的区分在他们之间是取消了。“弟子们，正如河流入海，即失去了原名，只有一名，即海；弟子们，现在四种姓在我教团中也只有一个名字了。”他们必须修行忍辱，对极大的凌辱也要欣然接受。僧人如遇到恶人们侮辱时，他就要说：“很好，很好，他们还没打我。”如果打他了，他就要说：“很好，很好，他们还没杀我。”如果来杀他，他就要说：“很好，很好，他们不过使我出离痛苦的今生，而无妨于我的解脱。”

不久门徒们各自分散。佛说：“弟子们，为了救度众生，使得安乐，为了怜悯世间，加福于诸神和人，你们应去各地游方教化。”世尊这样在印度建立了传教工作后，又回到木瓜林，在这里他遇到婆罗门教中三位隐者迦叶三兄弟，他们的火祭正受一个现身毒龙的魔鬼扰害。佛祖降伏毒龙，三婆罗门教徒遂皈依出家。长兄摩诃迦叶（大迦叶）后来成为教中领导者之一。之后佛陀和这些新门徒又来到摩揭陀国的国都王舍城，国王频婆娑罗王也皈依为俗家弟子，并舍出他在城外的竹园作为第一个建立寺院的地点。这竹林精舍乃是佛教寺院的原型，经中描写它说：“距城不远不近，往来方便，日间很少喧扰，夜间更为寂静，远离人们的骚乱和拥挤，乃是退隐之所和适于常去修道入定的地方。”世尊在这里又收了两个著名弟子：舍利弗和大目犍连。

他们纯洁的心灵中，充满静穆的慈悯和孩子般的欢悦。“我们处在这互相仇视的世间而无敌人，快乐美满。我们一无财物，快乐美满，欢乐就是我们的饮食，正像那赫赫的天神一样。”这种心情还伴随着一种对大自然的深刻感受：“我愿悠闲地到那野象出没的美丽森林中去。我愿在这繁花盛开、广阔迷人的林中，在清凉的岩穴内，沐浴身体，独自遨游，……当乌云中雷声殷殷，天空骤雨弥漫时，僧人坐岩洞内，审谛思维，是为无上快乐。又在溪边河畔，夹岸花木扶疏，僧人静坐覃思，也是无上乐境。”和这种旨趣相应的，还有对孤独的向往：“什么时候我才能住在岩穴中，静观万物的无常？什么时候我才能穿起褴褛的黄袍，快乐地住在山中，如一位圣者，离弃一切，摒除欲念，绝灭爱憎。那里有丛生的刺竹，淅沥的雨声，大象高声吼叫，孔雀鸣啼相和，智者往来徘徊，这样美丽迷人的地方，使我心满意足。”

当佛陀走过一座座城池、一处处寺院，而在恒河下游两岸组织他的教团时，他的远在尼泊尔附近本国中的父亲老净饭王则屡次遣使臣传命给他，要在临终前见他一面。现在他的工作已经稳固，他便遵从了这一要求，回到迦毗罗城，重见家人，在这里他也和在别处一样，仍坚持化缘乞食。他对父亲极为恭顺，对妻子瞿波也无限温和，她自和他分别以来的种种值得赞叹的表现，于是得到了答报。[①] 他和自己的儿子罗睺罗熟识了，后者是当他离家时长大的，现在也受戒入教。佛弟难陀也出家为僧，虽然有些违背己愿。佛用一种善巧方便将他诱至自己寓所，留住他，并给他剃了须发，不

① 参看阿旃陀石窟第 17 窟前室《佛陀还家》那幅可喜的绘画，复印于哈威尔(Havell)《印度的雕刻和绘画》(*Indian Sculpture and Painting*)，图 46—48。

管他如何思念他的美丽妻子。佛在点化难陀时所给他的懊悔与快慰，真是婉而多讽，为佛经中一篇极生动的表现机智的文字[①]。其后佛在父亲病危时又曾一度重返迦毗罗城，这次是从空中去的。他也并未忘记因生他而死的母亲，曾往升三十三天为母说法，他在忉利天住了三个月后才复回地上。回来时踏着金银琉璃化作的宝阶自天而降。佛画中常表现出这一情景，尤以西藏绘画中为多。

佛陀归国不久后，就又重回摩揭陀安居。他在这里会见了佛经中一位有名人物，憍萨罗国（今奥德省）舍卫城（室罗伐悉底）的富商给孤独长者（本名须达多），他以城中的祇园奉施于佛。其地池塘清澈，林木葱翠，繁花似锦，在数百年后还为中国的朝圣者所赞美。就在这舍卫城，佛施展了“大神通”。憍萨罗国王波斯匿王（胜军王）使三个怀敌意的苦行外道师与佛一决神通，结果外道降服，世尊被奉为神明。他腾升虚空中“直达光明之域，自身生大霞光，身上出火，身下出水”。不久又见他坐于龙王所设的莲花座上，右有梵天，左有帝释；然后以大威神力，使无数莲花布满虚空，每朵莲花中都有一尊和他相同的化佛……这景象自犍驮罗的雕刻以至西藏的绘画中都常可见到。[②]

大概在这个时候，佛的门徒中有三个他的本土人应该提及，即三个释迦族的贵族，他们离开迦毗罗追随他到摩揭陀，这就是阿难

① 详见《难陀出家因缘品》，《佛本行集经》；《增一阿含经》第2卷，和马鸣的长诗《孙陀罗和难陀》（Sandarananda）等。孙陀罗就是难陀的妻子。——译者

② 参看费契尔：《舍卫城中现大神变》（The Great Miracle of Srāvastī），《佛教艺术的初期》（*Beginnings of Buddhist Art*），伦敦，1917年，第184—204页；哈金（J. Hackin），《迦毗萨的希腊式佛教雕刻》（Sculptures gréco-bouddhiques du Kapiśa），巴黎，皮奥纪念碑（Monuments Piot），28，1926年。

陀（略作阿难，译曰庆喜）、阿㝹楼陀（无灭）和提婆达多（天授）。佛的从弟阿难，成为佛最密切的同伴，犹如基督的"爱徒"圣约翰。另一方面，妒忌而无义的提婆达多则变成他的叛徒犹大。和这些贵族们同来的，还有一个普通剃发师优婆离（近执），他后来成为教中的一位名人。在阿难陀的请求下，佛终于允许妇女出家为尼，尽管他本人不愿意。这些最初的尼僧中有他的姨母也是养母摩诃波罗阇波提。还有一个女圣者我们要提到的，即摩登伽种女儿钵拉吉蒂。这故事一开始很像新约中撒马利亚女人的故事。她是一个贱民的女儿，当她在泉边汲水时，阿难来乞水，她正当地拒绝了，说自己是不可接触者："阿难尊者，我乃贱民之女。""我不问你出身门第，姊妹，如有余水，请赐一饮。"这故事后来的情节却与《路加福音》上的不同了：摩登伽女爱恋上阿难，她施神咒要蛊惑他，最后佛祖来解救，将这少女的热情转移到精神方面，她于是出家为尼。佛虽倡导净心离欲，但在这方面我们却找不到他有顽固的观念。因此他欣然接受了一个虔诚的妇女，印度的"马利麦大拉"[①]庵摩罗波离的施舍，她以故乡毗舍离的檬果园奉献于佛。

佛陀旅行于奥德、比哈尔和孟加拉之间，宣扬教义，度化群众，魔怪畜类也同样是他的目标，在他仁爱的伟力下，最恶毒之物也都回心向善了。龙王阿波逻罗（无苗龙王）在犍驮罗流域发大洪水，佛至其处，迫使龙王出离藏身的湖泊而予以慑服。还有一个更凶残的药叉在阿陀维城为害，每年令城中贡献生人，供它啖食。佛自

① 马利麦大拉（Mary Magdalen）的故事，见《路加福音》第7章，第36—50页。——译者

空中来到阿陀维,使这怪物返恶从善;犍驮罗派雕像中,常喜表现一些从这药叉手内拯救出来的孩子在感谢他们的救主。同样情形,佛还度化过一个大药叉女欢喜母诃哩帝(鬼子母),她专门杀人的小儿以自啖食。佛祖把这鬼子母的一个儿子藏在化缘的钵底,她寻求不得,终于知道了为母亲的痛苦,遂不再吃人,而变得如圣母一般,成了儿童的保护者。[1]

佛的从弟提婆达多,嫉妒佛的名望,与虔诚的摩揭陀王频婆娑罗的不肖子阿阇世王子阴谋加害于佛:当佛祖和众门徒经过时,放出一只被酒激怒的醉象来向众人冲去,但这狂怒的猛兽却为世尊的温和所慑服,在佛前投身礼拜。又一次是利用一头狂怒的水牛,情况也与此相似。

另一天,有一只猕猴来向佛进献一碗蜂蜜。它见供物被接受了,欢喜踊跃之下竟自跌死。其后即转世为一圣者。又一小儿,他别无礼物可以奉佛,只是天真地献上一把尘土,这动人的举动带来一个奇迹,他日后即转生为印度伟大的阿育王。

摩揭陀国王阿阇世,曾听信提婆达多的恶言,一度仇视世尊,但最后也受到感化。在一个10月望日,正是莲花盛开的季节,国王于宫中楼台上默想:"这样的月夜,实在美妙,有什么沙门婆罗门,我当听其说法,使我心中得大快慰。"他遂令严饰众象,燃起火炬,和嫔妃们往诣耆婆迦的芒果林中,听世尊说法,于是皈依。

这时,佛已达80高龄,传道了40年。他感到自己寿命将尽,

---

① 参看费契尔:《佛教中的圣母》(The Buddhist Madonna),《佛教艺术的初期》,第272—292页。

希望再看看他所建立的寺院。于是他离王舍城北去，只有阿难陀相从。他说："阿难，我已年高，是一老人了，其路将尽，你当为众人的火把及庇护，而以真理为你唯一向导。"他经过毗舍离城，在此按惯例乞食。在一次庄严的说教中，他对弟子们宣言自己行将寂灭："我在世之期已尽，即将离去。你们尚在存留，要永存戒惕，持身圣洁。"疲病之下，他最后来到末罗国的拘尸那城地方，决定于此而入涅槃。

这位主张琴弦不宜过张或过弛的圣者，是很安静地死去的。在熙连若跋提河畔，娑罗林中，他于双生二树间敷置床位，上面立刻布满鲜花。阿难陀绝望了，佛祖极温和地安慰他说："不要悲苦，不要失望，人所爱恋的终须别离。阿难，凡有生，而且经历变化的，岂能不死？但是阿难，你柔顺欢喜，久敬如来，言行心意，全无造作。阿难，一切善事，你尽为之。"在他逝世前夕，他又一次对阿难说："你们或作是念：'我等今后再无导师'。这样想不对。阿难，在我圆寂后，我说的一切法，即是你们的导师。"然后他反复说，"弟子们，有生必有死，精进勿懈怠。"这是他最后的话。经中说："佛遂进入微妙的禅定，一切思想心意悉皆消灭，个人意识亦归寂静，由是而入最上涅槃。"末罗贵族，"于拘尸那城东门外，敬以王礼焚佛肉身"。

但佛祖的传说，并不随他在历史上的存在终止而结束。在他这一生事迹之外，还有所谓"本生"，即他前世的故事。[①] 佛经中把

① 参看沈律月（Binaychandra Sen）：《本生故事的研究》（Studies in Jātakas），《加尔各答大学文学院学报》（*Journal of the Department of Letters, University of Calcutta*）第20卷，1930年。

这些"本生故事"写成是世尊亲自口述的，形式略如基督教的喻言。其中有些我们应该记住，这不仅因为它们具有美妙的诗意，而且对于了解印度的绘像，这种知识也是必不可少的。

其中最著名之一是六牙白象本生。据说菩萨前世曾为象王，有六根奇异的长牙，"形如莲藕"。它有一个配偶，因妒忌另一雌象，心怀恚恨，渴思报复，便自己绝食而死，转世为波罗奈斯王妃。妃欲得此象牙，遣猎师往狩象王。猎师很狡猾地扮作一个善良的沙门，在一个莲池旁边找到象王，"如一座能行动的山"，离象群不远，即用毒箭射中了它。象王在极度痛苦下，几乎也要弄死这敌人；但它克制住自己，并约束群象，不令践害猎者。当它听到猎人所受的使命后，即用流着血的长鼻自己将牙拔下来，颤抖着送给这折磨它的人，而它也就在此时死去，转世而为未来的佛陀。[①]

鹿王本生故事，也属于这一类。这动物生长在雪山之坡，为五百鹿之首。波罗奈斯王遣猎户围狩群鹿，鹿王遂往谒国王，愿每日以一鹿供波罗奈斯庖厨，被捉的鹿才得释放。适有一怀胎牝鹿，该送去给屠人，她至鹿王前，"屈其前腿，跪伏于地，说'死不敢避，乞俟娩娠'"。鹿王不忍，遂代她而自投于波罗奈斯王，国王也被此崇高的精神所感动，便废止了这种残酷的进贡办法。如《大乘庄严经论》所述，这故事结尾的几行温和慈善的辞句，正可与圣芳济[②]的精神相比："王敕国内，凡林泉沼泽，诸多胜地，悉为鹿有，一切军

① 参看费契尔：《六牙白象》(The Six-Tusked Elephant)，《佛教艺术的初期》，第185页。

② 意大利 Assisi 地方的托钵僧，圣芳济派的创始者(1182—1226 年)。他主张苦行和对众生慈悲。——译者

民，勿得相犯。”

以下还有一个智慧野兔的故事，佛说：“我于往昔，曾为兔身，居山林中，啖食果蓏，与世无争。同居三兽：猴、豺、小獭，我每晓以善恶大义。”一天有一婆罗门——或说得更确切些，乃是帝释化身为婆罗门，来此向兔乞食。这兔回答说：“‘今有薄供，未尝奉人，愿即垂纳。’积薪燃火，其焰渐炽，我即举身，投于火内，受此炽焰，烦恼尽除，如被炙者得清凉水，我以皮肉心骨，四股百体，悉奉此婆罗门。”这个本生故事的另一说法则与此不同：这兔是一位隐士的伴侣，值天亢旱，泉源干涸，隐士赖以取食的果品，也自缺少，他于是要脱弃隐者草衣，复返人间，以免饿死。兔为拯救友人的肉体和灵魂，遂下定英勇的决心。它向隐士施礼后，简单致辞说：“大苦行师！畜类无知，妄行其是，如有冒渎，尚乞容恕”。说罢，就跳入火坑。但根据这一说法，隐士又把它自火内救出，众神感动之下，即给这二友送来丰富的食物。

此外有《大猕猴本生》。其中说，昔菩萨曾为猕猴王，一日，当他和他的臣民在一芒果林中游戏时，邻近一国王竟把他们的归路切断。众猴随即被逼退到恒河岸边。猴王菩萨要想使自己和属下逃生，便用竹藤围系腰间，超踪过河。这样连同身体搭成一架悬桥，所有众猴由其上渡过，但他却因此折背而自己牺牲了。

《尸毗王本生》的故事也同样动人。从前有一仁德之王，名曰尸毗。帝释要考验他，遂化作大鹰，追逐一鸽，或应说是另一位神（毗首羯磨王）所变的鸽子——“身如青空，目似赤珠”。鸽子被逐，逃到尸毗王怀中藏避。鹰来求索，强辩说它也有权猎食图存，若不舍此鸽，它就要一块与鸽同等重量的新宰割的肉。国王于是以崇高的牺牲行为，自己从腿上割下一些肉来。但说也奇怪，把鸽子放在天秤上称时，它总比另一端的人肉重些。王为救鸽，遂不得不把整个身体放上称盘。这时帝释复还本形，而尸毗王后来转世即为释迦牟尼佛。

在《须大拏太子本生》（或作毗输安坦罗，按此为太子别名）中，这种自我牺牲的精神，也达到顶点。须大拏太子乐善好施，无求不惠。国有白象，能兴云致雨。邻国之王，因境内苦旱，前来乞此异兽，须大拏太子便舍此象。国人因此忿恚，请求他的父王对他加以惩处。太子遂被放逐。他的妻子曼坻和两个儿女都愿相随。当他们上路时，有两个婆罗门来求索他们驾车的马，又有第三个婆罗门来要那辆车；他都允如所请。这被流放的一家，循着无穷尽的小径，最后来到大雪山麓，他们住在一间草舍里，以野果草根充饥，树木都心生怜悯，自己弯下枝来，把果子献给须大拏和曼坻的两个孩子吃。但这时又来一婆罗门，向这父亲化缘，要他的一双儿女为僮婢；他不顾自己的悲苦和孩子们的惊惧，而把他们施舍了。其后帝释又伪扮作隐士来要他的妻子为奴，他依然同意。终于帝释显现本形，使这勇敢的仁慈化身一家重聚，并归还他的一切所有。

又在《睒子本生》（商莫本生）中，年轻的睒子也住在大雪山。他每日去采野果，奉养隐居在茅屋中的盲目的双亲。由于他温良和善，林中野鹿也信任他，每出行时都来相伴。但有一次波罗奈斯王正在这一带行猎，竟射了他一毒箭。这受伤的人未发一声，只要求那凶手照顾他年老的父母。如此盛德，终得善报，这未来的菩萨——也就是这睒子——结果又被神奇地治愈了。还有小儿达摩波罗的故事也是由同一动机而创作的。他为挽救母命，向刽子手伸出自己的小小手臂。再有龙王瞻毕耶的故事，也属此类型。这位龙王不在他湖内深宫中为水神以终天年，却回人间来求解脱。他忍受一处蚁冢中无数怒蚁所给他的痛苦的折磨和一个弄蛇者对他的控制，直到一天他的妻子(女龙神)向波罗奈斯王说明他的来历，这未来的菩萨才又复形为一青年的神。①

以上只是这亚洲的《圣徒传说》②里面千百个故事中的少数几个例子，都是极富诗意而温柔动人的。在表现纯印度式的大同友爱的感情和惠及动植物的人道主义的热忱方面，实在找不到有比这更好的范例。我们发现桑奇和阿旃陀的温厚的自然主义作品乃是受到这种文学的启示时，当不会感到惊奇。

在佛陀末次降世，即在他实际历史的一生中，我们还可举出一些神话人物，他们后来都扮演着和释迦牟尼同等重要的角色，尤其在中国。③ 内中首先是我们所熟悉的神灵，金刚力士(金刚手)，这原是一个药叉，他献身于释迦牟尼，自佛出家直到涅槃，他始终为其忠实护法。他的像很容易识别，因为执有金刚杵。到中世纪时，他也成为菩萨——即未来的佛。

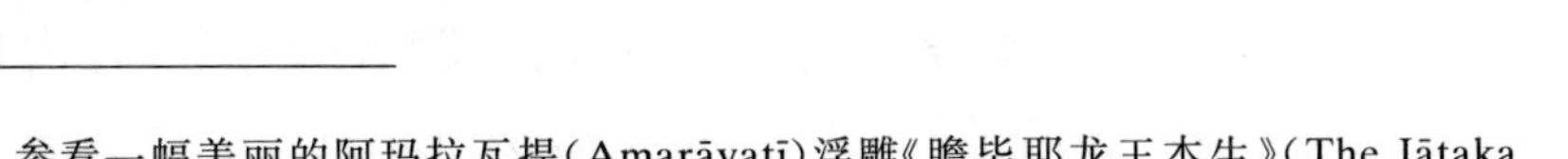

① 参看一幅美丽的阿玛拉瓦提(Amarāvatī)浮雕《瞻毕耶龙王本生》(The Jātaka of the Nāga Champaka)，载于魏吉尔：《印度的蛇神话》，图 7b。

② 13 世纪意大利热那亚大主教(Jacobus de Voragine)所著。——译者

③ 参看费契尔：《印度佛像的研究》(Étude sur l'iconographie bouddhique de l'Inde)，《宗教科学高级研究院学报》(*École des Hautes Études, Sciences Religieuses*)第 8 卷，第 2 册，1905 年，第 22—102 页；爱丽丝·葛蒂女士(Miss Alice Getty)：《北传佛教的诸天》(*The Gods of Northern Buddhism*)，牛津：克拉兰顿出版社(Clarendon Press)，1914 年初版，1928 年第二版。

说到释迦牟尼，这历史上的佛陀，他并不是最末一尊佛，同样也不是最初的一尊。我们知道，弥勒菩萨的名字，佛教中的“弥赛亚”，他经过无数转生之后，继承释迦牟尼而成佛。我们还知弥勒与释迦之出身于刹帝利家庭者不同，他是要托胎到婆罗门之家的：因此他头发挽成婆罗门式的螺髻，手中拿着这僧侣阶级的象征的水瓶。

在佛教的天国里，还有许多禅定佛陀——即入定者，或天国诸佛，如果我们愿意这样称呼他们的话。其中最著名的是阿弥陀佛（无量光），他统领着一个神妙的天堂“西方净土”或“极乐世界”。那是庄严功德的佛士，居住其间者可随愿离去而入涅槃。在阿弥陀佛周围的菩萨中，第一位是观音（观自在），而且是阿弥陀之化身。他从高下望，朗照一切，故名观自在。他又名世自在，或莲花手菩萨——如其名所示，他乃是慈悲救苦的大士。[①] 于暴风雨中乘船失事，或行旅遇盗或猛兽的人，只要诚心向他祷告，即可得救。其像如俊美的王子，头戴高高的宝冠，上饰化佛弥陀像，手持红莲及念珠。由观自在又生出其威力的化身（Śakti），即其威力在女性中的体现——佛教中的女神救度母，她也是有求必应的。

我们还可提到文殊师利，这位具出世胜智的菩萨，他的传说似与下喜马拉雅山地区有关。我们在他传说中读到，他曾下海入水宫教化龙族。他的表征是持剑、矛和青莲花，乘狮子。在佛教中，和这些佛菩萨并存的，还有许多半神。其中如药叉王般遮迦（玩

① Avalokiteśvara 我国传统有二译，罗什译作“观世音”，玄奘译作“观自在”。——译者

五)，在通俗的供奉形式中，发展为财富之神，所持物是钱袋和短锄；另一个肥胖的旃巴拉(持昏)也是宝藏神，其标志是香橼和竹果。[①]

经过一个长时期以后，这历史人物的佛陀几乎已被这一群菩萨尊者们抛到九霄云外去了。一部完整的神话则被建立起来，这大概是那位教主所始料不及的。但是不应低估这神话的价值，因为它向东方的天才提供了喜爱的题材——爱与抚慰的精神、具有意想不到的美学价值的整个梦幻世界、内心生活的崭新源泉以及对最崇高的心灵的神秘营养。遍及于远东人们心中的一大希望，已不再寄托在释迦牟尼的那种近于苏格拉底式的智慧上，而是寄托于对光辉的来世的肯定，寄托在那"西方极乐世界"或"净土"；那儿，清白的灵魂死后将托生于神妙的莲花内。这些温柔奇妙的想象，超出现实束缚之外，呈现于金光灿烂的气氛中。当我们想到一切人类的梦想，和为它们所支持的不屈不挠的希望时，这些想象仍然是使我们感动的。

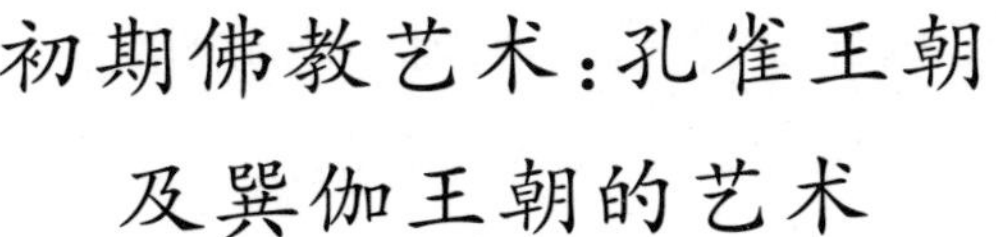

初期佛教艺术:孔雀王朝及巽伽王朝的艺术

公元前 326 年，即佛灭度后的一个半世纪，亚历山大大帝扫平波斯帝国后，进兵印度，征服了旁遮普(五河地方)。这次征服只是短时的，但其结果却在印度史上产生一个极重大事件：第一个由本

① 费契尔:《一对卫护神》(The Tutelary Pair),《佛教艺术的初期》,第 146—184 页。

地人所建的伟大王朝，取得了政治上的全国统一，这就是孔雀王朝（公元前 322 年）。

孔雀王朝统治着全部印度河 - 恒河流域，以及一部分德干高原，直到公元前 185 年左右。其统治中心为摩揭陀国（比哈尔南部），即佛教的发祥地；因为它与释迦修道生活的大部分记忆有关。是的，孔雀王朝开国的二位君主旃陀罗笈多（月护王）和频头娑罗对佛教还是局外人，但他们的后继者阿育王（阿输迦，无忧王，公元前 274—前 237 年，或前 268—前 232 年）却皈依佛教，并成为虔诚的圣者。这是印度文化史上一件大事，因为阿育王统治着从喀布尔及尼泊尔到迈索尔的广大领土，几乎是全印度的主人；在进行宗教宣传时，下令建造了流传至今的印度最早的碑铭与艺术品；他为了宣扬佛教教义，在全国各地命人于摩岩上或石柱上镌刻了许多诰文，这些诰文使我们能够对他的德行得到一个概念。这些诰文告诉我们，这位虔诚的君王竟能成功地从佛教中吸取一种对全人类有实际价值，且能为人人接受的道德。他并不探讨教条问题，只是晓谕其臣民以家庭和社会的美德，要博爱众生，施僧济困，并怜悯动物。他自己即第一个以身作则。因此建立了医院以及兽医院。他的诰文之一说："每个人都是我的儿子。正如我愿我的子女在今世及来世得享各种繁荣，我愿一切人也是这样。我于道旁遍植榕树，来荫庇人兽；我培植芒果树，广开水池，并设立旅社，以利人畜。我任命宗教大臣，专司各教事务。我在内心平等地关怀所有佛教沙门、婆罗门和耆那教徒。"实际上，对这位头戴王冠的僧人，是无事不可容忍的。他告诉我们说，他宣扬"达摩"即佛"法"，只是为了建立一切人的同胞关系，——或如我们说的，兄弟之谊。

而他的立法，则可概括为与马可·奥理略斯[①]相当的格言："对待众生，皆应和善"。

他把这种教徒的使命，也贯彻到艺术范围之内。我们已说过，印度在孔雀王朝以前就已经肯定有它自己的建筑和各派雕刻；不过至今都已荡然无存，因为当初建筑师和雕刻家们所用的材料都是些易于毁坏的东西，如木头、象牙或黏土之类。及至孔雀王朝诸王时，以石头做柱子和雕像已变得普遍起来，所用的石头是一类砂岩，所以能保存许多世纪。我们和加尔各答的印度博物馆馆长钱达先生的意见相同，毫不迟疑地认为这一极重要的改变是受了希腊-波斯影响的结果。[②] 我们从希腊的历史家和阿育王自己的铭文中得知，孔雀王朝的君主旃陀罗笈多、频头娑罗和阿育王，和继承亚历山大及伊朗阿开密尼德王朝二者的伟大的塞琉西诸王之间，经常保持着外交、商业和知识方面的联系。可能是这些联系给孔雀王朝带来了在希腊人统治下的伊朗的艺术知识；这种艺术仍然充满了阿开密尼德时代的宏伟风格；而且事实上，斯朋纳氏曾于阿育王故都华氏城（今巴特那附近的班基普尔）发现一座柱殿遗迹，这座柱殿似乎多少受到大流士在波赛波利斯城所建有名的"百柱大殿"的影响。钱达指出："所有阿育王的纪念物，无论是独石柱、岩刻或雕像，都可以证明曾巧妙地采取了阿开密尼德朝的模式。"[③]我们

① 马可·奥理略斯（Marcus Aurelius，公元 120—181 年），罗马皇帝及哲学家。——译者

② 参看 R. 钱达：《东部印度艺术的起源》（Beginnings of Art in Eastern India），《考古调查团记录》，第 30 期，加尔各答，1927 年。

③ 参看约翰·马歇尔爵士（Sir John Marshall）：《故事中的印度过去：旃陀罗笈多王所围筑的都城》（The Storied Past of India：Chandragupta's Palisaded Capital），《伦敦图画新闻》，1928 年 3 月 24 日，第 477 页。

还可进一步观察到，由于这种阿开密尼德式的启示，印度所受到的不仅有波斯的影响，而且还有曾为阿开密尼德诸王时代艺术吸取过灵感的各种类型的艺术的影响：首先是亚述－巴比伦的艺术[①]，这影响了它对动物的表现；其次是埃及的，这影响到它的圆柱形式；再有甚至希腊的爱奥尼亚式艺术，对它的薄浮雕的技法也有影响：细腻地表现在阿育王时代雕刻上的希腊风格，即可追溯到这一间接的根源；而同样可能的是，这也会由赛琉西的匠人们传来。

阿育王时代艺术的代表物是纪念柱，即镌有诰文的圆柱——独石柱或磨光的沙石柱，上有雕花的柱头。其中最美丽的是波罗奈斯城外萨拉那特的石柱，竖立在佛陀最初说法处的鹿野苑。[②]石柱上端为雕刻华丽的柱头，这一部分自下顺序向上：第一层是钟形的倒垂莲花；第二层是线盘及饰带，上面雕镌着具有一切圆雕特色的高浮雕，刻的是一只大象、一匹奔马、一头瘤牛和一只老虎，彼此间都用象征佛法的“轮宝”隔开；第三层，在柱端上的是四只雄狮[③]，或更确切地说是四只[④]背对背蹲踞着的雄狮的前半身，这在当初曾一度支承过一个大法轮的，冠于整个设计之上（图 1）。据史密斯氏的假说，我们也许应当把饰带上的四种动物看作象征四个方位。与此几乎同样美观的，是在拉姆普瓦的一座石柱柱头，其基部也是由钟状的莲花形成，线盘上饰有悦目的莲花和棕榈叶花

① 参看法布里（C. L. Fabri）：《印度艺术中的美索不达米亚因素》（Un Élément mésopotamien dans l’art de I’Inde），《亚洲学报》（*Journal Asiatique*），巴黎，1930 年。

② 《鹿野苑的发掘》（Excavations at Sārnāth），《印度考古调查报告》（1904—1905 年），图 20，第 70 页。

③④ 原文作三狮，有误。——译者

纹的饰带，柱顶是一头圆雕的精美的瘤牛。在拉姆普瓦还有一个钟形莲花的柱头，顶上则是一只坐狮。此外在比萨里、巴基拉和难丹喀尔的阿育王石柱，也是以狮子为柱顶的。其他地方，这柱顶动物有的是象，如在山基萨的；有的是马，如阿育王在仑尼德的佛诞生地、古蓝毗尼园所立石柱上的。各柱上的冠板饰带也不相同：这里面我们可以提到在难丹喀尔和桑奇的石柱头上那种优美的群鹅饰带雕刻。

钱达对有些柱子的柱顶只有一单独的动物雕像，而无任何“法轮”，怀疑这不知是否为阿育王的父亲频头娑罗王所造。[①] 这位君王似乎是婆罗门教徒，所以，据此推测，这些动物当是婆罗门教诸神所乘的象征性的禽兽：大自在天的牛，因陀罗的象，难近母（突伽）的卷毛狮，毗纽天的金翅鸟（最后一种见于阿拉拉吉）。钱达设想，阿育王后来把这些石柱作了他宣扬佛教之用，或更可能由于宽宏的众教一家的精神，将这种婆罗门教的象征和他所传播的佛法结合在一起了。

虽然这种情况是可能的，艺术史家们在这一派动物雕刻家面前必会注目留心，因为这派一开始就产生许多杰作。无疑的，我们现在所讲到的这些大师们是熟悉阿开密尼德朝的技巧的：在鹿野苑的狮子雕刻上，那处理唇吻和足掌肌肉的手法，使人直接想到在科尔萨巴德和波塞波利斯的作品。但在这儿，人们发现亚述－波斯传统的雄健严峻风格，已和纯粹本土的因素相结合了。那些诗意的“本生”故事和佛教对我们动物兄弟的仁爱，使这由近东输入

① 参看 R.钱达的意见，和他书中图 2、3。

的艺术产生一种变化，将它那亚述式的粗豪变得柔和了，同时对枯燥的阿开密尼德朝的形式恢复了丰满活泼的新生命。亚述的粗犷的现实主义变成了一种自由而惊人地易于适应的自然主义——印度艺术于是诞生了。我们只要看看鹿野苑石柱头上所刻的象，看看那庞大笨重形体所显的轻快步伐，那摇动的长鼻中活跃着的生命：全部埃罗拉[①]和摩婆里补罗[②]的艺术，已都包括在这一简单的浮雕内了。

孔雀王朝时代的人物造像，却远不及动物雕刻如此出色，不过也决不应被忽视。如秣菟罗博物馆所藏，来自帕尔卡姆的药叉像[③]；加尔各答博物馆所藏，出自贝斯那喀尔的女药叉像。巴特那博物馆狄大干吉发现的持拂女像[④]等，都具有这转变时期作品的一切面貌。在它们那圆筒状的生硬身形上，我们仍可觉察到那些惯于从木头上刻出人体的本地老匠师们的不成熟的技巧。然而就在这里，那身体各大部分分配的匀称，处理围腰衣的某些优美手法，都证明这些雕像已具有强烈的艺术气息；而那座狄大干吉的持拂女像，其躯干和小腹的美丽，以及胸部的丰满，更直接地表现出如在巴尔胡特和桑奇所要发展的那种印度标准女性美的若干形态了。

① 埃罗拉(Ellora)为印度西部著名的雕刻洞窟，包括佛教、耆那教和印度教的艺术。——译者

② 摩婆里补罗(Mavalipuram)为印度教著名的雕刻艺术所在地。——译者

③ 参看库玛拉师瓦密：《药叉》，《斯密逊研究所收藏品》第 80 卷，第 6 号，1928 年 5 月，图 1。

④ 参看巴哈霍夫尔(Ludwig Bachhofer)：《早期印度的雕刻》(*Early Indian Sculpture*)，第 1 卷，1929 年，图 9。

公元前185年顷，巽伽王朝取代了孔雀王朝，占据摩揭陀王位，一直到大约公元前73年。但这新王朝只统治着恒河流域。至于旁遮普，我们将可看到，则陷入希腊人手中；同时自公元前200年至公元后200年间，于德干高原崛起一个强大的安达罗王国，一时曾为本地诸邦的霸主。在巽伽及安达罗王朝的统治下，由阿育王时代开始的艺术发展，仍然继续着。就在这一时期，最初的佛教美术于巴雅、贝德萨、巴尔胡特、迦尔梨、桑奇和阿玛拉瓦提诸派中达到了最高的成就。

这种艺术所表现的典型建筑形式，即我们以后在这部历史中所要讲到的，可分为三种范畴，即窣堵波（塔）、毗诃罗（庙）和支提（窟殿）。窣堵波的主要形式是一个由砖石造成的半圆形的丘顶（覆钵），梵文叫作安荼，意为卵；其下建有基坛，顶上为露亭（平台），如第38图*所示。[①] 在塔周围的一定距离，建有石质的玉垣（栏楯），其上在四方常饰有四座牌楼，这就构成这种艺术的相应称呼。窣堵波的建筑无疑是从古代陵墓得到的启示，在理论上，这是藏纳圣者遗骨的。来此进香朝拜的人最后须绕塔一周作结束。毗诃罗是僧寺[②]；支提则是地下灵庙或窟殿，其中常安置一小窣堵波，名为达伽巴（小舍利塔）而形成一种圣坛。

据印度考古调查团团长马歇尔和加尔各答博物馆馆长钱达二

---

* 图片欠附。

① 参阅费契尔：《犍陀罗的希腊式佛教艺术》（*L' Art gréco-bouddhique du Gandhāra*）第1卷，第45页。

② 据上书99页，在早期，毗诃罗原为仅宿一个僧人的精舍，寺院则称为僧伽蓝（sanghārāma）。但现在寺院也通称为毗诃罗。

氏研究，属于这一时代的最早艺术品，乃是巴喀尔康德地方巴尔胡特的窣堵波玉垣上的雕刻；他们的意见认为其年代可能追溯到公元前第2世纪中叶。无论如何，在这窣堵波东门的一根侧柱上，有一铭文提到了巽伽王朝，日期是当旧有的木门更换为石质牌楼的时候。这建筑上的人物浮雕，在处理手法上还颇为原始，并且给人一种印象，似乎是象牙雕刻者们的作品。它可能是出自大批制造宗教图像的工场，那些人像都显得臃肿蹒跚而且拥挤，好像老匠师们惯于在有限面积的象牙板上工作，一旦得到大块石头，还不敢放心大胆地自由利用。虽然如此，这些画面却仍极为有趣，因为它对佛陀故事处理得朴素而率真。不过这里还没有佛本人的造像；根据印度最初一派始终沿用的传统，佛本身从不出现，而是只用许多易于了解的象征来暗示。我们应该注意，这种偏见是有其逻辑的解释的：对已进入最后涅槃的人物，不宜再予以"新生"。虽然忽略了佛陀本人，但是却有种种关于他的传说；最多的是涉及他前世的本生故事，其中作为这未来的菩萨的人兽形象，都可以表现出来而不怕冒渎神灵。事实上，如费契尔所指出，正是这些本生图，构成了巴尔胡特的主要兴趣。[①] 在艺术上，这完全有益而无损，因为许多本生故事都与动物题材有关：巴尔胡特的人物雕刻一般虽不甚高明，反之，那些动物却显然逼真动人，尽管在技巧上还有些笨拙。例如，猴子的形象就常常特别有趣，象的头部所表现出来的智慧也值得和鹿野苑的大师们的作品媲美。我们还可注意到，在巴尔胡

① 参看费契尔：《巴尔胡特薄浮雕的本生图》(Representations of Jātakas on the Bas-reliefs of Bhārhut)，《佛教艺术的初期》，伦敦，1917年，第29页；巴哈霍夫尔：《早期印度雕刻》，第1卷，图23—33。

特偶尔还可例外地发现几幅伟大的本地人“肖像”，如加尔各答博物馆所藏圆形浮雕的戴头巾的王者便是——这是一种具有可惊的强烈表情的民族形式。①

在巴雅和贝德萨的佛教遗迹，似乎也属于这一时期。在马拉他省浦纳附近的巴雅，有一座公元前 2 世纪所建的“毗诃罗”和一处“支提”。这建筑物又一次指出是将木材的营造技术反映在石料上。在这近旁贝德萨的“支提”，约建于公元前 175 年顷。又在同一地区的那西克的一所则较晚，属于公元前第 1 世纪中叶。最后，在迦尔梨的大“支提”，即马拉他境内此种古代纪念物中的第四个，则似属于纪元后的初年。②

巽伽王朝最著名、也是最优美的纪念物，是马尔瓦省保波尔附近桑奇地方的大塔，或称“窣堵波一号”。③ 根据马歇尔和钱达二人所说，此塔圆顶（覆钵）的核心可远溯至阿育王时代，即公元前第 3 世纪中叶，但这圆顶的现在形式以及周围的四个牌楼则是巽伽王朝所建。四个牌楼中最古的是南门，其上有一铭文告诉我们，这是安达罗王朝的沙多迦尔尼王在位时，即公元前 75—前(?)20 年，一个名阿南陀的“总技师”发愿奉献的。又另一铭文说明，这门上的一根侧柱是出自马尔瓦省毗底萨（今比耳萨）象牙雕刻者们之

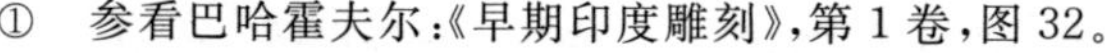

① 参看巴哈霍夫尔：《早期印度雕刻》，第 1 卷，图 32。

② 参看刚哥利（O. C. Gangoly）：《印度的建筑》（Indian Architecture），《色彩季刊》（*Rūpam*），加尔各答，图 12 及 17。

③ 参看约翰·马歇尔爵士：《桑奇指南》（A Guide to Sāñchī），加尔各答，1918 年；费契尔：《桑奇大塔的东门》（The Eastern Gate of the Sāñchī Stūpa），《佛教艺术的初期》，第 61 页；马歇尔爵士：《桑奇的纪念建筑》（The Monuments of Sāñchī），《印度考古调查报告》，1913—1914 年，第 1—40 页。

手;实际上,在这里和巴尔胡特,都不仅有一处细节——例如,以惯用的代表某一城市的方式——使我们联想到古往今来的牙刻技巧。其次,依年代的先后是北门(图 2)、东门和西门。我们可以注意,在此第三次又有一铭文,指出东门上的一根侧柱是由富翁那迦比阿贡献的。[①]

在这里又很容易察见一些来自波斯阿开密尼德朝的影响;的确,在公元前第 1 世纪于印度可发现有后期的阿开密尼德式的作品,正如在中世纪喀什噶尔也有这种"后期的古物"一样。这种桑奇的有翼的狮子、有翼的猎狗和有钟形柱头,以及忍冬花纹、齿饰或锯齿状花纹的波赛波利斯式的柱子,都是从波赛波利斯或苏萨模仿而来的;尤其南门上的狮像,使人立刻想到鹿野苑阿育王石柱头上的阿开密尼德式的狮像,虽然比后者较为拙劣。我们还可推测到这里有某些希腊的影响渗入,只是不那样直接明显;但如费契尔指出,在桑奇浮雕上的一些远近比缩法和多半面像等,只能解释为对希腊的技巧有所了解。他还提到,与此点有关的是,在桑奇附近毗底萨城的一根祀奉毗湿纽的圆柱,就是希腊-印度之王安蒂阿基达斯的使臣、塔克西拉(坦叉始罗)的希里奥德罗斯所树立的[②]。

我们故意讲到这些外来的影响,就是为了可以更有力地说明,桑奇的艺术仍然为特有的印度型式。它的一般灵感乃是印度的,

① 参看 R. 钱达:《桑奇大塔上所刻发愿文的时期》(Dates of the Votive Inscriptions on the Stūpas at Sāñchī),《印度考古调查记录》,第 1 期,加尔各答,1919 年。

② 参看 R. 钱达:《考古学和毗湿那罗传统》(Archaeology and Vaishnara Tradition),《印度考古调查记录》,第 5 期,加尔各答,1920 年。

并且完全是属于佛教的，其大部分花或兽的主题也是如此——自美妙的莲花卷涡纹，以至天鹅、孔雀和象，在这里都做了主要的装饰题材。此外，在桑奇也和在巴尔胡特相同，佛陀本身是用某些象征物来代替，这一习惯手法也是印度式，而且是佛教式的。于是，一只小象就暗示着，或更可说，代表着“托胎”；摩耶夫人坐在莲花上，周围有小象向她喷水，代表“降诞”；有时只用一朵莲花即代表这一变相；一匹空马，象征“出家”；魔或魔女在一株树和一个空座位之前，这表示魔军的侵扰和诱惑（“降魔”）；只有一株树和一空座，象征“成道”（证菩提）；法轮是“说法”；伞盖和宝座一般即用以代表佛；云路表示自空中返回迦毗罗城（“返家”）；塔（窣堵波）代表“涅槃”。同样，三股叉代表“三宝”：即佛、法、僧（僧伽）。而且这种象征手法并非专用于这历史上的佛陀：在桑奇，释迦以前的每一位佛都可由代表他的特有的树而得识别。因此，一行七株树和同数目的窣堵波即意味着已入涅槃的过去七佛。的确，没有再比桑奇这些古代大师们，在描写佛传而不显出佛像的此种轻松手法更可注意的了；这是多亏他们始终采用那些惯例之故。这在肖像学方面构成一种绝技，对此一直还没有足够的评价。

这些使我们能看到巽伽王朝的印度贵族生活的半世俗半宗教的题材，完全具有它们自己的特殊风格。无论取材为频婆娑罗王出王舍城往谒世尊，还是净饭王离迦毗罗城去会晤他儿子，我们都可在面前看到一幅“印度王者”的真实图画——拥挤的车辆，严饰的众象，骑马的军队——这些印王的祖先们曾不屈地抵抗过亚历山大，而他们自己的长矛也仍拒阻着希腊的弥难陀王重来占据恒河流域。与此景象相似，也充满真实的地方色彩的，是那新奇的

"争舍利"图，这就是在那伟大的慈悲化身(佛陀)逝世后，邻邦诸王为争他的遗体几乎引起的战事。还有更具历史意义的是阿育王礼拜罗摩村的窣堵波和菩提伽叶的圣树；尤其后一幅，表现这位虔诚的君王，由侏儒侍奉、婇女环绕着，正庄重地从跪伏的大象背上起身下来。姑不论此图的巨大艺术魅力，即对于历史家，这也是有不可估计的价值的。我们且不管那宗教性质，可以将这一系列雕像与支承东门侧柱的二护世天王像相比：他们有着轻卷的头巾、华丽的珠饰、优雅的衣着和净光光的面孔(就像直到印度－大月氏时代，还能常在印度见到的那样)，这些人像显然仍代表了公元后初年的印度刹帝利阶级的贵族式样。

但是，可以想见，构成桑奇雕刻中主要吸引力的还是一些"本生"故事，其题材都采自森林和动物的生活，而这对于印度天才是极为适合的。无论是动物故事，如六牙白象本生或猴王本生，还是以密林为背景的人类故事，如独角仙人的经历(这心地单纯的隐士是牝鹿的儿子，他无能抵御一个荡女的诱惑)，或富于戏剧性的须大拏太子的传说，或是同样动人的睒子商莫的故事，都使我们感到，桑奇的大师们对这些场面比起对佛传图来处理得熟练多了。在这里可以看到对大自然有怎样的爱好，对花木和动物的形象有怎样的了解！正如我们西方的大教堂是石刻的百科全书一样，桑奇大塔的各门在我们眼前展开了一首印度大自然的奇妙诗篇，一部真实的《林莽之书》[①]。我们只需提到东门上的各种动物——水牛、猫科动物、龙蛇、金翅鸟、羚羊和野象等，向悟道的象征菩提树

① 《林莽之书》(*Jungle Book*)，英国作家吉普林(R. Kipling)，描写印度的小说。——译者

致敬;或同一门上的野象礼拜"窣堵波",这都像是圣芳济在遇到莫格利[①]的经历后的幻梦一样;还有北门(图 2)上装饰着中央横楣一端的华美的孔雀,或作为东门及北门柱头的绮丽的半圆雕驯象(图 2,图 4);甚至在鹿野苑的阿育王御用雕刻家们的作品,也未见得较此更为有力。我们还可注意在"托胎"和"降生"图中那些优美动人的小象(图 3),它们所充当的角色正和西方的天使相同。最后,我们可特别提到南门中楣上令人赞叹的"六牙白象本生"图,象王菩萨在森林中,四周有象群环绕。我们站在这些对大自然有微妙温柔之感的图景面前时,相形之下,亚述的薄浮雕似即显得十分平庸呆板,甚至希腊的这类雕刻也令人感到冷漠无情了。

在这方面,我们可以看出印度的动物雕刻家们不同于西方古典艺术作者的地方:这就是对一切众生的兄弟般的同情心,一种直接起源于轮回教义和对全宇宙的慈爱的情感;这显然是属于佛教及耆那教,或较后的黑天教派的。由于充满了本生故事中的精神,遂使薮地丛莽变成人间天堂。

总之,如钱达近期曾指出,这种佛教艺术所表现的,与其说是此教教义中的寂灭无为的理想,还不如说是对生活的最强盛、最天真而且世俗式的爱好。在这里佛教只留下了它的温良与淳朴,我们于此发现了高度的自然主义精神;甚至在古典时代的希腊,也从来没有如此适当地表现过对生活的这种天真而自发的喜悦。如在北门及东门上,连接侧柱与下方横楣头的圆雕女药叉像,即在描写女性形体的诗词中,也从未形容得比这更富美感。这人像在一定

① 莫格利(Mowgli),即吉普林小说《林莽之书》中的狼孩。——译者

程度上相当于希腊的女像柱。但女像柱始终是根人形的柱子，由于在建筑上的任务，被造成固定不动；而桑奇的女药叉像则自由地悬挂于整个结构之外。北门的雕像在丛叶的华盖下，用她的肘和背靠芒果树来支持自己，那树向上直爬到横楣的一端；又如在东门上，她两臂攀着树枝，悬身向外，成一无限优美的曲线，好像活的藤，使得她那胸部丰满的“金球”，她的年青躯体上的所有旺盛的肌肉，都像是飘荡于空际。①

像这样的既强健又肉感的人体，在这时代常可见到，显著的如迦尔梨“支提”入门处两对相抱的、几乎全裸的岩石雕刻。那头戴与巴尔胡特及菩提伽耶的圆形浮雕上同一式样的头巾，并有如运动家般肌肉的两躯男像，和几乎与桑奇女药叉像同样健壮而且肉感的两躯裸体女像，都表现出人类的辉煌的体型。② 又如在康希利的“支提”走廊上，建于公元 2 世纪的男女供养者像，也可作为评价。此类雕刻，虽然事实上目的在于宣扬佛像，但是也可以称为印度的世俗艺术。

桑奇的大塔或“窣堵波一号”，并不是独一无二的建筑，在这地区，这种遗迹计有十座以上。“窣堵波三号”无疑也属于公元前第 1 世纪。它的年代最晚而装修华丽的南门，据马歇尔爵士的意见，乃是公元后 1 世纪初叶所增建。至于“窣堵波二号”，在一些颇为幼稚的浮雕之旁，它却展示出一种远为进步的艺术的某些细

---

① 参看波士顿美术馆最近从桑奇得来的珍异女石像（Ross 收集品）。参看库玛拉师瓦密：《来自桑奇的一个女药叉石像》（A Yakshī Torso from Sāñchī），《波士顿美术馆公报》，第 26 卷，第 164 期，1929 年 12 月，第 90—94 页。

② 巴哈霍夫尔：《早期印度的雕刻》，第 1 卷，图 19、20（巴尔胡特）；第 2 卷，图 67、68（迦尔梨），及 92—93（秣菟罗）。

节——例如，栏干上一个在莲花间的可爱裸体女像圆形浮雕；在这里，马歇尔爵士以为他看到了某种希腊影响的迹象[1]。但我们也可以提出异议说，一般公认为受有希腊影响的女像典型，如我们所知在犍驮罗的那些，却远不及此像优美。诚然，桑奇“窣堵波二号”的这一裸体女像较为纤弱、文雅，不如巴尔胡特、迦尔梨和“窣堵波一号”那些雕像那样有强烈的肉感，但此种可喜的变化很可能为印度所特具，并仅仅是阿玛拉瓦提艺术的先驱。

菩提伽耶围栏的年代可能在公元前一百年左右。其上一度饰有的圆形浮雕很值得注意，一则由于它们具有美学上的价值，同时也因为这上面揭示出有各种影响的巧妙混合。其中的印度成分，与在巴尔胡特和桑奇的为同一性质；而且这里的一些大象、有翼的象、水牛及雄牛的圆形浮雕也和在巴尔胡特的几乎一般无二，这证明两地作者对自然界有着同样的感受；而我们前文刚赞美过的巴尔胡特的戴厚头巾的刹帝利像，也在菩提伽耶的一个圆形浮雕上发现。但同时菩提伽耶还有根源于希腊的主题：如由一队马匹所驾的日神苏利耶的二轮战车，每对马都互以背相向立着，这无疑曾受到希腊的启示；还有一个圆形浮雕的半人半马像也是如此。但这些仿自希腊的作品，却从没有以未经同化的状态在此出现过，像我们将在犍驮罗所见到的那样；它们都是被吸收而印度化了的。例如可爱的有翼的象、美丽动人的女妖身的母牛等，就是由这种希腊艺术的渗入与本地传统的巧妙结合而产生的；我们将会发现，这

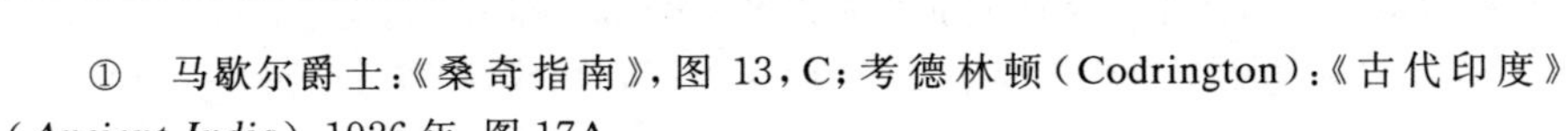

① 马歇尔爵士：《桑奇指南》，图 13，C；考德林顿（Codrington）：《古代印度》（*Ancient India*），1926 年，图 17A。

类作品自菩提伽耶到阿旃陀，一直不断出现。对于秣菟罗附近康迦梨的带状雕饰，我们几乎也可予以同样赞美；这是约公元后初年所造，上有作希腊神话中女面鸟身样子的苏钵剌那鸟[①]和作半人半马样子的紧那罗[②]。但这种模仿已变得更为直截了当：我们已接近犍驮罗的艺术了。

希腊式的佛像

正当本土天才在恒河区域和中部印度的各派中自由地发展的时候，西北印度则陷于立国在巴克特里亚（大夏）的希腊诸王势力之下；他们乃是亚历山大在此地区的最后继承者。喀布尔流域——有时称为犍驮罗，这是此处一地区的古名[③]——和旁遮普[④]遂尽成希腊领土，并且一直持续至公元前2世纪的整个世纪和第1世纪的前三分之一。大英博物馆和巴黎美达里斯陈列所中所藏希腊-大夏的和印度-希腊的美丽钱币上，给我们看到这些天才冒险家们的清楚的侧面像：德米特里奥斯、尤克拉蒂达斯、阿波罗多托斯以及弥难陀，他们在亚历山大逝世一个半世纪之后，在印度

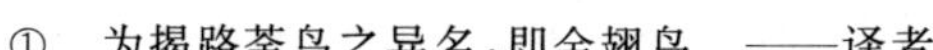

① 为揭路荼鸟之异名，即金翅鸟。——译者

② 参看库玛拉师瓦密：《波士顿美术馆公报》，第25卷，第150号，1927年8月，第51页。（按，《慧琳音义》11，“真陀罗，古作紧那罗，音乐天也。……男则马首人身能歌，女则端正能舞”。——译者）

③ 喀布尔（Kābul）流域，自东至西包括犍驮罗本部（今白沙瓦 Peshawar）、那伽拉哈罗（Nagarahara，今宁格哈尔 Ningrahar）、兰波迦（Lampaka，今兰格翰 Lamghām）和迦比萨（Kapiśa，今喀布尔的北部，近科希斯坦 Kohistan）等古代地区。

④ 包括西旁遮普（即 Taxila，坦叉始罗）及东旁遮普（即萨迦拉 Sākala，今赛尔科特 Sialkot）。

作出了一部马其顿史诗的续篇。希腊诸王之一的弥难陀——印度传说中的弥兰王，在位年代约为公元前170年至前150年——甚至伸张其武力到恒河。这位弥兰王，他对印度河流域的征服超过了亚历山大，并且在那里留下了更长久的记忆，似有对东方的智慧进行了解的好奇心。有一部巴利文的经典《弥兰王问经》（即《那先比丘经》），在这里他作为发问者，与一位佛教高僧作哲学的对话。此外，还发现过弥兰王的货币，其上有佛教的最明显的标志：法轮。

大约公元前135年，希腊人被来自中亚的各斯克泰民族逐出大夏；以后于公元前75—前58年，又被逐离了他们在印度的占领地。这民族中的主要部分，后来罗马人称之为印度－斯克泰人（中国称为大月氏），在东部伊朗和西北印度建立了一个大帝国；印度人以其王朝之名而叫它作贵霜帝国。贵霜诸王之中最著名的是迦腻色迦王——于1世纪后半叶及整个2世纪的这段时期内占据着北印度。但他们权力所及仍是以前的希腊王国，即多少被希腊化了的犍驮罗和旁遮普。而且，值得注意的是，他们极广泛地执行着希腊统治者们的各种传统，并做了这些地区的希腊主义的保护者。他们的货币也和以前希腊人的相同，上面继续用着两国文字，并常有希腊文的铭刻。贵霜诸王中有些也像希腊末后的几位君王和弥兰王似的，保护甚至信奉着佛教。佛经中就充满了对迦腻色迦王的赞美。此外，于1908年在白沙瓦附近沙哈吉奇提里地方发现过一个佛教舍利子匣，上有这位国王的名字和肖像；这是一个希腊人或欧亚混血儿阿吉西劳斯（波拉克利特语称之为阿吉沙罗）的作品。最后，我们还藏有一枚迦腻色迦的钱币，上刻佛陀立像，其光轮及披衣都是希腊式的，并有希腊字佛陀（ Boddō）的铭文——这

枚钱币便宣告了希腊－佛教艺术的诞生。

希腊－佛教派的艺术，也可以其主要中心之一为名而称为犍驮罗派，它系希腊－罗马艺术在亚洲的最东部的一派，是为宣扬佛教服务的。据费契尔的意见，它一定是在喀布尔的那些受到庇护的集团里形成的，在那儿希腊主义早已根深蒂固，因此其时代当为它对环境已能完全适应之时，即临近希腊－印度诸王统治的末期。这派艺术约于公元第 1 世纪达到其最高峰，当时罗马帝政时代及夫雷维安朝的希腊－罗马美术对贵霜诸王的癖好具有很大影响。在 2 世纪及 3 世纪，它也追随着希腊艺术的一般趋势；由于这一趋势，希腊艺术迄今一直是柔和而自由的，至此一变而为一种特属于罗马风格的艺术——甚至在西部是高卢－罗马式的，东部是巴尔迈拉式的——即一种较严肃沉重，型体也较粗短的艺术。然而，希腊－佛教艺术保持住本来面貌而渡过 4 世纪；进入 5 世纪时，仍然很好。接近它繁盛时代的中期及末期，即在 3、4 及 5 世纪，它甚至产生出一种具有深湛独创力的风格：这是由下边将述及的优美的哈达派显示给我们的。这一派也和犍驮罗其他各派相同，当达到其最高成就时，即因 6 世纪之初匈奴人的入侵而几乎全部毁灭。

犍驮罗艺术的主要变革，是将佛陀和佛教中圣者的本像在雕刻中表现出来，而在旧时本土的巴尔胡特和桑奇派中，则是仅以象征来代表的。现在我们第一次在浅浮雕上看到了全部佛陀圣迹图：“托胎”本末记，菩萨化为小象降入母胎；“降生”本末记，摩耶夫人立在蓝毗尼园中的树下，小儿自她右胁下生出，而为帝释及梵天所承捧；“七步”和婴儿入浴图，这里由于一种奇异的吻合，我们看到希腊人所创造的佛像正与圣婴“sacro bambino”同型，也是可爱

的赤身而有光环，和基督教艺术中所显示的小耶稣一样。还有隐士阿私陀在老王和王后面前，亲切地抱小儿在膝上为他占相的情景，也与此同趣。①

所有菩萨的一生事迹图，都是以这种方式表现出来的；希腊人由于天生的"神人同形同性"的观念，实在不能了解早期印度雕刻家们在作佛传图时的顾虑。因此我们便看到少年菩萨的入学惊师——其地方色彩，使人想到某些幅罗马壁画。或看到他未来的妻子瞿波出现于他的面前——一个穿着罗马人服装的美丽女子，带着某种亚洲式的抑郁神情。菩萨被迫在未婚妻前较拳赛剑，给希腊的艺术家们提供了最合心意的题材。至于这青年在阎浮树下的初次沉想，以及乡间景色，却被处理得有欠佳妙，因为犍驮罗派的动物雕刻与本土艺术家们的作品不同，是不大高明的。在许多平凡的画面中，"睡女"是要暗示出女人生活中的一些情景，其型、态都十分正确。"出家"和向良驹犍陟的告别，也处理得极为逼真，但不幸的是，做这些薄浮雕的人，十九都是庸手，对雕刻动物没有什么才能。在婆罗门教的隐者和苦行师似的佛陀的会晤（"六年苦行"）中，则无疑地有更大的现实性，因为希腊化的雕刻家们在这里所从事的题材，在西方乃是古已有之的——即有胡须的哲学家的陈旧题材，他们只在此重复一下就可以了。此外，他们对解剖学的知识，也使他们在处理苦行师们的皱缩身体时能得心应手。

① 参看A.费契尔：《犍驮罗的希腊-佛教式艺术》，第1卷，巴黎，1905年，第290—599页。

由“悟道”图开始，犍驮罗的艺术家们创造了此后屡可见到的传统典型佛祖像：如一位希腊贤人，立着或照印度方式坐着，披着肥大的僧衣即袈裟，处理得像罗马人所穿的长袍“陶格”，头部是亚波罗型的，与那些贵族们的区别，只是以顶上肉髻代替了头巾，并有两眉间的智慧标志、“白毫”和长长的耳垂（这是做太子时所戴沉重的耳环所致），必要时还有那顶上圆光，这一东方的发明，希腊-利凡特式艺术把它同时赋予东方佛教的圣者以及西方基督教的圣者了（图5，图6）。[①]

围绕着这种有着亚波罗头型的希腊哲人式的佛像，集有自“悟道”以至“涅槃”的全部佛传图：“降魔”，这里的群魔却不够生动；向最初的五弟子说法，教化迦叶三兄弟（灭火降龙的奇迹），难陀被迫出家；其次是阿陀维城食人女怪之皈依，猕猴之奉献，及龙王之降伏——这三个场面在犍驮罗浮雕上，例外地表现出一些美丽生动的形象。同样生动，而且对动物处理得同样逼真的——这种特色，因为稀少而愈可注意——是加尔各答博物馆所藏，来自洛里阳·坦盖的浅浮雕：帝释谒佛，佛在禅定中，旁边有猴子，也在参禅，还有狮、鸟和羚羊等。另一方面，在舍卫城现大神通，即水火同时出自佛身的景象，也用了如拜占庭艺术中耶稣奇迹的手法表现出来，虽然缺乏热情，但极肖真实。至于“涅槃”图，这自然是最常见的：佛

① 参看费契尔：《希腊来源的佛像》（The Greek Origin of the Buddha Type），《佛教艺术的初期》，第112页；又费契尔：《犍驮罗的希腊式佛教艺术》，第2卷，第278—362页。库玛拉师瓦密在《佛像的起源》（The Origin of the Buddha Image）（载于《艺术公报》，第9卷，第4期，华盛顿，1927年）中，表示了相反的意见。

侧身右卧，以右手支颐；虽在这种位置，衣服的褶纹却保持直立时的形状；在他身旁围绕着哀悼的比丘和比丘尼；再以后是葬礼，安置灵床和焚化（荼毗）等，出现的还是这些人物，全部情景颇与基督教的“Pietàs”（圣母玛丽亚抱耶稣尸体而悲痛的图画或雕刻）和基督埋葬图类似。最后为“争舍利”和舍利子的迁移与崇拜，这样，犍驮罗的一整套佛陀传记图便完全了。

当我们在费契尔的著作中[①]，翻阅这一系列浮雕的复制图片时，如果把那些全然属于佛教的题材暂时忘掉，我们即可得到一种印象，觉得这好像是希腊-罗马的艺术家们——罗马的较希腊的为近似——所作的基督圣迹图之类。一个不明历史的人也许猜想着早在第1世纪有过某一形式的基督教征服了罗马帝国，因此在罗马式和哥特式艺术以前，便有过一种正式的基督教的艺术，在帝政时代的罗马出现了。

基督教的肖像画，是以古典的希腊奥林匹斯神的模型为基础的。在同一原则下，佛教各神佛的形象也按与它们相当的希腊-罗马诸神形象而造成。我们已看到，佛陀就是一个阿波罗再加上佛的标志；释迦以前的过去六古佛和继承他的来世佛弥勒，也与他同型，只是头饰和一些标志不同。众菩萨像也是阿波罗型的，不过这时候是一个印度式的阿波罗，他已变成一位青年王者，穿着贵霜王朝旁遮普和阿瓦底贵族的服装；如果造像是悉达多太子，即戴一顶饰有珠宝的厚大头巾；如果是弥勒，即有一个或多或少装饰的婆罗门发髻；披无缝衣，袒全胸或至少右半胸；除此之外，还戴着很多

① 费契尔：《犍驮罗的希腊式佛教艺术》，第1卷，及其他。

珠宝、项圈、环钏、臂镯、手镯、璎珞、颈链、耳环等。最后，佛与菩萨还有一种区别是，后者唇上有髭须，这看来是一种新式样，因为在巴尔胡特和桑奇的刹帝利像上尚无所见，似乎是大月氏的征服者们带到西北部印度来的（图 7，图 8）[①]。这种仿自当日社会的王族型式，也被用来表现与佛祖事迹有关的婆罗门教诸天——帝释和梵天。

另一方面，妖魔与药叉的头部，则大部分采用了希腊雕刻中常见的有须的神灵头型，自奇形怪状的克拉美科（陶神）以至宙斯（山的主神）、赫法斯托斯（火神）、赫克力士或波塞冬（海神）的头像。那熟见的持降魔杵的护法金刚，不是采取赫克力士、埃罗斯（爱神）、赫尔米斯（商业等之神）或狄奥尼索斯（酒神）型，就是常模仿着宙斯。有些药叉则变成了男像柱。印度的金翅鸟擒走龙女的题材，被表现为希腊雕刻中亚历山大派题材中的宙斯的鹰抓走了干尼米德（宙斯的侍酒者），而有些龙女即作酒神的女祭司形象。财神般遮迦或药叉王俱毗罗有时如上述的印度王者，有时如亚历山大派所雕的青年式样。

现在我们对这一切作品，应该怎样评判呢？自肖像画的观点看，这些都是极为有趣的，因为，由于它们忠实地遵循着公认的佛教圣传，使我们能逐步看到没有象征或哑谜手法的佛传图，正像《神通游戏经》等所叙述的那样。但从美学观点来说，这情况就大不相同了。显然，犍驮罗派艺术，因其人物面貌多疲弱而缺乏性格，题材复拘泥因袭，还有它的种种陈旧一般的作风，在信心及情

① 费契尔：《犍驮罗的希腊式佛教艺术》，第 2 卷，第 210—243 页。

感的真挚上，或灵感的自发性上，与桑奇派固不能相比，和后来的笈多朝及帕拉瓦朝各派更不能并论。不过把它列入印度各派艺术中，那就误解了它的特性。另一方面，如果我们把它放在其合法地位，即置于希腊各派之间，它即将于此放一异彩。我们不应使犍驮罗艺术与笈多朝艺术对比，致令黯淡无光，而该将它与亚历山大派[①]、波加芒派[②]以及罗马－亚细亚或罗马－叙利亚等各派艺术相较，这样便可看出它的全部价值了。尤妙的是，如此对照之下，这种雕刻中以前几乎难以辨识的印度特征，也显得鲜明起来。于是，我们所常见到的将不再是一个萎靡的阿波罗型的陈腐仿制品，而是在飘飘的希腊式披衣之下的一个新奇迷人的青年，好像是当时征服西方的某种新的上帝——米他罗斯[③]或阿当尼斯[④]之类。当那菩萨王子雕像的典型，有髭须、戴头巾、袒身躯、饰环钏等，变得更为印度式时，我们于此即可发现一个真正王者的高傲面孔——如由费契尔携回巴黎卢浮宫的沙巴兹·加里的菩萨像（图 7，并参看图 8），和费氏所著《犍驮罗的希腊式佛教艺术》第 2 卷中刊印的本纳（Buner）或沙利·巴罗尔（Shahri-Bahlol）的类似的菩萨造像即是。

此外，讲到希腊－佛教艺术，无疑须区分其时代。试看第 1 世纪的作品，——例如费契尔赠给卢浮宫的佛陀侧面像，或克里蒙梭

① 在埃及亚历山大城的希腊雕刻流派。——译者

② 在希腊古城波加芒以阿达利德（Attalid，约公元前 241—前 159 年）为首的雕刻流派。——译者

③ 米他罗斯（ Mithras），波斯的太阳神。——译者

④ 阿当尼斯（Adonis），希腊神话中的美少年。——译者

赠给吉美博物馆的有希腊型波纹头发的佛头像(图 6)——我们将发现如上文所提起注意的那些真正的希腊式特征,并具有一切清新气息:尤其那座侧面像,仍显有如阿波罗式的高傲神情。这种特色,在克里蒙梭捐赠吉美博物馆的浅浮雕上也可看到,那上面的佛、菩萨、"提婆"(天神)等都高贵地披着古希腊人的外衣,现在则已变为僧衣即袈裟。这种华贵外衣甚至在很久以后大量出土的赤陶烧像上还可见到,如哥达尔夫妇于 1924 年自阿富汗的哈达地方携回的,和巴尔吐克斯于 1928 年自同地送来的精美小陶像(都藏于吉美博物馆中),即可证明。

另一方面,哈金于 1925 年自阿富汗的帕他瓦地方带回的"舍卫城现神通"的佛陀浮雕(图 9),我们如仔细观察,当可发现其中显有重大的发展迹象。这是一座伟大作品,但属于另一风格。克里蒙梭所赠的佛像,与罗马的朱里奥 - 克劳地安及夫雷维安各朝的艺术相近;而由哈金携回的这一浮雕,则使人想到罗马帝国末叶的艺术,其人体为戴奥克里蒂[①]时代那种较为粗矮的形式。此二者对披衣的处理,即足以说明此种区别:克里蒙梭所赠佛像上的衣着还是古典式的,但在帕他瓦的佛像上则变得习俗化了,那衣服好像湿了似的贴在身上。这样在犍驮罗式的着衣佛像与笈多朝艺术的裸体佛像间就形成一个过渡阶段。研究这些作品,我们可以得到双重的结论:一方面确知犍驮罗的希腊 - 佛教艺术,即希腊 - 罗马艺术中的一个地方性支流,是追循着自奥古斯都大帝直到四人

① 戴奥克里蒂(Diocltian),罗马皇帝,公元 245—313 年。——译者

政治时代的那艺术主流的一般发展；另一方面，看到犍驮罗艺术在“印度复兴”派之前逐渐衰退，而后者则以几乎难以察觉的转变，进入一种通称为笈多式的本土古典主义艺术。

最后，由哥达尔及巴尔吐克斯二考察团在哲拉拉巴德附近哈达地方大量发现并送给吉美博物馆的垩制小塑像，又可得到新的证明。这些人像，无疑是属于较晚的时代，即3世纪与5世纪之间。我们只要在这些塑像前逗留一下，首先令我们注意的便是那纯粹的古典传统。事实上，当这希腊的传统在其本国已凝结为戴奥克里蒂和君士坦丁时代的艺术时，在哈达，那些亚历山大式的、艾弗所式的、波加芒式的以及安蒂奥克式的希腊艺术却继续生存下来，受到接植于它们的佛教影响而复兴。在佛教的国土中，希腊式的保持着希腊式，而在基督教的国家中，希腊式则在变为拜占庭式。如照哈金的意见，这些哈达的灰泥像其时代大部分属于3—5世纪，那么是否可以允许说，作为创造力量及更生因素的希腊天才流亡到喀布尔并且在这里生活下来？在这批塑像中，我们发现有些作品脱离了我们熟知的那种触目皆是的陈旧平凡而无生气的希腊-佛教风格。和这些永恒的可称为阿波罗式的佛像一起，我们惊异地发现在一些次要的神像，如护法金刚、药叉、蛮人、妖魔等之间，有些感情丰富而具有强烈的现实风格的人体形象，这是太出人意外的（如图10）。这里的蛮人，并不是犍驮罗派迄今所有的那种因袭形象，而是富于个性的、真正各民族的型式，是逼真的高卢人型的雅利安月氏人，一如土耳其的阿尔贝拉古城镶嵌画中的波斯

人，或扁平鼻子的蒙古人的肖像。而最主要的乃是这种创造力，它创始了我们可称为“哥特－佛教式”的艺术。每个走过吉美博物馆中这些泥像前的参观者，都异口同声地叫着“哥特式！”此处有带须的神的头像，使人想到法国亚眠市大教堂中精美的上帝像，或勒姆斯市大教堂西南门上的圣者像；还有降魔事迹中的天魔像，与希腊的艺术已无何亲缘，但却类似亚眠和勒姆斯教堂中及巴黎圣母院中的魔鬼像——不论是作为装饰的头像、人像柱，或是作怪物头形的承溜口。还有一个小型赤陶质的人头，那微笑神情很像勒姆斯教堂中的天使像，超脱、深刻而敏锐。又一高大人像，折起衣服兜着花投在菩萨脚下，也几乎和勒姆斯的一个天使像相似。这里有些奇怪的无须头像，它们那坚实的结构，强烈的表情，以及作为肖像的惟妙惟肖——更不说那特殊式样的头巾——与古风已毫无类似之处，而显出肯定是中世纪的：倒像是勃艮第（Bur-gundian）派的僮仆或牧师像。我们发现这里有留着小胡子的骑兵；还有一个écorché（没有皮肤的人体，为研究肌肉用的），足可与李恰尔（Ligier Richier）的作品媲美。由此可见，在哈达所发现的这些塑像，已预先造出了法国的全部基督教雕刻，包括14世纪现实主义的法国哥特派，而成为它的先驱者。在吉美博物馆第二陈列室中，这些哈达出土的小陶像，似已预展出我们中世纪所有的一切型式——在天国的基督或审判中的基督，使徒和大卫王，天使和少年，犹如法国的僮仆和小丑的戴帽人像，女像柱，魔鬼和怪物的面型等——这种哥特式比我们所有的早了一千年，而在地理上或时代上对西方的哥特式都不会有任何影响，它的发展，只能用一些哲学上的理论

来解释，例如说这阐明着人类心智的某种法则。[①]

我们的意见是，这里有一件事实，其重要性已超越希腊－佛教艺术的范围之外，而对一般美术史是特别重要的。我们可以叙述如下：临近中世纪时，放任自流并依照其自己传统发展中的远东的希腊－罗马艺术，正在它因匈奴人入侵而遭到横暴摧残的时刻，忙忙创立了一种方式，那恰是数世纪后西欧的希腊－罗马艺术所追寻的——罗马式和哥特式。

这一法则或可做如下解释：在西欧和犍驮罗两地同样以希腊－罗马艺术的纯形式的传统为基础——西方是高卢－罗马式，犍驮罗是希腊－佛教式——其后我们即看到两大世界性宗教的兴起，在西方是拉丁基督教，在印度和阿富汗边境的是大乘佛教，它们推翻了对人生的一般观念，而将心灵提高到其本质之上。这两大宗教虽然教义各不相同，却都受到一种类似的唯心主义与神秘主义，一种有许多共同之点的诗情式的慈悲与敏感的启示。在这两个高级形式的理想主义的影响下，我们可以看到希腊－罗马的艺术基础正经历着两条平行的变化路程，这变革是在几乎一致的方式内遵循着类似的法则的。没有任何可能的地理上的接触，或任何可想象的历史上的往来，哥特式艺术在相隔一千年的时间竟先后被创始了两次——自然，这在人类心灵的冒险上决不是不足为奇的。

① 参看马歇尔爵士：《坦叉始罗的发掘》(Excāvationsat Taxila)和《尤连的佛塔寺院》(the Stūpas and Monasteries at Jauliān)，《印度考古调查记录》第7期(1921年)；巴尔杜克(J.J.Barthoux)：《哈达地方的发掘》(Les Fouilles de Haḍḍa)，《法国考古代表团在阿富汗的记录》(*Mémoires de la Délégation Archéologique Française en Afghanistan*)，巴黎，1930年。

我们还要急于补充说，这一理论也适用于被恰当地称为犍驮罗艺术的园地。事实是，这种希腊－佛教的风格已存在于阿富汗，并由释迦牟尼的教团向外传播，一世纪又一世纪，越传越远，横过了中亚细亚；而由此派生出在第5、6世纪的伟大的中国北魏艺术，这在本书第三卷中将可看到。

我们或可在这一典型与拜占庭典型之间试图建立一种类似的关系。吉美博物馆中有一幅来自哈达的壁画，是佛陀的立像，头后有圆光，手作"施无畏印"式（天主降福式），这在姿势上，神学的精神上，绘图技巧上，以及一般习俗上，都和后来的罗马－拜占庭的基督像相似。

从阿富汗发现的这些古物上，还可得出另一结论，即伊朗的因素在此种中亚边境佛教艺术之形成中的重要性。这个古老的大夏的一省，约于公元230年时为伟大的萨萨尼王阿打失王所倾覆；大约在公元303—310年间，我们甚至看到萨萨尼王朝的荷米兹二世做了喀布尔的贵霜王朝末一帝王的国丈，而且无疑也成为其宗主国君。从那时直到5世纪，大夏即变成波斯的属邦；其后又被白匈奴人所侵占。公元566年顷，萨萨尼王朝的喀斯鲁王又征服了它；至该世纪之末，它又被土耳其人从波斯人手中夺去。

在大夏的萨萨尼总督和佛教教会之间的长期交往，解释了巴米延（即梵衍那国，在今阿富汗）壁画上所显示的那种一致性。这些著名壁画，哥达尔夫妇与哈金于1924—1925年、哈金与卡尔勒于1929—1930年都曾研究过，它们展示出犍驮罗式的佛像和印度－笈多式的神像，正与萨萨尼式的国王或同样波斯式的君主并列。[1] 那些有胡须、戴王冠的萨萨尼王者，显然与波斯那夸什-夷·鲁斯他姆和那夸什-夷·拉甲布两地浮雕上的相同，而恰好形成伊朗的玛兹大（Mazda，拜火教主神）像，与斯坦因在和阗一带所发现并携回大英博物馆中的、至今尚难解释的萨萨尼-佛教绘画之间的过渡产物。但最令我们惊喜的是巴米延的无须伊朗王者像；一见之下我们就深信这乃是勒考克（Von Le Coq）在戈壁地方库车附近克孜尔所发现的壁画中那幅显受波斯影响的著名骑士图的原本。在这方面，意义最深远的，莫过于将吉美博物馆所藏哥达尔夫人摹绘的巴米延那座高约 180 英尺的大佛龛中日神月神像（第 5 世纪），与被勒考克携至柏林的克孜尔"画家洞"中那些精美的青年自画像残片（第 6 至第 7 世纪）加以比较了。我们觉得对此点更无可疑：这些紧裹在长长的、下摆张的长袍里、跷足站在柏林民俗博物馆壁上的细长的库车贵族像，在型式和服装上，都必定是巴米延所遗留的伊朗-佛教式神像的直系后裔——直到我们看到了杜克塔尔·夷·奴什尔凡的壁画为止。同此技巧和式样的勇武贵族像，在"大伊朗"内，自阿富汗以至戈壁沙漠中最遥远的绿洲，都可发现。

因此，在旁遮普及阿富汗的希腊-佛教（或哥特-佛教）艺术与伊朗-佛教艺术，好像成了中亚艺术的前厅。我们以后将看到，在和阗、库车、吐鲁番，甚至远达敦煌所发展的各流派都于此形成。后者显示的人物面容——下至那方形结构和中亚式的浓涂厚

---

[1] A. 戈达德（A. Godard）、Y. 戈达德（Y. Godard）和哈金（J. Hackin）：《巴米延的佛教古物》（*Les Antiquités bouddhiques de Bāmiyān*），附伯希和（Pelliot）注释，巴黎，Van Oest，1928 年。

抹——无一不曾在哈达出土的塑像和巴米延壁画内一些佛、菩萨和飞天的头像上出现过。

但这里我们已离本卷的主题太远了。为了追究“佛教的哥特式”的历史，我们应该离开印度而转向第五世纪北魏时代的中国——足供说明这种转移的，还有哈达的一个小型板岩浮雕，是在佛龛内的一尊菩萨坐像，坐的式样是欧洲式，即两腿交叉着，这与沙畹所拍摄的云岗北魏石窟的浮雕（见本书第三卷）显然是类似的。

然而在印度，佛教艺术却循着一个完全不同的方向而发展了。

笈多朝艺术：印度美学理想的形成

一直占据着北印度的各异族王朝的统治，终于在第3、4世纪结束，此时在恒河流域东部摩揭陀故地（今比哈尔邦及孟加拉邦），有一个本民族的大帝国笈多王朝勃兴，并在整个第4世纪和第5世纪四分之三的期间，统治了北印度及中印度。笈多王朝灭亡后，在第7世纪的前半叶，恒河流域在曲女城的戒日王①领导下，又崛起一个印度人的大帝国。至于德干地区，则历经许多当地王朝，仍保持着独立，其中主要的是自公元前200年延续至公元后200年的安达罗王朝，继起者为帕拉瓦王朝，其国祚由第3世纪继续至8

① 戒日王原名喜增（Harṣa vardhana），他的哥哥王增死后，即位号戒日（Śīladitya）。见玄奘《大唐西域记》。——译者

世纪。

就是在这些本地王朝统治下，一种可恰当地称为印度的美学理想，由于发展了巴尔胡特和桑奇的本土成分，又采取了犍驮罗的外来成分而确然形成了。

这种美学理想本已存在于最早的秣菟罗艺术中，后者与犍驮罗艺术为同时，因为二者都曾于第1、2世纪在印度-月氏即贵霜诸王统治下盛行于世。秣菟罗派的佛像，在秣菟罗和萨拉那特-波罗奈斯的博物馆中可看到，与犍驮罗派的显有不同。[①] 库马拉师瓦密对此曾作专门研究，记述其区别如下：头是剃光的，没有发卷，必要时“顶上肉髻”作螺旋形；“眉间白毫”不见了；右肩永远袒露；胸部十分丰满；衣服紧附身上，那惯有的襞褶给人一种像被水湿过似的感觉；一般表情显得精悍而非温和。库氏以为这种风格（秣菟罗的耆那教神像也如此）并未受到希腊-佛教式模型的影响，而创造最初佛陀形象的正是此派而不是那希腊-佛教派艺术。但我们必须承认，虽然这位名考古学家的议论如此，我们却仍相信费契尔的旧理论，它相反地认为秣菟罗的佛像及耆那教神像乃是将犍驮罗的艺术加以印度式的变通。在这里，由犍驮罗式的沉重袈裟转变为秣菟罗式的“湿”了似的衣服，在我们看来是走向下一时代“笈多式裸像”的合乎逻辑的一步。同样，这些作品所特有的夸张手法，似乎也揭示出继承犍驮罗造像传统的印度雕刻者们的某些笨拙处，直到在这种柔润欲融的笈多朝艺术中，他们才找到完

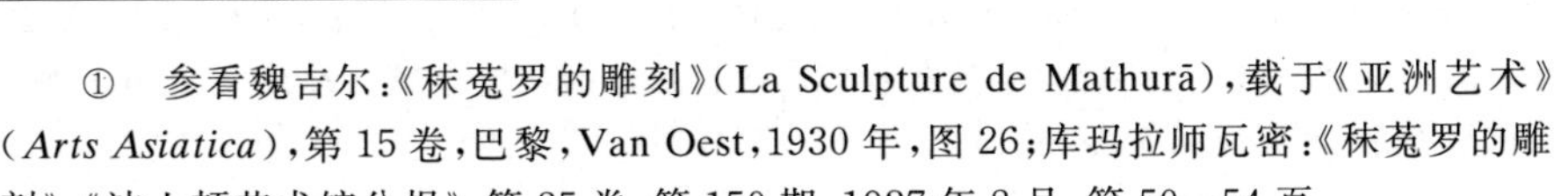

① 参看魏吉尔：《秣菟罗的雕刻》（La Sculpture de Mathurā），载于《亚洲艺术》（*Arts Asiatica*），第15卷，巴黎，Van Oest，1930年，图26；库玛拉师瓦密：《秣菟罗的雕刻》，《波士顿艺术馆公报》，第25卷，第150期，1927年8月，第50—54页。

美的表现法。此外，这种“印度复兴式”，在秣菟罗博物馆中所藏贵霜时代的一些裸体女像上，得到充分发挥的园地，尤其女人和孩子们的群像，这似乎是此派所喜好的题材。在这里我们还可发现与巴尔胡特和桑奇相同的女性美的典范，丰满的胸部、沉重的乳房，衬着细细的腰肢，以及扭耸的臀部，都成了美学上的定理。① 但这种印度美女的肉感风格，现在已变得风雅了，而同时却未失去那醉人的妩媚。其身体各部分的比例变得更为和谐，诱惑力也更为强烈。我们已接近阿玛拉瓦提和摩婆利普拉姆的艺术了。吉美博物馆有一个中世纪雕像似乎与研究秣菟罗派的母性形象的传统相符合。

在阿玛拉瓦提，艺术的发展似更具连贯性。② 这个在哥达瓦利河口与克利希那河口之间的东部德干城市，一度曾为强大的安达罗王国——即普利尼③笔下的安达拉——的首都；如前边所说，

① 魏吉尔：《秣菟罗的雕刻》，图 18、19。

② 费契尔：《阿玛拉瓦提的雕刻》（Les Sculptures d'Amarāvatī），《亚洲艺术评论》，卷 5，第 1 册，第 9 页；库玛拉师瓦密：《佛教雕刻》（La Sculpture buddhique），同上书卷，第 4 册，第 244—252 页；巴哈霍夫尔：《早期印度雕刻》，卷 2，图 108—131；歌德林顿（Codrington）：《古代印度》，1926 年，图 27；罗摩旃陀兰（T. N. Ramachandran）：《附近君都尔县的戈里地方一座古塔的佛教雕刻》（Buddhist Sculptures from a Stūpa near Goli, Guntur District），《马德拉斯政府博物馆公报》（*Bulletin of the Madras Government Museum*），第 1 卷，第 1 册，马德拉斯，1929 年；狄门德（M. S. Dimand）：《阿玛拉瓦提派的两件印度浮雕》（Two Indian Reliefs of the Amarāvatī School），《纽约市立美术博物馆公报》（*Bulletin of the Metropolitan Museum of Art, New York*）第 10 期，1928 年 10 月，第 238 页；狄门德：《一件新的阿玛拉瓦提派的印度浮雕》（A New Indian Relief of the Amarāvatī School），同上书，第 25 卷，第 5 期，1930 年 5 月，第 131 页。

③ 普林尼（Pliny），罗马作家。——译者

这王国存在于公元前2世纪至公元后3世纪，与在北方建立的希腊-大月氏政府相抗衡，在许多方面构成为一个“印度人的印度”，一个民族精神的庇护所。[①] 阿玛拉瓦提地区的艺术，如我们在马德拉斯博物馆和吉美博物馆中所看到而加以赞美的，在古代巴尔胡特和桑奇派艺术与中世纪印度教艺术之间，形成一极可贵的连锁。在北方，由于模仿希腊作风而使这种连续中断的情形，在此却不曾发生；印度的天才在这里仍然继续向前自由发展，没有任何阻碍。事实上，如吉美博物馆所藏来自阿玛拉瓦提地区的浮雕持拂女像（图11），无论在服装上或外貌上，都属于最早的印度民族形式：这可能是来自桑奇的。同样还有那迦周尼康荼（龙树穴）出土、似属于2世纪的精美的“降魔”大理石浮雕（图12），其中的佛祖仍依照早期派的手法，只用他传统的象征物菩提树、宝座和足迹来代表。在魔女们身上为我们所赞美的一些女性裸体形象，与桑奇的女药叉像也仍有些近似，而那魔军中的大象和下层饰带上的各种动物，同样表现着生动强健而灵活如意的现实主义风格和一种混成的力量；这也是保留了自鹿野苑阿育王石柱直到摩婆里补罗的印度动物雕刻家们的遗产的。[②]

次一幅浮雕，虽属同一组，时代却较晚——4世纪——刻的是“后宫生活”及“婇女熟眠”（图13）；在这些裸体像上，我们仍可看

① 参看D.高士（Devaprasad Gosh）：《南印度佛教艺术的发展》（Development of Buddhist Art in South India），《印度史学季刊》（*Indian Historical Quarterly*），1928年，第724—740页。

② 锡兰有一个著名的月长石，上刻动物浮雕所表现的自然主义风格同样使人激动。

到像巴尔胡特和桑奇诸大师们所同样表现着的那种质朴的异端作风和天真的喜悦。的确，在这里，由于技巧的更趋完善，我们甚至发现一种更为秀丽的肉感和更可喜爱的新鲜气息。像在那幅有一侏儒或小孩，要扶那坐着的妃嫔立起来——也许是孩子在戏弄她——的画面上，从来使用凿子的可曾有过这样亲切的手法，或表现过这样生活的爱吗？事实是，一种深刻的变革已在同时发生了：以往在"降魔"的场面中，菩萨一向是以象征手法表示的，现在他已亲身出现。因为当时犍驮罗的范例已经远传至德干。而且在第四件浮雕上，我们发现那由供养人所围绕的佛陀，乃是纯犍驮罗派的佛像；而在同一石板上，在它正下方的画面中的人物却极明确地是印度式的，因此，这个佛像更显得触目。我们还可补充说，距此地不远，杜布留尔曾发现一个奇怪的佛头像，送给吉美博物馆，它并非希腊-佛教式，而是罗马-佛教式，那脸的下部分为一种奇异的尼禄[①]型。不过，这不至于使我们太惊奇，如果我们想到在此附近发现过一枚恺撒的钱币的话，——那钱币，如杜布留尔所说，乃是在罗马人统治下的埃及和安达罗王朝之间，以往曾有过海上交往的一个明显证据。

此外，阿玛拉瓦提浮雕上的景色虽然形形色色，但并没有丧失其显著的统一性。像这各种不同的画面，风格也有多种多样。在"后宫粉黛"浮雕上，妇女群像的肉感，一似几为她们自身的热力所融化；而其后一幅属于较晚期——6 世纪或甚至 7 世纪——的浮雕，我们发现在那些王子或女人的纤细体态和近于波提切利的文

① 尼禄(Nero)，罗马暴君，公元 54—68 年在位。——译者

雅形象上，已可看到阿旃陀壁画的前景。

阿玛拉瓦提派作品能展示出许多场面，都是构图完美的真正石头上的图画，出自一些极伟大而无名的艺术家之手。我们只看今藏于马德拉斯博物馆的醉象故事的圆形浮雕就够了。这野兽受了邪恶的提婆达多的麻醉，在佛陀经过的路上被放出来，冲向人群，撞翻了所有东西。我们可以看到在左方它捉住一个不幸的人，把他掷了出去。野兽来势的凶猛，群众的恐怖，面临着死亡的两个恋人彼此抱在一起的姿势——这整个惊恐场面和在浮雕右方的结局情况成为强烈的对比：在那里，这猛兽被佛陀的"慈悲法力"所驯服，自己俯伏在镇静而微笑着的世尊之前。[1]

我们曾提到阿玛拉瓦提第二种式样中裸体形象的优美。有些女性裸像乃是真正巧夺天工的作品——例如，一些女人跪拜于佛足下的一幅。[2] 其次，我们还看到一位美貌的王子，在其宫廷中为

① 最近在阿玛拉瓦提附近的龙树穴（Nāgārjunikoṇḍa）地方，发现一块石刻，也描绘同样的景象。参看魏吉尔：《在龙树穴进一步的发现》（Further Discoveries on the Site of Nāgārjunikoṇḍa），《1927 年印度考古年鉴》（*Annual Bibliography of Indian Archaeology for 1927*），开恩研究所，莱顿，1929 年，图 5。

② 在用这种方法处理的阿玛拉瓦提派的最佳作品中，我特别注意到两个裸体女坐像，坐姿惊人地洒脱，双腿盘起，各坐于佛陀宝座两旁。这两个像组成最近在龙树穴地方发现的石雕的一部分。我知道很少裸像有这样动人的苗条秀丽。和它们比较起来，就是亚历山大派的裸像，也几乎变得冷漠。魏吉尔把它们复制在《1927 年印度考古年鉴》，开恩研究所，1929 年，图 5。这些意见也适用于阿玛拉瓦提的圆浮雕，表现龙神在佛钵周围行礼的姿态（特别为魏吉尔复制于《印度蛇的传说》，图 10，图 b）。有同样弹性的形态也可以在锡兰阿耨罗陀补罗（Anurādhapura）的早期浮雕上看到。参看科伦坡博物馆藏的《出家像》，复制于《锡兰科学杂志》（*Ceylon Journal of Science*），G 部，第 1 卷，第 3 册，图 42。锡兰和阿玛拉瓦提之间的联系，在科伦坡博物馆藏的《舍卫城的神变图》（Miracle of Śrāvastī）（同上书，图 43），在阿耨罗陀补罗北塔的双柱上（同上书，图 44），和在阿耨罗陀补罗东塔的漂亮的龙王像身上（同上书，图 55），也同等地显著。

众奴仆及赤身婇女们环绕着，他腰间只围一窄裙，一肘支起，斜倚在宝座上，显出一种难以形容的骄贵姿态。[①] 又如在礼拜塔波和由诸神抬着那奇迹神龛的化象入胎两图中，我们可以看到身体比例大为加长的裸像在空中飞翔或舞蹈，那种动作上的异常弹力，乃是阿玛拉瓦提艺术所特有的一面，并为阿胡尔及摩婆里补罗艺术的预现。[②] 现在，我们对桑奇派已经离远了。或更可说，桑奇的纯自然主义的艺术，现在受了较高的影响，已变得超凡绝俗，它使人生更上一层，而达到最高级的理想主义。于是，我们进入笈多派的艺术。

笈多派艺术——如此命名，因为它形成于第4、5世纪恒河流域的笈多王朝统治下——对那些在晚期的阿玛拉瓦提派中变得明显的艺术倾向，赋予了最高妙的表现法。笈多朝各派艺术，为达其自身目的，仍继续并应用着典丽绝伦的阿玛拉瓦提式，以及肉感丰美的秣菟罗式的塑造传统。但阿玛拉瓦提的最后期作品中虽具有精神的一面，但一般说来仍是过于世俗的和好动的；笈多朝的艺术家们则以一种更大的精神特色和静穆气氛，将作风丰富起来。同样，秣菟罗的充满血肉的异端式，那古老的巴尔胡特及迦尔梨的遗风[③]也再不能满足佛教盛行的第4世纪这一精深微妙的玄学时代

① 参看同一风格的戈里(Goli)的龙王像，为罗摩钱陀兰(Ramachandran)复制于《戈里地方的佛教雕刻》(1929年)，图4，J，《马德拉斯政府博物馆公报，新丛书》第1期，第1卷；又参看科翰(W. Cohn)：《印度雕塑》，(*Indische Plastik*)，图18。

② 参看H. 考逊(Henry Cousens)：《艾柯里的古代庙宇》(*The Ancient Temples of Aihole*)，《印度考古调查报告》，1907—1908年，第189页，图76，插图6。

③ 参看魏吉尔：《秣菟罗的雕刻》(La Sculpture de Mathurā)，载于《亚洲艺术》，第15卷(巴黎，Van Oest，1930年)，图18和19(秣菟罗博物馆所藏的布底舍尔(Bhūtesar)地方的石柱)。

了：笈多朝的艺术家们，即在那模子中重铸了一个新的美的典范——印度美学理想于是诞生。

我们特意说，这是一种新的美学理想，而不仅仅是一种新的美术。我们可注意到，这种印度美学理想，预先须有一熟悉希腊美学准则的哲学；但一当它谙熟之后，它便使自己脱离其束缚，而创立了一个有同等价值的准则。笈多朝艺术，像这样摆脱了那在犍驮罗已退化成为俗套的希腊古典主义后，又产生一种新的古典主义，这次却是一种富有生命的，因为它乃是由其自身的环境所决定。笈多派艺术，其造像惯例，不仅以对印度服装及亚热带的环境的知识为基础，还根据着对印度人体本身的了解。① 它去掉了那惯穿透明薄纱的身体上的披衣，此后披衣就只用好像湿贴在身上的透明衣服的波纹——几乎可说如一种涟漪——来表示了；以后，则此种波纹也不复见，只有限制地用些横切的长线条表示就算了。

同时，笈多朝的雕刻，也恢复了印度本土的柔和轻软的形式。在表现身体各部的比例时，它不用希腊人的几何标准来度量，而是采取了在大自然中所发现的活的曲线——采自花枝生长的习性中，和在毛皮下的动物形体的灵活运动中。面部现在成为造型优美的椭圆的卵形，而到了在孟加拉的波罗王朝艺术中，则又用了蒟酱叶子状的更为神经质的线条。在眉发间的前额，要如拉开的弓

① 参看阿邦宁陀罗主·泰戈尔（Abanindranath Tagore）：《关于印度艺术解剖学上的几点说明》（*Some Notes on Indian Artistic Anatomy*），印度东方艺术学会，加尔各答，1914 年。（阿邦宁陀罗主·泰戈尔为诗人泰戈尔之侄，为印度首席大画家，诗人死后，曾继任国际大学[Visva Bharati]校长。“印度东方艺术学会”所出的会刊，也是最有权威的刊物。——译者）

形；眼眉也要像弯弓或楝树叶子。女人的眼睛在急瞥时如鹡鸰，温柔时如小鹿；诸神的眼睛则比之莲花。女人的鼻子要像胡麻子花，“润、软、红”的唇则与红相思果相比。下颚比作芒果核，颈上横纹比作贝壳；身躯的柔软要如母牛的口鼻，而英雄的胸膛则如雄狮的肢体。肩部与前臂要弯曲得似象鼻，同时前臂也拟以橡树干，手指的丰满如豆荚，腿的腓部要隆起像产卵的鱼，手与足则为两枝莲花。

至于此派所喜好的身体姿势，尤其女性的，则是“三道弯式”——即头向右倾侧（女像），胸部则转向左方；同时，由于印度人偏好臀部向旁耸出的姿势，两腿遂又转至右方。男像则与此相反，即头向左侧等。[①]

这种对模仿花朵及动物曲线的关心，和对上述“相补式”姿势的偏嗜——它使得身体产生可能产生的最大的造像效果，同时，把它像某种巨大的下垂的花献给人们——给印度美学典范注入了新的生命。在此后的十个世纪内，它都受到一种无比的节奏美感的鼓舞。将来任何生硬粗暴的东西都不会生存于其中了。那造像的四肢轮廓，软软地形成一副不可名状的温柔线条。这样遂产生一种混成、柔韧、朴素而且和谐的艺术，因为其中不允许有次要的细节妨碍这一总的方向，尘世的美在此遂作为最高精神的直接表现。所以，自此以后，裸体像虽大占优势，但没有任何裸像比这笈多派的更为纯洁了。因此在桑奇的质朴的异端艺术与日后南部德干地区极为肉感的艺术之间的这一时期，我们达到了雅利安灵魂的最

① 参看阿邦宁陀罗主·泰戈尔前书。

高奔放。

笈多雕像中两个最精妙的样品，一为鹿野苑博物馆中的佛陀坐像，为跏坐说法的姿势，印度批评家称作转法轮势，这是一尊高约54英寸的神采飞扬的沙石像。[①] 第二尊是高约7英尺的佛陀立像（图14），来自瞻玛补罗（Jamalpur），现藏秣菟罗博物馆。前一造像几乎全裸，后者则着透明的袈裟；二像都有笈多派的极大的圆形背光，是5世纪的作品。[②] 我们还可提到今藏于伯明翰博物馆的出自苏丹干季的巨大铜佛，那是一个在透明薄纱下活着而且呼吸着的令人惊叹的印度青年躯体；[③]四肢纯净而和谐，脸上是一副肃穆的慈祥相；这是受到一种深浸于唯识主义而以纯理想的形式美，作为心灵的直接表现的艺术所激发的。如果我们想到这些作品乃是与第5世纪印度伟大的理想主义者们，如无著与世亲等人的光辉流畅的玄学属于同一时代，我们对此特性也许更能了解了。用一个哥劳布所造的名词，我们这里所讲的已不再是印度-希腊式，而是去掉了希腊和西方。从此乃是“印度-古典式”了。

锡兰，印度尼西亚，以及马来半岛的艺术，也和阿玛拉瓦提式

① 参看难陀拉尔·婆斯（Nanda Lal Bose）：《鹿野苑博物馆一座石佛像》（A Stone Image of the Buddha in the Sārnāth Museum），载于《色彩》（*Rūpam*），1925年8月号；欧柏提（F. O. Obertel）：《在鹿野苑的发掘》（Excavations at Sārnāth），《印度考古调查报告》（1904—1905年），第84页，图29；哈格列夫斯（H. Hargreaves）：《在鹿野苑的发掘》，《印度考古调查报告》（1914—1925年），第97页，图63。

② 参看魏吉尔：《秣菟罗的雕刻》，载于《亚洲艺术》第15卷（1930年），图32；同书还有三尊现藏于勒克脑（Lucknow）和加尔各答博物馆的笈多派的庄严佛像的复制品（图31）。

③ 参看阿伦先（Arunsen）：《伯明翰博物馆的铜佛像》（Bronze Buddha from the-Birmingham Museum），《色彩》，1925年1月。

及恒河流域的笈多式艺术类似。关于此点，近有一奇异的证明：在马德拉斯博物馆中有一座自阿玛拉瓦提得来的美丽而著名的佛像，着僧衣，垂着细小的褶纹，头发是笈多式的紧密的发卷。现在越南当都昂的占姆人作品中，发现了一具这座佛像的仿制品，经哥劳布鉴定，系出自锡兰。① 如何卡特所说："锡兰雕刻史，始自阿玛拉瓦提派"。在锡兰阿耨罗陀补罗至特连科玛利（Aṇurādhapura-Trincomalee）公路南的一处废墟中，曾发现两件此派的作品，都是在阿玛拉瓦提制成的，一为预示佛将降诞，一为舍卫城现神通，今藏科伦坡博物馆。② 又在阿耨罗陀补罗之北，一塔波的方柱残片上，也显有为阿玛拉瓦提雕刻家所喜好的纤细而活泼的特色（科伦坡博物馆，30号）。③ 锡兰是后来才受到笈多朝影响的。早期的笈多作品，以伊苏鲁姆尼亚（阿耨罗陀补罗）的悦目的一男一女浅浮雕像为代表，"其手法较以前作品更显得熟练而自由"（何卡特语）④。锡兰最好的"月亮石"——雕有鸟兽行列的圆形石——即属于阿玛拉瓦提派之终结及可以恰当地称为笈多派影响之开始的时期：例如在阿耨罗陀补罗的所谓"王后阁"内的有名的月亮石即是。何卡特说："那是刻在极坚硬的石头上的，手法谨慎精致，而不

① 参看《法国远东学院公报》（*Bulletin de l'École Française d'Extrême Orient*），第21卷（1922年），第72页，图11；《阿玛拉瓦提的发掘》（Excavations at Amarāvatī），图51，《印度考古调查报告》，1905—1906年；以及在泰国科柯特（Kohat）发现的一尊铜佛像，为考德斯（Coedès）复制于《印度对泰国艺术的影响》（Indian Influences upon Siamese Art），《印度艺术和文字》（*Indian Art and Letters*），1930年，第1卷，图B。

② 何卡特（A. M. Hocart）：《考古学概要》（Archaeological Summary），《锡兰科学杂志》，G部，第1卷，第3册（1927年1月13日），第95页，图42、43。

③ 同上书，图44。

④ 同上书，图48。

失其生动；其中的象，如常见于印度艺术，远较其他动物更为逼真，难得有再胜过它的。甚至那些最不真实的动物（雄牛、狮、马、鹅）也都有很大的艺术价值。[①] 但纯笈多式的影响，则可于阿耨罗陀补罗的壮丽的大佛像见到。此像手作“禅定印”，高在两码以上，年代约为 4 世纪或 5 世纪。库玛拉师瓦密很正确地称赞它是印度艺术中的一大杰作——与鹿野苑的佛像可称伯仲！到 13 世纪之末，锡兰的雕刻仍能产生一些杰作，如波郎那鲁瓦的著名的包台古尔寺的有须立像即是，这通称为巴胡王一世像，作读书状，有一种无比的尊贵和沉着的威严姿态[②]。

在前几节内，我们曾提到一些佛像的手相（手印）或坐着的姿势（坐势）。因为正如犍驮罗艺术之对传统的佛传图具有固定不变的式样，笈多朝艺术以及后来的波罗朝艺术，对佛像的坐势和姿态也建立了宗教上和艺术上的准则。

据佛经所说，佛陀经常都是坐“莲花座”的。在这莲花座上，他坐的样子是印度式的，即两腿交叉，脚放在相对的大腿上，足心向上。这姿势的另一种变化是“勇健座”，即把右腿放在左腿之下而不是在上面。还有一种是“瑜伽座”，为静坐禅定的姿势，是依照修定者的习惯，将两膝微抬，以带支持着。

除了这些几乎传统的姿势，表现着佛祖悟道时的崇高宁静或说法时的庄严肃穆外，我们发现还有“游戏座”或“安逸座”的姿势，

① 参看何卡特：《考古学概要》，图 52B。

② 同上书，图 56。关于锡兰的一般艺术，可看库玛拉师瓦密：《中古锡兰艺术》（*Mediaeval Sinhalese Art*），伦敦和剑波（Broad Campden），1908 年。

即一腿弯曲或抬起，另一腿下垂，如此其线条即显得更柔软随意。这些姿势中人最熟知也最优美的是“大王游戏座”或“大王安逸座”：左腿弯着，右膝屈起以支右臂，右手则自膝处下垂，身躯略向后仰，而以靠着宝座的左臂支持。

至于立像——例如秣菟罗的佛陀像——或者正面挺然直立，或者其他如伯明翰博物馆中的苏丹干季的佛像，臀部微向外斜，这样由头、身及两腿的中间所画的一道线不再是直线了，不管头部是正是歪或是任意俯仰。在这里我们第一次有了那种懒散松懈的姿势——那样的和谐匀称，只是有时稍嫌造作——这是后来中世纪南印度湿婆教派雕塑家们所深爱的式样。[1]

手指的姿势，或称“手印”，也与这些坐势相同而成为研究分类的对象。在佛像中最常遇到的是与“莲花座”一起的“禅定印”，即佛以两手上下相叠放在膝部，手掌向上，手指平伸。其次是施舍或慈悲的姿势“施与印”：手下垂，掌向下，手指向前伸屈。再次是“施无畏印”，即使人安心的姿势：手平肩伸出，掌向前，手指上指——这是佛典所载的一种最亲切而崇高的姿势。由此又引申出一种“论辩印”，与上一势相同，只是以食指或中指与拇指相触。另一种极常见的是“转法轮印”，即说法的手势：双手置胸前，右掌向外，大指与食指相掐，左掌向内，以拇指及食指触另一手的两指。至于

---

① 在笈多艺术最可爱的样品中，我们也该谈到锡兰的几件浮雕或造像。我们特别注意的是阿耨罗陀补罗的，伊苏鲁姆尼亚（Isurumunya）的一对男女坐像，姿态无比优美，为何卡特特别复制于《锡兰科学杂志》，G部，第1卷，第3册（1927年1月13日），图48。

“指地印”，这是当群魔来扰，佛召地神作证时的景象：佛坐禅于莲花座上，使右手自右膝部下垂，掌向下，这样以手指触地或摩地。最后，还有表示尊敬，也是施礼的姿势“合掌印”，即以双手合掌当胸。

对于这些仪式的姿势，通常仅以宗教的象征主义为观点来研究。但为了其本质上的美学特性，也同样值得对它们留恋。[①] 的确，对于手——这肉体的花朵，它把人类所有的温柔和思想都涵于其圣杯之内——的精神价值，从来没有被领会得如此神秘深奥的了。佛教中全部伟大的和平意念都包容在那“禅定印”的姿势内。世尊的整个“慈悲法办”则显示于“施无畏印”中；过去 24 个世纪内，半数人类都在其中找到了皈依之所。另一方面，在他召地神作证的手势里是有怎样的镇静确信，那论辩及转法轮的手势又是怎样的崇高文雅——这是这位完美的圣者理性上究竟慈悲的表现！而且，好像要证明这些神圣的手势具有普及全世的价值似的，那“合掌印”以及“施与印”岂不与基督教中所表象的相同？由安哲里科[②]到阿旃陀的大师们，一切纯洁的心灵都是用此种姿势表现他们的信仰和仁慈的双重理想。当这些佛教手印找到了适当的表现者（作品）时，借用一句拉斯金[③]的话，它们乃是“灵魂的手势”，将纯道德的美转化为艺术上的美了。

① 参看库玛拉师瓦密和杜吉罗拉（Duggirala）：《手印之镜》（*The Mirror of Gesture*），剑桥，1917 年。

② 安哲里科（Fra Angelico，1387—1455 年），原名 Giovanni da Fiesole，意大利宗教画家。——译者

③ 拉斯金（Ruskin，1819—1900 年），英国作家兼艺术评论家。——译者

这些原则特别应用于佛教绘画中，显著的是阿旃陀的壁画。

印度佛画中，主要的一批是在阿旃陀。[①] 这个有点对外隔绝的地方位于海得拉巴的尼兹姆士邦西北端，对着坎德什(Khandesh)的一方。这里曾聚造了许多寺院和窟殿，其中装饰着由信士们所奉献的大量壁画，年代自2世纪到7世纪。

最早的壁画是在第九洞及第十洞，两洞造于约公元100年安达罗王朝时代。我们当记得，统治着德干高原的安达罗诸王也是阿玛拉瓦提的君主。因此阿旃陀最早的壁画与阿玛拉瓦提艺术有着历史的亲缘，后者对印度美学理想的形成上的重要性，我们于前文已曾看到。换句话说，第九洞和第十洞的壁画，所表现的绝不是原始的艺术。反之，如布朗所说，在这里与在阿玛拉瓦提相同，我们论及的乃是已达成熟，且由大胆的风格及异常活泼遒健的绘法而令人注意的一种艺术。这些画面，一般都很匀称，人物描绘得也很巧妙；对于手的处理已显有成为阿旃陀诸大师之诀窍的那种神秘感觉。

① 参看哥劳布(Victor Goloubew)：《阿旃陀研究资料。第一窟的绘画》(Documents pour servir à l'étude d'Ajaṇṭā. Les Peintures de la première grotte)，载于《亚洲艺术》，第10卷(巴黎，Van Oest, 1927)；格利菲斯(Griffiths)：《阿旃陀佛教石窟庙宇中的绘画》(*Paintings in the Buddhist Cave-temples at Ajantā*)，伦敦，1896—1897年；赫宁罕女士(Lady Herringham)：《阿旃陀壁画》(*Ajantā Frescoes*)，印度学会(India Society)，1915年；费契尔：《关于表述阿旃陀绘画和雕刻的初步报告》(Preliminary Report on the Interpretation of the Paintings and Sculptures of Ajaṇṭā)，《海德拉巴邦考古学会学报》(*Journal of the Hyderabad Archaeological Society*)，第5期，1919—1920年，和《亚洲学报》(*Journal Asiatique*)，巴黎，1921年，第1卷，第201—245页；拉卢(Marcelle Lalou)：《佛教寺院的装饰》(Décorations des monastères bouddhiques)，《亚洲艺术评论》(*Revue der arts asiatiques*)，第5卷，1928年，第183页。

经过两个半世纪的间隔，我们又来到一个新的艺术繁荣的时代，这是以十号洞中的柱面画为代表。这些画似乎开始于公元350年顷笈多王朝，与2世纪的作品在风格上表现得颇有差异。第一点，此处也和阿玛拉瓦提一样，曾同时受到犍驮罗的希腊-佛教艺术影响。在佛像背后圆光的处理上，特别是在衣着的处理上，显示出与犍驮罗式有毫无疑问的类似之处。另一方面，如布朗指出，这些作品虽可看出有些落套，但人物却画得高贵朴素，姿态庄严雄迈；这标志着在此前各组的基础上的进步。严格说来，这乃是与犍驮罗影响并列的笈多时代的贡献。

第三组是十六及十七号洞中的壁画，年代约开始于公元500年，即与笈多朝诸王有血统关系的当地瓦迦塔迦小王朝统治的时候。较早的第十六号洞，其特色是人像与建筑图案相配合，而且"那建筑乃是轻快而富有想象力的式样"（布朗语）。此种情形，我们可以举那幅精美的佛教徒三尊及优雅的"睡女"画为证。在十七号洞，布朗使人注意那种颇为触目的"叙事风格"：这里实际是一个画廊，画着佛陀降生、生活和寂灭的一些最重大事件。这组画中理想主义的观念较少，而有着明显的戏剧性情调。选择这些画的目的，似乎是要以其率直的人道主义来吸引观众。尤其是"复返迦毗罗城"过去七佛及须大拏太子本生故事各景，都是以这精神处理的。但此种通俗的——或比较通俗的——情绪，并未减低一些人物所特有的性格，如乾闼婆和诸天玉女们的优美行列，以及某些恋爱场面，即可证明。

十九号洞及其中许多佛像和"重返迦毗罗城"等，似造于公元550年左右，因而形成了此组与第7世纪一组画之间的连锁。

最末一部包括自第一至第五以及第二十一至第二十六各洞。其中最为重要的是第一、二两洞，饰画于公元600—650年，即遮卢伽王朝的全盛时代；此朝统治着马拉他地区，并于公元550—750年间也领辖着德干。一号洞中所有的壁画大概算是阿旃陀最著名的了——如持青莲的菩萨宝相(文殊师利或观世音，图22)，尸毗王本生中的秤肉场面以及那幅盛宴图等；后者以往认为所画的是波斯王喀斯鲁二世①，但据费契尔考定这实为财神般遮迦。可注意的是，纵使此画与那位萨萨尼的名王无关，但这一组无疑仍受有伊朗影响：一号洞中的般遮迦宴乐图应该与和阗附近丹丹乌里克的人物画相比(见本书第三卷图117*)那上面显有曾受到萨萨尼王朝影响的痕迹，而且也几乎是与阿旃陀这些人像画属于同一时代，即8世纪。我们可顺便察觉，这使我们确信萨萨尼王朝影响及于东方绘画，其地域之广大，自阿旃陀经巴米延及杜克塔尔-夷·奴什尔凡，远达喀什噶尔。但如布朗指出，一号洞中除了此种印度-伊朗的亲缘外，在风格和典型方面与8世纪婆罗浮屠上浮雕的印度-爪哇艺术还有一些奇异的类似处。

二号洞的时代最晚，这里表现了两种不同风格，如布朗所说：其一是十足的传统式，显示一种和上文提到的丹丹乌里克绘画相似的形式主义；布朗并谓，另一方面，在一些仍为极伟大的艺术家所作的中心人物形象之旁，那次要的人像则显露出技巧上的弱点，

---

① 参看日本美术杂志《国华》，342期(1918年11月)所载的《波斯使节酒宴图》(The Banquet of Persians)。在《国华》第323、324、325、345、355和374期上，另有阿旃陀壁画的几幅彩色图。

* 中译本未附此图。

而更普遍的是缺少和谐一致，与前几组的巧妙构图成一鲜明对比。还可注意的是，在波斯影响之后，布朗认为他可以于此辨识出某种中国影响。我们如想到玄奘和中国唐代的其他香客曾走过这条路时，这也就不足为奇了。[①]

阿旃陀壁画的每一主题都值得做个别分析。例如，其中的男性型式，由那些留髭须，着透明薄衣，并有几乎如女性般柔软身体的优美的"刹帝利"像，到上文提及的有长须、戴圆锥形小帽并穿厚衣的多少属于伊朗型的人像等，都可加以研究。值得提出的还有种种宫廷生活景象：如一号洞中，一位乘象的青年王子，率众骑士扈从自王宫出发；又十七号洞中，一列华饰的大象，上载战士，四周有骑者环绕着——印度史诗中的实景，费契尔认为这是僧伽罗事迹图，即大商主僧伽罗的故事，他后来成了锡兰的国王。最后，我们实在还该列举所有林莽生活的景象，那些和法国艺术家巴利(1795—1875 年)作风一样有力的无名画家，在他们观察动物生活时用了可以与桑奇的动物雕刻者们媲美的现实手法和热情——特别是像一号洞中的水牛相斗，十九号洞中的群象混战，和在十号洞中"六牙白象本生"图里的象群等。在这方面，我们可注意一号洞中作为装饰图案的美妙迷人的大象，其风格与桑奇及菩提伽耶的相同。我们还可看到十七号洞的羚羊礼塔图中无比优美的羚羊、栩栩如生的猿猴姿势或群狼形象，以及富有装饰风味的华丽的孔雀等，这些也都可以和桑奇的鸟兽像相比。以上各画，读者可参看

① 据印度国际大学艺术院院长 N.L.婆斯说，这个洞窟的壁画，照手法上看，应是中国画家的作品。——译者

V. 哥劳布复印的精美的图片(见《亚洲艺术》卷10)。

关于此点——我们特意反复重申这种比较——有趣的是,回忆起就在印度边境的萨萨尼王朝的波斯,也有一派很有才能的动物雕塑家。我们这里只需提起在本书第一卷中刊印的塔夸－夷·布斯坦大石窟左右壁上(约作于公元620年)的伟大的喀斯鲁王二世行猎图浮雕;其中除了有局部差异外,我们还可辨认出两派间所有的若干共同特点。尤其是猎野猪图中的大象,我们去当地重作观察时,觉得那画若不是得到印度艺术的直接启示,也是受了它的重大影响。

从另一观点来看,对于阿旃陀的尚存的古典题材,也可作一专门研究。这里可见到煽动着雄鸡小羊们互斗的小爱神一类的小精灵——这种纯属希腊－罗马式的题材;而我们很惊异地发现它竟与仍为印度所特有的佛教题材结合在一起了(一号及十七号洞)。至于歌神"紧那罗"的形象也如此,这是仿自希腊神话中半鸟半女人的怪物的。还有几幅画,其中我们可以注意到印度艺术家们对这些古典主题如何加以修改变通。与二号洞的纯希腊式海中女妖形的龙女一起的,我们在一号洞内看到其他一些虚拟的动物,尾部及下半身似海中女妖,而头部及上身则如水牛或母牛——这是印度天才的典型创作。同样,在一些壁板装饰上,我们发现具有小儿一切优美姿态的古希腊爱神丘比特混于外来的特区植物中,或甚至杂于猴子、水牛及可爱的幼象之间。在同壁面的别一处,则可见到波斯式的面面相对的马匹的图案;这种画远至中亚的吐鲁番都可发现。

然而,这里主要的因素,始终仍是那不朽的印度自然主义。我

们已经看到，那些伟大的动物雕塑者们的艺术是由此而得到启发的。现在更发现，这些在亚热带阳光下任意活动的美丽人体，也以此为最主要的因素。但在后者，这种自然主义，在倾向上多么灵化，在表现上多么洗练！要信服此点，只需想到阿旃陀一号洞中所有的裸女形象——线条流畅、花容月貌、仪态万方，这些把她们构成像一首印度女性的诗一样；例如，在一号洞的降魔图中，即可注意到魔女们的狐媚伎俩，和她们那种既天真稚气又搔首弄姿的诱惑神情。我们只要列举一号洞中所画的对对恋人，她们的风骚的面容，高雅的朴质，轻柔绵软的体态和纯洁而缠绵的姿势，尤其是那弃世的圣洁情感以及无限温柔，使得这些题材不至于和一个佛教圣堂格格不入。

纯正的艺术爱好者，在这里又会瞥见另一个奇妙的“15 世纪”，另一个奇妙的佛罗伦萨或翁布里亚[①]。在这些女人们的卵形脸儿，既纯洁又放荡、又忧郁的长长眼睛，和由那种矫饰的美学观念安排成各种姿势的苗条肉体之前——在这些无邪的赤裸的婀娜形象之前，我们不禁想到波提切利所画的女像，如《维纳斯之诞生》等，和拉斐尔以前的意大利美术中的神像画。的确，鼓舞这位乌非齐(Uffizi)的艺术家，和鼓舞阿旃陀的老匠师们的精神是有些相似的。二者都在一种热烈的“新异端主义”精神下，赞扬着女性形象的、线条的和软洋洋的可爱青春躯体的艺术价值；而那位佛罗伦萨的大师也正和在阿旃陀的遥远的前辈们一样，留心着务使这些

① “15 世纪”(Quattrocento)意为 1400 年代，即欧洲文艺复兴的初期；佛罗伦萨(Florence，意文作 Firenze，或译翡冷翠)及翁布里亚(Umbria)皆为意大利文艺中心城市。——译者

优美的人物与周围的宗教气氛相调和。单单是阿旃陀画家们对于手部的处理，就足以表现出使她们充满生命的那种几乎是圣芳济式的温柔：在那最轻微的手势中，有着怎样的心灵上的特征；在那最深情的爱抚中，又有着怎样神秘的情感啊！[①] 甚至在一些牧歌式的画面内人物的肉体和灵魂也都充满虔诚的情绪。因此这全部自然主义的艺术始终是热情而神秘的，并经常以最热烈的"bhakti"（虔敬）和最崇高的理想主义将它提高，达到一种超越其本身的境界。

最后，当作画的任务是要给神佛菩萨的幻象穿上一件物质形式的外衣时，阿旃陀是与秣菟罗及鹿野苑相等的。的确，以印度生活中的田园景色以及繁花茂林为背景，只为使菩萨们的形象更加鲜明。但在阿旃陀，这些超自然的幽灵却是那些缠扰着人类梦想的最动人的幻影。这里，我们只需想到一号洞中那幅巨大的菩萨画像——据哥劳布说是文殊菩萨，而库玛拉师瓦密则说是观世音——穿着透明的薄衣，头戴高高的宝冠，上有镂金的莲花及茉莉花，右手以绝美的姿势持一枝青莲花：这画像在世界美术中应占一席地位而可与罗马教皇礼拜堂中的最庄严的天主下凡像或如《最后的晚餐》中的基督像并列。在后者那幅名画中，达·芬奇曾表达了人类灵魂中最强烈的情感。[②]

把这种种印象总结成一个公式，我们可以说，阿旃陀的主要特征，乃是桑奇的古代印度自然主义以其少壮清新的气息与佛教神

---

① 参看S.笈多(Samarendranath Gupta)：《阿旃陀壁画中的手》(*The Hands in the Ajaṇṭā Frescoes*)，现代评论社(Modern Review)，加尔各答。

② 参看阿旃陀另一个菩萨像，复制于本书，第4卷，插图22。（中译本此图欠附）

秘主义的无限温和,构成一种密切而和谐的融合。使阿旃陀成为印度心灵各方面的一种完整的表现,也即在此。

在锡兰的喜吉里耶的壁画,为此派的支流。[①] 那里的宫城"狮子岩"曾为锡兰国王迦叶波一世(479—497年)的避难之所。他在那里构筑了一座宫室,后者的基础以及所装饰的岩石壁画尚遗存至今。这些画与阿旃陀十六号洞几乎同时,因此显得与阿旃陀壁画有着明显的相似,虽然我们能看出两地在技巧上的某些差别——例如,喜吉里耶画上缺乏青蓝类颜色。这种类似,又因喜吉里耶壁上所画的一队散花女子的题材(图15、16)与上文刚使我们获得一些印象的阿旃陀艺术规范调和一致,所以更为触目。这些女像,不论如布朗所说,是迦叶波王的嫔妃,或者如库玛拉师瓦密所说,是天女——实际上她们自腰以下都是隐于云中的——她们都表现出同一特点:由巴尔胡特和桑奇的异教艺术继承而来的普遍的色情肉感,再加上姿势体态的无上优美,合于美学的精致洗练和波提切利式的绝丽典雅;这些乃是笈多朝及其后期的艺术上的贡献,是迦梨陀娑时代特出的标识。

佛教画的最后一个中心地是巴格的石窟,此地在瓜廖尔的阿旃陀北235英里处。[②] 巴格的壁画,年代约在7世纪之末——因此距阿旃陀的一号及二号洞的时代不甚遥远——在风格上表现得与后者极为近似,虽然其区别是,它们似乎已不再专属于佛教,而

① 参看库玛拉师瓦密:《中古的锡兰艺术》,剑波,1923年。

② 参看马歇尔爵士、贾尔德(M. B. Garde)、魏吉尔、哈威尔、考逊斯和宾扬共著的《巴格石窟》(*The Bāgh Caves*),印度学会,伦敦,1927年;M. C. 提伊爵士(Sir Mukul Chandra Dey):《阿旃陀和巴格的巡礼》(*My Pilgrimages to Ajaṇṭā and Bāgh*),伦敦,1924年。

看来大部分是完全世俗的。在阿旃陀的壁画中，骑士以及庄严的象队都消失于宗教的灵感内，而成为一个整体，但在这里却是为了其本身而予以处理的。此外还有整段壁画都绘着音乐歌舞的场面，所谓"圆圈舞"。这种纯世俗的影响，说明一件事实，即当巴格壁画在绘制时，佛教已走上了自印度消灭之路。印度教的兴起已经到来了。

宗教变革：印度教的兴起及印度教诸神

自公元前3世纪起到公元7世纪，佛教对于发扬印度文明，尤其在艺术史上，曾有重大的影响。但它却从未掌握人民大众。甚至在它成就的最高峰时，婆罗门文明以及与婆罗门教有关的民间祀奉也仍盛行不废，印度的文学即可作证：那两部犹如婆罗门教神话之圣经的史诗，似乎正形成于公元前3世纪及公元2世纪佛教极盛时期，即当孔雀、巽伽及贵霜诸王朝的时代。自8世纪以后，婆罗门教即从下层浮升上来，而将佛教完全消灭或吸收了。由8世纪起直到现在，印度除了婆罗门教诸神外，不知有他神；数百年间，婆罗门教复发展为印度教。

印度教乃是婆罗门把一切教义以及民间奉祀尽纳入其正统宗教范围之内而进行的诸教混同的结果。这方法是根据三位一体（三身）的观念，即梵天、偏入天（毗湿纽）及大自在天（湿婆）三主神——这是一个立即为人了解且流行的便利计划，调和了印度的三个主要宗教：婆罗门教，即尊奉吠陀的祭司阶级的宗教；具有各种形式的毗湿纽教，如黑天崇拜及罗摩崇拜等；湿婆教。

梵天，这位由《奥义书》中形而上学的“绝对”衍化而来的人格神，据说乃是宇宙的灵魂及创造者。在传统的绘像上[①]，他有四头四臂，其中两手拿着那四部吠陀，坐在印度天鹅（七羽亘娑）背上。他有时随同着他的伴侣，雄辩的音乐女神“辩才天”，她手持其特有的法螺及轮宝，乘孔雀。[②] 梵天本身虽有这些人格的特征，但因为其来源的关系，作为一位神祇始终太显哲学气而抽象，在供奉、文学及艺术方面都没有很大作用。印度教中最受崇拜的，体现印度教精神的，仍属毗纽天——黑天和大自在天湿婆。

毗纽天，也称“诃哩”和“那罗延天”，是印度最古的诸神之一，因为作为日神，他是吠陀神群中重要的神。[③] 他的神格一直由他的颜色深蓝色来表示，这也是他两个化身黑天和罗摩的颜色。当中世纪的印度教时代，其肖像是有四臂，各持法螺仙杖、莲花及轮宝。他骑在大鹏金翅鸟背上，并有美丽的女神吉祥天及大地的女神布弥天为他的仙侣。

据毗纽教徒们说，这世界的保存者毗纽天在他每次创世的巨

① 参看刚哥利：《佐拉时代的几个梵天像》（Some Images of Brahmā of the Choḷa Period），《色彩》，1928 年 7 至 10 月号；《一个梵天石雕像》（南印度，10—11 世纪）（A Stone Figure of Brahma），《纽约市立博物馆公报》，1927 年 5 月，第 5 号。

② 参看 K. 夏斯特利（Krishna Sastri）：《南印度的男女神像》（*South Indian Images of Gods and Goddesses*），马德拉斯，1916 年，插图 6—9（展示着摩伐利补罗（Māvalipuram）、孔巴科纳姆（Kumbakānam）、帝鲁伐地（Tiruvādi）和坎迪尤尔（Kandiyur）等地的一些非常美丽的浮雕和造像）。

③ 参看儒沃杜布尼（Jouveau-Dubreuil）：《造像术》（Iconographie）（毗纽天造像），《南印度考古》（*Archéologie du sud de l' Inde*），第 2 卷，巴黎，吉美博物馆（Musée Guimet），1914 年，第 60—111 页。

大间隔期内，都倚坐在宇宙之海洋中的巨大的有毒龙王塞萨或无边龙王安达之上。[①] 他在这经历万千世纪的睡眠状态中——可称赐福的潜伏期——将宇宙尽包容笼罩于其本身内，然后在每一创世期到来时，他即醒来再造一个天地——像由池中似的，由他脐中长出一朵金色莲花，花中诞生梵天，后者为毗纽天创造了宇宙。

毗纽天每作一次新的“阿婆陀罗”——即为救世而化身降凡——都符合世界每一时劫。这种种化身，除许多次要的不计外，主要共有十次，在印度艺术史上都很重要，我们不能略去而不稍作记述。

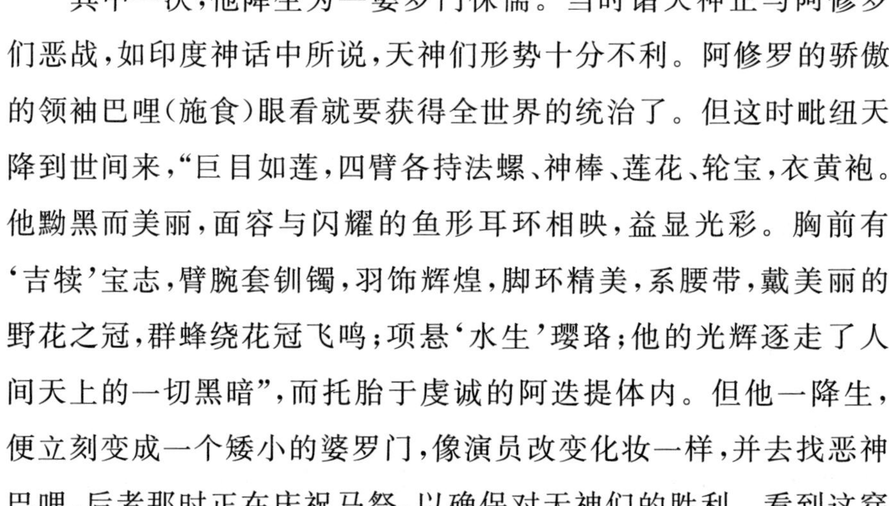

其中一次，他降生为一婆罗门侏儒。当时诸天神正与阿修罗们恶战，如印度神话中所说，天神们形势十分不利。阿修罗的骄傲的领袖巴哩（施食）眼看就要获得全世界的统治了。但这时毗纽天降到世间来，“巨目如莲，四臂各持法螺、神棒、莲花、轮宝，衣黄袍。他黝黑而美丽，面容与闪耀的鱼形耳环相映，益显光彩。胸前有‘吉犊’宝志，臂腕套钏镯，羽饰辉煌，脚环精美，系腰带，戴美丽的野花之冠，群蜂绕花冠飞鸣；项悬‘水生’璎珞；他的光辉逐走了人间天上的一切黑暗”，而托胎于虔诚的阿迭提体内。但他一降生，便立刻变成一个矮小的婆罗门，像演员改变化妆一样，并去找恶神巴哩，后者那时正在庆祝马祭，以确保对天神们的胜利。看到这穿着婆罗门服装的矮子“系婆罗门的圣带，披羚羊皮，卷发下垂”，巴

① 参看G.莱奥（Gopinatha Rao）：《印度教造像学要素》（*Elements of Hindu Iconography*），第1卷，第1册、第263页，图29、31及32；提奥伽地方（Deogarh）的浮雕——乐卧像（Bhōgasayanamurti）；K.夏斯特利：《南印度的男女神像》，第51页，摩婆里补罗的天边龙王乘坐者像（Anantasāyin）。

哩毫不怀疑地欢迎他。这矮子念了一篇遵照梵文诗歌规律而作的颂词之后，即向巴哩要求赐予他三步以内所跨过的土地，巴哩笑着应允了。

据《婆伽梵往世书》载："忽然这侏儒的矮小身材神奇地暴长起来，第一步他即跨过大地，他身体充满大气，手臂触着四极；第二步他即钻入天空；第三步则无一粒微尘不为他所据有了。[①] 巴哩在这具无边法力的大神身体内看到整个宇宙，包括一切有情无情的万物。在他足内，巴哩看到大地，晨昏在这巨步之神的外袍中，七海在其腹内，众星座在其胸上。在他两乳上为正义及真理，灵魂为月亮。心怀中为手拈莲花的吉祥天女，喉中为娑摩梵呗及一切音声。在他臂中为以因陀罗为首的神群，在他耳中为四方，头中为诸天，发中为云，鼻孔中为风，眼中为日，口中为火。在他眼睑中为日夜，眉中为愤怒，下唇中为欲望。在其阴影中为死亡，微笑中为幻想，智慧中为梵天及所有众神。最后，在其身体各内脏中则为一切有生命及无生命之万物。"当阿修罗们看到这"宇宙大神体内的整个宇宙"时，他们感到自己要灭亡了，首领巴哩遂俯首就缚。[②]

与此有些类似的是灵鱼降凡，即毗纽天化身为鱼的故事。一日圣者摩奴在沐浴时捕着一条小鱼，鱼乞放生。但看啊，这鱼开始变大起来，一直大到填满了整个湖泊以及大海。然后它警告摩奴说，洪水要来了，像耶和华告诉诺亚似的，叫他把所有各类生物的

① 这个毗纽天的化身叫作"三步神"(Trivikrama)，由于他大跨三步而得此名。

② 参看G.莱奥:《印度教造像学要素》，第1卷，第1册，第161—181页，图49(摩婆里补罗的"三步"神像)、50(巴达米 Bādāmī 的"三步"神像)、51(埃罗拉的"三步"神像)；K.夏斯特利:《南印度的男女神像》，第31—33页。

代表载到一只大船上去。洪水来时，摩奴由大蛇伐苏基（广财子龙王）之助将船系在这巨鱼须上；因此人类和各种动物才都得救了。[①]

还有野猪降凡，也和这灵鱼的故事性质相近。当大洪水时，地神布弥天被淹没沉落深水中，而为恶魔们所俘。于是毗湿纽变作一只绝大的野猪，"尾巴高举，鬃毛四竖，冲过天空，脚跳浮云，露出白牙，眼中冒火"，他窜进水里，"嗅着气味追踪大地"。最后发现它在一深渊内，便用一只牙齿拉住它带到上面来，在途中还摧毁了敌对的恶魔。印度绘像中常以这故事为题材，画着一个猪头巨神，臂中抱着那被他由深渊救出来的大地女神。[②]

再次是神龟降凡及搅拌乳海。[③] 这是印度最著名的神话之一，常被印度及柬埔寨的雕塑家用作题材。诸神与阿修罗经过长久战争后，一天听毗纽天的劝说，要同去取乳海中所藏的甘露，以求永生。双方遂同往拔起曼陀罗山，这是毗纽天乘金翅鸟抛于海中作搅拌器的。伐苏基龙王绕山如长索，诸神牵龙尾，阿修罗牵龙头，转山轴而搅拌乳海。毗纽天自己变为巨龟，背负曼陀罗山，免其沉入深渊。同时，他又化一身立于诸神与阿修罗之间，指导这一巨大工作。突然自搅起的波涛中喷射出诃罗毒；要不是湿婆怜悯众生而自己把这毒液吞食下去，诸神也将不免于难了；由于它毒性强烈，这可怕的大神喉中因燃烧而永留下一蓝色的印记。其次一

---

① G.莱奥:《印度教造像学要素》，第1卷，第1册，第126页。

② 同前书，第128—145页，图36(摩婆利补罗)、图37(巴达米)；又K.夏斯特利:《南印度的男女神像》，第22页。

③ 同前书，第126页。

些神奇的生物陆续自乳海涌出："火献"白牛，"长耳"神马及其月光之外衣，因陀罗所乘之白象王，毗纽天胸前的宝饰，善美之源泉的波利质多树，和诸天玉女等。再后，最神妙的是印度的阿芙罗黛蒂[①]成为毗纽天之妃的吉祥天女，如《婆伽梵往世书》中所说："她手持莲花圈，蜜蜂绕花飞鸣，她转动着含笑的可爱慈祥面孔，两颊闪烁着美丽的耳环，双乳紧凑，圆满匀称，并敷有檀香及番红花粉末；腰肢纤细，几不可见；踝饰环钏，举步发悦耳的玎玲之声；身躯柔软，宛如一黄金之藤"。最后自这汹涌的波涛中升起一个黑少年，手持一瓶使人长生不灭的神圣甘露。[②]

但就在此时发生一件事故，几乎使这非常的发现落空。原来阿修罗们乘机将甘露抢去。但毗纽天幻化为一绝色美女，迷惑住阿修罗而把甘露得回分给诸神。于是双方战事又起，众天神因服了甘露，终于大获全胜。

在雕刻及绘画中最常见的毗纽天另一化身是人形狮子。金席河阿修罗有一次在骄傲自满之下，侮辱了毗湿纽的名字，叫道："如果他像人们所说的无所不在，他何以不在这柱子内？"——说时这阿修罗用拳尽力击着他宫殿中的一根柱子。就在此时一声厉吼，一只可怕的恶兽跳出来，这就是那大神，"幻化为人狮之形，双目红赤，如火中金，丛鬃倒竖，颜面益形巨大。"这狮神将阿修罗扑倒，以

① 阿芙罗黛蒂（Aphrodite），希腊神话中爱与美的女神，相当于罗马的维纳斯。——译者

② 关于巴达米浅浮雕（6世纪）的好的摄制品，可参看R. D. 班纳吉（Banerji）：《巴达米的浅浮雕》（Basreliefs of Bādāmī），《印度考古调查记录》，第25期（1928年），图22。

爪轻易地撕裂了那雷电也不能损伤的皮肤。[①]

毗湿纽降凡为人身时，主要的是克利希那（黑天）和罗摩。

实际上克利希那本来是另一神，或者可以说出身于人民中间的英雄而成为半神，直到中世纪孟加拉流行的这一虔诚的教派中，他才成为普遍的大神。熟悉印度此方面学识的人，甚至可区分出好几个克利希那，后来被这盛行的教义融合为一，认为是毗纽天的主要化身。现在要简述的关于此神的故事，便是以《婆伽梵往世书》中诸神混合说为根据的。

克利希那，即"黑天"，为印度多神教中最富于人性的神。他出生在阎牟那河（即阇牟那河）畔秣菟罗的耶达婆王室。他的母亲提婆基刚一生下他来，他叔父甘萨王即因听了预言，对他心生厌恶，遣人找他来要置之死地。这孩子和他的弟兄大力罗摩藏在牧人南陀家里才得幸免，因此这位日后的大神是在牛群中消磨其青春的；所以他在这一阶段的名字也叫作"牧童"[②]。在《婆伽梵往世书》及所有崇拜黑天的著作中，都述及他和挤奶女郎的恋爱，同时并暗示说，我们应当把他和她们的肉体的结合看成为信徒的精神及其所信上帝间之神秘结合的一种象征。

这个牧神现身为一美丽的青年，"头戴孔雀羽，耳旁插肉桂花，穿金黄之袍，饰以花环"。"他走进林中，森林都为之颤动，他以唇

① 参看G.莱奥：《印度教造像学要素》，第1卷，第1册，第145—160页，图43，巴达米的光辉的人狮神像。

② 参看库玛拉师瓦密：《印度艺术画册》（*Portfolio of Indian Art*），波士顿美术馆，图76；这是一幅18世纪早期拉吉普特（Rajput）的康格拉（Kangrā）画派的绘画，表现黑天假装一个挤奶女郎，正在挤一只白牛的奶。

上甘露填充了横笛之孔。他的笛声迷住所有动物的灵魂，园中每个女子听了都谈论他。孔雀听了欢喜起舞”，小羚羊也跑来，向这天上乐师“投以亲爱的眼光”；他举步时，它们也追随着他，完全忘记了自己的阴暗的巢窟；“母牛竖起耳朵，好像饮了克利希那吹笛时唇上滴下的甘露”；那些小牛，口中还含着一滴母乳，也着迷般地听着；一切猛兽听了这仙乐，也都喜不自胜，群集到这里来，“牙齿仍咀嚼着食物”；有的惊奇地闭目倾听，还有的“一动也不动，眼中含泪，向这神圣的牧人深情地注视着”。[①]

然后，黑天和热情的牧女们开始跳起放纵的牧人“圆圈舞”来。“他抓住她们，拥到怀里，抚摩她们的手，她们的卷发，她们的膝，她们的腰和胸，玩笑着留下指甲痕迹，他和她们游戏，对她们看着、笑着，燃起了并满足了她们的欲望。”他要挑逗她们，突然自己藏起来，女人们都发了狂似的到一丛丛的树后面去寻找。最后他出现了，又重新跳起圆圈舞：由于他神奇的法力，使得这为众人所爱的神无所不在；当女郎们跳舞时，每人都觉得他在身旁，并且为自己单独所有。

12、13 世纪孟加拉诗人胜天在所著《黑天赞歌》中，对印度教文学内这一古典插话，歌颂出更热烈的诗句：“他绀青色的身体，遍敷檀香粉末，穿戴着黄色束腰外衣、林中鲜花做的花环；他调戏引逗，笑容满面，耳边璎珞摇曳不定。”一群挤奶女郎围拢着他，“有一牧女，双乳丰满，热情地拥住克利希那，向他唱着销魂的恋歌。另

① 参看刚哥利：《拉吉普特绘画的名作》(*Masterpieces of Rajput Painting*)，加尔各答，1927 年，图 14。

一天真少女，在他面前喜极晕去，做出媚态，使他眼中湿润而洋溢着情爱。复有女子，臀部肥硕，耳鬓厮磨，低声诉语，吻着他柔软微颤的头颈。又一女郎，情思缠绵，在阎牟那河畔他所退居的茅舍中，牵衣相就。更有娇娃，被这牧人的舞蹈所陶醉，随克利希那的笛声而歌，鼓掌击节，钏镯叮咚，与乐声相合。他左拥右抱，向献媚者说着甜言蜜语，顾盼着第三人的笑脸，又追随着第四人，他和这些天真少女们如此戏耍作乐。他的普遍诱惑力，惹得人人欢喜；他黝黑柔软的肢体，做成爱情的宴席，美丽的荡女们都吻着他的四肢百体”。其后诗中又以多情的词句述出这牧神的宠爱者罗妲的独诉，当他藏起来时她的痛苦，和找到他时她的狂喜……[1]

印度美术作品中，喜欢把牧人黑天在他这段生活中表现为一个吹笛的漂亮青年，给他的养父南陀看守牛群：像希腊神话中的奥尔弗斯一样，这神圣的牧童的歌声迷住了一切小牛以及牧女。[2]

但克利希那的一生并非完全消磨于挤奶女郎们的手臂之中。在大史诗《摩诃婆罗多》中我们将看到他作为英雄阿周那（有修）的驭者及谋士，在战争中扮演了怎样一个重要的角色。他不仅像阿波罗，还像一个赫克力士。还在幼年时他就曾把戈瓦达那山（牛增山）举起了七夜之久，使南陀的牛群躲避开心怀忌妒的因陀罗所发的飓风。他杀死过扰害优摩那湖的黑色龙王迦哩耶：这场神童与

① 参看库玛拉师瓦密：《印度艺术画册》，波士顿美术馆出版，图 74，一种对拉吉普特的康格拉派的《牛因陀赞歌》（Gīta Govinda）的表述（黑天回到爱人罗妲那儿）

② 参看库玛拉师瓦密：《拉吉普特的绘画》，《波士顿美术馆中印度艺术藏品目录》，第 5 部，图 18、66、70、71、72、73、74、75、78—82、84、85。

龙的战斗，令人想到希腊神话中的英雄赫克力士的同类故事，龙将他缠绕起来，他极轻易地就把它摧毁。最后还把这活的装饰围在身上，跳起不可言状的舞蹈来，使得这爬虫也和他一齐跳动。在同样情形下他还杀死过变作一头巨大水牛的恶魔阿哩什陀和以人肉为食的妖马凯辛。

克利希那建立过这些幼年的功业后，又回到他的故乡秣菟罗，在斗技场中一战就击败了一只疯象和他暴虐的叔父甘萨派遣来的许多敌手，结果他从他叔父手中解放了这座城池。但克利希那并未能把他在秣菟罗的地位保持多久，因为受到了耶婆那人（即希腊人）优势武力的猛攻，他遂弃城走到古吉拉特的门岛，在海边建起一座令人难达的宫城。他的英雄事迹又继续发生于他与鲁克弥妮的婚事和他对阿修罗巴那的胜利，后者是得到另一民间大神湿婆的亲身保护的。据《婆伽梵往世书》说，这次胜利后，湿婆向他致敬，或可说承认他是和自己一样的宇宙大神。

毗纽天的另一伟大化身是罗摩。这里我们看到的已不是一个半神，而是一个真正的人间英雄。他的传说，即形成了相传为诗人蚁垤所著的史诗《罗摩衍那》中的题材。

罗摩是阿踰陀国（今奥德地方）十车王（或十乘王）的太子，王后憍萨丽雅所生。16岁时，他娶了弥提罗国的公主、美貌的息妲为妃，因为只有他拉开了湿婆的神弓，而息妲乃是这种竞赛中的奖品。这少年英雄还同样拉弯了毗纽天的弓，那弓遂为他所有，使他战胜了一切敌人。

我们上文刚看到的克利希那好像是异常温柔的神秘主义中的英雄——甚至可说是一个颇为荒唐色情的神道的英雄。但罗摩却大不相同了，他乃是忠贞的斗士，在他全部事迹中，他的性格始终是恪守道义的：他正是骑士荣誉的典型。他的父亲十车王被他这种善良的品质所感动，决定要让位给他。但老王的次妃凯姬夷利用老王的弱点，要他传位给她自己的儿子婆罗多，而把罗摩放逐14年。罗摩顺从了这个命令，忠实的息妲不肯离弃他，也随着一同到中印度的野林中去："那里的野兽都自在玩耍，并与所爱纵情欢乐，但一见生人就暴怒起来。林中泥泞的池塘中有许多鳄鱼，甚至燃烧着爱火的大象也不能渡过。在野鸡鸣叫的小径上，阻塞着双生树木和荆棘。夜间人睡在地面植叶做的床榻上，他们的身体因疲乏而衰弱了。日日夜夜，他们必须以树上落下的野果充饥；他们必须忍饿到极度。他们还要留着（婆罗门苦行师一样的）发辫，系着树皮制的带子。"

罗摩、他的兄弟吉志和忠诚的息妲三人经过各种阶段的旅程后，来到德干地方哥达瓦利河岸的一所隐士房舍中居住下来。在这里三个流亡者受到许多罗刹的攻击，他们把这些恶鬼都一个个打跑了。统治着楞伽岛（今锡兰）的魔王哮吼罗刹，为了给他的臣民复仇，要把息妲劫走，来满足其罪恶的欲望。他乘上由啖食人肉的驴子所拉的飞车，到哥达瓦利河畔隐士居处附近降落。哮吼罗刹的部下摩力叉要把罗摩从他的爱人身边诱开，便自己变成一只羚羊出现在这位英雄面前："这是一只毛彩变幻的可爱大羚羊。它角尖闪烁着珠光宝气，头上夹杂着黑白斑纹；嘴如红、青莲花，耳像染成天蓝色的睡莲；它脖颈修长，腹部如珍珠贝壳在发光，侧身似蜜味花样灿烂，蹄端像宝玉般辉煌；它腿部精致，身材完美，臀部五色缤纷，如彩虹飞降。"息妲正采花走过这里，看见这神奇的羚羊，极想要获得它,便叫罗摩给她捕捉。罗摩忙去追赶,但这羚羊引得他远离了他们隐居之处,于是哮吼罗刹乘机出来把息妲劫走,虽有鹰王阇陀伏斯来拦阻也未成功;他将她带回楞伽岛,囚在宫中,一直等她同意嫁他时为止。

罗摩和吉志回到隐士居处,不见息妲,大为懊丧,便动身寻找。他们遇到一个同盟者美颈猴王,它是被他兄弟瓦林驱逐出来的。罗摩帮助它杀死了瓦林,重复王位,猴王感激之下,遂派全体猴族访寻息妲。猴中的英雄哈努曼纵身一跳,跃过大海,到了楞伽岛,找到息妲;经过无数艰险——有一次它被捉住在尾巴上缚了燃烧的棉花——又渡海回来,给罗摩带来了他的爱人的消息。

听到这消息后,罗摩太子即率领猴军在海上建起一座长桥,并且进攻楞伽岛。《罗摩衍那》的整个第六章写的都是罗摩、吉志和哈努曼对哮吼罗刹的战争。结果哮吼罗刹被罗摩亲手杀死,这战胜者命人将息妲找来,她满心欢喜地来了。但这位英雄的心里因怀疑而痛苦着,他叫道:“虽然你已在我身边,但却像灯火似的刺伤了畏光的眼,……哪个男人还能接回并珍爱一个曾在别的男子屋里住过的女人呢?我这以自己的高贵家族自豪的人,岂能把曾入哮吼罗刹怀抱、且经他邪恶的眼注视过的人再带回去呢?”听了这话,那曾经凶猛地抵抗哮吼罗刹侵犯的息妲,这时眼中充满了泪水。她受了这痛心的伤害,便令人搭起一个火葬堆,自己投身于火焰之内。“罗摩黯然地听到了人群中所发的哀鸣;他凄惶良久,虽然性格刚毅,至此也不禁以泪洗面了。”但大神阿耆尼于火焰中出现,他救出息妲,复还给她的丈夫;于是罗摩偕同他无瑕的爱人,重返阿踰陀国，终于被拥立为王。[①]

除了毗纽教外，在印度教徒中流行的另一大宗教是湿婆教。[②]作为印度教三主神中破坏神的湿婆，在本质上乃是一个复合的神祇。他与吠陀中的森林及旋风之神鲁特罗有关。早在吠陀时代，他即有湿婆，即"福神"这个委婉的别号。同时他又称为婆伐，即"丰有之神"；但他也是迦罗，即时间之神和破坏神；以及拜拉瓦，即恐怖之神。崇拜他的信徒们则把这各种面貌总结起来，称他为摩诃提婆，"大王"，即宇宙间唯一大神，所有其他诸神都自他而生。

我们可以看到这古代风神最后所采取的形状是如何的多样化。因为他代表了不可驾驭的大自然力量，所以在印度哲学世界里，他应当象征着在宇宙进化底层的破坏势力——死是生存的真正法则，作为生命的一种条件，或更准确恰当些，作为生命的永恒产生者。这种超人的智慧，超越了善与恶，超越了仁慈与残酷，超越了有与无——实际上是一种尼采式的智慧——正是全部湿婆教义之所在。这一观念很奇怪地表现在湿婆绘像上，他有时作赤身的苦行师状，在俗人眼中看来，举动与疯人无二。他以灰尘涂身，长发纠结，胡乱挽在头上。他常出没于尸场和墓地间，莫名其妙地狂舞着，或在大雪山的隐居中潜修着不可想象的苦行。但同时他的宗教也容许着极为猥亵的仪式，作为他的象征而受礼拜的非他，

① 参看斯徒特海姆(W. Stutterheim)：《印度尼西亚的罗摩传说与罗摩浮雕》(*Rāma-Legenden and Rāma-Reliefs in Indonesien*)，慕尼黑，1924—1925年；库玛拉师瓦密：《拉吉普特的绘画》，《波士顿美术馆中印度艺术藏品目录》，第5部，图10—15和36—37。

② 参看儒沃杜布尼：《南印度考古》，第2卷，第9—59页，关于造像(湿婆的造像)。

乃是“棱伽”(男根),即男性生殖器官的象征。湿婆以此种原始的“男根”形式而受祀奉,有时是传统式的,有时则是十分写实的,在子宫中挺然直立着。这里面有着深奥的象征主义,其哲学上的含意,我们要当心不可误解;因为它显示给我们,这破坏之神与创造之神为同一,而死乃是生殖的源泉。①

这可怕的苦行者,其形象照例有四臂,上边两臂分执手鼓与牝鹿,两边两臂则作施与印与无畏印势。他除了两只和常人一样的眼睛外,在前额当中还有第三只眼。他唯一的衣服是一件虎皮,颈上围绕着一条活蛇。在他高高的婆罗门式的发髻上戴着新月、骷髅、梵天的第五个头颅和恒河女神殑伽。

这些特有的标志,每件都与湿婆一生中的某些经历有关。那恒河女神像,令人想起这条圣水下降人间的事。以前,据说它是只在天上流的。幸车王为了祷求这圣水下降,以洗净土地,自己修习着难以置信的苦行;但因为这水的大量降下即将发生新的洪水,湿婆因慈悲众生,同意以头接水;这水在他的发辫间回环流绕了一千年,然后才由喜马拉雅山分七条源头冲下。在摩婆里补罗有一块极强健有力的岩石雕刻,表现这圣水下降,以男女龙神所组成的小瀑布形代表这水,四周拜伏着天地万物(图 17)。

由此可见这位凶神,这破坏之神,是能做重大的自我牺牲的。在搅拌乳海时,为了拯救诸神和一切众生,他饮下了由海水或修吉龙王所放的毒液,在喉上留下了不可磨灭的烧灼标记——因此得

① “湿婆礼拜节”(Śiva-pūjā)常常表现为一种伟大的虔诚、礼拜和神秘的仁慈的意味。参看库玛拉师瓦密:《哥劳布氏收藏的东方小型画》(Les Miniatures orientales de la collection Goloubew),《亚洲艺术》,第 8 卷,波士顿美术馆,1929 年,图 85。

到一个别号“青颈神”。

作为湿婆头饰的梵天第五个头，暗示这位“男根”之神所做的一件十分意外的行为，而且完全是他的功劳，虽然方式有些凶暴：梵天想做某一乱伦举动，引起湿婆道德心的狂想，他割下了这意图犯罪者五个头中的一个，后来痛悔不已——因为梵天是众神之父——终于发狂。在癫狂中，他做了许多奇怪的事，例如他引诱了塔拉伽姆(Tāragam)森林中隐士们的妻子——虽然这些隐士乃是异教徒！他们在暴怒之下，掷来一把发着火焰的斧子和一只大鹿，他把这两件东西都抓在两手里，成为他特有的持物。其后隐士们借所祀神火的法力变出一只猛虎，向这大神扑来。但“他微笑着捉住它，用小指甲即将虎皮剥下，裹在身上，如穿一件绸衣。”最后隐士们又驱来一条可怕的巨蛇，但湿婆也把这蛇抓住，并绕在颈上，像项链一样。至于湿婆在跳“健舞”时脚下所踏的生灵，也许是三层城的阿修罗之一，这城是在诸神与阿修罗长久斗争过程中被他毁灭的；也许是那被异教僧侣煽动起来反对他的恶毒的侏儒木耶拉迦，他只用脚趾尖就把这侏儒的背脊踩断。

印度的肖像画家们根据湿婆的多方面活动，将他的主要相貌区分如下：anugrahaṃūrti，即这大神的慈悲相[①]，及saṃhāramūrti，即破坏相[②]——例如，湿婆勇或湿婆怖，即“恐怖之神”，一个常带着兀鹰出没于火葬场所的赤身苦行者[③]；bhikshaṭanamūrti，即行

① 参看G.莱奥：《印度教造像学要素》，第2卷，第1册，第205—220页，图49—55。

② 同上书卷册，第145—194页，图30—47。

③ 同上书卷册，第77—188页，图41—44；K.夏斯特利：《南印度的男女神像》，第151—159页。

乞的苦行师相，也是裸体的①；ṇrittamūrti，即“舞王相”（Naṭarāja）②；mahēśamurti，大自在天相即三面相，这使他能同时现三种面貌③。在这些形象中，我们还不该忘记湿婆最基本的化身“男根”，这表现他潜在的能力，正如“舞王相”是象征这大神的最高活动一样。

因此大自在天湿婆遂成为多神教中最优胜的神衹。《诃哩世系》中有一篇极美的诗颂扬他这种面貌：“我敬礼你，这宇宙之父，你在宇宙间纵横绝迹，你有巨万只眼和千重铠甲的可怕之神，如枝条发光的伟大神奇之树。你面貌变幻，时而完善正直、时而偏颇虚妄之神，我祈求你。保佑我，你这有野兽侍卫的唯一大神。你也是感官上的欢乐，是过去与未来，是藏于一切原素中心的不可测的微尘，是有生万物中的唯一实相，你由自体而生，啊，你这宇宙精英之神！”

还有泰密尔人的一首诗，把湿婆这种宇宙的性格表现得更为有力：“在悠悠千古中，亿万天神都相继寿终，在此期间，多少梵天都将死去。在此以后毗纽天也不复存在，而这时间对湿婆则曾不及一瞬。当地、水、火、风、空尽归消灭，亿万梵天、亿万毗纽天也尽死亡时，湿婆遂收集起众神的所有头颅，为自己做一璎珞，戴起来作无人能仿效的单足舞，这些骷髅在他的八个肩上相击作响；他并

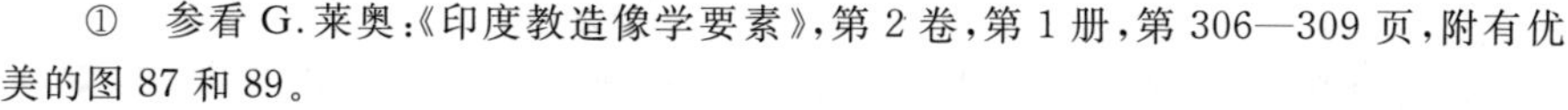

① 参看 G. 莱奥：《印度教造像学要素》，第 2 卷，第 1 册，第 306—309 页，附有优美的图 87 和 89。

② 同上书卷册，第 223—270 页，图 56—69；又见 R. D. 班纳吉：《巴达米的浅浮雕》，图 2，a。

③ 同上书，第 2 卷，第 2 册，第 379 页，图 116，117。

将唱出无人能唱的玄奥之歌，领受无人懂得的欢乐。”

我们先看一看这“舞王”的象征，这是印度式智慧流传至今的最富哲学思想的象征。关于“健舞”的起源，我们可看出这无疑是雅利安人以前时代，在德干地区墓地中，夜间围着凄惨的火葬光焰而作的某种半似疯狂的魔神舞。但不久印度人于沉思中看到在这种原始的主题内有着更深远的意义。此后这神的舞蹈遂变成表示宇宙之创造、守护和破灭的过程，或用印度术语说所谓五种动作，即生、住、灭、转化和解脱。舞蹈的场所乃是整个宇宙间，在美术作品中，即以火焰状的光圈为代表。经中说：“我们的大神为一舞蹈者，犹如木中潜热以备燃火，他也以能力布于精神及物体中，使之轮番舞蹈。”R.泰戈尔译过一篇迦比尔的诗，表达着这同一观念：“跳舞吧，我的心，今天来欢欣舞蹈吧。恋爱之歌使日夜充满音乐，全世界都谛听着它们的曲调；喜极欲狂，生和死都随乐声起舞；山、海、大地也都在跳舞；于爆发的哄笑与呜咽中，人类齐来跳舞！”

由这些句子，我们理解到此种象征主义的深远意义。在看过那样纯洁温和、令人神往的佛教的诗意内容及道德后，这种混乱的、有着无数矛盾形式的印度多神教，也许要使我们有一点儿吃惊吧。但在湿婆教的哲学中，它那显而易见的幻想却也自成条理，并且呈现着与佛教同样崇高，或甚至更为丰富的形而上学的意味。这是一种精深博大的教义，使我们想到尼采学说中的某些面貌；因为它也超越了善和恶，超越了悲观和乐观：它包含一种有些英雄气概的悲观主义——这位大神是在藏尸所的尸体上跳舞的；但也包含一种冷酷不近人情的乐观主义——如果我们愿意，也可称为超人的乐观主义；因为自这一切破坏中，产生并永存着可怕的欢乐，这是事物永恒更新的欢乐。

试看在湿婆教的赞美诗中，是用怎样堂皇的言辞来歌颂这种心情："一根乞食僧的禅杖，一把斧子，一件鹿皮，还有灰、蛇和一死人的头——这些，一切恩惠的施与者啊，乃是你唯一的衣着、法器和饰品。诸神各有一份不同的财富，但我尊神对此则轻蔑地予以拒绝。因为感官上的物体幻象，并不能欺骗唯以静观自己心灵为乐的人。当你为守护世界而舞蹈时，大地震颤于你脚下，一似即将毁灭；天空动摇，星群被你挥舞的手臂扫开，苍穹将为你的头饰触碎；你的威力看来如此充满矛盾，然而它本身却永远和谐。墓地是你的园林，魑魅作你的廷臣，骨灰乃你的檀香，骷髅为你的花环；你脾性邪恶，你名字也如此。但对称你为'施恩者'的人，你则是无上吉祥！你是日，是月，是风，是水，是天和地，是宇宙的灵魂，是全部，同时也是个体。光荣归于你，你是微尘也是宇宙，我们敬爱之神啊。光荣归于你，你是一切。光荣归于你，你超越一切而包容一切！"①

我们看到，这一教义虽然在许多方面是超道德而不近人情的，但最后却归结为一种神秘的寂静主义。中世纪初期的湿婆教圣者，如盛行于第 7 至第 9 世纪的提鲁智亲主、无边主和好相主，在他们的赞歌中就常发出一种令我们联想到天主教神秘主义的声调。使得这些少年圣者的肖像永久存在的达罗毗荼人的可爱古铜

① 参看库玛拉师瓦密：《湿婆的舞蹈》(*The Dance of Shiva*)，纽约 1918 年，伦敦 1925 年。

雕刻暗示给我们，在人类心灵的会合里，最相反的原则却是彼此依存的，而这可怕的大神，无须否认他自己的性格，也可以产生一种克己、慈爱而温和的教义。

事实上，在这宇宙大神身上，一切矛盾都调和了。我们已看到，他的一个主要表象是“棱伽”即生支。但这位有生殖力量的神同时却“消灭”了爱——事情经过，在印度教神话中成为一极有趣的传说：爱欲之神迦摩天受了女神婆婆娣的请求，打算在湿婆独自清修时扰乱他的心境。这位苦行圣者没有说一句话或做一个手势，只用他额间那只眼向他投了可怕的一瞥。“爱神并未死，因为他是不朽的。但好像经电光一闪，使他形销骨灭，此后他就成为一个没有躯体的神了。”

然而，这可怕的苦行者终于屈从了婆婆娣的愿望。她是雪山的女神，也称为突伽，即“难近母”，迦梨即“黑天女”，或即简称“天女”。这两个神的结合的实现使整个世界震动。实际上，这大地的女神并非别个，乃是湿婆“精力”的化身，由他本身发出加以人格化，而成为女体，其后在性的结合中与他更亲密地连接在一起。因此她被表现得在各方面都和他相像。《诃哩世系》中说：“突伽天女是智慧也是娱乐，是黑暗也是光明。她是死神阎摩的姐姐，常披一件黑色绸衣；她有一千个庄严美丽的形相。她的目光有时可怕，有时又极温柔。……她爱住高底耶山；她的欢乐是战争。她时而衣衫褴褛，时而服饰华丽。她是黑夜和曙光。她乱发蓬蓬地走着。她是死亡，喜欢撕裂吞食着血淋淋而颤动的生肉，但也是星辰的光辉、少女们的温顺和妻子们的快乐。”

在美术品中，我们可以发现这生殖和破坏之神的种种不同面貌。[①] 在埃罗拉和象岛[②]的许多浮雕上，我们将看到这位女神作为情人和妻子是充满了温柔淑静的情致的。尤其在埃罗拉一幅浮雕上表现着。在与《罗摩衍那》有关的一个神话场面中的婆婆娣：大自在天和婆婆娣坐镇在作为他们的宫室的喜马拉雅山中的凯剌萨峰上，这时，《罗摩衍那》中的妖怪哮吼罗刹要使湿婆去对抗罗摩，而来摇撼此山。受了惊吓的婆婆娣以一种完全女性的自然生动姿势抱住了她的丈夫，湿婆则掌稳了这座山，并用一个脚趾就摧伏了哮吼罗刹。[③]

这位女神，除了有这些完全像一个可爱女人似的充满娇柔动人之人性的图像外，还有一些则性格与此全然不同。在那里面，这难近母乃是战斗的女神，或更可说是屠杀的女神：我们看到她作为"摩希刹摩地尼"(Mahishamardini)[④]，即"杀摩希刹者"时，骑着卷毛太狮的形象；摩希刹是一个阿修罗或牛魔王，被她用三尖两刃刀杀死的。作为黑天女时，她现形为一老妇人，吐着舌头，露着毒牙，也像她那位伴侣似的穿着虎皮衣，系着骷髅的项链；在她周围还有湿婆教的其他女神"七母神"，她们也像她，都是生和死、眩目的美丽和可憎的丑恶的象征。甚至在这样可怕的容貌下，她也还是崇

① 参看 G. 莱奥：《印度教造像学要素》，第 1 卷，第 2 册，第 327—400 页。

② 象岛(Elephanta)，在孟买附近海中，上有印度教雕刻艺术，以三面湿婆像最著名，见后文。——译者

③ 参看 G. 莱奥上引书，第 2 卷，第 1 册，第 217 页，图 53。在拉吉普特绘画中，有些关于湿婆和婆婆娣恋爱的可爱的复制品。参看刚哥利：《拉吉普特绘画的名作》，图 30、32、33。

④ 或作 Mahishāsura-marddani，参看 G. 莱奥上引书，第 1 卷，第 2 册，第 345 页，图 103—105；又参看 K. 夏斯特利：《南印度的男女神像》，第 207—211 页。

拜女性“精力”的被称为“精力教派”的信徒们热诚而神秘的皈依对象。在他们的一首赞歌中说：“因为你爱火葬堆，我遂把我的心做成一个火葬堆，啊，幽暗的天女，这样你就可以降临了，并且在这里跳你那永恒的舞蹈。到我心里来跳着你那合拍的舞，到我心里来吧，使我可以闭上眼睛注视你。”

在南印度现代流行的美术品中，湿婆和婆婆娣的形象比较起来没有太明确的规定，这一对大神乘着雄牛难提，或由这动物追随着，它是出自搅拌的乳海，后被湿婆收为坐骑的。有时随侍大自在天和婆婆娣的有他们的长子象头神群主[①]。群主生着象头、长鼻，一根长牙（神话中说，另一根是在一次历险中折断了），狡猾的小眼睛和圆圆的肚皮。同他在一起的有他的老朋友，也像他一样狡猾的老鼠，必要时它还把他驮在背上。他以象钩和念珠为其特有的标志，在印度，他乃是最常见的神像之一。他把世上两种智慧最高的动物——人和象——结合在一起，因而成为学术之神也是很自然的了。我们还要补充说，他特别兴致好，爱作乐——这也使他难得不为才子们所喜。最后，在他这可爱的性格上要再加一点是，他除了最为和善外——没有一个神比他更仁慈了——必要时，在战争中他也是勇武坚定的。

湿婆和婆婆娣的次子是战神塞健陀（六面子）[②]，他有时呈现

① 参看G.莱奥：《印度教造像学要素》，第1卷，第1册，第36—67页；K.夏斯特利：《南印度的男女神像》，第169—176页；这加尔各答的欢喜天造像曾为P.勃朗（Percy Brown）复制于《加尔各答印度博物馆的艺术部分》（The Art Section of the Indian Museum of Calcutta），《印度艺术和文学》，1930年，第1卷，图2。

② 或称“童天”（Kumara），或称“善梵”（Subrahmaṇya）。参看G.莱奥上引书，第2卷，第2册，第415页；和K.夏斯特利上引书，第177页。

六个头，乘着孔雀。

最后，由印度的诸教合一说产生出一些复合的神，例如诃哩－诃罗，就是毗纽天（诃哩）和大自在天（诃罗）的组合。[①] 这种神像在吴哥时期以前的柬埔寨极为常见，它好像被一道暗线中分为二，右半身为湿婆，顶上如苦行师似的椎发为髻，额间有半只眼；左半身为毗湿纽，戴着高高的宝冠。还有较少见的印度教三身像，本尊为大自在天，从他身中生出左为毗纽天右为梵天——这是一个有趣的结合，因为它使我们想到印度教的诸神，最后分析起来是能彼此互相转化的，而这全部多神教不过是一种伟大一元论的诗意表现而已。[②]

要完成对印度教信仰方面的简要叙述，也还要讲一讲史诗的传说。我们已提到过罗摩的事迹，但还有另一部大史诗《摩诃婆罗多》（大兄弟书），也同样是印度教信仰中的一个主要部分。原诗所述是在德里地方的般度族人和俱卢族人的战争；这两族原有密切的亲属关系，他们乃是般度和持国二兄弟的后裔。诗中的主角是般度王的五个儿子：坚阵、怖军、有修（阿周那）、无种和偕天。他们的出生都很神奇，三个兄长的母亲昆蒂和两个幼弟的母亲摩德利都是感神而受孕的。在若干方面可称为诗中主要人物的阿周那就是因陀罗的儿子。王位原在俱卢族人之手；族长持国奠都于多阿布的象城，但国王长子难敌对他的堂兄弟般度族人却怀恨在心，并

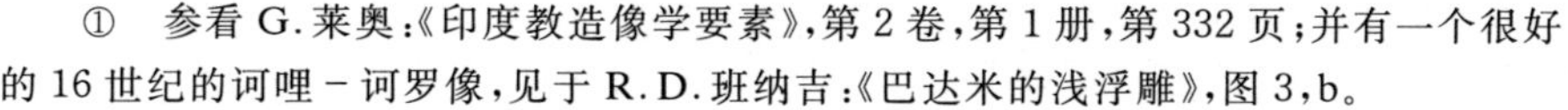

① 参看 G. 莱奥：《印度教造像学要素》，第 2 卷，第 1 册，第 332 页；并有一个很好的 16 世纪的诃哩－诃罗像，见于 R. D. 班纳吉：《巴达米的浅浮雕》，图 3，b。

② 参看 G. 莱奥上引书，第 2 卷，第 2 册，第 382—401 页。

将他们施以流刑。这五个兄弟遂退隐到森林中——这是印度神话中常有的题材——带着他们共有的妻子般遮罗国的美丽的迅足公主即黑公主；后来他们移居在因陀罗平原（德里），但在赌博中，他们又把这新国土输给了他们的堂兄弟俱卢族，结果重又流亡到森林中去。

但般度兄弟们有一位超人的保护者：耶达婆国的领袖，英雄克利希那。他是化为凡人的半仙，并做了阿周那的谋士。五弟兄受到他的鼓励，向他们的堂兄弟们索还国土，当后者拒绝时，大战就爆发了。全诗第 6—10 章即描写这场战争，包括俱卢之野的血战，其中还穿插着许多故事和单独格斗，像《伊利亚特》一样。最后般度兄弟获胜了，长兄坚阵王登上王位。但这些英雄们的胜利并没有结束全书，诗的结尾是悲惨的。我们看到作为凡人的克利希那之死，和他的臣民耶达婆人怎样遭受天罚而相继毁灭，他自己是像阿契里斯[①]似的在脚跟上受伤死去而升天的。般度五兄弟后来自觉老之将至，弃了王位，像香客似的，东行到喜马拉雅山去求仙访道，那里隐有传说中的印度仙山须弥山。他们向上爬去，经过了森林冰川，四个人和黑公主中途都失败丧命，唯有坚阵王一人最后到达天上，受到因陀罗的欢迎，并与他自己的人民重聚。

这一情节只是用来借辞作些题外的诗而已。在这部大诗中包藏着许多独立的诗篇，都是一些杰作。其中在古典艺术的完整上，最可注意的大概要算原著第三章所插写的那罗和达摩焰娣的传奇

① 阿契里斯（Achilles），希腊史诗《伊里亚特》中的英雄。——译者

了。这又是一篇公主流亡荒林的故事，像罗摩和息妲或须大拏和曼低一样。统治着尼尔布陀河两岸的那罗，有着伟大的灵魂，“是人中之虎，身无瑕疵的英雄”，为印度王侯中的典范，漂亮、文雅、勇敢、多情而豪侠。他得到有着长长眼睛和丰美臀部的毗达婆国（今比拉尔）王女达摩焰娣的钟情。他的爱是这样热烈，使得许多向这少女求婚的神人都退让了。然而那罗和他的爱人结合后，也像上面所说的般度英雄们一样纵情于赌博，结果把自己的国家输掉。他于是亡命到森林中，忠实的达摩焰娣不肯相离，也跟随着他。但他却与罗摩不同，竟受了魔鬼的迷惑，怕让这年轻女人和他同受这种流亡生活的痛苦，趁她熟睡时，把她遗弃在林中深处。达摩焰娣找不到丈夫，惶骇万分，在这密林中、丛莽岩石间和野兽出没之所乱窜。最后她被一个旅行队所救，又经过种种艰险才到了车地城（Chēdi）。这里的女王和她家有亲戚关系，对她很是欢迎，加以款待，后来即送她回到她父亲毗达婆国王那里。至于那罗，他在抛舍了妻子后，幸运地救了一个蛇王，蛇王感恩之下，授给他一种魔法。这时毗达婆国王认为女儿已成寡妇，要将她再嫁，但那罗运用魔法，及时赶回，排除众敌，自己露面，重得到他的所爱。“达摩焰娣看到她的丈夫和以往一样，便高喊了一声。这位那罗王，丰采如昔，拥抱了达摩焰娣和他的两个孩子，他们也都欢然相迎。于是这有着长眼的美人把那罗的头放在胸前，开始啜泣起来，然后这人中之虎将饱受风尘、含着纯洁微笑的妻子抱在怀里，久久陷入悲苦之中。”诗的结尾是夫妇二人快乐团圆，“达摩焰娣重新得到她的丈夫后，欢喜得如五谷萌芽时欣逢甘雨的大地。正是如此，她一旦疲劳尽去，全身都因达到最高愿望而充满欢乐，她光辉焕发，像夜中皎

洁的月亮。”[①]

《摩诃婆罗多》中包括的另一诗篇《薄伽梵歌》即《世尊歌》，其精神却与此不同。这是一篇哲学的诗——同时更具有诗的华美的特色——在诗内，站在主角阿周那一方助战的克利希那，鼓励他要在即将来临的战斗中尽其职责。那位有着伟大灵魂的阿周那，就在要下令攻击的一刹那，产生了一种佛教式的慈悲心，他想到万千人将要牺牲时，不禁踌躇起来。这时克利希那遂向他发挥了与佛祖的慈悲对立的那种无限平静淡漠的纯印度教义：“你感到怜悯，而这里却无怜悯之余地。智者对于生和死都无所怜悯。你我没有一时不存在，这些王子们也如此。我们不复存在的日子也永远不会到来。……无者从未生存，而有者也从不绝灭。要知宇宙生机不尽，非人力所能破坏。肉体可以终结，其中所涵蕴的灵魂却永恒无尽，不可毁灭。作战吧，婆罗多[②]的子孙！相信杀人与被杀是同样的谬妄。从来无生也无死。没有人开端，也没有人终止。因为无始无终，躯体虽受殴击，唯一的灵魂却无损伤。……凡有生必有死，有死也必有生，对此必然之事，怜悯实无所用。事物的本原，非我人所知；而我们一生中所知觉的对象，在其收场时也非我人所知晓。悲伤又有何益？想来乐或苦、富或贫、胜或败，其实本皆相等。所以，准备作战吧！……除行动外不要再想其他，更不要想行动的结果；不要让自己为不行动所诱惑。对于内心达到超然境界的人，

① 参看库玛拉师瓦密：《拉吉普特的绘画》，《波士顿美术馆印度艺术藏品目录》，第 5 部，图 40—54。

② 婆罗多（Bhārata）是般度族的祖先，故般度五兄弟也被称为婆罗多的子孙。——译者

这下面的战场既不存在善也不存在恶。”在这里，我们看到印度教和前述的湿婆教派一样，也具有一种超人的、尼采式的静穆气息。它于欣然自愿的完全默受形式下，在这无所不在的运动(舞蹈)中，包含一种为行动而行动的喜爱。马可·奥理略说：“啊，这世界，你给我的一切，对我都是美好的。”但这斯多亚派哲学家的默受中，有着一些消极幻灭的无可奈何。而在表面上显得凶恶甚至残忍的印度教，从哲学的观点看来，却似乎远为冷静而强健了。

印度教艺术

在中世纪，印度教成为建筑界以及雕刻界中一个强大艺术运动的启发力量。[①]

中古印度的建筑包括三大派：马拉他派，帕拉瓦朝治下的紧那利地区的艺术也属此派；奥里萨派；10 世纪以后的泰密尔人治下的紧那利派。

马拉他区建筑的风格，通常以当地两大王朝遮卢迦(550—757年)和罗什多罗拘多(757—973 年)的称号命名，这两王朝在中世纪统治着今日的孟买省地方。[②] 此派艺术的遗迹，在遮卢迦朝的

① 参看喜童阿阇黎(Prasanna Ḳumar Acharya)：《印度教建筑辞典》(*Dictionary of Hindu Architecture*)，牛津大学出版部，1927 年；库玛拉师瓦密：《印度建筑术语》(Indian Architectural Terms)，《美国东方学会学报》(*Journal of the American Oriental Society*)，第 48 卷，第 2 期，第 250—275 页。

② 参看考逊斯(H. Cousens)：《西印度的古代建筑》(*The Architectural Antiquities of Western India*)，伦敦，印度学会，1927 年，和他的《紧那利地区的遮卢迦王朝建筑》(The Chālukyan Architecture of the Kanarese Districts)，《印度考古调查报告》，第 42 卷，1926 年。

有公元600年顷阿胡尔的寺院，625年顷巴达米地方的摩莱格提湿婆庙和其他三座庙宇，740年顷帕塔卡答尔的广目天王（湿婆）庙以及埃罗拉最早期的石窟——如始创于约7世纪的“降凡洞”即罗婆那伽（Rāvaṇakā-Khai）洞、杜马尔（Dhumar Leṇā）洞及罗密湿伐罗（Rāwēśvara）洞。属于第二时期罗什多罗拘多朝的有埃罗拉的凯剌萨神庙，其年代约在公元757—783年；有象岛的湿婆神庙，年代约在公元850—900年。这种风格很容易使我们联想到紧那利的帕拉瓦时代的庙宇，该王朝在公元400—750年间统治着现在马德拉斯省。[①] 帕拉瓦朝的主要遗迹如7世纪兴建于摩诃巴利补罗，摩婆里补罗或摩马拉补罗的寺院和8世纪兴建于干奇的寺院，与上述各建筑物更显然是属于同一时期。

所有这些帕拉瓦式或遮卢迦式庙宇（至少是那些露天的），由于缺少那种球根形的顶子“悉卡罗”，所以一眼即可看出这与奥里萨的庙宇不同。另一方面，它们仍然有曼达波即顶饰飞檐方尖塔的柱廊，在帕罗拉瓦式建筑中，上面并置有尖顶小亭，名为班遮罗。此外，摩婆里补罗的庙宇，那些战车形神殿[②]，有一个特点，它们乃是独石的，即由整块岩石所凿成。与此相同，马拉他区最主要的遮卢迦式和罗什多罗拘多式的寺院，如埃罗拉的凯剌萨庙和象岛上

---

① 参看朗赫斯特（A. H. Longhurst）：《帕拉瓦王朝的建筑》（Pallava Architecture），《印度考古调查记录》，第17期，第1册（1924年）；第33期，第2册（摩摩拉时期Māmalia period）（1928年）；第40期，第3册（1930年）；田波尔（Richard C. Temple）：《七塔巡礼》（A Visit to Seven Pagodas），《印度考古家》，1929年。

② 印度祭神时，乘神像于车中，载之游行，以多人挽之，此风至今犹存。古代神庙建筑亦作车形，名为Ráthas，庙的上部建筑有如车上的帷幕，有不少是整石凿成的。——译者

的庙宇，也是开凿岩石而成的。不过摩婆里补罗的战车形神殿系就地面上的岩石所穿造，是露天的，而马拉他的石窟寺则是于山侧岩壁上向深挖凿，给人一种地下庙宇的印象，“一似地壳隆起，将它整个吞没”（哥劳布说），因此独具风格。然而我们如研究布尔格斯所绘的凯刺萨神庙纵剖面图时，即将相信这些列柱廊和“曼达波”，这些梯阶状的方尖塔和“般遮罗”——简单说即这遗迹的整个意匠——是与摩婆里补罗的帕拉瓦王朝庙宇相同的，只是采取了向地下掘造时所必需的形式而已。而且，由于这一在天然岩石上雕镌的原则，结果一方面产生了摩婆里补罗大师们将岩石凿成的动物形象，一方面产生了埃罗拉的凯刺萨神庙中的独石动物——例如进口处的石象和好似承负此庙地基的“战象”浮雕中的许多硕大石象。

奥里萨派建筑的特点是名为“悉卡罗”的曲线形的、球根状的塔，[①]表面有极明显的肋条形隆起，好像由一种自发的动作而升向天空，上端为突出的坐垫形的“庵摩勒迦”[②]，顶上通常置有轻巧的宝瓶装饰，所谓“迦罗萨”[③]。这种建筑，除悉卡罗外，另一特色为

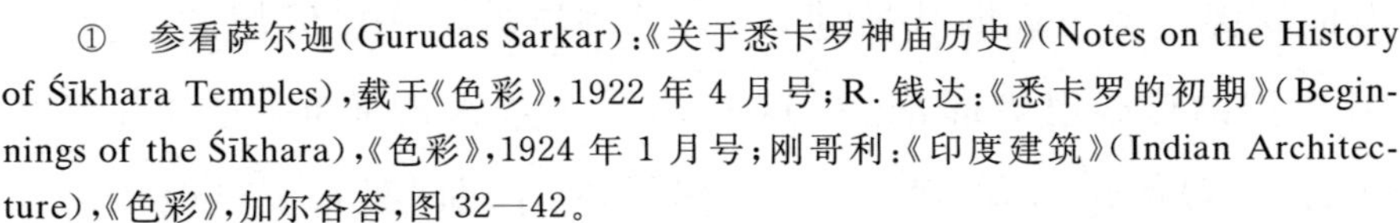

① 参看萨尔迦(Gurudas Sarkar)：《关于悉卡罗神庙历史》(Notes on the History of Śīkhara Temples)，载于《色彩》，1922 年 4 月号；R. 钱达：《悉卡罗的初期》(Beginnings of the Śīkhara)，《色彩》，1924 年 1 月号；刚哥利：《印度建筑》(Indian Architecture)，《色彩》，加尔各答，图 32—42。

② 庵摩勒迦(āmalaka)，果名，叶如合昏，产于我国南方，与印度同名，见晋稽仓《南方草木状》。今昆明名为野青果，核作六棱，扁圆形。古印度神庙顶作此状，故名。——译者

③ 参看 M. M. 刚古利(Mano Mohan Ganguly)：《奥里萨省普利地区古代及中世纪遗迹》(*Orissa and her Remains-Ancient and Medieval* (*District puri*))加尔各答、伦敦，1912 年。奥里萨省的雕刻是非常有趣的，它的形式的转变，介于笈多朝艺术或孟加拉的波罗王朝艺术以及德干高原的达罗毗荼艺术之间。参看 R. 钱达：《孔雀班查的班查王朝及其古代首都揭澄》(Bhanja Dynasty of Mayurbhanj and their Ancient Capital Khiching)，《印度考古调查报告》，1923—1925 年。

柱廊，即曼达波，其上有无数梯阶式飞檐形成的角椎形屋顶。这种朴素、强健而有力的综合风格，主要以8—12世纪的奥里萨省建筑为代表。此中首先是普凡奈萨瓦尔和普利的建筑，如约建于公元750年的持斧罗摩自在寺，约950年的解脱自在寺，以及约1000年的棱伽王寺；其次是王与后寺和世主城寺，年代约为1150年；雷音寺，约1200年；再其次是康那拉克的庙宇，其年代与日神庙和根王庙相同，也始建于13世纪。属于此种风格的还有班得拉康德境内卡朱拉诃的寺院，最著者为坎达利耶大天庙，兴建年代约始于公元1000年。[①]

第三类建筑是所谓达罗毗荼人的寺院——即帕拉瓦王朝覆灭后，当10—17世纪，在泰密尔人的王朝统治下的紧那利所建造的。这些遗迹中，主要有公元1000年顷乔拉王朝时代在坦佐尔的大"毗摩罗"塔形建筑，和在属今日紧那利地区的庙宇，如维罗尔的室利兰伽城内16世纪的"曼达波"，以及在马都拉的17世纪的此式建筑。[②] 另一派在迈索尔，如哈勒比德的寺院，系12、13世纪间在当地候夷沙罗王朝时代所建，还有胜利城的不幸已倾圮的寺院，如16世纪的毗荼巴寺即是。[③] 这些达罗毗荼人的庙宇，尤其在紧那利的，一般都包括有：第一，顶上建塔的门，即"瞿布罗(gopura)"，为进庙的入口，这是此种建筑中所特有；第二，"曼达波"，即神殿前

① 参看《印度考古调查报告》，1922—1923年，图34—36。

② 参看J.艾耶尔(Jagadisa Ayyar)：《南印度神庙》(*South Indian Shrinos*)，马德拉斯，1920年。

③ 参看朗赫斯特：《罕碧废墟，附图说明》(*Hampi Ruins, described and illustrated*)，马德拉斯政府出版部，1917年；谢威尔(A. Sewell)：《一个被遗忘的王国，胜利城》(*A Forgotten Empire, Vijayanagar*)，伦敦，1900年。

面的柱廊或列柱厅，这在奥里萨的庙宇和遮卢迦式或帕拉瓦式庙宇中，已曾说到；第三，殿堂本身，即所谓“毗摩那”，其上也建有像截了顶的方尖形多层大塔。这种“毗摩那”和“瞿布罗”，看来都是无尖的金字塔状的大堆石块，上面雕镂繁密；但此雕刻目的仅为装饰，本身却无任何价值。这些犹如金饰细工刻在石头上的装饰，自11 世纪坦佐尔的毗摩那，到 17 世纪马都拉的大庙宇，已变得愈益精致了。曼达波内部的雕饰，也同样华丽，如室利兰伽的著名骑者行列图即可看出。引一句柯恩的话，这乃是一种“印度的巴洛克式”；但由于它灵感的丰富、幻想力的无穷和雕刻题材的多式多样，仍使它产生一种强有力的装饰效果。①

为简明起见，以上列举各派，仅以地理上的和静止的原则为依据，而未注意它们演变的关系。然而这种关系无疑是存在的。在印度各派建筑中时代最早的两派——即马拉他地方的和属于帕拉瓦王朝的——即作为另外两派的起点。在奥里萨的“悉卡罗”，其实不过是如巴达密的摩莱格提湿婆庙那种以壁画环有层阶的方尖塔为特色的马拉他式，或如摩婆里补罗滨海庙宇那种帕拉瓦式的大塔的加高，而形成更为高耸的弧形轮廓；属于这两种形式之间的有卡朱拉诃的庙宇。又乔拉派或泰密尔派的截短式的方尖塔，则是由此同一基本式样所演变的另一结果：只要把康那拉克日神庙

① 参看 Jouveau-Dubreuil：《建筑》，《南印度考古》第 1 卷，《吉美博物馆年鉴，研究图书馆》（*Annales du Musée Guimet, Bibliothèque d'Études*），第 26 卷，1914 年。关于马都拉（Madura）、丹珠尔（Tanjore）、室利兰伽（Śrīrangam）、孔巴科纳姆（Kumbhakonam）、帝鲁瓦那摩来（Tiruvarnāmalai）和切达摩波罗（Chidambaram）等地的印度教的奇异建筑，可参看格拉斯那蒲（H. von Glasenapp）：《印度圣地》（*Heilige Stätten Indiens*），慕尼黑，1928 年，图 135—171。

的“曼达波”或干奇的解脱自在寺的环层方尖塔的层数增多，而将各层间的距离减小，使之逐渐倾斜，这就成为马都拉和坦佐尔的“曼达波”和“瞿布罗”了。在此二者间过渡阶段的，是上文所说在迈索尔的候夷沙罗派庙宇，如1248年建于索姆那特补罗和1249年建于奴伽哈利的庙宇即是。[①]

耆那教建筑虽近似奥里萨式，但也有它独自的风格，其发展可于耆那教神庙中见到：著名的如拉吉普坦那区内的阿布山、毗摩罗莎及蒂加波拉等地的庙宇，建造年代1032—1232年；在卡提阿瓦尔区内吉尔那尔的庙宇，建于1230—1278年；又在古吉拉特境内巴利坦那的，建于9世纪。最盛时代耆那教寺院的主要形式有：包括四排列柱的门廊，相交成十字于一人角形建筑内，此上为仿奥里萨式“悉卡罗”的弧线形丘顶，只是内部中空，而且更为细峭高耸；次经前堂而为神殿，其上也承一弧线形高塔。在这些主塔周围，簇立着许多次要建筑物的顶部。凡此种种繁密的柱、亭、楼、阁、圆顶、尖塔再加所用的材料和形形色色的装饰——如阿布山上的庙宇，系用白色大理石所造，并深深镂空，有如金饰匠们的作品——结果使人产生一种可与阿拉伯艺术相比的优美轻快印象。[②] 初期印度－伊斯兰教建筑家们从这耆那教式样中得到那许多启发，便

① 参看V.史密斯（Vincent Smith）：《迈索尔的候夷沙罗式建筑与雕刻》（Architecture and Sculpture in Mysore，Hoysala Style），《印度考古家》，第44卷，1915年；那罗辛哈查尔（R.Narasimhachar），《迈索尔的建筑和雕刻》，第1卷：《索姆那特补罗的髻娑瓦神庙》（*The Kesava Temple at Somanathapur*），（班加罗尔Bangalore，1917年）；第3卷：《多达－伽达瓦里的吉祥天女庙》（*The Lakshmidevī Temple of Dodda-Gaddavalli*）（1919年）。

② 参看盘达伽（D.R. Bhandarkar）：《阿布山上的几座神庙》（Some Temples on Mount Abu），《色彩》，1920年7月。

也不足为奇了。

与中世纪初期印度教建筑相连续的雕刻，也和建筑物本身同样有趣。的确，它们与前一期的佛教艺术也有直接关系。此种连续性，在紧那利地方马德拉斯附近的摩诃巴利补罗、摩婆里补罗和摩马拉补罗三处的一批庙宇中最为显著。[①]

摩婆里补罗的雕刻是帕拉瓦王朝美术的最大成就，这个王朝于约公元400—750年之间统治着德干高原。但他们并不像有些人所设想的代表着外来的侵略者，而是在东德干的这一部分实行着安达罗诸王的传统；无疑的，他们在过去有许多曾做过安达罗王朝的廷臣。因此在帕拉瓦王朝的首都摩婆里补罗和安达罗的故都阿玛拉瓦提之间建有联系。而且，由吉美博物馆所藏，来自那伽周尼康茶的某些浮雕证明，我们可认为阿玛拉瓦提的艺术一直延续入第5世纪——即帕拉瓦时代的开始。帕拉瓦雕刻在发展中受有阿玛拉瓦提的影响，我们看来是不容置辩的。这无疑可解释为什么摩婆里补罗的作品，其意境不像其他湿婆教或毗纽教神庙那样严峻，而较为平易近人。

摩婆里补罗的主要浮雕，是所谓"阿周那神车"的巨幅岩石雕刻，据一种早时的而已为某些评论家修正过的说法，这乃是"阿周那之忏悔"；但晚近经哥劳布确定为"殑伽降凡"，我们现在也采此

① 参看罗丁(Rodin)、库玛拉师瓦密、哈威尔(Havell)和哥劳布合著：《湿婆像雕刻》(Sculptures Śivaites)，载于《亚洲艺术》，第3期(巴黎，Van Oest，1921年)，图28—47；朗赫斯待：《帕拉瓦王朝的建筑》(Pallava Architecture)，《印度考古调查记录》，第33期，第2册(1928年)，图21、25、28—33；库玛拉师瓦密：《帕拉瓦王朝的两个大理石柱》(Two Pallava Marble Pillars)，《波士顿美术馆公报》，第167期，1930年6月。

说。我们知道，这是如《婆伽梵往世书》卷 9 内所述，神话中圣水恒河自天而降的情景。这幅庞大的石刻是高浮雕，长近 90 英尺，高达 23 英尺，占了悬崖的一整面，其上布满动物、苦行师、精怪和神灵等，都环绕着一道有男女蛇神（龙王）在内游戏的小瀑布，象征着那条圣河（图 17）。我们在此所见的乃是一幅极大的图画，一幅真正的岩石壁画。这座浮雕构图宏伟，对这福德的河水表现出真挚的感情，使所有生灵都向它环拜，它对大自然有一种深厚鲜明的爱恋，实在是古典艺术中的杰作。

这石刻上各个细节的艺术价值也是同样伟大的。我们要特别提起注意在瀑布左方俯身向前的苦行师像：这一可惊赞的现实主义雕像，以其混成、粗犷而且率直的手法，显得既生动又朴素，具有像罗丹作品那样的一切特色。还有一对对的天神或精灵，他们那柔软颀长的赤裸形体，如阿玛拉瓦提和阿胡尔式雕像的姿态在空中飞舞，表现着何等的欢乐愉快！这些雕刻的细节，都是我们上述见解的最好证明，即阿玛拉瓦提的艺术在摩婆里补罗得以直接延续，只是在后一地更为有力。再如象征这条圣水的龙神和所谓“可爱而扰人的水仙”的龙女也都是极辉煌的雕刻品。摩婆里补罗对动物的处理也显得雄健浑厚，这是由笈多朝艺术家所固定的规范演进而来的。我们甚至不妨说，始于鹿野苑和桑奇的印度艺术中的动物雕刻，至此已登峰造极。如在瀑布右方，顶礼这圣河下降的群象，它们似乎代表兽国来管辖这一壮丽的神奇事物，其神情是何等庄严！[①] 稍远处，以后腿站起的“修行的猫”，显得多么栩栩如

① 何卡特曾著文对锡兰阿耨楼陀补罗的伊苏鲁穆尼亚地方的浮雕上的美丽象群做过比较；参看《考古学》，《锡兰科学杂志》，G 部，第 1 卷，第 3 册（1927 年 1 月 13 日），第 96 页和图 48。

生！又在左侧，从对面一洞口向这边景象眺望的一对鹿，那雄鹿神气活现地用后足搔着自己鼻子，又是如何地秀逸超脱！而且，这种杰作并不仅见于“殑伽降凡”岩一处。另一石刻的挤乳图，其中母牛正用灵活的舌头舔着小牛的背部，也是一幅可赞美的、有强烈生活气息的田园图景（图 18）。更令人惊叹的是由独石所刻的猴子一家，雄的正给雌的捉拿虱子之类恶虫，而雌猴则在哺育着两个小猴（图 19）。这里我们看到一个经过敏锐观察的情景，既幽默又逼真。

摩婆里补罗浮雕中几组详细的裸像应该特别提到：上文所说“殑伽降凡”中的女神、舞蹈着的女精怪和水仙；帕拉瓦王朝的大因陀罗铠王和后妃们的一组[①]，由侍女环奉的吉祥天女和群象的一组，这都是在“野猪化身洞”内的，还有在“法王神车”内婆婆娣膝上抱着小塞健陀的一组，以及“阿周那神车”岩上一对对帕拉瓦王朝的王子和公主们的一组等。女性形体的装饰价值，从没有比这些纯洁优雅的苗条裸像所强调表现的更为成功了。这些姿态与阿玛拉瓦提和阿旃陀女像的最后式样都极为相近。[②]

最后，我们从总的效果来看，在阿周那神车岩的“殑伽降凡”，

---

① 参看《1926 年印度考古年鉴》（*Annual Bibliography of Indian Archaeology for 1926*），莱顿，1928 年，图 7。

② 又有一组擎举牛增山的黑天像（Gorardhanadhara Kṛishṇa），也是精美可爱的，朗赫斯特曾摄制过；见《帕拉瓦王朝的建筑》，《印度考古调查记录》第 33 期（1928 年），图 28。关于帕拉瓦国王最胜自在梵尔玛一世（Paramesvarac-varman）及其王后（公元 675 年），可参考下列各书：刚哥利：《摩诃瓦利补罗地方阿周那神车的另一片石刻》（Another Panel from Arjuna's Ratha, Mahāvalipuram），《色彩》，1926 年 10 月，第 73 页；K. 夏斯特利：《两个帕拉瓦王造像》（Two Statues of Pallava Kings），《印度考古调查记录》，第 26 期（1926 年）；库玛拉师瓦密：《一幅帕拉瓦王朝浮雕：难近母》（A Pallava Relief, Durgā），（波士顿美术馆公报），第 25 卷，第 148 号（1927 年 4 月），第 23 页。

并不是摩婆里补罗唯一可赞美的结构巧妙而富有戏剧性的大规模图景。在一些其他浮雕上，我们也可以看到同一的戏剧性效果，和同一的稳妥布局——如难近母与水牛怪摩希刹之战，在摩希刹曼达婆的、躺在无边龙王身上的毗纽天，以及在“猪化身”洞中，毗纽天化现猪形自水中拉出大地女神的景象等即是[①]。

在摩婆里补罗式和在埃罗拉及象岛的遮卢迦及罗什多罗拘多式之间的过渡形式，是比加普尔区巴达米和阿胡尔的遮卢迦式浮雕。巴达米石窟的雕造年代，始自6世纪末叶（578年）至整个7世纪。其第一窟湿婆洞和第三窟毗纽洞的浮雕，都包括一些辉煌的画面：第一窟中有一舞蹈着的湿婆神，动作自由灵活，或要显示出他正降为后来的“舞王”；第三窟中有一庄严而富装饰性的狮王像，和几双美妙肉感的半裸神像。[②] 阿胡尔的庙宇也同属此遮卢迦时代（约634年），那些造像（有梵天、毗纽、湿婆等）都修长优美，是直接自阿玛拉瓦提推演而来的。[③]

马拉他地区的其他遮卢迦式和罗什多罗拘多式庙宇，尤其在埃罗拉和象岛的，也都有极精美的雕刻。这些作品中，大部分取得它们创作灵感的理论自然是湿婆崇拜，即那象征宇宙力量，象征创

---

① 关于帕拉瓦派的绘画，可参看精美的悉多那婆萨尔（Sittanavāsal）的壁画，表现着大因陀梵尔玛一世（600—625年）时代的特质，为梅塔复制于《印度绘画研究》（Studies in Indian Painting），第1—14页；和儒沃杜布尼的文章，刊于《印度考古家》，第52卷，第45—47页。

② 参看R.D.班纳吉：《巴达米的浅浮雕》，图2、18、19和20。

③ 参看考逊斯：《艾诃尔的古代神庙》，《1907—1908年印度考古调查报告》，第189—209页，图76；和《紧那利地区的遮卢迦王朝建筑》，《印度考古调查记录》第42期（1926年）图16、17、21。

造与破坏进行不已的大自然的凶神。因此在埃罗拉雕像中，冷峻的面容与狰狞的形象所在都有。然而笈多朝的古典形式在各处也都能见到。如在凯剌萨神庙的四周，好像肩负这座建筑物的巨大战象队，就是用此种仿古手法排列的。湿婆神像也受到这种影响。在埃罗拉的凯剌萨石窟的湿婆像，与在象岛者相同，仍旧是笈多朝式的造像，只是把佛像顶上的圆光改为王冠，并以象征整个生命的激动壮丽代替了慈悲出世的神情。这里在情感上虽然有别，在美学原则上却是相同的。

这位大自在天，甚至被雕作"恐怖神"——或甚至作"舞王"——在可怕地跳舞时，其线条的朴素洗练，其裸体的柔滑纯洁，也和秣菟罗及鹿野苑的类似造像相同（见象岛的"恐怖尊"像[①]及埃罗拉的罗婆那迦窟的"舞王"像）[②]。此外，当湿婆被表象为不断创造生命的爱之本能，而非破坏的力量时，自他全身更流露出无比妩媚温柔的光辉！关于此点，我们只需举出象岛的浅浮雕上，湿婆和婆婆娣的婚礼（图 20）[③]，和埃罗拉的凯剌萨石窟中他们抱吻的一幅。刚才提到的恐怖神和舞王，表现的乃是这神灵对宇宙暴力原则的欣然富有诗意的参与。现在此幅湿婆的婚礼，却显示了同一神道的另一面。这位青年王者，以难于形容的骄贵姿态挽着那

① 参看 G. 莱奥：《印度教造像学要素》，第 2 卷，第 1 册，第 192 页，图 46（杀黑魔像——湿婆 Andhakāsuravadhamūrti）.

② 同前书，第 262 页，图 63。

③ 这是持恒河像（Gaṅgādharamūrti湿婆）场景中群像的一部分，参看 G. 莱奥同前书，第 317 页，图 90。与此同型的，可参看象岛的幸福像（Kalyāṇasundamūrti）的场面，其中有使人惊叹的湿婆及婆婆娣的组像，复制于同前书，第 2 卷，第 1 册，第 346 页，图 103。

仪容端庄如雅典贞女的少女之手的，也还是那宇宙威力之神，仅在昨日他对于破坏还冷酷地发出纵情的欢笑，而现在却把自己显现在一首无限甜蜜的恋歌里了。至于那座抱吻的浮雕，在湿婆派的象征主义中远超过了它所表现的牧歌形式；我们认为这乃是全世界艺术中最有力的作品之一——一种东方的罗丹式。我们还可补充说，和摩婆里补罗相同，在凯剌萨也有一些真的图画：例如哮吼罗刹撼摇着湿婆和婆婆娣坐镇的大山的浮雕，那巨魔在地下的凶猛，湿婆神作势摧伏他时的从容沉着，以及那女神在恐惧下畏缩着投向她丈夫怀抱时的女性激动神情，构成了一个可赞美的雄伟浑厚的总效果。

我们可注意埃罗拉和象岛的这些有微笑面容的湿婆像，与前几世纪的佛教艺术是如何近似。埃罗拉的湿婆婚礼和象岛的罗刹撼山两雕刻中的湿婆神，使人立刻想起阿旃陀的美丽的菩萨王子像：他们同样有无比温雅的神情，高贵修长的身体，同样混合着力量与仁慈，有时甚至是同样装束（如高高的王冠之类）。至于一些女像，如婆婆娣，则竟可看作是波提切利笔下公主姊妹表现为阿旃陀画面上菩萨伴侣或魔女们。此外还有些雕像，我们也要注目的，特别是凯剌萨石窟入口走廊圆柱间的半浮雕女像；这里是三位河神，即恒河女神、阎牟那河女神和萨罗斯瓦提女神。[①] 像这些具有崇高的和谐美，可与雅典或佛罗伦萨艺术相比的作品，恐怕是印度雕刻中的最高成就了。埃罗拉的这两尊河神像，其地位正处在巴

① 参看《1924—1925年印度考古调查报告》，图32，两个精美的恒河和阎牟那两女神浮雕。这两个雕像是在达兰县（District，Darrang）达·帕尔巴提耶（Dah Parbatiya）的左右门侧柱的足部。

尔胡特和桑奇那些有强烈、醉人肉感的女药叉像，和 18 世纪内一些被生硬地束缚在流为陈套的艺术规律中的吉祥天女像之间，而呈现一种女性美的典型；这一典型在波罗浮屠还可看到；再者，它虽未受到希腊的影响，但在其本身的崇高品质中却几乎重新发现了西方的古典理想。

此派雕刻的杰作，或可算是象岛上以“大自在天像”出名的湿婆巨像（图 21）——即表现这位大神三种面貌的三头半身像。[①] 关于这造像的意义有过很多议论。据许多考古学家的见解，认为当中的头，“神情庄严肃穆”，代表的是作为创造者（梵天）的湿婆，或守护者（毗纽天）的湿婆；左边的头，“眉皱着，口半张开，嘴角露出獠牙”，大概代表破坏者的湿婆即恐怖之神；最后，在右边的较温和而带笑容的第三个头，则似是代表湿婆精力的化身婆婆娣。但把象岛这尊三头造像解释作三位一体（三身）的论调，现在一般已放弃了。据库玛拉师瓦密的意见，这似乎即是一个“大自在天像”。不管怎样，这同一大神的三副面貌都极和谐而无造作之迹：将一神圣原则加以具体表现时能像这样既有力又匀称，在全世界艺术中也寥寥无几。不但如此，这里我们还看到一尊为人手所造的空前最伟大的多神教者的上帝。罗丹曾经满怀诗意地盛赞这“富于敏感表情的丰满而努出的嘴，双唇如一片快乐的湖泊，边上点缀着高贵、翕动的鼻孔”。的确，对于生命的充沛活力，对于表现在高度和谐中的普遍欢乐骚动，对于具有高于一切的权威的骄傲，以及这存在于万物之中的大神的秘密喜悦，从来没有找到过如此宁静明澈

① 参看罗丁、库玛拉师瓦密、哈威尔和哥劳布：《湿婆像雕刻》，载于《亚洲艺术》，第 3 卷（巴黎，Van Oest，1921 年），图 15—26。

的表现了。在这种如奥林匹斯诸神的威仪中，这座象岛的三面湿婆像是可与米拉萨（Mylasa，在土耳其）的宙斯雕像和弥罗斯（Melos，希腊）的阿斯克里皮俄斯（Asklepios，医神）雕像媲美的。[①]

巴达米、埃罗拉以及象岛的湿婆教雕刻，乃是达罗毗荼人石刻或铜刻的发端，后者通常也与湿婆崇拜有关，并且繁盛于南部——尤其紧那利地区——其年代自 11、12 世纪泰密尔人在坦佐尔所建的乔拉王朝全盛时代，到 14、15 及 16 世纪的毗阇耶那伽王朝，至此而达最高峰。此派雕刻曾遗留大量杰作，其中有多件流入欧美的博物馆。这里复制的一些多采自卢氏、菲力旁或吉美博物馆收藏品。首要的是一批坐像，有湿婆、梵天和湿婆教中的“七母神”（图 22）[②]，都是来自德干高原的 15 世纪的大石像。其次是一个作“智慧神”姿式的湿婆像，这是一件极重要作品。这位司智慧的大神坐在雪山一棵榕树之下，坐的姿势是所谓“勇健座”，即屈左腿置右膝上，一手作无畏印式[③]。在这些纯洁和谐的身体中——那宽阔的肩部和健壮的体魄，补救了细长优美躯体上一切过于纤巧的

① 关于摩诃利佗（Mahārāshṭra）的印度教派绘画，可参看谭逊（D. V. Thompson）：《埃罗拉石窟内几幅早期印度教绘画研究》（Notes on some Early Hindu Paintings at Ellora），《色彩》，1926 年 4 月，第 45 页，附原色图。

② 关于埃罗拉的和勒克脑博物馆（Lucknow Museum）所藏的“行母”（Mātṛikā）石刻，可参看夏斯特利：《救度母的起源和崇拜》（The Origin and Cult of Tārā），《印度考古调查记录》第 20 期（1925 年），图 1。

按：行母（Mātṛikā）是印度教的秘密字母，认为它是万物之母，构成世界的物质。救度母（Tārā）为湿婆神的妻子。——译者

③ 参看 K. 夏斯特利：《南印度的男女神像》，插图 54（Āvūr）；G. 莱奥：《印度教造像学要素》，第 2 卷，第 1 册，第 281—283 页。

弱点。在这些柔和可亲的线条和手足自然舒适的姿式中，我们看到阿旃陀、埃罗拉和象岛的全部传统的继续。这些湿婆、梵天和七母神像，竟好似由罗什多罗拘多朝的最精美浮雕——自湿婆与婆婆娣之婚礼图至凯剌萨的河神像——采取来的。而且到目前为止，还找不到南印艺术在17世纪以后退化成的那种"印度巴洛克式"的夸张和因袭形式。这里仍是一种含义完整的古典艺术，一者由于它始终忠实于本土笈多朝古典主义的"崇高趣味"，同时也因它已达到如此高度的完美境界，甚至在非专业的人看来，它在世界美学中也占一最高水平的地位。我们几乎要把毗阇耶那伽时代的南方这些全浮雕，当作印度艺术中最卓越的实例了。无论如何，它们具有一种雄健典雅和柔软匀称的风格，是超过了前此所见的一切作品的。

此种高雅作风，特别表现在铜像上面。巴黎最近收集到几件可称此派杰作的达罗毗荼人所雕的铜像，喜爱印度艺术的人，看到西方群众能从这些精选的实例中领会此种艺术的普遍价值时，该觉得是可庆幸的吧。其中一座15世纪的铜像，高约32英寸，已赠吉美博物馆（图23）。它以无比优美而秀逸和谐的姿式，表现为文学艺术之保护者的湿婆神——Viṇādhara，"dakshiṇāmūrti"义为"持琵琶的湿婆"，这可说是有着阿波罗般圣洁高雅的印度的安蒂诺亚斯[①]；且由于那耸出的臀部和湿婆式的高高头饰而更加美观动人。[②] 除了这种闲适自如的摆扭体态外，我们还可特别注意其

① 安蒂诺亚斯（Antinous），希腊神话中的美少年。——译者

② G.莱奥：《印度教造像学要素》，第2卷，第1册，第289—292页，图80（Museum of Madras）和81（Vaḍaraṅgam）。

身躯的柔软，脊背下部曲线的精美，前一右手以拇指食指相捏作“拈花式”的美妙，以及在造型上毫无瑕疵的四肢——左腿向前微屈，右足外展，如印度理论家的所谓“展右势（ālidḥa）”，这与古希腊雕刻中的一种最美妙的姿势正不谋而合。

风格与此完全不同的是菲力旁、卢氏及吉美博物馆近日所收的三座铜像，和马德拉斯博物馆藏有的另一具类似的造像（图24）。[①] 这些14、15世纪达罗毗荼人的作品，也都是湿婆神像，但已非我们上面赞美过的阿波罗式的青年模样，而是更有力的、有希腊酒神戴奥尼索斯之和谐美的化身——“舞王”即那可怕的宇宙舞的舞蹈者，超人的诗意的欢乐之象征；如我们前所看到的，在他身上，印度曾表现出对宇宙间的欢乐、痛苦和暴力，都以一种英雄气概的、近乎尼采式的精神来接受。这舞王造像不论其周边有无火焰状光环——代表着为他所充满而且逾越的世界之环——都是深合节奏而神采飞扬的。他以右手之一击着小鼓，接引一切众生来与他随拍偕舞。那飘扬的发卷、飞拂的肩巾，显示宇宙运动的迅速，这表现万物循环地凝聚成形，复再化为灰尘，他左手之一握着火焰，它在此周遍宇内的盘旋中赋予世界以生命，而又予以毁灭。这大神一脚下践踏着一个巨魔，因为“这乃是在死者尸体上的舞蹈”，然而他右手之一却作使人安心的“无畏印”姿势。其实从全宇宙的观点来看，“于永恒的形式下”[②]，在这普遍的宿命论中，残忍也即是仁爱，因为它正是“未来”的生殖原则。而在这些舞王铜像

① 参看罗丁、库玛拉师瓦密、哈威尔和哥劳布：《湿婆的造像》，载于《亚洲艺术》，第3卷，图1—12。

② 原为拉丁文“sub specie aeternitatis”，斯宾诺莎（Spinoza）语。——译者

中，的确有一两个是开颜而笑的。他对于生和死、苦和乐，都同样微笑；或更可这样说，他的微笑是死也是生，是苦也是乐，而对普遍苦难的这种尼采式的含笑，看来与基督及释迦的“俯视一切，怜悯众生”[①]有同样的美学价值。实际上，从这超然的观点来看，一切事物都找到了解释与合乎逻辑的必然性，而各得其所。在这里，艺术就是哲学概念的忠实解说者。造型上的节奏美只不过是一种理想节奏的表现。那令人初见感到困惑的许多条手臂，都受着内在规律的支配，每一双都自成优美的典型，使得这舞王在他可怕的欢乐中，遍体都因一种壮丽的和谐而激动。他的第一只左手自肩以下软软下垂，作所谓“象手”，即如象鼻的姿势，好似在强调这位神圣表演者的舞蹈的确是一种游戏（līlā）——是生和死的游戏，创造和破坏的游戏，无尽而且无为。最后，我们从这造像背部看时，岂不是那支撑世界的坚强肩膀，和罗马主神般的庄严躯体，正是象征着实体的稳定永恒，而那疾速旋转着的两腿又似象征着现象的变化流动。

正是这个印度，方才在佛教艺术中曾贡献我们一种宽大温和、慈悲一切的最抚慰人心的教义，现在在这湿婆教艺术中，又提出一种严峻明澈而最鼓舞人的教导和超人的禁欲主义。人们永恒祝福这一圣地，人类为生活这样丰富多彩而感激它！

在进至这一严肃的高峰后，再退回来看也可使我们眼界一新：吉美博物馆所藏南印度的其他一些铜像，显示出更近人性的舞姿——为挤奶女郎所爱的牧神、幼年的黑天的舞蹈；他的教义，是

① 原文系拉丁文，仅译大意。——译者

把一种精神上的宁静主义与世俗温情的田园色彩混合起来。[①] 这是一个有魅力的角色，在这角色中，人们看到印度教艺术成功于表现一种类似希腊厄洛斯[②]的主题，一种更像我们自己的圣婴(sacro bambino)的主题——只是不及他放纵。甚至在湿婆教中，我们也发现有的造像与此十分相似，如卢氏收集的"相属"舞蹈像即是。更可喜的是些跳着蛇舞的幼年黑天铜像[③]。再者，我们既已提到黑天教派的这些浮雕——这一派至心的虔敬和湿婆教哲学家们超人的理智主义形成强烈的对比——现在要再介绍一件17世纪紧那利地区的木刻，这是杜布留尔赠予吉美博物馆的，是表现牧童黑天，"印度的奥尔弗斯[④]"(牧童首领或持笛牧童)吹笛取悦他的小牛的情形(图26)。这里我们谈的显然不像上面那样有极高艺术性的作品，但这优美的茂叶繁花景色，也同样怡情悦目。[⑤]

这些只是在乔拉王朝及其后的毗阇耶那伽王朝统治下，南印度的成千件美术品中的区区几例。但在印度的神庙和博物馆中还藏有千百种作品，其中的主要型式还需要提及，因为湿婆教和毗纽教的雕刻，也和前期佛教的雕刻相同，在造像上有许多类别。只讲仪节上的姿势，就有几种为湿婆教所特有的作品需要注意。如印度艺术评论家们所称的手相，往往都极优美高雅，使得旧日存在的

① 参看K.夏斯特利:《南印度的男女神像》，插图25(童子黑天的曼舞);G.莱奥:《印度教造像学要素》，第1卷，第1册，图60(马德拉斯博物馆所藏的童子游戏像);库玛拉师瓦密:《印度艺术画册》，波士顿美术馆，图57(一幅美丽的插图)。

② 厄洛斯(Eros)，希腊神话中的爱神。——译者

③ 参看K.夏斯特利前引书，图26(马德拉斯博物馆);G.莱奥前引书，第1卷，第1册，第213页，图64。

④ 奥尔弗斯(Orpheus)，希腊音乐神。——译者

⑤ 参看G.莱奥前引书，第1卷，第1册，第207页;K.夏斯特利前引书，第44页。

佛教手印更加丰富。这里除了以前分析过的各种手印外还有"垂手势"或"摆手势"——手懒懒地下垂着，或在半伸出的臂上半抬着，此种姿势在最美丽的湿婆造像中呈现一种如花的优美风致；又有"象手相"，一臂横于胸前，手下垂——舞王像有一手即作此相——这是因为它模仿半扬起的象鼻在空中摆过时的柔软随顺姿态；再次为"三指手相"，如此取名，由于大神湿婆是持着法螺神斧或牝鹿在其伸出的拇指食指之间，四指弯曲，小指则又伸出——我们可以看到，这一姿势是如此灵巧精妙，以至可以说是近乎珍贵难得，这也称为"剪刀相"。又有所谓"睡眠手相"，是把手安放在某一物体上的姿势，手掌平伸。舞王造像中摇小鼓的一只手，同时还作"摇鼓手相"，而举着火焰的手则作"半月手相"。还有一种特别优美的是湿婆持钵的手的姿势，手掌后扬，伸中指和四指以夹持那钵骷髅，食指和小指则美妙地屈曲着，好像怕碰着它似的。同样雅致的，还有臀部各种姿势，这是以左臂下垂，手轻靠臀部；而"金镯手相"，是用手执一种法物，主要是花。[①] 最后还有"指针手相"，伸食指以表示引人注意或惊讶的姿势；以及"智慧手印"，手置胸际，掌心向内，拇指与食指相抵。

尊像威仪中，还有种种坐立姿势。如"安乐坐"，右足垂地，左腿盘屈，同时手作"无畏印"势；"忿怒坐"，右腿如上式，左腿靠在椅上，以助坐者起立；又如黑天作牧童时的立相，扭身耸臀，体重全加于左腿，右腿微屈，横斜于前。这些姿势不下二十余种，印度理论家都曾分类详述，这里不再多说。关于头饰，他们也有精细的区分。

① 或称 siṃhakarna，"狮耳相"。

如湿婆的发髻，挽作优美的角椎形，其上随情况不同而戴着各样饰物：骷髅、毒蛇及新月，如是即形成所谓“发髻冠”。在他现“乞者相”时，发髻散开如光轮形——“发髻轮”；而现“舞王相”时，发上则戴一孔雀羽所做的扇形冠。这大神的发髻亦常梳作三重冠样的高高的去尖圆锥形，称为“皇冠”。又呈恐怖神状时，则有时戴火焰冠。[①]

神像的种种不同型式，一看这些礼典上的姿势即可予以确定。尤其湿婆各相，在艺术及宗教的传统中，很快即被固定了。有些与插图有关的，我们已曾述及：如“舞王相”（图 24），“持琵琶相”（图 23），“智慧相”等。但此外还有许多被公认的型式，首先作为“尊者相”——无论为禅定之神或文艺之神——除了持琵琶相和智慧相外，还有“说法相”[②]，但此势几乎与“智慧相”相同，又有“瑜伽相”（神秘势），即这大神禅定修行的姿势，两腿结跏为“莲花坐”式[③]。其次是湿婆现化为赤身的乞身相，有四臂上边的右手持小鼓，另一右手作下垂势，一左手作似乎在持骷髅所做的化缘的钵，上方另一左手则作拈花的“金镯手相”。此种造像，有些——如发现于盘丹难那鲁尔和提鲁维迦都两地，被戈宾那他莱所复制的[④]——乃是极精致罕见的裸像，可以与希腊－罗马最好的作品相比。湿婆作为时间之征服者——脚下踏一小人形即表“时间”——所现的“灭

① 关于这些姿势、手印等的说明，可参看 K. 夏斯特利：《南印度的男女神像》，第 269—272 页，图 1—4；G. 莱奥：《印度教造像学要素》，第 1 卷，第 1 册，图 1—9，第 1—32 页（名词的解释）。

② 或作 vyākhyāna dakshiṇāmūrti，参看 G. 莱奥前引书，第 2 卷，第 1 册，第 274—284 页（附图多幅）。

③ 同前书，第 284—289 页，图 76—78。

④ 同前书，第 306—309 页，图 86—90。

时相”时，通常是胸部微向左转，右腿反向，支持全身重量，左腿以优美的姿势屈着，踏着那作人形的“时间”；右上手持斧，左上手捉鹿，下右臂作表示惊讶的“指针印”，左下臂作“环抱印”，拥抱着这大神的女性化身精力。[①] 又作“不败”势的铜像，倘出于巨匠之手，如坦佐尔的大自在神庙中的那座，其宛曲的体态也和最高贵的希腊造像姿势同样优美。还有湿婆和乌摩天后作“游戏座”[②]时所现的“乌摩伴坐相”或“安乐坐相”。这种铜像常有一种奇异的动人处：这位女神左腿下垂，右腿屈起，自座支起自己，左臂伸开，右臂作拈花势。如果湿婆和乌摩之间还有他们的儿子六面子塞健陀，则这一组像称为“苏摩塞健陀”。[③] 再有一种特殊的型式，也同样动人，即湿婆的“半女像”——湿婆和他的仙侣连为一体，左半为男身，右半为女身。[④]

毗纽教中最可爱的一种神像是“挽弓罗摩”（弓却未显出），此像右臂平伸，作射手的姿势，所谓“持弓相”，左臂则作下垂势。再结合“不败式”体态的优美曲线，这个双重姿势，表现着射手的力量和无形弓的震荡，使人立刻产生一种稀有的高贵骄傲的印象。[⑤]

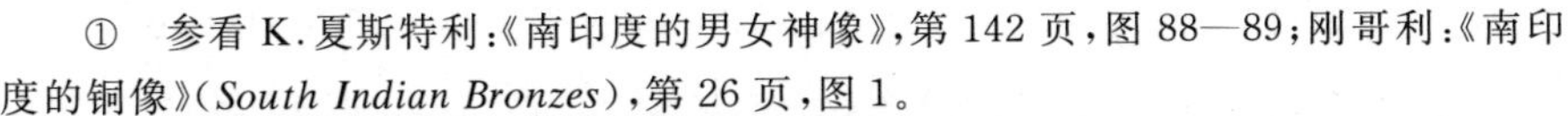

① 参看 K. 夏斯特利：《南印度的男女神像》，第 142 页，图 88—89；刚哥利：《南印度的铜像》（*South Indian Bronzes*），第 26 页，图 1。

② 参看 G. 莱奥：《印度教造像学要素》，第 2 卷，第 1 册，第 130 页，图 21；K. 夏斯特利前引书，第 110 页，图 69。

③ 参看 K. 夏斯特利前引书，第 107 页，图 67，68；G. 莱奥前引书，第 2 卷，第 1 册，图 22。

④ 参看 G. 莱奥前引书，第 2 卷，第 1 册，第 321—332 页，图 95—98；K. 夏斯特利前引书，第 120 页，图 76—80。

⑤ 参看悉多南（K. N. Sitaram）：《持弓罗摩》（Kodaṇḍa Rāma），《色彩》，1921 年 10 月；刚哥利：《南印度的铜像》，图 12，13；和 G. 莱奥前引书，第 1 卷，第 1 册，图 55。

南印的湿婆教圣徒铜像，在艺术价值上也可以和这些大神造像分庭抗礼。[①] 我们在此刊印一件这类型中的杰作，即著名圣徒好相主像，此像高近 20 英寸，今藏锡兰科伦坡博物馆。这位圣徒著过许多虔诚的颂诗，又称达罗毗荼人的圣路易・冈扎加，在他神悟达到高度的 18 岁时即死去了。雕像是一韶秀少年，宽肩、细腰、长腿，右手举起如拈花势，左臂软软地下垂，左手作指示或争论的美妙姿势；其身体重心都在微屈的左腿上，全身有一种显著的和谐美。这小造像虽然姿势体态有些过于纤巧，但仍具有朴素率真之趣——它实在是在一种至诚的感应下造出的。如科恩所说，此雕像所从属的宗教信仰虽与我们极为疏远，但他流露出人类的此种温情和虔敬，却同样使我们内心感动。它的面容似正对某种狂喜的幻象微笑着，口唇张开，像在唱什么赞歌。

科伦坡博物馆中另一具湿婆教圣者无边主的小雕像，两手作"合掌势"的，也几乎与此同样美妙，并且有同样热情和质朴之风。该博物馆中还有一个圣童提鲁智亲主雕像，为我们所知的最可爱的赤身童像之一。[②] 这两件似乎都是 13 世纪的作品。马德拉斯博物馆中也藏有湿婆教圣徒的一些铜像，那手法的简朴柔和、纵逸优美，完全可以和意大利文艺复兴时期最好的铜像相比。我们更不妨这样说，在意大利的铜像雕刻家中，并没有安哲利科修士，而

① G.莱奥：《印度教造像学要素》，第 2 卷，第 2 册，第 473—492 页，附有可爱的图片，图 134、137；刚哥利：《南印度的铜像》，图 14—20；库玛拉师瓦密：《锡兰的铜像》（Bronzes from Ceylon），《科伦坡博物馆记录》（*Memoirs of the Colombo Museum*），锡兰，1914 年。

② 参看刚哥利：《南印度的铜像》，图 17—18。

这里某些小雕像却使人想到具有那位黑衣托钵僧精神的唐那太罗[①]。[②] 但在这里我们显然处于另一境地，从那座精致的猴王哈努曼的小雕像即可明白看出；此像高约 30 英寸，今藏南肯辛顿城博物馆；它最能使我们了解这种一直被评价过低的艺术。[③] 而且，这里没有讽刺意味，也毫无日本雕塑家们的那种轻微的戏弄神情。在这块贱铜雕成的微妙精美的小猴像上，蕴含着罗摩王子这位友人的一切和善性格，息妲之拯救者的一切自我牺牲精神，以及印度多神教所特有的对动物们的兄弟般情感。

最后，达罗毗荼族的雕铜家们也遗留下了真人的肖像，如胜利城王朝的黑仙王（1509—1529 年）及身旁二妃的造像——这一作品也具有同样优美古朴的特色。[④]

在南印度，甚至深入 17 世纪后还可发现杰出的青铜作品。例如吉美博物馆所藏的吉祥天女像，我们即不应忽略；此像姿态如常仪，右前臂抬起，手作拈花相，左臂舒展于股侧，手作优雅的懒懒下垂势（图 25）。[⑤] 依照印度美术上的规律，其胸部明显地倾向右方，

① 唐那太罗（Donatello，1386—1466 年），意大利雕刻家。——译者

② 刚哥利：《南印度的铜像》，图 14—15；刚哥利：《一个湿婆信徒的小雕像》（A Statuette of a Shaiva Devotee）（附插图四幅），《色彩》，1927 年 7 月号。

③ 库玛拉师瓦密：《印度与锡兰的美术和手工艺》（*Arts and Crafts of India and Ceylon*），图 5，第 49 号。

④ 库玛拉师瓦密：《印度与印度尼西亚美术史》（*History of Indian and Indonesian Art*），插图 245，图 76；和他的《华盛顿自由者展览馆中的南印度铜像》（一个皇后像，公元 1100 年）（Südindische Bronze，in Washington Freer Gallery），《万神祠》（*Pantheon*），1930 年 7 月，第 338 页。

⑤ 参看波士顿美术馆所藏美丽的"乌摩天后铜像（Devī as Umā）190 米高，南印度 14—15 世纪作品，威廉·比尔德塞尔（William Beardsell）爵士赠送"（库玛拉师瓦密：《印度艺术画册》，图 52）。

臀部突出，全身都支持在左腿上，右腿微屈着。此种“对称势”原则还由于过分纤瘦的腰肢，相衬丰满的臀乳，而更为加强。这一造像姿容秀雅，细长的四肢，柔软的腹部，夸张表现的印度女性美特点，以及那斜耸突出、几乎要脱臼似的臀部，都不免使人一见神驰。然而必须承认，在此类作品中，艺术已走上了退化的因袭庸俗道路。显然这位艺术家已经上千次地自动重复应用了这种规律。① 我们只要看看近旁架上陈列的一排排与此同式但逊其精美的吉祥天像，即可确知在此以后将立刻遇到如柯恩所谓“印度巴洛克式”的平凡陈腐艺术了。

但我们可注意到，在这种衰靡的过程中，动物雕刻家的成就却一直保持了此后很久的时间。所以在迈索尔邦哈立比德的一些建筑物，如 12 世纪的候夷莎罗自在天神庙，以及胜利城朝的各庙宇，或千体罗摩庙的庙基浮雕上，还能显示出具有桑奇和摩婆里补罗的伟大自然主义传统风格的成队大象，都雕琢华丽，如花边装饰一般。

由于湿婆教得势而被排除于南印之外的佛教艺术，在印度另一端的孟加拉，于波罗及舍那两王朝统治下——两朝分别兴于公元 750—1060 年及 1060—1202 年——又保全一较长时期，其后则在尼泊尔延留一脉。但它发展的方向也和湿婆教艺术相似。在这里，此种艺术也仍然推源于柔润淳朴的笈多朝艺术：只是那笈多式准则已在不知不觉中演变得更为纤丽都雅，人物姿势也更细腻讲究——更扭突斜耸的臀部，更懒散颓废的神情，更烦琐迷惑的“手

① 关于吉祥天女（Lakshmī）的造像，可看 K. 夏斯特利：《南印度的神像》，第 187 页。

印”，极大变通性与更多僧侣式特征的高度奇异混合，丰富的装饰题材与神像严饰，对繁杂的点缀物及尖、拱、火焰等的嗜用，这一切都使人产生一种印度的火焰式艺术的印象，说得更确切些，孟加拉所有这些10—12世纪的菩萨造像，正形成了笈多朝艺术和尼泊尔及西藏艺术间的过渡阶段，尤其中国西藏的佛教艺术更是直接由此衍化而来。[①] 关于这些，我们将在本书第四卷中论及它们对中亚的影响时，再作详述。[②]

① 参看法伦茨(J. C. French)：《孟加拉波罗王朝的艺术》(*The Art of the Pal Empire of Bengal*)，牛津大学出版部，1928年；库玛拉师瓦密：《印度艺术画册》，波士顿美术馆，图24(“游戏坐”势的莲花手菩萨像，152米高，12世纪波罗王朝晚期或舍那王朝时期)和图27(湿婆与乌摩天后的组像，高160米，10—11世纪)；库玛拉师瓦密：《一种带插图的尼泊尔写本》(An Illustrated Nepalese MS.)，《波士顿美术馆公报》，第19卷，第114期(1921年8月)，第47—49页。

② 关于孟加拉、波罗王朝和舍那王朝艺术的整个问题，在本书第4卷第2章中(插图166，等)，再详细论述。在那里，我曾试图确定波罗王朝时代的美学原则，并说明它如何存留在尼泊尔和西藏美术上。因此，关于东北印度的后期佛教美术史——雕刻与绘画两方面——请读者参考本书第4卷。(中译本已移入第3卷)

第二章　印度尼西亚及马来群岛

爪哇艺术：印度的影响及马来亚的复兴

对于印度从来有一种固执的偏见，以为它是与亚洲其余地方相隔绝，于其古老的文明之中闭关自守。这实在是过于夸大其词了。我们已经看到，印度艺术在许多世纪内曾怎样受到伊朗和希腊的影响。虽然希腊影响终于被印度的固有文化所吸收，但我们的见解是，自最初的雅利安人时代，下历萨萨尼－笈多王朝直到莫卧儿的阿克巴时代，这些印度－伊朗的亲缘始终未曾消灭。不过，最能反证上面那种认为印度是孤立的观念的，还在于它对外扩展的方面。在本书下一卷中，我们将可看到，在公元后最初八个世纪内，中央亚细亚可算是印度宗教艺术的传播地。自然，中亚的政治优势仍属于吐火罗族、汉族、突厥族或西藏族；而另一方面，印度也发展其政治势力于马来半岛、马来群岛及印度支那等地。

常常被人忘记的是，在中世纪初期曾有过一个广袤的“大印度帝国”存在。虽然在政治上它和以前的“大希腊帝国”一样缺乏严密组织，在道德方面这印度帝国也是同一性质的。当9世纪时，锡兰和勃古、柬埔寨、占婆（今越南南方）、苏门答腊和爪哇等地与印度关系之密切，正如昔日塞浦路斯、赛利尼[①]、西西里和马赛之与希腊的关系相同。而吴哥人的王国关南和苏门答腊-爪哇人的室利佛逝帝国，与佛教的摩揭陀国和紧那利地方印度教的帕拉瓦王朝间关系之密切，也如叙拉卡斯或克基拉、瑙克拉提斯或西诺波各城之与希腊哥林斯或米利托斯[②]的关系一样。一个来自恒河流域或德干高原的人，到这里会觉得一切与在家乡无异。那时候的印度洋真是名副其实的印度的海洋，正如公元前5世纪时的地中海乃是希腊的海一样。最能说明这种情形的地方是爪哇。[③]

在很早的时期——无疑的，约在公元后初年——爪哇岛即曾受到印度的移民者或更可说是“文明人”的影响，他们带来了印度教中的湿婆教和毗纽教，以及佛教。苏门答腊也是在多少与此类似的情况下印度化了的。而且第一个伟大的印度-马来国家室利佛逝（今巨港）也成立于苏门答腊。该国在8世纪时统辖了马来群岛的大部，包括爪哇西部和中部。[④] 属于强大的塞林多罗王朝的室利佛逝诸王是崇奉佛教的，他们在中部爪哇建立起许多宏伟的

① 赛利尼（Cyrene），在北非，利比亚东部。——译者

② 叙拉卡斯（Syracuse），在西西里岛；克基拉（Corcyra），爱奥尼亚海中的一个岛；瑙克拉提斯（Naucratis），在埃及尼罗河三角洲；西诺波（Sinope），属土耳其，黑海沿岸港口城市；哥林斯（Corinth），希腊伯罗奔尼撒半岛东北港口城市；米利托斯（miletus），小亚细亚西岸。——译者

③ 参看卡尔·卫特（Karl With）：《爪哇》，1922年；克罗姆（N. J. Krom）：《印度与爪哇的分离》（*Hindoe-Javaansche Geschiedenis*），海牙，1926年；魏吉尔：《印度与爪哇的美术关系》（The Relation between the Art of India and Java），《印度美术的影响》（*The Influences of Indian Art*），伦敦，印度学会，1925年。

④ 印度的影响曾到达婆罗洲（Bor neo），近在哥打邦吉（Kota-Bangoen）发现的精美佛像可以证明。这个像曾被复制于《1926年印度考古年鉴》（莱顿，1928年），图11。

佛刹，如迦拉散（建于 778 年）及波罗浮屠等即是。[①] 至 9 世纪中叶，爪哇中部在本地诸王领导下又恢复独立，他们兴建了普拉姆巴南的寺院——现在已属湿婆教派了。其后自 10 世纪以降，爪哇的政治中心移至岛的东部，其间经过了若干朝代的盛衰嬗替。这些东部王朝中最主要的，在 11、12 世纪间奠都于延加拉及谏义里，继之于 13 世纪改都辛伽萨利，最后至 14 世纪又建都于满者伯夷。

印度－爪哇式艺术似乎出现于 7 世纪之末或 8 世纪之初，当时在岛中部迪恩高地曾兴建许多建筑物，包括旃底般陀提婆和旃底毗摩神庙，这是湿婆教的庙宇，因为前此臣服于室利佛逝王朝的当地君主是崇奉湿婆教的。[②] 这些庙宇中的神像——今藏巴达维亚即今雅加达博物馆，克罗姆书中有复制图片——和印度笈多王朝秣菟罗派美术相近似，是一望而知的。然而，就在这些初期作品中，我们已发现一种虽未脱印度美学影响之窠臼，但已具爪哇所独有特色的艺术。仅以所用的材料而言，这里是一种灰色的火长石安山岩，它的细石结构，抚之感有小微粒，这就使得爪哇的雕刻家们采取了较印度在沙石材料上所用的更为遒劲的手法。爪哇美术给人的那种有力的印象，和总体平衡的价值，部分地即因这种物质条件而引起的。迪恩地方的雕像——婆罗门教中的大自在天、婆婆娣、群主、梵天等神像——一般都被处理得简洁朴素，这虽或略

① 相反的，这里有一个新的假设，说室利佛逝王国是“西爪哇”，而苏门答腊仅为其属地（参看斯土特尔基姆（Stutterheim）的著作）。

② 参看克罗姆（N.J. Krom）：《印度－爪哇艺术导论》（*Inleiding tot de Hindoe-Javaansche Kunst*），海牙，1920 年；维诺尔（M.P. Verneuil）：《爪哇的艺术。古典印度－爪哇时期的庙宇》（*L'Art à Java. Les Temples de la période classique indo-javanaise*），巴黎，Van Oest，1927 年。

嫌粗糙，但已显出对所用的原料能自由掌握，这一点后来一直成为爪哇艺术的一个传统。还有一些细节是当地所特有的：如诸神所乘的坐骑已不再是动物，而是兽面的人体，如大自在天坐乘的神牛难提即为牛首人身的形象所代替了。

从建筑学的观点来看，迪恩的这些庙宇一般都具有线条极为鲜明的立体式构造的外观。那神殿是一座简单的方形殿堂，一面的前部为宽阔的门廊或列柱廊，其余三面则由半露柱划分为许多纵长部分，其中满布凸出的壁龛或雕琢的嵌板。殿顶式样不一：在般陀提婆的，顶上有一个较小的第二层，在毗摩的顶上则是由多层梯阶而形成的方尖塔式的构造。这里第一式与摩婆里补罗的帕拉瓦王朝的某些庙宇有若干类似处，而与柬埔寨吴哥时代以前的克美尔人建筑最为相近，这在后文将要述及；至于毗摩式则与奥里萨的"悉卡罗"更为近似。

在约公元730—860年，当爪哇在苏门答腊统治下及室利佛逝帝国时代，我们见到印度－爪哇艺术的最高峰。苏门答腊的塞林多罗王朝信奉佛教，于爪哇中部地区遍造精美建筑，如旃底迦拉散、旃底曼杜提及婆罗浮屠等皆是。

迦拉散佛刹建于公元778年，属迪恩式寺院的第一型，所异者是那"二十边形(icosagonal)"的样式——即由于四壁凸出的壁龛已发展成为有自己门户的小佛堂，这平面图遂形成一希腊的十字形。讲到迦拉散，应联系到邻近的毗诃罗·萨里小寺院，这里有一些浮雕精品，例如一手置腰际的菩萨立像，特罗卡德罗的印度支那博物馆中有此铸型，就是一个典雅绝伦的精美的小王子般的造像

（图 27）。

旃底曼杜提内并没有横向的佛堂，每一边只有纵向的突出壁龛。这是一座正方形建筑物，有希腊多利克式的清丽之风，优美而紧凑，殿高二层，上层缩进，系遵迪恩式。其特色在于基坛的重要性，这部分很高，饰有装修精美的柱脚，是为婆罗浮屠的前驱。

婆罗浮屠并不是上述建筑那样的庙宇，理论上它只算是“窣堵波”——但却是一座形式极特殊的“窣堵波”，那施有浮雕的基坛和台阶式的上部各级层，乃是受到同一时代庙宇建筑的启示。据克罗姆所考，它建于公元 8 世纪的后半叶。这可说是一座人造的山，或更可说是“一座作为建筑物之用而由石匠艺术加工的山”，自下而上包括：第一部分，作为坛基的极大的正方形石台，上有凸角堡形的突出；第二部分是在这平台上的五层高坛，向上逐层缩小，在上下各坛的壁面上装饰着一系列壁龛，其内有数目相同的佛像。婆罗浮屠整个建筑所有壁龛共计不下 436 座，我们由此即可估计这些雕像的重要了。第三部分，在第五层高坛之上为一个有三级阶梯的环形平台，周边耸立着 72 座钟形的小舍利塔；最末部分，在最上层的中央为此“窣堵波”本身的半球形圆顶。

这一巨大建筑是以令人惊叹的手法构成的：整齐匀称，独具风格，正是印度－爪哇式艺术的优点。可异的是，当印度本土，尤其德干地方的美术正趋向怪诞、夸张和堆砌的作风时，此种印度－爪哇式艺术却处处遵循着真正的古典规范。即如婆罗浮屠的雕刻装饰，虽然如此丰富繁多，但并不像在印度常常见到的那样过分密集拥塞，而是显然附属于整个建筑设计之内的。其每层壁龛中的美妙的佛陀坐像，都形成为整体中的一个主要部分；在壁龛上端那火焰状的优美光环之下，这些佛像犹如这建筑物的含笑的灵魂一般。[①]

但曼杜和婆罗浮屠的雕刻也自有其本身的价值。它不但仅就爪哇而言较迪恩地方的作品大为进步，即从印度雕刻的观点看来，它恐怕也包含一些最纯正的合于笈多式美术理想的杰作。我们只要看看4世纪属于笈多朝艺术的鹿野苑和秣菟罗的佛像，然后再试观婆罗浮屠壁龛中结跏趺坐而做各种姿势（如施与、论辩、禅定、无畏、转法轮等手势）的佛像，即可发现此二者间具有同样朴素的线条，同样温柔可亲的型式：光润圆满的双肩，柔软欲融的胸腔和四肢轮廓，平滑的面庞，以及那同样庄严清净的雍容神态。此种柔润之感特别值得注意，因为这里所用的乃是满布小孔及微粒的火长石，有此难于处理的粗糙石面，就更显得雕刻者运用斧凿时的巧妙成功。荷兰莱顿博物馆中所藏的混有青春与庄严之美的著名小佛头雕刻即显示出：正由于此种火山岩石本身的凹凸不平，婆罗浮屠的美术家们才能以高超的技法表现了像雷诺阿[②]画笔下那样亲切温暖的皮肤和复杂变化、跃动如生的肌肉。

但在秣菟罗和鹿野苑的造像中，我们也曾称扬过这些品质。婆罗浮屠所独有的特色乃是浅浮雕，那些长长的石刻壁画，其布局的完美，结构的和谐平衡，使人一见即想到佛罗伦萨的浸礼堂大门

---

① 参看刚哥利：《关于光环》（Note on Kīrti mukha），《色彩》，1920年1月（附插图35幅）。

② 雷诺阿（Renoir，1841—1919年），法国近代风景及人物画家。——译者

和吉伯提的名画。[①] 我们甚至不能描述这些浮雕的十分之一；我们只要知道，在婆罗浮屠它们构成了几乎近两千幅画面，其中一千六百幅都还保存得相当良好。这里我们只请注意本书刊印的几幅由哥劳布所摄的精美照片。[②] 例如，南面左首第一层坛壁的下列，可看到著名本生经故事中的须大拏太子在汲水处正以指环投向一个汲水女的水瓶内，其余的汲水女则携了盛满水的瓶子回到城里去：这一行列的姿势端庄美丽、步态优美和谐的持水瓶女人，使人想到波提切利或吉兰达约[③]所画的雅典少女群像或一些人像。这里还有两幅浮雕，那画面的柔和堪称拉斐尔的前辈：一幅是菩萨入浴图，旁有天神俯身于岸边或飞翔于天空；整个景象由一种对大自然的微妙之感而充满生气，那可爱的潺潺流水，逼真的花木群羊，都是在此种灵感下构成的。另一幅是希鲁来到希鲁迦的情形，图中根据传说，表现他正向当地居民分配免遭罗鲁迦破坏的财物；那艘载他来此，现泊海岸外的精良船只和当地村落及拜伏于希鲁足下的居民，形成一幅观察精微的图画。此外，在善生献糜、魔女诱惑——那舞步的应节合拍，竟像出自我们现代舞蹈学校的——或达鲁摩宫廷中仅著薄纱而起舞的赤身舞女等幅中，也可看到同样古典式的浑雄意象，和同样柔美优雅的举止动作。

---

① 参看克罗姆和汪耳蒲（Van Erp）：《婆罗浮屠的考古发掘》（*Archæologische Beschrijving van Barabudur*），海牙，奈霍夫（Nijhoff），1920 年；克罗姆：《婆罗浮屠雕刻的佛传图》（*The Life of Buddha in the Stūpa of Barabudur*），海牙，1926 年；费契尔：《爪哇的佛教艺术》（Buddhist Art in Java）（婆罗浮屠的浅浮雕），《佛教艺术的初期》，伦敦，1917 年。

② 图片欠附。

③ 吉兰达约（Ghirlandajo，1449—1494 年），意大利佛罗伦萨的画家。——译者

在这所有图景中，我们发现婆罗浮屠的雕刻家们能就某些一般的题材或典型，成功地取得多种多样的效果，因为他们的想象力是和阿旃陀画家们同等的。首先是佛陀型式，这与鹿野苑的佛像并无区别。他离座下来，奕奕如生；那光滑、纯洁、柔软的裸体，由于和谐静穆的姿势和具有高度造型价值的仪态而更显得美好。其次是礼佛人物，菩萨、天神、贵人、妇女等的雕像，也都流露出笼罩一切的温柔气息。此种情趣，在菩萨王子周围的女性形象特别可以感到，她们是将妻子温柔的眷恋化作了神秘的礼赞，因而越发动人；这崇敬之情复在她们那一心皈依的姿态中注入了无比的庄严与热忱。整个画面的甜美感，乃是佛罗伦萨画派式的。然而此种超然的静观境界，并未贬低这些裸体女像的和谐朴实的造型美，或那爱抚般姿势的无限诱惑力。还有精灵，“紧那罗”，和像哥特派天使似的在佛周围天空飞翔的天女等，也都是同样的无比优美。有时还可发现纯古风的作品，如图中的女乐形象，这使我们想起维克多·雨果的诗句：

奏起横笛的牧人，低低地垂下他的眼睑。

另一方面，动物和植物的题材，对婆罗浮屠的雕刻家，也像对西方哥特派的雕刻家一样，乃是无穷尽的新鲜灵感之源泉。在婆罗浮屠，一如在西方大教堂的浮雕中，处理动物形象常用一种现实主义手法；这种现实主义在显出直接观察的同时，由其理想的鼓舞而变得高贵化了。我们可以特别指出的是，各种姿势的大象都雕造得技法精湛，惟妙惟肖——这乃是真实的肖像，它甚至几乎把人类的智慧，都要在这印度象的相貌上表现出来了。同样的风格下，那些羊、鸽、孔雀等也都是可爱的精心之作，并且和过去在桑奇的相同，有着显著的装饰风味。类似的情形，每一株树也都是辛勤而爱好者们的研究对象，雕刻者把石块镂空得像刺绣品一般，以使那花叶图案产生出最大的装饰效果。在有着奇妙火焰式建筑主题图样上，也可看到与此相同的富丽堂皇、可媲美金饰细工的装饰风味。

此种艺术，其丰神虽是印度式的，但在若干细节上却具有独特的爪哇情调。前曾指出，这里所雕刻的树木，那品种就并非印度所特有，而是属于爪哇的。虽然如此，这些作品仍渗入了印度的美学理想。我们所看到的形成于桑奇和阿旃陀的印度自然主义，在婆罗浮屠的同样鲜美如花的女性及青年雕像，和同样现实主义手法的动物形象中，已获得成功，只是它在这里似乎变得更有规律了。经过了在初期的自然流露后，至婆罗浮屠已提高到一个更严肃的理想，把我们的印象总结为一简单公式，就是：阿旃陀的自然主义到婆罗浮屠已变为纯正的古典主义了。

在爪哇及荷兰的博物馆中，有一些与塞林多罗时代——即苏门答腊统治爪哇的时代——有关的雕刻。根据克隆姆的画片（《亚洲艺术》，卷 8），我们可提及今雅加达博物馆中所藏曼杜提地区的毗纽天、群主和巴陀罗大师的造像：“那些高、细的身形——甚至生来胖大的群主也作此形——和精美而不过于堆砌的装饰，与曼杜提的菩萨像完全谐调一致的。”我们可以注意巴陀罗大师那种尊贵的丰采和美好的雅利安人型的头部。在这方面，我们还可注意到，甚至在塞林多罗这样信奉佛教的君主的统治下，婆罗门教的艺术仍然盛行——而同样的，在此以后的各个时期，情势互易，佛教艺术也未见衰落。与此同样优美，或更进一步的，是约加卡塔所藏、自普劳桑出土的文殊菩萨像和坐莲花座、手作“施与印”的观世音菩萨像。[①] 在这两件作品中，我们已接近塞林多罗时代的末期了。

近9世纪中叶，如上文所说，爪哇在当地君主领导下，摆脱了苏门答腊的塞林多罗王朝的统治而恢复独立，并建造了普拉姆巴南的庙宇，现在各庙已属印度教所有了。在普拉姆巴南境内拉拉·扬格蓝的一批建筑，共包括八座庙宇，全部建在一个极大的基坛上，中央是一座宏大的湿婆神庙，其旁为毗纽天庙和梵天庙。这些庙宇中的雕刻不及婆罗浮屠的那样宁静超脱，但其丰神却更生动而富戏剧性，姿态也更灵活生动。这是由于湿婆教及毗纽教教义的影响呢，还是马来人的脾性气质使然呢？除此点外，它仍不出印度古典艺术的规范。例如，毗纽天庙中的两个青年供养者的裸像，以无比热诚的姿势牵手并坐着，什么作品能较此更为朴素动人？又如原在拉拉·扬格蓝一座较小神庙内，今移藏雅加达博物馆中的著名的湿婆头像（第32号，高约15英寸），那丰满新鲜、有着青春之美的恬静面容，和它头饰上的骷髅正成一强烈对照——岂有比这雕刻更符合笈多朝艺术理想的吗？

拉拉·扬格蓝的宏伟的湿婆神庙，主要以所刻全部《罗摩衍那》故事的浮雕出名。[②] 这里最好请读者参看司徒特海姆所复制

① 参看克罗姆：《荷兰和爪哇博物馆中的爪哇艺术》（L'Art javanais dans les musées de Hollan de et de Java），载于《亚洲艺术》，第8卷（巴黎，Van Oest，1926年），图8、9、12。

② 参看赛逊尼斯（Alexander Zieseniss）：《在印度尼西亚的罗摩传说、它的起源和发展》（*Die Rāma-Sage bei den Malaien, ihre Herkunft und Gestaltung*），汉堡，1928年。

的精美图片(《印度尼西亚的罗摩传说与罗摩故事浮雕》)[1]。我们只来谈谈主要各组浮雕中的特别优秀的几幅：十车王礼遇世友仙人图，其中老王的形象庄严而尊贵；罗摩拉开湿婆的神弓，因而得到美貌的息妲——在这一幅画中我们第一次看到这位英雄做着优美的射手姿态，和他在一起的息妲，那苗条而富曲线的身形，使人想到婆罗浮屠的魔女像；还有充满精微的内心表情的一组色情画面，王后凯姬夷媚惑十车王；和紧接在此幅之后的婆罗多加冕图中持刀和盾的奇异的舞蹈女像，其疯狂般的动作，已经是马来所特有的形式，和婆罗浮屠舞女那种印度古典式的有规律动作大不相同了；又在两方嵌板中，罗摩扮作神采奕奕的王子，以类似的动作，先射落了飞鸟和羚羊，然后又杀死猴王瓦林。在这方面，我们可以说，印度美术以这三幅浮雕中的神射手姿势，对世界美术的人体典型做了一定的贡献，正如希腊美术创造了掷铁饼人的典型一样。再有这以后的几幅——息妲的被劫，猴王的战斗——里面都充满着异乎寻常的动作和戏剧性的紧张气氛，这在印度美术中是一种新的东西。但是虽然有这些显示出马来血液的特色，印度式的温文典雅之风仍可在罗摩和息妲的大部分雕像上看到。此中的女主角，保持她在《罗摩衍那》中的形象，是一个造型美丽兼有女性的端庄和妻子的温柔的典型。至于拉拉·扬格蓝的罗摩像则可与笈多朝艺术中的佛像媲美，尤其是他在田园景色、在悲伤或沉静时的姿态中最为明显。在这位英武的国王和那位菩萨王子，即罗摩和佛

① 卡茨(J. Kats)：《爪哇神庙浮雕上所刻的罗摩衍那》(*The Rāmāyana, as Sculptured in Reliefs in Javanese Tempies*)，莱顿。

陀身上，印度的美学理想创造出精神美和肉体美这两种不朽典型，其身体的圆满无瑕，正和希腊艺术在这方面流传下来的最完美的成就相同，而其灵魂上的崇高也与基督教中世纪的最卓越的创作一样。

此外，普拉姆巴南时代的青铜雕刻在此也有其一席地位；吉美博物馆藏有重要的一组铜像，是梅耶捐赠的。这是一些小型作品，高不及 10 英寸，但每具都是杰出之作。如十臂观音立像，兼有最精美的两种爪哇式特色，即朴素的线条和稀有的花纹图案的装饰价值，是如何的纯洁优美（图 28）！而另一方面，在它旁边陈列的财神俱毗罗像又是何等的气魄宏大！讲到对这些作品的评价，我们可以将它们与东方其他地方的同类艺术品做一比较。例如，吉美博物馆这座观音像，其处理手法正与尼泊尔或中亚菩萨像的公认规范相合，也是同样的面容颇为冷漠而身材修长的型式。然而若把这具造像和喜马拉雅山区的铜像或敦煌的壁画并列时，我们即可感到在对这玄学题材的活生生的表现与单纯抽象的描拟之间有着怎样的差别。另一方面，我们如以吉美博物馆所藏爪哇的俱毗罗雕像和印度或中国的同类艺术品相较，便可发现后者是一种笨重的蠢怪，而前者虽也是传统的肥胖身躯，但却无损于其优雅尊严的风格。也许就在这一点上，爪哇的雕刻家们充分表现出了他们的才能。当他们在石块上雕琢时，那火长石的难于处理，毕竟使他们受到妨碍，只有在这铜像上，他们方才显露出所有的柔和技法。直到这时，我们才真正欣赏到那肩部的高贵，躯体的精致，双腿的纯洁洗练，即这些裸像的无限动人的妩媚；这些像，我们惊异地发现，竟表现出这样的古典特色。如果说，希腊式的理想是由中

庸、博大、风趣以及力量所组成，那么这批爪哇铜像正具有希腊的一切美点。[①]

有趣的是，我们可以注意到室利佛逝王朝的印度－苏门答腊艺术的影响，在另一方向，甚至远到马来半岛也能感到。在半岛上暹罗（泰国）境内杰雅的瓦特·布拉·达图地区出土一些铜像，考德曾有研究发表，其中特别是一座菩萨像，由于它“面貌的慈祥静穆，肩部姿势的雍容华贵，装饰的瑰丽堂皇”，以及如鹿野苑佛像的美丽躯体，是可以与印度支那的笈多式艺术杰作并列的。[②]

中部爪哇的艺术，存留于其发祥地毗诃罗普劳桑的寺院中，年代始于 10 世纪初。但这些庙宇始终未曾完成，因为这原来成为爪哇文明中心的中爪哇地方，或由于苏门答腊方面的报复举动，或由于某种地质上的突然变化，在约公元 920 年时即被放弃了。从此以后，东部爪哇遂变成了本岛的文化中心。

此时出现的新的爪哇艺术——东爪哇的艺术——一开始仍保留着强烈的印度特色。并且在中部爪哇艺术的末一阶段的普劳桑，和东部最早期的作品之间还可能建立一种连续关系。一方面，在普劳桑北面神殿中有一尊优美的巨大弥勒像，右腿像欧洲人坐着的姿势，左腿则如东方人那样盘曲在座上，头和胸部周围有火焰

---

① 吉美博物馆所藏梅叶（J. J. Meijer）收集的爪哇铜像，已为哈金（M. Hackin）刊于《吉美博物馆中印度和西藏的雕刻大师》（*Chefs d' oeuvre de la sculpture indienne et tibetaine au Musée Guimet*），巴黎，莱罗斯（Leroux），1930 年；它们可以和波士顿美术馆所藏锡兰的美丽铜像（观音、持昏、文殊）相比；库玛拉师瓦密复制于《印度艺术画册》，图 16 和 17。

② 参看曼谷国立美术馆所藏古物，载《亚洲艺术》，第 12 卷，1928 年，第 15—17 图。

式的出尖的背光；另一方面，在岛东部比拉罕地方有一个爪哇王埃尔兰伽造像，王死于1042年，石像作毗纽天乘猪首的金翅鸟形式，高约57英寸，今藏莫约克托博物馆。我们发现这两座雕像具有同样的冷漠高雅情致（虽然由于体态略显丰满而致减弱），同样的雍容恬静气氛，而且那座位的华丽和珍宝珠饰的盛多也同样悦目。给人以类似印象的有辛伽萨利的佛陀智慧像，即所谓“般若波罗蜜多”，这是13世纪的产物，今藏莱顿博物馆（图29）。我们以为这一造像虽有爪哇式所特有的动人之处，但更特别的，它象征着大乘佛教；只有那手持圣经、一似基督教经院哲学之化身的亚眠大教堂内美丽的上帝像可与之相比。它也有同样的冷静而具大智慧的美，坚强的古典风格，优美的简朴线条，以及同样的对教义的确信神情。

但爪哇已经开始摆脱印度的影响了，如在潘纳塔兰的一群14、15世纪的建筑物已无可置疑地表现出来。要证实此点，我们只需将司徒海姆书中[①]所刊载的普拉巴南的《罗摩衍那》浮雕的图片和潘纳塔兰的同类画面做一比较。在后一地方，我们不仅已和印度艺术分手，而且与印度的美学思想也分离开了。从此以后，我们将要讨论纯粹本土的马来艺术，即木偶影戏艺术——大洋洲的艺术了。[②]

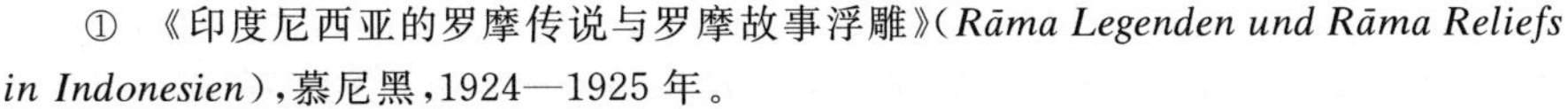

① 《印度尼西亚的罗摩传说与罗摩故事浮雕》（*Rāma Legenden und Rāma Reliefs in Indonesien*），慕尼黑，1924—1925年。

② 参看《大洋洲民族艺术》（Oceanian Arts），《艺术画册》（*Cahiers d' art*），巴黎，1929年3—4月。

印度支那的印度化王国：吴哥、土伦及阿犹地亚

印度支那的西部和南部，也和爪哇相同，大部分接受了印度的文明。但此处并没有任何政治上的殖民地化或征服。这片土地始终是在当地民族的势力之下：在柬埔寨的是克美尔人，他们和缅甸南部的孟人形成了一种与印度蒙达人相近的民族；在现在越南南部的是占姆人，这是和马来－波利尼西亚人同种的航海民族。但早在公元1世纪，克美尔人和占姆人就都接受了印度文明。他们建立了印度的或印度化的王朝，采用古梵文为宗教的和宫廷的文字，并定婆罗门教与佛教为国教，[①]这样印度化了的占婆王国，遂于3世纪时第一次在历史上出现。当时其主要中心地为土伦区，那里建立了这个国家的第一个首都。梵文名因陀罗补罗即今特拉克尤所在，又平定区，为陪都毗阇耶（今恰班）所在。占婆诸王——他们每人都有梵文的名字——就在这历史的背景中，对北方占据东京区的越南人以及西南方的世仇克美尔人进行了数百年之久的斗争。[②]

约公元3世纪时，在柬埔寨的克美尔人领土内，也出现了有组织的印度化的国家，其中之一，我们只知中国人给它起名为扶南，

① 《国家、居民和历史》（*Le Pays et les habitants, l' histoire*），《法兰西的殖民帝国，印度支那》（*Un Empire colonial francais, l' lndochine*），第1卷，马伯乐（Georges Maspero）编，巴黎，Van Oest，1929年。

② 同上作者，《占婆王国》（*Le Royaume de Champa*），巴黎，Van Oest，1928年。

其中心地在今日的交趾支那。另一国家被中国人称为真腊，位置当更往北，在今日老挝一带。两国中，扶南曾长时期占有优势，但在6世纪后半叶，真腊取得霸权，并建立了柬埔寨的历史上的帝国。然而这帝国的重心似乎直到9世纪之初才固定于金边湖地区，后来至9世纪末期才在此建起吴哥城，而成为克美尔人帝国的首都。这帝国共存在了五个半世纪。在此漫长时期的前半，即10—13世纪，这克美尔人帝国的疆域远超过了现在的柬埔寨王国——实际包括了今日交趾支那全部、老挝的大部分和暹罗的整个南部地方——并且不断进犯占婆王国。吴哥都城的壮丽辉煌，和这广大帝国的声威显赫正是一致的。①

柬埔寨地区的艺术，始于所谓“前吴哥期”的风格，其时代约自公元6世纪到8世纪，甚至9世纪初。我们如说，在历史上这年代正和上述柬埔寨两个主要国家古扶南的末叶及真腊的初期相当，或不至过于武断。据残存的梵文和柬埔寨及中国的文献所说，扶南和真腊是由于印度的婆罗门们有意地娶了当地的女王们或神话中的人物而建成的，此种传说正象征印度文明和克美尔文明的密切融合，从而产生了新的国家。事实上，印度的影响——于一种通称为笈多式艺术的、严格的印度古典派形式下——在这里似乎较在后来的吴哥艺术中更为显著。然而当我们面对着这久远时代的

① 参看甘迈勒(Commaille)：《吴哥古迹指南》(*Guide aux ruines d'Angkor*)，1912年；马查尔(Henri Marchal)：《吴哥寺考古指南》(*Guide archéologique aux temples d'Angkor*)，Van Oest，1928年；格罗斯理(H. Groslier)：《吴哥》(*Angkor*)，(罗伦斯，1924年)

作品时，我们觉得仍看到了一种独特的典型，它并没有和印度的美学理想分裂，而是将那理想发展到一个新的艺术规范方向：只在作品各部的均衡上就足以显出此种区别。

在交趾支那之北的丘都地区，和柏利克拉巴及百囊奔（金边城，南荣）附近地区，就是古扶南国和其后的"水真腊"所在地。法国安南东方学院中的一些学者，特别是帕尔门特尔和哥罗斯里尔两人，曾发现吴哥前期建筑的主要遗迹，都是些孤立的砖塔形，一眼便可看出与吴哥时代的伟大庙宇不同。

在此地区所发现的前吴哥时期的雕刻，也同样有其特色。如斯特恩所指出，识别这种雕刻可以注意几点：对衣服的处理，通常只以刻划一些线条来表示；扭耸的臀部，这里仍可见到，虽远不及印度式之甚，但较在吴哥却大为显著；个别神像有某种头饰，一般多作角椎形；普遍应用宝冠，也是角椎形的，为神像的头部装饰。吉美博物馆中陈列有几具这种吴哥前期的造像（图 30），还有其他一些作品的翻铸品可于特罗卡德罗的印度支那博物馆见到。我们可以注意那些大型女像，有着斜耸的臀部，戴着圆锥形宝冠。另一组是诃哩－诃罗像，即毗纽天和大自在天的合体，这似乎是柬埔寨的婆罗门教神庙中最受崇拜的神祇之一。特罗卡德罗藏有一躯金边城博物馆中诃哩－诃罗的仿铸像（图 31），它那因袭和造型的长长线条的赤裸形体，暗示着一种"由古埃及法老时代的头脑所发展而来的笈多风格"，此型正可以和考德在《亚洲艺术》卷 12 第 9 图所刊曼谷博物馆中的毗纽天像相比；而另一尊原雕的诃哩－诃罗像，得自摩诃罗塞，今在吉美博物馆入口大厅迎着观众的，我们觉得它和笈多朝或帕拉瓦朝的风格更为接近。

我们在此对柬埔寨前吴哥时期的艺术不拟提出任何理论，因为至少说，这还为时过早。我们谨愿提供一些作品，请美术家们思考研究，以便使这种生动有力而结构均衡的艺术，将来在普通美学发展史上取得它合理的地位。将这些作品本身做一比较，就比一切理论更能说明它们表现了哪些印度标准的遗风，和其中有多少已预示了吴哥初期那种更具有个性的艺术；此外或还可看出所受中国唐代雕刻影响的那些成分——因为，如哈金所说，这种作品中质量的平衡感，与其说是属于雕刻上的，不如说是建筑上的，而这一事实可以解释为是受到中国的影响。

吴哥的艺术，据特罗卡德罗的印度支那博物馆馆长斯特恩晚近发表的论文所说，可以分为两期：公元 10 世纪的属吴哥第一型，11、12 世纪的属吴哥第二型。我们如采取斯特恩建议的这种新的年代分类，则第一型将包括卢楼的遗迹，通称帕米安那迦式和巴普昂式；第二型则包括吴哥－瓦特殿及巴壤的庙宇，前者兴建年代约当苏里耶跋摩王二世（1112—1152 年）之时，后者的年代据考德最近的假定约在 1200 年，即阇耶跋摩王七世在位时。[①] 柬埔寨的庙宇，理论上周围都筑围墙，墙四面开有一个入口的“瞿波罗（庙门）”，其顶上饰有阶层式的方尖塔。至于庙宇本身，例如巴普昂、

① 参看《吴哥－瓦特神庙》（Le Temple d'Angkor-Vat），《考古记录》（*Mémoires archéologiques*），法国远东学院出版，巴黎，Van Oest，1929 年。关于巴壤年代新的推断，可参看考德（G. Coedés）：《柬埔寨的研究》（Études cambodgiennes），《法国远东学院公报》（*Bulletin de l'École française d'Extrême Orient*）第 28 卷（1928 年），第 81—103 页。

巴壤以及吴哥－瓦特，都建作一重重同中心的高下回廊，各承托一个平台上，台的高度逐层增加，在这类型建筑中，其上层回廊的四隅有“波罗萨提（角）”，为阶磴状的圆锥式，略呈弧形，中央则为一较大的主塔；此种有回廊和庭院的庙宇，有时也有只建一层的。其中种种构成部分，与印度教建筑有显著的亲缘。我们在紧那利地方泰密尔人的庙宇中也发现过这种“瞿波罗（门）”，而这里的“波罗萨提（角）”则与奥里萨神庙中的“悉卡罗（顶）”有些相类。但我们此处所讲的艺术却显然仍是克美尔人的，这些柬埔寨建筑家们手法的粗拙即是明证，他们只是很缓慢地在改进他们的方法。在一开始，如斯特恩所说，此种建筑几乎完全用砖造成——如建于 9 世纪最后 25 年中的卢罗庙宇即是；在帕米安那迦的，斯特恩认为系建于 9 世纪之末或 10 世纪之初，则是砖和沙石混用，而后一种材料渐占优势；最后在巴壤，就取砖而代之。自巴壤时代以后，原来孤立的塔，便与回廊连接在一起了。由两面墙夹持的拱廊在卢罗还未见到，诚然这在帕米安那迦已经出现过，但那只是一种奇异的试验性形式，高起不过 2 码。用柱支持的普通拱廊到吴哥第二型中才在巴壤出现，其年代，据斯特恩所考，为 11 世纪的前半期，至此它才采取了这最后形式，同时克美尔人的庙宇也取得其标准的外观。于是我们遂有了一种判然独立的艺术，用斯特恩的话说，在印度建筑的外围，缓缓向前发展。

吴哥的雕刻，和这两种建筑型式相应，也有两种风格，斯特恩在所著《吴哥、巴壤和克美尔人艺术的进化》[①]中，对此也有说明。

① 巴黎，Geuthner，1927 年。

吴哥第一型雕像(10 世纪)的特征在头部,其眉间连成一道直的隆起以表眉毛,口、眼周围描有双线,另一个惯用的标识是下颏成一尖端,以表胡须。代表这种艺术的,在吉美博物馆有许多头像和一尊巨大的梵天坐像,全部作品中的坚实而几乎如几何图案的构造都使我们赞美,因为这一派的雕刻乃是以整体的、建筑上的手法来处理的。如我们所看到,这种艺术与笈多式艺术距离已十分遥远,其性质乃是专属于克美尔人的了。

在 11、12 世纪的吴哥第二型雕刻中,就有了完全的变化。第一期的几何形的传统技法——两眉的连续线,口眼周围的或表示胡须的痕迹等——现在都消失了。我们突然看到,代替这种"因袭化结构"的头部的,乃是异常温雅而生动的面容——的确,如此生动,而且如此温雅,使得克美尔艺术一跃即赶上并超过了印度艺术所表现的一切成就。事实上,从整个看来,印度艺术有一种超越我们理解之外的趋势,使我们感到有些惘然若失,原因是它所受佛教人道主义影响的时间太短促了:在桑奇还没有佛教尊者的面像,而犍驮罗用了平凡的手法来刻画他的,只有阿旃陀的画家了解他们,而且表现得也令人惊叹;但随后佛教即几乎立刻让位于湿婆教了,关于这后一教派,至少可以说,它代表着一种超人的理想。但在柬埔寨的吴哥第二期以及婆罗浮屠的爪哇艺术中,我们发现一种与我们自己十分接近的艺术,它诚然是极端理想主义的,但也是无限温柔的:在这里我们无须努力去对它熟习适应;甚至在这些神像前,我们也感到像在希腊艺术中似的有一种充满人情味的喜悦的激动,对此,我们是完全心声相通的。

在这些第二期雕像的面容上,大多数都浮着一种所谓"吴哥之

微笑”。我们认为，很少有艺术家曾把这半闭着眼的笑容——第一期的雕刻家们对此尚无所知，这无疑是佛教中最高乐境的表情——表现得如吴哥一些雕像这样具有神秘之感。在印度笈多朝时代，甚至在阿旃陀，那作品中总留存着一些物质上的东西；但在这里，它却真正解脱了对尘世浮沉的一切关怀。我们在此确实见到一种不变的、出世的微笑，它玄奥地反映了“涅槃”的内心彻悟。在吉美博物馆的两廊克美尔人作品中，观众可发现许多头像，在那上面，这种无上智慧的表现找到了具体的化身。我们现在复制几幅在此(图 32，图 33)。这类作品比起任何用言语的说教来，更能使我们看到东方这一伟大宗教的灵魂深处：懂得它们的人，就懂得了整个佛教。我们不会设想这种含笑佛像的题材会因反复应用而变得单调起来。相反的，虽然此中的灵感一致，但它赋以生命的每一形式却有各不相同的特性。例如，有时当这种内心妙悟流露在显受印度影响的细长脸型上时，它是如此空灵超脱，以致这笑容成了面貌上的主要特征(图 32)；[①]而当这伟大宁静的微笑降临在一些高颧厚唇、有着更强烈的世俗气息的假面具似的当地人脸型上时，它甚至又有一种更深刻的意义。这民族型式和这超然妙悟的光彩之间的对比，这落在无知事物上的神圣光辉的反映，恐怕是我们这些收集品中所见到的最动人之处了。更可异的是，这种佛教的慈祥笑容还发现在本为魔怪的脸上，如吉美博物馆中有一具极精美的克美尔人的雕像，就是一个皈依佛门的药叉，眼睛凸出，獠

① 参看《芝加哥美术研究所公报》(*Bulletin of the Art Institute of Chicago*)，第 18 卷，1924 年 4 月，卷首插图。

牙外露，这食人怪物的整个面容，由于世尊的教化而改变并且神圣化了。

但不要以为这种“吴哥的笑容”仅限于在佛教的头像上出现。在吉美博物馆我们将发现有一座诃哩－诃罗像，那面孔上也浮出这种微笑，而在这优美青春的形象上呈现着谜样的神秘情趣。在同一室内，我们还看到它出现在一个湿婆头像上（图 34），这雕像无疑是仿自某种印度－克美尔婆罗门的型式，它的脸部——仍然是这样充满思想的，是这样雅利安式的——被赋给一种可惊的哲学价值；最后，我们在一具婆罗门教天神头像的脸上，也发现这种表情，这使人联想到装饰着巴壤和吴哥神殿门上的巨大的笑面人头像。

另一方面，吴哥第二型中也留存下几个可爱的裸体雕刻，其中一些是笈多风格多些，另一些是本地风格多些。属于前一类的作品，我们可以提出趺坐在目真邻陀龙王身上、手作“禅定印”的佛陀入定像，像高约一码，1913 年科美勒发现于巴壤神庙的南门，今藏金边城博物馆：那纯正的雅利安人脸型轮廓（虽然嘴唇已经相当厚了），那恬静和谐的面部表情，那好像活着而呼吸的、有动人的造型美的胸膛——这一切特征中，被哥劳布所正确命名为“印度古典式”艺术的影响是显然可见的。另一方面，吉美博物馆还有一尊佛像，也以同样姿势坐在大蛇身上，它虽然具有相同的笈多式特色，但在那孟人－克美尔人的面庞上，以及在孩子般的柔软胸膛和对双手的简化处理上，都已显示出有一种更近于本地的倾向（图 35）。可以和这两件作品相比的，还有另一尊坐在蛇身上的精美佛像，高约 4 英尺，是 12 世纪的沙石雕刻，发现于比麦，今藏曼谷博物馆，考德在《曼谷博物馆收藏品》一文中有此像图片[①]。

最后，克美尔族艺术家们也造出了令人赞美的青铜作品。如考德在其佳作《克美尔人的铜像》（载《亚洲艺术》第5卷）中所复制的小型青铜造像，无论是在胡须下隐含微笑的、有纯古典风的精致的婆罗门头像；或是看来好像从浅浮雕中走出来似的美妙的女性小雕像；或是有着埃及作品的优雅，但手法不像那样生硬的王者或武士像；或是可媲美笈多时代或古代的胴体像；或是类似金边城或吉美博物馆中大佛像的小型佛陀禅定像；再或是具有富丽的装饰效果的多头龙王或百手神像，其作风的遒劲优雅，可以和除去达罗毗荼人及爪哇人外的任何其他东方民族的作品争胜——这些小雕像大部分都是完美的小杰作。

但克美尔人最卓越的雕刻还不是圆雕，而是浅浮雕。

克美尔人浅浮雕的发展是这样：它由圆、厚的浮雕开始，逐渐发展到仅有刻划而无任何深度，好像沙石的花挂毯一样，如我们在吴哥神殿所见到的就是。这样克服了在圆雕中无论如何总会有的困难后，柬埔寨的浅浮雕的艺术家们才恢复了他们完全自由的手法，而显示出克美尔地上的和印度王国的各种面貌。在吴哥的巴壤，和在埃罗拉相同，我们见到湿婆和婆婆娣（湿婆和欲天，湿婆和哮吼罗刹）事迹的画幅；在巴普昂和吴哥神殿，也与普拉姆巴南相同，有《罗摩衍那》史诗中的图景；同时在吴哥神殿还可看到《摩诃婆罗多》史诗中的战斗场面，和《往世书》中所述的搅海，以及毗纽天和黑天的功业等图。另一方面，我们几乎在各处都可发现穿朝

① 载《亚洲艺术》卷12，图20，1928年。

服的国王，耽溺于宫廷生活乐趣中的后妃，乘船或坐轿的朝臣——特别在巴壤的南面壁上和吴哥神殿最多——或是像帕米安那迦的宏伟的高坛上那种君王骑象行猎图；又或如巴壤及吴哥神殿正面上的克美尔人在林中进军图，其中首长们乘着象，坐着车，或骑着马(图36)；此外并有陆战、海战和国王的葬礼图。在这些历史的画面之旁，还有日常生活的情景，都像埃及的美术品那样富于写实风味，展示出市场、农家生活、渔业等景象。

所有这些画面，由于其中人物动作的紧张而显得生动火炽，此种动作把各种图景联系起来，并给它们一种显著的一致性，例如现藏吉美博物馆一层走廊内的吴哥神殿原有的搅海图即如此。同时，在人物和装饰主题的布置方面，也受到正确的均衡感的支配，这一特点在此处尤为可贵，因为在这克美尔人的浅浮雕中装满了种种动植物的图像，并且都刻画入微——例如其中对鱼和树木的处理，即用了完全亚述人式的细密手法。由于装饰效果和叙事技巧的结合，这些长达数里的回廊浮雕，在结构章法上安排得极见匠心。所有这一切特色——与其说是属于雕刻家，不如说是属于画家的——加上这极浅的浮雕形式，使得吴哥的浅浮雕真成为一种石刻的壁画了。

我们所知最晚期的克美尔人浮雕，是在班台斯雷的作品，菲诺特、巴门提尔及哥劳布诸人对此近曾有论著发表[①]。在这里我们看到一种晚期的艺术，年代始于14世纪初叶，其特征是技法异常柔和，并且在圆浮雕上，别致地重现着古风。例如，吉美博物馆中

① 《自在补罗的庙宇》，巴黎，Van Oest版，1926年。

有属于此时代的一座裸体造像，那意匠手法的轻柔乃是“第二型”所特有，而同时那几何式的头部结构和表示胡须的线条又是“第一型”的。我们在这里复制哥劳布拍摄的班台斯雷浅浮雕的两张照片[①]，其一是具有极高造型美术价值的一组雕像：大自在天膝上抱着婆婆娣，坐在凯剌萨仙山上，哮吼罗刹要撼动此山；另一幅是年轻的黑天和他兄弟在林中的情景——这有着温情自然主义的和牧歌式的优美画面，比我们至今在柬埔寨所见过的任何作品都显得更亲切、柔和而富于美感。同时班台斯雷浮雕中装饰成分的繁丽眩目，也协同造成了如哥劳布所说的“克美尔人的火焰式的风格”，这看来是十分悦目的。

而且，这装饰风的特色，在全部克美尔人艺术的发展中，自始至终都可看到。我们只要提出几种用于建筑上的雕刻题材即可明白，例如吴哥神殿走廊各端的七头蛇，昂起它的头，好像一把扇子。甚至在印度本土也从未产生过有这样装饰价值的图样。

占姆人的艺术，在我们收集品中表现得不及克美尔人艺术那样好，它和后者相同，也溯源于印度的美学标准，但同样也是独出心裁的。

占姆人庙宇所别于克美尔人建筑的地方，是始终不变地用着砖瓦，而在吴哥第二期的建筑中，砖已逐渐为沙石所代替。此外这些殿堂也不像吴哥第二型似的以走廊互相连接，总是彼此分离、各不相属的，甚至聚在同一地基上的一群营造物也是如此，如 7 世纪

① 图片欠附。

在米斯昂所建的湿婆神祠，9 世纪在当都昂所建的佛刹，以及在占姆人古都特拉－克尤，即因陀罗补罗的佛刹等即是。总之，我们在此所见的建筑，从没有超过吴哥前期的克美尔人建筑的发展阶段——如果我们将二者的时代加以比较，这一事实便可完全明白了。

占姆人的雕刻，主要以托伦博物馆所藏的作品为代表，并由帕尔门特尔及柳芭夫人所编的精美图册而风行于欧洲[①]。其中有许多件在外观上简直就是印度式的，而且当都昂的那尊佛陀立像我们更不需考虑，因为它只是现藏马德拉斯博物馆中的阿玛拉瓦提一座雕像的复制品。但托伦博物馆中有些其他造像确是在占婆雕出，而仍受到印度方式的强烈影响，例如自登奇得来的，高约 40 英寸、造于 6 或 8 世纪的毗纽天立像；来自麦都克的黑沙石质观音像，其胸部及胴体的光滑柔软，复腿直缀的优雅简洁，显然是笈多式的，虽则在眼、鼻、嘴、唇的处理上，那面孔已显出马来亚－波利尼西亚人的民族特征了。自米斯昂所得，高约 35 英寸、属于 7 世纪的蓝色沙石的塞健陀乘孔雀的华丽雕像，虽然姿势上略嫌严肃神圣，但仍颇具笈多朝的风格；而来自同地、高度也相似的 7、8 世纪的灰色沙石的有力作品，吸着供品香味的群主立像，则是直接受到泰密尔时期帕那瓦王朝的印度的启示。有时这受有印度影响的占婆艺术，也达到一种从未为恒河流域及德干地区各派所超越的美，而不脱离印度美学的标准。那座自胡昂夸得来、高约 15 英寸

---

① 帕氏有《托伦博物馆所藏占姆人的雕刻》(Les Sculptures chames an Musée de Tourane)，载《亚洲艺术》第 4 卷。

的著名的婆婆娣沙石胸像，尤其能证明此点，它具有真正古典式的纯洁高贵的轮廓。还有最为明显的乃是托伦博物馆所藏高约25英寸、制于7世纪的特拉－克尤浮雕上的舞女像——一幅最美妙的舞蹈图，克美尔族和占姆族的天才们，在与此同类题材的印度美术品所有的妖冶柔媚中，加入了他们自己的诀窍：这些仅仅披戴着珠宝的小小裸身舞女，具有印度最精致的裸体雕像的一切娇柔和风致，却又加上一种暗示着整个远东特有情调的外来的动人笔触（图37）。

的确，自此以后，占姆人——就是说马来－波利尼西亚人——的民族影响，使他们的天才离开了印度笈多式的美术理想，而逐渐发展出一种自己的艺术规范，由此我们就看到一些有极高创始性的作品，它们往往是粗拙的，有的甚至有些野蛮，作风充满了生硬的对比，不及克美尔人作品的优雅端正，但也不像那样冷漠，而是更有活力，并且，总的说是更觉气魄宏大。在这方面，我们可以提出托伦博物馆所藏的如爪哇方式的湿婆坐像，这是高约34英寸的棕色沙石造像，得自当都昂，为9世纪物；另一具湿婆像出处及时代与此相同，但系立像，高约43英寸，此像虽显得粗糙丑陋，但却是一件精力充沛、奇趣横生的作品。末后，还有些7、8世纪的沙石质湿婆半身像，高约48英寸，面上神情尊严高贵，同时那昂然的胸部和身躯，扭斜的臀部，则“具有古代作品的一切优点”①。另一方面，吉美博物馆中有一座来自平定的淡红色沙石的巨大湿婆造像，

① 参看帕尔门特尔：《托伦博物馆所藏占姆人的雕刻》，《亚洲艺术》第4卷，图22。

它的面孔和赤裸的胸膛，在我们看来有着一种颇近于中国－越南式所特有的柔和风貌。那里还有一幅作风遒劲豪犷的有力浮雕，刻的是一个婆罗门教的献祭；此外并有海尼及包阿斯·勒贝尔二人所赠的一些头像，都是方面高颊，留着异样的髭须，这正是占姆人雕刻的特色。

一旦走上了这条道路，占姆人的天才对于婆罗门教和佛教的装饰主题，如蛇、鳄鱼、佛教中的狮子等，自然都要予以一种新的解释，事实上，这里在处理此种印度所特有的题材时，所遵照的美学理想几乎已不能再称为印度式，而是在精神上即是马来－波利尼西亚式又是中国式的了。占姆人的创造力，采取了这些在吴哥还是古典式的题材，将它们变为一种富有惊人装饰趣味的"火焰型"的习见怪物。

14世纪，占婆被来自今日北越东京地区的越南人所灭，那克美尔人的帝国则为由湄南河上游而来的暹罗人所倾覆。这受有印度标准影响的印度支那艺术的遗产，此时已传到暹罗（泰国）去了。为了表明克美尔人和暹罗人艺术间所存在的连续性，今仅于此对暹罗艺术做一概述。在本书第四卷远东部分内，附有暹罗艺术的图片。*

在最早时期，即当13世纪暹罗人到来之前，今属暹罗（泰国）南部的地区是由和克美尔人同种的孟人所据，并以洛普布里区，即古之德婆罗婆提为中心。在洛普布里和曼谷博物馆中有一些6世

* 中译本已移入第三卷。

纪的佛陀造像就是这种孟人或德婆罗婆提时代的产品。考德对此曾复制图片发表研究于 1925 年的《暹罗社会报告》和《亚洲艺术》第 12 卷中(1928 年)[①],指出它和柬埔寨的吴哥前期艺术的近似,而同时又具有显著的印度笈多朝的特色[②]。在《亚洲艺术》第 12 卷图 12 及 13 内,他还印出马来半岛今属泰国的这一部的婆罗门教或佛教造像的照片,它们也有同样明显的朴素柔和及富于表情的笈多式的特点。这两组作品证明当 6 世纪时,在德婆罗婆提的印度－孟人艺术,即受印度影响的马来半岛艺术和扶南及"水真腊"的吴哥前期艺术之间,存在着一种与笈多朝古典派相调和的共通思想与技法。甚至也可能由于这些暹罗前期的当地各派的媒介,使得印度的影响传至柬埔寨,而产生了吴歌前期的艺术。

在印度－孟人或德婆罗婆提时代以后,当 11 及 12 世纪,这日后成为暹罗的一片土地落入克美尔人势力之内。其时在洛普布里有一个当地克美尔人美术流派兴起。此派的佛像,如考德所说,其特征是:凸出的前额,较克美尔人其他各派更长而瘦削的鼻子,更突出的下颚,压覆前额的头发较一般造像呈现更明显的螺卷形,最后,还有作角椎状的顶上肉髻。考德在所编曼谷博物馆藏品图录中,刊有几幅此型作品的精美实例,其中尤以一座趺坐入定的庄严的佛像最为出色,像为沙石质,高达 40 英寸,系 12 世纪产物。[③]

---

① 考德:《曼谷国立博物馆所藏古物》(*Les Collections archéologiques du Musée National de Bangkok*),巴黎,Van Oest。

② 考德:《暹罗艺术所受印度的影响》(Indian Influence upon Siamese Art),《印度艺术与文学》第 1 卷,1930 年,第 18—42 页。

③ 参看《亚洲艺术》,第 12 卷(1928 年),图 21。

正确的所谓暹罗人的艺术，始于13世纪的雄孙派。曼谷博物馆所藏属于这最初流派的佛像（考德也印有其图片），已显示出暹罗雕刻的各种主要特点：卵形的脸，弓样的眉，钩状的鼻，适度的——或可说较小的——嘴和丰满的下颌。它们和较晚的暹罗其他各派不同之处是：虽然脸型是卵形的，但仍像克美尔派的脸那样短，特别是顶上肉髻的形式，那上端有一个光滑的莲花蓓蕾状的饰物。

其后是暹罗的第二派，即苏科达耶或索科台派，时当12及13世纪，与前期的区别是佛像两腿结跏如"莲花座"势，顶上肉髻的上端为一火焰形的装饰物，以及极度拉长了的面型。自此以后，在暹罗雕像中便一直是这种面型了。

暹罗艺术至阿犹地亚派为其最优秀的古典时代，即1350—1767年。在这种确定的形式中，我们很容易看到它和克美尔人艺术的差异之处。这里我们所发现的已不是克美尔式的方方的面孔，而是弯眉曲鼻的修长清秀而且常是消瘦的面容——这头部由于往往上削如小尖塔的火焰状的"肉髻"而显得更为加长。身材也不是肥重的吴哥第一型和柔软如意的第二型，这里习见的式样，其柔和处使人想到笈多风格——但是一种大为简化而缺少着其中许多内容的笈多风格。在这方面，有趣的是将一件5世纪的笈多朝作品，如现藏英国伯明翰博物馆的自苏丹干季得来的铜佛，和特罗卡德罗的印度支那博物馆所藏暹罗小型造像的原物加以比较，我们将立即看出二者相似之点——在那透明的薄衣下的光致柔软的形体，衣服的边缘很优美地垂于脚下，以及相异之点——暹罗型雕像的贵族式的严峻。在暹罗的美学标准内所能观察到的此种笈多朝背景，无疑的，一部分是受到锡兰影响，一部分是受到自摩揭陀经缅甸而渗入的波罗王朝的影响。

总结来说，在暹罗我们看到一种艺术的形成，它显然不及克美尔人各派的有创始性和个性，而是一种往往较为生硬，却又非常典丽高雅的艺术。况且，我们如经常以克美尔各派作品来和它比较而贬低其价值，也是极不公平的。暹罗艺术自有它为人喜爱的地方。它是佛教艺术中一朵迟开的花，有其独特的微妙香气，一种高度文明的芬香。在皮拉和高里的收集品中有一些小雕像，我们觉得都可以列入远东的最精美迷人的作品之内。

第三章　伊斯兰教的印度

初期土耳其－阿富汗王朝的印度－伊斯兰教文明

在 11—18 世纪间，印度逐渐为来自伊朗东部的伊斯兰教徒所征服。11 世纪开始时，突厥族伽色尼的马穆德攻克了旁遮普。13 世纪初叶，阿富汗的廓尔的穆罕默德及其部将，侵占了恒河流域，并在德里建立了一个强大的回教王国，统治着整个伊斯兰教的印度。至 14 世纪之初，在德里的苏丹们，甚至征服了德干高原的一部分，远达迈索尔和紧那利等外围地区。但到该世纪的后半期，他们即允许了他们的部属，那些孟加拉、奥德和德干各地的总督们自治，并且最后让他们独立。由此，伊斯兰教的印度遂分裂为约十个地方性的王朝。

这在德里的伊斯兰教王朝和其后各地方王国的统治时代，对印度的艺术产生了重大影响。事实是，伊斯兰教在印度创造出一种新的艺术，它随着地区和时代的不同，而以不同的比例将本土的古代艺术传统和由这新来者所输入的阿拉伯－波斯的艺术结合在一起。

印度－伊斯兰教的建筑开始出现于 13 世纪，即德里的苏丹古特布·阿丁·艾伯格（1206—1210 年）、伊勒图米什（1210—1235 年）及阿拉·阿丁·卡勒吉（1295—1315 年）[①]在位之时。属于前两王时代的，有在亚日米尔的大清真寺，约建于公元 1200 年，和在德里的古特布·阿·伊斯兰清真寺，内有古特布高塔，为伊勒图米什王所敕建。属于阿拉·阿丁时代的，则有在德里的一座以他的名字命名的门，位于古特布清真寺之南。[②]

甚至在这些最初期的建筑中，伊斯兰教应迫切需要而就地取材的方法已显然可见。亚日米尔的清真寺，如福开森所说，在设计和装饰方面都是直接受到阿布山耆那教的毗摩罗娑神祠的启示，还有在拉吉普坦那境内的也如此。德里的古特布清真寺实际就是在耆那教庙宇的地基上，用原来的材料造成的。在此地和亚日米尔所做的一切工程不过是在那有着排成八角形的殿顶小阁和森林似的列柱的耆那教建筑前面，加上一座由 11 个尖拱门形的屏壁之类而已。至于那座"古特布大塔"，即高约 80 码、形如去掉尖的圆锥体，上有凹槽，并由四层圆形阳台分作五级的尖塔：虽然这形式——尖塔形式——是伊斯兰教在迫切需要中制定的，但无疑乃是印度建筑家的手法，使人想到笈多朝的圆柱和中世纪的"悉卡

① 参看哈威尔（E. B. Havell）：《从第一次回教徒入侵迄今的印度建筑》（*Indian Architecture, from the First Mohammedan Invasion to the Present Day*），伦敦：Murray，1927 年。

② 参看皮治（J. A. Page）：《德里古特布大塔指南》（*Guide to the Qutb, Delhi*），加尔各答，1927 年；皮治：《关于古特布大塔的历史传说》（Historical Memoir on the Qutb），《印度考古调查记录》第 22 期，1926 年；布拉吉斯顿（J. F. Blakiston）：《在巴登的杰米清真寺以及联合省的其他建筑》（The Jami' Masjid at Badaun and Other Buildings in the United Provinces），同上记录，第 19 期，1926 年。

罗”。尤其这些建筑上的装饰——那种十分复杂而精致的锦绣般的石刻——更令人立刻想到北部印度教的，特别是耆那教的装修，这似乎是土耳其－阿富汗的征服者们所格外喜好的。事实上，印度－伊斯兰教的建筑师们在废除了耆那教装饰中的人和动物的形象后，发现其中的花枝、花环和花篮等图样，正与他们自己阿拉伯式传统的蔓藤花叶的装饰相合。他们在其中混合了古发式字体的神秘的花纹，①而造成一种为叙利亚－埃及艺术所未达到的灿烂炫目的效果。要判别在印度－伊斯兰教的装饰主题中，何者源于印度教和耆那教，何者出自埃及和波斯的美术，则需要做一整个的研究。无论如何，在老练的观察者眼中，很快就能看到这种沙石或大理石的花饰里有着双重贡献——一方面是亚热带草木葱茏的印度式的丰丽，另一方面则是更精致、更谨严，或者过于纤巧的伊朗玫瑰的绚烂。②

印度－伊斯兰教的建筑，不久也像初期印度－回教帝国本身似的分裂为若干支派。我们可在其中特别辨识出一种与1394—1476年在遮恩补罗城建立的短暂王朝有关的遮恩补罗风格，其主要遗迹有阿塔拉的清真寺，建于1401—1440年；拉勒·达尔瓦扎的清真寺，建于1440—1459年；还有杰米清真大寺，建于1438—1478年。遮恩补罗风格的建筑的主要式样，今引方绍所说，乃是

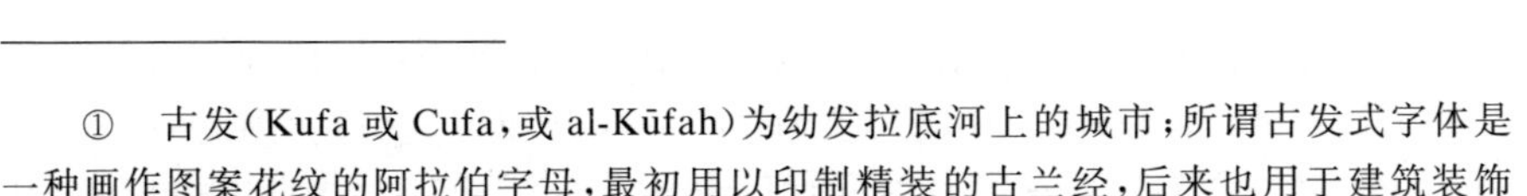

① 古发（Kufa或Cufa，或al-Kūfah）为幼发拉底河上的城市；所谓古发式字体是一种画作图案花纹的阿拉伯字母，最初用以印制精装的古兰经，后来也用于建筑装饰上。——译者

② 参看肯金（E. H. Hankin）：《萨拉孙美术中的几何图案画》（The Drawing of Geometric Patterns in Saracenic Art），《印度考古调查记录》，第15期，加尔各答，1925年。

"高高的基坛，上造此种建筑物——上下两层庙廊，内有排排列柱，环绕广阔的中央庭院，又在东面拱形门廊前，建有一个装饰嵌板飞檐的高耸大门。"还有一种孟加拉式，这与 1338—1537 年兴盛于该地的伊斯兰教自治王朝有关；此式的突出的例子是在高尔的遗迹，其特点是有形如一节圆环为四个垂直平面所切割的弧形屋顶，又有一种特属于古吉拉特地区的型式，在此地自 1396—1572 年也有一个伊斯兰教的独立王国；这里的建筑比别处的更接近印度教和耆那教建筑的形式，只是又加上伊斯兰教所不可少的圆顶和尖拱部分而已。属于这一时代的建筑，多聚集在阿哈密达巴德城附近，例如 15 世纪末叶的马哈非兹·可汗的清真寺，和建于此后一世纪的阿布·图拉布陵墓。[①] 最后，在德干地区的伊斯兰教王国——如在比加补罗的王国（1489—1686 年）和在哥尔康达的王国（1512—1687 年）——也都各有它们自己的建筑物。比加补罗的建筑，伊布拉希姆二世清真寺（他死于 1626 年）（图 38），和古尔·甘巴兹即穆罕默德·阿地尔·沙（他死于 1673 年）的陵墓，其特点是具有一些"西方"风格——即以一种大胆而强劲的手法，表现出显然受了波斯和奥斯曼土耳其的影响；对此事实，我们如果想到这一王朝的根源时，即也不以为奇了。[②] 至于哥尔康达式建筑，其特

① 参看柏杰斯（J. Burgess）：《阿哈密达巴德城的回教建筑》（Muhammedan Architecture of Ahmadabad），《西印度考古调查》（*Archaeological Survey of Western India*），第 7 和第 8 卷，伦敦，1900 年和 1905 年；柏杰斯：《古吉拉特的回教建筑》（Muhammedan Architecture of Gūjarat），同上书，第 6 卷，伦敦，1896 年。

② 参看哈威尔：《印度建筑》，伦敦，1927 年，第 191 页（《毗贾补罗建筑风格的发展》"Evolution of the Bījāpūr Style"）。

征则是高耸的窗子、尖塔和圆顶上的雕塑装饰，其顶部底层狭小，形如胀大的球根状，略似俄罗斯的教堂。

莫卧儿印度

1527年，德里的伊斯兰教的苏丹王朝为外乌浒河的英雄帖木儿的后裔突厥王子巴布尔所灭。巴布尔被逐离了他承袭的在外乌浒河的王国后，便到印度来找出路；他在这里建立了称为莫卧儿的帝国。继其后的最初五帝：胡马雍（1530—1556年）、阿克巴（1556—1605年）、日汉喆（1605—1627年）、沙日汉（1627—1658年）和奥朗则布（1658—1707年），又把巴布尔所侵占的省份——旁遮普、多阿布及奥德——扩张至几乎全印度。有一时期，胡马雍曾被迫退位，而流亡于阿富汗及波斯，历15年（1540—1555年）。他的儿子，伟大的阿克巴在征服了北印度后，又开始掠取中印，远达哥达瓦里河。至沙日汉和奥朗则布在位时，则将德干高原本部直到卡那提克边境也尽收入版图。

这些王公每一位都以其特有的面貌出现于我们之前。[①] 巴布尔，本王朝的创立者，好像中世纪骑士文学中的英雄一样。这位武士，亚洲最辉煌的勇武传统的承嗣者——他不是那征服世界的成吉思汗和凶猛无敌的帖木儿的后人吗？——在他的回忆录中，显出是一个在波斯文艺复兴时代可想象的最完美无疵的理想君主。

① 参看《德里考古博物馆借展，加冕宫》（*Delhi Museum of Archaeology, Loan Exhibition of Antiquities Coronation Durbar*），1911年，图30—59。

他那突厥－蒙古的血统，使他具有顽强的勇气和百折不挠的精神。但在他家族中，这种土耳其人的粗暴性情，早已因受伊朗环境的影响而缓和起来。此外，如从肖像上可以看出，巴布尔并不太像过去时代的蒙古侵略者，而是比较像波斯伊斯法罕或设剌子地方的贵人，有着纯卵形的土耳其－波斯式的清秀面型——虽然那微斜的眼，说明了他有鞑靼人的祖先——高傲的脸部轮廓，剪得很整齐的小胡须和堂堂的仪表。他几乎使我们想到卢浮宫陈列的克卢埃的一幅贵族画像。而且，他也的确是一位真正文艺复兴型的人物——一位具有帝王血统的上层人物，酷嗜文学与美术，切望遵循着人文主义的一切形式，他是文艺爱好者、冒险家，同时又是政治家。如雷农所说，他“具有伟大的良知、一定程度的知识，和并无宗教狂热的温和性格，敏锐公正，不偏不倚，心胸豁达——这位帖木儿和成吉思汗的后裔，成为在16、17世纪使莫卧儿王座放一异彩的一些哲学家的君王们的始祖。”他同时还是诗人，甚至在印度的王座上，他仍怀念着故乡大宛的景色，他少年时梦魂萦绕的草原，“大宛的紫罗兰真是可爱；还有大片的郁金香和玫瑰”，他说。或者他将引用一些充满完全波斯式的享乐主义的诗句，如诗人奥玛·开俨所写的：

在原野的花树下，
一本诗，一块饼，一瓶佳酿，
再有你歌唱在我身旁，
这原野便如人间天上。

或是哈菲兹[①]的诗:"将到的新年是甜蜜的,葡萄的浆汁也是甜蜜的,但爱情的呼声还要甜蜜得多! 巴布尔,及时行乐吧,人生正在飞逝,一去永不复返。"

另一位引起人们同样强烈同情的人物是胡马雍——他一时曾成为东印度群岛的霸主,一时又为众人所弃,受到自己家人的背叛,并为落入仇敌之手的幼子阿克巴的生命焦虑不安;其后又在波斯王的宫廷中遇到礼待,结果在将死时才又得以复国……这就是这位无辜的君王的可悲的一生。他经过长时期的无妄之灾,但在忧患中和在晚年的胜利中他都同样伟大,而一直有着深厚的人性。

但莫卧儿诸王中最强大的无疑是阿克巴。这位统帅和天才的统治者,可以说是这印度帝国的真正缔造人。在他那开明而改革的政府中,对于印度教徒和伊斯兰教徒都一视同仁。他特别笼络当地拉吉普特人的贵族,他们对他誓以最大的忠诚,并且为他提供了许多最好的将官。他自己虽是作为一个正统的逊尼派的穆斯林被教养大的,但他仍完全宠信着派别不同的什叶派教徒和其中苏菲派的自由虔诚主义。他和参议们,如酋长木巴拉克·那戈里(死于 1593 年)及其二子费迪(死于 1595 年)和阿布勒·法德尔(死于 1602 年)等会商,试图把各派宗教融和起来,成为一种更高的综合宗教。赞助这种观念的法德尔说:"啊,上帝,在所有各教的庙宇中,我看见人们都追求着你。何为多神教? 它崇拜的就是你。何为伊斯兰教? 它信奉的也是你……我今日进谒神祠,明日又礼拜清真寺,但在任何一天我所追求的都只是你。"为了忠于这种原则,

① 哈菲兹(Ḥāfiẓ),波斯诗人,原名 Shams ud-Din Muhammad。——译者

阿克巴取消了逊尼派伊斯兰教作为国教的特权地位，并颁布一道诰令，容许敬奉各派印度教，并加以保护。他对婆罗门教哲学很感兴趣，并命将吠陀、古梵文的史诗以及印度教各派哲学典籍译为他所爱好的两种语言：波斯语和印度斯坦语。最后他并借用了毗纽教和耆那教中那种博爱慈悲教义的哲学："但愿上帝使我的肉体长大到能饲养一切人类"，一天他说，"这样他们就可以不去伤害其他动物了"。在这里阿克巴用了与昔日阿育王相同的语言；在这似乎是值得沉思的故乡的古老印度土地上，我们发现一位公元前3世纪的佛教徒的帝王，和一位公元16世纪的伊斯兰教徒的帝王，尽管时代和文明悬隔，但却达到了同一永恒的原则，这在历史上确是一件不小的奇迹。这种哲学上诸说混合主义，表现在1582年所企图创立的一个新教，所谓 *Tawḥid-i ilāhī* 或*Dīn ilāhi* 上，这是以古代印度的太阳和火的象征（苏里耶和阿耆尼）作表示的折衷的神道教，它不用僧侣也不要祭祀，只教导人过纯洁简朴的生活。

日汉喆抛弃了他父亲阿克巴的宗教改革，复回到正统的伊斯兰教，然而大体上仍遵循他父王的政策。他虽然嗜酒，吸鸦片，而且也没有他父亲那样的天资，但也并非毫无才干；他爱好自然，对于艺术也是热心的赞助者。他尤其是一位图画鉴定家，我们保存有许多小型画，他那秀逸而傲慢的英俊面貌由此得以留传不朽（图39）。这位好色的君王因对美丽的奴尔・日汉的热恋而痛苦着，她的坚强的个性曾不止一次地使他脱离危险的处境。

莫卧儿第五代皇帝沙日汉也有他的风流事迹：他所宠爱的皇后孟泰兹・玛哈尔在1651年因分娩而死，他为她建了精美的泰姬・玛哈尔陵墓。事实上，他也确是奖励艺术的；他像他父亲一样，是一位绘画鉴赏家。他那清秀的贵族式仪表和意志坚强的表情，是美术家们常用的题材。他对豪华富丽的爱好标志着莫卧儿印度的物质文明的最高点。

奥朗则布废兄达拉·希库而自立后，国家即开始衰落了。这位君王并不缺乏才干；相反的，他乃是这整个王朝中最强力的人物之一。他是一个有本领的军人，曾并吞了德干地区的其他独立回教王国，也是一位有能力的政治家和勤勉的施政者，他把莫卧儿中央集权的绳索拉得更紧。然而他的暴虐、伪善和专制却使他大失人心。他废兄囚父，篡得王位。他的穆斯林的宗教狂热，结束了从阿克巴以来作为国家基础的印度教与莫卧儿各成分间所存在的善意了解。他活得很久，亲眼看到了当地民族（马拉他人、拉吉普特人等）的暴动和帝国毁灭的最初征兆。小型画家们喜欢画出他那美好而倔强的容貌。像他父亲沙日汉，只是在那侧面像中有着更执拗的性格；在那些作品中，我们常看到把他画成一个白须老人，弯着腰在伞盖下虔诚地数着念珠——同时无疑的，他的军队可正在奉他命令对一些起义民众开刀呢。

在穆斯林们统治的初期，印度建筑和装饰的华丽特色，几乎是由于需要而为这来自北方的征服者们所接受，他们已完全折服于这种绚烂夺目的装饰。直到14世纪他们才开始反对它：在德里的阿拉·阿丁门已经比以前的纪念性建筑更近似伊朗式；其次，在塔格拉克朝，这沉重繁复的印度教装饰即开始呈现了较为整齐的风格，而印度－伊斯兰教的建筑，在不离开根深蒂固的当地形式下，也变得更为明快端严；最后到莫卧儿时代，这种简洁化的趋势渐使

耆那教的艺术和波斯的艺术和谐地融合起来,产生一种有真正创造性而具典范风格的新艺术。[①]

在开国之初,一种纯伊朗化的新的高潮,和奥斯曼帝国影响的进入,标志着莫卧儿王朝的统治。巴布尔在位期短,未得多所营造:遗留下来的几乎只有在他主要战胜的地点帕尼帕特所建的清真寺和桑巴耳的清真大寺。但他曾遣人到君士坦丁堡请来著名的奥斯曼建筑师辛南的一些学生。[②] 传说当阿克巴即位时,辛南的得意弟子尤索夫建造了德里、阿格拉和拉合尔的许多宫殿。然而,波斯的影响也同样盛极一时。我们观察到,16世纪波斯对印度-伊斯兰教艺术所充任的角色,正如文艺复兴时期之意大利对法国一样。但其间的差别,首先是因为印度的国土所供给建筑家们的材料较伊朗更为丰富。我们一望可知,莫卧儿的清真寺和宫殿与同类的伊朗建筑不同处,是它们不用彩瓷,而代之以大理石和坚硬的石料,这给莫卧儿建筑一种细致的更堂皇的外观,并且能使它们存留得远为长久:当波斯伊斯法罕的清真寺都已倾圮荒废时,那瑰丽的白色大理石造的泰姬陵,仍然在蔚蓝的穹空下始终屹立。

阿克巴时代的最初建筑物,表现了伊朗风味所有的一切刚健明快的美点,德里附近的胡马雍陵就是如此。这座建筑使我们想到伊斯法罕和苏里曼大帝时代君士坦丁堡的某些清真寺,而事实上这也一定是辛南的一些弟子们所建;但在此处由于利用了白色大理石和缺乏那一切彩色装饰,这莫卧儿的艺术已和土耳其-伊

① 参看戈伊茨(Hermann Goetz):《大莫卧儿王朝时代的印度文化历史地图》(*Bilderatlas zur Kulturgeschichte Indiens in der Grossmoghul-Zeit*),柏林,1930年。

② 参看本书第1卷,第397页。(此处为原书页码。)

朗派有所区别了。然而，其后当阿克巴朝代，在艺术以及在思想方面，都成功地将本土传统和伊朗传统融合在一起，此种双重影响显示在法提普尔－希克利城的建筑上，这一城市是阿克巴在1570—1574年所建，距阿格拉约24英里。法提普尔大清真寺内殿的平面图就是仿自伊斯法罕的朱玛清真寺。还有建于1601—1602年的凯旋门，即巴兰德门楼，那种典雅的明净风格也完全是波斯式的，只是用了不同的材料，即浅红色沙石和白色大理石；但那顶上小阁却显出有耆那教的影响。印度的和土耳其－伊朗的传统，还以另一种类似的方式融合于法提普尔城另一建筑物上，即土耳其苏丹宫，其中有五层高阁，所谓"五层宫"，每层向上逐渐缩小；还有一间枢密殿，在宫中央竖立一根八角形柱子，柱端为一大圆顶，从顶上有五道狭小的走廊，作放射状引接到这建筑的各角。此种设想奇拔、作风恣肆之处，与波斯的古典主义不类，而是直接采自印度教和耆那教的艺术。在阿格拉的大清真寺也同样混合着各种建筑的特色。这座由红色沙石、玫瑰色石料和白大理石造成的建筑，色彩和谐，美观动人，顶上的耆那教式的小亭，令人奇异地联想到阿布山的神庙。

日汉喆朝最著名的建筑，是他父亲阿克巴的陵墓(图40)。陵在距阿格拉5英里的悉坎达拉，完成于1612年[①]；这是一座极奇特的建筑物，有上下五层的凉台，以红石块和白大理石为材料，还有回廊、凉亭和方尖塔式的建筑，有人以为可以和某些佛教的"毗

① 参看史密斯：《悉坎达拉的阿克巴陵墓》(Akbar's Tomb, Sikandarah)，《印度考古调查》，1908年。

诃罗”或摩婆里补罗的车式神殿相比。属于本朝代的，还有阿格拉附近的伊提玛德·阿尔－杜拉墓，建于1628年——这是一座彩色装饰的壮丽的白色大理石大厦，一半是清真寺，一半是凉亭；在这里，土耳其－波斯的型式混合着纯粹印度－莫卧儿的成分，例如两旁那两座镂空细工的配殿，和中央建筑上的“帽形”屋顶便是。

至沙日汉时，莫卧儿建筑达到了最高峰，本朝的作风，其特征是受到新的一次波斯的启示，但我们要经常记得这里的建筑物和伊斯法罕及君士坦丁堡的不同之处是，它采用了白大理石，并缀以各色宝石——玛瑙、缟玛瑙、碧玉、红玉髓等。同时这些建筑的风味也趋向高雅简洁和纯属女性式的柔美。这一时代的主要建筑遗迹是德里的杰米大清真寺和始建于1638年，用白大理石、浅红沙石和砖所造的莫卧儿皇帝们的宫室。现在介绍几张此种使人惊叹的建筑物的照片*：“勤政殿”和“枢密殿”，在这白色大理石的殿廊中，柱子、穹窿和圆拱的弯梁上，完全用碧玉、缟玛瑙和红玉髓镶成精致的波斯式图案；殿中央设有著名的“孔雀宝座”，因为座背是孔雀尾的花样，其上闪烁着红宝石、珍珠及钻石等，故有此名。与此同样优美的是那风格明净的“珍珠清真寺”，这是沙日汉在1646—1653年所建，也是采用大理石，并以宝石镶嵌如波斯式的花样图案。但沙日汉朝最杰出的艺术品仍属于在阿格拉的泰姬陵，这是这位君王为他的爱后孟泰兹·玛哈尔所造的陵墓，1646年开工，约1653年完成；孟泰兹死于正当如花的妙龄，她要沙日汉发誓为她建一座不朽的陵墓以表追念。君王如约建造了这典丽优雅、别

* 图片欠附。

具风格的奇妙建筑，也是印度－波斯古典主义的胜利。“这大理石的陵墓，外观晶莹夺目，内部则精工镶嵌着珠光宝气的云斑石、玛瑙、红玉髓和琉璃等。”建筑周围的布置，更如锦上添花：“陵墓的优美圆顶，细瘦的尖塔，锦绣般的精致的大理石格子门等，正建在一所广大的花园当中，在夹道的柏树间和丛丛橘树下有无数个喷泉。”这位年轻的穆斯林王后，在双十年华时，就被从那印度统治者的宠爱中夺去，而长眠在这梦境般的景色中了。[①]

泰姬陵有如此纯净明丽的线条，使人想到或出于一位名师的天才之手，[②]其实它却是一件由众人完成的作品。那无比的和谐，乃是各种各式的影响的混合。对于这个问题曾有过许多争论。这里的主要建筑师，与以往推测的相同，确是一个土耳其（或设剌子）人乌斯塔德·伊萨，但这位大师曾得到印度建筑家的协助，特别是圆顶部分，并且，或者至少在外部装潢上，也得到欧洲美术家们的帮忙（其中有威尼斯的杰朗尼摩·维罗尼奥[③]）。

莫卧儿的帝王们对于绘画也像对建筑似的予以奖励。我们当记得，莫卧儿诸王乃是高傲的帖木儿诸王的后裔，在那王朝中，伊朗的绘画于 15 世纪曾极盛于伊朗东部各省、科拉桑和外乌浒河地区。我们在前卷中看到帖木儿帝国的苏丹侯赛因·拜夸拉对于赫

① 孟泰兹（Mumtāz）之死，传说是生第 14 个孩子难产之故，卒年 38 岁。此处疑有误。——译者

② 泰姬陵内格子门，非常美丽，印度人说是中国工艺巧匠的成就。——译者

③ 维罗尼奥，不像曾被错误地宣称的，是唯一的建筑师（参看海格（T. W. Haig）：《泰姬陵墓》，《伊斯兰百科全书》（*Encyclopaedia of Islam*））。

拉特画派的发展上曾有怎样的影响，并且他和此派最卓越的大师、伟大的毕在德有何等友谊。他的族兄弟巴布尔和他也有同好，在他的《回忆录》中曾告诉我们他对毕在德的赞赏。当他取得印度的王位时，他把这些爱好也一同带来，所以我们看到毕在德一些最后的弟子，像设刺子人克瓦查·阿布德·阿尔－萨玛德在阿克巴朝做了内廷画师时也就不足为奇了。

因此，如布朗所说，印度－波斯绘画在本源上不过是伊朗绘画的一部分：在这里我们发现有同样习惯手法的人物画和风景画，以及同样色彩鲜艳的宝石嵌成画。[①] 其后我们将看到莫卧儿的大师们要摆脱此种因袭作风，这作风乃是更属于小型画而非一般正式绘画的。其中可以说为他们所保全的唯一特点——这表现出他们始终是毕在德的忠实弟子——是线条的特色和由赫拉特及伊斯法罕传袭而来的笔致。此种伊朗绘画的精练技法，使得莫卧儿的侧面像画具有类似文艺复兴时代意大利纪念章那样的神采奕奕，克鲁埃素描那样的轮廓鲜明，英格尔[②]铅笔画那样的劲健干净。[③]

又如布朗所说，莫卧儿朝的绘画，在其种种特色上虽然都显露出伊朗的根源，但也像这王朝本身一样，它不久就变得与当地同流归化了。印度绘画的传统，那伟大的阿旃陀和巴格的传统，并没有消灭。我们以下将看到，它存留于拉吉普特人小型画中。这伊朗传统和拉吉普特的影响二者的可喜的结合，早在日汉喆朝就产生

① 参看本书第1卷，图226—288。此处指原书所附插图及编号，中译本欠附。

② 英格尔（Ingres，1780—1867年），法国古典派画家。——译者

③ 参看阿难陀·库玛拉师瓦密：《印度的绘画》，伦敦，1910—1912年。

了正确的所谓莫卧儿的艺术——一种真正的新的艺术，我们一眼便可看出它与上述两派的区别：与伊朗派不同的是它对现实主义的爱好，与拉吉普特艺术不同的是它那种绘画上的笔法。

这种为印度所特有的对现实主义的爱好，正是莫卧儿派对伊斯兰教绘画的贡献。此点在各方面都流露出来，不论是人像还是风景：在肖像画中，依照伊朗的传统，那面貌往往稍觉过于美好文雅，在这里却忽然显有一种强烈的内心表现和支配全局的力量，使得它们可以和提香或霍尔拜因[①]所画人像的面部相比，或说得更简单些，可以和阿旃陀的壁画及埃罗拉的浮雕相比[②]；在风景画中，那种赫拉特和伊斯法罕派的繁花似锦的背景，在这里变得辽阔了，这里所画的子夜星空或落日红霞景色，给人一种天地间的苍茫浩瀚之感。总之，即因经过此种变化，使得波斯的小型画发展为伟大的莫卧儿画派。此外，不可否认的是，这种现实主义由于向外界学习而多得裨益。如在模画面型时的较为进步的技法，风景画中有明暗对照法的效果，透视法的发展，画面中的空气感觉等，这一切都证明曾受到意大利艺术的熏陶。另一方面，也还如布朗所说，我们必须注意这一灵感的局限性，那是与当时的社会不可分的。莫卧儿艺术是宫廷艺术，是仅对于和他们本身有关的日常生活感兴趣的贵族艺术，因此所表现的也都是一些王侯贵胄们的动态如延宾宴客、声色犬马之类，而忽视了如拉吉普特派绘画所喜欢描写的印度平民生活。但尽管有这些缺陷与限制，我们此后仍可看到

① 提香（Titian，1477—1576 年），威尼斯画家；霍尔拜因（Holbein）父子均为日耳曼画家，二人生卒年代分别为 1460—1524 年及 1497—1543 年。——译者

② 参看库玛拉师瓦密：《印度的绘画》。

一种灵感的率直表现，一种根据观察而创作的艺术和自发的自然主义，它胜于伊朗的那些清规戒律，而将莫卧儿的艺术与印度的永恒精神调和起来。

此种现实主义首先表现在人像画上，在许多方面，这是莫卧儿绘画得以存在的主要原因。莫卧儿人只是少数有着古老血统的贵族，都或多或少是成吉思汗或外乌浒河历代统治者的后裔，聚集在强悍的帖木儿家族周围，受到这家族的陶冶。由于他们个人的品质，优越的才能和军备——但也由于他们的人道主义的统治方法，使得他们能够顺利而堂皇地立足在这浩瀚广阔而且人口众多的印度大陆上。这些伟大的文艺复兴时代的贵族们，统治着这印度帝国，正像威尼斯的贵族一度统治过那地中海的帝国和荷兰的中产阶级以及英国的贵族阶级各自统治着他们自己的海国一样。而且，在威尼斯，如在阿姆斯特丹和英格兰，肖像画正是在此种贵族统治政府的条件下产生的。提香、兰布朗和劳伦斯①都是一个上层社会的产物。在阿格拉和德里，这种情况也正类似。莫卧儿的君王将相们喜欢利用当时的艺术，使自身流传到后代。

于是，我们有了一个陈列满室的肖像画廊，一个也是当时的真正历史的画廊：这儿有一个像法国君主时代的凡尔赛宫那样的上流社会，以其全部豪华而真实的景象，活现在我们面前。我们首先看到这一家族的伟大的祖先帖木儿，他十分怪异地被画作穿着 14 世纪的服装②。其次是巴布尔，这个皇室的冒险家，他被逐离了外

① 劳伦斯(Sir Thomas Lawrence，1769—1830 年)，英国肖像画家。——译者

② 参看梅塔(Mehta)：《印度绘画研究》，孟买，1926 年，图 44，第 102 页。

乌浒河地方的本土，被赶下了他祖先的宝座，做了一伙亡命者的领袖，直到后来大展雄才，才成为东方最大帝国的皇帝和一个新的蒙古人统治地的建立者；他有一张拘谨的、精神饱满的突厥人面孔，特别显得曾受过高等教养，那上面，伊朗的环境留下了它的痕迹，这位巴尼巴特之战的胜利者，《回忆录》的认真的作者，在画家几笔之下，又于我们面前复生了。其旁是他的儿子胡马雍：有着优柔寡断的瘦长清秀面孔，充满了和蔼而矜贵和哲学家式的退让而忧郁的神情，正适合一个失去王位、饱受艰辛，而只是在将死之时才得复国的人的命运。阿克巴，那位一世之雄的自学的天才，俯视着一切，乃是一个由平常人形成的伟大形象：他本人失教不学，然而却倡导一种包罗人类心智中所有最崇高产物的哲学上及文艺上的诸说混合主义；他是一大帝国的建立者，是常临战场的将军，事必躬亲，而同时又是一位有自由精神的政治家，他全部嗜好都趋向于哲学式的冥想和超然的诗歌方面；这是一位面貌深沉而显有坚强意志的天才。他的儿子日汉喆则是一个更复杂的人物，奢靡淫逸，放荡怠惰，而且无疑是个好酒贪杯、任性暴戾的统治者，但是却具有一种有修养、好探究的精神，他奖励艺术，自己对此道也加以涉猎，他是绘画的精鉴家，博物学的研究者，他的面孔虽因荒嬉纵欲而浮肿，但仍流露出有高度的智慧。再次是沙日汉肖像中，在晕轮围绕下他有一副较为冷酷，而显然更专横的面貌，其侧面轮廓是完美无缺的纯雅利安人型，年龄又给它加上了修剪成尖形的苍白胡须，更增添几分尊严；此外，他虽与当时的路易十四衣着等式样不同，却有一些后者那种冷峻不可逼视的庄严神气；也是一张经过良好教养的俊秀的脸，而且由于他对艺术的爱好，更显得气度华贵——在

他肖像的背景上，我们幻想着有那泰姬陵的圆顶。

再者，贵族们对肖像画所喜爱的除了神似外，还有别的方面要引以自傲。像凡·戴克[①]和提香的画一样，它喜欢在那高贵的模特儿身上布置着豪华的外衣，耀目的珍饰，富丽的腰带，透明的薄纱和织着玫瑰花样的厚实的锦缎，贵重的羽饰以及大块的珠宝，有了这一切，这些东方的帝王们就把自己装扮得像灿烂的星夜一样了。

此种描容传真的风气，从帖木儿的皇室一直传播到莫卧儿的大贵族。所有莫卧儿的画像，不论是以浓墨重彩画在浅淡的背景上，还是用轻色淡笔画在深重的背景上，或是简单的黑白色素描，一般都是些细致精工而且内心表情逼真的奇妙作品。虽然这些肖像都仪表尊严，服装华丽，但所表现的种族上和精神上的特色却极为明显。其笔墨的细腻，造型的精巧，侧面轮廓的生动，都以严格的准确度表露出人物个性来。这里，我们又联想到西方最伟大的人像画家们，但在提香、伦勃朗、鲁本斯[②]和凡·戴克的作品中，那精心结构的华丽布景，那画家的高傲天才，往往喧宾夺主，比模特儿本身更为触目。而这里却如丢勒或克卢埃的画一样，虽也有如一页彩色写本似的装饰手法，但我们却只看到了所画贵族的人物和性格，他的美或恶，和蔼或粗暴，他的诚实正直，他的乖戾或虚伪，懦弱或自负等。其中有些画像是可以和科明斯或圣西蒙画像

① 凡·戴克（Sir Anthony van Dyck，1599—1641 年），人像画家，佛兰德斯派（Flemish School）。——译者

② 鲁本斯（ Peter Paul Rubens，1577—1640 年），佛兰德斯派画家。——译者

中的一页相比的[①]。

莫卧儿绘画中，除了这些贵族公卿外，还容许有另一类人物：圣者，回教阿訇，苦行僧和印度教托钵僧等。在此类题材中，它发现一条自己首辟的道路，而留下了供我们研究的显著的心理刻画。这里有些人像——严肃、敏锐、有着胡须的学者似的面貌，或是双目炯炯、两颊凹陷的剃得光秃的头像——都带着他们那种奇异的精神生活，在他们的虔诚信仰、他们的神秘主义、他们的自我牺牲、宗教热忱或慈悲和善的种种神情中，复活于我们眼前。总之这些面孔有时几乎和梅姆林[②]或安哲里科修士所画的人像有同等的精神上的价值，同时更加上一种特色——那古老的伊斯兰教世界的、令人不安的热情，如威尼斯式的火焰般的沉郁热情。[③]

但在这方面当可想到，印度已经熟知阿旃陀壁画中的精神特色了。此外则如布朗所说，莫卧儿绘画中所表现的手部、神情，以及伊斯兰教各种“手印”的高度美学价值，似乎都有曾受到早期印度各画派之影响的痕迹。

人物画，在“会议”或“朝觐”题材中有更进一步的发展，由那细腻工致和美观的设色范围看来，使人想到这是波斯艺术遗产的一

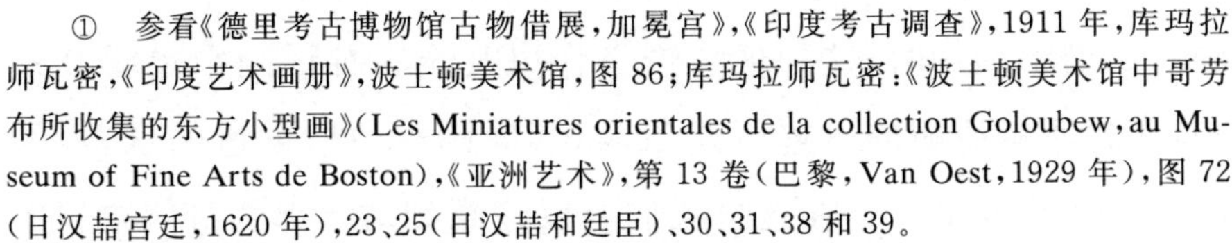

① 参看《德里考古博物馆古物借展，加冕宫》，《印度考古调查》，1911 年，库玛拉师瓦密，《印度艺术画册》，波士顿美术馆，图 86；库玛拉师瓦密：《波士顿美术馆中哥劳布所收集的东方小型画》(Les Miniatures orientales de la collection Goloubew，au Museum of Fine Arts de Boston)，《亚洲艺术》，第 13 卷(巴黎，Van Oest，1929 年)，图 72(日汉喆宫廷，1620 年)，23、25(日汉喆和廷臣)、30、31、38 和 39。

② 梅姆林(Memling，1430—1495 年)，佛兰德斯派画家。——译者

③ 参看 Bodleian 图书馆《六个回教法学家像》，司祖金(I. Stchoukine)复制，图 50；《色彩》，1925 年 1 月(《日汉喆的节日》，蓝补罗邦图书馆 Rampur State Library)。

部分。但一般说来，它们都较同类的波斯画色调更为温暖华艳，同时朝臣们的肖像也更栩栩如生，众人的形象更巧妙生动，身体造型更多真实感，而背景风物则较少因袭性。这些作品对于史学家还有更大的趣味。在这里面他可看到一个无比浮华壮丽，并且有着如17世纪旅行家们所叙述的那些烦琐礼仪的空前豪富的朝廷的奢靡景象，这种神奇境界只有近年在英印残存皇室的加冕大典中，才又重现了几个小时。

皇帝或王公们的狩猎场面，也使人追想到同样的豪华情景，原来这也是被用来显示同样奢侈生活的。而且，在这方面，它们又返回赫拉特式或伊斯法罕式的波斯风味。不过那伟大的印度动物画画家们的艺术和莫卧儿风景画的写实主义却给这里带来了一种不同的格调。因为在描绘鸟兽时，印度自然主义的传统又一次确保了它的优势。此处有些题材——例如所画的马，那细长、伶俐和异常矫健的神情，固仍保留着伊朗的手法，但当画到印度特有的动物时，我们就发现了一些别具风格的创造性的作品。那猎取野象或乘驯象猎虎的有力画面，把我们又带回到伟大的印度传统的洪流中。而成为印度不朽的天才们特有的贡献的现实主义，在这里也戏剧性地发挥到为印度本土向所未有的程度。同样理由下，莫卧儿绘画中的一般乡村景色，也远较伊朗绘画更显得大气磅礴，意象雄浑。描绘动物时，这种现实主义作风甚至在神话画中也露其锋芒，如狄摩特所藏的一幅所罗门像，其周围有他所创造的众兽、天使和魔怪等即是——在这里我们可以注意到对于那些身体柔软的天使形象的奇异观念。

同样的评语也可以应用在战事画上，这些画显然受到帖木儿

各战争的鼓舞，不过在其中风景的构图和画动物时的写实手法上，则有极大的进步，如巴布尔征服印度图中的战象冲锋即是。

此外，莫卧儿画家也喜欢为描写鸟兽本身而作画，这样，他们就将桑奇、阿旃陀和摩婆里补罗的新鲜而有力的自然主义和纯波斯式的精巧的装饰趣味结合在一起。因此我们才有了如大英博物馆所藏贾冈那他的孔雀图，这可以说与桑奇或伊斯法罕的作品无异；还有自萨尔万得来的刚劲有力的野水牛图，约作于1600年，我们也不禁要将它和阿旃陀一号洞内的两头互斗的水牛图相比。这里我们看到莫卧儿人士对于在阿克巴及日汉喆朝动物画画家曼苏尔时代所流行的此类题材的爱好，曼苏尔尤以绘鸟出名。

除了在人物画及鸟兽画中的此种现实主义作风外，莫卧儿绘画的又一大特色是其风景画。[1] 这里并不是为风景本身而作画的，它大部分和在伊朗相同，风景只是作为装饰的主题而出现。但那冷漠因袭的波斯传统，却突然被一种新的、对大自然的情感所掩没：波斯的风景画，甚至在画荒野枯石的景色时，也往往是一个精致迷人的美丽花园；而莫卧儿的风景画则常是那大自然的本来面目。[2] 莫卧儿人实在是居住在伊斯兰教土地上的第一个懂得怎样观看外边世界的人。他们抓住了对象的实质，各部位的相互关系，

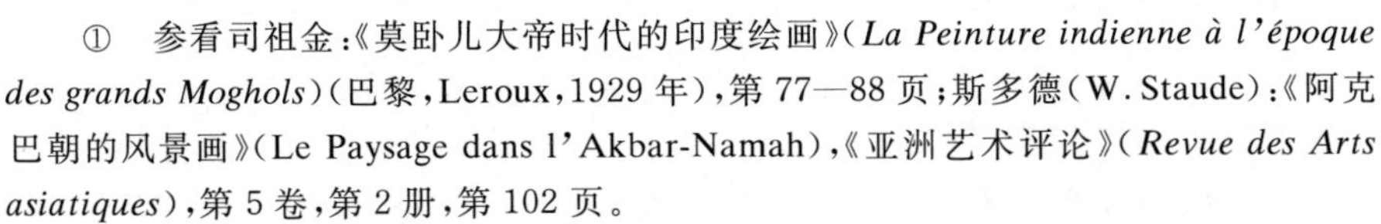

① 参看司祖金：《莫卧儿大帝时代的印度绘画》(*La Peinture indienne à l'époque des grands Moghols*)(巴黎，Leroux，1929年)，第77—88页；斯多德(W. Staude)：《阿克巴朝的风景画》(Le Paysage dans l'Akbar-Namah)，《亚洲艺术评论》(*Revue des Arts asiatiques*)，第5卷，第2册，第102页。

② 《先知艾利亚斯的奇迹》(Miracle of the Prophet Elias)这幅画(表现这位先知拯救为魔鬼投入海中的卢尔·阿尔·达哈王子——Nur al Dahr)标志着阿克巴朝的阿穆尔·罕沙画派(Amūr Hamzah)的过渡阶段。这幅画藏英国博物馆，曾刊于安诺德爵士(Sir Thomas Arnold)的《伊斯兰教的绘画》(*Painting in Islam*)的卷头。

崇山峻岭隐现于目前的感觉，林莽生活多种多样的境界，王公僧侣们在一株孤树下潜思冥想的那种幽静低回的气氛，一片向着天际的金色深处的玫瑰花丛的那种生动温柔情调。尤其他们对于空间，对于大气的活的性质，有所感受，这乃是一种浩渺苍茫之感。画中的发光的远方，深邃而颤动，正像印度的天空一样。他们喜欢用作宫廷、恋爱或礼拜等背景的，有时还仅为王者肖像画之背景的，是有浮云飘动的辽阔变幻的天空——时而金黄，时而铅紫，或渲染成落日红霞而更显得一望无际。莫卧儿人所画的将地平线涂成红色的落日景色，常使一些十分轻松的画面，平添一种意外的雄浑阔大气象，所以就是在小型画中也能得到巨幅绘画的价值。不待说，这些好像成为主题色调的、横曳天际的宽宽的红、蓝、金的颜色，还加强了仙境似的服装及花卉的效果。最后，由于对光影明暗及浓淡配合的偏好，莫卧儿艺术家们采取了一种前所未有的崭新画法，并且把它大胆地应用在夜景中，在这种情况下，那古老的赫拉特的大师们将只有搁笔了①。

如我们所看到的，莫卧儿的艺术虽是一种宫廷艺术，但其发展却远超过了它原有的局限。在像巴布尔或阿克巴这样练达人情的君王的统治下，没有一件人的事情不被包容在内。我们刚才所说有关风景画的话，也同样适用于描写私生活的画幅。莫卧儿的画

① 参看司祖金前引书，图 59、60、61；哈威尔：《印度的雕刻和绘画》，第 228 页（印度的印象主义：夜景），图 64—66（Baz Bahadur 和 Rup Mate、夜间猎鹿、营火周围的旅客——所有这些画，藏加尔各答美术馆）；布洛切特（Blochet）：《法国国家图书馆所藏阿拉伯、波斯和土耳其写本上的绘画》（*Peintures de manuscrits arabes, persans et turcs de la Bibliothèque Nationale de Paris*），图 59（费兹·阿拉（Faiz-Allah）的绘画）。

家们并不以专画隆仪盛典中的王公贵族们为满足，而是甚至要追随到私室去看看那些人的享乐。他们效法拉吉普特艺术家们的惯例，描绘着嫔妃婇女们在后宫的各种欢娱消遣。因此在我们的收藏品中，有很多画的是孟泰兹·玛哈尔同时代人物的动人图画，衣服半袒着，那式样是莫卧儿朝模仿印度各土邦的。这里还有一些题材和萨法维德小型彩饰画性质相近，只是在我们看来显然更为色情。这些具有热带强烈肉感的紧张或懒散的可爱人体，所受的启示并不是萨地①的诗篇，而是那异教的《黑天赞歌》的真情流露。此处刊印几幅维未尔或狄摩特所藏的这种作品*。其一是一位俊美的王子宴罢归来，在薄醉中，由一群宫女们轻轻扶持着；还有的是十分露骨的情爱场面；此外又可看到美丽的印度－莫卧儿的贵妇们在我们面前走过，卖弄着风骚，或做着令人吃惊的亲狎放荡情态②。

经过上面的概述后，我们还要对莫卧儿绘画的内在发展说几句话，现在就根据 P. 布朗、F. R. 马丁、库玛拉师瓦密、梅塔和伊凡·斯特乔金诸人的优秀著作加以论述。

在胡马雍朝有三个被人称道的名字，他们都是伊朗人：布哈拉的沙希姆·穆泽希布；巴勒吉德，他同时既是胡马雍的又是波斯王塔玛斯普的画师；以及阿布德·阿尔－萨玛德。但这印度－波斯画派的真正创始者乃是阿克巴，正如他的史官阿布勒·法德尔所

---

① 萨地，原名 Muslih-ud-Din sā'di，1184？—1291 年，波斯诗人。——译者

* 图片欠附。

② 参看司祖金：《莫卧儿大帝时代的印度绘画》，图 56、57、59 等。

说，他用一切权势鼓励绘画的发展。[①] 他给群臣们做出榜样，表示愿意要有国中所有伟大人物的画像。据说他甚至对宫中的主要画师封以官爵，他的儿子日汉喆也遵行着这一惯例。我们已看到，他曾从伊朗请来一些名师指导他的画家们工作。所以他所宠爱的画家乃是波斯的塔布里兹的萨义德·阿里和特别是设剌子的克瓦查·阿布德·阿尔－萨玛德，别号“希林夸拉姆”，意为“牛乳笔致”，是毕在德的弟子。这位阿布德·阿尔－萨玛德是美术家也是诗人，在阿克巴招他来、赐以爵位，并委以法提普尔和穆尔坦两地的官职以前，他已经是胡马雍皇帝的朋友了。阿克巴宫廷中的其他回教艺术家的名字我们也是知道的，例如卡尔木克的法鲁克·比；但这里大多数的艺术家们乃是印度人，如达斯梵特、巴萨梵两位基苏或称基萨瓦、马都、穆斯金、穆孔德、拉姆达斯及婆伽瓦提。阿克巴派的此种混合交流的特色，是应当记住的。这一朝代的作品，如我们所看到，无疑仍然完全受着伊朗的影响，我们与其正式称之为莫卧儿艺术，不如叫它作伊朗－印度式艺术。不过莫卧儿派艺术却正是从这种作印度画的伊朗大师们，和作波斯画的印度画家们的结合而产生的[②]。最能说明此点的是死于 1584 年的卡哈尔的达斯梵特的情况。这位出身微贱的印度人，在阿克巴的宫廷中成了阿布德·阿尔－萨玛德——即毕在德的最后弟子——的

① 参看 A. 高斯（Anu Ghose）：《作为画家的阿克巴》（*Akbar as Painter*），《绘画》（Roopa Lekha），1929 年，第 2 和 35 页。

② 参看阿克巴派画家所画印度大史诗《摩诃婆罗多》中的景象，此画现藏于波士顿美术馆，库玛拉师瓦密曾复印于《波士顿美术馆公报》，第 16 卷，第 93 期（1918 年 2 月），第 3 页。

学生，他把赫拉特派画的作风传授给他；阿克巴王认识到他的才能，把他从默默无闻中选擢出来；在王命之下，他用着波斯式的手法处理古老的印度题材，或更正确地说，他所作的画中，主要的人物都充满了印度风味，而周围的次要形象或穿插的细部则是伊朗式的。和他齐名的是阿布德·阿尔萨玛德的另一学生巴萨梵，也是有着伊朗作风的印度人，但他的伊朗风格并不妨碍他画一些如赫德来所藏的《国王和青蛙公主》（史密斯有复制品）[①]之类的作品，在这幅精致的图画中，一切自然主义的情感和本土所有的多神教精神，都找到了巧妙的保存地。阿克巴似乎也喜欢使印度艺术家们描画伊斯兰教的作品，而使穆斯林艺术家们绘制印度传说的画面，正像他令那印度人基苏去画基督教的图画一样。[②]

在日汉喆统治下，绘画中的伊朗因素和印度因素的融合已变得完整无缺，而此种由阿克巴开辟了道路的融合作风，看来也确像是这位新君所造成的。上文已说过，日汉喆对绘画抱有怎样的兴趣；我们并可补充说，他还是见闻极广博的艺术批评家，具有异常精到的鉴赏力。在他影响下，莫卧儿绘画才从模仿波斯的桎梏内解放出来，而西方的影响也始见发扬。日汉喆熟晓欧洲艺术，他的私人陈列室中藏有意大利的绘画、丢勒[③]及霍尔拜因的版画。他好像从中国艺术方面也取得若干借鉴。尤其是他对自然界有着深厚的感情。我们在这一朝艺术中所能看到的自然主义特色和直接

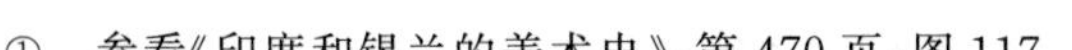

① 参看《印度和锡兰的美术史》，第 470 页，图 117。

② 司祖金：《莫卧儿大帝时代的印度绘画》，第 30—41 页，图 5—19；斯多德：《褐色画》（Muskīn），《亚洲艺术评论》，第 5 卷，第 3 册，第 169 页。

③ 丢勒（Dürer，1471—1528 年），德国画家及版画家。——译者

观察的旨趣，似乎大部分确是受到他个人的影响。他特别注意人像画的肖似和“传神”。动物画的艺术也因他而得发展：他要把稀有的鸟兽和花木都模画下来，作为他的画册。由于他对动、植物学的兴趣，使我们得到一些在画法及设色上都令人赞叹的画页。在画幅四周的边栏上，也画有极为工致的动物和花卉，尤其是那些栩栩如生的羚羊和斑马的素描[①]。表现这些花木鸟兽时所用的写实作风，和对它们分门别类时的合于科学的精确度，那全部价值，在日汉喆要使自己各种狩猎事迹流传永久的无数行猎图中都可以估量到：这一类画面往往极富于戏剧性，而且也和本朝的许多人物画相同，在风景的衬托上充满一种完全崭新的情调。在这里，画着岩石、密林和野兽巢穴的丛莽生活，实在是以惊人生动的手法表达出来的。我们上文提到的那种具有光的效果和予人以暴风雨或黄昏印象的辽阔深远的景色，也就是在此时出现的。

但日汉喆朝最成功的还是肖像画。在此以前，甚至当阿克巴时代，人像一直被画作传统的姿势，脸部永远是侧着的平面式，右手持花，两足一前一后。至日汉喆朝，画家们所特别追求的乃是人像中的心理表现[②]；因此才有了脸部四分之三向着正面的画像，这样使得艺术家们能更成功地抓住模特儿的整个复杂精神。而这也是更自然的姿势，它显示出人性中的一切真实性格。由此莫卧儿

① 在波士顿美术馆的藏品中，有 Ustād Manṣūr的斑马，最能表现其特质，参看该馆公报第 16 卷第 93 期(1918 年 2 月)，第 7 页。

② 参看波士顿美术馆所藏的《日汉喆宫廷，1620 年》，为库玛拉师瓦密复印于《波士顿美术馆中哥劳布所收集的东方小型画》，《亚洲艺术》，第 13 卷，1929 年，第 122 页，图 72。

绘画一步便超过了毕在德弟子们的优雅工致的作风——它往往有一点生硬并且过于纤巧——而达到技巧上的圆熟、自成家派的风格、引人入胜的力量，和我们刚才所说过的丰富的心理表现；这有时可臻于提香艺术的高峰。

日汉喆派主要的大师们如下：阿布尔·哈桑，为人所知的名字是那地尔·阿尔－泽曼，乃是赫拉特人阿夸·拉扎之子，皇帝的宠臣。他是第一位最出名的肖像画家，但也留下来一些可赞美的写实风的动物大象图，并且用拉吉普特派作风画过种种印度人生活以自娱（参看梅塔复印的瘤牛曳车图）[1]。乌斯塔德·曼苏尔·那夸什，这是一位极伟大的动物画画家，也为日汉喆所宠爱。我们在画册中见到一些可惊叹的花鸟画幅，就是出自他的手笔。撒马尔罕人穆罕默德·木拉德，他遗留下一些笔致优美的小羚羊，略带拉吉普特派画风，在伯哈古收藏品及柏林博物馆中，有这些画的样品。沙非·阿巴希，波斯本土人，花鸟画家；马努哈尔，在阿克巴时代即已知名，他不仅是一位伟大的鸟兽画家，还画过一些在阿克巴宫廷中，使节们觐见的豪华场面；法鲁克－比，这也是在阿克巴朝就出名的，在日汉喆统治下，他仍继续画着行猎图；巴格瓦提，又是一位阿克巴朝的名家，他画的是肖像，尤其是胡马雍像和一些回教僧人像；还有毕山－达斯，他留传下来一幅《托钵僧谢克·弗尔之家》的画，梅塔曾复印，这是在稳练朴素的画笔下，有着明快的中间色调的值得注意的作品。[2]

① 梅塔：《印度绘画研究》，图 27，第 64 页。

② 司祖金：《莫卧儿大帝时代的印度绘画》，第 41—50 页，图 20—33。

沙日汉朝的绘画标志着复返波斯，在此种装饰性风格面前，现实主义变得失势而落后了。如哥劳布所说："这里是返回到老一套的簇叶图案和金彩鲜艳的因袭式结构。"日汉喆派的势力在某种程度上消灭了，人物画的心理表现也相当地减少。这时的半身像都多少失掉了它们的生气与活力。而另一方面，莫卧儿艺术却从来没有达到过如此极致的优雅境界。总之，我们所看到的这一朝代的艺术是十分华美富丽的，但较为冷漠无情，它掌握了难以置信的微妙技巧和惊人的工细制作。①

这种部分退化的一个表面现象是艺术家们放弃了在日汉喆时代极被重视的"多半正面像"，而回到阿克巴朝的那样纯半面像。

我们要忙于补充说的是，莫卧儿艺术虽已停止进步，但严格讲来，也还未曾衰落。颓废现象只是在奥朗则布的虔诚的宗教式统治下才开其端的。在日汉喆时代和泰姬陵的时代是仍然产生着奇迹的。

此朝的主要画家之一是穆罕默德·那地尔·萨马尔坎狄，他只用准确而朴实的几笔就一气挥成一幅辉煌的画像——例如，他所画的沙日汉阿萨夫可汗及喀里尔·阿拉可汗等像即是，这些画都好似克劳埃的作品，而有着提香的笔力。由于他的画笔而得留传后世的这些老贵族们的肖像，虽然画法优雅简洁，但事实上却有一种威严尊贵的气度，使人想到这好像是威尼斯的总督或印度联合省的什么伟人的画像。我们当注意，这位画家仍继续画着脸部四分之三向正面的肖像，如大英博物馆所藏的希尔·穆罕默德·

① 司祖金:《莫卧儿大帝时代的印度绘画》，第 51 页，图 34—50。

纳瓦尔像即是。本朝另一位主要画家是穆罕默德·哈希姆，他留下来一些轮廓简练的莫卧儿宫廷人物的线描，它们也都具有克劳埃最佳画幅的那种干净明快的特色。他的作品中，我们可以注意伯哈古女伯爵所藏的一批帖木儿、巴布尔和胡马雍像，大英博物馆中所藏的精美的哈金·玛希·阿尔－泽曼的素描，和作于1660年顷的青年的奥朗则布像，此画为马丁氏所复制。还有一位阿努普查他尔或称拉兹·阿努普，是沙日汉之子达拉·希库王子所宠爱的画家。他的主要作品之一是沙日汉坐在群臣之间的一幅画像，约作于1640年。在这幅名画上，共绘有50人左右的线描肖像，虽都只是侧面像，但笔致稳重，人物表情亲切，并且有一种至今仍可惊异的心理上的紧张状态。透过这种浮华骄贵的王侯生活，我们可以推想到那个骚乱时代的卑鄙的荒淫纵欲的景象，当时印度的全部财富都要任这样一个阴谋无耻而横行无忌的朝廷去挥霍；从帝政时代的罗马、文艺复兴的意大利和其后华洛瓦皇室[①]的法兰西以来，世上没有任何因仇恨而造成分裂和毒化的王朝比它更坏了。在这画上，不仅人物个性和社会的污暗情形，就是种族的特质，也被这冷静而准确的优雅线条给赤裸裸地表达出来。简单说，我们在此保存了一页不同寻常的历史，它帮助我们了解了莫卧儿统治的衰落与灭亡。

沙日汉朝的画家中，我们还可以提到两位印度人，一是齐塔尔曼或称迦利安·达斯，他活跃于1660年前后；一是洪哈尔，两人都画过些莫卧儿显贵们的肖像。前者作风较为工致，后者则具有更

① 华洛瓦(Valois)皇室，1328—1589年统治着法国。——译者

丰富的写实风格。

最后，应该和沙日汉相提并论的，还有他的儿子达拉·希库(1615—1659年)对艺术的奖励，他后来不幸被他的兄弟奥朗则布篡夺了王位。他与奥朗则布不同，后者的伊斯兰教的狂热使他有一种反对图画的偏见，而达拉·希库则证实自己是他父亲的一个值得赞扬的继承者，他对印度事物显示一种有理解的同情，比起他的祖先阿克巴来，甚至还要热诚。我们曾看到他怎样设法要在一个更高的哲学的综合基础上，将印度教和自由的伊斯兰教调和一致。他和他的祖父日汉喆一样，对于绘画表现着强烈的兴趣。我们保存着他的一部画册，年代为1641—1642年，现藏"印度事务部图书馆"[①]，这是留传下来的莫卧儿艺术中最珍贵的记录之一。的确，这画册中包括了1605—1634年之间的作品——即自阿克巴时代至沙日汉的时代。有趣的是，我们发现这里面的动物画不仅在艺术上令人惊叹，同时作为自然历史的插图也是极为卓越的。在此我们还发现几幅显然罕见的熟练技巧的人物画，例如那幅在一个壮丽的风景中的萨利姆王子——即少年时代的日汉喆——的肖像即是。

拉吉普特的绘画

在谈到莫卧儿艺术时，我们经常涉及拉吉普特人的绘画。也许应该先讲后者比较更适当一点，因为印度绘画中称为拉吉普特

① 过去，英国政府设有专司印度殖民统治的"印度事务部"。——译者

派画的，实有极古远的本土根源[①]，追溯起来，它历经15世纪的质朴的古吉拉特派和耆那教写本中的小型彩饰画[②]，是阿旃陀和巴格以及波罗朝和舍那王朝的孟加拉派的伟大艺术的继承者[③]。然而不可否认的是，拉吉普特的绘画无论具有怎样的本土渊源与灵感，它仍然刺激了莫卧儿的艺术，甚至受到后者的相当影响。它一面保留着深厚的旧有特色，而同时只有注意到它和莫卧儿绘画的竞争，才能对它给以充分解释。

拉吉普特的绘画，由于库玛拉师瓦密、梅塔和布朗诸氏的渊博著作的介绍，现在已经很出名了。它分为两派：拉加斯坦尼派和帕哈里派。拉加斯坦尼及班得拉派，如名称所示，与拉吉普坦那及班得拉康德地区有关，前者在斋浦尔、比迦尼尔及乌底普尔各地的拉吉普特人所建的朝廷里，称为“Jeypūr qalam（斋浦尔的画笔）”，即斋浦尔的风格，这种风格发展于17世纪，尤其是18世纪和19世纪初期。第二派称为“Pahārī qalam（帕哈里的画笔）”，意即“高山风格”，是在同时期发展于上旁遮普、查谟周围、占姆巴和泰希利·

① 参看华烈顿堡（E. Vredenburg）：《印度艺术中图画的连续传统》（Continuity of Pictorial Tradition in the Art of India），《色彩》，1920年1月，附有尼泊尔写本《般若波罗蜜多经》（Prajñāpāramitā）中的彩色佛画。

② 参看库玛拉师瓦密：《耆那教的绘画和写本》（Jaina Paintings and MSS.），《波士顿美术馆中印度收藏品目录》，第4卷，1924年；梅塔：《十五世纪的印度绘画》（Indian Painting in the Fifteenth Century），《色彩》，1925年，第22—23期；库玛拉师瓦密：《印度艺术画册》，波士顿美术馆，图60和61（15和16世纪古吉拉特的耆那教写本）。

③ 在本书第四卷第二章中，我们将研究波罗（Pāla）和舍那（Sēna）时代最重要的孟加拉画派，以及尼泊尔的写本。（中译本移至第三卷第五章）参看库玛拉师瓦密：《印度艺术画册》，图33—36（尼泊尔写本《般若经八千颂》（Astasahasrikā Prajñāpāramitā），公元1136年）。

加瓦尔等处的喜马拉雅山区的；尤其是在康格拉，因此又名“Kāngrā qalam——康格拉风格”[①]。自帕哈里派又派生出19世纪初叶的锡克派，此派也曾盛行于朗吉特·辛格（1803—1839年）统治下的旁遮普，其主要画家为卡普尔·辛格。

拉吉普特人的艺术和莫卧儿绘画之间，虽有许多相似之点和互相模仿之处，但二者的差别却一望可知。莫卧儿的艺术，如我们所曾看到，本质上是正式的肖像、宫廷景色和表现具有历史性的事件的艺术。在技巧上，它常常或多或少地渊源于小型画，和有插画的手抄本接近，并且忠实于波斯书法那样的精确线条和细密结构。相反的，拉吉普特的艺术虽然受到拉吉普坦那和旁遮普的当地小朝廷的鼓舞，但看来却是颇为大众化的艺术。在技巧上，如布朗所说，它并非出自小型画，而是由壁画演化而来，具有雄厚的气魄和轻快的笔致，以及那“流畅的传统技法”。此派艺术，比起莫卧儿艺术来，有着更亲切，同时更富诗意的格调。事实上，它是与印度民族的诗歌、史诗、黑天赞歌、湿婆赞歌，和印度恋诗作者们的不朽题材有关的。因此，它以那有深厚人情味的神秘主义和强烈的寂静主义而一直和现代印度教的宗教生活保持密切接触；罗摩难陀和迦比尔正是使自己成为这种神秘主义和寂静主义的布道者。这是一种充满着热烈的虔诚，为一种宗教的崇仰——或用印度的术语：一种“笃信（bhakti）”——所感召和弥漫着温柔气息的艺术；但它

① 参看库玛拉师瓦密：《拉吉普特绘画，康格拉河谷派》（Rajput Painting. The Kāngrā Valley），《波士顿美术馆公报》，1919年8月；穆康提（Lal Mukandi）：《帕哈里派绘画》（The Pahārī School of Painting），《绘画》（*Roopa Lakha*），第1卷，1929年，第24—35页。

的具体表现却从未离开过既矫饰同时又天真的色情主义。这一画派所赞美而喜画的黑天，对我们好像是一个知心的朋友；我们还记得，这位神圣的安慰者，他在人世的一生，是在快乐柔情的田野环境中游玩嬉戏和从事农村生活中度过的。此种牧歌式的题材，往往是拉吉普特画家们的灵感的一个主要源泉。从这种牧神的“模绘”——和欧洲中世纪的“基督模绘”一样神秘而温柔，只是加入了一种色情成分——拉吉普特派绘写出了它的纯朴的清新境界、诚意和情感。因此大批的绘画者专画“爱者”和“被爱者”的题材，对宗教信徒来说这是一种暗示黑天和他的忠实信仰者之间的神秘的心灵交感的主题，但在这些作品中，这一主题却是用奇异和浪漫的精神而带有细节设想的自由和色情风格来处理的；而这些是奇异地远离我们西方的宗教感情的。我们也可注意到，同样情形，受湿婆教启示而产生的作品，如何有时由于盛行的黑天教的伟大温情精神的影响而人性化了，如布朗所复制的湿婆舞蹈图便是。①

在与此类似的温柔的人道精神下，拉吉普特绘画所喜画的乃是些平民生活的情形：妇女家务和母性的亲切画面、工匠们的种种技艺、市场景象、旅行者在午夜的休憩和印度大路上的新奇生活等。在画动物画时，它也用同样精神来处理。如布朗所说，我们在这里看到的不是莫卧儿绘画那样的有力的写实作风，而是一个充满着温柔与甜蜜的动物画派。和昔日的桑奇及摩婆里补罗相同，动物都被以兄弟般的同情心来处理，而且似乎都带着人性的印记：库玛

① 参看库玛拉师瓦密：《拉吉普特绘画》，《波士顿美术馆中印度收藏品目录》，第5册，1926年，图51、169、170、254、266、267；库玛拉师瓦密：《印度艺术画册》，图74、75等；刚哥利：《拉吉普特绘画名作》，图32、44。

拉师瓦密、梅塔或布朗诸氏所复制的动物画就是如此，我们发现那里面有画得很可爱的《罗摩衍那》中的和善的猴子，黑天克利希那的美丽动人的母牛，长着人类眼睛的瞪羚和羚羊，在仙境一样的园林等地，追随着神话中的公主，或是美丽自傲的孔雀就佳人手中饮水。例如梅塔所编的卓越的画册中，康格拉系内即有一幅是在山色水光中，一位美貌的贵妇从阳台上俯身下来，抚摩着一头圣牛的口鼻。[①]

帕哈里派的画，尤其是康格拉系的，曾遗留下了渗透着这种精神的作品，年代属于 18 世纪之末及 19 世纪之初——其中有一些是描写克利希那的传说（黑天之游戏）的精美图画——它一方面利用了得自莫卧儿艺术的进步技巧，同时仍保留着奇妙的印度式的诗情画意。这里面，我们可以在库玛拉师瓦密收集的一批杰作中，特别指出《黑天赞歌》的插图，那简直是一首完美的田园诗；还有一幅《伏蛇黑天图》，画着许多奇怪的女蛇神，由于这些水中精灵所穿的印度式服装与她们的鱼状尾巴的对照，使得这些古典题材中的女妖有一种奇异的迷人的美。[②] 与此类似的，在波士顿博物馆中有一个灵巧调皮的童年的克利希那的画像，表现他这时已经是挤奶女郎们所赞美和爱慕的对象了。再有一幅是青年时代的克利希那，作为牧人，正驱着他的牛群到牧场中去，此画具有强烈的暗示气氛，我们好像幻想着听到了牛群穿过庄门、蜂拥而去的声音。这儿，在处理动物时所用的有力的自然主义的手法上——其历史源

① 梅塔：《印度绘画研究》，第 118 页，图 54；库玛拉师瓦密：《拉吉普特绘画》，《波士顿美术馆中印度收藏品目录》，第 5 册，图 28、70—72、75、78、79、81；库玛拉师瓦密：《印度艺术画册》，图 76、77、78 等。

② 库玛拉师瓦密收藏品。参看刚哥利：《拉吉普特绘画名作》，图 46。

流，我们从桑奇时代起，一直追循至今——又增加一种牧歌式的轻松愉快、温柔缱绻的情感的魅力，我们觉得其中好像浮动着一首清新的黑天颂诗似的。这里还刊印了几幅采自吉美博物馆或哥达尔收藏品中的关于女性生活的画——女子纺绩图、入浴图（图41）等——有的属于莫卧儿派，有的属于拉吉普特派，这些画将使我们对这种私生活的有趣情景，得到一个适当的概念。

在帕哈里艺术中，梅塔认为泰利·加瓦尔人应该有其独特的地位；加瓦尔是喜马拉雅山区的一个小邦，它产生了两位伟大的艺术家：赛图和马纳库。[①] 梅塔在他的优秀著作中复制了此派一些作品，都是受《往世书》或《罗摩衍那》的启示而作的，其中特别如印度族妇女之被劫掠，这是一幅线条明洁并充满淳朴崇高和戏剧性趣味的作品；[②]还有《牧女向黑天献礼图》和一幅克利希那的牧人们，于月下林中在群牛之间捉迷藏的游戏图。[③]

在这些画中，我们可以看到那山水景致的浑厚气象和写实风味。这证明了帕哈里派绘画所受莫卧儿范本的启示到何等程度。我们在此甚至发现那种浪漫的月光效果——例如，那些猎羚羊图中，照亮了黑暗景物的，有猎人手中的火把，也有明月。梅塔所复制的一幅，画着黑天克利希那和罗妲在只有他们的身体和衣饰反射而照亮的静夜景色下，在林边河畔互诉衷情，那乡间的清幽寂静，两个恋人的姿势的微妙热情，深蓝的夜色与这一对神人的淡淡微光对照

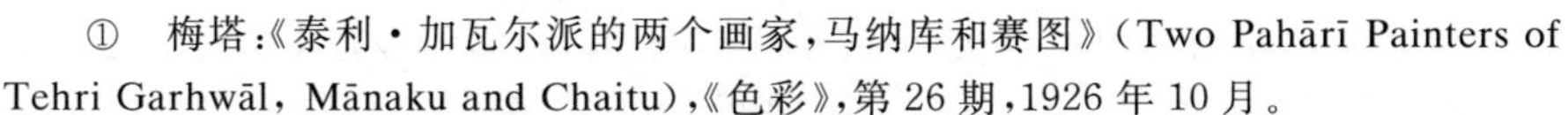

① 梅塔：《泰利·加瓦尔派的两个画家，马纳库和赛图》（Two Pahārī Painters of Tehri Garhwāl, Mānaku and Chaitu），《色彩》，第26期，1926年10月。

② 梅塔：《印度绘画研究》，第51页，图18。

③ 同前书，第54页，图21（彩色）。

之下的效果，都使我们多少联想到柏恩·琼斯和罗赛蒂两人的技巧。[①] 实际上，此派艺术与阿旃陀的关系，正如英国前拉斐尔派之与波提切利。但在这"新阿旃陀派"作风中，却有一些为罗赛蒂一派所缺少的东西，就是普通的灵感、清新爽健和自然天生。甚至在渗入了莫卧儿及欧洲影响的现代作品中——例如梅塔慨然许可复制的黑天与罗妲嬉戏图——克利希那的魅力也始终未曾减退：它和西方技巧的结合，甚至更产生一种有惊人的纯洁风格的古典主义。

在斋浦尔派中，我们见到的有关克利希那的画，比起帕哈里派的作品来，所受莫卧儿艺术的影响往往较少，因此其手法形式也较为豪放而拙朴。我们再一次请注意梅塔在其佳作《印度绘画研究》中刊印的作品，特别是美妙动人的《圆圈舞蹈图》，这是一幅具有圣芳济精神的印度式的《天国幻想图》[②]；还有一幅《牛增山擎举图》（克利希那举起牛增山），[③]此画是以《歌中之歌》[④]的风格处理的，

① 梅塔：《印度绘画研究》，第 56 页，图 24（彩色）。

按：柏恩·琼斯（Burne Janes，1833—1898 年），英国画家；罗赛蒂（Dante Gabiel Rossetti，1828—1882 年），英国前拉斐尔派画家及诗人。——译者

② 梅塔：《印度绘画研究》，第 33 页，图 11。

③ 同前书，第 32 页，图 10。

按：这是印度有关克利希那的民间传说之一。当克利希那在牧站看见牧民们都预备庆祝因陀罗的节日，即问牧民南狄何以要崇拜他。南狄说，因陀罗是雨神，给人草、水、食粮，使林花放蕊，诸果成熟，人们可以得到幸福的生活。克利希那说，我们住在林中，是山林之主给我们的幸福，与因陀罗无涉。牧民听信此言，遂去敬礼森林、泉水与高山。次日一早，牧人们携家属捧花奏乐，至牛增山，绕山朝拜，这山是无可比拟的美丽。因陀罗得知后，愤怒地布起浓云暴雨，要把群众消灭。牧站淹没于急流飞湍之下，在猛雨寒风中，牲畜战栗，牧民逃亡，去寻克利希那。于是克利希那举起牛增山，如一伞盖，把雨点蒸发，使水退去；牧女牧童，都围绕在他身边。他将这座山举起了七天，因陀罗认识了他的力量，骑上白象，同阴云一起退去。——译者

④ 《歌中之歌》即旧约中所罗门的《雅歌》，以优美的牧歌形式，歌咏男女恋爱的场景。——译者

其中对人兽形象的布置——无论是苦恋着的牧女，倾心的舞姬，或受宠若惊的小牛——都令人想起修士安哲里科的天堂，尽管这两种心境的距离是如此遥远。

如库玛拉师瓦密所说，在此类作品中，拉吉普特的艺术创造了一种新的女性美典型，或更正确地说，它重新发现了已湮没许多世纪的阿旃陀的典范。这些既端庄又热情，时而渴慕追求、时而羞怯胆小的牧女们，和这些无限温良和驯的牲畜，比起那粗俗色情的泰密尔人的“巴洛克”派，实在大有进步了。这里的女性典型——不论是拉吉普特的还是莫卧儿的——找到了一个更新鲜的源泉，就是那伟大的古梵文诗歌，从息妲和达摩衍蒂直到迦梨陀娑著作中的女主角都是[①]。

拉吉普特的绘画有时被称为“音乐的绘画”；而帕哈里派的画，事实上也的确常常作为那些通称为《乐调之环》的图解。[②] 在当地鉴赏家眼中——他们的兴趣，正包括着绘画对音乐的此种适应——画家的作品必须要和音乐的主题相谐调，要唤起它、暗示它，并把它转变为具有视觉上的价值。因此在康格拉派中，我们看到一些彼此内容相当的音乐与绘画，其中“曲调旋律是根据绘画主题做出的，而那绘画则是依照音乐的心理上的暗示构成的。”拉吉

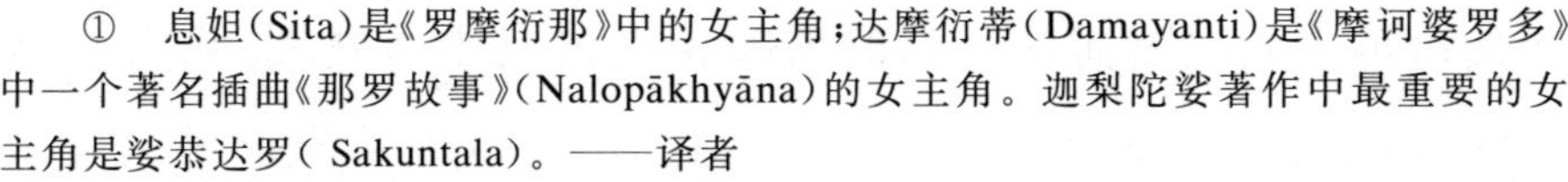

① 息妲（Sita）是《罗摩衍那》中的女主角；达摩衍蒂（Damayanti）是《摩诃婆罗多》中一个著名插曲《那罗故事》（Nalopākhyāna）的女主角。迦梨陀娑著作中最重要的女主角是娑恭达罗（Sakuntala）。——译者

② 《乐调之环》是一种散诗的集子，叙述音乐上的 36 个调式。“乐调（Rāga 或 Rāgini）是由选出的一组 5—7 个音符组成的，或说得更确切些，是从 C 至 G 分布在整个音阶中的不同的音程组成的；而 22 个音的全音阶，却从来未在一个单独的作品里使用过。”（库玛拉师瓦密：《拉吉普特绘画，音乐的调式》（Rajput Painting，the Musical Modes），《波士顿美术馆公报》1918 年 8 月）。

普特的绘画，除了其本身的原因外，有许许多多是对欧洲人毫无价值的，但在一个印度人看来，却会立刻联想到《乐调之环》的旋律，诗人摩提蓝姆的《圈舞之王》和凯西瓦达、毗哈里的著作。这里我们看到绘画、诗歌与音乐的合而为一，而在欧洲却还未能产生与此相当的作品。

我们说过，拉吉普特的艺术过于依赖着在拉吉普坦那、班得拉康德和旁遮普所建的当地小朝廷，因而它不得不应酬对肖像画的要求。这些拉吉普特的画像——王者们的半身像或骑马像——多少都受到回教模特儿的影响，内中属于康格拉派的，都笔法稳健、色彩富丽，是莫卧儿的作风；而属于斋浦尔派的，则最触目的是其用色，那是"简单得几乎至胆小的程度"。这里的所有人物形象都毫无例外是侧面像。拉吉普特的肖像画，虽然内容欠充实，技巧稍幼稚，而且线条也少柔和变化——这和莫卧儿派的笔法和画风正成一对比——但常给我们留下一种庄严高贵、精神勃勃的鲜明印象，此点一部分是由于模特儿本身的仪态——那些莫卧儿的贵族们乃是东方最豪迈的上层阶级；一部分也由于它们技巧的纯真，对书法特色的缺乏，或照布朗的恰当说法，即"线条的纯洁"，这给予它们一种更大的魅力。在这些画像中，我们可以注意为梅塔书中所复制的辛格王(Rajah Pratap Singh，1778—1803 年)的半身像，和哥达尔夫妇在斋浦尔得到的那幅精美的马上人物图；后者承他们许可，今复印于此[①]。

在结尾处，我们再刊出哥达尔藏品中的两幅拉吉普特和莫卧

① 图片欠附。

儿的绘画[1]，一幅是拉吉普特派的绝妙的猎羚羊图，一幅是莫卧儿派的《夜景》，一双恋人在高高的阳台上，四周是寂静的庭园中露出的树梢；最后，还有吉美博物馆所藏的一幅拉吉普特王者宫殿中的宴乐图，但画上的古老的柔和色调——陈旧的金色，黯淡的桃红色，褪落了的红紫色——在我们的照片中却无力表达出来了。[2]

① 图片欠附。

② 关于印度绘画的当代画派，可参看《色彩》和《绘画》的画集，及《现代印度艺术家丛书》（加尔各答，旧邮局街色彩社出版）第1卷，《K. N. Mazumdar》，刚哥利编；第2卷，《Asit Kumar Haldar》，哥逊斯和刚哥利编，等等；《阿巴宁陀因主和印度绘画的复兴》（Abanindranath Tagore and the Renaissance of Indian Painting），《绘画》第1卷，1929年，第41页。

译名对照表

A

Abd al-Ṣamad 阿布德·阿尔－萨玛德
Abhaya mudra 施无畏印
Abū Turāb 阿布·图拉布
Abu'l Faḍl 阿布勒·法德尔
Abūl Ḥasan 阿布尔·哈桑
Achæmenid 阿开密尼德
Āditya 阿迭多(日神)
Agni 阿耆尼(火神)
Agra 阿格拉
Ahi 阿希(妖蛇)
Ahmedābad 阿哈密达巴德
Aihoḷe 阿胡尔
Airlaṅga 埃尔兰伽
Ajaṇṭā 阿旃陀
Ajātasatru 阿阇世王
Ajmere 亚日迷尔
Akbar 阿克巴
'Ala al-Din khalji 阿拉·阿丁·卡勒吉王
Aliṅgana mudra 环抱印
Āmalaka 庵摩勒迦
Amaravātī 阿玛拉瓦提
Āmavana 芒果园
Amitābha 阿弥陀佛
Āmrāpoli 庵摩罗波离
Ānanda 阿难陀
Ananta 无边龙王
Anāthapiṇḍika 给孤独长者
Anau 安瑙
Andhra 安达罗
Angkor 吴哥(颜可尔、安哥)
Angkor-Vot 吴哥－瓦特(王城寺)
Añjali mudra 合掌印
Aṅkusa 象棒
Antialkidas 安蒂阿基达斯王
Anūpchātar 阿努普查他尔
Aṇurādhapura 阿耨罗陀补罗
Anurudha 阿㝹楼陀(阿那律)
Apalāla 阿波逻罗(龙王)
Apollodotos 阿波罗多托斯王
Appār Svāmi 无边主

Apsaras	阿布萨罗(天女)
Aqa Razā	阿夸·拉扎
Arata	阿罗陀(阿罗兰)
Ardashīr	阿打失王
Arishṭa	阿哩什他
Arjuna	阿周那(有修)
Āṣaf Khān	阿萨夫可汗
Asaṅga	无著尊者
Asita	阿私陀
Asna	坐势
Aśoka	阿育王(无忧王)
Asura	阿修罗
Aśvins	天部御者阿须云
Atala	阿塔拉
Āṭavī	阿陀维城
Aurousseau	奥罗西奥
Aurungzeb	奥朗则布
Avalokitēśvara	观世音菩萨
Avatar	化身,降凡
Avestic	阿吠斯陀经的
Awadhi	阿瓦底
Ayodhyā	阿踰陀国
Ayuthyā	阿犹地亚

B

Babur	巴布尔
Bactria	巴克特里亚(大夏)
Bādāmī	巴达米
Bāgh	巴格
Baghdād	巴格达
Baghelkand	巴喀尔康德
Baland Dawaza	巴兰德门楼
Bala-Rāma	大力罗摩
Bali	阿修罗主巴哩
Baljid	巴勒吉德
Baluchistan	俾路支
Bāmīyan	巴米延(梵衍那)
Bangkok	曼谷
Bankipur	班基普尔
Banteai Srei	班台斯雷
Baphuon	巴普昂
Barthoux,M.	M.巴尔吐克斯
Basāwan	巴萨梵
Batavia	巴达维亚(今雅加达)
Bayon	巴壤
Beḍsā	贝德萨
Béhaigue	伯哈古
Behar	比哈尔
Belahan	比拉罕
Bela Heine	比拉·海尼
Benares	婆罗奈斯
Bengal	孟加拉(榜葛剌)
Bēsarh	比萨里
Besnagar	贝斯那喀尔
Bhāgavad gītā	薄伽梵歌(世尊歌)
Bhāgavata Purāṇa	婆伽梵往世书
Bhagavatī	婆伽瓦提
Bhagiratha	幸车王
Bhairava	拜拉瓦(恐怖神湿婆)
Bhājā	巴雅

Bhārata	婆罗多
Bhārhut	巴尔胡特
Bhatāra Guru	巴陀罗大师
Bhava	巴伐(湿婆别名)
Bhilsā	比耳萨
Bhima	拜摩(怖军)
Bhopal	波保尔
Bhūmi-dēvī	布弥天(地神)
Bhūmisparśa mudra	指地印
Bhuvaneśvar	普凡奈斯瓦尔
Bihari	毗哈里
Bihzād	毕在德
Bījāpur	比加补罗
Bīkanir	比迦尼尔
Bimay	比麦
Bimba	频婆果(相思果)
Bimbisāra	频婆沙罗王(瓶沙王,影坚王)
Bindusāra	频头娑罗王
Binh-dinh	平定
Bishan-Dās	毕山－达斯
Bodh-Gayā	菩提－伽耶
Bodhi	菩提
Bodhisattva	菩提萨埵,菩萨
Bōrōbudur	婆罗浮屠
Bouasse Lebel	包阿斯·勒贝尔
Brahma	婆罗摩(梵)
Brahmā	大梵天王,梵天
Brahmane	婆罗门(僧侣)
Bṛihadīśvara	布利诃地湿伐罗
Brown, M. Percy	布朗
Buddha	佛陀
Buddhachaita	佛所行赞
Bukhārā	布哈拉
Bundela	班得拉
Bundelkhand	班得拉康德

C

Cambodia	柬埔寨
Carnatic	紧那利(卡那提克地区)
Castes	种姓
Chaban	恰班
Chaitu	赛图
Chaitya	支提(招提,窟殿)
Chakra	法轮、相轮、轮宝
Chakravartin	转轮圣王
Chaldea	加尔底亚(迦勒底古国)
Chālukyas	遮卢迦
Cham	占姆人
Chamba	占姆巴
Champa	占婆
Champeya	瞻毕耶(龙王)
Chandaka	阐铎迦(车匿)
Chanḍāla	旃陀罗
Chanḍi Punta deva	旃底·般陀提婆
Chaḍi Bima	旃底·毗摩
Chandragupta	旃陀罗笈多王(月护大王)
Chau-doc	丘都

Chavannes 沙畹
Chen-la 真腊(占腊)
Chitarman 齐塔尔曼
Choḷa 乔拉
Clemenceau George 克里孟梭
Clouet 克卢埃
Cochin-china 交趾支那
Coedès George 乔治·考德
Cohn William 柯恩
Commaille 科美勒
Coomaraswāmy Anūre 库玛拉师瓦密
Corcyra 克基拉
Corinth 哥林斯
Cousens H. 哥逊
Cyrene 赛利尼

D

Dāgaba,dagoba 舍利塔
Damayantī 达摩衍蒂
Dāndan-Uiliq 丹丹乌里克
Da-nghi 登奇
Dārā Shikūh 达拉·希库
Darsana 达尔萨那
Daśaratha 十车王(十乘王)
Daswanth 达斯梵特
Deccan 德干高原
Delhi 德里
Demetrios 德米特里奥斯王
Demotte 狄摩特
Deva 提婆(天神)
Dēvadatta 提婆达多
Dharma 达摩(法)
Dharmachakra 转法轮
Dharmachakra mudra 转法轮印
Dharmapala 达摩波罗
Dhṛitarāshṭra 提多罗吒,东方持国天王
Dhyàna mudra 禅定印
Didarganji 狄大干吉
Dieng 迪恩
Dīwān-i'Āmm 勤政殿
Dīwān-i Khāṣṣ 枢密殿
Dong-du'o'ng 当都昂
Dooab 多阿布
Doric 多利克式
Doucet 杜西特
Draupadī 都劳巴娣(迅足公主)
Dravidians 达罗毗荼人
Druma 达鲁摩
Dukhtar-i Nūshirvān 杜克塔尔-夷·奴什尔凡
Dürer 丢勒
Durgā 突伽女神(难近母)
Duryodhana 独哩呃达那(难敌)
Dvārakā 德婆罗迦(门岛)
Dvāravatī 德婆罗婆提

E

Elephanta 埃勒凡陀(象岛)

Ellora 埃罗拉
Ephthalite Huns 白匈奴人(嚈哒人)
Eukratidas 尤克拉蒂达斯王

F

Fabri 法布里
Faidi 费迪
Fanshawe, H. C. H. C. 方绍
Farrukh-beg 法鲁克－比
Fārs 法尔斯
Fatḥpūr 法提普尔
Fathpūr-Sīkrī 法提普尔－希克利
Ferghāna 大宛
Fergusson 福开森
Finot 芬诺特
Foucher, Arnold 费契尔
Founan, Funan 扶南
Fra Angelèco 安哲里科修士

G

Gandhāra 犍驮罗
Gandharvas 乾闼婆(寻香)
Ganēśa 群主(象头神)
Gaṅgā 殑迦(恒河女神)
Gangooly, O. C. 刚哥利
Garuḍa 揭路荼，迦楼罗(金翅鸟)
Gaur 高尔
Gautama 乔达摩(瞿昙)
Gengis-Khan 成吉思汗
Geronimo Veroneo
杰朗尼摩·维罗尼奥
Girnār 吉尔那尔
Gīta Govinda 黑天赞歌
Godard, André 安德列·哥达尔
Godāvarī 哥达瓦里河
Golconda 哥尔康达
Goloubew, Victor 维克多·哥劳布
Gopā 瞿波(瞿夷)
Gopinatha Rao 戈宾那他·莱
Goury du Raslan 高里
Govadhana 戈瓦达那(牛增山)
Govardhana-dharaṇa 牛增山擎举图
Groslier, George 哥罗斯里尔
Gujerat 古吉拉特
Gul Gumbaz 古尔·甘巴兹
Gupta 笈多

H

Hackin, J. J. 哈金
Haḍḍa 哈达
Ḥāfiẓ 哈菲兹
Ḥakīm Masīh al-zamān
哈金·玛希·阿尔－泽曼
Hālāhala 诃罗毒
Haḷebīd 哈勒比德
Hanumat 哈努曼(猴神)
Harappa 哈拉帕
Hargreaves H. 哈格列夫
Hari-Hara 诃哩－诃罗
(毗纽天大自在天合体)
Hāritī 诃哩帝(鬼子母)

Harivaṃśa 诃哩世系
Harmika 诃密迦（露亭，平台）
Harsha 戒日王
Hastināpura 象城
Hazāra Ramasvāmi 千体罗摩
Herāt 赫拉特
Herzfeld Ernst 赫兹菲尔德·恩斯特
Hiraṇyakaśipu 金席河修罗
Hiraṇyavatī 熙连若跋提河
Holbein 霍尔拜因
Hormizd 荷米兹王
Hoyśalas 侯夷莎罗
Hudley 赫德来
Humayun 胡马雍
Hūnhār 洪哈尔
Hu'o'ng-qua 胡昂夸
Ḥusain Bāiqarā 侯赛因·拜夸拉王

I

Ibrāhīm 伊布拉希姆
Iltutmish 伊勒图米什王
Indo-Scythian 印度－大月氏
Indra 因陀罗（帝释）
Indrapura 因陀罗补罗
Isfahān 伊斯法罕
Isurumuniya 伊苏鲁姆尼亚
I'timād al-Daula 伊提玛德·阿尔－杜拉
Ivan Stchoukine 伊凡·斯特乔金

J

Jaganātha 贾冈那他（世主城寺）
Jahangir, Jehanghir 贾汉吉尔
Jainaism 耆那教
Jaiyā 杰雅
Jambhala 旃巴拉（穰虞利、宝藏神）
Jambu-tree 阎浮树
Jāmi Masjid 杰米清真寺
Jammu 查谟
Jaṅgala 延加拉
Jata 发髻
Jātaka 佛本生经
Jaṭāyus 阇陀优斯（鹰王）
Jaunpūr 遮恩补罗
Java 爪哇
Jayadēva 阇耶提婆（胜天）
Jean Buhot 让·布诃特
Jelālābād 哲拉拉巴德
Jetavana 祇园
Jeypūr 斋浦尔
Jivaka 耆婆迦
Jogjakarta 约加卡塔
Juma' 朱玛

K

Kabīr 迦比尔
Kabul 喀布尔
Kahar 卡哈尔
Kaikēyi 凯姬夷

Kailāsa　凯剌萨
Kāla　迦罗(时间神湿婆)
Kalasan　迦拉散
Kālī　迦梨(黑天女)
Kālidāsa　迦梨陀娑
Kalyan Das　迦利安·达斯
Kāma　迦摩天(欲天)
Kaṃsa　迦姆萨王
Kanauj　曲女城
Kāñchī　干奇
Kaṇḍārya Mahādēva　坎达利耶大天
Kāngrā　康格拉
Kañhēri　康希利
Kanishkā　迦腻色迦王
Kankālī　康迦梨
Kaṇthako　建陀歌(白马犍陟)
Kapilavastu　迦毗罗国
Kapur singh　卡普尔·辛格
Kārlī　迦尔梨
Kashgar　喀什噶尔
Kāśilindi　迦邻陀
Kāśyapa　迦叶
Kāsyapa I　迦叶波一世
Kauravas　俱卢族
Kausalyā　憍萨丽雅(王后)
Kediri　谏义里
Kēshvada　凯西瓦达
Kēsū　基苏
Khaiyam, Omar　奥玛·开俨
Khajurāho　卡朱拉诃
Khalīl Allāh Khān　喀里尔·阿拉可汗
Khmers　克美尔人
Khorāsān　科拉桑(呼罗珊)
Khorsābād　诃萨巴德
Khwaja Abd al-Ṣamad　克瓦查·阿布德·阿尔-萨玛德
Kinnara, Kiṃnara　紧那罗
Kish　基什
Koṇārak　康那拉克
Kosala　憍萨罗
Kṛishṇā　克利希那(黑天)
Krom N.J.　克罗姆
Kshatriya　刹帝利(武士)
Kumara　童天
Kumbhāṇḍa　鸠槃荼
Kuntī　昆蒂
Kurangūn　库兰贡
Kuruk shētra　俱卢之野
Kūshāṇ　贵霜
Kuśinagara　拘尸那揭罗
Kuvēra　俱毗罗

L

Lahore　拉合尔
Lakshmaṇa　拉克希摩那(吉志)
Lakshmī　吉祥天女
Lāl Darwāza　拉勒·达尔瓦扎
Lalitasana　游戏座
Lalitavistara　《神通游戏经》

（或《方广大庄严经》）
Laṅkā 楞伽岛（锡兰）
Laos 老挝
Lara Jonggrang 拉拉·扬格蓝
Le Coq 勒·考克
Leiden 莱顿
Leuba, Mme Jeanne 柳芭夫人
Linga 棱伽（生支，湿婆别名）
Lokapālas 四护世（四天王）
Lokēsvara 观自在菩萨
Lopburi 洛普布里
Loriyān Tangai 洛里阳·坦盖
Lumbinī 蓝毗尼园

M

Mādhū 马都
Mādrī 曼坻；摩德里
Magadha 摩揭陀国
Mahābalipuram 摩诃巴利补罗城
Mahābhārata 《摩诃婆罗多》（史诗）
Mahādēva 摩诃提婆
（大天，湿婆别名）
Mahāfīz Khān 马哈非兹·可汗
Mahākapi Jātaka 《大猕猴本生》
Mahāprajāpatī 摩诃波罗阇波提
Mahā Rosei 摩诃·罗赛
Mahāvīra 大雄
Mahāyāna 大乘佛教
Maḥmūd of Ghazna
伽色尼的马穆德
Mahratta 摩诃剌陀（马拉他）
Maitrēya 弥勒佛（慈氏）
Majapahit 满者伯夷
Makara 摩竭鱼
Malla 末罗族
Mālva 马尔瓦
Māmallapuram 摩马拉补罗城
Mamasēni 玛玛西尼
Mānaku 马纳库
Mandara 曼陀罗山
Maṇḍapa 曼达波（柱廊）
Mañjuśrī 文殊师利菩萨
Manṣūr 曼苏尔
Manu 摩奴
Manūhar 马努哈尔
Mārā 天魔
Marchal, Henri 亨利·马查尔
Mārīcha 魔力叉
Marshall Sir John
约翰·马歇尔爵士
Marut 摩鲁特（风伯）
Mātangi 摩登伽种女儿
Mathurā 秣菟罗
Matirām 摩提蓝姆
Maudgalyāyana 大目犍连（目连）
Maurya 孔雀王朝
Māvalipuram 摩婆里补罗
Māyā 摩耶夫人
Mehta 梅塔
Meijer, J.J. J.J.梅耶

Memling　梅姆林
Menander　弥难陀王(弥兰王)
Mendut　曼杜提
Mēru　弥楼山(须弥山)
Milandapañha　《弥兰王问经》(《那先比丘经》)
Miletus　米利托斯
Mir Muḥammad Hāshim　米尔·穆罕默德·哈希姆
Mir Sayyid Ali　米尔·萨义德·阿里
Mi-s'on　米斯昂
Mithilā　弥提罗国
Mogul, Mughal　莫卧儿帝国
Mohenjo-Daro　摩亨焦·达罗
Mojokerto　莫约克托
Mōn　孟人
Mōtī Masjid　珍珠清真寺
Mubarak Nagori　木巴拉克·那戈里
Muchilinda　目真邻陀(龙王)
Mudrā　手印(手相,印契)
Muḥammad 'Ādil Shāh　穆罕默德·阿地尔·沙
Muḥammad of Ghor　谷尔的穆罕默德
Muḥammad Murad　穆罕默德·木拉德
Muḥammad Nādir Sammarqandī　穆罕默德·那地尔·萨马尔坎狄
Muktēśvara　解脱自在寺
Mukund　穆孔德
Multān　穆尔坦
Mumtāz Maḥall　孟泰兹·玛哈尔
Muṇḍas　蒙达人
Muskin　穆斯金
Myduc　麦都克
Mysore　迈索尔

N

Nadir al-Zamān　那地尔·阿尔-泽曼
Nāga　那伽(龙)
Nāgājunikoṇḍa　那伽周尼康荼(龙树穴)
Nāgakanya　龙女
Nagi　那吉(雌龙)
Nàirañjanā　尼连禅河
Nakula　那具罗(无种)
Nala　那罗
Nanda　难陀(有二:一,龙王;二,佛弟)又,牧人南陀
Nandi　难提(神牛)
Nārāyana　那罗延天
Nāsik　那西克
Naṭarāja　湿婆(舞王)
Naucratis　瑙克拉提斯
Nerbudha　尼尔布陀河
Nilakantha　尼罗坎陀(青颈神湿婆)
Nirvāṇa　涅槃
Nizām　尼扎姆

Nuggehalli	奴伽哈利
Nūr Jahan	奴尔・日汉

O

Orissa	奥里萨
Oude	奥德

P

Padmāsana	莲花座
Pahārī	帕哈里派(山地派)
Pāla	波罗
Pāltiāna	巴利坦那
Pallava	帕拉瓦
Panataran	潘纳塔兰
Pāñcāla	般查罗国
Pāñchika	般遮迦(财神)
Panchram	班遮罗(凉亭)
Pānch Maḥall	五层宫
Pandananallur	槃丹难那鲁尔
Pāṇḍava	般度族
Pāṇḍu	般度
Pānīpat	帕尼帕特
Pārkham	帕尔卡姆
Parmentier, Henri	帕尔门特尔
Pārvatī	婆婆娣(山女神)
Pāṭaliputra	华氏城
Patna	巴檀那
Pāṭṭakadal	帕塔卡答尔
Pegu	勃古
Pelliot Paul	伯希和
Persepolis	波赛波利斯
Peshawar	白沙瓦(丈夫城)
Philipon René	菲力旁
Phimeanakas	帕米安那迦
Phnom Pēnch	百囊奔(金边)
Pila	皮拉
Plaosan	普鲁桑
Poḷonnāruva	波朗那鲁瓦
Potagul-Vihāra	包台古尔寺
Prajñāpāramitā	般若波罗蜜多
Prakṛiti	摩登伽女钵拉吉蒂
Prakrt	波拉克利特(波机提,本性,至性)
Prambanan	普拉姆巴南
Prasat	波罗萨提(塔式建筑)
Prasēnajit	波斯匿王(胜军王)
Prei-Krabas	柏利・克拉巴斯
Przyluski	普兹卢斯基
Puntadēva	般陀提婆
Purāṇa	《往世书》
Purī	浦利

Q

Qasr-i-shīrīn	奈斯尔-夷-希林
Qizil	克孜尔
Quang-nam	关南
Quṭb	古特布
Quṭb al-Dīn Aibeg	古特布・阿丁・艾伯格
Quṭb al-Islām	古特布・阿尔-伊斯拉姆

Quṭb Minār 古特布高塔

R

Rādhā 罗妲
Rāgāmāla 罗俱摩罗
Rāhula 罗睺罗
Rājagṛiha 王舍城
Raj Anup 拉兹·阿努普
Rājasthānī 拉加斯坦尼派
Rajput 拉吉普特
Rajputana 拉吉普坦那
Rājrānī 罗阇罗尼(王与后寺)
Rāma 罗摩
Rāmagrāma 罗摩哥罗摩
Rāmānanda 罗摩难陀
Ramaprasad Chanda 拉玛普拉沙德·钱达
Rāmāyaṇa 《罗摩衍那》(史诗)
Rāmēśvara 罗密斯伐罗
Rāmpurvā 拉姆普瓦
Ranjit Singh 朗吉特·辛格
Rāsa 圆圈舞
Rāsa-maṇdala 圆圈舞蹈图
Rasaraja 圈舞之王
Rāshṭrakūṭa 罗什多罗拘多王朝
Rāvaṇa 哮吼罗刹
Renan 雷农
Ṛigvēda 《梨俱吠陀》
Rivet L. 李维
Rodin 罗丹
Roluoḥ 罗楼
Rudra 鲁特罗(雨师)
Rukmiṇī 鲁克弥尼
Rummindei 仑民德

S

Sa'dī 萨地
Ṣafawid 萨法维德
Sahadēva 萨诃提婆(偕天)
Śailendras 赛林多罗
Sailkot 赛尔科特
Śākyamuni 释迦牟尼
Salim 萨利姆
Sāmavēda 《娑摩吠陀》
Sambhal 桑巴耳
Sáṃghā 僧伽
Saṃghāti 袈裟
Sāñchī 桑奇
Sankisa 山基萨
Sapta matrika 七母神
Sarasvatī 辩才天
Śāriputra 舍利弗
Sārnāth 萨拉那特(鹿野苑)
Sarwān 萨尔万
Sāsānid 萨萨尼(萨珊)
Sātakarṇi 沙多迦尔尼王(泄托楷丽)
Savitṛi 娑维特利
Seistān 赛伊斯坦
Sēna Dynasty 舍那王朝
Shaddanta Jātaka 《六牙白象本生》

Shafī Abbāsī 沙非·阿巴兹
Shāhbāz-garhī 沙巴兹·加里
Shahim Muzahhib 沙希姆·穆泽希布
Shāh-jī-kī-dhērī 沙哈吉奇提里
Shāh Jehān 沙日汉
Shāh Tahmasp 塔玛斯普王
Shēr Muḥammad Nawāl 希尔·穆罕默德·纳瓦尔
Shī'ite 什叶派
Shīrāz 设剌子
Shiva, Śiva 大自在天湿婆
Sibi Jataka 《尸毗王本生》
Siddhārtha 悉达多
Sīgiriya 喜吉里耶
Sikandra 悉坎达拉
Sikh 锡克派
Sikhard 悉卡罗
Sinān 辛南
Sind 信德
Singahasāri 辛伽萨利
Sinhalese 辛加里斯(僧伽罗锡兰人)
Sinope 西诺波
Skanda 六面子塞健陀
Sokhotai 索科台派
Soma 苏摩酒
Somanathpur 索姆那特补罗
Spooner 斯朋纳
Śramaṇa 沙门
Srāvastī 舍卫城
Śrīvijaya 室利佛逝(三佛齐)
Stein Aurel 斯坦因
Stern, Philippe 菲力浦·斯特恩
Stoclet 斯托克利
Stūpa 窣堵波(塔)
Stutterheim 司徒特海姆
Subrahmaṇya 善梵
Śuddhodana 净饭王
Sudhana 须大拏
Ṣūfis 苏菲派
Sugrīva 苏格里瓦(猴王)
Sujātā 须遮多(善生)
Sukhāsana 安逸座
Sukhāvati 极乐世界
Sukhadaya 苏科达耶
Sultānganj 苏丹干季
Sumana 须摩那(茉莉)
Sumatra 苏门答腊
Sundara mūrti Svāmi 好相主
Śunga Dynasty 巽伽王朝
Sunnite 逊尼派(素尼派)
Suparna 苏钵剌那鸟(金翅鸟异名)
Sūrya 苏里耶
Sūryavarman 苏里耶跋摩
Ṣusa 苏萨
Sūtrālaṃkāra 《大乘庄严经论》
Śyāma 商莫(睒子)
Syracus 叙拉卡斯

T

Tabrīz 他不列兹

Taghlaq, Tughlaks 塔格拉克
Tagore Abanindranath A.泰戈尔(诗人泰戈尔之侄)
Tagore Rabindranath 泰戈尔
Tāj Maḥall 泰姬陵
Tamil 泰密尔
Tandava 健舞
Taṅka 战斧
Tanjore 坦佐尔
Taq-i Bustān 塔夸-夷·布斯坦
Tārā 救度母
Taẋila 塔克西拉(坦叉始罗)
Tehri Gahrwāl 泰希利·加瓦尔
Tirujñāna Sambandha Svāmi 提鲁智亲主
Tiruvenkadu 提鲁维迦都
Tokharians 吐火罗族
Tonkin, Tōkyō 东京
Tonlè-sap 金边湖
Tope 塔波
Toraṇa 陀兰那(牌楼)
Tourane 土伦(会安,岘港)
Tra-Kiēu 特拉-克尤
Transoxiana 外乌浒河
Tri-ratna 三宝
Tri-sūla 三股戟,三戟叉
Trocadéro 特罗卡德罗
Turkī Sulṭāna 土耳其苏丹
Tushitas 兜率天

U

Udaipūr 乌底普尔
Udāyin 优陀夷
Umā 乌摩天后
Upāli 优波离(近执)
Upananda 优槃难陀龙王
Upanisad 《奥义书》
Ur 吾珥
Ūrna 眉间白毫
Uruvilvā 优楼频罗村
Ushas 黎明之神乌莎斯(太白金星)
Ushṇisha 顶上肉髻
Ustādh'Isā 乌斯塔德·伊萨
Ustād Mansūr Naqqāsh 乌斯塔德·曼苏尔·那夸什
Utkaṭika 忿怒座

V

Vaiśālī 毗舍离
Vaiśravaṇa 毗沙门天(北方多闻天王)
Vaisyas 吠舍(庶民)
Vajra 金刚杵
Vajrapaṇi 金刚力士(金刚手)
Vālin 瓦林(猴王)
Vālmīki 瓦尔米基(蚁垤)
Van Dyck 凡·戴克
Vara(Varada) mudra 施愿印
Vardhamāna 伐弹摩那教主(若提子)

Varuṇa 婆楼那
Vasubandhu 世亲尊者
Vāsuki 广财子龙王
Veda 吠陀
Vedica 栏楯，玉垣
Veṇuvana 竹林，竹园精舍
Vever Henri 亨利·维未尔
Vidarbha 毗达婆国
Vidiśā 毗底萨
Vihāra 毗诃罗（寺庙）
Vijaya 毗阇耶
Vijayanagar 毗阇耶那伽
Vimala Shāh 毗摩罗·莎
Vimana 毗摩那
Vindhya 文底耶山（频阇山）
Virasana 勇健座
Virūdhaka 毗琉璃（南方增长天王）
Virūpāksha 毗留博叉（西方广目天王）
Vishṇu 毗湿纽（偏入天）
Visvāmitra 世友
Viśvantara(Vessantara)jātaka 《毗输安怛罗（即须大拏）太子本生》
Viṭhoba 毗荼巴寺
Vogel Philippe 魏吉尔
Vraga 牧站
Vṛitra 维利特罗（蛇妖）

W

Watelin 瓦特林
Wayang 木偶影戏

X

Xieng-Sen 雄孙派

Y

Yādava 耶达婆
Yakṣa 药叉（夜叉）
Yakṣiṇi 女药叉
Yama 阎摩（死神）
Yamunā 阎牟那河
Yavana 耶婆那人（希腊人）
Yogāsana 瑜伽座
Yogis 瑜伽行者
Yoni 子宫
Yudhishṭhira 犹地湿希罗（坚阵王）
Yumana 优摩那湖
Yūsuf 尤索夫

Z

Zenana 泽纳纳宫（后宫）

译 后 记

印度、锡兰、印度尼西亚、柬埔寨、越南、老挝等东南亚国家，和我国发生文化关系，历史非常悠久。自古以来，国家与国家之间，人民与人民之间，常常互相往来，在生产知识上，科学艺术的创造发明上，常常互相学习，交换所得的成果。因此在我国过去的历史文献上，曾经不断地记录着有关各国的材料。到近世纪，我国人民与东南亚各国人民，又同时成为帝国主义者侵略压迫的对象，各民族的历史文化，曾遭到很大的破坏。这种休戚相关的心情，在我们人民之间是共同一致的。今天我们满怀兴趣地研究这一地带人民几千年来的文化，正有其历史的渊源。

本书作者勒内·格鲁塞是法国著名学者，科学院院士，由于他吸收了同时代人的研究成果，并且采用了不少历史文物图片资料，所以本书在研究东南亚文化艺术工作上，有重要的参考价值。

这里我们必须指出书中的缺点。这本书是以印度的文明作为重点来阐述的。作者把其他民族文明的发展，都归之于印度的影响，而且把这文明的成就，归之于印度统治阶级的推动，完全忽视了劳动人民的力量；由于他的立场、观点的不同，这当然是不足为奇的。作者在对古代艺术的评论中，随时流露出形而上学的观点，这里一仍其旧，未加删削。若果我们的读者，加强马克思列宁主义理论修养，对于这样的论点，自然不致受其影响。

作者在学术研究上虽然用了不少力量，采用了许多研究者的成果，但也未加分析地因袭了一些旧说。例如关于黑天（Kṛishṇā）的神话传说，我们看起来，在《摩诃婆罗多》史诗中的"英雄黑天"是一个，在这部史诗的附录（显然是后加的作品）《诃哩世系》（Harivaṃśa）和在较晚的印度传说中，"牧神黑天"可能另是一个，同名而神的性格不同，民间传说也不同，未可混为一谈。在印度的神话传说中，有不少这样的例子，如湿婆（Shiva）也是南印与北印不同，在何时混而为一，已经颇费考察。尤其是有些神的性格不同，形象与名字也不同，在印度民间勉强将其混而为一的也不少。印度是多民族的国家，各民族在悠远的时代，从生活中创造各自的宗教与神话，及至经过了相互的斗争，胜利者与失败者杂居混合，他们的宗教和神话也逐渐混合在一起。原来是不同的神，就解说为一个神的不同化身，成为一个了。十余年前我在印度时，曾对孟加拉省的迦梨（Kālī）神加以研究，发现它与雅利安人的诸神不类，这是一个踏人嗜血的复仇女神，悬挂着敌人的头颅和手臂，从它的神话中，进而推查到印度原始民族达罗毗荼人和侵略者斗争的情况，这可能是一位英雄的化身。迦梨的形状与喜马拉雅山麓原始巫教所崇拜的神像，脚下踏人，悬挂骷髅，有些类似。两者由于地域的邻近，也可能互相影响。印度最古的宗教是拜树与拜蛇，比之其他诸神的出现，更为原始。在婆罗门教中，大神湿婆是由《梨俱吠陀》中的 Rudra 所发展，它是崇拜棱伽（Lingam，男根），也就是

性生殖的崇拜。在《梨俱吠陀》中，性生殖崇拜，已见端倪，这在印度宗教学的研究上，已经不是新的论题了。但资产阶级的学者们，为了维护宗教的尊严和他们那近乎神秘的美学观，是不从科学的社会发展的研究方法上来立论的。因为我们是无神论者，不存在神秘的观念，神话的产生原是人和自然斗争的过程中，对自然界的原始的、错误的反映，这样才能见到历史发展的实质。我们单纯地把劳动人民所创作的偶像、庙宇，作为古美术古建筑来看，不杂有宗教的神秘情绪，它就更加呈现出辉煌的光彩。

欧洲资产阶级的学者，常常把东方文明，说成是起源于西方，或者说是受有西方重大的影响，才能有光辉的成就，以此抬高自己，为殖民主义者张目；本书中有几处地方，也流露过这样的观点；我们说所有这种论调，都不过是臆造，是歪曲历史，为资产阶级服务。文化是互相传播、互相学习的，它既不能孤立，也并非谁单受谁的影响，东方的文明，既然在历史的年代上，早就有高度的发展，东方人民对于文化艺术有卓越的创造力，更无疑问，关于那些有意或无意的臆说歪曲，当然就不能成立了。

翻译这本书的动因，早在八年以前。中印友好协会陈翰笙先生推荐我翻译此书，当时因为分不出时间，未曾着手。其后，袁音同志愿意和我合作，由于他辛勤的努力，完成了翻译的初稿，我曾补译其未译的部分，更再度做了全部的修订工作，增加了注释。关于书中的译名，其有旧译的，尽量采用旧译，如鹿野苑、曲女城、湿婆、佛本行赞、耆那教之类，虽译意译音，颇不统一，但我国过去业经惯用，约定俗成，可以一览而知。其中查不出旧译的，则用音译，不采意译。至于书中引用中国文献的地方，则依照原有的汉文书籍，加以补充。本书蒙陈翰笙先生协助，附此志谢。以译者的能力所限，错误定会不少，尚希读者多予指正。

常任侠

于北京中央美术学院，1964 年 6 月 15 日

近东与中东的文明

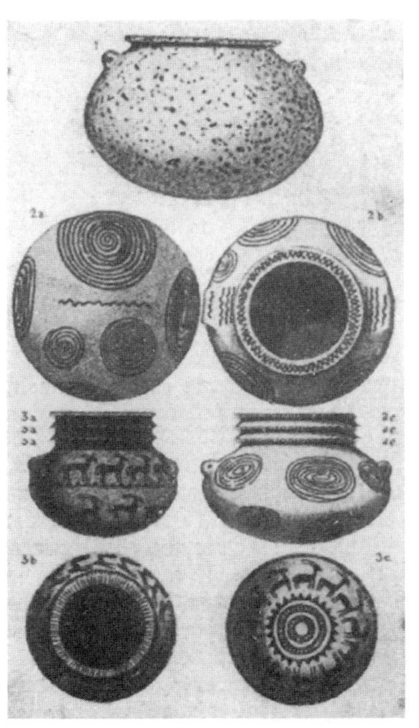

图1　埃及王朝史以前的陶器

图2　埃及王朝时代前的纳默尔王片麻岩版（开罗博物馆藏）

图3　狮王。埃及王朝时代前的片麻岩版

图4　苏萨彩陶。帖佩-木西安
出土的苏萨Ⅰb期型（卢浮宫藏）

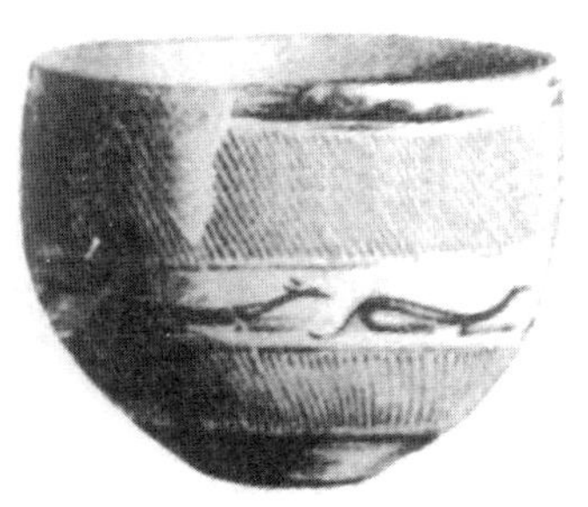

图5　苏萨彩陶。苏萨Ⅰ期型（卢浮宫藏）

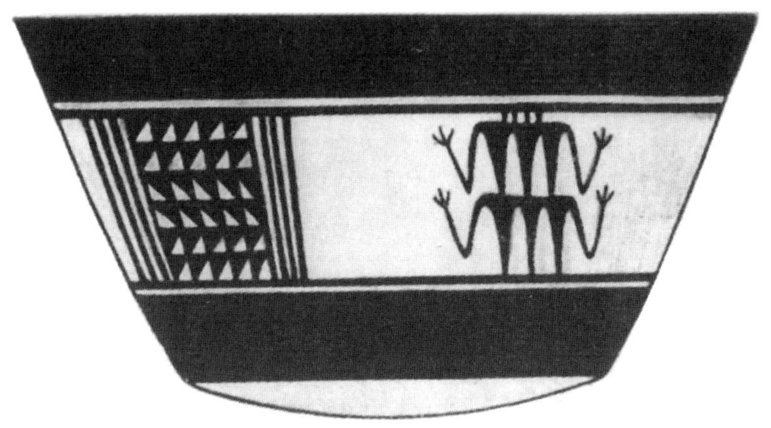

图6　有人形花纹的苏萨陶器。帖佩-木西安出土（卢浮宫藏）

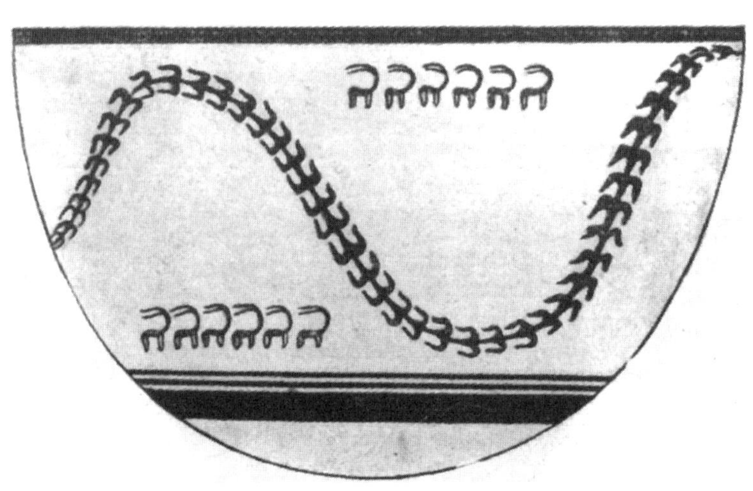

图7　有鸟类和大角山羊花纹的苏萨陶器（卢浮宫藏）

图8，图9　苏萨彩陶残片
（卢浮宫藏）

图10　摩亨焦-达罗出土印章
（Jean Buhot摹绘）

图11　中国仰韶出土彩陶

图12　麦克里诺斯及其女眷的群雕（开罗博物馆藏）

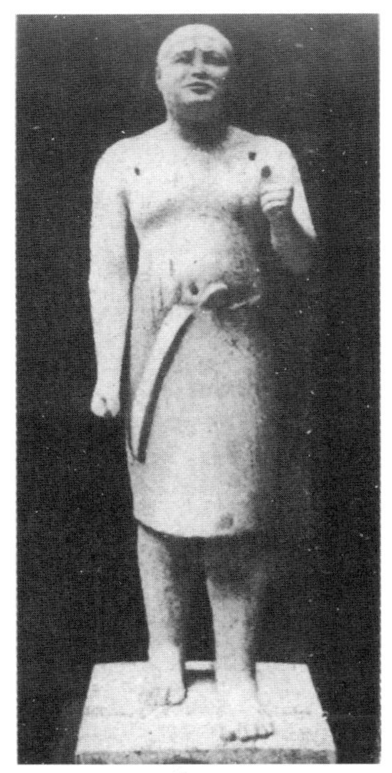

图13　色肯-巴拉特第五王朝的木雕像（开罗博物馆藏）

图14　木雕组像，孟斐斯时代（卢浮宫藏）

图15　吐坦哈门王，第十八王朝（开罗博物馆藏）

图16　拉美西斯二世雪花石造像（意大利吐林博物馆藏）

图17　女王头像，第十八王朝（卢浮宫藏）

图18　女王头像，赛伊斯时代（卢浮宫藏）

图19　女王尼弗蒂，第18王朝（柏林博物馆藏）

图20　木雕人像（卢浮宫藏）

图21　女子跪像

图22　梳妆图

图 23，图 24　埃及梳妆用具（卢浮宫藏）

图25　王者出猎浮雕，喜特人作品（卢浮宫藏）

图 26　亚述官员（卢浮宫藏）

图27　亚述萨尔恭王和大臣们（卢浮宫藏）

图28　亚述的马头部（卢浮宫藏）

图29　亚述的骑马弓手（卢浮宫藏）

图30　亚述的战车（卢浮宫藏）

图31　阿述巴尼-帕尔王出猎（大英博物馆藏）

图32　阿述巴尼-帕尔王的猎犬（大英博物馆藏）

图33　阿述巴尼-帕尔王猎狮（大英博物馆藏）

图34　波赛波利斯之浅浮雕

图35　苏萨之柱头（卢浮宫藏）

图36　叙利亚及赛种人进贡者，薛西斯柱殿踏道，波赛波利斯

图37　苏萨之彩釉炼瓦弓箭手（卢浮宫藏）

图38　苏萨之翼牛（卢浮宫藏）

图39 雕有喀斯鲁二世行猎图的银盘（法国国家图书馆藏）

图40 银盘，前萨珊朝时代（法国国家图书馆藏）

图41 波斯彩瓷碗，早于12世纪（卢浮宫藏）

图42　夸伊特-比（公元1495年逝世）清真寺，开罗近郊

图43 金属嵌花之铜烛台及铜壶，13世纪（卢浮宫藏）

图44 拉伊出土陶杯，13世纪（卢浮宫藏）

图45 蒙哥大可汗及其嫔妃，拉史德·埃尔-定抄本中插图（法国国家图书馆藏）

图46 《穆罕默德启示录》插图，赫拉特派，公元1436年（法国国家图书馆藏）

图47 沙王塔玛斯普像，苏丹·穆罕默德作，约1530—1540年

图48 阿伽·里扎作品

图49　信赖。里扎·阿巴希派作品，17世纪（法国国家图书馆藏）

图50　饲鹰者。波斯17世纪作品

图51　波斯画，17世纪

图52　17世纪后半叶的波斯画（巴黎装饰艺术博物馆藏）

图53　对话。16世纪的波斯艺术品（卢浮宫藏）

印度的文明

图1　鹿野苑之阿育王石柱柱头

图2　桑奇大塔，北门

图3　桑奇大塔，北门细部

图4　桑奇东门柱头

图5　佛陀，犍驮罗之片麻岩浮雕（卢浮宫藏）

图6　佛头，公元1世纪（吉美博物馆藏）

图7　沙巴兹·加里之菩萨造像（卢浮宫藏）

图8 菩萨头像（卢浮宫藏）

图9 舍卫城现神通中的佛陀（吉美博物馆藏）

图10　哈达出土之泥塑佛像头（吉美博物馆藏）

图11　持拂妇女。阿玛拉瓦提派，公元2世纪（吉美博物馆藏）

图12　降魔图。阿玛拉瓦提派，公元2世纪（吉美博物馆藏）

图13　婇女熟眠。阿玛拉瓦提派，公元4世纪（吉美博物馆藏）

图14　秣菟罗之笈多朝佛陀立像，公元5世纪

图15，图16　锡兰喜吉里耶壁画。（吉美博物馆复制）

图17　殑迦女神降凡，摩婆里补罗

图18　摩婆里补罗，摩崖雕刻，公元7世纪

图19　摩婆里补罗，独石雕的猴像，公元7世纪

图20　大自在天与婆婆娣之婚礼浮雕，象岛

图21　象岛之大自在天三面像

图22　七母神，紧那利艺术。公元15世纪

图23　湿婆持琵琶像背面，南印度青铜作品，公元15世纪

图24　“舞王”湿婆，公元15世纪

图25　吉祥天女，公元17世纪南印度青铜像

图26　黑天吹笛木雕，南印度，公元17世纪

图27　毗诃罗·萨里之菩萨像

图28　观世音自在。公元9—10世纪爪哇青铜像

图29　般若婆罗蜜多（佛陀智慧像）

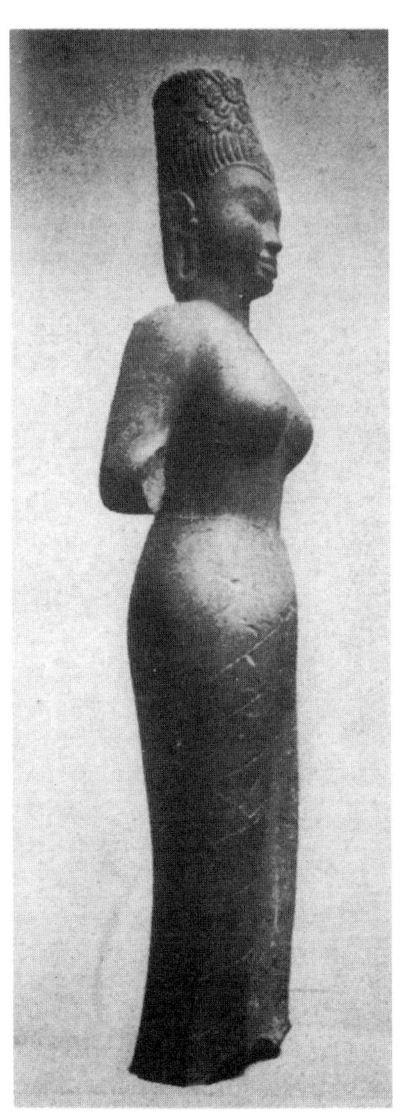

图30　吴哥前期造像
（吉美博物馆藏）

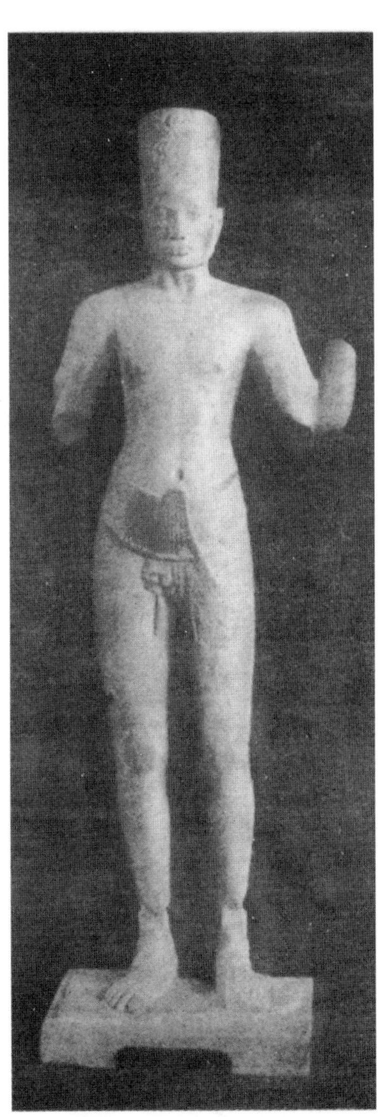

图31　金边城博物馆之
诃哩-诃罗像

图 32　佛头，克美尔人艺术。公元 11—12 世纪（吉美博物馆藏）

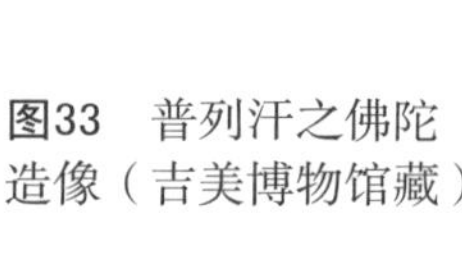

图33　普列汗之佛陀造像（吉美博物馆藏）

图34　湿婆头像（吉美博物馆藏）

图35　坐蛇身上之佛陀
（吉美博物馆藏）

图36　吴哥神殿之进军图

图37　戴璎珞之舞女。占姆人作品，公元7世纪

图 38　比加补罗的伊布拉希姆清真寺

图39　日汉喆肖像

图40　悉坎达拉的阿克巴陵

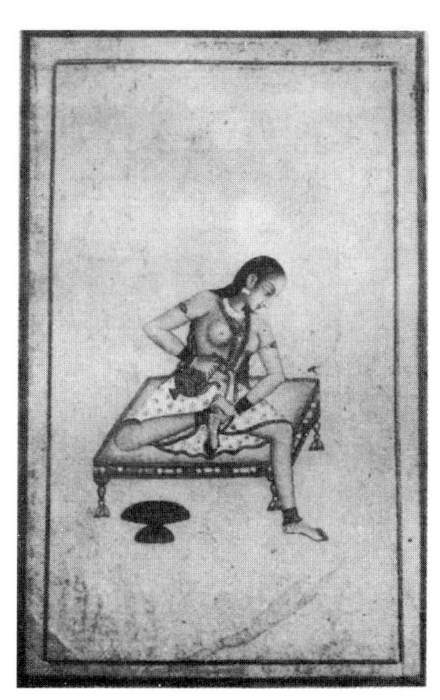

图 41　妇女入浴图
（吉美博物馆藏）

汉译世界学术名著丛书

东方的文明

下册

〔法〕勒内·格鲁塞 著

常任侠 袁音 译

2017年·北京

RENÉ GROUSSET

LES CIVILISATIONS

DE L'ORIENT

TOME Ⅲ. – L'CHINA

TOME Ⅳ. – L'JAPON

PARIS 1929—1930

目　　录

第三卷　中国的文明

第四卷　日本的文明

第三卷

中国的文明

译 者 序

法兰西科学院院士勒内·格鲁塞教授，是一位博学多才的东方文化研究家。他的一生，著述了不少有关东方文化艺术的专门著作。特别是四卷本的《东方的文明》，几乎成为西方学术界研究东方文化者必备的参考手册，有不少法文以外的译本。我们曾经译过第二卷《印度的文明》、第一卷《近东与中东的文明》，出版之后，迅速售尽。现在我们又将第三卷《中国的文明》译出，以供社会的需要。

在这本书中可以看到，我们的文化遗物散布在世界各博物馆和收藏家手中的情形，以及当时学者们研究的成果。格鲁塞教授号称能文，他任职法国吉美博物馆馆长，又拥有丰富的资料，可以说在这一时期学者们的研究和文物的分布，他在本书中多有收入。到今天，那些过去的书刊，多不易得，我们于此正可从中吸取不少应有的知识，作我们文化史美术史的补充。

在 150 年前，西方霸权主义者闯进我们的海疆门户，强迫我们吸食他们的毒品鸦片，把罪恶之花捧于顶上。我们奋起抵抗，就发生了“鸦片战争”。割地赔款，丧权辱国。接着是各种屈辱纷至沓来，直到八国联军闯入北京，把万园之园的圆明园恣意焚毁，以掠夺其中的瑰宝，散入西方世界。

这之后，西方世界的寻宝者，随意来往于我国的内地，探察名胜古迹，任意破坏发掘，新疆、敦煌石窟的文物被大量捆载而去；天龙山的造像，被洗劫一空，成了他们厅堂的陈设。古代陵墓碑碣，古代寺庙壁画，也成了猎取的重点。西方的军事测量员，西方的外交官，一时成为收藏巨富、知名大亨，著书立说，流布世界。东方追随者也不甘落后，一时财界巨头各建馆库，大量收藏，而我国流失的珍品就不可胜记了。本书原有丰富的插图，可供参考。因为过去的印刷、制版已不如人意，这里只存目录。* 为了按图索骥，使我们能够掌握这些文物所在，仍有用处。

过去的半个世纪里，我们恢复了民族的尊严，认真地建设我们的文化。我国的考古学家、艺术史学家，按照科学的方法，考古发掘，取得不少优异的成绩。我国地大物博，文化悠久，先民们智慧的创造，留下精美的遗物，驰誉世界。由于这些新的发现，使过去的记述，都得改写或补充。举其重要者如：有关旧石器时代初期的文化遗址，发现了三四百处，包括了北京、河北、山西、内蒙古、黑龙江、吉林、辽宁、山东、江苏、安徽、浙江、江西、河南、湖北、湖南、广东、广西、陕西、宁夏、甘肃、青海、四川、贵州、云南、西藏二十五个省、区、直辖市的大约近百个县市，其中大多数的遗址，是近 40 年来第一次发现的。可以证实中国各民族从自己的土地上创造文化，由旧石器向新石器一步步向前演进，以达到灿烂的文明。这中间还有一项很重要的发现，即有关古猿类化石的出土，这些发现有助于了解人类遥远的直系祖先或其旁支，研究它们的演化发展的

* 本书选编了原书的部分插图。目录未附。

谱系，探讨有关人类起源的问题。看来我国大体是在人类起源地范围之内。“从猿到人”的科学理论，可以帮助我们理解中国的文明开始在我们各民族的祖先中的劳动创造过程，从悠久的岁月中发展到今天的成绩。云南开远、禄丰的古猿化石，元谋的猿人化石，蓝田的猿人化石等，在距今 60 万年以前，可以推知在劳动锻炼中，人的面貌已经卓然出现，逐渐主宰这个世界。这期间北京猿人遗址的继续发掘与研究，也更有发展。在辽宁省西部山区发现的 5000 多年前祭坛女神庙积石冢群址，为中华文明的起源又找到新的线索。四川省广汉三星堆遗址发现的商代晚期大型祭祀坑，在对古巴蜀文化的研究上向前推了约 1000 年，这些都是近年来的新成就。

从旧石器到新石器，由打制到磨制，器形全由人来创造掌握，人成了万物之灵，是一个飞跃的进步。新旧石器在中国散布的地区颇多，不能详述。其中还有细石器，选择燧石晶莹如玉，已开其后古玉制作的滥觞。由劳动工具进化为雕饰的礼器和祭器等，人类的智慧与审美能力，也逐步展现。由于火的发明，人类掌握了陶冶技术，进入彩陶与铜器时代，灿烂的文明就在中华大地上完成，并且它独具民族的面貌，有自己特殊的形式了。

近些年在中国南部、北部及新疆地区，都发现了岩画，如《广西左江流域崖壁画》、内蒙古《阴山岩画》所载，及新疆霍城县、额敏县、裕民县所发现的零星岩画，足补我国过去的空白。由于殷墟妇好墓出土的玉器和铜器，使我们看到了这些精美的制作所达到的高度艺术水平。由于曾侯乙墓编钟的出土，使我们看到在工艺美术上，在音乐艺术上都有相同的高度成就。由于秦俑大规模的发现，使我们如实地看到了强秦雄劲之风，这时期的雕塑艺术，也已达到栩栩如生的程度。由于长沙马王堆西汉帛画的出土，使我们看到当时的绘画技巧与丝织工艺的水平。由于唐代太子李贤墓、李仙蕙墓壁画的出土，使我们看到当时绘画所表现的写实作风。凡此历史留下的宝贵艺术品，都给我们以重新认识，开阔了过去的眼界。而且在各少数民族地区中，都有其传统的别具风貌的珍品出现，使我们看到自古以来，各民族的互相合作，组成为多姿多彩的前代文化，使中国的文明永放光芒。

在当前，资本主义世界中又煽起一股狂潮，常用巨额资金，来搜求世界上的珍品。因此趋利之徒，敢于盗掘历史古墓，偷窃国家库藏，我国的古代墓葬也成为歹徒的生财手段。仿佛过去霸权主义者所散布的战争瘟疫，又用另一种形态出现，破坏了先民们所遗留的文化成果。值得警惕！

为了我们祖国的文明继续发扬光大，消灭战争，保卫和平，达到人间社会的共同繁荣，正是我们这一代人的重要责任。

常任侠

一九九零年端阳节

原　序

本卷与前两卷相同，唯一奢望是要作为一种对亚洲艺术研究的一般性介绍。就是说，它不仅是在重复着著者与叶理绥(Elisśeev)、哈金(Hackin)、乔治·萨勒斯(Georges Salles)、菲力浦·斯特恩(Philippe Stern)诸教授合作而由皮卡德出版社(Auguste Picard)印行的更为详尽的参考书。

此外，应该公平地指出，伯希和教授于1927—1929年在苏尔邦奈(Sorbonne)的中国文化研究所所作关于中国艺术的讲演，以及维及尼尔(M. Charles Vignier)对艺术品本身的说明，都使本书获益匪浅。

我曾试图根据考古资料来略述中国的艺术发展，这实在更感到抱憾。与乍见时的假定相反，以考古学为出发点的方法，在进行重建专门理论及个人观点上，贡献并不太大。

承蒙欧美许多博物馆与收藏家允许我复制他们的一些收集品，谨此表示最诚挚的谢意。在日本，我更特别感谢审美书院出版者的协助与席来文·列维(Sylvain Levi)教授所复制的中国绘画精品。

关于中国人名，曾借助于翟理斯(H. A. Giles)在1912年出版的《汉英字典》第二版，在此一并志谢。

第一章　中国审美观念的形成

远东艺术的起源：史前时期的中国

远东文明极其古老，此说久被视为定论，后又遭到否认，但同样缺少证据，最后由于一系列的考古发现，才终于得以肯定下来。

基督教神父桑志华和德日进在黄河大转折处河套鄂尔多斯地区从事考古发掘时，曾发现大量旧石器时代的工具、燧石箭头和石棒，其型式和在法国的莫斯特（Le Moustier）及奥里格纳斯（Aurignac）旧石器遗址所出土，因而一般称为奥里格纳斯式及莫斯特式者相近。但是，这种类似并不意味着两种文明属于同时。我们如果要试图确定中国旧石器时期的年代，必须依照地质学。桑志华和德日进发现的石器都埋藏在黄土地层下面，有的地方深达43—75码。这样的沉积需要几千年才能形成，由此我们也可看到远东人类手工制品的最初标志是如何古老。

在这种旧石器时代的文化之后，经过一段黄土层全部形成期的间隔，出现了新石器及后新石器时代的文化，这是安特生教授于

1920年及其后数年中发现的。[①]

安特生的发现延及地区极广，包括整个中国北部如甘肃、河南、陕西等。令人最感兴趣的两处是甘肃的齐家坪和河南的仰韶县。在较下的一层，以齐家坪为代表，我们看到新石器时代的最后阶段。发掘出的灰色或发红色的素陶罐，双耳突出，线条雄健，偶有纹饰，只是用指甲或工具划作原始的几何图形。这是一种粗率简陋的物品，由无实际经验的眼睛看来，它和欧洲新石器时代的一般器皿几乎没有什么区别。但我们不要忘记这里是在中国。此种接近严峻的浑朴之风，遒劲豪放的式样，都最有利于表达原料本身的特质，显示出远东审美感觉的永恒的优点。

在此后的一个时期，即属于新石器时代而通称仰韶时期（虽然在甘肃可以看到与在河南同样多的标本），发生了一大变革：彩陶出现了，而且一鸣惊人，产生了杰作，足可和爱琴海地区的制陶艺术媲美。

如安特生教授所指出[②]，仰韶时期的陶罐，尤其甘肃出土的，多呈瓢状或葫芦状，向下端隆起，同时纹理则常使人想到篮筐类物品。但那一般在暗红或暗棕的浅色底子上的黑色或棕色纹饰，不久即显示一种出人意外的优美风格。我们发现器身周围有极为悦目的螺旋纹卷舒环绕，线条如波涛起伏，充满着生命力（图1）；那

① 参看史密斯（G. Elliot Smith）对此的卓越概述：《中国猿人的发现》（《周口店的北京人》）。文载《古代》，1931年3月号，21—37页。

② 参看安特生：《甘肃考古调查初步报告》图版V、图3，及前万尼克（Wannieck）藏品，今在巴黎赛兰斯齐博物馆的类似陶器。此外，巴黎卢浮宫近也收到大卫·威尔氏（David Weill）捐赠的一批中国新石器时代的陶器。

明快可喜的海扇形条纹，长刻痕、直条纹、绳状纹或“蛇皮”纹，已具有伟大艺术的激动人心的特色。特别是螺旋纹，和爱琴海陶器上的水纹装饰有着同样强力的韵律感和自由奔放之致。同时期在河南出土的陶器（更恰当地称为仰韶时期）则略微不同。这上面不是甘肃的那种螺旋纹，而是向上扬起的刻画线条，使人立即想到编篮器物；还有更为复杂的型式，在白色条纹上以红色或黑色作长尖树叶式的奇异的椭圆形纹饰，可能代表一种子安贝；又有眼睛样的花纹，四周有长长的光芒或睫毛；此外则有在全部亚洲都反复发现的联结成“蝴蝶形”的三角图案，但在相接处常形成一种突起[①]。

的确，这些装饰主题大部分似乎属于一个共同世系，不论欧洲或亚洲，在所有新石器时代后期文明中都可发现。这里讲到的所谓仰韶阶段的河南出土陶器的纹饰——编篮式的，带芒的长尖形的和像贝壳的——就使我们在某种程度上想起中亚阿斯卡巴德（Askobad）附近安瑙（Anau）的陶器，还有基辅附近特利波热（Tripolje）的陶器则更相似。[②]

对于这些类似之点或亲缘关系，不论我们如何想法，仰韶时期的河南陶器，虽然缺乏同期甘肃陶器那种壮丽的动势，但有其更劲健有力而且持久的特色，如我们曾说过，它们的工艺风格更精美：质地更细致，色彩也丰富。试举一件有棕色格子纹的暗红陶罐为

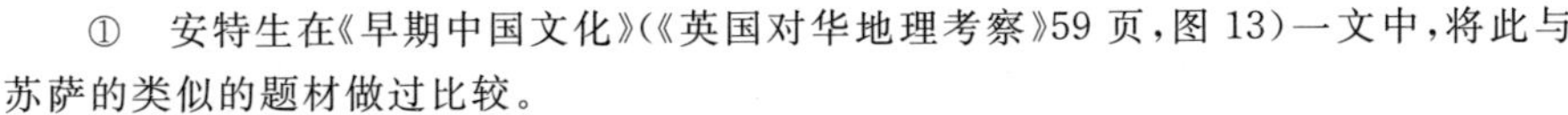

① 安特生在《早期中国文化》(《英国对华地理考察》59 页，图 13)一文中，将此与苏萨的类似的题材做过比较。

② 参看安特生：《早期中国文化》(《英国对华地理考察》图版 XIII)；叶慈(P. Yetts)《中国新石器时代的彩陶》(《布林顿杂志》，1925 年 12 月，309 页，图 2)；安特生：《中国彩陶文化》。

例，那色调的和谐使它看来十分美观。又如一件陶碗，在铁灰色的底子上有带垂钩花样的双道红边，那种淡雅幽美之风似乎预示出后来中国陶器在中世纪时所表现出的一个特色。可是这里见到的线条游戏此后却未再出现。同样方式，在石灰质长条上的红或黑色的联接菱形图案（图 2），梳子形条痕，柳叶形的长条花纹，以及上面所说的其他花样，显示出一种有精致几何图形的高度装饰性风格和协调的色彩变化，正是一种文明发展到其顶点时的特征。

由于一种巧合，河南仰韶的这批器物中，除了此类有特殊风格而且其后不复见的彩陶外，还有一些素陶，其形制使人想到下一时代的古铜器。我们发现的有形如中国古典艺术中称为鼎和鬲的三足陶器，甚至还有据说是表现席子的条痕花纹，也是又将在某些铜器上见到。[①]

至次一时期，以甘肃的马厂（Machang）遗址为代表[*]，彩陶即趋衰落。此期陶器的特点是两耳异样地萎缩，器身上仍饰有海扇形波纹或条纹花样，都具有不容否认的丰富装潢效果。但前时期的绮丽的螺旋纹则已消失。[②] 再后，以仍属甘肃的辛店遗址为代表的阶段中，出现了一种崭新的装饰型式，仰韶文化中早期的卷螺纹或其后的富于想象力的条纹，甚至那细致的菱形或柳叶图案都已不见。这里我们看到的是宽耳长身的瓶罐，颈部周围饰以少数刚劲明快的线条：略似希腊式的回纹，但没有狄庇伦（Dipylon）陶

---

① 参阅伯希和教授 1927 年 3 月 21 日的讲演。

* 按：民和县马厂塬今属青海省。

② 安特生：《甘肃考古调查初步报告》，图版Ⅸ。

器上习见的那样紧密；[①]曲线和复杂的花样在此已被放弃了，改为直的或断开的线条，目的在产生一种突出其本身特色的装饰效果。一个例外是暗示着“野山羊角”的一种题材，大张分开而弯曲的线条横布在陶器身上。[②]

这看来似乎是“中国原始人”时代产生的最后一批彩陶。下一时代，即以甘肃这个文化遗址命名的寺窪(Ssu-Wa)时期，安特生氏只发现了并无装潢的素陶。但就在这时，对铜器的应用确实已变得普遍起来。

辛店出土的陶器上还出现一些高度传统式的动物形象：马、鸟和人形纹，[③]性质和希腊狄庇伦型风格有些相同，但实际则可以与苏萨第二个文化遗址即所谓“苏萨Ⅱ型”作比。稍后，还是在甘肃省的沙井，这些动物图像即已相当优美，可列为装饰题材了。安特生氏印出的传统式的鸟禽行列就是如此，[④]这使人想到“苏萨一型”及“苏萨Ⅱ型”陶器上的成列水鸟。

在有关中国史前期艺术方面，出现两个问题：它和西亚及欧洲的新石器时代晚期艺术关系的远近以及它和中国有史时期的关系如何？我们可以立刻说，对每一个问题做出确定答复都未免过早。指出来中国新石器时代晚期艺术和安瑙、苏萨，尤其特利波热的同阶段艺术间的遥远亲缘，并不见得就算做出结论。事实上，正如在

① 见安特生：《甘肃考古调查初步报告》，16页，图4的比较图样。

② 同上书，图版Ⅳ2及Ⅳ。

③ 同上书，17页，图5。

④ 布林顿杂志，1925年12月，310页，图3。

本书第一卷“近东与中东的文明”中表明，公元前5000—前3000年之间，几乎在全部欧洲和亚洲都有一种以彩陶为特征的文明；我们对这一点的设想已由赫兹菲尔德教授的发现最后得到证实。这位德国考古学家于1927—1928年在达玛干、波塞波利斯及波斯高原其他地点进行发掘时发现了一种值得注意的文明，被认为是属于新石器时代的，而且其中甚至还了无任何铜器的痕迹，[①]这就证明了我们的推测，即现在看来似乎孤立的大多数史前期文明中心，必然曾由一系列居间的文化古邦连接一起。如此，波塞波利斯和达玛干的装饰主题（几何图案、大角羊、野山羊、祈祷人物等）就与苏萨Ⅰ型和苏萨Ⅱ型的题材联系起来，虽然年代上，据赫兹菲尔德说，前者或较在先。[②] 但是新石器晚期文化有连续性这一观念（自特利波热传播到河南，自甘肃传播到苏萨），自然不应使我们匆匆做出结论，以为任何文化中心都从属于另一中心。若承认其中每个都彼此独立而同时又在一普遍文化领域内保留着多少共同之处，则远为合理多了。因此在有进一步的消息之前，这个中国中心必须保持其实际上的独立性——尤其由于布莱克（David Black）对北京人头盖骨的研究，更会证明与河南及甘肃的新石器时代及后新石器时代陶器有关联的人种，在外表上已经是中国人了。[③]

上述结论如果被确认，就能使我们以更大信心探讨第二个问题：即中国史前期艺术与有史时期艺术的关系。但这同时又产生

① 诚然，赫兹菲尔德教授这种意见还远不曾为专家们一致接受。

② 赫兹菲尔德：《伦敦图画新闻》，1927年11月9日，1929年5月25日、6月1日。

③ 布莱克：《史前期甘肃人种体格特点》，（《英国对华地理考察》，A5，1929年6月）。

了一个全部年代学的问题，而我们并无资料可据以解答。安特生教授假定齐家坪约当公元前3500年，仰韶约前3000年，辛店约前2500年，是单独依照苏萨的年代推算的；但一方面这种纪年法已被修正，另一方面也决不能推断说，像苏萨和史前期中国两种类似的文化必须被认为同时发生。所以我们不妨将这年代问题留待以后考虑，至于要估计中国此种古陶文化和古铜器文化间可能存在什么环节，那资料有上文指出的二者之亲缘，尤其是古代铜器和仰韶及辛店的陶器在某些型制上（如后者的三足陶罐）和装饰图案上（"雷纹"及其旁边的S形花纹）的相似。[①]

殷周时代

中国古代的历史，在传统记述中，混杂着过多的故事传奇，后来又为了道德说教的目的多有修改，以致不可能予以信任引用。马伯乐氏的初步评论中已清楚说明，不仅有关神话式的"五帝"，就是关于三代的夏（公元前20—前16世纪?）、商或殷（前16—前11世纪?）及周（前11—前3世纪?）的传说也不甚可靠。这种议论对于周朝的后半期，即通称为"春秋"（前7世纪）及"战国"（前5—前3世纪）时代，大部分也是正确的。但正统史册虽不能作为可靠的指南，然而从社会和道德的观点上看来，至少对后一时期它还是相当重要的。因为其中充满历史传奇，难于和正史分开，在缺乏任何确切的事实和年代的情况下，这就保证我们将从中发现一幅当时

① 参看冯·塔克斯(Zoltan von Takacs)的著述。

社会的丰富多彩的图画。那是一个残暴复杂的奴隶社会，萦绕于初民心头的恐怖现象已使它支离破碎，不仅生活在血腥的奴隶制度的苦难中，它还处于经久不息的战乱兵灾之下。这种内战都肆行空前的大屠杀。中国远古的生活情况，在孔子之世已经遥远，传说不尽可信，有的为了垂教后世不惜伪造曲解。我们为获得一正确概念，必须依照社会学家那样进行费力而有用的工作重新整理。实际上像酋长们那样用以扬威制胜的统治方法，除了在"哥伦布"以前的墨西哥，没有其他社会会展现出如此残酷的场面。而与上层极端漠视人民生命的情形并存的，我们发现在下层有一种坚强的决心、集中的斗志、绝大的力量、不懈的狂热，尽管后来受到种种压抑，却一直激励着中国人的心灵，将它提升到其能力的最高峰。在中国历史的斗争中，直到明代初期还是如此。这种狂热的潜在因素及统治者草菅人命的情况，并不妨碍古代中国通过儒家思想建立一种积极的——甚至实际主义的——社会道德，旧时神学全被排除了("子不语怪力乱神")。可以说对社会动乱倾向和古老的宗教信仰，儒家思想正起了审慎的反作用，即引导向有秩序有伦理的社会。

就在这样的心理和社会状态下，产生了如表现在甲骨和古铜器铭刻中的艺术所揭示的中国古代的美学思想。

殷代甲骨上的刻文

发现有助于了解中国历史时期的文物的最初遗址，无疑是在河南北部彰德府附近的小屯，其地似乎与殷代(公元前12世纪)的古都相符。它一方面出土那种史前时期三足鼎形的白陶器，上有似仿篮状的刻纹；另一方面则有许多骨质、龟甲、象牙、犀角等残片，上刻文字，用以占卜。在同一遗址中还发现有发针形的刻制骨器。中国考古学家罗振玉对此曾有研究，其所有门类在现在欧洲博物馆中都有相当数量展出，著名的则是斯德哥尔摩的东亚博物馆以及京都大学博物馆，还有多伦多的安大略博物馆。就巴黎而言，我们可以提及哈金教授赠与吉美博物馆的一件此型残片，和卢浮宫所藏十分精美的怪物“饕餮”的面具，不过这时代或者稍后。[①]

至于在小屯发现的装饰题材——是出土器物的主要之点——看来甚至当如此古远时即与后来将在周朝铜器上见到的相同。在中国美术作品上广泛流行了逾 20 个世纪的一切题材——名为“饕餮”的怪兽头，由几何的“强力线条”表示的传统式的龙，露出吓人獠牙的大张着的龙口，称作“雷纹”的雷电花纹，优美的振着双翅的蝉——所有的这些主题似乎都早在小屯的牙骨上即已出现过。想想我们所谈的一些作品年代平均都在公元前 12 世纪以前，对中国美学法则的形成就可以得到有价值的侧面了解。自然，这里讲到的纹饰还初具雏形，我们愿赞同喜龙仁教授(Sirén)的意见，[②]以为此种棱角鲜明的矩形图案原来是木上的装饰品，由此转移到雕刻兽骨及黏土，最后，当铸铜工艺发达时，又沿用到金属上。

上面所讲关于木器装潢的情形，似更可适用于此批出土物中一部分的白陶，事实上，这上面的纹饰正好相同：浮雕的菱形和犬

① 米刚(G. Migeon)：《卢浮宫：中国艺术》，14 页，图版 I。
② 哥劳布(Vietor Goloubew)编：《亚洲艺术》，Ⅶ，10—11 页。

牙形线条、“雷纹”、几何图形的“饕餮”和龙虺等[①]。据喜龙仁教授设想，这种极古的白陶很可能是铜器的直接范本。

从此类题材的高度主题线条中，我们可以推想在某些木雕者的凿刀下发挥几何形和长方形的一切特质，形成中国特有的装饰美术法则时的过程，这与他国艺术所产生的法则大相径庭，并在周朝带来了极高的成就。

古铜器：各种类型

有史时期的中国艺术——伟大的中国艺术——实际上从青铜器开始，类型有各种容器、钟和镜。

礼仪用铜器，其型制在很早时期——无疑远至商或殷代（约公元前1558—前1051年间），更肯定是在周代（约公元前1050—前256年）——即确定下来。此种型制的重要，使我们进行任何研究之前，必须先仔细加以描述。这些形状，原来显然为惯例及使用的目的所决定，但不论如何，它们都与中国艺术法则密切关联，同时受其支配，并以惊人的力量表达出来，因此对它们有所了解，几乎能使我们自一开始即了解远东的全部艺术。

因为它们追溯至中国文化的最低阶段同时也是最高阶段的根源，这不仅由于它们作为日常用具又用为祭器，即从考古学观点看来也是如此。[②] 事实上，通过此类铜器最古的型式，即三足的“鼎”

① 《亚洲艺术》，Ⅶ（喜龙仁藏品），562—567号，可与270—272号中的骨雕相比。

② 见叶慈：《古器皿的种类及用途》，载《爱莫弗波罗氏（George Eumorfopoulos）收藏品目录：中国及高丽铜器》，Ⅰ，40。

和“鬲”，古代铸铜工匠的艺术是和史前时期陶工的艺术一脉相传的。[①]

“鼎”（图 3）就是一种釜，常作半球形，支以三足——一般都是粗大的圆柱体——或直接与“鼎”身焊接，或从怪物“饕餮”口伸出。鼎还有两个环从边缘上耸，以便将它放到火上或取下来；因为它是用来煮羹，但主要是烹肉。

“鬲”也是三足的圆形器皿，但与鼎不同处是足部中空，只等于器身的延长。它主要是加热饮料，其次才是煮肉。三足的“鬲”有时上端加装烹锅，这样形成的双重器皿名为“甗”。

在以上三种烹饪锅釜外，则有多种盛果品、蔬菜、谷物等的器皿。

首先是碗盆形器，如匜及彝是一种底座中空的碗，饰有从龙口中吐出的环状的耳。彝比较大型，更为宽广，耳常发展成兽的长鼻。

此类中最为人熟悉的是“尊”，这一名称原来用于数种型式，但最后主要指的是有钟形的足、弧身、中间突出围成一带、上下各有一条较狭的环，杯状颈上敞开极大的钟形的口。“尊”似乎是酒器。

“觚”是更高而细的“尊”，器身缩细如长笛，颈部向上翻出成为更优美的钟形的口。又有称为“壶”和“罍”的，定义较欠明确，这些都指各种体形丰硕颈部短细的器皿。

还有两种低矮短粗的“汤碗”形式，“罍”和“卣”显然属于此种。这里介绍的“罍”是矮粗的圆形器，底座低浅、无梁、有盖。“卣”是

① 安特生：《早期中国文化》图版Ⅶ及Ⅷ。

一种青铜“茶罐”，形状与此略似，有同样的主体、底、盖，但有梁，常由两个兽头与器身相连。“卣”是献祭用酒器。同类的有“斛”，圆筒形，有盖或无盖，有同样的梁，与器身上的兽头连接。这不应与图 8* 所示的同名的三足铜器相混。

另有两种中国特有的型式为“爵”。“爵”是优雅的三足酒杯，杯身有一圈花纹，旁有较小的柄，口端上饰双钮，口向西侧敞开，长短不一，一侧如卷唇状，另一侧成尖形。“爵”可谓一种圆杯口的“爵”，没有伸出的唇或尖角。

我们还可列举一些特征不太鲜明的形式，如“簠”、“豆”及“盉”，以使全套名目齐备。“簠”是一种四足立地的长方槽，用以盛献祭的谷物。“豆”的典型式样是圆杯状，上有半球形的盖，下有大烛台般的高座，整个外观好像一只天主教的圣餐杯。而“盉”是一种三足的“茶罐”，有嘴、柄及盖。

在这些容器外，还有一类重要铜器“钟”，是将前后长方形的两片连接，使中间断面为椭圆形，上面除一般铜器的纹饰外，又加一些钉头状突起，其意义我们还茫无所知。[①] 又有一类铜鼓，这在汉代以前似不存在。它可能并非源出中国东部，而是由南方及印度支那传入的(伯希和教授 1927 年 4 月 25 日所做中国美术讲话中论及此问题)。但无论如何，其装饰表现出一种浑朴对称之风，我们将看到乃是汉代艺术法则的特色。至于铜镜，则留待汉朝再加以探讨为妥。

---

* 指原书中的插图，中译本此图欠附。

① 见叶慈：《爱莫弗波罗氏收藏品目录：中国及高丽铜器》，Ⅰ，1，叙言中有关钟类一书。

古铜器:装饰题材

古青铜器,如出土的周铜,所展示的装潢方式除去一点外与史前期器皿上的几乎全然不同。这是一种自身完美的体系,而且与器物外形巧妙地相适应,显现一个既有力感又具独创性的艺术法则。

这里的装饰题材似乎完全为中国所特有。首先是迷离曲折的"雷纹",象征着雷电或暴风雨云,形如有棱角的涡卷纹或希腊的回纹(见图3等)。此种纹饰已见于史前期的陶器上,尤以辛店出土的为著,[①]这即是上文所说的例外之点。叶慈氏认为在祀农祈年用的祭器上出现喜雨的象征,是很自然的,但伯希和教授则怀疑"雷纹"是否原来确实表示"雷电的花纹"。[②] 无论如何,这种题材从史前期一直延续到古典时代的兴盛年月,是值得注意的。

另一古典题材是"饕餮"。这是一个只有巨头而无显著身形的怪物,好似印度艺术中的"克尔提木卡"(Krirtimukha),或哥伦布以前中美洲的某些怪头。[③] 在周代铜器表面上,我们将看到,遍布有"饕餮"的各部器官——图钉般凸出的眼睛,中间突起鼻梁以及几何形螺旋纹的双角——仿佛这怪物从器物中潜出,略现形踪,一瞥即逝(图3等;并参看图10)。如维及尼尔氏所指出,喜好用这

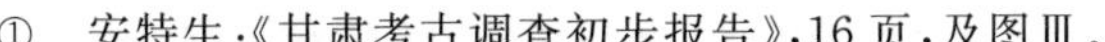

① 安特生:《甘肃考古调查初步报告》,16页,及图Ⅲ。

② 参阅伯希和教授1929年2月25日讲演。

③ 见瓦来(Arthar Waley)及叶慈对此问题的讨论,载《布林顿杂志》,1926年2月,104页。

样含而不露的暗示，蓄意避免具体的现实主义手法，乃是由于对大自然的一种特别感情，这比印度－地中海诸民族在那一套造型式的常规中所表现得更为深厚。

无论如何，直到中国艺术发展完善以前，这潜身匿迹于物体之中，仅许对其可怕的原形加以揣测或略得一瞥的怪物“饕餮”，即以此种形式存在下来，而不久又使其他不太确定的动物形式受到影响，这无疑地也是出自同一原则。事实上，根据维及尼尔氏的学说，龙、虎、熊及鸮，都起源于“饕餮”，“或由它直接演变而来，或由它与别种形象杂混而成”。维氏认为，那些特有的形象，是约在公元前 5 世纪出现的。如“夔”，有时鸟头龙身（“夔凤”），有时如龙原状（“夔龙”），就是一种矮身或长身、头端有突出的嘴、背上生尖起的鳞而尾部似蛇的野兽（参看图 4）。属于这一类型的有“螭”和“蛟”，后者形如“横倒拉长的 S”——这式样在新石器时代后期的器皿上或者已可识别出。[①]

许多名重一时的考古学家，曾做出大为可嘉的努力，到中国以外去探索这种种怪物，尤其是“饕餮”和龙的根源。由于各原始文明的神话基础显然各处都相当近似，所以在为欧亚两洲神话所凝成的不同古代怪物之间予以类比，也决非并无可能；但我们认为这种探讨是虚妄的。有什么必要去假设中国文明先天上就如此贫瘠困乏，产生不出自发的原始型式呢？为什么单单这一文明要限于只作改编和同化的角色呢？这种学说是，它的一切——题材、设计，以及灵感——都是当历史的黎明时期自迦勒底、赛西亚诸民

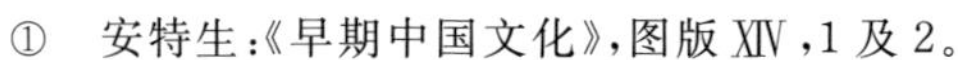

① 安特生：《早期中国文化》，图版 XIV，1 及 2。

族，或匈奴人，甚至广州一带不知什么文化剽窃而来：而经过了20个世纪显示出有如此创造和革新才能的中国天才者，竟只能用假借来的材料加工。谁还能看不出这种臆测的危险呢？[①]

我们完全不是到中国以外去找寻“饕餮”、龙和其他类似精怪的来源，反而就在它们本身特质中看到中国天才的标记。中国心灵在古代——那可怕的“春秋”和“战国”时代，我们认为那是历史上最黑暗的时代之一——的特殊贡献。正是此点：它将那随时准备转化为恐怖的无所不在的神秘事务用艺术方式表达出来。如维及尼尔氏所说，墨西哥艺术和周代艺术间的彼此类似，可以用类似的心境来解释，而这又是类似的政治情况的产物。二者都在血腥的政权压制下粉碎了——我们只要重读一下战国和秦初的历史，并记住要对孔子当时的温和语调打以折扣，便会明了——当每一民族想要测度这种天命时，他们就只看到了在云端的这吓人的“饕餮”。

因此这无所不在的威胁、潜伏暗藏的恐怖，就被艺术家披了一件没有具体形式的外衣，或者说，如果他企图这样做，他在惶惑的一瞥中所获得的幻象也无从用任何现实主义的手法来处理。人在面对自己命运时所遇到的这种压倒一切的神秘力量，一直充分存留下来，而维及尼尔氏无疑地给了我们一把中国古代艺术的密钥，他说：“在中国，艺术家的唯一目的是不可表现真实世界，反之，要逐渐使现实面对一个变动不定如浮云的世界。”虽然当我们观看祭

① 虽然对此派批评的倾向未敢全部赞同，但对其代表人物的才能，我仍愿意表示深深的钦佩。

器上散布的“饕餮”各部分器官时，一种动物的模样似乎形成，但艺术家试图表达的实在并不是人们认识的野兽，因为他全神贯注的几乎只在“创造出一种经常萦绕他心头的暗示，并进而使它化为神物形貌出现”。

周朝的艺术法则，即完全为这双重的成见所支配：一方面以某些骇人的精怪暗示一种不可思议的观念，而又不肯赋予它们具体形象，致使减消其恐怖效果；另一方面则极力宣示天命的令人敬畏，王权的凶恶可怕，人在下面都被压倒碾碎，同时又不得不对这些权力的充分暴露抵面相对。神秘及恐惧：二者即构成这野蛮年代的全部灵感。

要刻画这不断扰人的恐惧心理，唯一必要的特质、唯一主导的手段即力量。一种积聚、集中的力量，迫使其异常丰富的装饰效果融入端严的外表，而仅自内中派生出风雅之致——这就是周代艺术。

其形式是否有笨重之嫌？不，这些线条乃是由难以想象的旺盛生命力所决定，而且受到严厉限制，因此几乎都是必不可少的。一种正确的几何感，使每一目标都严格处于使用所需的范围之内——中国民族，虽怀有强烈的神秘观念，已经是坚决讲求实际的了。因此在鼎、镬、瓶、罐等上，各面的发展始终依照原型式样不变；尤为动人的是，微贱的日用物品也坚持与最早的神话启示相结合。公元前5世纪以来，儒家曾自任以道德教化的正统说法代替往古时期的传说，但徒劳无功。周代器皿，即以经久耐用的青铜形式，使已逝社会的痛苦灾难和戏剧性事件的活的记忆永存不朽。

如此，这些为日用或礼仪目的所决定的形式，即保持一种纯洁静穆之风。但时常困扰中国下意识的神话般和梦魇般的世界，却在装潢方面得到发挥——其装饰的丰富繁盛、变幻多方，正与它所由之产生的神话相同。其次，装饰的繁复是累进增加的。在较早阶段——如果这样试作比较分类尚属可取——装潢似还相当简洁清丽。点缀器物的题材多受传统化动物形象的启发而产生，表现方法只是或用细线条做出精致的隆起轮廓，或相反的刻划凹痕，背景上仍为一片空白。但不久，作为主要装饰特色的动物题材，就全部如浮雕般凸起。“饕餮”的眼睛和双角虽然还未完全显露，但已如半雕突出于背景上。

下一阶段全雕即大占优势，怪物、野兽及山羊的头即在梁柄连接处或器皿缩细部分的中央凸出来。划分器壁各部位的线条，也如肋或脊隆起，给人一种激荡浩莽、有建筑般气势的印象。有时，甚至整个铜器都做成动物形——如日本住友所藏及卢浮宫（卡曼多藏品）的铜枭，或爱氏收藏的铜尊（图5）。然而即使在这些例外中，动物形象也从不像是属于仆从地位的作品。此外，它所表现的不仅是动物的外形，更多的是构成此形象的特质之总和，是它的精力和潜能。周朝的动物作品不仅是形象，而且是力量。

同时，在凸出的半为动物半为几何图形的主题余外空间内，全部背景上也都遍布华饰，最典型的是“雷纹”——远东的希腊基本花纹。这些既错综又有等次的连环“雷纹”，占据了主要题材外的一切余地，甚至它所暗示的动物形体本身。当我们注视此种花样时，其反复回环似乎产生出超逾装饰的效果，好像以自身的和协动力在震颤，因而整个器皿即变成一首由这些力量的匀称重音及节奏所组成的真正的青铜诗篇。

在我们观看如此处复制的住友或卢氏藏品中的“甗”“鼎”和“鬲”时，可以注意到起初仿佛浸至器物内的“饕餮”各部位，在日光之下竟似聚拢来变成一个有力的整体了。一旦我们的理解力从装饰上繁杂的纯几何成分中辨别出这怪兽的催眠式的巨睛、山羊似的弯角、高大的眉棱鼻梁、扁平的口唇，有时还有露出的獠牙时，好像这恶兽真要从青铜中涌身扑来，并以不可抗拒的坚决姿态使自己现形；铜器就是怪兽，二者成为一体，远比做成真实的动物形象效果更为强烈。为彻底说明这种幻觉，我们只要看看器皿颈部或盖子上相对的双龙；从这微妙的几何特性上使人认不出它们是属于蜥蜴科还是猫科动物——而且，事实上，中国的龙蛇与中国的虎都要从孕有多种潜力的这一形式演变而来。但尽管有此种含混性——也许正因如此——这幻想的怪兽也像要奔驰腾踔，作势凌人，显得比任何已知的动物更加凶猛。那几何线条也随兽形的起伏和电光的闪烁同时波动。[①] 实际上，当它以较晚的形式出现时，如在中世纪的绘画上，它即于浓云闪电中显示其自身。但它所表现的装饰法则，却在周代钟鼎上已经实施了。

中国艺术的一切特色也都如是。使得周代器皿有建筑般气势的对大块部位的巧妙处理，对各面的确切而有生气的排列，在以后的年代即汉代和唐代的艺术中，甚至宋瓷中也将再发现这同样手法。此外，周铜还显出中国美学理想的另一项历久不变的原则：线

① 参看叶慈编：《爱莫弗波罗藏品目录：中国及高丽铜器》图版 XVIII 及 XLVI，图 A131 及 A132；喜龙仁：《早期中国艺术》，I，图版 27A（斯托克来特藏）。图版 39（卢氏藏），图版 63（大卫·威尔氏藏）。喜龙仁教授此书英译本即将出版，插图及页数与法文本同。

条精确而主题虚无缥缈。固然，中国艺术在演进中也曾有短暂的率直的现实主义时期，如汉代艺术家对线条的写实和唐代学派整体的写实。但此种实在的表现方法在演进过程中只是昙花一现。在进化曲线的两端，我们发现，一边是渗于器物之内的周代“饕餮”，它仅仅逐渐地或一瞬间自物体表面下脱颖而出；另一边仍是这“精灵”，隐现于宋画的淡淡渲染中，可以意会而不可目睹。这二者，我们遇到的岂不都是不肯披覆具体外衣的某种内在东西吗？在暴戾凶残的古代，这可能是一副“饕餮”的面具，后来，在大乘佛教和道教的影响下，这可能是一种泛神论者的白日梦，但尽管有各时代、哲学及文明的种种差异，它却始终代表着同一的普遍世界观。

要孤立解释这种观念是难以置信的困难——因为这等于企图确定一个不可知物——但我们试与其他民族相比，便可显出差别来。

是希腊式吗？那玛拉萨的大神宙斯像，西尼都斯的或默罗斯的阿芙罗狄蒂女神像，都只是大理石的血肉之躯。或是埃及吗？那里有法老时代的巨像，以精确的线条在耀目骄阳下显得威仪赫赫。或是印度吗？那里有鹿野苑的佛陀、象岛的三首湿婆、阿旃陀的文殊师利。或是波罗浮图温情想象？这一切，我们看到都是将人予以神化，并扩展至穷极宇宙——证以“舞蹈王像”——但纵然如此，也还是肉体凡胎。

反之，在中国，不论钟鼎或绘画，都受到一种故为含混朦胧的特征的影响：铜器上“饕餮”的现形只是为了隐藏得更严密，而在画家笔下的烟霭纷纷的远方，虽用了另一方式表达，也同样飘翔着隐约迷离的气氛。从这两种媒介中，都表现出一个始终为中国美学思想所特有的因素；因为无论埃及、迦勒底或波斯，也无论希腊或印度，都未提供过任何类似事物。这里的美术理想似寓于神秘中，而以非具体的形式来表达。这是一种彻底的神秘观念，并因此使人惊惧或喜爱。所有地中海、中近东以及印度的艺术，在本质上都如此相似，而在这以后，在中国我们第一次完全放弃了古典法则，并将一切拟人主义远抛在后面。我们现在所接近的艺术，虽然缺少造型方面或感官方面的特色，却成功地用简单的几何线条——这确是“力的线条”——以一种抽象形式暗示并指出来整个命运的问题。

古玉器

玉器，且不论其来源如何——或和阗输入或中国自产——远在中国史前期已发现。安特生氏曾在甘肃新石器时代晚期的遗址中发现玉盘。在周代，玉器一定已经相当普遍了。伯希和教授特别研究过这个问题，[①]但对于确定欧、美、日本所知的各种，甚至对河南新郑遗址出土有关的一类玉器年代上，却十分慎重。可以肯定的只是这些玉器上的装饰往往是周代的题材，背景为“雷纹”，并有高度图案式的龙蛇，与“雷纹”几难辨别。

然而，玉器也常有并无纹饰，仅以其质地对触觉视觉的美感以

① 伯希和：《卢氏(C. T. LOO)收藏的中国古玉》，1925 年巴黎版；伯希和：《关于中国古玉研究的报告》，1927 年 3 月 28 日。劳弗尔(B. Laufer)：《关于巴哈尔所收藏的中国古玉(现归田野自然历史博物馆收藏)》，纽约，1927 年。

及式样的精纯取胜的。正如和阗的传说，“乃是月光的结晶”。“璧”就是如此，其形为大的扁圆环，或如盘而中空，在吉斯勒、科斯姆及大卫-威尔的藏品中，都有可赞美的实例。此类玉盘，像所有古玉一样，似乎有礼仪上的意义，看来是在丧礼或献祭时用为太阳象征的。另一型式“圭”，是一种“玉质小刀”，一度装在一个直的柄上，如伯希和教授所指出，[①]是古代的戟和新石器时代的斧——匕首的缩样，也是礼仪上所用。我们还可以提到“琮”，喜龙仁教授说明是“外方内圆的空玉筒”，似乎象征着四个方位；还有“琥”，即近似虎形的图案画式玉器。

的确，在这些约属于周代的玉器，较常见到有暗示出不明显的或图案式的动物形象，用有力的曲折线条多少做成几何形。这对判断我们现在称之为周代艺术法则的——不论表现在什么材料上——是否正确，为一有价值的尺度。在这些玉雕中，亦与铜器上的题材相同，动物形象几乎并无任何特色，只是用一回头、一卷尾，或以平行的宽条痕做成直角的盘曲或转折来表示；但其中却弥漫着这种动物的全部精力及充沛的悍猛气势。[②]要辨识各种龙、虎或鸟形玉器的意义是困难的，但这有什么关系？且把一切无益的企图放置一旁，此类小美术品雄辩地显示出在中国人头脑中经常作祟的恐怖幻象——无论为野兽、怪物或神祇——的可怕力量。这里我们又一次看到的是威胁与权势的化身多于动物的真形。

① 《早期中国艺术》，Ⅰ，61 页。

② 伯希和：《古玉》，图ⅩⅢ及ⅩⅨ。

秦 代

古代中国主要据有黄河、白河流域及部分青河流域。在公元前8世纪，它分裂为许多封邑或小国，由相当数目的好战的朝廷所统治，在无穷尽的既野蛮又英勇的战争中，都力图取得霸权。“战国”中最尚武的是秦，位于中国西北，现在陕西省中部的西安一带。地处边陲，为了抗击匈奴及北方其他游牧民族以自保，经常被迫奋战，秦即由此种接触变得更习惯于兴兵作战了。公元前4世纪，我们看到秦王在军备和战略上都效法草原的游牧部落，在迄今构成中国军队主力的战车之外，还创建了如比邻匈奴人那样的骑兵[①]，这是一种更为机动灵活的武力，使他们在战争中获得明显的优势。

当时尚统治着河南一小片领土的周王朝，虽然苟延残喘到公元前3世纪中叶(前256年)，但自前310年以后，秦君对这些名存实亡的宗主也如对其他封建王侯一样已成为专制盟主。在前310—前256年间史书可能仍称之为“周代”，实际上秦朝时代已经开始了。前221年秦王覆灭各敌国，自立为中国之主和始皇帝的隆重一幕，只是在“既成事实”上加盖一合法印章而已。

这位中国的恺撒是一个令人惊异的人物，当他在位的36年中——前246—前221年为秦王、前221—前220年为全中国的皇帝——他以强有力的手腕一举永远统一了华夏帝国：是一个典型

① 据伯希和1927年4月25日的讲话，在秦以前一短期间隔，邻国赵王约公元前300年已先效胡服骑射。

超人，卡莱尔或尼采[①]之流会将他和他们的印度——日尔曼或闪族的“英雄们”并列的。但是，这位人物的精力虽然不可一世，其本身却不足以解释秦朝在艺术上给人留下的不寻常印象。怎么能设想这许多独具特色的作品都属于一极短的时期呢？——秦王朝在其缔造者亡后只存在了三年。所以我们不得不承认（维及尼尔氏也如此）所谓秦代型式不仅包括这皇帝享有的自前221—前207年的短暂期间，还要将它在西北自公元前4世纪末年开始的长期霸业算在内。

那么，秦代在历史上意味着什么呢？意味着周时已有的中国的力量，由它一个最有生气的成分聚合、集中起来，提高到权力的顶峰。在这掠夺性的王朝统治下，一切漫无拘束的暴力、狡诈、谋杀事迹，都完全比旧约中的犹太王希律更为暴虐无道。同样，秦代艺术——或更应说是被普遍认为属于秦代的艺术，因为要老实承认，我们并没有题记或年月可用以核实这属性——从美学观点上看又代表什么呢？借用维及尼尔氏一句妙语，它代表一种突然爆发的绚丽的周代型式——一种“地震型”。它和周代纹饰同样繁复丰盛，但“经常将各设计面打乱颠倒，并在主题上加以新的创造”。

这一定义是否也可适用于瑞典工程师卡尔贝克在安徽淮河流域寿县附近发现的遗物呢？如喜龙仁教授即认为可以。此地区在公元前248—前221年为古楚国的中心，这是秦的敌国，但终于败亡。发现的包括瓶罐的残片、剑鞘、铰链及装饰品，花纹有螺旋纹、

① 卡莱尔（Carlyle，1795—1881年），苏格兰作家兼哲学家。尼采（Nietzsche，1844—1900年）德国哲学家。——译者

涡卷纹、云朵及复杂的簇叶，其中还露出鳞爪。喜龙仁教授在他旧藏品目录中曾论及这些物件，[①]内有许多已为哈勒维尔伯爵夫人获得。但维及尼尔氏怀疑在这淮河地区的出土物是否应属于较近的时代，即紧随汉代以后的晋代型式。无论如何，秦代风格的优美样品在许多欧洲搜集品中都可发现——例如，大卫·威尔收藏的双闩锁，这是常被复制的，还有同样著名的爱莫弗波罗收藏的金质刀护手。[②] 在这些上面我们看到相当丰富的螺旋纹、"雷纹"，错综曲折的或带形的纹饰，有时末尾成枪头形或尖端、舌形或爪形和各种辫形的总汇。希腊式的回纹发展成图案式的簇叶，以及海藻状的缠结之复杂花纹，都极生动活泼、自由奔放地混合在一起。

此类几何图形都直接采自周朝的全部式样，但在各方面又有所不同。第一点，秦代纹饰较周代大为繁缛工细：例如，周式有一种双线纹，秦式则在两线之间饰以与主线成一角度的条纹，因此，如伯希和氏指出，在铜器上现在已无一处留下空白。其次，据前引维及尼尔氏所论，秦器的浮丽装潢在趋势上是非对称的，常使轴与面位置错乱。最后，秦代纹饰虽与周代同为典型的几何形，但异于后者的是更为浑圆，不仅在轮廓上，即在大的均衡上也坚持这一原则，"在所谓秦代艺术中，周朝的鲜明的棱角都有变为圆形的奇异倾向了。"[③]

---

① 喜龙仁：《中国艺术文献》，载《亚洲艺术杂志》Ⅶ，30—57页。

② 喜龙仁：《早期中国艺术》，Ⅰ，图版92。

③ 伯希和教授在1927年4月25日的学术讲演，我们可将贝克及纽曼藏品、哈德特藏品中的此种类型的四件秦玉作为比较。维及尼尔氏在1929年所发表的第二篇论文《关于中国在柏林的美术展品》可供参考。

和此种秦代艺术有关的是在山西东北部浑源发现的一批铜器，而为万奈克氏集藏。事实上，其中大部分显示一种秦朝艺术固有的繁缛装饰，可以证明为当时特色的花团锦簇型式，不过上述的非对称趋势在这里或者较少。另一方面，在器端或器旁所饰的全雕式动物，似乎也超出秦代艺术的一般常规。也许，如维及尼尔所提出，我们在此正看到秦朝艺术法则和汉初之间的一个传统阶段——虽然此种保留丝毫无损于这些作品的美观，也未减少人们的兴趣。

汉代铜器、铜镜及玉器

秦朝雄主始皇帝所完成的业绩，性质上是剧烈变革和荡平一切的。在"焚书"、废分封、镇压采邑领主以及扫清过去以便建立一个华夏军国上，他无疑走得太快太远了，所以反作用一定会发生。这在他死后立即爆发了，并且在公元前 207 年消灭了他的家族。经过几年内战后，一个新的皇室，伟大的汉朝重新统一了中国。它统治了四个世纪：自前 202 至公元 8 年，然后在一个篡夺者的短期统治后，又起自公元 25 至 220 年。

汉朝君主们汲取经验教训，避免了秦朝的粗暴、急躁做法，以更缓和的方式将秦朝的工作进行到一个新的阶段，而取得成功。因此他们的政府呈现某些明显的矛盾特色。从一种观点看来，可以理解为对秦的全面中央集权及专制主义的反动。他们将秦始皇所焚的孔子的"书"恢复到受尊敬的地位，而且甚至似乎恢复了分封。事实是，这个帝国的统一和中央集权，在始皇帝时只不过是一个超人天才的即兴偶成之作，在汉代统治者们的耐心治理下才得实现。汉王朝表面向反对秦皇鲁莽灭裂的势力做出明显让步，以此为掩护，耐心而稳妥地胜利完成了前人的全部计划。如汉武帝（前140—前87年），即显示出是秦始皇的忠实追随者。此外，秦的国君们的野心只限于统一中国、反抗外界，在对外政策上，以建造长城阻止匈奴入侵为满足；而汉朝统治者则将中国的武力转向世界，并开始一个向中亚扩张的远大政策，要使中国与伊朗及佛教世界相接触。我们曾在别处详尽地记述过这一史诗般的时代。[①]这里只要回忆在汉武帝时，由大将霍去病和李广率领的骑兵曾出击远至伊朗和印度边境的大宛（前121—前102年）；其后在东汉，自公元73—97年，一位更有名的中国征服者班超，击溃匈奴人，降伏了原属印－欧民族的大部分戈壁沙漠中的绿洲，并在他归国途中到达帕米尔。甚至在汉朝史书的冷静记述中，这整个故事也有一种史诗般的气势。依照匈奴方法形成的中国部队，正在进行远征了。

中国艺术的发展，乃是此种双重历史特性的忠实反映。

一方面，在花团锦簇的秦代艺术之后，汉代艺术法则标志出一种触目的谨严肃穆之风。汉代的浑朴，如维及尼尔氏所说，不仅与秦代的绚烂成一对比，与周代的繁复也异趣。“此种极端简洁的作风将一切装饰都减少至单一平面，所有花纹都减少至单一图像或直线型式”。这些特点在钟鼎铜镜上尤其明显。

---

① 勒内·格鲁塞：《远东史》，Ⅰ，210—219。

另一方面，就我们所知，圆雕式形象第一次与器物的盖、柄或器身分开，而被独立处理。写实主义出现了，特别是赤陶烧制的和墓葬中发现的浮雕的动物形象。原来潜伏于铜器各面的神话题材，已逸出到山东壁上奇妙的浮雕中，或自由爬到四川的柱头上。这种写实主义也依然受到支配所有汉代结构的直线型式、古典主义及严格整饬的法则的约束，因此少有肌肉丰满的自由奔放之致，这要留待唐朝以其特有的更完整的写实性作风中表达出来。

卢浮宫近收得一铜牌，上有我们将于山东浮雕中习见的“汉土地神”，在华美流畅的半螺旋式花纹中舞蹈。藉此，该馆的中国部主任萨尔斯教授为汉代艺术法则定下一个与上文意见相合的界说。他写道：“这具神像的舞蹈，似表现出一种精神，使装饰的每一部分都充满生气。它乃是动的化身！这些弯弯的、长长的、显得忙忙的体形，为同一种刺激力量交织在一起而带动。设计上的对称，由于用得恰到好处，使得气韵生动而无损，活泼而不僵硬，好像单一脉动同时有双重效果。这种生气勃勃的特色，正是汉代艺术型式所固有。在金属器物中，线条都鲜明遒劲，气势迅猛突兀。如有转折处，旋又掣电般跃回。因此它创造了一个光明与舞蹈的世界，其中混合着虚幻与活物，在极大欢悦中联结成一整体。”①

汉代艺术的首要特色，有时近于空无一物的质朴之风，纯图线式轮廓、谨严简洁的纹饰，在铜镜上都极明显地表现出来：汉镜与周铜其装潢的悬殊成一触目的对比，常不免令人想到是属于两种

① 萨尔斯：《法国博物馆公报》，1929年11月11日。

气质相反的民族的艺术法则。

各种型式的铜镜都是简单的几何形。环绕中心镜钮的边缘部分排列成规则的同心区，各有次序井然的装饰题材。首先是所谓“乳头”，其数目自 8 个至 40 个不等，后者在中国艺术行话中即称作“百乳”。这些“乳”似乎实际是代表星宿，而在连续同心区中央的镜钮可能象征着不死之岛。无论如何，各铜镜都有工练整饬的布局和清隽秀雅的风格，从西方固有的古典主义观点看来是可喜爱的。在中心镜钮之外，有两层同心圆环，将“内岛”划分开，其上各有 8 个和 6 个“乳”；再外，在一圈素白底子外为第一道饰有 16 副扇面，或圆弧或波浪花纹的圆环，花纹凸面都向内；再外是一条刻有沟痕的圆边，然后为一道宽环，装潢优美，共有 4 个“乳”，各绕以 8 个平钮，排列成的小花圈，每组周围有柔软的花枝相连，枝上间隔结着单独的或成对的圆钮；最后，在一道素圈之外为镜边，点缀着以上所说宽阔的扇形纹饰（图 6）。

另一种较常见的汉镜是“八弓”式。在中心镜钮之外为四枚花瓣，以及平滑的或如绳索的两道同心圆圈，然后为有扇形花饰的圆环，围成一个鲜明的大八角星。再外是一些平行的圆环及花边，或几条字体，最外是光净的宽边。

第三种略异，但同样的“建设性”而且严格对称，所谓“燕翅”式。中央为一大镜钮，围以方框，边上饰有大福字。镜缘处为常见的 16 副扇面形，凸边向内。从反向来看，即形成一个有 16 角的放射式星，星内方形四角上各有三叶枝丫，由罕见的优雅隆线分开；在这些传统式植物图案间，为 8 个翅状几何图形，从中可看到一燕振翅疾速掠过。在宁静的古典风的“乳头”式或“弓”式铜镜外，此镜有一种强烈颤动的效果，使人联想到某些大甲虫的鞘翅，或某种Sadiolasia的有缘饰的几何形式。

我们还可以提到一种所谓“TLV”式装饰布局。其典型是在包含镜钮的方框（上饰“乳头”及字体）区外，通常饰有“乳头”及图案式动物（下文再论）的主要部分，在一定间隔处镌刻着罗马字母T、L或V形的花纹，随情况而定。顺序向镜边看是同心圆环，上有条痕或横刻痕，然后宽宽的犬牙式花样，最后是双重螺纹形成的涡卷纹图案。

这些镜上主要部分出现的动物，照例都象征着罗盘上的四个方位：即东方青龙，西方白虎，南方朱雀，北方玄武（黑龟）。[①] 这里我们看到由涡卷纹和螺旋纹构成的高度图案式形象，事实上一见即与周代有棱角的龙形不同——更不论这些线条式的轮廓。在某些铜镜上，如喜龙仁教授复印的[②]大卫·威尔藏品中极精美的面具，此类动物的设计，与下文谈到山东墓碑上的十分近似。事实上，尽管初期汉镜有一种几何形的古朴之风，至汉末六朝开始时，我们将看到有的上面装潢几乎全如高浮雕式凸起，甚至脱开汉代线画式轮廓，采用更丰满的比例，形成一种到唐代写实主义作品的过渡时期风格。当我们想起在黄巾起义及三国战争中，新道教思想和所伴同的唯灵论思想所起的重要作用时，这些铜镜上的道教特点就不足为奇了。

① 此种宇宙起源的象征，伯希和教授在1927年5月9日的演讲中曾论及。

② 喜龙仁：《早期中国艺术》，Ⅱ，图版65B及66A。

汉代的青铜皿、铜盘及铜鼓等，也遵循着这同一演进过程。

汉铜器一般以朴厚无华著称。但可注意到，这绝非全部如此。不仅汉代艺术家避免放弃较古的模式，而且在秦朝的大动荡之后，由于君王们至少在理论上多支持恢复周朝的传统方式，他们的铜匠也继续制造着周代型式的作品——的确，在后代直到中世纪还如此。然而就汉代大师们引入的革新而言，不论在瓶罐或盘镜上，都是以简单的线形轮廓为方向。维及尼尔、爱莫弗波罗①、住友、布加尔特及奈克诸人藏品中，或斯德哥尔摩博物馆中的汉代三足鼎及精美的双耳壶，仅在颈部下端或器身周围有少数几道罗纹宽带或极简单的圆环，此外常无其他装饰，整个器皿的美点都在淡远俊逸中。我们认为，没有必要假定这是受到任何希腊式的感染。这里获得成功的淳朴风格是与汉代审美观念的内心法则相一致，并与可看到的一切表现相协调。

当铜器饰有几何图形或动植物的题材时，同上趋势使得艺术家们用微凸的宽平条纹饰取代周朝派的高浮雕饰的繁重装潢。此种平条中的纹饰，也如直线形的外观，并由于同一原因，也是汉代主要艺术法则之一。我们在此复印出三个各具特色的铜壶*，作为这种法则的最雄辩的说明：第一件是维及尼尔氏收藏的精品之一，第二件是细川氏藏品，第三件为罗瑟斯顿所藏。将这三具互相比较，再与周铜器作比，就是讲解当公历纪元初期中国艺术所进展的方向的最好一课。李维拉收藏的汉铜器盖，说明了这同一扁平

① 叶慈：《爱莫弗波罗氏藏品目录：中国及高丽铜器》，其中许多浑朴对称的汉代精品，图版 XXIV，XXVII，XXVIII，XXIX，LII，LIII。

* 图片欠附。

的装饰法则，在此例中应用到图案式簇叶间群龙的优美题材的情形。

有时这些铜器上有性质完全不同的人兽形象。然而不失其流行的几何形装潢的浑朴之风。斯通勃罗藏品中有绿锈的小酒壶即如此，[①]其上有两饰带，一在斜肩一在器身，前者为猎豹图，后者为猎野牛图。这颈足两处装饰固然严格符合汉代对称古朴的理想，两幅狩猎图景更表现出可惊叹的生气勃勃的运动感。野牛肩部被投枪所伤，作困兽之斗，并转向周围猎人拼命冲来的动作，正有瓦非俄氏《斗牛图》似的气势。但这里完全是汉代作品所特有的扁平式，人兽形象显然是由于将底子凹空而被"保留"出来。大卫·威尔所藏的一件铜器也如此，[②]其上部分饰有纤美的赤身男女猎人，戴三角形头巾或此种发型，正用箭或枪刺中一只豹类异兽；下部分则为神话人物相间以龙和鸟，这里我们已接近山东的神话浮雕了。

汉代原为穿衣系带时用的各种带钩对此派艺术提供了卓越的范例。它们从形式上通常可分为几类：透空式，由图案式的龙盘屈成S形，或由两条S形的龙对称盘绕为图案式簇叶的弯曲枝梗；实心式，由长金属板做成，上面通常饰以盘龙，成斜面的半浮雕状，这里也多少与簇叶形同化，弯钩处即为蛇头，处理得十分简单而模糊不清；还有其他实心式而圆身，成熊或猫科野兽的头形，或"饕餮"面具形；又有长尾连以槽纹被联接在"饕餮"面具上，或如纹章式鸟形；还有明确的动物形象，如此处复印的考恰林所藏的一件奇妙铜

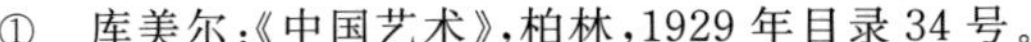

① 库美尔：《中国艺术》，柏林，1929年目录34号。

② 引维氏论文中复印品。

器，即作盘成8字形的有小翼的蛇式样，其蜿蜒扭曲的生动灵活、精神饱满之感，已预示出六朝及唐代处理动物形象的写实手法，但更多雅趣。

镶嵌装饰也受到一切汉铜器所循的同样规律的支配。诚然，在我们的收集品中，不论容器或铜钩，有许多都饰以金和银；但这种贵重金属往往布置成没有深度的"平面剪影式"，或嵌以细线。有些铜器镶嵌脱落，在原有金银处留下空白，我们即可以看到这种情形。

镶有绿松石和金银的汉铜器，一般都形制细长、略向后弯，如同匙柄，且常自中部起向下端隆出两棱，将纵向划分为三个平面。这里复制吉美博物馆藏伯希和氏所赠的两件，由此可见其装潢的清圆流丽、法度森严，具有汉代型式通常那种几何形特色。因此我们发现有熟悉的菱形、三角形、螺旋形及发出卷须的图案式簇叶等形的结合。那悦目闪烁的绿松石蓝光及古铜绿锈底子上精美镶嵌的黄金，则未能印出。

在金属瓶类上的镶嵌，无论题材为动物或植物，都保持同样的严密对称，同样的恬淡隽逸，和几乎近于素白的简朴，这乃是全部汉代装饰的典型方式。在细川氏所藏的大圆盘上，正显示出此种井然有序的布局和典雅绝伦的风格来，今承藏者及卢氏美意，复制于此。[①] 此圆面的一般布置亦如当时铜镜，有饰以螺旋纹及菱形

① 参看罗斯托夫佐夫：《卢氏所藏汉代镶嵌铜器》（巴黎，1927）；费雪：《中国汉代》。按：中译本此图欠附。

纹的宽同心圆环，其次为有犬牙花样的圆环。但在正面中央则为一条奇妙的龙，将遍布瞳点般鳞片的身躯盘曲成宛转自如的生动姿态：我们只要以这可惊叹的灵物——既随新趋势而有自然主义之风，又守旧规而被理想化——与周朝的龙并列，便可认识到它和完全以“力线”表达的周代法则间相去的距离了。周朝的怪兽是一种势能，充满威胁力量。细川氏盘上的龙则是释放出的力量，因此在观赏汉代的整饬布局和古朴澄澈的风格时，其动作也有稀见的优美。盘上每面主要花环所饰的动物形象也有同样特色：猛虎伸长身体从空中扑来，那精美的纵跃之势显得经过周密的观察，一熊受攻以背卧地，扬爪还击；此外还有如眼镜蛇样的东西像抽响鞭般窜向一只华丽惊人的凤凰。盘上其他部分有同样灵活飞动的幻想中动物，正与将在山东墓壁浮雕上见到的相同：人头异兽，起伏如虎或跳跃如羚羊的龙，或鸟羽仙人等。全部轮廓都是简单的线条表现出来，对此维及尼尔氏提醒人注意，事实上由于它将世界局限在两度的平面之内，省去了任何对肌肉的笨重刻画，因此使这些形体表现得如周围缭绕的浮云一样飘扬飞举。

这样我们就可对汉代美学理想得出一个新的观念。周朝艺术正由于力量集中，纯粹是力的表现；同样情形，汉朝艺术则由于力量释放，线条简练，必要时乃是纯粹动的艺术。我们以后将看到这三种要素如何结合而产生唐代的现实主义。

这一定义，在玉器以及陶质饰品和浮雕方面，也可得到证实。

事实上，在多种被认为属于汉代的玉器上，我们都看到与当时铜器相同的特点。后汉的玉环（即“璧”），常使人联想到我们已有概念中的铜镜。吉斯勒和卢氏藏品中以及汉城博物馆中引人注目的“谷璧”，即“有谷粒状花饰的玉盘”更显然如此：所用的乃是“百乳”镜的原则。[①] 璧上装饰也常见在一圈粒状花带外，再围以外环，上饰探出身躯的蛇或藏有龙蛇的图案式簇叶，后者都精琢工练，具有汉朝那种严谨匀称、冷漠俊逸的风格。[②]

有时汉玉也雕琢成虎形——但与真形全不相像，反之乃是高度传统式的——一种纯装饰性和图案式的形象。此种猫科猛兽，尽管任意自身边生出些花叶装潢和卷曲的末端纹饰，其矫健的姿势却不像老旧的周朝方式重复至无穷，而是以严格对称的极简练的线条处理的。汉代的特色在这些物体上表现得尤为明显，因为完全扁平而无深度的玉板，本质上正适合当时对纯净线条的深切爱好——吉斯勒所藏的某些玉虎即可为证。

如此，汉代的单纯化风格趋于将龙虎类或禽鸟形象从物质的束缚中释放出来，而赋予自由及个性。我们因此看到爱莫弗波罗氏藏品中著名的礼仪用斧，其柄即作龙形。[③] 这确是一件有代表性的作品。龙的修长波动的身躯、柔顺弓起的脊背、扭曲的前身、吓人的回头、抽击的长尾，都显示出汉代艺术家所用的惊人的运动感觉。这些动作，我们再次重复，由于这里只有简单的轮廓而无厚度感，所以更觉得疾捷迅速；此种飞动之致，结合装饰性的图案化，成功地产生了优美异常的装潢效果而引人注目，例如利用那匀称的龙角、小翼和卷尾上三重突起，即将结构连成整体。由线条的淳朴流畅而产生的同样幽雅风格，在吉斯勒及卢氏藏品鱼形玉璜上

① 伯希和：《古玉》，图版Ⅻ。

② 喜龙仁：《早期中国艺术》，Ⅱ，图版88。

③ 喜龙仁：《早期中国艺术》，Ⅱ，图版92。

那种潇洒的半圆形曲线和直线中也可发现。[①] 甚至在出现了用写实性手法处理动物形象以后，例如吉斯勒所藏真正虎形的著名玉牌[②]，或考恰林氏所藏美妙的小型鹿头[③]，只因多用线画式轮廓，外形朴素流丽，通体圆润柔和，设计率真自然；所以这种写实风格也仍然典雅无瑕，不同凡响。

汉代陶器

汉代陶器也复制着上文列举铜器的典雅淳朴形式：三足的鼎、甗、罍，尤其壶——形与以后公认的定义不符，可最恰当地称之为“无耳的古瓶(ampbora)”，身粗颈细，壶身常饰以环带，上缀人物形象。[④] 这些饰带多有触目的静穆之风，而汉代典型器皿的优点即寓于此种肃穆中。其形制的淳朴也如同式的铜器，但藉此素材呈现出新的价值：在浑雄的青铜上显得大气磅礴，在脆弱的陶器上即变成清幽典雅了。人们在这方面常喜以汉陶和希腊古瓶相比，并试图探索在公元2世纪时希腊对中国的影响。但我们只要回忆周代铜器外形的古朴，即可看出此种艺术原则确实是中国所特有的。假若这些铜器用陶土制作，由于质料不同，浮雕式装饰难以再保留而取消，使之轻便化，结果就得到我们刚才与希腊－罗马古瓶

① 见劳弗尔：《玉》(1912)；韩内赛：《早期中国玉器》(1923)；伯希和：《中国古玉，卢氏藏品》(1925)。

② 喜龙仁：《早期中国艺术》，Ⅱ，图版90。

③ 维格奈论汉玉，《柏林中国艺术展览》Ⅱ。

④ 霍布森：《爱莫弗波罗藏品，陶瓷目录》，Ⅰ，图版Ⅲ，图10。

恰当作比的“壶”。

关于器颈倾斜处或器壁所饰缀有浮雕式人物形象的环带，稍后在论及雕刻时将再谈到。

在奠都洛阳的东汉时代，当公元第1、2世纪，出现了上釉陶器。据伯希和教授说，此项技术革新可能来自西方。后来叫作瓷器的“瓷”字，最初就是用来称呼这种简单的上釉器物的。“以此种上釉陶器为出发点，经过一系列尝试性的经验，发现了高岭土，试验中不仅将烧制过程施之于器釉质，也施之于器物本身。一旦改进成功，‘瓷’之一字便从釉质改用到瓷器上了”。[①]

从颜色看来，汉代上釉陶器所用的原料是经火即呈红色的黏土。“釉的基性为硅酸铅”，霍布森写道，“有一种暖的色调，加在红色上，即产生深浅棕色。但最常见的釉质为灰黄色的氧化铜，结果即成美观的叶绿色”，[②]近于黄色。[③]

汉代浅浮雕

讲到汉代陶器时，我们曾故意将浮雕及其上有时所饰的彩绘分别作为另一问题，因为浮雕彩绘与一个更广大的题材汉代雕刻有关，所以将与墓葬浅浮雕一同探讨。

与预料相反，我们熟悉的最早的汉代雕刻并非浮雕，而是公元

① 伯希和教授关于中国艺术的讲话，1927年5月22日。

② 霍布森：《爱莫弗波罗氏藏品，陶瓷目录》，Ⅰ，图版Ⅱ，图6，及图版XXII，图80。

③ 同上书，图版Ⅱ，图9。

前117年设置于霍去病墓前的动物圆雕，这位将军曾击败匈奴，并率骑兵远征直达天山。赛加林和拉提古考察团于1913年，及其后第二次拉提古考察团在这著名古冢脚下，发现尤可注意的有一匹大石马踏着一个石胡人，即马踏匈奴石刻。还有一头石牛卧像（图7）。[①] 这些都造作粗陋、外貌原始，而且和我们所知的一切汉代艺术法则显得很不相称。也许它们实际代表一种用新方法（圆雕）在顽石上刻像的较笨拙的企图。此外，这一尝试也和汉代艺术的一般趋势背道而驰，我们曾屡次确认，那趋势是以简单的线条式轮廓和平坦的表面为基础的。这早产的圆雕因此失败了，而墓祠浮雕也因此即获得成功。

墓祠刻石画及墓柱浮雕，制作于奠都洛阳的后汉，即公元25—220年。在山东及河南的一些主要作品曾为沙畹的研究对象，而在四川的则由赛加林和拉提古做过研究，三处年代都回溯至第2世纪。在河南，可注意的特别是登封县石柱，作于118—123年；山东孝堂山祠，始于129年以前；著名的武梁祠一组，其雕刻属于147—167年；又，在四川的梁山柱雕于121年。所有刻石中最古老的是冯·德海悌的藏品，年代为114年。

汉代墓碑雕刻者采用的技术分三种，有时人物轮廓依据当时通用的图案或线画方法以线条简单刻出；有时，如武梁祠的一组，即将题材周围石料凿去，留出人物形象，因此所余的即为一平坦的表面；又有时——如冯·德海悌藏石——所留图像已不完全平坦，

① 拉提古：《霍去病墓》。

而是微凸的了。除最后雕法外，此种技术不仅忠于汉代惯有的线画式风格，也迎合对平面雕刻这一派的偏好。由于这些平面浮雕和纯图像式外观，河南和山东的汉墓石壁表现出仅如“刻石画”的一切特点，人们也以此相称。

事实上，关于墓祠刻石图像的形似，如伯希和教授及维格纳等中国美术及文物的主要鉴赏家们都强调指出，流传至今的汉代浮雕——某些还是多色的——只是为了死者，用凿刀重复出生者宫殿居室中所饰的绘画而已。[①]

至于汉画本身则无遗存[②]。但在更耐久的媒介物石碑上保留着忠实的复制品。沙畹或其追随者曾经拓印，仅少彩色而已。

已失原作的拓本曾被贬为不过匠人之作。诚然，它们一般无疑是些凡庸的摹本。此外，发现的坟墓都是属于第二流人物的，相对于壮丽的墓葬，这些装饰就显得十分微弱了。然而这些刻石壁画已足可使我们想见为其范本的真实壁画是何形状；因为甚至在河南及山东的石壁上，我们也发现有伟大的狩猎和战争场面，以及根据几乎全已失传的神话的构图，辉煌的动物雕刻杰作和盛大的军事表演。适当考虑下，看来在那一时代似乎除希腊古瓶外，没有任何作品能显出此种世态画式或史诗式的图景。

我们如翻阅沙畹氏的巨大画册，即可看到汉代艺术的线条或风格在这些不同类别的构图中，表现出了充分能力。

---

① 有各种例外，如卢氏原有河南彩绘砖，今藏波士顿博物馆；又日本人自朝鲜获得若干画像砖，年代为公元26年。

② 参看沙畹所编画册。

首先是神话人物，这是古老年代的遗产。这里有西王母，陪同或不陪同她的伴侣东王公，随情况而定；还有她的家畜：日中的三足乌，月中的玉兔捣着不死之药[①]，九尾狐，等等。亦可以看到北斗星及其侍从。还有神话传说中文明的创始者伏羲和他姐妹女娲，前者手中持矩，后者持规，下半身相交为蛇尾或鱼尾（图 8）。[②]然后是一系列传奇中的“三皇”“五帝”；再有神话中的怪物：半人半马兽，上身两体相连；颈生 8 颗人头的异兽，如希腊海怪（hydra）有同等数目的蛇身。但这神话中最具特色的是有翼的羽人，略似西欧地仙（gnome）或小妖（elves），无腿而代以蛇尾一条或数条，尾端上翘。

这些幻想的生物，都动作奇妙，栩栩如生。例如，试看在武梁祠前堂山墙上的异常图景[③]，其中聚集了全部神话中人物，在一位安坐的有翼神祇周围前进、飞翔，或展翅自空下降。一名羽人向神献出一株“三珠树”，另一名则屈膝奉上一只杯，第三名像是在舞蹈。这些小雕像戴着如同西方中世纪小丑那样的双耳帽或长尾头巾，优美动人。有的在环绕神祇的各怪物之间飞出飞入，形如凤凰而兽身、头部及上半身为二人形，此外有人身而鸡头或马头、或人首的大鸟。我们可以注意，这些羽人在触地时，下肢都如人的腿和足，但飞翔时即成羽翼或蛇尾。此种令人赞叹的自由奔放之风和丰富幻想，只有希腊古瓶上绘画才可与之比美。

武梁祠中还有几幅巨制，表现各种神话国土：“水国”“天国”，

① 参考伯希和《中国艺术讲话》，1929 年 4 月 8 日。

② 伯希和教授讲演，1929 年，3 月 18 日。

③ 沙畹所编画册，Ⅰ，图版LⅢ，110 号。

等等。水国使我们看到一个奇异的世界[①]，其中一神乘车，由群鱼牵引前进，四处簇拥着蛙、龟、水鼠及鱼的行列，并装备枪、戟、刀、盾等武器。各处还有人物跨鱼游行，和蛙头鱼身或人头鱼身的怪物；更有汉代常见的羽人，在这里其下肢已成鱼尾了。

稍远壁画上为天国[②]。此处可看到卷云中翼马驾车而行，其马与希腊神话的飞马（Pegasus）相异，云则表现为一串螺纹连以长尾，一端常作鸡头形；在这飞鸟似的活云上，照例有敏捷的羽人乘坐或攀登着，腿部有时如人，有时如双蛇尾。其动作的灵活，使空路充满生气，是难以描述的。

享堂上的雷神雨师，也令人产生同样奇诡幻怪的印象。其中有翼的神灵乘在狂奔的龙身上，或在旁飞腾引导。我们只需将此种半虎半马、为显示速度而造形的异兽，与周代铜器上几何图形的龙虺相比，即可体会到在周代艺术中集中的潜力在汉代怎样被释放出来。在这迅速飘忽的图画下边比邻的一行，表现雷神宫廷中一幅罕见的气势悍猛之景象。这相貌狰狞的神祇坐在云车上，由六侍牵引，一羽人持棒驾驭，踏云的六侍暗示出一种努力劳役之感和优美的写实作风。在以双头龙身象征的火焰拱门下（这是神话中传说的虹），一神话人物正跳在匍匐的牺牲者背上，持锤和凿以雷电击入他颈后（凿开混沌），四周浮云翻卷，雨师正倾下他们的水瓮。尽管由于拓印的黑像改变原形，这一图景还是有强烈的戏剧性的。其次一行中，妖魔、熊罴吞食着小儿或挥舞各种武器的战

① 沙畹所编画册，Ⅰ，图版LXVI，130号。

② 同上书，Ⅰ，图版LXVII，131号。

士，也使人有此种印象。

还有疾风暴雨的国土，[①]那飞动性甚至更为惊人。在高处我们看到风伯乘车驾蛇尾四足的神兽，由羽人骑同样异兽护卫飞奔。中间一行是暴风雨，雷公持锤击鼓，女神“抽动着鞭子似的雨绳”跑过去。下面乱云飞渡。在风伯的大力呼吸下，黑云像一队奇幻的骑兵疾驰，其中露出龙虺、野兽和鸟类的头，或羽人的头和上半身。这里可看到展翅的鸟，显然由云生出，引路前飞，一群精灵盘旋涡卷与云相符，后有蛇尾。[②] 将云表现为活的东西，赋予动物或神的表征，认为它是仙人居处，而且本身也是神灵，这种观念无疑是中国艺术信条中永久的特色之一。我们当记得周朝那些雄劲而模糊的形式，其中雷纹在不知不觉中渐变为龙。如果将此种几何图形的表达方式改用汉代艺术的灵活线条，我们即可达到上述的云鸟、云龙和云仙。再经一两个阶段就演进为宋和元朝的云烟浩渺的山水画，那里雾霭凄迷，云霞掩映，乃是一切事物的灵魂，能使人猜度这实体后面的变幻不定的神髓——一幅元画上，龙于云中突然现形，即可为证。在全部的流派相传和技巧发展中，此种美学理想——或更可说它的智慧基础——始终如一。

在另一面石板上[③]，云团完成了其进展过程，化为动物和神仙。首先是一队飞翔的四足翼兽，鸟头蛇尾，有的上跨习见的羽人。其次是伏羲和女娲，各持规矩，下肢和蛇尾相交；再次为其他羽人，腿也变为蛇尾，沿地拖行如云。然后是一队有翼的龙马，线

---

① 沙畹所编画册，Ⅰ，图版LXIX，133 号。

② 同上书，Ⅰ，图版LXX，134 号。

③ 同上书，Ⅰ，图版LXX，134 号。

条优美动人，昂首喷鼻长嘶，我们熟识的羽人像骑师似地跨乘其上。最后，在底部一行，又有龙、鸟和神灵化为飞云，那些涡卷如云团并缩成尖端的蛇样的身体，几乎离地在空滑行。在这浮雕上，毫无拘束的想象力可以自由驰骋。不论在埃及或希腊的艺术中，我们知道很少有如此飞动的情景。埃及或希腊的设计充满了造型方面的联想，对人物形象赋予实质，因而在他们飞行时减少了轻盈之致；然而在这里，由于汉代艺术深为偏嗜简朴的线画式轮廓，所以其动作也单纯精练。这是从周代以来多么巨大的变化！但也可看出，当时那种浩浩莽莽的艺术郁积了怎样悍猛的气势，因而一经释放即以如此狂暴的行动和惊人的速度冲突而出。

看过天上又降到地面。在神仙魔怪的幻想路程之后，我们看到了汉以前和汉代的史诗式景象，即狩猎和战争的场面。

我们认为，汉代围猎图景中对于动物生活所表现的写实性手法，并没有得到足够的注意。我们看到在沙畹画册中有一幅最早的图片（Ⅰ，ⅩⅤ，26），即河南登封县开母庙石阙上的一柳系二马，一匹马不耐烦地踏着地，另一匹在旁以后腿直立起来；其线条的精确优美，与霍去病墓前圆雕石马的不幸试作大为悬殊。稍后[①]，在少室石阙上可看到在奔驰的两骑士之间，一头鹿正扭回它的长颈，一骑士转身发箭——景象的灵活飞动正与亚述的狩猎图相同，并宣告着伟大的动物雕塑艺术已在远东兴起。另一页上[②]，一条龙喷鼻于一公羊头前，那细长、蜿蜒的异兽，似虎而有爬虫般的滑行

① 沙畹所编画册，Ⅰ，ⅩⅨ，35号。

② 同上，ⅩⅩ，37—38号。

动作，还有一只狗拉着皮带像箭似地冲向一只逃窜的野兔，都异常精美生动。孝堂山东壁下部的图景也有同样的特色，那里有几条狗跃向一群鹿，可算全部美术史中此题材的最好作品之一——例如，狗咬一母鹿后腿的形象即可证明。[①] 在武梁祠，写实作风是当时的法则。后排祠堂的第三面石壁，在下边一行上雕有一些猎人逐猎归来，携着口袋，内装一头大野猪和两只虎。死体倒下时的真实自然——尤其野猪的后身和一虎的前爪——以及猎人装载狗的情形，足可与亚述的艺术或塔夸-夷·布斯坦的浮雕媲美。还有农民拉住一猪后腿的一幅，我们还能用什么言语形容呢？这一组石刻的写实性已近于世态画。较远处，一头雄鹿在一只巨大的猛犬前奔逃，猎人正要松开犬的皮带。[②] 在山东的孝堂山，[③]还有些优美的雄鹿和野兔，乃是飞驰与速度的化身；几条灵猩，或用皮带拉着，或被放开去追逐野兔，都十分精美。陕西李氏墓的浅浮雕作于公元 171 年，[④]也属于这一时代，它已预示着四川浮雕的来临。此处复印的幻想的“黄龙”和端庄的“白鹿”，其完美秀逸在中国艺术中确很少见，且不论下边幽雅的花木。在后世的中国艺术中，甚至在宋、明时代，也很少有比孝堂山一祠堂内的锦鸡、孔雀等更优美的禽鸟作品。[⑤] 再有同一石壁上所雕爬上屋顶的猿猴，那奇妙逼真的神态，又有什么文字能表达呢？

① 沙畹所编画册，图版 XXVIII，图 50。

② 同上书，图版 LXXVI，146 号。

③ 同上书，图版 LXXXV，159 号，LXXXVI，161 号。

④ 同上书，图版 LXXXIX，167 号。

⑤ 同上书，图版 XXIV，45 号。

还有壮丽的马队和战斗，这里车盖的处理和埃及绘画及某些希腊古瓶上的近似。在孝堂山我们看到一位王者的堂皇的车乘在前进，旁有辉煌的骑兵环护。马匹都十分健壮，有肥大的前胸和后胯，扬首阔步，意气轩昂。各种疾走和奔驰的步伐，都经过仔细的观察，但其方式与塞西亚的艺术全不相类。骑士在马上也乘坐得很好，人兽形成一个真正的整体，有很正确的比例感。

其次为战斗场面，是骑马的弓箭手交锋。一方据说是"胡王"——或是某个胡人领袖的军队。这里可看到中国骑兵正予以击溃。[①] 这幅图景也并不单调。虽然所有战马都向前飞驰，但每匹马的动作都和其余的显然不同。这边一个胡人中箭坠马了，那边一具无头的尸体倒在地上，他的乘马则逃跑了。在后面，一些跪着的俘虏在战胜的将军旁等待他们的命运，同时有些人头已经插在长矛上了。如果这不是中国在中亚的史诗式故事中的一幕，无论如何也许就是以与匈奴战争为依据的一个神话般的场面。总之这无疑是汉族征服亚洲在艺术上留下的痕迹。在孝堂山的这些石壁上，我们看到在显赫的骑兵队之间有一头骆驼和一头大象，上面都有骑者，显然其一是来自戈壁沙漠，其一是来自印度或印度支那的。[②]

武梁祠的马队秀雅不足而雄壮有余。那些马匹——不论是拖车马或鞍马都异常粗矮，颈部如牛，相形之下腿却很细；但都焦躁而愤怒，摇头咬着马衔子。这的确是史诗的图景，有用以描绘班超

① 沙畹所编画册，Ⅰ，ⅩⅩⅥ，47 号。

② 同上，ⅩⅩⅧ，48 号。

胜利征服中亚的价值。① 在许多画面中，我们看到骑士和驭者急忙投入作战，姿势和情节千变万化，可予以注意。这些场面虽因地位拥挤，人物变形，但动作的自由奔放，举止的热烈紧张，则是由细密的观察而来。再次，只有希腊古瓶绘画才在某种程度上表现出与山东浮雕同等的自然天成的风格，而亚述的艺术家们，在处理类似景象时，就因袭守旧得多了。武梁祠两次刻画桥上战斗，那各种冲锋、混战和溃敌的情景，乃是此种史诗式艺术中最富戏剧性的实例之一。② 因此在河南和山东墓石上的这些浮雕，或更恰当地说是刻石画，如果不算绘画，无论如何也足以证明汉代绘画是什么样子了。

但我们还有更好的证明。波士顿博物馆从卢氏得到一些墓砖，出自河南府附近，据费西尔氏(Otto Fischer)鉴定，此上有属于公元第1世纪的真正的汉画。这些绘画虽已部分磨损不清，但仍使我们略可看到此种艺术有异常精悍的线条。在砖的左方，几个人用带牵引着一只虎和一头熊——无疑要在一位贵人前表演斗兽——这是极优美的作品，在各方面都可与孝堂山的最好浮雕媲美。而且，这里还有布局巧妙的完整壁画构图，显示一个宫廷王侯和一些贵人，竞赛就是为他们演出的，若干旁观者蹲在周围，还有些其他动物等。砖右方的题材磨灭更甚，有一群模糊的妇女，但稍远处可看出有“渔人得宝”。凡图像较清晰处，我们都深感其设计之雄伟和表现之生动。③

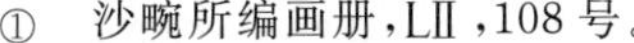

① 沙畹所编画册，LⅡ，108号。

② 同上书，LⅢ，109号，及LXXI，136号。这里也许是中国反抗戈壁沙漠胡人的伟大战争的反映。

③ 伯希和教授于1927年5月16日及1929年4月15日的演讲。

此种宝贵发现，证明当时已存在一个完全熟练的画派，并能产生出真正的杰作来。

和山东或河南的浮雕在性质上很不相同的是四川的石雕，塞伽兰氏和映廷根氏的中国西部考古调查团有研究结果发表。因为山东及河南的浮雕，好像只不过是转移到另一媒介物上的绘画，而四川的作品却真是雕塑性的。这些有适当而正确比例的墓柱本身就是建筑雕刻品——例如，在渠县于公元121年为敬奉冯焕所建，在锦州为平阳所建，以及在渠县为沈君所建，等等。沈君阙的精致风雅同西方的古典艺术趣味相合，是一异事。但最主要的是，这些柱阙上的浮雕远非像山东那样临摹绘画，而是一种伟大艺术的直接表现。此外，我们这里也可发现与山东或河南作品同样飞动奔放的风格。在中国艺术中，我不知道有何种形象比右侧柱正面上端严振羽、神采奕奕的朱雀更超逸高雅（图9），比左柱正面送葬骑士更热情奔放，或比左柱横楣内侧的胡人射手更泼辣恣肆。这种艺术，由于深深生根于早期的美术法则，其来源也可追溯久远。在左柱正面上露兽爪而咬物的头像，正是常见的"饕餮"（图10），现在终于以具体的形式出现，不过仍是作为装饰题材处理的；而左、右柱内侧的"青龙""白虎"，那表面平坦的修长蜿蜒躯体，在欧洲收藏家所熟悉的玉器上也可发现。但这里，与玉器相同，我们又看到标志汉代美学法则之顶点的秀逸清雅，或者为维及尼尔氏所说，甚至更为火炽而富于热情。此种超逸高雅风格乃是汉代淳朴无华和喜为线画式轮廓的产物。但现在已开始舍弃这些特色，因为如维及尼尔氏巧妙地称为"新秦式"已来临，那种动物题材将成为六朝

所特有。

正是在这一点上，中国艺术在演进中似乎最接近希腊艺术，这无疑地是由于当时它受到类似的传统习俗的影响。作于公元第 4 世纪的四川境内包(Pao)氏墓的队列车骑图可以为例证。关于此点，不免使我们联想到，就在这时，希腊罗马的艺术家们(如铁它 Tita，即铁达斯 Titas)正在罗布泊以南的米兰作壁画，下章对此将论及。似可以说，地处西陲的四川，对于来自戈壁地区的影响最容易接受。但我们认为，完全没有必要假定有任何希腊－罗马的影响渗入。只要认为这两种文化的美学气氛有某些相似就够了。

汉代陶砖瓦上的朱雀、苍龙、白虎等题材，也与这艺术法则有关。此处复印几件吉美博物馆藏品，及李维拉氏藏品。* 吉美博物馆的朱雀，虽然缺少沈君阙上那种趾高气扬的神情，但那椭圆瓦面屈曲的龙，却与拉廷格(Lantigue)及色加阑(Segalen)拍摄的青龙那种令人目眩的疾捷形象相去不远，至于吉美博物馆所藏和李维拉氏搜集以及卢氏搜集(图 11)的白虎，汉代纯线条法则的运用，在这些直立张吻或露爪耸身、作势扑人的猫科动物的形象上，从未能表现得如此灵活有力。[①]

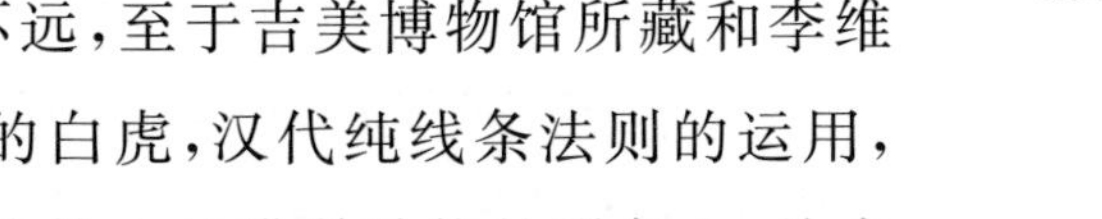

汉代陶塑

东汉陶器装饰在题材和风格上显得与孝堂山浮雕或四川的石

*　部分图片欠附。

①　叶慈:《中国屋瓦注释》，载《东方陶器社交易录》，1927—1928 年，13 页。

阙相同。我们发现这二者在大部分饰带上的浮雕都是行猎图或神话人物在互相追逐。

欧洲人民收藏品中有三件美丽的绿釉陶壶，足以说明此种艺术的特色。第一件，斜肩上有一道骑者和动物的雕饰，藏卢浮宫；[①]另一件，边缘雕有奔驰兽或围猎图景，为爱莫弗波罗氏藏品；[②]第三件，喜龙仁教授曾复印，为斯德哥尔摩的胡特马克博士(Dr. Hultmark)所有。[③] 卢浮宫藏陶壶上跃起的猫科猛兽，胡特马克藏陶壶上吓人的斑斓恶虎，和爱莫弗波罗藏壶上冲刺的野猪，其形态的飞动都与一切形式主义及因袭守旧大为异趣。此种自由奔放与写实风格的结合，我们曾提到，应将这艺术置于较亚述或希腊的相应动物艺术更高的水平，所以要寻求任何可与之并论的，只有埃及的艺术。但在这里，我们认为，也没有外国影响的问题；无论如何，这些独出新意而放恣自由的汉代狩猎图景，与所谓塞西亚－撒马提安(Scytho-Sarmatian)的艺术是判若天渊的，后者的动物题材都遵照一些繁杂的纹章式规律而被扭曲折磨。这两种风格代表着两种彼此对立的美术理想。复次，器肩上环绕的饰带也与四川的汉阙浮雕相类似，这些浮雕至今并无人称之为属于塞西亚式。爱莫弗波罗藏壶上狂奔的骑者和跨长龙的妖魔，使人立刻联想到沈君阙上精悍泼辣、朝气蓬勃的异兽和射手。

最后，公元2、3世纪还有若干汉陶器是彩绘装饰的，所绘多为

① 德·瓦西罗(Margnet de Vasselot)及巴罗特(Ballot)：《中国陶瓷》，Ⅰ，图版Ⅰ。

② 霍布森氏“目录”，Ⅰ，图版79及81。

③ 喜龙仁：《早期中国艺术》，Ⅱ，79。

围猎景象，作风与以上所述浮雕完全相同。如大英博物馆近收得一对陶瓶即是，瓶高约15英寸半，在白色宽带上以黑色勾勒轮廓，这些图景都异常灵活生动——最显著的是一只大涉禽，以美妙的姿势正展翅飞起。[①]

汉代陶器——无论是简单的赤陶还是施釉器物——不仅以其浮雕形成雕刻的附属品，并在殉葬陶像上实际发展为圆雕。

中国的随葬陶器，称为“明器”或“冥神”，是受所有原始社会中所流行的迷信之启发的，这无疑是原定伴随并服侍死者至另一世界而殉葬的生人或动物牺牲的代替物[②]。为了使死者在坟墓中仍能发现他生前的环境和所有物，汉代墓葬陶器生产了构成当时中国生活的大量小型复制品：房屋、谷仓、牛棚、羊圈，带吊桶的水井[③]，牛、羊、猪、雄鸡、守门犬，护法驱邪的神像等。相形之下，对大规模圆雕石像的初次试制——霍去病墓石雕——显得丑怪笨拙而不成熟，但坟墓中发现的这种“随葬陶偶”的小像却表现得技法流畅。当然这些都是十分粗糙的作品，极为简单，因为据其应用目的就是排除任何装饰的。它们既作为冢外生活模糊仿佛的模样，即无须多饰以繁复的润色，只要其结构、轮廓及一般动态使死者忆及生前活动的世界即已足够。这就是汉代小雕像具有的极可注意

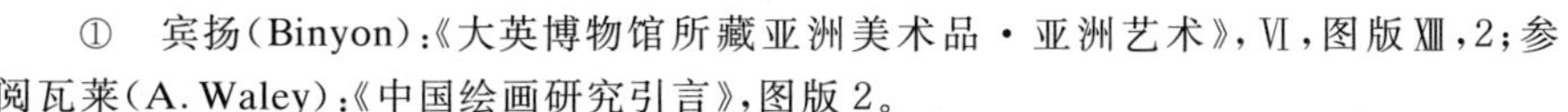

① 宾扬(Binyon)：《大英博物馆所藏亚洲美术品·亚洲艺术》，Ⅵ，图版ⅩⅢ，2；参阅瓦莱(A. Waley)：《中国绘画研究引言》，图版2。

② 伯希和教授于1927年5月22日讲演中国艺术时论及此问题。参阅亨泽(Carl Hentge)：《中国墓葬造像》(1928版)，1—75页。

③ 《爱莫弗波罗氏藏品，陶瓷目录》Ⅰ，图版Ⅴ，Ⅵ，Ⅶ。

的特色。因此这些作品都简化至最大程度,仅保留一主要之点:动物雕刻中,保存其种类的特有姿态;守墓神像中,则将其护佑或威吓神情加以夸张而近于滑稽画;又在复制物,如一般建筑或用具时,则仅包括其平面轮廓。同时此种专心致志于表达各种动物之神态的手法,也产生一些小型的伟大作品,例如塞尔努齐博物馆所藏小坐犬即是。

汉代以及六朝的墓葬陶俑往往只如假傀儡人,几乎并无什么式样[①]。但即因此也常获得优美高雅之致,而不失其朴素。有些身穿一种和服式衣服的青年男女小陶像——有的尺寸相当大——即常可见到。在许多陶偶上,这衣服在颈部开口为 V 字形,以流畅线条垂拂至地,下端展宽遮盖双脚。袖子也如钟形,腕部极肥大,可隐藏两手,如插在袖笼中(图 12)。此种和谐一致的外表,正与汉代圆雕所采用的传统规律相符,也产生类似的效果。这些古朴简素的所谓"歌咏俑",其神情的恬淡矜持,适能表现青年的演奏新手;动人的圆润小脸庞,由于赋彩而更出色;此种图案式的形象,花朵般下垂的长袍,使我们可正确地认为当列入远东最可喜的美术品之内。[②]

还有些金属制的小动物也属于同样工艺:排除一切细则的圆塑,浑厚朴拙,高度简化而具综合之风格,例如以前掌置膝上,蹲踞

① 亨泽所著藏品书,图 21,22,23。

② 此类制品甚多,见亨泽所著藏品书,图 25—29(分藏科隆博物馆、纽约大都会博物馆、万涅克及戴娄收集品、亨泽藏品及维多利亚及阿伯尔特博物馆);喜龙仁《早期中国艺术》Ⅱ,图 76(多伦多博物馆);《爱莫弗波罗藏品,陶瓷目录》Ⅰ,图版 XX,图 113,114。

而坐的熊，在欧洲人收藏品中常可见到；伦敦奥本海姆所藏鎏金青铜熊；[①]梅原末治及三位日本同事在朝鲜乐浪发掘出的三具鎏金小铜熊，今藏汉城博物馆；[②]布鲁塞尔市斯托克来特藏品中的踞坐鎏金青铜熊[③]；又大卫·威尔近日收得的大型鎏金铜熊，这是一件异常匀称的圆塑品，等等。我们可注意，在此种动物形象中，汉代艺术发现了最适当的题材，汉代的简化手法出色地表达了熊的紧凑形象及其沉重而灵活躯体的协调的动态。

汉代艺术的简练浑朴的线条，移用于圆雕时，常产生优美的青铜杰作，亦如以前所见到的陶器作品相同。今可举斯托克来特藏品中著名的豹为例——此或为香盘或为瓶座——铜质嵌银，高约四英寸半；[④]此外还有大卫·威尔藏品中的双头龙，也属于同一风格，那修长盘曲的身躯，有一种奇异的韵律，两端各以蜿蜒的姿势伸出一颗优美的猫科动物的头来。

此种圆雕上的简化手法，是与前文所述汉代铜器上装饰题材或此派浮雕人物的唯纯粹线条是赖的作风结合。在这两类作品中，艺术家们都专心致志于用简练的线条或形体，单单表现出人或物的动作姿势。与周朝纯玄学的艺术法则相较，此种方法无疑是

---

① 维格纳尔《东方艺术展览》文内所云："此兽呈坐形，神态盎然……其活泼生动之致，初非由于酷求形似，显然艺术家设想此兽时，更关注于制造一种结构整体，而不刻意表现其典型特色，仅对其形体及内心活动做一造型的及心理的暗示，由吾人自己补充其余意。"（1925 年 6 月）。

② 梅原末治：《朝鲜考古发现》，载《亚洲艺术评论》1926 年 3 月份，图版Ⅺ。

③ 库美尔："Ausstellung Chinesischer Kunst"，柏林，1929 年目录，图 32，第 60 页。

④ D'Ardenne de Tizac：《中国艺术中的动物》图版ⅩⅥ，库美尔前引书，柏林 1929 年目录，图 68，第 55 页。

现实主义的，但只是动作方面并非形象的写实。人或兽的形象在这里只作为手段而非目的，意欲仅藉以指出所观察动物的门类及其特有的动态，因此有一种飞动幽雅之致，但尚未有寄踪于刻画肌腱及表现个性的造型价值。其后直至唐代，我们才看到出现那种精湛博大的格局，而此作风则隐示了对内心动态关注的衰微。

晋及六朝

除一短暂之中断外，汉代统御中国凡400年，华夏法令也行之中亚。至公元第2世纪之末，即184年，炎汉遂为受一种新道教之感染的群众运动"黄巾"所动摇。起义后被扑灭，军事领袖如暴虐的董卓（189—192年）及其后的丞相曹操（196—220年）均自立于皇帝之侧，并挟天子以令诸侯。曹操之子篡汉而建新皇室魏，于220—265年间统治中国北部；同时另一王朝吴立于东南，享国222—280年。而汉室一余支则于221—264年间延祚于四川。此即所谓三国时代。其间金戈不息，故事流传。后至公元280年，又一王朝晋再度一统中华。但自4世纪之始，北方少数民族大举入侵，公元304年后，匈奴即突厥-蒙古游牧民族占据了黄河以北的全部地域，甚至远及陕西、河南。此时中国的君王则以长江为屏障，偏安江左，统御南方，对北方的各少数民族，如鞑靼等族则始终未能征服。

南方的王朝因纯属汉族，故被认为正统，其数有五：即晋，自北方为异族侵占后流亡建康（南京），享国公元317—420年；宋（刘宋），420—479年；齐，479—502年；梁，502—557年；陈，557—589

年。由于奇怪的用词不当，以上后四个王朝与北方的小王朝即被称为“六朝”*，统御时代自公元280或420年至589年。

当中国南部形成此种本土人的帝国时，由突厥-蒙古游牧民族至北方建立的诸短暂王朝，为源出于突厥族或蒙古族的拓跋氏所统一。公元5世纪间，拓跋氏诸王遂建立一伟大的中国王朝——鞑靼朝北魏，其疆域曾扩展至长江地区。此朝维持统治至535年，后即分为敌对的两支，延续至约550年。我们后文将看到北魏在中国佛教艺术的形成中所占之重要性。

自历史观点看来，两晋六朝是一个政治骚乱、变故频生、檄文不断、异族入侵的时代。在内部，汉代的安定与和平似已无迹可寻。中国社会仿佛又陷入如同周朝的生死斗争，而尤甚的是，在战国时代虽然征伐无已，各封建王朝却能国祚绵延；反之，此时各朝年限则很少超过二三十年，即被新的军事冒险者所消灭。至于道德观念的紊乱，初受道教之玄想、继受佛教之禁欲之类影响，也与国家的纷扰不安同时发生。在北方情况甚至更为恶劣。攫取陕西之匈奴人及定居于河北省之通古斯族鲜卑人，都是未开化的民族，凶残暴戾，如正史中所述。他们的历史使人想起墨洛温朝（Merovingins）统治下法国史上最黑暗的一页。

总而言之，在安定和平的汉代之后，六朝显然又回到周秦时代的动荡骚扰，而由于各少数民族的入侵，其势更加猛烈。

---

* 按：这个说法不对。中国历史分期是将均定都于建康的三国吴、东晋及宋、齐、梁、陈称为六朝。

维格纳不用根据由历史所先获得的观念，仅对此时代的艺术加以研究，即可看出这一特色。他指出："在六朝，汉代的较冷峻而有古典风的对称形式已不复见。艺术似又回到秦朝的绮丽繁复、不相对称的惯例。"但"此种成为六朝特有风格的秦代型式之复兴，主要充分表现在动物题材方面。"因为汉代艺术同时在处理动物题材上发展出一种现实风手法，并非全无影响。所以"这种'新秦派'的繁丽格调在鸟兽形象上特为触目。"我们在此看到的装饰性动物题材，也并非恢复了秦代的错综复杂而不匀称的几何形式，乃是用写实而造型的手法处理的，虽然仍混有粗犷浩莽之气。但尽管此种复古之风似乎将汉代传统扫荡无余，那传统的教益也并非全部丧失，如维格纳在当时的一些小件铜器物上所指出，尤其是带钩和法码，"主题的布置是非对称的，经常由次要的繁杂装饰予以校正，使设计成一整体"。

吉美博物馆中有伯希和收集的小带钩，即完全表现出此种新价值，但不幸难于拍照。其上有汉代作风的简朴纤细的龙，以虽不对称然而平衡的图案互相盘屈缠绕，充满了律动与生气。

这种复旧心情之强烈濒于怪诞，结果使汉代的写实风格隶属于其特色之下。如灰陶马头像无疑在汉代已曾出现，[①]但在六朝数量大为增多——特别见于爱莫弗波罗藏品中[②]——其咆哮之状及其颈部姿势，暗示一种叛逆粗莽的风格，与汉代真正的典型作风

① 一具类似的马头像，在古墓中与汉代钱币同时发现（见库美尔："Ausstellung Chinesischer Kunst"，柏林，1929年目录，图131，第76页）；但如伯希和指出，汉币常常与六朝文物一同发现。

② 霍布森：《目录》Ⅰ，125号图版ⅩⅧ；126号，图版ⅩⅪ。

完全异趣。为阐明这一趋势，我们可以说，在这些作品中启发了周、秦美学理想的精神，此处已包孕于汉代流派的写实形式之内。有同样特色的是爱莫弗波罗藏品中低头要向前冲刺的灰陶野兽，这或是三角的犀牛。[①] 此时代的许多铜镜，也同样可作为汉代造型传统被六朝动乱的“新秦派”所推翻的范例，镜上饰有蛟龙及道教神话中的人物，[②]龙为盘屈如蜥蜴类动物的异兽，正如想象中的形状，道教人物则反映出汉代古典主义的造型理想，身材较沉重粗矮，但更有力而生动；最后，其装饰的建筑式布置，不可避免地保持着铜镜设计上惯用的对称手法。然而我们只需将这些镜上的颇为粗犷沉重而凌乱的花纹，与汉镜上整齐严肃而几乎近于空白无物的形制加以比较，即可了解中国艺术思潮遇到怎样的动荡不安。

因此在六朝统治下，由汉代鸟兽雕刻所标志的现实主义的进展，仅仅包含将秦代的几何式繁复作风应用于动物题材，这些题材都是以一种加重的塑造性精神处理的。因为此类作品所常有的触目的独创性，在于将复古式的繁杂主题与肌肉更为强健活跃的形体，和径直预示着唐代自然主义风格之来临的一种造型艺术趣味混合起来，其中对肌肉的表现是以夸张其强健有力来处理的，那效果往往显得气势磅礴，喜龙仁所复印的小型镶嵌铜器尤其如此。[③] 例如，将在卢浮宫看到的有动物角爪形装饰的杖头，奥本海姆藏品中的龙形带钩；还有些青铜圆盘，顶端有相斗的野兽和龙蛇聚成一

① 霍布森：《目录》，Ⅰ，128 号，图版 XⅦ。

② 《喜龙仁藏品资料，亚洲美术》Ⅶ，图版 XⅥ（斯德哥尔摩博物馆）；喜龙仁：《早期中国艺术》，复制，Ⅱ，图版 120。

③ 喜龙仁：《早期中国艺术》，Ⅱ，图版 114，图 A 及 D。

角锥形而被认为是“圆筒法码”的尤为明显。其中若干来自斯托克来特、里弗尔、苏法尔、喜龙仁及柏林博物馆的藏品，均由喜龙仁复印[①]；于此我们可看到直接复返至汉朝以前时代所习见的那些恣肆不羁的力量之冲突。诚然，这些力量已不再如较早期作品那样由蜿蜒曲折的线条和爆发般的强力几何图形而予以象征化，而是多少依据现实的狮、龙或怪物形体了。但在这里，现实主义只是一种措辞和基础。扭曲的动物形象已代替了较早期作品的“力的线条”以及鲁莽灭裂的角度，但是虽然这些抽象式样已采取了具体形象，原先的紧张激动之感却依旧未变。在此二者中，我们都看到一种单独受到力量鼓舞的艺术，对于研究中国美学理想的恒久趋势和连续发展具有高度的启发性；因为这些一块块彼此搏击的肌肉，一个个彼此吞噬的大口，都使人确实追忆到古代的怪物；而那些似乎随时都会脱身飞去，并动辄即将抽击的蔓长扭曲的线条和起伏的螺旋纹，或那些充满愤怒与仇恨的咆哮着的腭头，都是借鉴于现实主义手法而非直接摹仿自然，从而最后产生一种类似古代“饕餮”图形的效果；然而，另一方面，在这些作品中，我们看到肇始了唐代那种纯肌肉造型的惯例。就是通过六朝这些扭动身躯的怪兽和虎豹等，我们看到了经由汉代所特有的崇尚朴素典雅、线条流畅的纯外形轮廓和平坦表面之风，达到唐代动物雕刻者们根据各部平衡的解剖学而作的那种充实的现实主义和夸张肌肉的风格。

更进一步，此种结论已由六朝时代的大规模圆雕所证实。这

① 喜龙仁：《早期中国艺术》，Ⅱ，图版117，图C、D、E、F，柏林博物馆东亚部所藏此种艺术品之一，据库美尔博士在其中国美术图录中有复印。

雕刻简直是径直传袭自汉代相应类型的作品——那即是流传下来的唯一样本:霍去病墓的动物石雕。东京大仓(Okuna)博物馆有一座被认为属于三国时代的石灰石狮像,高约 3 英尺 7 $\frac{1}{2}$英寸[①],那种沉重厚实甚至粗笨的朴素外形,使人联想到霍去病墓的雕像。在南京附近宋武帝(死于 453 年)陵的有翼怪兽像,也可注意到这同样的厚重之感。虽然这物件在乍一看时显得有些不成模样而且笨拙,但是它还是傲然昂首,表现出了一种不同寻常的力量。[②]

在第 6 世纪的梁朝时,石雕终于升高到伟大艺术的水平。我们在此仍可发现相同的墓旁巨大造像,长度可达 10 英尺,作怪兽或雄狮形。在南京附近丹阳、句容的梁宗室的萧秀(518 年)和萧绩(529 年)墓旁守卫的飞狮,既是中国大体积雕刻的杰作,也是六朝艺术的杰作[③]:因为在大尺寸的雕像中一直无如此大的形状,而且粗笨;如今在一种内在力量激励下突然活跃起来,其原因,却正是由于六朝时代骚乱的心灵对这种笨重物体注入了生气之故。这些幻想出的异兽,那可怕的腭吻吐出下垂的长舌,脑袋后扬,胸部挺出如船头,前爪拱起似欲腾跃,以及整个前半身的咄咄逼人神态,使人联想到周、秦时代那种通过不同技法和风格所表现的古老的恐怖艺术(图 13)。维及尼尔称六朝艺术为“新周派”和“新秦派”是无比确切的。

的确,六朝的动乱状态,正是能将生命注入大规模雕像并使它

① 喜龙仁:《中国雕刻》Ⅰ,图版Ⅰ。
② 同上书,Ⅰ,图版 3。
③ 同上书,Ⅰ,图版 4、6、9、10。

提升到一种更高力量的原因。因为一旦当这"风暴和紧张"时代的动荡不安在唐王朝统治下平静下来后，此类巨大的墓葬雕像立即失去了生气活力。在唐墓中，我们下文将看到，余下的只是对现实主义的炫示。无论怎么说，这些雕像原来是起于一种史诗式的灵感的，然而最后却退化为濒于拙劣模仿的对戏剧性强暴的空洞表现了。现实主义变得仅成为夸张造作，并以宋代的呆滞沉闷而告终，那原有的特性在此已淹没不显了。[①]

以上所说都适用于六朝时代中国艺术进化的准则。但在小铜像及随葬陶俑中却突然出现了与此发展歧异的形状及型式，它们不再显得那样错综苦恼，反之在其质朴中显得粗犷直率，或此外有一种趋势使人联想到哥特式作品的同样朴素修长的形象。这是由于突厥－蒙古民族已侵入中国北方，北魏拓跋氏并永久居住于此，一时曾将他们自己的气质和观念影响了统治地区，那些都是与中国的趣味全然陌生的。

维及尼尔在他的藏品中有一副带钩[②]，上有一个小小人形乘坐在一匹奔马上，一手扶着马的臀部，另一手持缰绳，身子在马鞍上向后半转着。在这生硬简朴的人物上，回想不起中国以往的任何经验。这样的骑者像是在欧亚大陆的任何其他角落都会发现的——例如，甚至在帕提亚（安息）的边境即有此类似情形，北魏墓

① 关于六朝时代的陶器及其与汉、唐型式的关系，见霍布森氏的卓越研究《六朝的陶器》，载 *Burlington Magazine*，1928 年 7、8、9 月份。

② 一件相似的带钩，见于柏林罗森海姆夫人藏品中。

出土的陶俑步兵、骑兵、贵妇和骑马的女子等，在它们不同的式样中也揭示出一种新的法则，这几乎是属于一种不同的生存制度的。我们所指的不仅是考恰林和爱莫弗波罗藏品中的一些高度简化的骑马小陶俑，即那些蛮族战士，戴着头盔或帽子，身体完全包覆在一件大斗篷里，骑在立定的马匹上，马也同样完全披着马衣（图14）。我所想到的特别是欧洲收藏的大陶俑，它们更具有此种风格的特色。在其中，我们通常发现有极端贵族气派的优雅严峻的拉长面孔，使人联想到一种难以名状的哥特式作风。那些类似中世纪艺术中的女人坐骑和缓缓而行的走马，乃是高大的战马，有着细长的头和天鹅般的颈部，而且前半身明显地高于后半身。鞍褥几乎下垂至地的富丽马衣，更加深了人们这种中世纪的印象，令人追忆起西欧古代骑士制度时的武士。这些骏马与中国古时的战马全然不同，骑在上面的贵族妇女，从长长的松垂的袖子和长袍可识别出是属于北魏时代的，都带着一种严峻高傲的优美神情，使人想到更像中世纪欧洲的女主人公，而不像通常中国娱乐界那种玩偶似的人形。

喜龙仁、万涅克、哈斯、西门、杰弗和爱莫弗波罗所收藏的北魏时代妇女的小立像，也有同样的这种“中世纪”和“哥特式”的性质——但注意我使用这些名称纯只是提供一种类比，并没有种族上的或文化上的含义。它们的头饰有时是截短的圆锥形的尖头纱冠式[①]，有时是有角的主教冠式，加上长袍的笔直衣褶，它们也有一种高大严峻、生气勃勃的美，这些和顾恺之画卷上风度翩翩的人

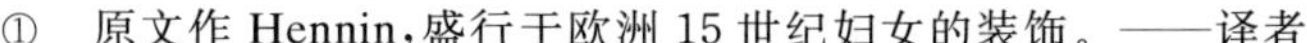

① 原文作 Hennin，盛行于欧洲15世纪妇女的装饰。——译者

物正成一对比，虽然二者式样类似。甚至当这些贵族家严峻妇女屈尊来穿着更华丽的装束时——例如爱莫弗波罗收藏的两具穿莲花（或称“长寿花”）服装的贵妇——她们那种搔首弄姿的神态，那种肥肥的袖子和宽宽的头巾，也毫未使人消减那种严峻的普遍印象。而大卫·威尔收藏的更为健壮但十分堂皇华丽的贵妇坐俑，也全未能掩盖一种事实，即我们于此看到一位令人生畏的北魏的女主，像那可怕的胡太后（死于528年），其中女性的妩媚已被生气勃勃的男子气概所超过。

墓葬中出土的北魏战士俑，也属于同一民族。无疑，根据伯希和教授的有充足理由的学说，他们代表纯突厥-蒙古族（而非前所认为的通古斯族）分子首次在远东事务中出现。北魏陶俑并不能用来推翻此项假设。无论是骑兵俑或步兵俑——骑兵如我们上文提到的和爱莫弗波罗藏品的人像，由喜龙仁教授复制的多伦多皇家博物馆所藏一组[①]，都是笔直地坐马鞍上，并和它们的坐骑形成一个整体[②]；步兵如多伦多博物馆、吉美博物馆及维及尼尔氏的藏品，或古特曼、哈斯及万涅克诸氏的藏品——都不属于中国传统的典型，也不十分符合本土的艺术法规，它们戴着一种头盔，拉下来遮盖着耳朵和后颈，穿着 Cuirbouilli 式*的紧身铠和宽松的长长的马裤，还有一面饰以怪兽形象的长方形防身盾牌，这确是时常侵

① 《早期中国艺术》Ⅱ，图版109。

② 梅原末治在朝鲜 Kgongtjn 附近墓中发现著名的骑士形酒瓶，属于4—7世纪的新罗 Sjlla 派，虽然那短粗式样与北魏艺术品殊异，但在“非中国式的生硬”和“欧洲中世纪式的特色”方面却可以相比，见爱克汗尔敦所编书，图361。

* 按：此为14世纪前用来制盔甲的浸蜡硬革。

扰亚洲各地的突厥游牧民族的真正前驱者。现在我们已涉及外来影响的问题。宗教方面受到佛教的影响，艺术方面受到印度、希腊和伊朗的影响。

草原上的艺术：明努辛斯克和诺音－乌拉

要讲述佛教前的中国艺术史，我们应该附带陈述一下在佛教传来之前的北方和中亚游牧民族的艺术。

这些居民属于许多不同种族。有些占据现在蒙古和满洲地方的，与阿尔泰族有关，仍以突厥人、蒙古人及通古斯人为代表。在古代和中世纪初期兴起了匈奴人，有证明他们自公元前 3 世纪至公元 4 世纪存于远东；[①]还有阿瓦尔人（Avars），他们在第 5 世纪统治着蒙古地方，呎哒人（Ephthalites），约在同时期统治着突厥斯坦（Turkestan）和大夏（Bactoria）；最后还有突厥人，他们对亚洲北部和中部的统治自 6 世纪延续至第 8 世纪。

与此突厥－蒙古人统治的同时，在这大草原西部还居住一些不同民族。有些属伊朗人，有些属这民族的另一支——吐火罗人（Tokharian），其语言与我们（法语）为同一语系；但二者都为印度－欧罗巴系。与定居中亚的印－欧民族中这一支有关系的主要有塞希安人（Scythians，大月氏人）和萨玛提安人（Sarmatians），他

① 见冯·塔克斯：《匈奴与中国》。

们相继居住南俄罗斯，都属伊朗人；[①]还有索格地安人（斯克泰人 Sogdians）和萨迦人（塞族人 Saka，或 Sace），据东、西两部突厥斯坦，也是伊朗人；不过一直定居于伊朗本部的伊朗人则称呼这些始终属于半游牧民族并成为其仇敌的远亲为带敌意的名称：吐兰尼安人（Turanians）。

事实上，一民族与另一民族之间的区别，种族因素尚不如习惯或生存环境的因素为多。我们已说过，大多数中部和北部亚洲的居民，无论是突厥－蒙古民族还是印－欧民族，都是游牧或半游牧的，除了定居在喀什噶尔（Kashgaria）、说吐火罗语或东伊朗语的人们，下文论及中亚佛教时将再详述。由于他们都过着一种共同生活，所以在艺术表现上也具有共同的风格。于是一种艺术兴起了，并被取名为"土兰尼亚式""大月氏式""月氏－萨玛提安式""阿尔泰式"等，这些名称都不确切，因为似乎只指某一种民族的，而实际是这所有全体人们的作品。因此简单地称之为"草原艺术"或更确切。另一方面，我们甚至在这种艺术采取了自己的确定形式以前，就企图解释其对中国美学理想之形成的影响；而且试图从那理想中引申出一种相反的学说来。的确较好的是，如维及尼尔氏极明智地提出[②]，这种草原艺术，像在西米利亚博斯普鲁斯（Cimmerian Bosporus，在黑海与亚速海之间）、高加索、伊朗、突厥斯坦的

① 关于在南俄罗斯，可恰当地称之为大月氏和萨玛提安的艺术，见明斯（E. H. Minns）《大月氏人和希腊人》（剑桥，1913）；及罗斯托夫佐夫：《南俄的伊朗人及希腊人》（牛津，1922）。

② 维及尼尔氏：L'Aventureux Art Scythe，载 1925 年 4 月，*Arethuse*，56—63 页。

边境、西伯利亚和在蒙古各地所同样发现的，乃是另外一种艺术，它虽然并非独出心裁自我作古的，但在气质与技法上同中国的美学理想却是完全对立的。

此外，甚至赞成月氏-萨玛提安论的人也承认这种艺术的渊源应在伊朗和美索不达米亚地方，而不应到中国去寻找。由阿开密尼德朝-萨珊朝的波斯，通过每一条路径传播至俄罗斯-突厥斯坦以及阿尔泰人所居住的大草原的这种纹章式野兽的题材，可以在迦勒底-亚述宝石雕刻的最古代传统中寻得。我们翻阅卢浮宫关于苏美尔-阿卡德、巴比伦和萨尔恭朝的圆筒雕刻藏品目录，将发现其中有“格力芬”（鹰头狮身异兽）——扑倒鹿类野兽的鹰形怪物，一组组想象中的异兽，对称地排列着，并作为大角山羊或牛类动物间的系链，有时甚至在草原艺术品中所喜爱表现的向后翻卷的鼻孔也可见到。

这些纹章式的主题，这些程式化的动物形状，这些装饰性的野兽之间的战斗，都和萨尔恭王朝在表现动物方面的现实主义风格一致，作为美索不达米亚帝国遗产的一部分，留传给波斯，而波斯则除去这种对动物形象的纹章式和程式化的处理手法，再加上为此所需要的现实主义风格外，几乎没有留传任何其它东西给北方的游牧民族。此种差别正是游牧民族所处的生活环境下的必然结果。因为他们既无永久居留地也无豪华的建筑物，一切运用现实主义手法的建筑、雕刻和绘画等艺术，对他们都是陌生的。他们的奢侈物仅有服装、金饰、个人珍宝、马饰和地毯。但这种物品——带钩和纪念牌、刀鞘或挽具扣、车辆上的金属装饰，更无论他们的地毯，这些除了在诺音乌拉和喀什噶尔的以外，几乎完全消失了——似乎明显的有纹章式处理手法。此外，这些游牧民族，不论是伊朗人还是突厥－蒙古人，都是在马背上度过其一生的。因为居住在草原上，他们的时光多消磨在放牧鹿群或野马上，还时常看见吃草时的牲畜受到野兽的袭击。由于此种生活条件，以及他们的奢侈品的特殊性质，迦勒底－伊朗艺术流传的教导对他们就只剩下纹章式的题材和以传统手法处理的动物间的战斗了。日后凭借了同样因素的哥特人和斯堪的那维亚人的"野蛮"艺术，就是以类似精神对此加以发展的。

确定了这些原则后，我们仍可以承认，在某些地区和某个特定时期，这种草原艺术在某些影响下所产生的纹章式和程式化的动物，的确成功地显示出现实主义之复活。在西米利亚博斯普鲁斯地区先后建立了一个希腊的和一个希腊－罗马的王国，有利于创造一种希腊－大月氏的和后来希腊－萨玛提安的艺术，其中希腊的艺术家将他们的造型方法应用在从草原生活中吸取的题材上。现在爱尔米塔什所藏著名的麦柯布（Maikop）腰带，以及大英博物馆收藏的保加利亚腰带，[①]尽管有程式化的当地风格，希腊影响的特征却显然可见。另一方面，在罗斯托夫佐夫各作品中复制的，表现狩猎野猪的西伯利亚的纪念饰板上，和大英博物馆中宝藏的"典礼用斧"——雕有虎捉一山羊，同时又被一头野猪袭击——上，我觉得可以见到一种波斯的或希腊－波斯的影响，或使人联想到塔夸－夷·布斯坦（Taq-i Bustan）的浮雕。但一般说来，这草原艺

① 勃罗夫卡（Borovka）：《大月氏艺术》（*Scythian Art*）图46，B。

术当听任其自己发展时，只有在很小的作品如图96—99* 所示野驴形和雌鹿形的斯克泰小铜器上才容有现实主义风格，甚至这些也是以最直率而朴素的手法表现出来的，而未经苦心制作。

在此派的几乎所有其他作品中，我们发现动物形象都是根据严格的几何学惯例而处理的，主题都带装饰性。如鹿角和马鬃多长成圆环和螺旋形，使这动物几乎加倍高大，[①] 同时马类野兽的上嘴唇都向后卷成螺丝钻状。[②] 这些动物形象经常程式化得如此完全，互相纠缠交错得如此紧密，并且分权成长得如此茂盛，以致无论为鹿类、马类或野兽类，尽管其头部始终都是用现实主义方法处理的，却很难将这动物本身与装饰区分开。[③] 动物的角和尾末端多呈簇叶状，或长成鸟形。在这方式中，我们有时见到一种将动物各成分予以分散的情况，初看时有些类似周代艺术的情形，不过它是以完全不同，甚至——如在更详细研究下——根本相反的途径达到的。在分散一件器皿上的"饕餮"身体的组成部分中，周代艺术正向现实主义移动："饕餮"潜伏在物体内好像一种威胁的原则，那趋势就是要使之具体化。

另一方面，在草原艺术所产生的这些纪念饰板中，我们曾一度看到现实主义的因素，由于它们互相缠绕并大量分权蔓延，终于将其性质沉没并消失在由它们自身所制造的装潢中。

此外，这种艺术与周代艺术的法则相反，是在于其几何性质乃

---

* 图片欠附。

① 勃罗夫卡：《大月氏艺术》，图版Ⅰ，22B，34，48，49。

② 例子甚多，勃罗夫卡前引书，图48。

③ 罗斯托夫佐夫：图版Ⅱ，图4，图版Ⅳ，图15，16。

基于对现实形象的畸变上，而在试图将此二者加以比较的一个领域上（即戏剧性的狩猎，或更可说是动物互斗景象），它与汉代艺术性质正相反。简化至几乎虚空赤裸的汉代艺术的自由流畅、纯净完善的线条，与草原艺术的畸曲纠结、互相包缠的线条，二者性质之相反是无以复加的。汉代艺术的这种场面，表现的动物或相戏，或追逐，或有时互相威胁，但都在一个简单开阔的背景上。反之，在这里我们却看到野兽是在一场难解难分的生死搏斗中，并且时常互相纠缠着像热带的下层林丛一般。这是一种戏剧性的艺术，喜好表现被蹂躏的肢体——马或鹿的身躯被虎、豹、熊、罴、猛禽，或时常剧烈震摇的狮身鹰首怪兽所攫。① 此处并没有如汉代动物艺术品那种速度的成分，没有奔逃，而是有耐心、有条理的残杀，其中，如我们已说过，受害者往往似乎要将那残害者拖住同归于尽。不过这里却有一种有生气的内在冲力，尽管在型式上看似行动缓慢，但很快就会表现出巨大的悲剧式力量，只是这种花团锦簇的程式化风格，使这些形象分解出许多繁复华丽的图案，因而此类血淋淋的场景一般也丧失了一切现实感。

所以这种草原艺术，看来并不像某些著名权威人士最初所假设的那样对古代中国艺术的形成施加影响。然而其影响却伸展到毗连中国本部的东西伯利亚和蒙古地方。这种艺术的一个中心，发现于叶尼塞河谷的明努辛斯克（Minussinsk），以其有程式化动物题材的青铜器而引起注意。另一处是在乌尔加（Urga）附近的诺音－乌拉（Noïn-ola），为柯兹洛夫（Kozlov）、帖普鲁柯夫（Te-

① 勃罗夫卡：《大月氏艺术》，图 46，47，70。

plukov)和勃罗夫卡俄罗斯考察队于1924—1925年发现的。他们发掘出的物品来自匈奴酋长坟墓,包括地毯、毛织品和绣花丝绸、粗陶瓷、铜质马具饰品、上漆的木制品及一件小玉像。一块毛织品的一部分上织的是一头大角羚羊被狮身鹰首兽扑倒,另一块是一头牦牛受到一个虎豹类野兽的攻击——草原惯用的题材——前者是以留有一些现实主义痕迹的手法处理的,因此勃罗夫卡得以使之与炼金制(Hezmi-tage)的金牌相比较,它标志着自希腊或亚述-伊朗的造型风格向草原这种程式化方法的明确的过渡阶段。反之,第二幅图案表现某种牛类动物——水牛或牦牛——与一头想象的猛兽之间的角斗,则具有程式化的一切标识:动物躯体的空白处布满花叶图案,兽鬃和兽尾分裂成第二个头部,等等。

特别有价值的一点是,与这些物件一同发现的中国作品,使我们能确定这些墓葬的年代。不仅其中漆器、玉器和一只碗上的图样说明这属于汉代,还有一件花瓶上的字体经库美尔博士鉴定,其确切时代是公元11年的。①

此外,在一面"西伯利亚"型的铜镜上出现"西夏"文字,其时代只能是第11—12世纪,②表明这种草原艺术一直延留于中国北部边界至成吉思汗及其子孙入侵的前夕。

---

① 可以看到,尽管我认为草原艺术对中国本部的影响较某些权威人士一度所假设的为小,但其内在的重要性,我以为正与罗斯托夫佐夫教授的教导相符。精妙的卢瑞斯坦(Luristan)铜器的发现证实了他的观点。从卢瑞斯坦的卡绥提(Kassite)铜器到诺音-乌拉的匈奴人的纺织品,这草原艺术肯定了它的统一性和力量,所有晚近的发现都支持明斯(Minns)和罗斯托夫佐夫等的教导。

② 参看伯希和教授1927年5月2日的讲话。

然则，如我们所相信的，倘若草原艺术对中国古代艺术的形成不可能有任何影响，这是否意味着它和其后中国艺术的发展之间，也不含有任何相互关联的明证呢？我们已经指出了这种草原艺术中对动物形象的纹章式处理手法，与周代的庄静思想或汉代图解式作风二者间的对比。但中国艺术中还有一个阶段，看来的确表现出与此种不正确地称之为大月氏－萨玛提安艺术风格有些亲缘，那就是六朝艺术，尤其由整批的带钩即可显示出。我们可注意到，恰当此时代中国北方被赵氏匈奴人、通古斯鲜卑人、柔然（茹茹）蒙古人及突厥－蒙古族的拓跋氏所入侵并长期占领，这使得中国世界和草原世界紧密联系起来，并且一度将一种相像的精神强加于它。因此我们发现维及尼尔氏所谓"六朝的动物繁衍图案"，乃是草原艺术以纹章式处理的动物形象衍生为花卉植物这一支派在中国艺术中的一种附着，也就不足为奇了。这并不是说六朝艺术必须因此被认为由游牧民族的艺术引申而来，但根据此种事实可做一比较，即游牧民族征服中国北部在当地造成了类似的生活环境。还值得注意的是，同样繁杂的处理手法，也可以在此时代的朝鲜艺术中的乐浪发现。[①]

① 见于乐浪（Rakuro）发现的铜和巨大金质的带扣。

第二章　佛教在中国的影响

佛教在中亚：希腊－罗马的影响

中国思想和审美观念的历史，直到公元第4世纪，本来是可以单独以他们自己的发展法则来解释的；但自此以后由于佛教思想及其艺术型式的入侵而突然改变了。

我们可以看到，早在第4世纪，许多定居在中国北部的鞑靼领袖们如何已信奉了释迦牟尼的宗教。至第5世纪中叶，这些酋长中最强大的、属于拓跋氏家族的魏主，荡平群雄，扩张疆土远至毗邻（青河）长江流域的地区后，即定佛教为国教。仍然统治着中国南部的华夏帝王们也仿效北方的汉族（鞑靼的邻国），——在第6世纪，南梁也像北魏一样同为虔诚的佛教徒——因而在不多数年之内，全中国顿然趋向一种新的观念。继之遂成为一个性质完全不同的佛教式的中国达近五个世纪之久。而过去几千年，它的天才们的性质都始终如一是属于本土的。现在我们来了解一下当佛教在中国确立时，它所引进的这个宗教的影响是什么。

在本书第二卷中，我们曾指出在相当于西欧中世纪的时代开端时，印度盛行的是何种艺术学派。一方面，在印度西北部有希腊－佛教派，以旁遮普的塔克希拉地区和喀布尔河谷的印度－阿富汗诸省：犍驮罗（Gandhara）、那迦拉哈拉（Nagarahara）、拉姆帕卡（Lampaka）和卡皮萨（Kapisa）为中心，这一派除了佛教外，没有任何东西是印度式的；而在其他各方面却是一种希腊－罗马式的艺术，不属于印度而属于地中海世界①。另一派是笈多朝（Gupta）艺术，自第4世纪至第7世纪以恒河流域及德干高原为中心。这派却是名副其实的印度艺术，其主要特色总结起来可下定义为热带式的自然主义派，克制、精练，并且受佛教唯心主义的精神性的潜移默化。最后，在本书第一卷“近东与中东的文明”中，我们已看到在伊朗的波斯萨珊朝艺术，它自第3至第6世纪扩大其影响远至兴都库什及阿富汗。现在我们将看看这些艺术流派——犍驮罗派、印度－笈多派和萨珊派——如何由佛教携来通过中亚远至中国边界。

中亚——老地理学家们称之为克什喀利亚，斯坦因爵士名之为赛林地亚（Serindia），而现在叫作新疆——就其垦殖过的部分而言，包括两大片绿洲：在北部是喀什噶尔、库车、喀喇沙尔和吐鲁番，在南部是叶尔羌、和阗、尼雅和罗布泊所在地。虽然自第8、9世纪以来，这两片绿洲过着突厥人的生活方式，以前居住的却是印－欧民族，其语言据伯希和教授、斯坦因爵士和已故勒·考克教

① “印度的文明”中译本，古代尼泊尔的佛教，教化了印度，传入了中国，引起艺术上的巨大变化。——译者

授等确定为：在吐鲁番和库车用的是吐火罗语，这是一种西部型的印－欧语言，不仅与亚美尼亚语和斯拉夫语有些亲缘，而且似乎也与意大利－凯尔特语系有关；在和阗讲的是东伊朗语；还有索格地安语，也是外乌浒河地方的一种伊朗方言，这是由该地区的商队往来远至中国的边疆所说。在第 8 世纪，这地区的一部分，包括库车、喀喇沙尔和吐鲁番，都落在维吾尔突厥人势力之下。这是阿尔泰族中最开化的人，我们将看到他们将这片国土同化为突厥人的模式时，也还保存了印－欧文化的传统。

在广袤的沙漠地带中的这片片绿洲，在文明史上所扮的角色，几乎和过去在爱琴海中诸岛屿所扮的角色同样重要。在这方面，也几乎可以说这戈壁沙漠，有着多石边岸的瀚海，其中穿过着商队路线，好像大海中的轮船航线，的确是一种“亚洲的内陆海”——犹如另一个地中海，正适用于沟通其周边的各种文明。由于使它们如此互相接触，可以说已产生一种与亚历山大文化类似的人文主义。正如在亚历山大的世界中，希腊文化曾作为埃及、叙利亚－迦勒底、希腊和拉丁各种文化的桥梁一般，尼泊尔、印度的佛教自第 2 世纪以来开始扩展至全部中亚，并在此地区播下了种子，如今于同一宗教信条下极有成效地将希腊、印度及伊朗的影响融合在一起。

希腊的影响是最直接的，在时代上无疑也最早。亚历山大、安提阿（Antioch）、以弗所（Ephesus）及帕格芒（Pergamon）的希腊精神，在哈达亦如在犍驮罗和塔克希拉，由于嫁接了佛教而注入一种复生的活力，确实又继续生存下来；同时在希腊本土戴克里坦（Diocletian）和君士坦丁（Constantine）时代的艺术却凝固僵化了。

在佛教的土地上，希腊的精神依然如旧，而在基督教的领土上，它已变成了拜占庭式。如果像哈金教授的想法，哈达的泥像大部分属于第3至第5世纪，[①]然则说作为创始及再生力量的希腊天才者曾避难于喀布尔，并于此发现了新的生活，这是否也合理呢？因此，我们看到犍驮罗的这种希腊作风转而在中亚腹地产生了一整套希腊式作品也就不足为奇了。

的确，在和阗以东的拉瓦克，犍驮罗的影响是盛极一时无与抗衡的：在一度曾立有"窣堵波"（印度塔）的院内墙壁上，有一些灰泥浅浮雕的菩萨坐像（可惜头今已失去），其作风之雄浑和富于韵律感，以及在处理衣褶上所采取的纯希腊式传统手法，都是值得注意的。我们只要将斯坦因爵士复印的这些作品[②]，与安德烈·哥达氏拍摄的在哈达第一次发掘时所发现的巨大佛像、而其后即被毁坏的照片[③]加以比较，即可深信不疑。的确，据斯坦因说，拉瓦克的这些作品似乎属于公元最初几世纪，因此应与哈达的那些出土物为同一时代。[④]

这个拉瓦克遗址，还有叶提干，代表了原始阶段的和阗以及更东的尼雅。它在第3世纪之末已被放弃，其古物都是早于第4世纪的。斯坦因爵士发现了一整批保藏的罗马凹雕：拿着闪电和矛盾的智慧女神雅典娜[⑤]、宙斯、尼洛斯、赫拉克力斯、四马并列的战

---

① 见本书第一卷"近东与中东的文明"。

② 斯坦因：《古代和阗》，Ⅱ，图版 XIV 及以后各图。

③ 吉美博物馆（阿富汗室）。

④ 斯坦因：《古代和阗》Ⅱ，图版 XIV 及以下诸图。

⑤ 复制为斯坦因《古代和阗》卷首之插图。参看由巴尔绥克斯代表团携回吉美博物馆的一具智慧女神雅典娜的灰泥头像。

车，等等[1]。

更往东，在罗布泊之南的米兰，斯坦因的考察团发现了一些无疑属于第3及第4世纪的壁画，外观极像希腊－罗马式风格，似乎特别受到小亚细亚学派的影响。这是一位叫作提达(Tita)的作品，这名字一定是提图斯(Titus)的印度化形式。从邻近带回的片断中，有一幅画像，佛后面追随着僧侣们，尽管他有一个印度人式的淡淡胡髭，却是纯粹罗马式传统的；[2]还有一种无须的天使或精灵，有的生翅，[3]有的无翅而穿着红袍，这几乎可以说是来自庞贝(Pompell)的。除此之外，这些美丽的青年尽管型式是古典正规式，却带有一种“利凡特式”(Levantine，指地中海东部及爱琴海诸地)所特有的倦怠消沉的神情，这里还有一些类似型式的无须人像，戴着费尔干(phrygian)小帽，使他们有些和弥斯(Mithras)相像[4]；中楣上一些弹琵琶的妇女与此型式相类，她们的美貌是利凡特式的，处理手法是希腊－罗马式的；最后还有本书第二卷“印度的文明”中已讲过的须大拏本生故事的一个插曲，其中曼坻公主画得如以上所说的罗马－利凡特式，和她的两个孩子驾着一辆纯罗马式的四马并拉的车，前有白象，须大拏太子骑马相随。在这后者，也可以注意到印度的影响同样混合着由罗马人的叙利亚经犍驮罗带来的古典式影响。

① 斯坦因：《古代和阗》图版LXXI。

② 斯坦因：《赛林地亚》Ⅳ，图版XLII。

③ 同上书，图版Ⅸ，参看哈达壁画，上有有翅厄洛斯像，吉美博物馆B。

④ 斯坦因：《赛林地亚》I，图136、137等以下，520页以下。参看吉美博物馆藏品目录。

今日，如上文所提示的，我们知道作为连接希腊－罗马的东方，与具有希腊化倾向的戈壁地区壁画之间的桥梁，乃是犍驮罗派的绘画，现在由哥达尔夫人所摹写的巴米延壁画或自哈达带至吉美博物馆的而展现于世界。例如，在巴米延，于壁龛内有一躯约38码高的佛像[①]，壁龛上部饰以组合画，其中央部分，与显示出受伊朗影响的细节并列的是一位生翼的女战士——使人联想到智慧女神雅典娜——在全部上端又冠以一辆战车，由四匹柏伽索斯(pegasus)式的飞马牵引，这图像我们将在克孜尔、库木吐拉，甚至远达敦煌都可再发现。[②]

此外，哈达的壁画也形成了后期罗马帝国艺术与中亚绘画之间的桥梁：在巴尔吐克斯藏品片断中有一幅作“施无畏印”姿式的立佛，它已经产生一种类似罗马墓室型(Catacomb)的印象，几乎近于拜占庭了。其它绘画，我们可以特称之为“亚洲庞贝式”，那些在米兰的绘画(著名的如以上所说须大拏太子本生的一组)，[③]其经院式的解剖学及姿态，与哥达尔夫人复制的巴米延壁画上某些带翅的供养人相比，可能是有益的，后者年代也是自公元3世纪起。[④]

雕塑的情况同样也如此。由哥达尔和巴尔吐克斯在哈达斯拍摄、携回吉美博物馆的佛陀或其弟子们的灰泥塑像，[⑤]在斯坦因爵

---

① 哥达尔及哈金：“Les Antiguites bouddhigues de Bamiyan”图版XXII，图223—224。

② 参看勒・考克：《毕尔德拉提斯》，第97页。

③ 斯坦因：《赛林地亚》I，图134，517页。

④ 哥达尔及哈金前引书，图版XVII。

⑤ 这些照片及作品均在吉美博物馆的两个阿富汗馆展出，参看本书第一卷“近东与中东的文明”图22，23。

士于和阗附近拉瓦克所拍摄的类似灰泥塑像中正可看到其副本，其年代也起自公元最初几个世纪，[①]具有同样古典式衣褶，幅度完好无缺，并富于韵律美。

在喀什北部绿洲图木休克、库车、克拉沙尔和吐鲁番的希腊式作品，主要属于较晚的时代，即第6、第7和第8世纪；但这古典的准则仍然呈现于其中。勒·考克教授、伯希和教授和斯坦因爵士从这些遗址带回来的许多灰泥的小型佛陀立像，有的仍留有彩色涂饰的痕迹，这些塑像也可能同样发现于哈达或塔克希拉。在这方面，最有启发性的是将两个典型样品加以比较：一者，是一躯立佛的巨大服装，不幸佛头已失去，这是巴尔吐克斯自哈达的一面灰泥浮雕上带回吉美博物馆的；另一个也是一躯灰泥佛像，是勒·考克教授自焉耆附近的硕尔楚克携回的，其服装涂成红色，并且同样是希腊-罗马式的。佛像的面貌也完全相同——一种阿波罗型，增加了眉间白毫和顶上肉髻，并加长了耳垂而变为佛祖——这形象在整个中亚都可发现，有时是纯典型的，有时带有一种已经开始显现的中亚式的厚重，这在下文将再谈到。还有哈达和塔克希拉的偶像制造者们大量制作的类型塑像或典型习作等也如此：例如，僧侣型——瘦削，聪明的面孔，带一点狡猾的幽默神情——有胡须的婆罗门，模样像苏格拉底和瓦尔邻的药叉，或有着长长下垂胡须的蛮族等。吉美博物馆的参观者们将惊奇地发现，由巴尔吐克斯考察团自哈达带回的物品中，和由伯希和考察团自图木休克及敦煌带回的物品中，都有与此几乎类似的样品。将塔克希拉博物馆

① 斯坦因：《古代和阗》Ⅱ，图版XIV以下。

中的希腊-佛教式小塑像，[①]与斯坦因爵士自克拉沙尔及库车地区携回大英博物馆的相当的灰泥塑像加以比较，也会得到同样结果。伯希和教授在图木休克所发现的，和斯坦因爵士在克拉沙尔及硕尔楚克所发现的，与巴尔吐克斯在哈达所发现的都是同一类人像：灰泥的浅浮雕，其人物中衣褶与犍驮罗派[②]同样完美，相貌颇为忧郁的无须的菩萨，"提婆陀"（devatas，天神），这些都是形态柔和愉快而较少豪气（图 15），受到某些宇宙像启示的、纯印-欧型的有胡须的婆罗门、蛮族，和有须的、像西来努斯的药叉[③]，等等。从图木休克、克孜尔和硕尔楚克发现的这类女神小彩塑中，有些优美的彩色小塑像，其面型轮廓仍是希腊型，眼睛则已经是中国人的了——我们看到希腊的才华与远东的才华由直接接触而融合在一起，不需要任何印度的介入。我们可以特别提到自库车附近的库木吐拉发现的一个美丽的小女神泥塑，彩色鲜艳，胸部赤裸，[④]人们几乎会认为这是一具亚历山大式的塑像。看来竟好像一队塔那格拉（Tanagra）人像直行进到遥远的中国边界，在此与她们的中国姐妹们、唐代随葬的舞女小陶像携起手来了。

此种评论也同样适用于戈壁北部地区的绘画，由伯希和、格伦威德尔，及勒·考克诸教授所拍的照片或携回的都勒杜尔阿胡尔、克孜尔、库木吐拉及库车的壁画，显示出一系列人物其意境及手法都是古典式的：犍驮罗式的婆罗门，还有"药叉"，都是自一般希腊

① 《印度考古调查报告》1912—1913 年，24 页，图版 XVII，XVIII。

② 斯坦因：《赛林地亚》III，图 295，1198 页。

③ 同上书，IV，第CXXXII 号。

④ 勒·考克："Buddl istische Spütantike"，I，图版 35。

作品的“哲学家”型抄袭而来；[①]服装仿自该派的传统型式，裸体男像较为呆板，使人联想到庞贝或巴米延；[②]青年裸像则可与希腊古瓶上所绘媲美，例如克孜尔的所谓“赞布战车洞”(Cave of the Zebu Chariot)之明屋[③]所绘赤身苦行僧，其形如骷髅般的希克利著名犍驮罗式佛陀；色情景象，可想到某种古代宴会；所有这些都附有古希腊罗马式的海马、水妖，等等。有趣的是，注意此类绘画其年代一定始于第6、7世纪，即源自犍驮罗艺术中心，尤其在哈达派被毁灭之后。因此库车地区的佛教寺院及时接受了犍驮罗派的遗产，并将其教导——都是希腊和罗马式的——继续传递到中国突厥斯坦腹地直至深入中世纪。

在这些绿洲最东端的吐鲁番，我们确已到达中国内地的边缘。考古学家们在此地区——高昌古城、木头沟格、伯孜克里克和甚至和卓——发掘的遗址中，我们又发现直至第9世纪还有“中亚”型的泥塑头像，是袭自塔克希拉和哈达成批生产的类似人像的。可惊奇的是，在高昌古城的一幅壁画(已被携至大英博物馆)上发现一名妇女，发型如希腊人，并披着希腊式的妆饰。在同一遗址处，德国考察团发现大量菩萨或佛祖的小塑像或壁画，有些趺坐如欧洲人的样子，且至少在塑像的面孔上常有一种阿波罗般的优美神情，娇柔慵怠，对服装的处理手法则是平凡陈腐的，在壁画上有时还有拜占庭传统化的痕迹，这在巴米延和哈达已预先显示过，但这

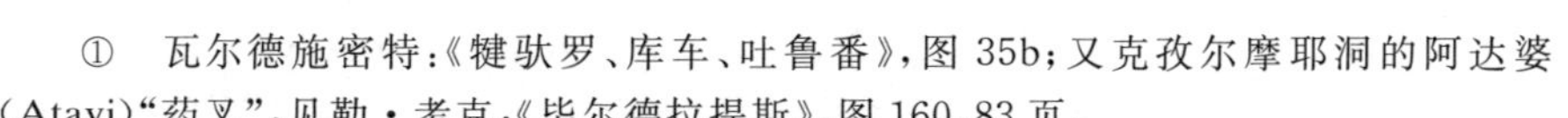

① 瓦尔德施密特：《犍驮罗、库车、吐鲁番》，图35b；又克孜尔摩耶洞的阿达婆(Atavi)“药叉”，见勒·考克：《毕尔德拉提斯》，图160，83页。

② 格伦威德尔：《中国土耳其斯坦的佛教艺术》，141页。

③ 同上书，125页。

一切都显然是犍驮罗式的作品。

在这方面使用“犍驮罗”一名不应引起惊异。它既然在发展中的每个阶段都追随着希腊－罗马艺术，则具有希腊化倾向的中亚绘画在其最后演变中，也不可能不显示出拜占庭风格的迹象。因此，不足为奇的是在犍驮罗艺术向中国前进的终点敦煌，发现一面第8世纪的旗帜，被斯坦因携回大英博物馆，[①]上有一尊释迦牟尼佛立像，左右二胁侍菩萨，那种僧侣式的特色已经是罗马艺术进入拜占庭阶段了——又由于有印度－笈多朝风格的天女飞翔其上，阿旃陀与日本法隆寺已携起手来，那特色就更触目了。

佛教在中亚：印度笈多朝的影响

奇怪的是，可观察到当印度佛教传入中亚时是与希腊的美术思潮同时而来，而纯印度的即笈多派却在较晚才引进。希腊式佛像或浮雕早在公元1、2、3世纪时即已出现，而似乎必须等待到第6世纪才发现一些使人联想到鹿野苑作品的造像[②]，或阿旃陀的绘画[③]。

例如，在这戈壁地区的南部，笈多派艺术于第8世纪才在丹丹

---

① 宾扬：《大英博物馆中的亚洲艺术品》；《亚洲艺术》Ⅵ，图版ⅩⅤ。

② 参看本书卷二“印度的文明”图41—42，商务印书馆1965年版。——译者

③ 同上书，图45—53。不用说，这里提到阿旃陀并非指该遗址，而是作为印度式绘画的一例。我不想暗示“Kash garia”壁画是直接受到阿旃陀的影响，只是以它为一种画派的典型，因它处理良好的保存状态。在这方面，我们可注意Joaveau-Dubreuil教授近在卡纳蒂克的Conjneeverom(Kanci)的Kailasana chaswami神庙发现的第7世纪(约690年)的帕拉瓦(Pallava)壁画。见安纳瓦姆：《印度阿旃陀的副本，帕拉瓦绘画的发现》，载《印度图画周刊》，1931年2月8日。

乌里克的壁画上独步一时，与此并列的还有自其它派别衍生而来的绘画，下文将述及。在这遗址上斯坦因曾发现一幅壁画，描绘一裸体少妇自一莲池中起立，这是一个美妙的和阗“龙女”，尽管姿态端庄，却使人联想到美第奇的维纳斯，她好像几乎从阿旃陀的洞顶上迈步下来（图 16）。

但直接受到印度－笈多朝影响的则特别是戈壁沙漠的北部绿洲。在第 7 和第 8 世纪，几乎所有克孜尔、库车和焉耆的壁画都由此演化而来。我们可举克孜尔的摩耶天后在出生图景中的“舞女姿态”一幅为例，这是“宝藏洞”中鲁德罗衍那传说里“四大神迹”或“王后舞蹈”的一部分，还有所谓“死与舞女”一组中的裸体舞女，这是勒·考克复制的。在所有这些作品中，我们看到同样体态轻柔婀娜的裸女，带着一种热带土地特有的妖媚迷人的美，与纤细修长的四肢成一对比；同时，我们也发现仿自印度舞女技艺的同样优美精湛的姿态；总之，我们感到有一种全部阿旃陀的气氛。此外，阿旃陀的优雅有时为希腊的古典作风注入了生命，于是我们发现了更多的具有波提切利式美的修长肢体。在克孜尔时常看到的飞天（图 17）、“乾闼婆”等等，使我们也再一次联想到巴米延，这些图像由此传到敦煌，到高丽的三墓里古墓，再传到日本的法隆寺。

此外，自第 6 世纪以后，整个中亚的绘画都由于笈多朝影响的涌入而转变，在这方面库车的艺术家们仅是描绘普遍的法则。人体画得更为窈窕，轮廓更为柔和，姿态更为优美，不久甚至变得矫揉造作了；印度裸女的纯洁而色情的形象甚至给一些神圣场景也带来一种新的温柔气氛，而迫使这一天真无邪的美的感受为神秘的理想主义服务，更进一步加强了这些作品和拉斐尔之前的意大

利艺术品之间的类似处。

从一种观点看来，克孜尔派绘画代表着将阿旃陀的感情灌注生命于模仿希腊－罗马艺术的清规戒律。

但还不仅如此，它揭示了伊朗在突厥斯坦的影响。

佛教在中亚：伊朗的影响

除了希腊－罗马的影响，和一种严格说来属于印度的影响外，佛教所散播的第三种文化及艺术上的影响通过中亚直达中国内地边境的，乃是萨珊朝伊朗的影响①。

的确，萨珊朝的伊朗和佛教世界的关系，日渐显示得远比我们最初所假设的更为密切。事实上，在各个时代古老的巴克特利亚（大夏）省就形成伊朗帝国的一部分，它早在公元前第 3 世纪就皈依佛教，而在公元第 7 世纪玄奘发现它仍是彻底印度化的。它似在约 230 年被萨珊朝第一位伟大君王阿打失所征服，这君王显然逐出或降伏了当地的贵霜诸王。约 303—310 年，我们甚至看到萨珊朝的荷尔米兹二世成了在喀布尔末代贵霜君王的岳父，而且无疑也为其宗主。自此以后，巴尔克地区遂成为波斯的从属国，直到第 5 世纪中叶被白匈奴人（嚈哒人）侵入时为止。在 566 年顷，它又被伟大的萨珊王喀斯鲁一世重新征服，到该世纪之末巴克特利亚才终于被土耳其人自波斯夺去。萨珊王朝的总督政权与巴克特利亚的佛教会之间的这种长期联合，说明了由巴米延壁画所揭示

① 参阅卷一“近东与中东的文明”。

出的这些因素的和谐一致。[①] 的确，在成为安德烈·哥达尔夫妇和哈金氏研究对象的著名壁画上（有些属于第3世纪，有些属于第5世纪），我们看到萨珊朝的君侯和伊朗的贵族们与犍驮罗式的佛陀在一起，周围是同样希腊-佛教式的僧人，距此不远处则有神人飞翔于空中，乃是希腊-佛教的灵感与笈多朝艺术传统的混合体。因此，我们将毫不奇怪地看到佛教团体携带着萨珊朝波斯的艺术，连同希腊的和印度-笈多派艺术一起传入中央亚细亚——即传入中华帝国的政治势力范围内。

从这一观点看来，正是在阿富汗的这一最近发现使我们走上正确途径。由哥达尔和哈金诸人所拍摄的巴米延及杜克塔尔-夷·奴希尔番的壁画——前者属于萨珊-希腊-佛教性质，后者则更特属于萨珊式——照片上显示出我们将在克孜尔发现的大部分要素。在装饰着高约38码、建于5、6世纪的巴米延大佛龛的绘画中，[②]亦如在杜克塔尔-夷·奴希尔番的壁画中，[③]我们将发现一种有须的萨珊君王或总督的型式，头饰上有日和月的象征（参看卷一），那是我们在那夸什-夷·鲁斯他姆、沙普尔和塔夸-夷·布斯坦的浮雕上所习见的。这种有须而戴冠的萨珊朝王侯的型式，也将见于斯坦因在和阗地区丹丹乌里克发现的8世纪一幅作于木板上的绘画：人物坐着，大胡须，戴萨珊式的头巾，穿艳绿色紧身上衣，有凸花刺绣的裤子，高筒靴，一切都是伊朗服装所特有的，

① 参阅卷一“近东与中东的文明”。

② 哥达尔与哈金氏，图版XXIV。

③ 同上书，图25，页67。

只有他的四条手臂使人联想到印度的模式（图 18）[①]；斯坦因爵士所复制的发现于丹丹乌里克的另一幅绘画上，是两个手持杯盏的人物，其一骑在一匹花马上，另一人骑在一头骆驼上，[②]也是从伊朗艺术演变而来。我们在本书第一卷"近东与中东的文明"中曾指出，这里我们第一次看到真正的"波斯式"现代绘画，它形成萨玛拉的"来迟的希腊－萨珊派"和美索布达米亚的最初阿拉伯－波斯细密画（如卢浮宫所藏的芳德・司且夫尔手写本及维未尔藏的"原始作品"）之间的环节。

但最重要的是在库车地区的古遗址，也如在库木吐拉、克孜尔和基里什一样，我们发现了一种物质上和艺术上的繁荣文化，它显然是属于伊朗式的，虽然自第 6 至第 8 世纪中与佛教有密切联系。当 1904—1907 年间德国勒・考克和格伦威德尔教授的考察团发现这一文明时，我们可能曾自问这种伊朗的文明是怎样进入戈壁地带的中心的？安德烈・哥达尔夫妇和伯希和教授于 1923—1924 年在巴米延的工作现在足以答复这一问题。确实，在这方面最有意义的是将哥达尔夫人为吉美博物馆临摹的巴米延佛龛壁画与库木吐拉的壁画和克孜尔窟洞中的壁画（尤其是"画家洞"及"十六名带剑者洞"）加以比较（后者一部分放入柏林民俗博物馆）。巴米延的 38 码高的大佛龛中的壁画，大概作于第 5 至第 6 世纪，克孜尔和库木吐拉的壁画，如上文所说，作于第 6、第 7 和第 8 世纪。在巴米延这幅构图中央的月神，和左右围绕他的供养者上，[③]我们

① 斯坦因：《古代和阗》Ⅱ，图版ⅫL。

② 同上书，Ⅱ，图版ⅫL。

③ 哥达尔与哈金所著书，图版ⅩⅫ、ⅩⅩⅢ。

已看到克孜尔出现的“武士”型式：优美的带剑者或瘦长的持枪者，身穿有宽边的长紧外衣，还有特点是右侧常有一个大大的翻领(图19)。

就是这种伊朗武士的型式，现在从萨珊王朝的沉重盔甲中解放出来，变成为极文雅的绅士，布满于克孜尔和库木吐拉的窟洞中。在携回柏林民俗博物馆的壁画上，和勒·考克教授的优美的复制品上，[①]我们既对这些作品的明显的伊朗型式，又对那奇异的中世纪特色同时得到深刻印象：所有库车这种印欧贵族的成员，这些漂亮的老爷和可爱的夫人们，这些乡绅和随从们——甚至用心描绘自己肖像的画家们——都使我们联想到古代西欧的骑士制度时代，和诸如“光头查理”(Charles the Bald)的《圣经》或比瑞公爵(Duke of Berry)著名的《时间书》(*Book of Hourse*)[②]等手写本中的人物。但这只是一种文化上的巧合，形成所谓亚洲“哥特式”的一部分，下文对此将述及。这里只论伊朗的艺术。而克孜尔的绘画——它大部分与伊朗喀斯鲁帝国的兴盛和衰亡为同时——事实上形成了萨珊朝壁画艺术和伊斯兰教时代的波斯细密画之间的精神环节。[③]

在库车的壁画之后是吐鲁番地区的佛教或摩尼教绘画，这乃是它们艺术上的继承者。这些作品大部分作于吐鲁番落入维吾尔

① Buddhistische Sputnntike Bideratfas。

② 此处请读者参看我在 *Sur les tracea du Bouddha*(巴黎：Plon，1929 年)39—60 页，关于《在戈壁腹地发现的波斯绘画》中对库车社会所做的描绘。

③ 我们也可以注意，在克孜尔绘画中对动物的纹章式手法，是由萨珊朝的模式演化而来的。这甚至流行于描绘神话中的鸟“迦楼陀”(大鹏金翅鸟)。见勒·考克：《毕尔德拉提斯》图 273，101 页；和在吐鲁番发现的纹章式图样的织品。见《和卓》图版 50。

突厥人势力下的时候，维吾尔诸王表现出他们乃是当地古印欧文化的真正继承人，在他们于763年信奉摩尼教后，伊朗的影响在他们中间更大为增加——这种拜火教和基督教的混合体是以伊朗为发源地和故乡的。[①]

事实上，尽管吐鲁番艺术通常有些犍驮罗式的传统作品，它似乎已经突出了中国－伊朗式的风格。如勒·考克教授的壮丽的照片册《库车》所载，在伯孜克里克和木头沟壁画上的大多数非僧侣的王侯或战士，在画法、服装、武器和体型上都是半唐朝风，全部“吐鲁番武士”都是如此，它们与克孜尔的画像有些类似，带着胫甲、臂甲等。[②] 在其他人物中，我们可以提及一种佛教的巴赛发尔(Parsifal)：一位文雅而雄壮的武士，表情沉着，正受一僧人的剃度(图20)[③]；伯孜克里克还有其他一些战士，画作护世天主姿势，显得粗壮多于文雅，同样穿着中国－萨珊朝式的全幅盔甲。[④] 此外，在一幅普拉尼底(Pranidni)图景上，我们看到环绕在佛陀周围的一群有胡须的供养者，型式是中东或吐火罗式的，后面跟随着他们的骆驼和骡子——人物正是伊朗人、索格地安人或库车居民的形象——他们的驼队带着波斯的影响远至中国内地边境。在高昌城附近的一批壁画上，我们也可以注意到一系列9世纪的维吾尔族供养者，身穿全套礼服，戴僧帽或头巾，由持花妇女、乐师及仆人陪从——在这些作品中，波斯艺术已直接和中国艺术混为一体而不

① 见本书卷一“近东与中东的文明”。
② 格伦威德尔：“Altbuddhistische kultstutten”。
③ 勒·考克：《和卓》图版36。
④ 同上书，图18，19，33。

需任何印度的介入了。

德国考察团自吐鲁番携回的，也是属于9世纪的摩尼教手写密画和插图，自然更是如此。承已故勒·考克教授生前同意，我们这里复印其中两幅绘画（图21、22），上面显示摩尼教教士所特有的白头巾和长袍。这些作品中的伊朗特色至为明显，无须多说：这里我们看到了所知最初期的波斯细密画，有趣味的是可以与萨玛拉的阿巴西壁画中某些人物做一比较，后者也是属于同一时代的。[①] 甚至这种程式化的花叶装饰（图22）都与阿拉伯－波斯的细密画的风格一致，并且如维及尼尔曾向笔者指出的，这也和亚美尼亚－拜占庭手写本中某些页上的首字花饰相似[②]。

佛教在中国：北魏的雕塑

当上述使读者留有印象的各型艺术——不论是希腊－佛教式，笈多朝的印度式，或萨珊朝的伊朗式——向中国内地边境前进时，如果我们试图求得一个影响它们的普遍法则，我们将看到，不管它们彼此间的差别有多大，这三者都经过一种类似的转变，并且向一个共同理想的方向演化，对此方向我们找不到更合适的名称，只能根据它暗含的类别而称之为“哥特式”。

犍驮罗的希腊－罗马艺术，当它随佛教团体进入中亚时，它本身即向一种“哥特式”理想转移——这一事实我们在本书第二卷

① 见本书卷一“近东与中东的文明”。

② 是一些摩尼教的细密画。

"印度的文明"中已提请注意。但详述这一点是多余的。每一位参观吉美博物馆的人开始看到巴尔吐克斯在哈达发现的垩质塑像，都不免惊叹地说它们完全是哥特式的。天国中或审判中的基督，使徒和大卫王，天使或僧侣，与瑞姆斯(Reims)门口雕像相仿的微笑的人物或悲哀的祈祷人物，使人联想到中世纪欧洲的僮仆或弄臣的戴头巾人物，类似哥特式大教堂滴水口上怪像的天魔——哈达的晒干的垩质小塑像或浮雕，一律预示着我们欧洲的哥特式风格。但这种哥特式较我们自己的早 1000 年，在时间或空间上都不可能造成影响，它的存在只能以一种人类心灵法则的哲学观点来解释。试阐述如下：在西方和在犍驮罗，我们都可以希腊－罗马派的纯粹形式的造型常规为基础，在西方是高卢－罗马派，在犍驮罗是希腊－佛教派。但历史发展在这两个中心间造成一大鸿沟，与二者距离之远相当。两大世纪性宗教——一方面是基督教，树立于西方；另一方面是大乘佛教，树立于与阿富汗接壤的印度西北部；二者在教义上虽然彼此对立，但都以一种相像的理想主义、相像的神秘主义和类似的情感和慈悲为特色：在这两种理想主义的作用下，我们将看到，在这两个实例中，这共同的希腊－罗马下层建筑如何依照模拟律经历了一种并行的转变过程，而在某种意义上说，这几乎是完全相同的。亚历山大城和罗马的纯形式造型框框已经空无内容了；一种赋予精神意义的希腊－罗马艺术，清除了它的自我陶醉，摆脱了它的自己默祷，朝向超越的理想主义和热烈的神秘主义境界从它自身生长出来。第 4 世纪的中国经由戈壁沙漠的绿洲所接受的就是这种新犍驮罗式的"原型哥特式"。这些情况在产生北魏佛教艺术上将有很大关系。

由一种奇怪的巧合——这只能以类似的哲学影响来解释——纯属于印度的所谓笈多朝艺术，虽然受到完全不同的美学思潮的激发，也依照相似趋势在印度恒河流域发展起来。笈多派的形象，流畅柔和得如排除一切而只留下最主要的线条——如此轻柔优美以致被称为“线条的爱抚”——已变得更为瘦削并僧侣化，或没落为矫揉造作的姿式，或以一种自发的冲动飞向大乘教的神秘天界，随情况而定。就是在此种过程中，恒河流域由第1至第7世纪的笈多朝艺术转为第8及第9世纪的波罗朝艺术。这种转化的法则是极为复杂的：这一艺术的僧侣式倾向如此强烈，在某些方面可认为是一种笈多朝时代的缥缈的自然主义拜占庭化。但不久即显然看出这日益增长的拘谨形式，在呆板中并非毫无生气。这僧侣的波罗艺术不仅保存了笈多艺术的全部活力，并且甚至增加了它本身的新鲜朝气。此点与纤美的形象及矫饰的姿态结合起来，使人产生一种稀有的幽雅印象。我们只要翻阅一下波罗派艺术的任何图册[①]，其中复制有大英博物馆和加尔各答、巴檀那或那烂陀各博物馆所藏许多石头或金属造像中的几幅，以及流传至今的当时写在棕榈叶上的善本中可爱的彩饰画，对此即可深信不疑。我们立刻看出，这种雕塑的普遍型式受到与欧洲哥特式（在背景上伴有高耸的尖拱和常属于火焰式的富丽建筑装潢）十分接近的一种理想的影响是如何深远。此外，从这时候以后，这一理想几乎遍于所有印度各地，因为将发现它存在于阿旃陀一号洞中以及爪哇的波罗浮图和普拉姆巴南的浮雕上，或处于其成熟期或处于其萌芽期。

① 例如：法朗士的小卷《孟加拉巴尔王朝的艺术》，1928年牛津大学出版。

更进一步，就是这种波罗哥特型式在尼泊尔艺术中经过夸张和程式化，传播到印度土壤以外，并且通过尼泊尔艺术的媒介，产生了西藏的雕塑和绘画。

甚至伊朗艺术，我们已看到，也朝向与西方中世纪类似的形式发展。无论是那位将自己的肖像画在克孜尔"画家洞"中的中世纪雅士，还是他的作品，与瑞文那(Revenna)的镶嵌细工之巴耶司(Bayeux)挂毯，或15世纪的法国小型画并置一起都不会觉得不相称：因为整个欧洲中世纪的艺术与波斯的相同，已发现潜伏在克孜尔的伊朗式壁画中了。

如此佛教艺术的一种晚期形式正从这些希腊-罗马成分中，创造一种哥特式风格。正如它自印度-笈多朝或伊朗的成分中于欧洲哥特式时代以前10个世纪所创立的一样——那种风格使我们产生了类似的印象，仅只因为它是自一种类似的心境生出的。

历史上，碰巧是北魏受到在远东的这种哥特式影响的冲击。我们在上文看到，在整个第5世纪，直到约550年统治着中国北部的这一王朝，其民族是鞑靼人、突厥人或蒙古人，当进入中国领土时，它同时带来的精神思想和艺术观念，对本土的传统是陌生的。我们已显示过这一时代的某些带钩和陶像，距离这种传统如何遥远；并且注意过北魏艺术法则在这方面的主要特色：即形象的修长、朴素、直截了当。但自453年以后，佛教成了北魏的国教，君王们对这伟大的印度信念表现出强烈的热忱。因此，这"佛教的哥特式"美学准则——如果我们可以这样称呼它——即幸运地在远东找到了于某种意义上说的处女地，因为接受它的是一个新鲜而异常易感受的民族。他们还没来得及使自己被当地的中国传统所渗入，并且似乎由于他们北方人的气质，确使得他们容易有佛教“中世纪主义”的倾向。①

追随沙畹的喜龙仁教授，对北魏（约386—534年）的佛教雕塑有全面的研究。据他讲，说明这一派的有四个主要中心地：山西大同附近的云冈、河南开封附近的龙门、河南的巩县和河北的磁县石窟。

这些中心中最重要的云冈北魏浮雕，以集成佛像为代表，大部分为坐像（参看图23），或如印度坐势，或双腿交叉坐在座位上如希腊－罗马方式，它据有犍驮罗艺术和秣菟罗的贵霜艺术二者的中间位置。自前者，它引申出结构上的普遍原则——一种陈腐的经院式性质，它对衣服的处理也同样是经院式的。但在贵霜王朝统治下的秣菟罗艺术中，衣褶一般都是以直线的图案表现出，那单纯朴素的形式予人以一种平稳安定之感。这些衣褶是仿照传统线条的，并且沿用数百年，后来了解到这只是由于惯例。艺术家是不愿通过衣褶展示出柔软的裸体的，像笈多派艺术那样。反之，在接触到儒家时代的中国时，佛教艺术就要丧失一切与裸体的联系，希腊的服装遂变得如魏、唐时代中国人物的长袍那样全不透明，而与之同化了。突然间，与拜占庭或罗马艺术相同，形体造型在长袍下面消失了。然而这种拜占庭和罗马的因袭主义似乎并不是立刻出现的，云冈的佛像和菩萨像常常仅较犍驮罗式略有变化。它们所

① 关于北魏雕塑在日本的影响，见瓦来教授精美的《日本最古时代的雕塑》，克里夫兰美术馆出版（耶鲁大学出版社），有图145幅。

保留的希腊法则，并不是夸示人体造型，那是与其精神性质不协调的；而是保留其造型传统的记忆和一般教条，即质量的匀称平衡。况且，它们坐着的姿式——无论是两腿交叉如西方式，或蹲踞地上如印度式——也使得解剖学上的效果为多余的了。因此它们全不费力地包含了一种卓越的可喜传统。这简洁的衣褶、柔软的形体，都从希腊－罗马的唯物主义中解放出来而没有陷入因袭主义。这细长的半身，年轻优美的面色，整个姿态的沉着宁静，使这些圣像成为一种十分惊人的艺术"胜利"。它们所发出的深远的魅力，在中国佛教艺术中很少能再现了。[①] 塞尔努斯基博物馆的北魏沙石菩萨像，高约5英尺，坐如欧人方式，即属于此型；还有卢浮宫的著名佛祖立像，两手作"施无畏印"和"施与印"，以前为维及尼尔藏品，也属此型。

龙门一组首次出现于近495年，当时北魏君王自大同附近迁都至河南府（开封），并使龙门变成佛教的窟寺。北魏艺术的第二阶段，其标志是将形象拉长，夸张到枯燥无味的程度（图24等）；[②] 这里我们可以想起萨尔芒内教授将这些塑像与彩色镶嵌画的圣彼得教堂，在杜昂的安根力默的圣彼得教堂、维兹里的马德琳教堂、乌屯的圣拉札尔教堂和卡尔垂斯的罗马式正门等处的塑像所做的比较。由云冈所开始的演化过程现在已完成了，形体上已排除它们的造型内容了；而那有传统式大深衣褶的棱角显然之服装，变得只是一个受尊崇的僧衣的象征了。这在实质上是一种神秘的艺

① 喜龙仁：《中国雕塑》Ⅰ，图版47，50，51，52，55，57，58，60，66。

② 同上书，图版77—80，92，94，109，112。

术，而且是极为感人的，因为那种僧侣式的特色直接祈诸心灵，超逾了一切形式，在这里形式已减削至最简单的表现方式了。这是一种很高的宗教艺术形式，其中甚至生硬和笨拙之处也成为美丽的——这种艺术能独树一帜，在世界性美学价值中，堪与西欧最优秀的罗马式和最美好的拜占庭式相提并论。受到这样昂扬的神秘冲动力的鼓舞，在主窟周围的次要龛穴中，重复不穷的佛和菩萨的类似造像都获得其充分价值。由于所有造像的生硬而因袭的形式，这些重复的雕塑，在有更多的造型趋势的艺术流派中变得如此乏味，却呈现一种奇异动人的神学上的意义。

蒙喜龙仁教授和 C. T. 卢氏惠允，此处刊登几幅卢氏所藏这种型式的还愿石碑照片*，其一属于 529 年，已为波士顿博物馆所收。最有趣的是，我们在它们中看到两种艺术型式的融合——也几乎可说是两种美学思潮：一方面是上文所命名的"佛教罗马式"，实例如诸佛和菩萨的造像；另一方面是山东墓葬浮雕的当地古老民族艺术，实例如许愿者、供养者和平民百姓的形象，特别是还有一组骑马者，在某几点上与以上所述北魏陶俑近似，马匹都披着长长的马衣，并且前半身显著地高于后半身。这两种式样不仅为河南的还愿碑，也在若干时日后为北魏其它省份的石碑所特有，如来自山西的著名灰色石灰石还愿碑即是，碑高近 7 英尺，造于 554 年，今存波士顿博物馆，承前保藏者 C. T. 卢氏同意复制于此。

关于圆雕——这一名称，我们的意见，如艾里耶夫教授曾指出，古代中国－日本的佛像塑造时，往往后靠一面背光——我们只

* 图片欠附。

需提及属于此型的著名菩萨坐像，头戴一长而狭的头饰，手作“施无畏印”式，灰色石灰石质，高6英尺2英寸，发现于洛阳附近的白马寺，今藏波士顿博物馆。[①]

陕西的北魏派艺术，在欧洲的藏品以一些石碑和造像为代表。[②] 这些作品的特殊优美处，无疑可以一种事实来解释：即我们所关切的乃是个别雕塑品，而非整个伟大的建筑结构。同时还无疑地发现一种滞后的“中世纪”因袭化风格，使人有时联想到罗马式，有时联想到哥特式。但在背后巨大的尖顶神光下，这些立像仍然是一种纯精神化身。服装下垂的襞褶，是以传统的几何图形处理的；但在保存其纯神秘性质的同时，体形也常呈现可喜的柔软式样，而不像龙门造像般的僵直生硬；长袍襞褶下端也不是见棱见角的大线条，而是以小的圆形波纹逐渐消失。[③] 此种风格最典型的实例是那具优美的灰色石灰石碑，高度刚过4英尺，为戈林藏品，先为维及尼尔所有。另一方面，北直隶（河北北部）的还愿碑和“祭坛组”则似乎展示着一种更为生硬和火焰样的哥特式特色。

公元550年后，北魏王朝在中国北部的地位被短暂的当地家族北齐和北周所取代，二者统治时代约自550—580年。这个短短的过渡时期在中国雕塑上的重要性，喜龙仁教授曾加以阐明。他指出人体如何摆脱了因袭主义的束缚，并回到更远为实在的形象。山西天龙山的早期窟洞尤为显著，其中佛像结构完整，比例宽大，只由于造型的流畅简朴，和自然下垂的衣褶及上面规则，稚气的小

① 喜龙仁：《中国雕塑》I，图版112。

② 同上书，图版135，136等。

③ 同上书，图版138，142。

小扇形花纹才显得柔和起来。[①] 这里我们放弃了北魏艺术的“罗马式”僧侣作风，而采取了中国式的犍驮罗艺术和秣菟罗的贵霜王朝艺术。只有佛祖周围的菩萨和圣者仍包覆在僵硬的僧袍中，大大的衣褶下端仍是传统化见棱见角的式样。由于体形的较为丰满——或由于祭坛和石碑浮雕上的形象现在逐渐更多地站出来成为圆雕——前一时期给予人的“罗马式”印象已为“哥特式”印象所代替，[②]这在如今藏华盛顿弗利尔美术馆的造于562年的还愿碑和普罗维登斯的罗德岛设计学校的石碑上可见。当我们看到全圆雕的造像，如今藏明尼阿波利斯美术馆的造于570年的菩萨像，波士顿美术馆的莲花手菩萨和芝加哥田野博物馆所藏出自Fung-siang(风翔?)的铜像时，这种印象即更为强烈。[③] 无疑的这是部分由于其服装使人联想到哥特式：例如，饰有末端为尖形的很大垂襞的衣褶紧密之长袍，也拉长如一种尖翅状的头巾，装饰华丽的高高宝冠，和末端如火焰的尖状巨大神光。尽管有此种精心制造的传统型式——在这里，即谓造像的三个部分乃由僧袍构成——我们于这些形体中仍能发现某种柔顺性质的复生。但它们所以使人产生“哥特式”印象，也是由于它们鼓舞的精神，由于和西欧中世纪类似的广大慈悲之念：这各种仪节姿式，表面呆滞不动，而就在那些慈悲“手印”中表现出一种教义上权威精神的观音和阿弥陀佛像，乃是与法国哥特式大教堂中任何“美丽的上帝”雕像相同的、真正具有神学和宗教灵感的作品。

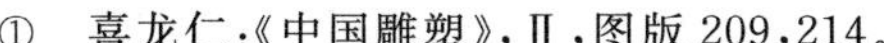

① 喜龙仁：《中国雕塑》，Ⅱ，图版209，214。

② 同上书，图版245，251。

③ 同上书，图版273，274，280b。

隋代的佛教

公元 589 年发生一件历史性大事，隋王朝结束了延续 200 年的分裂，并使中国恢复统一，形成了此后三世纪在中国的进程。中华帝国此次光复，经历了短暂的隋朝（589—618 年）和整个伟大的唐朝（618—907 年）。

隋王朝仅仅统治了约 30 年，但这短短的时代——并以奢侈而愚蠢的“中国薛西斯王”炀帝为标志，他于 605—617 年在位——在佛教文化史上却似乎极为重要。[①] 隋王朝是北方民族的血统，因此乃是北魏宗教和艺术传统的继承者。但同时它那扩张主义的成功，证实了一种文明当达到全盛时所特有的大无畏的精力；而这正是隋王朝所代表的：北魏“哥特式”的顶点。在云冈的仍属于试验性质的“罗马式”和龙门较早期因袭“罗马式”之后，我们现在看到一种雄伟壮丽，可以与兰斯（Reims）、亚眠（Amiens）以及圣母院（Notre-Dame）媲美的艺术。

有立体感的形体现在又盛行起来，雕塑家们意识到自己的能力，圆雕被处理得得心应手，并具有和萨拉那特或犍驮罗任何艺术家相等的那种对体型美的感觉。但这种美始终是神圣者的仆从，这力量和精湛技巧只是为极热烈的宗教激情服务的，而这造型中仍渗透着一种严肃的沉思冥想精神。此处复制两幅斯特克来特和杜西特二氏所藏，戴有高高宝冠的菩萨头像（图 25）*，即的确可以

① 见阿斯顿：《中国雕塑研究入门》，伦敦，1924 年，67 页。

* 一图欠附。

与西欧第13世纪——既为宗教的亦为古典的伟大雕塑时代——最杰出的人像相比。如华盛顿弗里尔美术馆中优美的灰色石灰石的菩萨像，高约一码，那颀长苗条的体型，其中人体变成仅是一件下垂的衣服了，那柔和润泽的面庞、半闭的眼睛、倩巧而坦率的微微笑容，那饰有过去七佛的巨大圆形神光，以及举起右手做出姿式握着那不可言喻的智慧之珠，在哥特式大教堂中还能有任何圣母像具备较此更美妙的魅力吗？还有其他一些隋代的全浮雕菩萨像形制颇为不同，那种灵光普在、法像庄严的神态，使人联想到亚眠的“哥特式古典主义”。

有两躯十分优美的菩萨造像便是如此。二像都穿着简洁下垂的长袍挺身直立，并由雅致的双重披肩，饰以流苏的宽宽项圈，前面还有长串的璎珞等更加美化。其一是高约6英尺4英寸的石灰石像，出自河南彰德附近，今藏费城大学博物馆；另一是高约6英尺的石灰石像，为华盛顿的小梅厄女士所有①。我们如转到祭坛像类，一尊高约2英尺，造于593年的著名铜像也予人以相似的印象，此物原为端方藏品，后归波士顿美术馆。② 又在大树丫下（树下憩有过去诸佛），佛祖居中坐莲花上，右肩袒露如印度式，若无火焰状光环指明属于“哥特式”，则此像将被认为一纯粹笈多朝作品。在他周围侍立二弟子和二年轻僧人也同样质朴可喜。但最可爱动人的是左右两尊菩萨像，都有巨大圆形出尖的光环，下垂的披肩，神态自然天真、朴素可喜，其一手持美味的果品，另一尊微微侧头

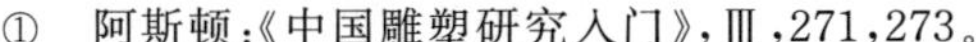

① 阿斯顿：《中国雕塑研究入门》，Ⅲ，271，273。

② 同上书，Ⅱ，319，320，321。

而立，合掌作虔诚状。在这一组之旁，我们发现一托钵僧像，也有此种朝气蓬勃的清新精神，像为大理石制，高约一码，原为哥罗布藏品，所雕或为那烂陀，那种参修默祷的神情，庄重热烈的气氛，是各时代的宗教雕塑中留给我们最有力动人的作品之一。[①]

唐代的佛教雕塑

在政治方面，唐代（618—907年）首先象征着中国的威力。在国内，它被一系列特别强大的人物所治理：李世民，即太宗皇帝（627—649年）；中国史上最伟大的君主、可怕的女皇武则天（684—704年）；玄宗皇帝，或称明皇（712—756年），一位杰出的梅瑟那斯（Macenas），由于他末年的不幸，结局留下一个不可磨灭的传奇式的名声。在国外，这是中国在亚洲建立史诗般业绩的时代。在太宗统治下，中国军队征服了蒙古和中国突厥斯坦；明皇时，他们甚至统辖现在的俄罗斯突厥斯坦和帕米尔诸国。我们已看到，所有这些中亚地区都笃信佛教，它们的被吞并和其后在帝国政策中所起的作用，增强了佛教在中国的影响。与印度诸王互换政治使节，中国求法人如玄奘和义净到恒河流域圣地的旅行，和他们归来时传播的对此行的记述，使中国精神更进一步熟悉梵文文化。因此唐代乃是中国历史上卓著的佛教时代。

由此唐代中国的美学思想遂呈现一种三重面貌：作为一世纪之久的胜利的帝国精神之成果，它自然是充满力量的——不是六

① 拙著 *Sur les traces du Buddha*（巴黎：Plon，1929年）复制为卷首插图。

朝时代那种动荡不安的力量，而是统一胜利的力量。它的艺术法则于是亦以展示肌肉的发达和体型的成熟丰满为特色。作为一个领土扩张的时代，从而也引起对外界的好奇心并采取广泛接受态度的结果，唐代美学思潮表现出准备欢迎它在吐鲁番或库车、和阗或撒马尔罕所接触到的希腊、伊朗或印度的影响。最后，唐代的美学理想——因为宗教领域已为佛教所主宰，一部分由于这种启发鼓舞，一部分由于它本身作为媒介的三重外国影响——在某些方面甚至对中国心灵的基本特点也是陌生的了。

这一时代仅只雕塑的成功即足确证此种观点。在中国，如伯希和教授提醒我们，①雕塑并不是艺术，而是无名的偶像制造者们举行敬神祭礼的事物。唐代中国对大规模的岩石浮雕或圆雕极为重视，即证明传统的价值准则受外来观念的影响而被打乱至何等地步。再者，虽然真正的文人阶层，除对绘画及我们不正确地称之为“小艺术”的产品外，无疑地坚决不承认任何东西是艺术品；并且虽然唐代雕塑实际乃是往往无名工匠们的大批作品，而不是艺术家之作，但事实仍然是，正是这种无名作品使得它们引起历史学家的兴趣，认为很大程度地表现出我们上面所阐明的这一时代的特色。另一个理由是，这许多作品的确具有美的素质，如果这不是严格依据中国的美学理想的话，无论如何，我们也不必假作惭愧地承认，在西方世界中则是如此。

喜龙仁先生曾试图区分唐代各不同省份佛教雕塑的风格，但

① 1927年5月30日的讲演。

除了天龙山的印度笈多派孤立之外，这种种流派都服从我们上文所定的法则：即对人体造型的全面恢复——不久就随之是予以夸张——和一种对各部分质量的意识。事实上，中国雕塑现在已完成了从图画观念到实体观念的发展过程。此后我们将发现对圆雕的偏好，这才能够强调立体造型；还有对现实主义的喜爱——一种坦率的现实主义，没有框框或装饰性的安排，以仅仅追求其自身的完满为目的，并且有时坚持至近于粗犷的程度，并夸张得近似漫画了。

现在北魏那种棱角显然的大大衣褶，或下端如扇形波浪服装的"哥特式"因袭主义已结束了。今后造像表现的是追求现实形状而非装饰效果的宽大衣褶，宽宽地附塑在身体上，常通过这材料显示强有力的胸膛或大腿。这些佛和菩萨的头部也都结构壮健，神情宁静而生气勃勃（图 26）。再者，现在所有神秘之点也告终了；因为将佛教造像带到光天化日之下，唐代的现实主义常给人造成一种有些类似犍驮罗艺术的印象。然而，我们认为在表达宗教情感方面，唐代艺术是超过犍驮罗艺术的，因为这里已不复是自远方输入的，并在新奇的条件下适应一个异族信念的艺术，而是其适应过程早已完成的一种艺术了，因为它早已和这同一种宗教感情联系起来了。

唐代佛教艺术虽然缺少神秘性，但作为与帝国的光荣时代相适合的宗教，它也予人一种神圣庄严、强大而和平的真实印象，这是基于宗教的信心和教义的安全感的。[①] 显著的是龙门巨佛像，

① 例如：灰色石灰石观音立像，造于 706 年，藏费城大学博物馆。喜龙仁《中国雕塑》中复制，Ⅲ，图版 402。

高逾49英尺，是女皇武则天敕令于672—676年在岩石上雕造的。这尊巨大雕像使人产生的超过一切的宏伟壮丽感，显然多由于它的体积之大而不是它在精神上或艺术上的成就；但那惊人效果并不稍减。然而在佛祖周围的同样巨大的门徒和菩萨像，却是极明显地是平凡而笨拙的型式。那附近的天王像也如此，我们在那炫耀的体育家般肌肉和感情的歪曲中看到一种夸张的现实主义的发展，这将导致唐代雕塑的毁灭。[①] 不久，这一类造像的确即落入不可避免的陈腐平庸的窠臼，特点是一种空洞凶猛神情和虚假的姿势，使我们联想到米开朗琪罗的追随者们的作品。日本人运用其全部创造力才恢复了这些护世天王像——在日本称之为四天王——的真正内在的旺盛精神。

唐代写实作风同样成功的另一部分是僧人们的头像。这些剃得光光的布满皱纹的面孔，常具有罗马最佳时期人物雕像的一切优点；而犍驮罗派所特有的各部质量均衡感，和中国肖像的观念在此结合起来遂产生了伟大作品，其中我们可以特别提到波士顿美术馆的高约2英尺3英寸的白色大理石立像。[②] 费城宾夕法尼亚博物馆曾收得一座此型的老僧立像，那皱纹堆垒的大头，审问官似的眼睛，从衣褶简洁的袈裟敞开处露出狭小胸膛——这一人像足可与埃及孟斐斯时代的造像媲美。[③] 在其它作品——某些僧人或

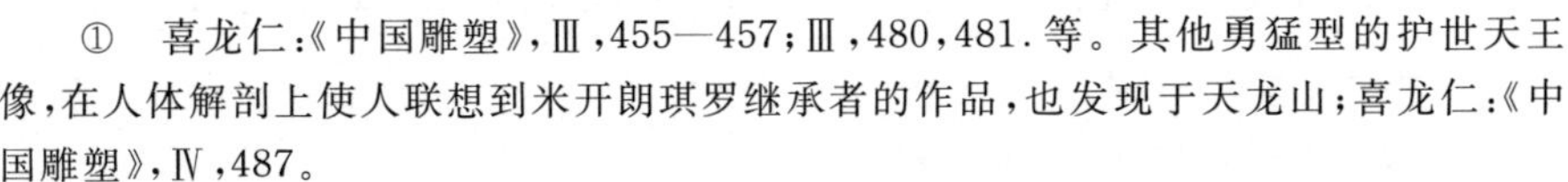

① 喜龙仁:《中国雕塑》,Ⅲ,455—457;Ⅲ,480,481.等。其他勇猛型的护世天王像,在人体解剖上使人联想到米开朗琪罗继承者的作品,也发现于天龙山;喜龙仁:《中国雕塑》,Ⅳ,487。

② 同上书,Ⅲ,图版371。

③ 原为喜仁龙藏品。参看喜龙仁:《中国雕塑》,Ⅲ,图版373。

佛陀的头像中，那结构稳重匀称而略显笨拙的面孔，与缺乏表情的冷漠神态相结合，以使这一型式予人一种不可名状的暴君尼禄式的联想。这样，作用于同一希腊基础的唐代残暴力量，以产生同样罗马的结果而告终。[①]

在这方面，可以引证两具优美的杰作来说明佛教思想的注入，时常成功地强加给中国一种美学观念至如何深远的程度；而那观念与它自己所固有的观念是绝对异趣的。作品之一是一具白色大理石的无头佛陀像，高约 8 英寸，坐如印度人方式，今藏波士顿美术馆。[②] 这座躯干像，通过如被水湿透的衣服可看到柔和隆起的胸膛和造型奇妙的腹部，代表着柔媚的笈多式艺术利用了犍驮罗派技巧的一个可喜的实例。然而这件具有可疑的印度特色的作品却是在西安发现的。同样优美的是一座类似性质的菩萨像，由拉提古司令官自天龙山携至吉美博物馆（图 27）。

天龙山，山西省的这一组岩窟寺，前已提及，诚为唐代所发现的一大奇观。由于我们茫无所知的一些情况——无疑是有一批僧人自摩揭陀到来——结果使天龙山一度成为印度笈多朝影响的中心。蒙喜龙仁氏同意，我得以复制几幅这一派的照片。[③] 犍驮罗派结构的刻板僵化在这里几乎已荡然无存。这些造像，其姿势样式的自由随意，裸体的轻柔和软，使人回忆起萨拉纳特和秣菟罗第二型式的作品。其衣褶和披肩好似经水湿过而贴附身上，由此显示出肢体的纯真而富于美感；甚至大胆地表现出腹部造型。作为

---

① 喜龙仁：《中国雕塑》，Ⅲ，474。

② 同上书，Ⅲ，407。

③ 同上书，Ⅳ，图版 488，494，495，496，501。按：中译本图片欠附。

印度尤其是笈多派特色之扭出的臀部，使这些造像具有中国－犍驮罗派那种僵直雕像所无的雅致动人。但其体型略显丰满，标志出背离了笈多派的消瘦形象，此点甚至在这些卓越的作品中，也警告了宋代沉重作风的来临。[①]

此外，不仅在天龙山证明有印度的影响。还有其他许多菩萨立像，具有简练的线条和确属笈多式或更佳的波罗式的典雅风格。我们只需提及波士顿美术馆所藏将及一码高的优美白色大理石躯干像，从波纹的衣褶中看到的斜耸的臀部和修长的大腿，更进一步提高了它的美点。[②] 再者，这件作品亦如华盛顿弗利尔美术馆所藏，较此略大几寸的灰色石灰石的类似作品中，[③]那躯干在披肩和项圈下面几乎是全裸的，这种复返印度最优流派的纯真、苗条、柔和的裸体，预告我们这里已背离了中国的美学理想。最后，此种印象在来自保定而今为约翰·D.罗克菲洛夫人藏品的著名白大理石高6英尺的无头菩萨立像上更为明显。此像经已故米吉安教授审慎的忠告，已去掉那些伪造的附加物，其胸部除披肩外完全裸露，通过衣褶可爱的下裙可看到大腿的造型，它几乎可说是来自鹿野苑的躯干像[④]；而且我们确实必须去鹿野苑，去波罗时代的那烂陀，或去玛尤尔班吉才能找到这般完美纯真的型式。当中国艺术掌握了这些题材——例如，费城博物馆所藏一些臀部斜耸的著名

① 敦煌的某些图画，可以与天龙山的艺术法则相比。例如伯希和藏品中的普贤菩萨像。

② 喜龙仁：《中国雕塑》，Ⅲ，图版375。

③ 同上书，图版377。

④ 喜龙仁：《早期中国艺术》，图版378。

菩萨立像[①]——时，它却用大量的装饰将它们遮盖起来，使得这些自由表现的印度式裸女有一种哥特式圣母的外表。我们认为，这效果赋予它们以更多的宗教精神。但这里我们又已看到体型变得丰满起来，宋代那种破坏大多数观音像外形的趋势已开始出现了。

唐代的非佛教雕塑

我们已看到，在佛教艺术中，唐代的写实主义由于一种相反的趋势，如笈多派艺术的影响可能变得淡化了。另一方面，在非宗教性雕塑中——用这一传统式名称意指与佛教无关的作品——这种写实作风却无比地成功。在此我们发现了一种英雄世纪和好战王朝的艺术，它喜好战争场面和动物生活，是一种力量胜利的艺术。

造成这一写实主义的诸因素已经具备了，据前引我们所赞同的维及尼尔氏的解说，从杂以动物图案的带钩直到六朝艺术中的梁代巨大怪兽像，都已展示了一种沸腾的力量和被压抑的动能，只待寻找出口去发泄。唐代的中国经由佛教的渠道，从东罗马和萨珊朝伊朗接收来的造型传统，提供这些能力以一种表现的媒介和整齐的形式。由前一观点看，唐代的写实主义或可下定义为六朝精力的具体化，或谓使该时代的暴力化为有秩序的形式。由后一观点看，唐代艺术意味着将它由于在中亚接触到罗马-波斯的影响而获得的外国因素纳入原有的中国基础中。唐代的动物和军事

① 喜龙仁:《中国雕塑》，图版378。

艺术因此可以被认为是六朝和罗马－萨珊派的混合物。

这种事实在马的石像、陶像或浮雕中最为明显——这是唐代艺术家所喜爱的题材。将来代替北魏那种比起后身有着奇异长颈的高大战马和优雅走马的，我们常看到像挽马般有着结实胸部的粗壮马匹，使人联想到塔夸－夷·布斯坦、那夸什－夷·鲁斯他姆和沙普尔的萨珊朝浮雕。例如陕西醴泉县附近唐太宗墓周围的六匹战马（昭陵六骏），尤其是将军丘行恭正从它身上拔出在战争中被射中的一支箭的那匹（图 28），这形象可以和塔夸－夷·布斯坦那座伟大的喀斯鲁乘马像中的战马相比[①]。同样情形，其旁那匹飞奔的马也使我们联想到那夸什－夷·鲁斯他姆的疾驰的马，其过渡阶段则由吐鲁番的一幅绘画补充[②]。这种说法也可应用于随葬陶俑和泥偶，因为在充满唐代收藏品的这些唐代骑士和伊朗骑兵的战马间的过渡阶段，是由此类中亚作品如斯坦因爵士在焉耆附近的硕尔楚克发现的陶马充任的。[③]

但此种与萨珊派近似之处，只是这些作品最不重要的因素之一。唐代艺术家们率直的写实风格，充分表现着强有力的型式和肌肉，足以说明种种神态的战马造像的由来：有的焦躁地嘶鸣和腾跃着，有的颤动地摇摆着头，栩栩如生；有的突然被勒住，前腿直立起来，骑者拉紧缰绳，身体也向后仰去（图 29）；有的向前奔驰，男人或女人的骑者俯身在马颈上以驱马前进，或对疲惫的敌人砍一

① 萨尔："Art de la perseancienne"，图版 85。

② 勒·考克："Buddhische Spatantike"Ⅲ，图版 20。

③ 斯坦因：《赛林地亚》，Ⅳ，图版EXXXVI。

马刀；最后，还有杂技团的马，它的动作符合着女骑者的每个解数。[①] 这种习惯于飞奔过戈壁沙漠、蒙古草原或塔里木绿洲的马匹，想来奔驰过整个第7和第8世纪的中国社会时，我们感到是怎样的热情啊！在博物馆和收藏品中的这类骑马的兵士造像上，唐代壮丽的历史又在我们眼前活现出来了。在上釉的陶质骆驼像上也显然有同样的率直写实作风，将这种动物雕塑得如此生动逼真，使我们感到它的步态和头颈向后弯曲的规则而有韵律的摆动，并且几乎能听到从它那怪模怪样的嘴中发出的狮子般的吼叫(见爱莫弗波罗所藏的无数样品)。[②] 在卢浮宫的两个雕像则显得生气勃勃和有惊人的被压抑的力量，一高6英寸，一高$6\frac{1}{4}$英寸，一为石灰石质，一为大理石质，都是蹲坐的狮子，其一正撕裂着一头黑羊，另一则回首咆哮(图30)。[③] 这些都是极重要的作品，因为在一瞬间完善地混合了两种原则：萨珊朝的成分，如前杜西特藏品中的雄狮所示(本书卷一"近东与中东的文明"图109*)；六朝的成分，这里可以在紧张的肌肉和龙形的头部中辨认出这种异常潜在的力量。

唐代粗犷的写实风格，在随葬的战士陶俑以及佛教的护法天王像上有惊人的表现，后者由于职务是守卫寺庙，故在中亚和中国

---

① 库美尔：《中国艺术》，柏林，1929年，目录340—345号，采自T.西门，H.古特曼，T.勃尔肯及F.布鲁根等收藏品。

② 这些可以和萨玛拉装饰壁画上的骆驼相比。见赫兹菲尔德："Malerein von Samalra"(萨玛拉)图版LXXVI。

③ 喜龙仁：《中国雕塑》Ⅲ，图版435。

* 图片欠附。

都呈现着好战斗的外貌。欧洲收藏的许多唐代战士像亦可与以前北魏墓葬的骑兵陶俑相同，往往是如肖像画般的真正民族型式：我们一目即可了然何者是中国弓箭手或长枪手，何者是突厥军士，何者是蒙古雇佣军。再者，武器和盔甲的详细形状也使得这些作品成为极有价值的历史资料。[①] 赋予此类造像以生气的勇武凶狠神态，在天王或力士像上更为加强，其中常夸张至使面部变形或成怪相，如伯希和自敦煌携至吉美博物馆的精美彩色木雕即是。这些坚持表示力量的健壮粗犷的写实造像，比任何理论都更好地显现出中国艺术已自北魏的“哥特式”走出了多远。在这方面我们可指出犍驮罗影响对唐代艺术的一个奇异实例，在柏林博物馆中冯·德·波特藏品的一对半身裸露的造像上，我们看到其对肌肉处理和今在大英博物馆的著名犍驮罗中楣上的海神像有同样的写实作风。[②]

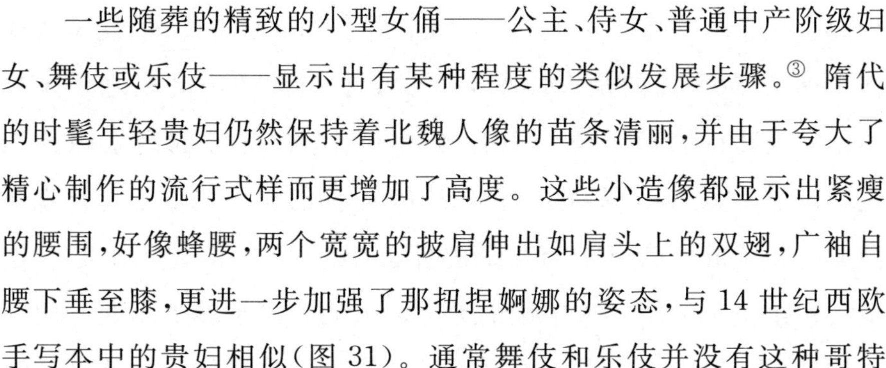

一些随葬的精致的小型女俑——公主、侍女、普通中产阶级妇女、舞伎或乐伎——显示出有某种程度的类似发展步骤。[③] 隋代的时髦年轻贵妇仍然保持着北魏人像的苗条清丽，并由于夸大了精心制作的流行式样而更增加了高度。这些小造像都显示出紧瘦的腰围，好像蜂腰，两个宽宽的披肩伸出如肩头上的双翅，广袖自腰下垂至膝，更进一步加强了那扭捏婀娜的姿态，与 14 世纪西欧手写本中的贵妇相似（图 31）。通常舞伎和乐伎并没有这种哥特

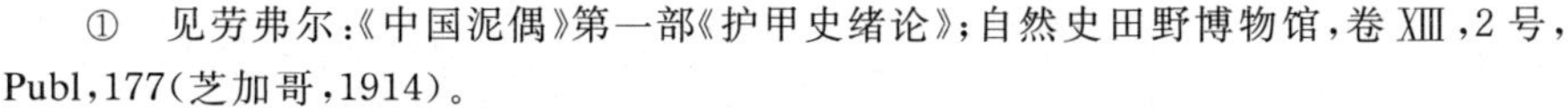

① 见劳弗尔：《中国泥偶》第一部《护甲史绪论》；自然史田野博物馆，卷 XIII，2 号，Publ，177（芝加哥，1914）。

② 房契尔：《希腊－佛教艺术》，I，24J，图 126。

③ 参看喜龙仁：《早期中国艺术》III，图版 91，92。

式和贵族式的特色，虽然它们那单纯优雅的姿势，卖弄风情的媚态和流畅的线条几乎永远是动人的；此外那波浪般的柔软体形使它们有一种连绵不断的动态，与旧日那些高大、古板的妇女型式不同，它们乃是一种综合性的写实主义的产物，目的在于表现生动的姿势而不是详细的面部，并构成唐代艺术中最可喜的一面（图32）。这里也可能有些根据来怀疑在此种型式的某些成分中，是否可探索到受到我们前文提及图木休克、库车和吐鲁番时，多少具有亚历山大式精神的小型彩色女仙像的影响。

唐代艺术遭遇的危险，是它满足于一种绝对十足的写实作风——即一种完全有自知之明的写实主义；并在此过程中，自六朝时代以来那鼓舞着雕塑和装饰的内在猛烈力量很快蒸发掉了。于是我们看到一种充满力量的艺术，然而其中的力量仍然消散了；一种完全属于写实主义的艺术，然而正由于炫示写实作风，使型式变得笨拙了，最明显的是大体积的石像。在乾陵的唐高宗之子陵墓的站立或蹲伏的狮子像，[①]由赛加伦所拍摄的乾陵的高宗陵的飞龙马像照片，尽管后者马匹形式优美，但都已显得笨重了。首先我们如将乾陵的两头狮子与梁墓的异兽相比，它们即显示出第6世纪之初至第7世纪之末中国的天才匠人们失掉了多少东西。六朝的猛烈、力量，已变得僵硬而凝固了。在最后的墓像——德宗陵的石狮（年代自806年）上，我们已能看到宋代艺术那种恹恹无生气

---

① 喜龙仁：《中国雕塑》，Ⅲ，429。

的迹象了。[1]

在战士或天王像上也可以注意到同样的迅速退化。它们从极端的写实主义，退化为笨拙并夸张到近乎讽刺画的强暴形象。

唐代的装饰艺术

唐代装饰的原则，在铜器——尤其是铜镜——和陶器方面，都遵循着同一的规律。在六朝的全不对称的型式之后，装饰现在又复归到最古典的对称式。如维格纳氏指出，其中各个平面不是互相蚕食侵占，而是又一次有秩序地安排起来。然而，装饰艺术在回到"汉代秩序"的同时，也并非没有从进步中受到益处。一方面是六朝时代对动物形象生气勃勃的处理手法，另一方面是唐代本身对动物和花卉的写实风格。因此铜镜——由于其上装潢的局限性，形成了确定各不同时代中国艺术的最好标准——现在已呈现一种明显的对称排列，结合着经常引用的活的形体。此后花卉和动物的主题即较汉代的几何图形装饰更受到喜爱。例如，我们发现一方面有蔓须和串串葡萄或牡丹，另一方面也有狐、熊、狮、马、鹿类野兽及山鸡和凤凰。更重要的是，这些动植物形象，已不是我们在汉代所看到的那样纯线条轮廓的平面图案，而是升起为圆浮雕，从上方看去如全浮雕，这种特色与我们所知的唐代艺术法则正相符合，它是以立体为基础，而不是如汉代那样以平面为基础的。

某些唐镜，其花样在欧洲名为"蔓藤式"，中国名为"海兽葡萄

① 喜龙仁:《唐代中国雕塑研究》，载《亚洲塑刻》，1929 年第 1 期。

式”，甚至可列为所谓的雕刻。那中央的钮从上方看是一个大卧兽形，有时像熊，有时像野猪。中央野兽的周围是其它动物，或为熊、狮、狐，或某种四不像的幻想异兽，但都造型有力、姿态简洁，或匍匐跳跃，或突然转身，都充满了自然主义式的气势。这些动物都排列得有规律地与蔓藤和葡萄互相间隔，而在镜的外圈，则是葡萄与同样以现实风格处理的鸟类相间。那鸟有时栖在藤上，有时自上方看作展翅飞翔状，又有时外圈上的每只鸟都被狐狸追逐着。这些装饰动物形象的铜镜有时失之笨拙，这是在唐代写实派处理动物像中通常发现的。但当它们不是过于笨重时，则可以大大提高其优美程度。住友所收藏的铜镜尤其如此，如图 33，其上有四种动物：雄狮、凤凰之类、羚羊和鹳之类，每种都由一个幻想中的异物骑乘着，疾飞狂奔，围绕着居中的熊全速竞赛；那强有力的写实风格的狮子，优雅的禽鸟和羚羊，骑者之飞扬卷曲的飘带，这一切都使住友所藏的铜镜成为唐代艺术最完美的杰作之一：它具有汉代线型风格的全部迅速运动和简洁纯朴的图样，再加上第 7 世纪对肌肉的成功表现手法。对动物形象的同样强有力的写实风格处理，对肌肉的同样优美表现，对于在迅速运动中的野兽——跳跃奔驰中的飞马、狮、狼等等的观察，在卢氏前所收藏的一面铜镜①以及喜龙仁氏前所收藏的一面铜镜②上都可看到。此种镜子在了解唐代艺术家的动物艺术上，较当时的大型圆雕更为重要，后者往往是笨拙沉重的。

---

① 卢氏铜器目录，图版 XXXVL 。

② 喜龙仁：《亚洲艺术品目录》，VLL ，160 号。

我们将看到，这里谈及的铜镜并非圆形，而是有八个弓形扇状边缘的。住友藏飞马镜即直接仿效此式，其外边也分切为八瓣，并显得更为古朴：在中央镜钮的每侧各有一匹腾跃的飞马，鬃尾飘散极富装饰性；上方是两只飞翔的鸟，正穿过一个开着旋花的弯曲的小树枝；下面优美地排列着蔓藤、叶子和莲花般的大花朵。更为朴素幽雅的是吉美博物馆的一面花纹铜镜：镜钮作盛开的花朵状.周围是两束花枝，间隔着某种飞翔动物的装饰图案。但所有唐镜中最美好的也许是爱莫弗波罗藏品中直径 $8\frac{3}{4}$ 英寸的一面，花样有力而谨肃，包括两只展翅的凤鸟，相间着优美的叶状图案和飞翔的翼鸟。在此类作品中，我们已远离了汉代的几何图形的装潢，甚至线条式的动物形象。自此以后，处理得令人喜爱的花卉和鸟兽题材、结构整个成了装饰。再者，也许可以正确地指出，此中某些题材，如蔓藤、葡萄和飞马——或许使人联想到柏伽索斯（希腊神话中有双翼的马）——很可能来源于希腊的影响，是经过中亚而到达中国的。

另一方面，只有唐代壮丽的写实作风才能产生这两面铜镜，其一为爱莫弗波罗所藏，直径约 6.75 英寸，边缘切割成八个弓形的花瓣状①；另一面藏卢浮宫，直径 5.8 英寸，外边圆形。二者的装潢都是在平原的背景上饰以两个奔驰的骑士，其一开弓射向一头逃跑的野猪，另一人正持长枪追逐或攻击一头雄狮，这是唐代最精美的狩猎景象，并且是那光荣时代所产生的动物艺术中最辉煌的

① 喜龙仁：《亚洲艺术品目录》，图版 89，C。

样品[①]。

唐代的陶器也说明了同样的法则。

我们已看到，上釉的陶器，一般为绿色，首次出现于汉末。无疑的，如伯希和教授所提示[②]，这本是自伊朗进口的。但无论如何，这种物件在唐代达到了高度发展。此时釉子已有很多不同颜色：绿、黄、锰紫、蓝，而这一时代最典型的颜色则始终是绿和近于棕色的橘黄。前所未闻的彩饰，现在似乎应用得十分普遍了。后来，在宋朝的精妙颜色中，美术鉴赏家们又重新赞美单色器皿的吸引力。另一方面，爱好坦率甚至粗犷的写实主义的唐代艺术家们则喜欢对比稍强烈的色彩。

陶器的形式也如此，一般都是大双耳罐、瓶和碗，式样朴实稳重，各造型面有明显的棱角。如维氏所指出，宋代的陶器是激发人感官上的美感，而唐代陶器则仍是具有建筑的特色：其口端并不张开，犹如花萼，器身弧线也自然成形，不像宋代艺术爱好者们所嗜的那种使人联想到女人的唇或腰身。但有时那些双耳罐有一种高雅的美，可以和希腊的同类作品相比；也许在其中我们的确看到一种影响，如果不是来自灭亡的希腊，至少是来自伊朗法提马朝的青铜水罐。在阿拔斯的首都萨玛拉发现了836—889年的中国陶器，也反面证明了我们所假设的情况.即西方的作品型式在长安的王朝不会一无所知。

这种陶器上的装潢，表现出唐代艺术在结构上同样的坦率豪

---

① 库美尔：《中国艺术目录》，柏林，1929年，457号。

② 1927年5月22日讲话。参看劳弗尔：《中国早期瓷器》（芝加哥自然史田野博物馆，1917年）。

放和稳重，加上我们已看到的秩序井然的力量。在此我们因从未能复制这些陶器的图版为歉，但如果要不致被歪曲，它们是必须印成彩色的，所以我们建议读者参阅霍布森氏的论文，尤其他所编爱莫弗波罗藏品目录的第一卷；例如其中一瓶，在绿色底子上以宽阔而富于韵律的白色线条绕瓶身做一强劲朴素的程式化簇叶图案[①]；更常见的是使人悦目的绿、桔褐和黄杂色底子，这是唐代陶器调色板的主要色调[②]；或者，如果底子是单一的橘黄或绿色，装饰则限于以一个大而曲折的枝条支持着重复的花卉图样。当装潢发展为玫瑰花形或八角的花饰时，这图案即更为有力和古朴雄浑。[③] 如果瓶上有一条花叶装饰，它也要遵循那同一的古典主义原则，即不可过于繁复。这种装饰风格的典型实例，可参见考克林藏品中著名的葫芦状瓶，瓶身赤色，釉为橄榄绿色；一个浮雕的巨大掌形花纹，自颈向下伸展几至底部。[④] 这种主题的有条不紊和强劲有力，可认为是全部唐代艺术法则的典范。[⑤]

唐及五代的绘画

我们上文谈到中国绘画的起源，这种观念的形成不仅来自河南及山东汉墓浮雕上刻划的轮廓，也来自直接熟悉一些彩绘石片

① 霍布森编：《爱莫弗波罗氏藏品目录》，Ⅰ，图版 XLLX，407 号。

② 同上书，图版L，330，389，LX，403。

③ 霍布森编：《爱莫弗波罗氏藏品目录》，Ⅰ，402，403；库美尔：《中国艺术目录》，柏林，1929 年，开尔曼藏品 391，392 号。

④ 霍布森编：《爱莫弗波罗氏藏品目录》，Ⅰ，406 号。

⑤ 霍布森：《中国陶瓷》Ⅰ，图版 13，I；及亨利·里维：《远东的陶瓷》，图版 9。

如波士顿博物馆中的一对彩绘瓶。但直到唐朝我们才发现真正的成幅绘画作品。许多流传下来一度认为是唐画的并不尽然。在费诺罗萨，总督端方和已逝帕特卢契时所公布的唐画，现在普遍认为大部分是宋、元甚至明代的摹本；但对此作为补偿的是，伯希和及斯坦因到敦煌的考察团发现了成幅的不可否认地确属于唐和继起的五代(907—960年)以及宋初的绘画和壁画。

对于如此发现的宝藏应分为两类：一方面是纯属佛教的作品，与有关的雕刻相同，透露出所受的影响有时是希腊-罗马式的，有时是印度-笈多式的，并且有时是伊朗式的；另一方面，则是特属中国式的断片——供养人或次要人物的肖像和插曲——其中民族的传统得到了继续，那传统的早期阶段我们在部分汉画中已看到。

敦煌由于地处甘肃省极边（该省之一端已伸入戈壁沙漠腹地），一度是中亚到中国之路的最后一个绿洲，也是中国往中亚、印度和伊朗的最后一个前哨。因此，伯希和教授及斯坦因爵士在该城附近千佛洞中发现并携回吉美博物馆及大英博物馆的绘画，在文明史上具有独特的兴趣。这些画的时代包括自第7世纪初至第10世纪末——最早的为607年①，最近约为983年②——揭示出犍驮罗、笈多和波罗式的范本逐渐引入中国并为中国所采用的历程。

这种与中国风的同化作用可能已预见于吐鲁番的发现物。在勒·考克和格伦威德尔教授自吐鲁番携至柏林的壁画上，大部分

① 波士顿博物馆所收的绘画，见《波士顿美术馆简报》，卷XXVI，153期(1928年2月)11—13页。

② 年代上敦煌最近的画属于宋代，然而在这帝国的边远地区的这些画，总的看来仍追随着唐代作风。

笈多式和犍驮罗式的主题都有普遍的改变，即趋向使形体显得魁伟结实，面部轮廓粗眉大眼，对此我们已曾惊奇地发现阿富汗哈达的某些塑像上已预先出现过了（图 15）。类似情况，飞行和持花神像的面部，在吐鲁番和巴米延也展现了同样中亚式的作风（图 17）。

在敦煌，发现外界传入的因素有时仍保留原来状态，有时正处于与中国同化过程中，有时则已经被同化了。我已提及大英博物馆中有名的横幅，年代为第 8 世纪或更早，其上的释迦牟尼像具有希腊－罗马特色的程度几乎如拜占庭式了，周围的两尊菩萨像躯体赤裸，如果不是略显慵懒并微见丰满，那典雅之风将可称为阿旃陀派和波罗派的纯粹后裔，而这里的懒散丰满姿态，与日本法隆寺的壁画相同，显示着远东的影响[①]；同时横幅上的两个天仙或玉女，在飞扬的披肩、飘带和云彩中自天而降，则可作为一方面是阿旃陀的类似人物，和另一方面第 6 世纪中叶高丽 Sammyonj 古墓中的人物[②]、汉城博物馆中所藏棺盖上的人物[③]以及法隆寺“飞天”之间的连接物。吉美博物馆中属于伯希和藏品的小幅单独的菩萨画，使我们能更清楚地看到这种发展的步骤。图 203* 所示的普贤菩萨，其中波罗派的影响也仍不小：那赤裸的躯干、清瘦的体形、充分发育的臀部、透明的飘拂披巾和对双手的处理，都是阿旃陀的作风；但是腿部较短，没有波罗派的清丽。邻近在同一面墙壁上展出

① 宾扬：《亚洲艺术》，Ⅵ，图版 15。

② 伊卡特：《高丽艺术史》，217 图。

③ 同上书，481 图。

* 图片欠附。

的菩萨像中，印度型式已深被中国风所同化，而呈现某些如法隆寺的那种严肃、高傲但又颇为懒散的美[①]——此外，的确，它也越过这一阶段并已显示宋代的那种渐趋笨拙的倾向（图34）。在一幅地藏菩萨画像上，中国的影响更占优势——这次是一种更可喜的形式。这是冥界的仁慈的裁判者，画作一执宝僧人状：在印度艺术品中左肩是袒露的，这里则隐于僧袍下，飘带已消失，纯古典式的整齐衣褶也引不起与任何印度式相似的联想，而成为后期罗马帝国风格与中国风格的混合物；那无须的纯蛋形面孔，虽然轮廓又较粗重，但与印度式截然不同，显示出融合了希腊－罗马式与中国型式。另一方面，在护世法天王画像上，我们看到萨珊型与中国型的融合，与以上在伯孜克里克和吐鲁番所见一般，但同时中国成分明显增加。从斯坦因藏品中的一小幅辉煌的毗沙门天王全身铠甲与随从渡海的画[②]，和吉美博物馆伯希和藏品中一幅类似性质的同样优美的画的对比中，使我们对此更深信不疑。

在敦煌的这些不同型式的菩萨或神话人物，常组成一幅巨大的整齐庄严的构图，具有良好的装饰效果。在大量的此类作品中，我只要提及两幅"观自在净土"图，其一为斯坦因藏品，在大英博物馆，另一为伯希和藏品，在吉美博物馆，二者都奇妙绝伦。伯希和所藏的一幅曾以彩色复印为拙著《远东史》[③]的卷首插图；斯坦因所藏的一幅也在《塞林地亚》卷四中用彩色复制。[④] 今向读者推荐

① 又见于两幅观世音图，斯坦因藏品，大英博物馆。

② 《亚洲艺术》，Ⅸ，图版Ⅴ。

③ 巴黎 Genther 出版，1929 年。

④ 斯坦因所收观音像，藏大英博物馆。

此二书，因为在这些巨幅图画中，彩色所起的作用是极为重要的。在这方面，斯坦因所藏的横幅画是一种幻境般的美。这尊菩萨有四十条手臂，如某位印度教的神，在柔和而生动协调的消退的金黄、玫瑰紫和赤红的色彩中坐在宝座上，面容混合着佛祖的慈祥和印度大自在天雕像的无边的庄严肃穆。他上方有一些可爱的赤身小菩萨像。处理手法上是印度式，同时也是中国式的，左边是一个优美的中国人像，右边是一位苦行者。那型式我们在西藏的小型画中将可见到。伯希和所藏的画幅则更为壮丽，观世音作金黄色，那“千臂”在一橘色大圆环的背景上辉煌地显露出来；围绕着这智慧之神有众多的圣者和神祇——柔软、妖娆而娇媚的印度式裸女于他们头上绿色或蓝色的光轮下坐在莲花上；还有远东的菩萨们和身穿华丽僧袍的动人的青年中国僧人们，衬托着红紫或深紫的光环，上缀许多玫瑰花样；还有穿唐代铠甲的护世天王，使人常常联想他们以前或曾作为中亚萨珊王朝的骑兵；这图景的下部分还有执金刚在和魔怪战斗，在一片鲜红的高大火焰中，这色彩的配合由上部天空的深蓝灰色平衡起来；最后，在这画卷的底部，一侧是主要为中国风格的慈祥文雅的地藏菩萨，对面则是一位中国达官贵人的全身肖像；他于公元981年奉献此画于世尊以求超生(图35)。

这画色彩的鲜艳有力是不足为奇的，它与唐代率直的写实主义、豪放的作风和磅礴的气势是一致的。宋代的印象主义的、美学的、文学的特色要求明暗对照的单色的绘画；但唐代写实主义的绘画和陶器则倾向于要求十分鲜明而有强烈对比的颜色，使人想起照明的各种色调。

在我们已看到的这些供养者肖像中，甚至在天国景象上，成为规律的是这里已超越了传入佛教的影响，并且又一次与本土中国的传统结合起来。

所有历史文献都断言本国的绘画流派在六朝和唐代即已存在，全不受无论是印度或其它的外来影响。文献提及六朝的顾恺之，他活跃于约公元344—406年，我们下文将谈到的大英博物馆所藏优美的画卷，就被认为是他的作品。至于唐代，后世的中国艺术评论家提到两个画派：第一是所谓“北宗”，其目的似乎更为写实，主要画家包括有李思训（他活跃于约651—720年）及其子李昭道、韩干（他活跃于700年前后），不用说还有佛教画家吴道子，他作画于720—750年（图40，图41）；第二是所谓“南宗”，后来在宋代画得极多的印象派单色山水被认为就是此派创始的，主要画家据说是诗人王维，或称王摩诘，他生存年代约自699—750年。

伯希和教授确认南北宗之分是后来创立的，并与佛教中所谓“天台宗”的不同中心地相符合。确实，特别是对风景画的写意法处理，并不远溯至唐，而只是追溯至宋，我们于下文即可谈到。

在缺乏吴道子、李昭道和王维等作品的情况下，我们从吐鲁番和敦煌所得的可确称中国式的画卷上，看到若干属于六朝、唐和五代的中国派绘画，在大英博物馆中有几幅古画卷被认为是顾恺之作品，还有近时发现的几幅高丽画。

吐鲁番的一批中有一些纯唐风的范本，这里我们只提及8世纪一幅画卷的片断，这是斯坦因在敦煌附近发现的，画上为一贵妇和一僮仆在一株树下——这无疑是某种“春节”组画中一幅孤立的插曲。中国艺术的全部精妙之处已在这优雅的圆润的面孔上呈现出来。那桃红和鲜红的色彩，惊人的艳丽，那姿式则使人联想到日本圣德太子画像一类的人物画。

从敦煌携至吉美博物馆或大英博物馆的这些绘画，虽然属于地方的流派，却可以使我们在肖像画、讽刺画、鸟兽画和山水画中分辨出唐代、五代或宋代初期的各种风格。

有许多供养者的画像，那庄重的姿态有一种气势和威严，在其背后存在着长时期的学院式传统。吉美博物馆有一幅伯希和藏品——有须人物双掌合十，追随着在云路中接引他的菩萨（图36）——展现出构图的雄浑和表情的真挚有力，在某种程度上使人想到前属沃尔区藏品中认为滕昌祐约在880年所画的道教仙人吕洞宾的著名画像。[①] 还有其他供养者穿着黑袍的全身像，都有着唐代肖像的确实风格（图34、35）。又有几幅僧人或佛教圣者的像，乃是真正的肖像画：例如吉美博物馆的大迦叶像，年代为729年，那面部皱纹和松弛的面颊都很生动，这里我们看到唐代的写实手法应用在描画旧时的型式上。

敦煌也有女供养人的画像——有时是成群的人——不论是贵妇人或中产阶级的妇女，有着圆圆的面庞和含蓄的、庄重的或做作的表情；随情况不同，穿着有玫瑰花样的锦缎盛装，戴着饰有花朵的十分精致的高高头巾向前行进（如图37）。除了这种一本正经的图景外，敦煌也有几幅更妩媚文雅的女人形象，如第58窟那幅线条流畅的优美的下跪人物，伯希和教授曾用来作他关于敦煌石

① 勒内·格鲁塞：《远东史》，巴黎Genther版，Ⅰ，图版XXI，343页。

窟的书中首页插图，并允我们复制于此*。

唐代的动物画艺术也曾发现于喀什噶尔和敦煌。中国的历史家们谈到一位画家韩干，他们说他在第8世纪初期专门研究画马。他的作品并无流传，但在敦煌我们看到一些极优美的画，足可与墓葬陶俑中骑士的马媲美。举例如斯坦因自玛札尔塔格携回大英博物馆的残片，上有六匹奔驰的棕色和带红色的马，这是一幅速写的草稿，但也是一幅粗犷豪放的绘画。[①]在敦煌本地也发现一些关于马的优秀习作。这进而肯定了与韩干这名字有关的传统，正因为它们属于仅是地方性的宗派。宾扬氏在他所著大英博物馆中亚洲艺术的书中，也仿效斯坦因复制了两幅画，其一是菩萨骑马遇一病者，另一幅是一匹雌马和一头准备吸母乳的小马，附近有一头母牛在舔犊。这片断的前者，即骑马的一组，证明在描绘马的形象上，既熟练又优美；后者则显示了笔触的雄浑和自由，这是同样可赞美的。这里我们复制了伯希和藏品中一幅纸本残画（图38），上面是两个骑马的人，一位贵人和他的一名旗手，这画也同样雄浑有力，值得赞赏——证明唐代动物画在勾画马的特有轮廓时的得心应手。伯希和考察团还携回一些成群的马匹或步兵图，表明艺术家如何处理大规模的战争景象。在此复制了176号窟的部分进军图**，有一排排前进的骑兵和飘扬的军旗。这全体马队堂皇壮丽的扫荡行动，使此画成为流传至今的唐代丰功伟绩最惊人的体现之一。另一幅描绘这同样功绩的画又加上佛教色彩，见于第70窟，

* 图片欠附。

① 宾扬：《亚洲艺术》，Ⅸ，图版Ⅲ。

** 此为伯希和所编洞窟号，今编为156窟。图片欠附。

画有两排步兵，第一排挺着长枪，第二排在一要塞城墙下以盾牌护身向他们前进。又有一图，则以一种全景方式使一些景致上下叠置，有山岭、道路，路上有骑马的有步行的，还有树丛、宫室和宝塔。从这些图景上，我们可以对唐代山水画的性质得到一个概念，它们往往不是为了风景本身来作画，而是作为历史或宗教场面的背景，但结构上也同样完整。

在一幅降魔图上我们看到同样对事迹插曲的爱好，这使画面充满了成群的人物，而所有这些细节都是依照严格的秩序排列的。这是一幅名副其实的佛画，由伯希和携回吉美博物馆，描绘的是著名的降魔故事；佛祖坐在菩提树下，作“召大地作证”的姿式，群魔正来进攻。这幅名画揭示出不仅在安排人群上有明显的技巧，并且在漫画方面也有惊异的创造性——这就是我们复制于此的主要原因*。它显示了在此行业中的想象力，虽然紧紧遵循着梵文的《神通游戏经》，但从中国的观点上也是值得注意的。用幽默手法处理严酷和恐怖事物的特色，在晚周所演进的“饕餮”以及“汉侏儒”的形象中已潜在了。现在描绘佛教地狱的需要使它采取了这确定的形式。我们将看到此种幽默风格在后来的中国艺术和染有幽默色彩的日本宗教艺术中有怎样的成功。

在中国北部边界对面的高丽，日本考古学家近年发现了极有兴趣的壁画。这是在平壤附近的所谓“双柱墓”中的，年代似属于

* 图片欠附。

第6世纪后半叶——据埃卡德说约自590年[①]。壁画上的人物是贵族和夫人及随从。贵族戴的头巾前面饰有两个羽毛制的靡菲斯托飞利斯（魔鬼）样子的大角或翅膀。他们有轻描的上翘胡髭，穿着宽松的带皮毛边的长袍。一个骑在披马衣的腾跃的马上，那修长纤瘦的形状使人想起北魏的马，或在库车所见到的马，而不是唐代骑兵那种粗壮的马。一个人物，身穿有许多颜色的堂皇服装，庄严地前进，似乎是一位佛教僧侣，由一名头顶香炉的侍者前导。贵妇们一般都穿着有密褶凹裥的白裙和有皮毛边的外衣，她们那长形的、白皙娇嫩的面庞，在乌黑的头发围绕内，她们那超等高贵温雅而矜持的态度，那准确无误的线条，那精致微妙的色调，所有这些都显示出一个已达到稀有高度的熟练技巧的宫廷绘画流派。[②]在这些人像中，我们看到距离北魏或隋朝的略较僵硬的优美的小雕像已不甚遥远；而且尽管式样不同，距顾恺之的画卷也不甚遥远了。

大英博物馆所藏顾恺之的画卷，乃是我们保存的有关古代中国绘画最有价值的一件物证。宾扬氏甚至认为这是顾恺之本人的原作，他生存于约344—406年。另一方面，伯希和教授特别研究了这幅名画的历史，认为它极可能是一幅唐画——流传下来的由一真正艺术家所作的少数唐画之一——并且无疑是摹自顾恺之的原作。[③]

---

① 伊卡特:《高丽艺术史》，金德斯来英译本（伦敦，1929年），135页。

② 同上书，图版Ⅰ（120—121页），图版Ⅳ（152页），图版VXXIV，图253，254。

③ 伯希和教授1927年6月16日讲话。

无论如何，这乃是一幅完美的杰作。敦煌的画幅和高丽的壁画已向我们提供了外省画派的范本。但在这里，我们却看到了一个宫廷画派——正如此画的题目“女史箴图”[①]所表明的。画面之一表现一个著名的故事，即一个妇女投身在皇帝和一头怒熊之间。[②] 另一画是一家族，以商议和谐的生活为主题。[③] 第三幅是梳妆图，一女子正对镜理发（图 39）。第四幅是一猎人一腿下跪，弯弓指向一些鸟，有的飞开，有的落在附近的山上。[④]

劳伦斯·宾扬和拉菲尔·彼得鲁西说得好，这些题材的说教性质使我们接触到一个已经是“文雅社会中的微妙的人道主义”。在女性肖像中，那敏锐懂事的容貌、白皙的面庞，衬着浓黑的头发，令人赞美。那眼睛的深刻表情，姿势的飘逸幽雅，仪态的高贵潇洒，有着长长衣褶的妖艳的服装，柔软袅娜的身材，由于拖曳地上的长裙而更增加了高度，这一切都显示远东艺术的女性理想现在已得到决定性的发展——这种理想的高雅传统自顾恺之直到日本的喜多川歌麿始终沿袭未变，不管题材是公主还是艺伎都依此处理。的确，这种风格的轻快细腻，“笔触的微妙精练”，证明这种老练的诗一般的妇女形象（与印度艺术中色情的处理法不大相同）已找到了完美的表现媒介物。自然，在顾恺之的绘画和北魏陶俑中拉长的人体或龙门浮雕（主要属于 641 年的）上成群的盛装女供养

① 此图题是出自张华（232—300 年）之手。（按：此注不确，应为“源自张华之文”。）

② 复制于布林顿杂志，单色，《中国艺术》，12—13 页。

③ 宾扬《亚洲艺术》中复制，Ⅵ，图版ⅩⅣ，Z。

④ 同上书，Ⅵ，图版ⅩⅣ，又见瓦莱《中国绘画研究引论》，伦敦，1923 年，图版 3—6。

人间可探索出类似之处；但在这些雕像与画卷之间，却有着分别工匠作品或天才艺术家作品的种种差异。最后，在行猎图中对山的处理，预告我们六朝和唐代的艺术在前进中已越过了它发展的最近阶段，并演化出一种崭新的法则：即宋代学派的法则。

第三章　中国艺术法则的确定

宋代：中国美学理想的知识分子化

公元 907 年，唐王朝在封建割据和军事混乱中消亡了。军事领袖们，无论是中国的将官或突厥的雇佣军，都满足于互相继承，而未能建立任何长久的统治形式；因此在其后的 60 年中看到了一连串的短暂王朝：后梁，907—923 年；后唐，923—936 年；后晋，936—947 年；后汉，947—950 年；后周，951—960 年。但除了上列五个建立在河南开封府附近的王朝外，在这"五代"时期又看到其它十个王室建立在各主要省份内，各自为其本地区的君主。直到公元 960 年，一个伟大的君王才登基——宋朝的皇帝成功地统一了全中国，只是北京地区除外，它在混乱的年代中已陷入契丹、鞑靼人的势力内。

宋王朝保持王室三个多世纪，因为它直到 1279 年才最后被蒙古人推翻；但在 1125 年这帝国即被一个鞑靼民族女真人入侵，他们占领了整个中国北部，甚至攻下了京城开封府。然而宋朝诸帝还能保全其地位于华南，于是国家遂分裂为二部：在南方是汉民族的宋帝国，以浙江省杭州为新都；在北方是女真族的王国，后称金

国，以现在北京的地方为首都。这种分裂局面一直延续到成吉思汗及其继承者们的蒙古人的入侵，他们首先于1234年征服了金国，其后于1279年又征服了宋帝国。

宋代在发展中国精神及美学理想方面占有首要地位。

让我们先回顾以前各时代。自周朝至唐末我们所追寻的审美观念的演进过程可总结如下：在周代我们发现可称之为美学理想的表现在精力充沛方面——即一种实体所固有的力量的平衡，而又由此扩散出来，因此其表达方式主要包含在咄咄逼人的潜力内。这种力量在秦代艺术中挥发式地展出后，又显现而顺从一种有秩序的图像、线条的艺术形式，其主要特点是运动；同时装饰主题也从潜在的阶段中脱颖而出，表现为充满动作与速度的活生生的形象；但形象、动作和速度都是一成不变地以线条表示出来，并且运动也是在同一个平面内：简单说，重复维格奈氏的话，这一派艺术乃是“Un Pur graphisme”——即，它表现的媒介是纯图解式或纯线条式的。六朝的艺术继续从表达活的形象的技巧获益。但这时到了一个政治上和精神上大动荡的时期，兵戈扰攘有三世纪之久，由此产生的艺术标志着新的精力的集结，一种抑郁、混杂而不安的精力，然而它也像在周朝一般，同样能表达出火山似的猛烈潜力，虽然是通过不同的方式。这种强有力的并且是现实主义的艺术，体现在动物形象中，使人回想到周代的艺术——但它有更象征性的特色——并与后者相同，引导到一个整齐、对称和古典主义的时代，即唐代。六朝的骚乱的热情转变为唐代的写实主义的艺术，它与汉代不同的是：第一，它已不是局限于一个平面上的线条式的艺术，而是一种立体的造型艺术了；第二，它的写实风格不仅是刻画

动作的手段，而其本身即成为目的，现在对肌肉的表现本身即受到赞美；同时运动因此也逐渐失去了它的势头，甚至或可以说它的能动性，因为现在的目的已不在于运动，而在于炫示力量了。唐代的写实主义很快变成虚饰而浮夸的，无能将生命注入主体之中，而生命乃是其动力。它缓滞停顿下来，退化为宋代的笨拙形式。

到达这一点后，中国美学理想的演进已完成了物质的一面。它已表明了它所要表明的一切，从此以后——例如在雕塑方面——除了重复毫无个性的陈腐主题外，已经无所作为。可是中国艺术并没有在唐末寿终正寝，它甚至前进直到18世纪；的确，即在唐王朝刚一灭亡后它便产生了绘画和陶瓷艺术中的伟大作品，这乃是宋代的标志。然则，如果我们不是在这里看到不仅艺术的功能，而且诉诸它的从业人士有全面的改变，这种文艺复兴的秘密又何在呢？过去时代的物质理想已由以知识界人士为基础的（精神）理想所接替，至此，外界的形状和力量仅是表现其理想的媒介物。宋代即经历了中国美学理想的这种知识分子化。

诚然，这种变化的因素在唐代和六朝时即已存在，当写实主义的风尚还在其最高峰时，顾恺之的画卷即能显示出一种隐喻的风格，例如，那女性形象不过是表达内心感情的一个媒介物而已。唐诗在这方面特别有启发性。当属于这一时代的艺术作品中最典型的特色仍然是外观的，即包含于对称与写实中时，唐代诗人如李白（701—762年）、杜甫（712—770年）、王维（699—761年）、道宣和白居易（772—846年）等，即已预示了将要到来的极不相同的内心型式。这些诗人所追求的已不再是有形的世界、实在的宇宙，而是这宇宙的理想化的映像——即后来欧洲浪漫主义所谓的“事物的灵魂”。

不可否认的这多少是由于佛教的玄想：我们只要读读唐诗就知道他们有什么是得自大乘佛教的梦幻。但如假定这种因素全部源于印度那就错了。当第8、9世纪，在远东传授的大乘佛教已经在极大程度上成为中国式的。再者，印度本身当时已正在放弃佛教的过程中，而避难于中国的佛教乃呈现一种新的面貌，甚至实际上产生一个为印度佛教所不知的新的宗教，即所谓净土宗（阿弥陀崇拜）。以道教为根底的古代的本土玄学和诗意，现在就要激励这一度由梵文的国土所输入的，不论是教义还是传说的表现以及题材了。我们只要将一部印度佛教的诗文——例如《神通游戏经》（《普曜经》）或《菩提行经》——与唐代佛教文人如白居易或柳宗元的诗加以比较即可明了。一方面，在印度诗中，我们无疑地发现富有种种微妙情感和悦目赏心的可喜诗意，但无论在哪一境地都激发着人的造型感，这在我们看来，总体上印度像是一个更广阔的希腊，一个戒除“黄金中间律”的热带希腊。另一方面，在中国诗中，我们发现它记录着各种微妙的意念，并似乎畏避着繁复庞杂、甚至过于具体的有形事物：一种印象的诗，用有力而往往是简洁的文字记载下来，在印象变模糊之前仅仅是暗示一下；这种诗并不寻求具体的印象，如印度那样从玄奥的灵感降到映象的物质世界中，而似乎永远是从现实的出发点超越至无影无形且不落言诠的境界。最明显不过的是，唐诗由于佛教主题的提供而丰富了情感，获得益处。但充分注意到此点后，我们也不可不补充说它对自然界——设想为一切无能名状事物的象征——的心醉神迷乃是纯粹本土的精神状态。我们只要回想在任何佛教形式引入远东之前，

道士们种种诗意的奇思遐念，就可对此深信不疑。

我们甚至能认为，这种精神状态是中国人思想中最经久不变的因素之一。在中国思想的真正根源处——例如在周代铜器中——我们发现一种有内涵秩序的艺术理想，潜在于弥漫至事物的神秘感和隐藏的宇宙力量之中。这就是区分中国美学理想与所有其它古典文明——不论是埃及、迦勒底、希腊，还是印度——美学理想的差别之处，因为后者都将自己包含在具体而限定的外形中，表现于动物形象以及（在它们最后和最高的阶段）拟人的形象中。正如远古时代的铜器铸造者甘愿让旁观者去猜测散布于他那诗歌般的铜器中的"饕餮"各组成部分的含义那样，宋代的水墨画大师们，使线条刚一开始即被淹没于迷雾中，让我们只能一瞥这风暴之灵魂所潜伏的无限远方。但这种合成的神秘观念，这种关于事物底层性质的概念，其特色是如此富于理智性而缺少感官性，所以它自然而然采取一种完全不同的感性表现。与原始的铜匠不同，他们认为在与恐怖面具抵面的一瞬间曾看到宇宙之谜，现在我们看到在道教的狂想和大乘佛教的柔情时代之后，唐代诗人和在绘画方面与他们相对应的宋代艺术家，是如何在沉浸于烟霭中并消失于无限远方的风景线条中辨别出宇宙的灵魂，使它像人的容颜一般真切。而这些风景画也的确显示出世界的面貌，其中那瞬息万变的外形的全部价值，在于它表现了宇宙的精华本质。水面、山峦、河谷越是由于云雾和深远显得迷濛柔润，越是易于推测那使它赋有生气的宇宙真髓。恐怖的神秘已变为玄学的神秘。对一切不可知者的恐怖已在几世纪的历程中变为一种要与之心灵相通的热情努力。然而，尽管如此，作为这两种表达方式出发点的审美观

念却始终一致。其证明是，虽然这种神秘主义显然充满了悲凉忧郁，它却很少采取轻易伤感或个人浪漫主义的形式。它永远主要是智力的和概括的，超越了仅仅个人的激情。然则不妨总结我们的论点如下：尽管一种文雅的文化与由原始事物构成的社会之间在表达和技巧方面有所不同，但在唐、宋诗人和画家中，中国的美学理想在逻辑上符合其主要性质而演进的 6 世纪或 8 世纪中，在耗尽了写实主义的一切可能性之后，却依旧回复到它历史中最古老的要素：即认为自然是由一种内在的力量赋予生命的这一观念。①

形成这种新的美学理想——在原则上是纯智识式的，而在表现方式上是纯印象主义的，诗人往往为艺术家引路，这必是一种首先为文人阶级之特权的艺术，一种“画笔的艺术”所需要发生的。这也是有力的唐诗如何启示了宋代深刻的风景画，而在某些方面已更造作而因袭的宋诗又如何主要反映在明代的风景画中的情形。但对此问题且不详论，我们只要看看唐代大诗人如李白及杜甫，或宋代的继起者如欧阳修（1007—1074 年）及苏轼（1036—1101 年）等的作品，就将发现其中大部分哲学的和写景的题目，都已被宋代山水画家们所引用了。

在李太白的诗中，我们发现以河水为象征的万物瞬息无常之感，正如古哲人所说的“逝者如斯夫，不舍昼夜”。“大江流日夜，客心悲未央”。今古同慨。陈子昂说：“前不见古人，后不见来者；念

① 见瓦莱：《佛教禅宗》，（伦敦，1922 年；同前，《中国绘画研究引论》；奥托·费希尔：《中国风景画》，慕尼黑，1921 年）；宾扬：《远东的绘画》，120 页，《中国宋代》。

天地之悠悠，独怆然而涕下。”也同是这一感情的激动。黄昏在碧山之下独行，山月随人，远雾迷濛，不禁散发一种神秘之感，是诗情也是画境。

李白又有关于月光的梦幻般的诗句：“床前明月光，疑是地上霜；举头望明（山）月，低头思故乡。”又有奔放速写的秋景，他的诗意是：风卷黄叶落，群山秋已深；登塔向寥阔，远色入苍暝。进而更有对辽阔空间的向往。如：“弃我去者昨日之日不可留，乱我心者今日之日多烦忧，长风万里送秋雁，对此可以酣高楼。”诗人的诗情，也就是画家的画意了。从这些诗意中，我们看到，它将形成11世纪海景山水画的题材。李白的另一诗：“朝辞白帝彩云间，千里江陵一日还，两岸猿声啼不住，轻舟已过万重山。”诗中不过短短四句，所描写的简直像一个长卷轴的画卷。

大诗人杜甫，也留给我们许多描绘景物的诗句。如《梅雨》：“南京犀浦道，四月熟黄梅。湛湛长江去，冥冥细雨来。茅茨疏易湿，云雾密难开。竟日蛟龙喜，盘涡与岸回。”他写蜀中四月梅雨季节的情景，正如绘画般富有情韵。又如《春水生》小诗：“二月六夜春水生，门前小滩浑欲平。鸬鹚鸂鶒莫漫喜，吾与汝曹俱眼明。”诗人不仅写景，而且把他所看到的野生飞鸟，与自己的情感融合为一，给画家不少启发。这为以后的宋代山水、花鸟画家，留下了画题和画境。读了这些描写，我们再来翻阅宋代山水画的册页，将发现这全部景色都在其中。

画家兼诗人的王维，他写景有独到之处，如他的一首《栾家濑》小诗中：“飒飒秋雨中，浅浅石溜泻。跳波自相溅，白鹭惊复下。”写灵写活，风神隽绝。秋雨来时，一泓平静的浅濑，忽然变得湍急。

一只白鹭正在静静地凝视着水面，想得到游鱼果腹，忽然急流撞起水花，惊波怒溅，使得白鹭惊起又复落下。诗人观察的细致与体物的入微，如其作画一般，成此小诗，深得自然之妙。

又如白居易的《暮江吟》："一道残阳铺水中，半江瑟瑟半江红。可怜九月初三夜，露似真珠月似弓。"诗中描写夕阳西下，映入江水，江中反射出红霞，为绿波幻化出奇异的色彩。诗人接连地写出幽美的夜景，露似真珠，月如金弓，由暮到夜，剪裁入一首小诗中，也正如一幅名画，勾住人的眼睛，不能离去。白居易还有一首《杨柳枝》词："一树春风千万枝，嫩于金色软于丝；永丰西角荒园里，尽日无人属阿谁？"这是他咏柳的一首名作。着墨无多，而意趣无尽。画家颇爱画柳，大概受到了他的影响。

其他还有不少唐代的诗人，描写山林之乐，苍苔山泉，林中茅屋，河谷曲折，峰峦烟雾。在宋人的画幅中，便被移入绢素，成了画屏或小幅的写景珍品。

由专业的画工，以工细之笔描绘人物景色，到文人学士的即兴挥毫，便产生了逸笔草草、不求形似的写意作品。这种知识分子的印象主义必须在画中寻找适当的媒介。而它所发现的媒介乃是中国单色的水墨画。如唐代艺术家所喜爱的彩色，产生一种沉重感和现实感。中国的笔墨不受拘束地任意挥洒——那纯洁简朴的线条似乎抽空了那形式的物质内容，而将它改变为纯理想的事物。一幅宋代水墨风景画在充分挥写中可能包含山峦和平川，但它依然翱翔于具体的形象之上，如夕阳下云朵堆成的宫殿。而且，仿佛避免使人受到各物有形面貌的束缚，甚至这种线条也时常并不完成那原来开始的设计，而是使这构想悬止于约略显出的远方。这是一种暗示多于表现的艺术。它正是唐诗在绘画领域的复制品，唯一目的在于为玄思冥想提供食粮。这里不是画家在作山水画，而是每个旁观者由画家所布置的多种元素来为自己组成这幅画。

使用水墨还给风景画带来另一种技术上的创新：即空中透视法。因为既已没有彩色来区分这一平面和另一平面，并且更因为部分画面除空间外别无一物，然则用什么方法表达这作为景致之灵魂的空间印象呢？水墨画大师们注意到大自然中在观者与物体之间有层层空气使颜色模糊起来并使形象迷濛不清。他们用巧妙的色调层次，描绘出水面和山谷间浮起的云气，或用浴于烟雾中的山头和远景来表示空远。在他们保留最小限度的色彩时，他们就求助于皴擦烘染法，用孔雀石绿或天青石蓝来画前景和背景以表现空中透视；或以纯色作前景而混以墨色作远景，这使得色彩加深但不减少其透明度。这样他们发明了明暗对照法和“渲染”——简言之，即印象派手法，由此中国山水画家们获得了熟练惊人的效果：因为远景轮廓虽不太明显，沉浸于迷雾中的前景却常足以传达一种辽阔无际之感。引用彼得罗西的话说：“云雾有魔力的面貌有助于造成空茫浩瀚的印象。”

中国水墨画中的烟岚雾霭赋予大地面貌一种强烈生动的表情，既淡漠疏远，同时又渗透深入，与在某些用明暗对照法画的人像面貌上——伦勃朗（Rembrandt）或考力尔（Carriese）的作品——所看到的一般，其中由于将实际容貌画模糊使置于次要地位而达到一种纯才智上的特色。

欧洲印象主义和宋代山水画印象主义的区别即在此。欧洲的印象派是精心试作的草稿，细微反复的润色和经营构图组成，乃是在美感上刻意求工的结果。反之，宋代的水墨画虽然线条可能因烟云而模糊不清，并很快消失不见而使观者自去梦想，但笔触的运行仍旧连绵不断，而且纷纷烟霭不仅丝毫未妨碍或削弱这总的效果，反使这效果显得更为有力。如此当西方的印象主义已变为纯分析式和个人式时，宋代的印象主义始终主要是综合的、概括的，而且是才识方面的。

这种艺术的唯一缺点是，由于中国人的独创性，它不久即定出若干现成的规范，学生藉此便可自动作出美景的、自然的或梦境似的绘画来。我们在一部画家王维所著的名为《绘画秘诀》中将发现此类条例。但编造灵感的这些规范诀窍，直到明代才确实起作用。

同样原则也适用于肖像画。

我们可以推测肖像画的艺术在中国古已有之，因为丧葬中的亡者像和佛教还愿画的供养者像都需要它；这些画像或为历史人物，或为当时人物，如身着官服的贵人或盛装的上层阶级的妇女。龙门的一组供养者像，乃是完全绘画性质的浮雕，已属这一范畴；敦煌的供养者像也如此。而在顾恺之画卷——不管它是属于六朝还是唐朝——的文雅仕女中，我们发现在出于一位真正艺术家之手的精妙作品中，这一技巧已被充分掌握的资料。

宋代肖像画无论是描绘当代人物，还是重绘宗教上或历史上的人物，都是这种传统的成果。它与同时山水画的共同特点是，本质是属于知识分子的，或更好地说，属泛神论者的。

诚如艾里赛耶夫教授最近提醒我们所说①，中国和古埃及相

① 1929 年 12 月 19 日在吉美博物馆的一次讲话。

同,肖像画要履行一种宗教和社会的职责:因为在原始时代它曾与祖先崇拜有关,其目的是要将祖先的精神传给子孙,将他的心灵、品格和个性传给他们。从这种观点出发,艺术家的主要目标自然要以在相貌肖似中充满内心的潜力,将它改变为传神的工具。为了实现此点,他必须从这活的题材所提供的成分中做出选择,选取那性格中的基本特征,并且,着眼于这一目的,他在处理这两个虽似同时并存实际是相连续的因素上是不犹豫的。① 因此,宋代的肖像画以其目的在于呈现一种与所画人物的多方面性格相符的综合品而言,可称为性质上的 Simultaneist*,因此它多喜作 3/4 正面像的姿态往往也像远方一般,半淹没在弥漫于前景的烟云之中,因此全部人物山水都仅成为一个梦境。然而,与这种迷濛的特色相对照的是,那线条却是以充满前所未有的强劲力量鲜明准确地画出的。

宋代绘画

在探讨宋代大画家之前,我们应简略谈谈号称唐人名画但显然是宋或元的作品。京都的佛寺古德院有两幅纯属宋人的山水,但传为吴道子作,其一绘有一条小瀑布,另一幅是在令人目眩的高峰脚下峡谷中的一道急流,前景有几株曲干的树木。② 认为属于这一画家的佛画有京都大福寺中所藏的释迦牟尼、文殊师利和须

① 按,此指形似与神似。——译者

* 按:法文,意为“同时描述”。

② 《远东美术杰作选》,卷Ⅷ,“中国画”,图版 6—7。

弥菩萨图(图 40,图 41),可算远东最动人的宗教绘画,在本书下一卷论及日本画之形成时,对此将再述及。[①] 京都学习院还有一幅,这可能使人同时得到正面和侧面的印象,每只眼有一个不同的神态,并且,一般说,在单一幅图画上并列着对同一人物的若干"观察",这些观点的总和恰恰构成了我们所称的个性。

由这一观点来设想,人的面容就自然易于与宋代山水画融洽一致了,因为它也服从着同一规律。与风景画相同,它从一切写实主义解脱出来,而是以一种理想的精神处理的。并且肖像画同样也受到唐宋诗词的灵感启示,因为在山水画前景中梦想着的高士、僧侣或农夫,可以说是它心理性格的化身;或更可以说人和景色像是同一观念的两种描绘,二者各自以有人性的和无生命的形式表现着一个共同理想。同一种无边无际的幽思玄念存在于哲人的眼中,也出现于大地的表面上,远际的线条和禅僧的心意都以同一种热忱飞逸于云霄。多节的古木和披覆人物肢体的服装也都是以同一种生动雄健的笔墨曲折画出。因此人物与景色同样都仅是一种象征,一种使人精神昂扬的邀请。此外,冥想中的人物、大气磅礴的瀑布则传为王维所作。[②] 今日批评家们一致同意这些杰作是宋画。爱莫弗波罗藏品中一幅山水画,上有二水牛被牵回牛栏,旧传为韩滉作,也是如此;还有传为李唐作的优秀作品也都是宋画。[③]

我们还要提到华盛顿弗利尔美术馆藏的宋代绢本水墨画,旧

① 《远东美术杰作选》,卷Ⅷ,"中国画",图版 2—5。

② 同上书,图版 8。

③ 《爱莫弗波罗氏藏品·绘画目录》,23 及 24 号,图版ⅩⅦ—ⅩⅧ。

认为顾恺之作，画的是古诗《洛神赋》中的洛水女神。

传统记载宋代主要画家是范宽、董源、郭熙、赵大年、李龙眠、米芾和北宋（10 世纪及 11 世纪）徽宗皇帝，以及南宋（12、13 世纪）的马远、马麟、夏圭、梁楷和牧溪。[①]

现存似乎没有不容置疑的范宽（900—1030 年）真迹，由中国的作者传记我们得知他和郭熙画一般，有山中寒林、雪景和烟笼雾罩的辽阔景象。根据此种指示，波士顿美术馆一幅写景形式的水墨画被认为是范宽所作，画的是冬景：虽然画宽仅 10 英寸，但那雪盖的高峰、光秃盘曲的林木和如喜龙仁所说的"使远山轮廓几乎消失的冬日雾气"，都充满一种"高旷深远"之致。[②] 波士顿美术馆另有一幅扇面形的水墨画也传为范宽所作，但与上幅实出于不同手笔。还有一幅冬景画，有笔触遒劲的树木，"那光秃的树干从覆雪山岩中露出强劲的蟠根耸起"；不论出于何人之手，这乃是一幅"卓越的豪放壮丽"的作品。[③]

董源生活于 10 世纪之末，波士顿美术馆有一幅设色精妙的画据称是他所作，题名"山村晴日"[④]，是一幅构图匀称的深远变幻的全景："我们乘渡船过宽宽的河流，循海边群山中的道路弯绕前进；最后山径引至远方云雾弥漫的幽谷中隐约可见的寺院。这景色的静穆庄严是以异常强力和集中的手法描绘成的。可以说，它是一幅交响乐式的构图，或更好地说，是一幅史诗般的山水画。"

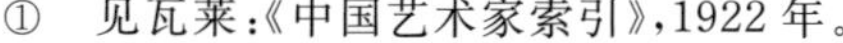

① 见瓦莱：《中国艺术家索引》，1922 年。

② 《中国画家》，Ⅰ，图版 12。

③ 同上书，图版 17。

④ 同上书，图版 22。

郭熙约生活于1020—1090年，弗利尔美术馆有一幅此人的单色画，长约6.85英尺，题名《黄河秋谷》，这里我们又看到一幅广袤的全景图，那布满青苔的庞然山岩如巨石柱般耸立，还有那“蟹状”扭曲的光秃树木，乃是整个宋画面貌的特色。[①]

赵大年活跃于约1080—1100年，很可能是一幅秋景和另一幅《寒林集鸦图》的作者，前者为东京赤渊所有，后者为横滨原丰太郎所有。[②] 两幅画上都有河流穿林而过，有美景的港湾小溪，但都未显示什么超越的技巧。我们可以注意到寒鸦在水景和沐于云雾中的森林上盘旋，河滨有一株落叶的垂杨。波士顿美术馆还有一幅绢本扇面的水墨淡彩秋景，画法如赵大年，虽然有更柔情同时也更肤浅的感受性，画中远处山脚下小溪尽头一屋掩映篱笆墙下，山峰朦胧隐现，微妙地表达出大气的效果。[③] 又，在爱莫弗波罗氏藏品中有一幅同样作风的山水画，在一条弯曲的悠悠流水附近有一片垂柳，背景是静穆的山峦。[④]

李龙眠即李公麟（1040—1106年），是宋代最著名的大画家之一。他是虔诚的佛教徒，“他的坚定宗旨是使精神与外界景象分离，他在实体外看到对世界赋予生命的无形真髓”，他不久即遁世隐居于安徽的深山中，描绘他经常想象的神秘境界。据称属于他的作品中可提到：黑田侯爵所藏的阿难访维摩诘图——那面部的神情可以和默林的画媲美[⑤]——和东京美术学校所藏的有同样超

① 《中国画家》，Ⅰ，27—29。

② 《杰作选》，Ⅷ，图版26，27。

③ 喜龙仁：《中国绘画》，Ⅰ，图版15。

④ 《爱莫弗波罗藏品·绘画目录》，25号，图版XIX。

⑤ 《杰作选》，Ⅷ，图版25。

人智慧像的阿罗汉图；华盛顿弗利尔美术馆也保存两幅据称是他的作品。其一是“在想象的景致中的神祇天仙”，这是一幅巨大的如梦般的幻境，有看来不似真实的宫殿耸立于轮廓陡峭奇幻、几如云堆雾筑的山峰间，一片特殊优美的丛林，最后修饰了前景，河流环绕，安谧的河岸上伫立一株垂杨，有一种静穆而几乎如孩子般的娇嫩之美。[①] 弗利尔美术馆另有一幅，属于不同格调，也许出于不同手笔，画的是层层宫殿庭院，可认为是此种“建筑俯视图”的典型，其中有无数圆柱的楼阁，画得如早期意大利画背景一般精妙[②]——哥罗布即曾正确地将李龙眠的笔致与波提切利的画相比。

弗利尔美术馆保存一幅绢本画，传为米芾（1051—1107 年）或他这一派人所作，前景有一河穿林而过，背景是一些圆形的山头，全部笼罩在隔开前后面的山谷中升起的烟雾中。

徽宗皇帝于公元 1101—1125 年在位，是一位热心的收藏家，也是一位有审美力的画家。作为唯美主义者和考古学者，他在开封的宫中建立了一个正规的博物馆，但其中许多似非真迹。相传属于他的作品很多都有些可疑，其中有：京都审美书院收藏的暴风雨强劲画幅，画面一切都被狂风暴雨点染得模糊不清，在前景只能看到一株被吹弯的松树，树下一个受旋风横扫的旅客；[③]还有一幅是宋画中最宏大的构图之一，今藏京都广智院，在我所著《远东绘

① 喜龙仁：《中国绘画》，图版 30—31。

② 同上书，图版 32—33。

③ 《杰作选》，Ⅰ，图版 28。

画史》中曾复制[①]，其中背景为群山，一诗人坐在一棵盘屈的柏树下，凝视着远方烟岚的秋色；广智院还有另一幅出于此人手笔的画，在冬日清晨，于一片山岩、瀑布和云气中，一人正伫立下视一个深渊。[②] 另外又有着色的一幅画风格显然不同，画长4.85英尺，今藏波士顿美术馆，画的是妇女们正煨贴新织成的绢。[③] 这确似徽宗摹的唐人一幅原作，因此可说明它何以仍有些写实主义的作风，尽管这一群文雅的妇人暗示着"奇异的蝴蝶和灿烂的花朵"。

在徽宗的京城开封于1125年被金人占领，徽宗本人也被俘往北方后，这派绘画的中心遂移往东南的杭州——新的宋朝首都。

马远（1190—1224年），"杭州派"大师，无疑是远东最伟大的山水画家之一。后世的艺术评论家们，认为他设法使唐代艺术的雄劲庄严之风，与宋代的含蓄、神秘和暗示的力量结合起来。他所画的题材和手法，不仅启发了后来的中国艺术，也启发了日本的狩野派：冬日松树，竹林下的农舍，嵯峨巉崖上孤立的柏树林，孟冬烟云中的平原气象，荒郊被风吹弯的孤木等。酒井直道伯爵在东京藏品中，有一幅传为他作的绢本水墨淡彩冬景，就是以这种方式描画的；那前后各面的坚凝构图，左侧突出的有雕刻般力量的无叶树木，无论如何乃是马远的风格。岩埼男爵也藏有他一幅雨景，前景有一小舟泊于岸边，岸上有岩石高树；然后是一层云雾，最后的背景是一些朦胧的山峰。[④] 在田中伯爵的藏品中，有一幅松树下有

① 《远东绘画史》，卷Ⅰ，图版XXII，390页。

② 《杰作选》，Ⅰ，图版30。

③ 喜龙仁：《中国绘画》，图版5—8。

④ 《杰作选》，Ⅰ，图版24。

一人和一童子的画；[①]在黑田侯爵的藏品中，有一幅是在突出于山侧的松树下，一诗人正仰头望月，这是受中国美学理想激发的最纯真的“诗意的昂扬”。[②] 井上藏品中，又有一幅《寒江独钓》，是冬日江上一渔人在舟中正注视他的钓丝，孤槎在一望无际的江心漂荡，除波涛不兴的江水和一心专注的渔人外，别无所见——全部构成一幅古今绘画中最激动人心的作品之一。[③] 波士顿美术馆所藏传为此画家作的绘画，则远不及日本的收藏品具有这些特色，但其中一幅仍极劲健雄浑；前景是尖削的几乎脱叶的垂柳，背景是远山，中间则为一片水和一座桥，对面岸上为一小村庄。[④] 又在弗利尔美术馆也有一幅名为《茅屋》的试作，如果这不是马远本人所画，也可能和他家的风格有关，题材为“松树下、急流旁的山中隐士庐”；但这里马远的强劲笔触在着意描绘松树的个性和几乎如幽灵般突然出现的峰峦时，退步得近于粗暴了。[⑤]

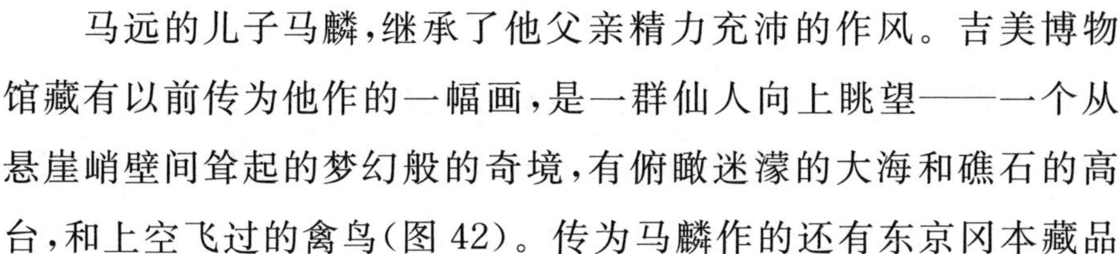

马远的儿子马麟，继承了他父亲精力充沛的作风。吉美博物馆藏有以前传为他作的一幅画，是一群仙人向上眺望——一个从悬崖峭壁间耸起的梦幻般的奇境，有俯瞰迷濛的大海和礁石的高台，和上空飞过的禽鸟（图 42）。传为马麟作的还有东京冈本藏品

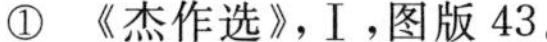

① 《杰作选》，Ⅰ，图版 43。

② 同上书，图版 44。

③ 同上书，图版 45。

④ 喜龙仁：《中国绘画》，图版 41。

⑤ 同上书，图版 48。爱莫弗波罗氏藏品中的“画屏”上画着岩穴内有一玄想中的高士，从洞隙向外观看田野，岩侧危险地挺出一株为此派所喜绘的曲曲折折的树干，直上天空。这都是马氏一家常用的作风（《爱莫弗波罗氏藏品·中国绘画》，18 号，图版Ⅻ）。

中的瀑布图，著名的瀑边山侧半腰生出的盘曲的树木，和前景瀑布脚下坐在岩石上冥想的小小人物。还有一幅传为马麟作的优美夏景，为东京井上藏品，画上是林木葱茏的河岸为一大片水所环绕，远处一小船隐约可见。[①] 前属彼得罗西藏品中也有一幅与此有些类似的海景。波士顿美术馆还有一幅马麟风格的山水画，水边有些高大的树木，树干中腰为条条烟云隔开。[②] 最后，爱莫弗波罗藏品中有一幅完美的杰作——全用赭石色的黄昏景象——被认为是马远或其兄马圭或他家族的其他成员所绘：前景为河水，其上漂浮一叶扁舟，中有一舟子和一沉思冥想的诗人；暮霭使人看不清水尽于何处及几乎遮天的附近群山起于岸上何方；山移荫影，河流仍沐浴于落日的余晖之中。

夏圭约活跃于1180—1234年，是宁宗皇帝的御用画家。传为他的作品在日本收藏很多。中国评论家们每喜将他的细腻和马远的粗犷对比。的确，在神户川崎所藏的一幅奇幻的秋山风雨中[③]，尽管狂风吹弯了树木并使叶子飞落急流中，但笔法一望之下即可看出与马家有别。马氏所画的树干都奇突夭矫，气势飞动，或盘根错节，似乎如浮雕上刻出，那画法的雄强刚劲可比作使用了铁笔。他画的松针根根都好像能清楚分辨出来。另一方面，在夏圭的最早期作品中，树干尽管弯曲却画得萧疏圆润，充分表达出运笔清阔的效果。画簇叶时，他不是细致地描出各个叶子，而是用淡墨泼浮表面，然后再用笔修饰点缀。同样凝重的笔触也用于建筑物上，而

① 喜龙仁:《中国绘画》，图版16。

② 同上书，第三套，图版87。

③ 《杰作选》卷Ⅷ，图版55。

不像上文所记，尤其如李龙眠那样注意精确的轮廓，那使人想到可与早期意大利大师们的建筑构图相类。

此处复制了夏圭的另一件作品，使我们对他的作风有一种很好的概念[①]——一幅海景，显示出一个海湾或河口，一只小船停泊在突出的地角后面。右方是几棵水中植物和这艺术家以惯用的“泼墨点缀法”画的几株树木，背景是天际一抹远山。技法上是完美无疵的。水面的广阔和远处山峦飞扬线条予人一种雄浑的印象，水和光相互融合，与前景精确的笔致成一对照。

黑田所藏的一幅山水画中，这种用泼墨点叶法更为明显。画上有山脚下河边树丛中的高士庐。[②] 这里肯定地采取了细腻的笔法，与较早期的方式有别，是以鲜明确切的轮廓为特色的。此种方式不仅多用于大的建造构图，也多用于幽雅妩媚的画面，例如东京赤渊搜集的一幅，画的是一观者向上游望着一条蜿蜒回环的河流，清澈的潺潺流水正向他冲洗而来，前景中一旅人坐在岸上一株盘曲多节的树下享受这清新景色。[③] 东京喆忠雄所藏的浩瀚的海景图，也予人以同样的明快印象[④]：我们看到大海如一幅活的全景从我们面前伸展开，有海岸、小湾、地岬和海角，渔村掩映在树林中，小艇这里那里停泊着。与这件由水和光构成的作品相对照的，是前田伯爵所藏的风景画，绘有富于鲜明特色的怪状奇形的大树，尽管那多节、扭曲、畸形的外貌，显示出受到种种阻难，但却充满努力

① 东京岩崎藏品。《杰作选》，Ⅷ，图版 56。按：图片欠附。

② 同上书，图版 57。

③ 同上书，图版 59。

④ 同上书，图版 60。

和决心，挺然耸立、直冲霄汉——这些树木仿佛伸出枝条作呼吁、奋发和胜利的姿态，从高空不仅统治着小小的人类聚居处，还统治着全部山水景物。[①]

美国的搜集品中有许多这种风格的绘画，因而认为系夏圭所作。波士顿美术馆有一幅绢本扇面，是江上漂荡一舟，背景为模糊的峰峦。前景则是有浪漫色彩的被风吹弯的树木——夏圭所爱好的型式，使我们想到范哈伦的作品。[②] 更富浪漫色彩的是同一博物馆中的一幅立轴，前景也是这样的树木，树后是一些河岸，上面伸张着渔网，远处则是嵯峨嶙峋的大山。[③] 那种用泼墨渲染的簇叶，仅有朦胧轮廓的幽灵般的山峦；宋代水墨画中，用片片暗色隐示大气的印象和空间感的全部安排已最后丧失了，因此喜龙仁教授正确地认为这是一幅仿作，而且是衰落的一幅。

虽然如此，夏圭却能在力量上与马远争胜，他用着完全不同的方法也能产生出小幅的幽雅迷人的图画，如京都清水所藏多次被复制的雪景图，画的是深谷中被雪覆盖的几间茅屋挤在一起发抖，在看得不太真切的水边，左右是落叶的大树，那光秃的黑色枝丫突出于白色的背景上。由于峰峦一片洁白，这景象给人一种亲切如家之感。

夏圭的一位同时人是刘松年，他活跃于约1170—1230年。在爱莫弗波罗氏藏品中，有一幅优美的山水画相传为他所作，画上岩

---

① 东京岩崎藏品。《杰作选》，图版62—64。

② 喜龙仁：《中国绘画》，图版14。

③ 同上书，图版54。

錾纵横，为这一派特有的风格。[1]

梁楷一派属于13世纪前半叶，日本搜集品中有很好的代表作，其中一部分包括水景和雪景，作风略似夏圭，但更简洁——例如酒井所藏的一幅雪景[2]，我们几乎可以说它是由一无所有构成的：前景是水上一片悬崖，三株光秃的树干似乎横卧在上面；左侧是雪覆的高地，但立刻迷失不见；背景还有其它一些若有若无的雪山，介入的空间则充满云雾。同样的特色也见于赤渊藏品的一幅，两个小小的骑马人，迷失于一片白茫茫的大山内。[3] 同时梁楷也擅长画隐士或诗人——如李白、寒山和禅宗六祖的肖像——都是用粗大的笔道以综合而幽默的方式绘出，这一画法在后来所有中日各画派，直到北斋都有模仿者。当他将这种近于漫画的写实风与风景感结合时，我们就看到可惊叹的作品，如东京马葛所藏，一人坐于松枝下遥望飘渺的虚空即是。[4] 梁楷这种作风的杰作是一幅站立的释迦牟尼像，他扮作苦行僧状，在有险峻山峰的奇异景色中的一条急流旁倚杖沉思着。这是坂井伯爵的藏品，[5]我的《远东史》中曾复制。[6] 那思想的强烈和（如果允许这样说）沉思的深入，都以一种粗糙然而具有精神性质的笔法在这毛茸茸的、几乎野蛮的面孔上表达出来。正是这种内在的凶猛力量，一如吹上山峡的强风，激起他紧窄袈裟上的奇异衣纹，并在扭曲蟠绕于这苦行者前

① 《爱莫弗波罗藏品·中国绘画》，27页，图版XX。

② 《杰作选》IX，图版73。

③ 同上书，图版74。

④ 同上书，图版69。

⑤ 同上书，图版70。

⑥ 《远东史》卷I，图版XXIV，396页。

如一头怪兽的槎枒树枝上找到相对应的部分。

最后一位伟大的宋代艺术家是牧溪，他应作画于1250年前后，从他的作品中我们看到神话动物和神祇的超人景象，在京都大德寺一幅树枝的画中，我们已经感到某种粗犷之风，尽管树上有一头猿猴，它的出现使我们更肯定地能立刻想象到这森林的树尖高出于景致之上。[①] 在这同一寺院的龙虎图中，我们看到绘法充分发展的形式。龙是令人回忆起过去年代的宝贵事物，在本书一开始我们就看见表现在“饕餮”面部的神秘与恐怖如何不断地出没于中国人的想象中；到了一个长期演进过程的终点，当中国艺术已掌握了一种微妙的技巧时，我们又一次在中国画家们最具有浪漫色彩的作品中发现这种不可思议而扰动人心的面孔。它存在于景色的深处可能早已被预卜；但现在我们看到它出现于半明半暗的暴风雨云中，露着狰狞的面孔，海兽似的长长触须，魔怪般的角，灼灼的眼睛，瞥时目光如电，闪烁可怖。在这容貌上骤然集中了全部不可知而不明确的威吓，既兽性又神圣，这样揭示了自周至宋的中国人灵魂的连续性。[②] 同样情形，大德寺中的那幅虎，它耸立起的力量，在性质上也是超人的；因为这凶猛的姿势和画出的美丽只是使人更集中注意到脸部，在那上面，古老神话的恐怖突然又一次揭示出来。[③]

但牧溪不仅赞扬了自孔子时代以前所产生的这一民族最古老的信仰；在蒙古人入侵的前夕，他还使我们看到中国佛教的最崇高

---

① 《杰作选》，Ⅸ，图版85。

② 同上书，图版90。

③ 同上书，图版91。

的图画，竟像古老的中国文化在它消灭之前，渴望将全部灵魂通过它最有造诣的某一天才表达出来。因此在岩崎所藏的阿罗汉像上，将他在龙虎画中所表现的凶猛和近于野蛮的力量又为大乘佛教的精神境界服务了。这画[①]的确是一个令人难忘的景象，苦行者坐在盘曲的神蛇身上陷入崇高的沉思中，眺望着云雾迷濛和悬崖峭壁的神奇怪幻的景色，这圣者的面容既威猛又狂喜，既可怕又无限慈悲，有一种可与米开朗基罗作品媲美的壮丽气概。

当牧溪的骚动的心灵最后在佛教中找到平静时，我们即看到大德寺的观音（慈悲的女神）像，一个洁白、端庄的景象，那沉思的表情，既温柔又严肃，她显然是坐在一个石穴口上，脚下是急湍，四周云气腾升弥漫。[②]

最后，正如宋代哲学家们的精神冲动力已超过了道教和佛教而终于集中在朱熹和程颢的强有力的自然哲学一般，我们发现在颜晖的绘画中表现出同样伸手拥抱大自然之风，设想这是事物的真正灵魂。在全部宋画中，我不知有比松田伯爵所藏《洞庭归舟图》更玄奥或更超自然的风景画了[③]：小舟几乎全不可辨，整个景致都是由水、雾气、空间和深远形成，甚至渔村本身也是模糊地杂于画幅一角的树丛中，仿佛人和他的作品在这里都被吞并入这辽阔的空间了。当这灭亡的前夕，中国的灵魂已抓住了全宇宙。

要完成关于宋代的讲述，余下的还得谈一谈陶瓷。这自然也

① 复制于拙著《远东史》，Ⅰ，图版ⅩⅩⅤ，398页。

② 《杰作选》，Ⅸ，图版84。

③ 同上书，图版94；拙著《远东史》，Ⅰ，复制，图版ⅩⅩⅥ，第400页。

符合这整个时代一般的同样艺术规范，因为在瓷器方面，我们也将发现宋代所特有的同样艺术智识化。究竟说来，一件优美的青瓷器，或一幅月光图景，除了是精神化的事物外，岂有他哉？[①]

然而对瓷器的热爱标志着中国人心智的一种变化。宋画仍然是中国人精力的表现，那种古老的巨大的创造精力，当它相信就要死亡的一刹那，发现在这智识化过程中一种复活其朝气的意外手段。陶瓷则是另一件事。诚然，我们已说过，这一门艺术也分享有一般智识化的全部价值；但当表现在陶瓷上时，这种智识化采取了一种激发人美感的形式。这美感无疑仍是智识性的，但它却表示对较早时代的艰苦奋斗暂缓执行，而有一种浅薄涉猎和消遣的倾向。宋瓷花瓶，那瓶口使人想起女人的嘴唇，那柔和的瓶腹和瓶颊的幽雅曲线，在它暗示中较热带印度的所有女药叉像都更肉感，因为这种美感更为精练。那感官事物的崇尚，指出过去二十个世纪以来有如此无穷无尽丰产能力的伟大中国已厌于生产了。因此，如果我们不偏颇地来判断宋瓷，它们最适于作为明、清时代的引言来讨论，那是与前期很少有关系的。论述将见于下章。

另一方面，这里将论及元代的绘画，因为它的历史正完成了宋画的历史。

元代的美学理想

在 13 世纪，中国被成吉思汗及其继承者领导下的蒙古人所征

① 见霍布森及赫特林顿：《中国陶器艺术，自汉至明末》图版 32—104；霍布森：《爱莫弗波罗藏品目录·陶瓷》，卷Ⅲ。

服。1211年，蒙古人开始攻伐在中国北方的金王国，1234年完全克服了它。同样的，在1234—1279年，他们有计划地征服在中国南方的宋王朝。1279—1351年，他们一直是由此统一的中华帝国的主人。当他们的皇帝忽必烈（1260—1294年）作为蒙古人的大可汗，宣称对成吉思汗家族所征服的中亚、波斯和俄罗斯领土有宗主权时，他唯一的野心就是在中国本部建立一个应该继承旧王朝传统的新皇室。他所建的就是自1279年延续至1368年的元朝。

因此在元朝统治下的艺术的宗旨，就是要在各方面实行宋朝的传统。有一些以马远或夏圭的风格作的山水画，都难于区分其为宋或元物。然而蒙古的征服，与中国历史上一切巨大的动乱相同，在艺术领域内不会不留下印记。在旋风般的成吉思汗时代中，整个民族不可能被扫荡俱尽，其作品也不会无迹可寻；而事实上，蒙古时代一度使中国艺术恢复到英雄的唐代现实主义及其动物与军事题材。

这种复返于现实主义，就绘画而论，体现于赵孟频（1254—1322年）所创的赵派作品内。

赵孟频很适宜作为这一复杂时代的化身。他虽是宋王族的宗室，但于1286年与蒙古政权结合，不久便成为忽必烈及其继承者帖木儿所恩宠的艺术家，因此我们发现在他这流派中融合着两种倾向：对风景的感受，这仍是以宋代的方式处理的，和对动物及军事景象的蒙古时代写实主义的处理方法（图43，图44）。

在此种情况下经常发生的是，写实派动物画的复兴——成为元代艺术特色的所谓“新唐派”风格——由于居间时期的收获即马远派绘画的全部技巧而得到进益。幸有这双重灵机，赵孟频派的马都画得雄健生动，令人叹赏。同样的现实主义作风也见于骑者的画像上，因为这一派不仅是有力的动物画家，也是优越的历史艺术家。这些宋代帝王的后裔们，摆脱了杭州派的印象主义式的幻梦，懂得如何观察那震撼世界的特殊重大事件。作为忽必烈和帖木儿可汗的同时代人，他们使这些鞑靼征服者的英雄们重现在我们眼前——戈壁地区的蒙古人，混有金人或契丹人血统的北方中国人，喀什噶尔的突厥人，西夏的唐古特人，每一位都有他自己的人种形式和民族服装；有的骑着蒙古的鞑靼矮种马，有的骑着外乌浒河地方的高头大马。不可能想象有关征服世界的蒙古骑兵的任何人种史或历史上的文献会比这些作品更为精确的了。没有任何述及这一伟大时代的课文能比此处复制的亨利·里维藏品画卷中的图景对我们更有启发了——有的骑者在暂停前进，有的在勒紧马的肚带，还有的用套杆追逐逃跑的马匹（图43）。

赵孟頫或仿效他这一派的作品现在欧洲收藏颇多，不论是出于这位大师本人还是他儿子赵庸之手，或是他的弟子们或较晚期的仿制品都有。吉美博物馆藏有这种风格的一小幅画，是放牧的四匹马，其中一匹在草中打滚，那姿势显示出是经过仔细观察的；彼得罗西藏品中曾有一幅是一些马在吃草，另一幅是骑者在洗他坐骑的腿。杜西特藏品中也有一幅是一个骑着满洲矮种马的鞑靼骑者打猎归来；另一幅布歇尔的藏品是一个唐古特族猎人携回一头被他杀死的鹿。在柯恩藏品中，有一幅是骑者拿着套索追逐一匹奔逃的马，这几乎是里维所藏那幅画的摹本。波士顿美术馆中有一幅是两个骑马人在树旁；弗里尔美术馆的一幅画上有八匹马，其中一匹有骑者；此外一幅画是一个蒙古人拉着一匹难驾驭的马；

以及其他等等。都是赵孟頫的风格。

同样的动物画天才也见于爱莫弗波罗收藏的许多幅设色画中，如马夫和正被饲喂的马，传为任仁发作；“被拉着缰绳的马”，传为赵孟頫作；还有一幅是骑士们转身审视一株树，传为钱选所作。

蒙古王朝不仅以其好战的性质著称，而且笃信佛教，宠爱僧侣，在其统治下，宗教画也受到很大敬重。元朝宫廷受宠的艺术家之一是颜晖（14 世纪），在他画的隐士和阿罗汉中，我们发现有一种神秘的热情，几乎与牧溪相等，又加上一点灵巧的心理特写。在相传属于他的作品中，我们可以提及富有僧侣式幽默的隐士寒山和笑逐颜开的隐士拾得，今为神户川崎藏品；①京都智恩寺藏的隐者《仙人游戏图》，一人从嘴唇中喷出个小妖，同时以极动人的姿势张开手，并极富表情地瞥着眼；另一仙人坐在树林边，手持鲜花，他那驯熟的蟾蜍则坐在他的肩上，抚着他的头发；②最后，在田中氏藏品中有另一位隐士，衣服被风吹起，双手合十作热烈的期望姿态，眼睛几乎努出头外，并且有一种可敬畏的强烈情感和心灵集中的神情。③ 波士顿博物馆中的禅僧像，描绘此僧正参禅悟道，虽然颜色退落，也是同样的雄健豪莽。还有一幅色彩鲜明的优美图画，由喜龙仁赠与吉美博物馆，也属此派，画上的苦行僧正神游于云端，与龙相通心意。

为元代之特色的佛教复兴以及现实主义复兴，产生了几套壁画，有的来自河北（直隶）正定之北的定县，其它据说有来自山西的

① 《杰作选》，Ⅸ，图版 118—119。

② 同上书，图版 114—117。

③ 同上书，图版，120。

岩山洞，还有无疑是来自其邻近地点。此种大部分为爱莫弗波罗收得[①]，少数片段为吉拉得收藏。这些壁画原先认为属于唐代，但伯希和教授在与敦煌壁画比较后[②]，确认其中无一能早于 15 世纪——我们的意见，这些都是有元代风格而延至明代初期的绘画。但原来的误认也并非无启发性，这乃是唐代文艺复兴的卓越证明，它的标志即在蒙古时代中国的大规模宗教画方面，以及我们上文看到的写实风格动物画方面。

在比利和柯思默搜集的精美而典型的明代壁画中，风格则有所不同，它使人较少联想到中世纪的范本，但在那种高雅有致的经营位置中，却具有更为亲切和女性般秀丽的特色。

① 宾扬编：《爱莫弗波罗藏品 · 中国壁画目录》(伦敦 1927)。

② 伯希和：《敦煌壁画与爱莫弗波罗的壁画》，载《亚洲艺术杂志》，Ⅳ号。

第四章　明代的美术爱好与画院艺术

明代的特色

公元 1331 年中国南方开始起义反抗蒙古统治，1368 年蒙古人被驱逐出北京，这时曾为民族解放运动领袖的本土明王朝登上皇位，并一直保持至 1644 年。

在蒙古征服时的大动乱之后，明代看来要普遍恢复本国的一切标准——因为蒙古人的征服如此广泛，这种复旧也更为系统化；虽然在久远的历史进程中，中国曾常受鞑靼游牧民族的入侵和部分被征服，但成吉思汗及其后继者们统率下的蒙古人却第一次使她全部处于其统治下；并且将她和占有 3/4 的亚洲和东欧的世界帝国联系起来，他们处心积虑地使她接受各种外来影响，拉史德·哀－丁的历史和马可波罗或奥杜力克的故事使得 13 世纪之末 14 世纪之初的世界主义的中国昭然若揭，她为巡回的和异族杂居的突厥人、波斯人、西藏人、意大利人、亚美尼亚人的冒险家们所治理，并对所有语言和宗教都开放。[①] 在 1342 年，还能看到蒙古皇

① 见宾扬：《远东绘画》中《蒙古帝国：西藏及波斯的绘画》(146 页)。

帝曾在北京盛大招待教皇的使节。明代的复古则为这些世界性的影响设置了障碍。在这王朝的开国之君洪武皇帝(1368—1398年)统治下,中国又一次闭关自守起来。天主教传教团被取消,西藏的僧人在朝廷中也失去宠信。

新王朝在它全部领土内又回复到宋朝和其他本民族王朝的传统。这种动向超出了文化的范围,因为在政治上,中国也变成一个关闭的国家,虽然洪武和(尤其是)次一代的永乐皇帝(1403—1424年),宣称他们的皇室对前属于成吉思汗家族大可汗的泛亚洲有宗主权,但后来的明代诸帝除了保卫北方边界防御突厥、蒙古、通古斯等族外,别无野心,因为成吉思汗及其家族的冒险活动仍萦绕在所有游牧民族的想象中。早在1449—1450年,奥拉德蒙古人就几乎占领了北京。在1550年,另一些蒙古人,鄂尔多斯土默特焚烧了这都城的外围部分,所以几乎可以说鞑靼族的威胁始终存在,直到1644年北京被满洲人奇袭占领为止。

这种经常的威胁说明了明朝政策的怯懦性,而在新王朝统治下,中国文化的性质也是如此,政策和文化二者都以复古为指导思想。出于对过去事物和观念的迷信或尊敬,人们使自己局限于模仿宋代的作品之中。这是一个学院式和博学的艺术时代。在绘画方面,中国天才们仍然产生出有魅力的山水画和有深刻心理表现的肖像画,同时在陶瓷方面则产生许多精妙的作品,但有一件事也是真实的,即伟大的创造性的时代已经过去了。一种谨小慎微的保守主义和全面对秀美的追求——二者都是疲倦的标志——现在宣告那古老的凶猛、骚乱的中国已被彩色画屏和雕虫小技的中国所接替了。

这种转化的深层原因，可能要在由于蒙古时代的动乱使得中国精疲力尽这一情况中去寻找。也许中国的精力始终未能从蒙古游牧民族入侵引起的灾难中恢复过来。中国的灵魂，仍在遭受着那种可怕冲击的后果，即转而归附自身及其过去，因为中国何以失去了自信心，我们现在可以看到，就在于她已耗尽了那巨大的创造才能和无限地更新其青春的力量，那力量在以往二十个世纪中是从未曾离弃过她的。

这是否意味明代就微不足道了呢？绝不是，企图忽略它而将全部注意力都付于汉、唐和宋各朝代，会犯与低估了法国“古典”时代的业绩而说12、13世纪更有无比的创造性的借口同样的错误。

一幅精美的明画——现存数量很多——对于正确了解中国艺术将永远比充塞于我们收集品中的唐宋伪作更有价值。而且，在宋代题材和明代画法之间划一条界线，往往是异常困难的。这两个时代间有远比一般想象更多的连续性。

再者，明代绘画具有很光荣的水平，假如我们不熟悉宋代的伟大作品，则明画也足以能为该朝带来声誉。它那典雅的特色无疑是颇为因袭式的，特有的秀丽有时略嫌脆弱而淡漠，但往往也十分动人并由技法的完美而得到补偿。显然，如我们曾指出的是，在人物画上我们再找不到像以前各时期那同样的激情、活动和确切的笔触；而在山水画方面对大自然的直接观察则被由渊博的文学因袭规范所定的学院式构图所取代，但这也并不缺少魅力。正如在17世纪及18世纪的意大利和法国，风景画现在已变得墨守成规了；而我们今日首要目的自然就是要剥去这些技法中的某种造作性质。然而，在考虑之后，我们只需甚至略一研究，艺术家们喜爱文学引喻的意图，那故作悲凉的题材和陈陈相因的情感——事实上，即使人想到电影画面的一切因素——它也会由于重复出现而存留在我们心上。

在这一时代的画家中，我们可以提及林良，他是画花果禽鸟的；山水画家沈周（即沈石田，1427—1509 年），文徵明（1470—1559 年），画家兼诗人，他似乎模仿赵孟頫一派的山水画；和他同时代的唐寅（1470—1523 年），画仕女；仇英（十洲），是仿宋的山水画家；钱选和周之冕，画花鸟草虫等。特别是仇英，传世有《帝宫春晓图》[①]，这是一幅巨制，中国文艺复兴时代的温柔可亲的社会，在这迷人的布景中重现出来——一个由远东的华托唤起的宫廷幻境，那典雅精妙只有台力昂斯最后的作品可与之媲美。画中的背景像是在银幕上看到的神奇景色，有楼阁亭台、庭园花木。在这醉人的环境里，活动着传奇人物的女乐和舞蹈者，侍从和身穿锦缎朝服的贵夫人们，头发上簪着花，做出循守礼仪的美妙姿势，沉溺于种种贵族的消遣娱乐中，四周呈现一片高雅悠闲的气象。有的插花放入瓶中，还有的读书、作画或下棋。皇后由夫人们环侍着，坐在那里有一位画师给她画肖像，同时一个年轻女子像梦境一般伫立在游廊上，眺望远处一片有垂杨围绕的湖水。与此杰作同时的意大利文艺复兴时代王子们的宫廷在相比之下就显得粗俗低劣了。

大英博物馆藏有一幅类似风格的明代巨画，是《诸神参见玉帝

---

① 复制于布舍尔（Bushell）：《中国艺术》，卷Ⅱ，图 131。

图》，它完全是仙女一般的美。[①] 在有柔和的光辉色调的冷金背景上，神仙们穿着艳丽的长衣，手捧鲜花，沿着一片可爱的湖岸闲步，或在一只有树皮的小舟中满面笑容地饮着茶，小舟是由一个青年女船夫以优美疾速的动作操纵的。这幅画犹如安哲里柯之天堂的神秘、淳朴、梦幻般的特色，更被后来如华托的名画《航往希色拉》那种贵族式的文雅而增加了。

但明代大师们不仅描绘可喜的山水画和完美的花鸟画，他们也留下大量典雅精致的肖像画，都面容酷似、神情逼真。在维氏和兰维尔藏品及吉美博物馆（喜龙仁赠品）中都有许多真迹。我们在此复制一幅维氏所藏可与霍尔班派媲美的肖像画*；另有兰维尔所藏的两幅：其一是一张老鹰似的脸和深思的眼，使我们有一点想到弗兰斯·哈尔的笛卡尔像；而另一幅，有着憔悴多皱的面孔和狡黠沉思的神情，那冷酷目光的锐利一瞥指出数世纪前在政界的谨小慎微和内心的怀疑态度，乃是对整个官宦阶级性质的透露。卢浮宫也藏有一幅同样风格的卓越肖像画，不过时代晚得多，是一位老年的中国贵夫人，身穿粉红色朝服坐着，面容冷漠而警惕，人生中不可避免的经验教训在脸上留下了庄重尊贵和意志坚强的表情。

不可否认的是，明代肖像画家以表现内心思想或物质力量为目的只是偶然的，一切曾为西方中世纪各流派灵机妙语之巨大源泉的所谓“神秘主义”“浪漫主义”“印象主义”或“现实主义”等所含的特性，在他们作品中都难于发现，除了学院式的摹本。他们作画

① 见弗诺罗萨：《中国和日本艺术时代》，Ⅱ，58及插图，参看勒贝尔藏品中精美的“神灵与神仙”。

* 图片欠附。

的领域，也许除丧葬的遗像外总是传统的文雅秀丽之肖像。这一领域我们是要经常转来讨论的，其中他们产生了完美的杰作。我们只需提及表现精妙艺术的两个卷轴，一是陈洪绶所画的女术士麻姑像，为伯希和考察团携回卢浮宫的，画上一青年女子右手持一蓝色花瓶，左臂抱一满篮鲜花，披肩拂动飘带飞扬，形象悦目，是17世纪前半叶作品；[①]另一幅承收藏者维及尼尔欣允复制于此*，画一青年女子坐在树下。无论文艺复兴时期的意大利艺术，还是18世纪的法国艺术，都不曾创造出较此更动人、更精致而空灵优美的女性剪影。除了一个文雅但又衰微而脆弱的社会，才能创造出这些娇嫩的梦一般的形象，这些400年前的中国的小公主们，她们的梦想和生活，我们永远不会得知，但她们却散发芳香于一个孤傲的宫廷上；而且我们奇异地发现其中正有似充满于我们自己梦中的人物——因为在一个法国人的眼中，她们几乎好像柯娄奈台所画而乔装为华托风格的夫人们。

要完成对明代特色的论述，我们可以补充说，它虽没有独创的流派，但发展了艺术批评。就在此时出现了著名的中国美术百科全书，即由彼得罗西译成法文的《芥子园画传》。原作主要归功于李长蘅（即李流芳），他是文人兼山水画家，生存于16、17世纪间。续编者为作家及批评家李渔，他曾作序，还有他的女婿沈新予、他们的友人山水画家王安兹和后者的两个弟兄，其时约为17世纪之末和18世纪之初。如上文所说，它编入博学的理论家们关于艺术

① 米吉昂：《卢浮博物馆·中国美术》，图版113（Morance）出版。

* 图片欠附。

的一切规范，指示艺术家如何巧妙地模仿宋代大师们而作出美景逼真的图画来。

我们认为明代的铜器更为雄劲而有独创性。当它们开始成为欧洲搜集品时，曾一度受到赞扬，但其后却似乎成为不应得的冷淡的目标。事实上，不能不承认的是，米吉昂氏赠予卢浮宫或成为他个人藏品之一部分的许多铜器，或为稀有的刚劲典雅[①]，或妩媚精妙[②]，使它们可列于中国最好的艺术品之列。有一种偏见，认为一件作品无论人们觉得如何优美，只因为它不属于一个伟大时代就阻止我们赞扬它，这是最无意义的了。

但明朝最昌盛的艺术既非绘画也非雕塑，而是陶瓷[③]。

被不正确地称为“小”物的一种艺术——在中国这艺术也注定要吸收其他种种而融合为一——其声誉的兴起在宋代已经开始。而在这范围内，如上文所指出，宋代标志着中国美学理想中的巨大历史性转变。

事实上，直到那时以前，这种理想曾为内在的精力所统治，这力量在过去千百年间积蓄于这民族的下意识心灵中，而起自它最古老的社会学和神话的概念内。但到宋朝，所有这些深藏的潜力，找到了具体的表现方法，而在这样做时即逐渐消失了；艺术家从这些久远的紧急苛求中解脱出来后，于是第一次追求着“为艺术的艺

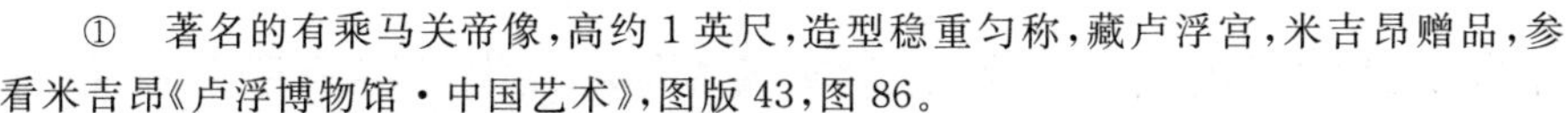

① 著名的有乘马关帝像，高约1英尺，造型稳重匀称，藏卢浮宫，米吉昂赠品，参看米吉昂《卢浮博物馆·中国艺术》，图版43，图86。

② 例如17世纪可喜的少女立像，高近1英尺，青铜镀金，披肩飘扬，为米氏赠品。《卢浮博物馆·中国艺术》，图版45，图90。

③ 霍布森：《爱莫弗波罗藏品·陶瓷目录》，卷Ⅳ。

术”。并在这方面发现了两条路径是对他开的：即知识性的——这发现以宋画为表现媒介——和美感的，这发现以宋、明陶瓷为表现媒介。

后一艺术形式象征着对美丽实体的感官上的崇拜，它是为了其本身的缘故而被喜爱的。事实上，在中国这种美感崇拜回溯起来也超过了陶瓷的起源而到远古。早在古代，所谓“有内在美的石头”——玉，即被中国人用于宗教仪式中，作为典型的高贵物体。抚弄一下任何大收藏品，如盖斯勒藏品中的玉器，即能较一切理论更好地说明这块玉是如何精心审慎地选择来为某一特殊目的服务的，无论是有关敬神，还是作为死体的有魔力的保存物，还是用作葬礼中的塞子；并说明是以何等可爱的耐心将这种优美的、几乎活着似的矿物同其他较低级的体质分开，琢磨精制成似一个美丽的身体备人抚爱。这些玉器，大多数一目了然是有宗教目的的。抚摸它们时，使人立刻感觉仿佛被授予某种尊严，孕育着力量与高贵；物质的和宗教的纯洁，正如优美的雅典宙斯像的沉思熟视，以崇高的姿势和安详的品德感染人的。但这种宗教仪式的目的渐渐被忘掉了，只余下玉的光润、清凉的实体，有像肌肉似的微细脉络和颜色，无穷的色调和柔嫩，触摸时传来一种几乎是心灵上的美感。

物体的此种精神化也普遍存在于宋代陶瓷。的确，精美的宋瓷也受到同样的美学优先观念所支配，如古代玉器一般既是心灵也是美感的，并且同样微妙淳朴。许多单色的瓷器常无任何装饰，唯一的价值也像玉器一样，只在于其型制、颜色和柔润的触觉。大多数河北定州的产品显然就是如此，在白地上复以白釉，自半透明的瓷器至不透明如玉器，有种种色调。福建龙泉窑的青瓷也如此，有灰绿色的釉面，爱莫弗波罗藏品中甚为丰富[①]；还有河南钧州窑的瓷器，用乳白色釉，时为鸽子灰色，时为淡紫色，时为"烂草莓"色，时为杂有斑驳的深红、蔚蓝、梅子色、赤红或茄紫色，这种瓷器通常没有装潢，但巨大的色斑有时破坏了釉面的统一性；最后，还有福建建阳的"兔毛"瓷也是如此。在这些瓷器中，和古代的玉器相同，大多数物体本身即具有艺术价值，都是纯洁、高贵而柔润。同时也和玉器一样，这些物体对视觉和触觉都使人爱不忍释，这种印象并由于那线条的幽雅而更加深了。如查理曾指出，唐代的陶器仅只是陶器而已，另一方面，宋代的瓷瓶却像有女人曲线的活的肉体：弧形的足，柔嫩的臀部，丰满的胸部，在修长的或短小的颈部之上，则是像待吻的唇。

在明王朝统治下，这种纯哲学式的美感失去了它的理想性质。而我们的意见认为陶瓷也降落到尘世——这也确是必要的，因为从此它要成为一种综合的普遍的艺术。为了服从一般的审美趣味，它要照应到悦目胜于赏心。宋瓷曾以型制、装潢和颜色的典雅静穆为特色，而明瓷则式样异常丰富而多变。因为当时瓷器用于制造大小不同、用途各异的多种物件，所以的确需要形形色色的式样；自水盂、笔筒和果盒，到庭园中的坐墩、寺庙里的造像以及屋瓦。至于装饰，那风格几乎完全改变了。[②] 在宋代风靡一时的单

① 可注意的是：宋代的青瓷曾输出到全部伊斯兰教的东方，远至埃及，见弗提且尔：《中国瓷器在埃及》。

② 参看霍布森：《明代的器皿》，(1923)。

色釉已大为减少。唯一合乎时尚的单色是白色，花饰有时是捏塑的、切划的或雕刻的，有时是用白色在釉下画成白底子，在永乐朝（1403—1424 年）尤其如此。这些瓷器大部分制于福建德化。

彩色瓷器占了江西景德镇出品的绝大部分，这里是明代皇帝们的驰名的制造场地。这些瓷器包括多种颜色的釉子和彩画装饰。

彩釉瓷器是先将瓷胎用高温烧过，再饰以不同色调的釉药，用中常温度烧制。这些釉药常凸起一个狭边，将彩釉圈住——那方式使人想到珐琅的釉子。最常用的色调是茄紫、绿、黄、青绿和一种深紫蓝。这种装饰制作法主要用于宣德朝（1426—1435 年）以后。

彩绘瓷器首先有白底青花，其质地随青色而异。16 世纪，在正德（1506—1521 年）及嘉靖（1522—1566 年）年间，看到所谓“回回青”，即伊斯兰教青瓷的创制成功。此种青色源出于波斯，不过往往混合了不同比例的本地青色。这一混合产生出全部色调，从深蓝到暗灰色。

早在宣德朝，和青花瓷并存的即有各种颜色的彩绘瓷器。这些可分为两大类：三种颜色（“三彩”）和五种颜色（“五彩”）。前者尤盛行于成化（1465—1487 年）和弘治（1488—1505 年）年间，有釉下绿、黄和茄皮紫。至嘉靖年间（1522—1566 年），在这三种颜色外，又加上青绿色。“五彩”类也出现于嘉靖年，至万历时期（1573—1620 年）达到最高发展，包括各种彩瓷绘在釉上，并在花纹外有一条红色或蓝黑色的线。其中我们看到出现一些红色——珊瑚红和铁红——这到清朝将变得十分重要。放弃了青花而采取彩色并注意到红色，标志着自万历年以后中国人欣赏力的一大变化。

清　　代

公元1644年，中国在满族统治下建立了清朝，它比之13世纪的蒙古族接受汉族文化更进一步，仅是要继承本土各王朝的传统，因此他们的王朝——清朝——也始终忠实于明朝的传统。18世纪的两位满族皇帝康熙（1661—1722年）和乾隆（1736—1796年），甚至可算作中国历史记载中最伟大的君王，因为他们征服了蒙古、新疆和西藏，从而恢复了这帝国历史上广阔的边界。

所以我们毫不奇异地看到，清代艺术乃是明代风格的继续。一方面，雕塑和绘画的衰落变得更为明显；另一方面，陶瓷艺术却达到绝对顶峰。

康熙朝的素瓷包括单色瓷，那颜色——"牛血"色、"桃花"色、珊瑚红、蓝、绿、黄及一种亮黑同于茄皮紫——都丰富浓郁，有美好的装饰价值。康熙朝的彩瓷包括两大类：一类是釉下的白底青花，这在明代已曾盛行，但现在质地上达到无比的精纯，颜色上也无比的强烈；而另一类彩色的花饰又分三种：第一，瓷器着色后烧以高温——蓝色、赤铜色、青绿色、黄褐色和橄榄绿色，其中最典型的是赤铜色，色调自栗色至"牛血"色和桃红色。次一种是将彩色绘在瓷坯上，特点用三种瓷釉：黄、绿和紫，再以中温烧制。有些黑底的辉煌瓷即属于这一种。第三种彩瓷是所谓"青瓷"，因为以青绿为主，虽然实际有七种颜色：深绿、淡绿、茄紫、黄、墨绿、蓝和铁红。

青瓷类是康熙瓷的典型产品。那些题材与明代相同，都是采自历史故事和传奇。但我们看到逐渐增加了花枝、蝴蝶和鸟虫等花样。事实上，瓷器也像丝绸一样成为中国绘画的主要支柱。

至乾隆时，青瓷已不复流行，而代之以“玫瑰族”，这实际代表各种红色，自浅粉色、珊瑚色以至深红。① 此后其余的主要颜色为柠檬黄、芥末黄、硫磺黄和“水纹”蓝。最后，陶瓷本身也有极为精致的产品，如“蛋壳”瓷和“茶末”瓷，技巧精工无与伦比。至于装饰题材，无论是山水或花鸟，只有18世纪法国瓷器上最优秀的小型画可与之相提并论。

因为在18世纪中国和法国间存在有密切的关系，安特力柯神父在其所著的论文②中的议论，即证明欧洲将来对中国瓷器发生的兴趣，台力昂斯论晚期的艺术经常透露出受有中国的影响，准确说那是在乾隆时代中国的屏幕画上看到的。反之，一度属于印协组织（Compagnie des Indes），今藏吉美博物馆的奇特瓷器，显示出中国也在模仿欧洲制出法国18世纪风格的爱情场面和法国式的神话题材。

仿效欧洲的另一个明证是郎世宁及其追随者们的作品。这位著名的耶稣会教士于1715年到达北京，并于1766年死在那里，他受到乾隆的宠信，还奉命在御马厩中画马，或为宫中的夫人画像——包括驰名的“香妃像”——甚至为皇帝本人画像。郎世宁和另两位耶稣教士艾启蒙、王致诚以及奥古斯丁派修道士安德义，还

① 参看威廉逊：《丰富的玫瑰色的书》，1926年，伦敦。

② *Lettres édifiantes et Curieuses*，*1712—1722* 年。

奉帝命约于1760—1765年描绘有关征服新疆的景象。这些图画后来送到法国,在美术学院秘书(1765—1774年)伯丁的监督下镌刻下来。

最后我们可以注意到吉美博物馆即藏有一套这种卓越作品,还有类似中国的一套,描绘云南的战争等,悬挂在此套对面。[①] 正如萨尔指出,将这两套景色,题材对题材地加以比较,在关于中国艺术和技巧的规范中,在所有特有的永恒因素方面,不可能有比这更好的教材了。

① 在皮尔·莱因的藏品中,有另一套类似性质的中国式景色。

第五章　西藏的文化

作为孟加拉传统监护者的西藏文化之重大意义

日本文明之所以令人感兴趣，在于它显示一个地处亚洲远端如第二希腊的国家，对随佛教传入的中－印文化的影响如何做出反应。这世上最聪慧民族之一日本人的奇迹，是同时接受希腊、印度及中国的艺术，迅速从中尽量汲取精华，在进程中似曾为本身利益将古希腊的、印度教及道教的文化尊崇与改造，并吸收而超越之，用来作为其才智之士不断走向实现其理想的踏脚石，形成一种可注意的建设性的人间实践，这是全部历史中最有兴趣的，在无外界干扰下它自由地进行了超过十二个世纪之久。

但另一种人生的体验与实践却在恰恰相反的情况下发生。一个保守而迷信的民族，与讲实际而不厌革新的日本展示了同样的佛教艺术，这即是西藏的人民。与日本相似，几乎在同时期——约公元第17世纪——西藏也接受了印度和中国内地各派的教义，但却是通过十分不同的渠道。我们现在将看到她是如何解释它们的。

多世纪以来这些教义已被西藏艺术家忠实而审慎地重复过，他们对此虔诚而小心地保护着，因此至19世纪当该地区对研究人员开始开放时，我们发现深藏在其寺院中的有完好无缺的印度恒河流域的中古佛教艺术、孟加拉的波罗朝艺术、尼泊尔艺术等的传统，以及不占主要地位的从中国学派传来的样品。

很显然，此种现象为我们研究佛教艺术提供了一个极有价值的注释。迄今为止，我们追踪其形式的发展主要是受古希腊模式，或严格地说是笈多朝流派的影响。但以前我们的研究并未包括在波罗王朝（750—1060年）及舍那王朝（1060—1202年）统治下孟加拉笈多朝艺术的延续。现在已能填补这一空白，而最可满意的是发现波罗及舍那朝的孟加拉雕刻与绘画——且不说源出于此的尼泊尔艺术——在西藏圣像的发展上起了压倒一切的影响；而且今日全部都存在西藏的寺院内。正如奈良正仓院宝藏室中为我们保存着中国魏、隋、唐各代的艺术杰作，西藏的旗帜及造像也是复现旧日恒河各古老流派的范例。

这样，印度艺术即完成了它发展的轮回如下：在本书第二卷中，我们曾说明佛教在印度如何形成两大艺术流派。其一犍驮罗派仅在宗教上是印度的，其技艺则实际上是希腊式；其二却是真正的印度派，它最早出现于孔雀王朝及巽伽王朝，而繁荣昌盛于恒河流域，成为笈多型式。这两派的影响布及半个亚洲：首先是希腊-佛教式，其后是笈多式艺术跟随佛教传播者穿过中国的新疆全境，到达魏、唐时代的中国内地，以及奈良或平安时代的日本。另一方面，严格的印度典型所谓笈多式激发了自德干高原到爪哇及柬埔寨的所有南方各派，尤其是玛尤尔班吉派，形成孟加拉的笈多式及波罗式艺术，与奥里萨及达罗毗荼地方各流派之间的过渡阶段。但我们还需要追踪印度艺术扩散于世界的第三途径：即自东部恒河盆地北走，穿过尼泊尔台地到西藏高原。现在通常认为和阗、库车、敦煌、云岗、龙门，以及奈良的艺术，都是部分来自犍驮罗，部分来自鹿野苑。同样重要的是西藏艺术和摩揭陀的后期波罗朝艺术之间的关系，其中尼泊尔也是这个连锁中的一环。

西藏现在虽是佛教的坚固阵地，但它实际上直到较晚时期才接受了这一宗教。尽管远东佛教寺院据记录早在公元第1世纪即出现，而且如我们曾指出，自5世纪以后喀什噶尔及中国的北魏几乎已全部信奉佛教，西藏却直到7世纪中期在国王松赞干布统治下——他约于630—650年在位——才皈依我佛的。这位君王遣送一名大臣到摩揭陀去修习这伟大的印度宗教，此处是恒河的圣地，今名比哈尔。为了稳固地建立本地文明并与邻国的伟大文化联系起来，这位君王先后娶了中国唐朝的和尼泊尔的公主，这种双重结合是象征性的，因为伴随而来有两处的久远宗教影响：唐代的佛教影响和恒河流域的式样。尤其西藏的艺术，主要是由印度、波罗王朝，及尼泊尔的成分，还有小部分的中国中原文化的贡献所形成。

8世纪时，著名印度僧人莲华生上师（Padma sambhava）自摩揭陀的那烂陀来，将密教传入西藏，这是佛教中一种既神秘又粗鄙的形式，充满巫术邪法，和基于恐怖与肉欲的象征主义。* 密宗中人信奉秘传经咒“怛特罗”和魔法图像曼荼罗的神奇力量，以及佛

* 按：本书作者对密教的这种认识是不正确的。

陀及菩萨"禅定"和女性性力的超自然威力。此时侵入西藏佛教影响的在本质上只不过是遮以面纱的当时风行全印度的湿婆派印度教。① 我们已注意这一影响同时也渗入日本平安时代的天台宗和真言宗佛教;而且甚至在讲平衡中道和人性倾向的日本国土上,也产生一种近似湿婆教的艺术,充满如高野山不动明王的恐怖形象。

这些教义在一个仅有短暂文化和天生倾向巫术邪法的民族的土地上,其行动自然是十分激烈而不受约束的。尽管后来在喇嘛们统治时有种种改革,西藏的宗教和艺术始终未完全摆脱密宗的影响。

甚至在此早期,西藏的多神殿也不满足于印度古典时代的普通菩萨:如阿弥陀无量光佛、无量寿佛、执金刚菩萨、观自在菩萨、弥勒菩萨、文殊菩萨及金刚力士,还有佛教的女神救度母(Tārā),她有两种形式:白救度母及绿救度母。前者以东方的姿势打坐,在上额中间还有一只眼(图 45);后者坐宝座上,左脚下垂(图 46)等。西藏的天上是居住着许多奇诡可怕的神祇的,这也是孟加拉和尼泊尔所遗存。例如女神摩利支(Mārīcī),有三头,中央者面容宁静,右侧者扭曲作怪样,第三头则如猪脸;吉祥天女,或 Lha-mo* 乘一匹以毒蛇为笼头的骡子,并以一名被剥皮的青年为座鞍;马头明王,头发之间现一马头;大威德明王,这是文殊菩萨的恐怖像,有 9 头——中央一个是公牛的头——16 条腿和 32 只手,挥舞着各种武器,以及一名贯穿在木桩上的人和一头大象的皮;大黑天,即作

① 参看卷二"印度的文明"。关于湿婆教与后期佛教的秘密经咒,参看卷二图 76 及本卷图 53。按:此处所指为原书配图及序号,中译本欠附。

* 按:原文如此,译者未译,疑系萨啰天海母之误。

为佛教意外保护者性格的湿婆[①]；焰摩天（Yama），即死神，骑公牛，本身也是牛头，拿一婴儿骨架；空行母（Dakini），密宗的一位神祇，作赤体舞蹈的女像，饰有骷髅的项环（图 47）。甚至慈悲的观音菩萨在此也呈现一种令人不安的形貌，在其 11 个角椎体式头颅中，9 个神情静穆，第 10 头是呈威胁相的湿婆，额中生一目，最顶上则是观音的精神之父阿弥陀佛。此外还有许多"护法"神，即"伊达姆"，他们的外貌确实十分可怕，最著名的为呼金刚，有 8 头、16 臂、4 条腿，等等。和许多此类密宗神像相似，他紧抱女神莎可蒂而坐——这种结合在西藏神学中经常采取着极诡秘的象征手法（图 48）。

的确，西藏密教艺术最流行的主题就是这常常出没的恐怖与情欲的双重结合，作为神圣与不可知之象征。但虽然西藏的术士巫师们喜欢经常反复使用此类题材，他们却从未有所创造。我们只需翻阅一下佛教圣像手册，即可确信其中大部分出现于 8—12 世纪孟加拉的波罗朝及舍那朝——或后来中世纪的尼泊尔。[②]

印度－佛教艺术的这一附加物一向大被忽略。评论家们论及笈多朝——即印度的典型艺术——便戛然而止，不再继续探讨孟加拉的波罗王朝及舍那王朝的艺术了；但对这些我们却有很大兴趣，因为西藏艺术正包括在内。我们如翻阅巴陀查耶所著《印度佛

---

① 伯希和指出，大黑天作为佛教护法，早在 7 世纪印度佛教中即闻知。

② 论及此问题的主要著作有 Alice Getty 女士：《北方诸国佛教神祇、历史、圣像及演进。附佛教引言》（伦敦 1929 年），又 G. Roerich：《西藏绘画》（1925 年）；J. Hackin：《吉美博物馆藏印度及西藏的雕刻杰作》（1931 年）；Grunwedel：《西藏及蒙古的佛教神学》（巴黎 1909 年）。

像》[1]即可看到其中达卡、拉克瑙和尼泊尔的各尊波罗朝造像，几乎处处与欧洲所收集的西藏铜像完全相同。甚至在那烂陀的多头多臂的大威德金刚中也会发现戴着头骨串的项圈并挥舞着刀剑[2]；在印度博物馆、南肯辛顿博物馆、拉克瑙博物馆的浮雕上我们都发现有摩利支天的形象，舞动着八条手臂，各持不同法宝，如弓，等等；虽然它们仍受到优美的波罗传统的启发，但已预示了整个西藏的艺术。[3] 又在达卡博物馆中还有一些佛教女神大随求菩萨像，趺坐如印度式，以八臂挥舞弓剑等。[4] 西藏艺术并未发明此种型式，只是更推进一步；或可这样说：西藏艺术，就其受密教影响而言，并非诞生于布拉玛普特拉高原，而是当 8—13 世纪间起于比哈尔及孟加拉。

自然，密宗的影响并不是以此唯一方式自恒河传至西藏高原的。在佛教后期所披的一切邪门歪道及恐怖肉欲的象征性神像外衣的后面，仍保存有 4—7 世纪在笈多及戒日王时代出现的佛教——一种慈悲温和舍弃凡尘的宗教，如在佛祖一生及纯洁的正经与本生经中所见。此种佛教，尽管有流行的密宗趋势，乃是传入西藏的唯一真正形式，并时时由布道者们使之复生。首先是大德阿提沙（月藏），他于 1040 年自摩揭陀旅行至西藏，途经爪哇停留了一些时候——从波罗朝艺术与爪哇及西藏艺术之关系的观点

① 牛津大学出版社，1924 年，有插图 283 幅。

② Benoyytosh Bhattacharyya，前书，图版 XXVI b，72 页。

③ 同上书，图版 XXX c 及 XXXI a。

④ 同上书，图版 XXXV a 及 c。

看，这是一个有趣的情况。阿提沙在西藏习俗中恢复了僧侣纪律及独身不娶的戒条，同时还带来新鲜的波罗朝艺术。其后另一位也出生于西藏的伟大僧人，著名的宗喀巴（1357—1419 年）对当地形式的佛教进行更全面的改革。他似乎试图尽可能消除湿婆派的礼拜仪式，并且像阿提沙一般在寺庙中重新建立戒律与纯洁。由于恢复对印度经典的兴趣，他造成了很大程度的“文艺复兴”，如哈金氏所指出，在他的作品中我们发现未被中世纪一切妖术魔法污染的原始佛教的大慈大悲理想。他所改建的“黄教”肯定优于古代的“红教”，后者已深陷于巫术之中，并且今日仍是西藏教团的主要组织。宗喀巴的精神继承者们在其中心拉萨建立起一种佛教政权，甚至如今仍继续享有大多数中亚佛教徒的精神主宰地位。[①]自 15—19 世纪，黄教都被中国明、清朝的皇帝平等相待。这种不间断的关系进一步解释出在西藏绘画中何以中国的影响——尤其明代——与印度的影响并行不悖。

西藏艺术

本节采用以上标题只为顺从习俗而非遵循我们的个人信念。因为至少在雕塑方面西藏艺术应该说仅是一种广大派别中的组成部分，而非独立的一派：这一流派我们称为“波罗－西藏派”艺术。[*]

我们在本书前二卷中为波罗艺术下的定义是“哥特式的笈多

① E. Kawaguchi：《西藏旅居三年记》，书中附有彩色拉萨图景（1909 年）。

* 按：这一观点显然有些偏颇。

朝艺术”。[①] 我们曾指出此种艺术的根源是4—6世纪恒河流域的柔润质朴风格的艺术。但笈多式的女性体型逐渐趋于修长优雅，姿势更讲究造作——斜扭高耸的臀部，繁复奥妙的指法（手印），灵活变通与等级分明性格的巧妙结合——虽然看来彼此矛盾，再加繁复多变的装饰图案，异彩纷呈的各种题材，以及种种尖拱，火焰衬托背景等，在某些程度上予人一种整个印度火焰型的印象。在此过程中，匀称柔媚几乎如以线条轻怜蜜爱的笈多派形式，趋向过于细腻精致而沦为冷漠高雅的胴体，将自身扭曲成僵直的姿势，或一经冲动直飞上大乘佛教的神秘天空。艺术变成为一种象征主义的形式。这种特色十分明显，以至此派的某些造像可能使我们认为：笈多时代的轻快自然的形式经历了一种拜占庭化的过程。但我们不久即看出这一僵化倾向仅是表面的，而波罗朝艺术的等级性质不仅保存了笈多派的所有活力，有时甚至还增加了青春的新鲜气息，结合式样的典雅、姿态的细腻，常令人产生一种稀有的丰神飘逸印象。[②]

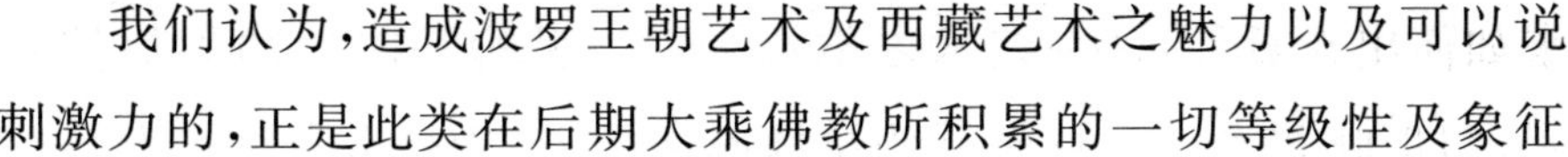

我们认为，造成波罗王朝艺术及西藏艺术之魅力以及可以说刺激力的，正是此类在后期大乘佛教所积累的一切等级性及象征

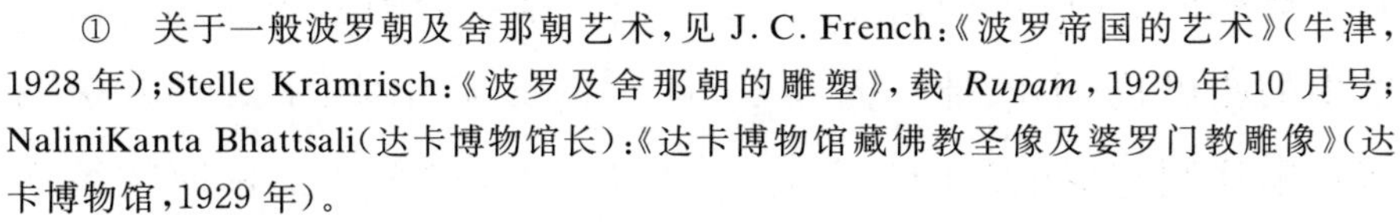

① 关于一般波罗朝及舍那朝艺术，见J. C. French：《波罗帝国的艺术》（牛津，1928年）；Stelle Kramrisch：《波罗及舍那朝的雕塑》，载 *Rupam*，1929年10月号；NaliniKanta Bhattsali（达卡博物馆长）：《达卡博物馆藏佛教圣像及婆罗门教雕像》（达卡博物馆，1929年）。

② 请读者特别注意黑色片麻岩的莲花手菩萨（即观音菩萨），以“游戏座”姿势坐在莲花宝座上，像高约五英尺，来自比哈尔或孟加拉，属波罗或舍那时代后期，今藏波士顿博物馆，库玛拉师瓦密：《印度美术集》复制（图版XXIV）。西藏绘画中发现有一种菩萨型式即直接仿自此型。

性表象下仍残存的清新的印度裸体造型。这里我们好像有一种可变通的常规,犹如罗马式传统将可喜的亚历山大式裸像的活跃生命囚于其僵化的线条中,甚至会不时自由地表现出来。

现在这一切都表明,以上对波罗时代及舍那时代孟加拉雕塑的论调,同样也适用于尼泊尔及西藏的造像,这是它们如何来自孟加拉艺术的最好证明。的确,此类热带裸像——如今虽已是缀有花朵的装饰型——在气候条件及生活习俗绝对相反的西藏高原持续出现,即可见西藏的艺术并非西藏本土的,只是国外传入而被采取并一劳永逸地保存在冰川中的寒冰之上的。这些令人心醉神迷的热带鲜花,以某种菩萨神力盛开于冰天雪地中千年不衰,实在是最为动人的(图 45,图 46)。① 我们甚至可注意到,尽管有密宗的狂烈作风影响,也许正因为如此,像荼吉尼(空行母)之类的作品(图 47)如何从达罗毗荼人的裸像衍化而来。

其中显然最强烈的是印度影响,与之并列的尼泊尔及西藏雕塑也同样揭示出与其他流派有近似之处。首先,不管此种论调看来如何出人意外,密宗艺术之根源的波罗及舍那时代的孟加拉艺术,与爪哇艺术——首先是普拉姆巴南的,其后是辛伽萨里的——也非全无姻缘。在吉美博物馆所藏普拉姆巴南朝(9 世纪)铜像中有一尊肥胖、大肚皮的俱肥罗天,会使人很奇异地联想到达卡博物馆中的旃巴拉(宝藏神);而卷二“印度的文明”附图中观音菩萨的瘦长胴体则与尼泊尔的波罗派有某种亲缘;或再如莱顿博物馆中属于 13 世纪辛伽萨里派的般若波罗蜜多像(见卷二附图)也易于

① 图 46 救度母的优美姿势可与达卡博物馆中可爱的罗克南陀相比。

在恒河流域某些造像中找到相对应的作品——如果不是在美学价值方面，至少也是在同类型题材的一般形式上。这样说，并不意味着西藏的大乘佛教直接受到爪哇的影响，只是让人回忆起使徒阿提沙是去过爪哇后才到西藏的；而且可以着重指出一点，即在11世纪及12世纪期间，爪哇、波罗朝及舍那朝的孟加拉，与受到孟加拉教益的西藏及尼泊尔地方必定有过远较设想更为活跃的学识及艺术交往，佛教城市那烂陀的精神领域控制着自辛伽萨里延至拉萨的广大地区。

中国中原的影响自然更为直接。这里我们发现一种奇怪的巧合，在到达西藏后，中国佛教雕塑自魏、隋以来本已变得反复因袭的趋势，更加强了不论波罗式、舍那式或尼泊尔式的孟加拉艺术中已见到的“哥特式”倾向。我们已注意在6世纪中国中原雕塑中那种骨瘦如柴的细高形式及尖角式的装饰珍宝，在两尊西藏造像中同样也可发现，时代则显然较晚，今存吉美博物馆。

西藏绘画同样也巧妙地融合了印度和中国中原的影响。流传至今的画幅大多数属于18世纪，有些甚至是19世纪的。但西藏的肖像制作者们特有的审慎的“忠实重复”性，使得年代问题已不大重要了。这里有18世纪末叶的一些图景，都不过是15世纪范本的纯粹简单的模仿，而它们也就是来自喜马拉雅山以南的一些原作的模本。这里，宗教动机就是来源的保证；因为画师也是喇嘛，为了实施一种虔诚的功德，注定要遵循他面前的图形，不得任意增加。他无权改动他所复制的圣像中任何相貌，正如他在祈祷中不能改变任何一行经文或咒语一样；因为绘像工作本身就被认为与祈祷相等。

因此我们将发现孟加拉绘画的教条在此也与雕塑相同，一成不变。它的来源是如此明显，尽管其中间环节消失我们也深信不疑。在阿旃陀及巴格赫时代之后几乎没有任何后期印度－佛教绘画存留，但残余的少数片断已足可说明此传统的延续性。关于波罗朝的作品我们可特别举出大英博物馆藏著名的棕榈叶上手写般若波罗蜜多的彩饰图，时代属于11世纪初，其中有一尊优美的小菩萨，乘异兽如"游戏座"式，左手伸出，右臂随意下垂爱抚般置于右膝上，右腿微微抬起。那柔软的四肢及青春的胴体使这神像与阿旃陀的恋人像相似①——只是在手法上减弱至相当幼稚的阿旃陀了；诚然，这只是降低了彩饰图的水平，这裸像仍有迷人的清新气息。

此派艺术的最伟大珍品包含在尼泊尔发现的另一手稿中，在一彩绘木匣中有二彩绘的棕榈叶，今藏波士顿博物馆，年代为孟加拉国王哥波罗时，约公元1136年。波士顿博物馆的绘画曾由库玛拉师瓦密部分彩色复印于其精美的《印度美术图册》中。② 我愿请读者特别注意两幅最为重要的画：在彩绘木匣中的两组（图版XXⅡ），一为降魔图，另一为年轻的救度母及其侍从。主要的是将此图景的最上方与伯希和自敦煌携回的同样题材的绘画，以及巴科

① 见J.C.French：《波罗王朝的艺术》（牛津大学，1928年）图版XXⅢ，Ⅰ，又有七幅类似作品来自孟加拉（剑桥手稿补编1464及1688）；四幅来自尼泊尔（剑桥手稿补1643；加尔各答皇家亚洲学会手稿A15），一幅为Vredenburg收藏，一幅为泰戈尔所藏，加尔各答。

② 波士顿美术馆，1923，图版XXXⅡ，XXXⅢ，XXXV。

特携回的西藏图景的画幅加以比较，以研究二者间的异同[①]；更应对第二排的救度母及同一《图册》中图版 XXXV 的白救度母，与西藏绘画中的优雅的菩萨像[②]加以比较。我们再次重复说，这些苗条袅娜的孟加拉青年裸像，以其非对称的懒散姿势，甚至在坐着时也展现斜摆的臀部，明显表现出阿旃陀洞顶的某些形象与整组西藏形象之间的过渡阶段。尤其从波士顿美术馆手稿中两幅救度母坐像，不仅可衍化出图 45 的西藏救度母及其后各像，还有如卷四附图 191* 所见细部的迷人的文殊师利像及其后各像。再如我们惊奇于西藏动物画家的精湛才能，我们应想到例如 13 世纪尼泊尔《须大拏太子本生经》一件手稿中有力而柔软的白象形象，这是泰戈尔藏品，库玛拉师瓦密精美手册中有此插图[③]。

由波罗－尼泊尔流派衍生的西藏绘画，都只不过是大规模的细密画，并保全了圣徒小像的鲜艳色彩和丰富装饰，以及诚挚的灵感和精确的说教。但西藏绘画较流传下来的孟加拉或尼泊尔画师们的工作规模更为广大，它往往将其人物安排在一个极大而十分匀称的构图上，而且画面上对各情景及其重要地位的分布，也仍是依据宗教传统规定的。但是，甚至在此狭小的天地内，西藏的高僧们也还能展现其有魅力的自由想象力。

例如，我们研究一下吉美博物馆中巴柯特所藏的佛陀诞生图

① 我们也可指出斯坦因曾自敦煌携至大英博物馆一幅菩萨像，它肯定是尼泊尔式的，年代约为 9 世纪，见日本《国华》437 期（1927 年 4 月）图版 Ⅰ。

② 并参看库玛拉师瓦密：《印度及印度尼西亚艺术史》图版 XCIII，图 280，281。

* 图片欠附。

③ 同上书，图版 XCIII，图 239。11 世纪孟加拉佛教细密画的精美复制品也可见于 Nalini Kanta Bhatkasali 前书，图版 Ⅰ，Ⅱ。

(图 49)。在无忧树下,摩耶夫人袒露胸部并如印度姿势优美地扭着腰,所诞生的佛祖,为一小金圣像自她肋侧跃出并由大神因陀罗及梵天所承接。我们可看到这棵圣树是敬心诚意处理的,一叶叶都如日本漆画;飞扬的飘带和斑斓的头巾,由宝瓶和香炉中升起的、绚丽多彩的缭绕香烟。在树木上空的云雾中我们看到两种景象:一边是一座中国式凉亭,表示"兜率天",释迦牟尼菩萨在降凡的片刻正将继承者、来世佛弥勒(如基督教中的弥赛亚)安置在宝座上;另一边是一片中国式的蓬蓬浮云,载着菩萨化为白象之形自天而降,周围有众神拥护。此一西藏式的安哲里科的祝福幻象有一种无可否认的魅力。再如这一旗幡下部的"七步"情景,如圣婴的娇嫩赤体,向它致敬的神异的开屏孔雀,在前景池潭中饮水的羚羊等,也同样令人赏心悦目。虽然此中的孔雀与中国明、清朝及莫卧儿王朝的装饰艺术有许多共同之处,那羚羊则确是源于自阿旃陀延至莫卧儿及拉吉普特艺术的印度传统(参看卷二附图)。因此在这圣书彩图中,一致的宗教灵感与所需依附的严格传统,将印度和中国的装饰动机结合得如水乳交融。

更为迷人的是图 50,表现佛祖削发出家。[①] 世尊是细瘦裸体形,纯洁柔软,正在青年时期,与所披多彩的长袍截然分开,他削断发卷的姿势优雅美妙,头发如各色卷轴,由诸神集起持往天界。其场景为一片清新可喜的林中空地,有小溪下降成泡沫翻腾的瀑布;远处,在树下宁静地点佛陀正深深入定而毫不关注四周对他的骚扰;左方高处,是中国画式的山峦,羚羊成群,岩洞中均有隐士,苦

① 此处及下段提及的佛教神话在本书卷二"印度的文明"中有简要记述。

行者也在参修；下方，在刈草及献糜的景象后为虔诚的舍脂的农场，有中国式的建筑及树木，满是野兽的山坳，还有迷人的小牛。如就个人的爱好而言，我们可以说宁愿优先选取这些纯朴自然的小画，它们远胜于一切同时代的清朝风景画。

其次是一幅完全使人心醉的图景：天朗气清，在片片绚烂耀目的“芝云”和螺旋状的彩霞烟雾中，于朵朵神奇的天雨花间，我们看到以汹涌的波涛及碧绿的草地为背景，已升至三十三天天宫将福音呈献给母亲的佛祖，正于神灵及使徒的欢欣鼓舞中自云端顺天梯降步走下。

再其次，使人陶醉的图景则有更近人情的特色和可与圣方济派宗教画媲美的甜蜜气息。这位杰出的画师描绘了佛院弟子须菩提在调解印度神话里的两大敌对族类，即神异动物“那伽”（nāga，龙）及“迦楼罗”（garuḍa，金翅鸟），前者类似水蛇，后者则似猛禽（图51）。须菩提表情温和慈祥，正在海边说法，大片的水面产生一种海下透明的印象，波涛汹涌泡沫飞扬，是以如明代名家笔意的装饰效果生动而迷人地画出。同样优美的构图，但却有印度清新而使人心醉的风格是从两肩生出眼镜蛇头的龙王龙后自深海中迅速现身至须菩提足前。金翅鸟被处理得充满中国式的谐趣，都形如半猫半鹦鹉的小怪物，表现各种盘旋翻滚的姿势，做着怪样，一心要攻击它所仇恨的龙蛇。在上方坐着佛陀和虔敬神态的须菩提——两个形象都有一种可与宋代画家笔下苦行僧媲美的智慧品质。

中国的影响在吉美博物馆藏的一幅画中更为明显，画的是国

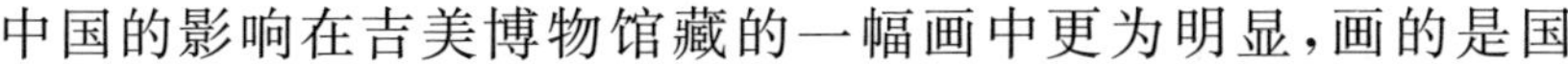

王俱利迦文殊师利王。那楼阁、簇叶及花卉的华丽装饰效果，暗示出仿自18世纪晚期的明代绘画，但在左上角出现的大神拥抱莎可蒂，则提醒我们这里仍处于喜马拉雅山地区的密宗影响之下。概括起来，整个西藏艺术都在显示这种苦行式神秘主义与疯狂肉欲的结合。

图52中是圣者婆毗吠伽（清辩大师）在山谷、草原、溪流的迷人景色中，开始度化一名婆罗门的苦行师，然后为之削发受戒。上端是哲人龙树肖像，灵光内蕴，法相庄严。

有四幅摩诃悉陀像——即西藏教派的“大法王”——在我们眼中是最有趣味的。关于这些圣像的重要意义此处不详细阐述，请参看哈金的研究。[①] 我仅希望注意那些以美妙忘我的神情休憩于清新的草园、泉水、溪流、树丛、洞穴、岩石或繁花盛开的山边的精致可喜的赤身形象。我们知晓这些面貌静穆、睿智的修道之士源自永恒的印度，源自阿旃陀，到如本书卷二所述莫卧儿及拉吉普特派的托钵僧。作为这一来源的表面可见的标志，图中大法王之一的班得婆（亲光?）穿的就是印度青年王者的服装，画出如莫卧儿肖像的式样（参看卷二附图）。类似情况，附图中于圣者面前在牧场上安心嚼草的迷人羚羊，显然是由印度画派衍化而来；图中以后蹄搔耳朵的动作则是十分印度-波斯式的。我们还可提及图中那些纯洁高雅的赤身女性形象——例如女法王弥伽拉及迦那伽拉，尤其是女法王摩尼巴荼罗，她遨游天空，仅披一条长长的飘带，但发

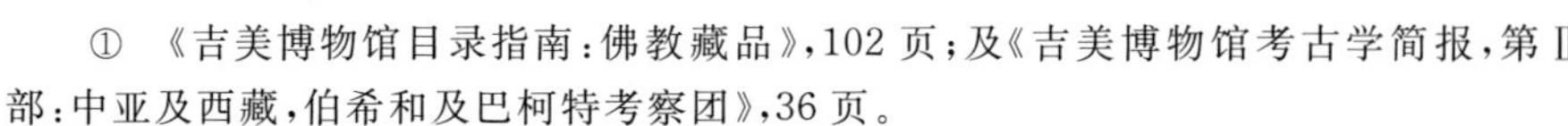

① 《吉美博物馆目录指南：佛教藏品》，102页；及《吉美博物馆考古学简报，第Ⅱ部：中亚及西藏，伯希和及巴柯特考察团》，36页。

饰花环，手足各戴镯钏，极似印度女药叉的式样，那鲜艳的玉体仍具有热带气息；她飞翔于巍巍群峰上的高空时，则有某种如早期意大利大师们笔下天国幻象的境界。我们不能不承认这美丽精致的躯体，妙曼无瑕的形式，乃是阿旃陀的阿布莎罗（apsaras，诸天玉女）或水仙的后裔。

东方的评论家们对自己艺术的某些方面始终缺乏理解，因此尚未认识到在西藏彩绘者的作品中，东方艺术也具有如凡·艾克（Jan van Eyck）及梅姆林（Memling），安哲里科（Fra Angelico）及哥佐利（Benozzo Gozzoli）等人作品相对应而又加上“异教徒精神”的作品。

其次是西藏教团的长老们。此处复制的是释迦班的答（Saskya pandita）喇嘛（1182—1252 年）（图 53），在元朝他对西藏的宗教及政治事务都有极大影响。“这位大喇嘛，”哈金氏写道，“坐在覆有黄色华丽织物的黄金宝座上，做出美妙姿势，更增加其年轻躯体的高贵文雅，显示出印度的性灵所保持着优势。”在这旗幡上半部，绘有标致妩媚的文殊师利，手持烈焰宝剑，也同样是印度式样，尤其有波罗式的都丽典雅之风；而另一方面，同一形象的耶输陀伐迦（Yasódhvaja）则表现出典型中国修道者的精神面貌，这是讲到自宋代以来我们即已熟知了的（参看卷三附图；卷四图 19 等）。

图 192* 所示是献给二世班禅琐朗接昂（1439—1505 年）的，背景是他喜爱的场所：有悬崖峭壁的山峦，峰巅云雾缭绕，喷泉、飞瀑、急流，树木斜临深谷，上栖巨鸟，在左下方，俯瞰令人目眩，草原

* 图片欠附。

上有小羚羊吃草。前景有仙人立于云上持布匹的两端，一有光轮的童子正从此经过——这是决定圣者天命的预言性幻象。（右上）更高处可看到他作为青年正领受师尊剃度；在（左上）顶端的则是年轻菩萨与一体态柔媚的吉祥天女诡异的灵肉结合。

我们也刊载几幅由宗喀巴及其弟子所创黄教主教们的肖像（图 54 及图 193 * ），都显示出鲜明的中国明代影响；此外还有些密宗精神的图景，那则是印度教式的。[①]

在此结尾处我们复制几幅暹罗（泰国）人造像，本书卷二“印度的文明”未能将其照片包括在内，我们曾说过将延至本卷中刊出（图 55—58）。

* 后图指原书图，中译本欠附。

① 我想今天引日本泷精一教授论西藏绘画起源来作小结也许是有趣的。他将旧日西藏艺术分为两个时期，即中国史上的元以前时期及元代。他认为西藏艺术自元代以来即趋衰落，质量也渐低劣，属于元代以前的则较好，其中最优秀的包括在中国新疆及甘肃发现的绘画。泷精一教授为研究西藏艺术而审视这些材料时，他下结论说：由斯坦因自敦煌携回的四幅幡画、观音像，由科兹洛夫自甘肃黑城（哈拉浩特）地方发现的高僧画像旁的曼陀罗木雕，对我们现今研究乃是最主要而有价值的资料。泷精一教授进一步认为在对这些可注意的杰作加以考察后显示出一事实，即这些图画的特质乃是“一种装饰性，尤其是西藏艺术与对事体写实手法的结合。”《国华》，439 期（1927 年 6 月）。

第四卷

日本的文明

原　　序

本卷与此丛书以前各卷相同，仅作为东方艺术诸理想及流派的一部引论。如献辞中所指出，本卷受奥定先生（M. Ulrich Odin）之教益良多，他使我幸获其友情并得以自由引用其收藏品。同样对叶理绥先生（M. Serge Elisséev）在卢浮学院（École du Louvre）讲授的日本艺术及个人建议给予我的帮助，也愿借此机会表示谢意。并感谢维未尔先生（M. Vever），他的博物馆又一次慷慨地对我自由开放，该馆在东方艺术部门与许多其他部门的藏品，都较国家博物馆更丰富。

换句话说，这部引论仅是叶理绥先生关于日本考古学的巨著（不久将由皮卡德出版社出版）及奥定藏品目录（Messrs. Van Oest 出版社发行《亚洲艺术》丛书卷 XIV）的初阶；我也提醒热心于东方艺术及其思潮的人士应对维未尔氏负有受惠之情。

我将藉此再度感谢我的朋友范·欧斯特，著名的《亚洲艺术》及《吉美博物馆美术目录》的出版家，他的慷慨和友情破例地免除我在这四卷中面对的一切版权上的困难。

我还要感谢日本审美书院经列维氏（M. Sylvain Lévi）居间介绍允许我从其辉煌的插图本《日本社寺及珍藏》和《日本艺术珍品精选》中复制一些图版。这些宏伟出版物，不须说，是每个研究日本艺术的人都要提及的。

最后，本卷与前此三卷相同，务请读者不要惊讶我对某些技巧型式、艺术支流及次要学派所用的篇幅较少，它们固有的重要性我也是完全认知的。我的意图一直是将此主题作为整体提出的一种普遍观点，并显示各不同美学思潮的连续性和相互渗透性。在追循我这课题的主要途径时，也常抱憾自己无暇去浏览那些枝杈小路，但我希望在别处再继续这一问题，以人类普遍认同的观点，去试图建构在此四卷中已述及的各种思潮的比较价值。

日本简介：民族起源及适应外来影响的能力

拉维斯(Lavisse)给希腊所下的定义，也可逐字应用于日本；因为日本也是“受益于”自黄河、长江、印度河及恒河诸民族得来的经验。这国家，“大海无数处深入陆岸”，多山的零碎岛屿，虽有其特殊的地质特征乃是“好像镜中所反映并浓缩的”整个大亚洲。网状的马来亚群岛和地质学家所谓安加拉地盾的中国－西伯利亚大陆在此相遇，成为一群巧妙关联的火山岛。它处于多变而紧凑的大陆海岸以外，虽仍是亚洲的一部分，却又有些差别。大海的显著影响使其历史条件十分特殊。日本孤悬海外，造成人民的独特性格：不受束缚的主动性，敏捷的开创精神，强韧执着又混合着灵活柔顺，有个性和荣誉感。与亚洲一般民族的消极被动成一尖锐对比，日本的气质是攻击进取的。

希腊将自海岸偏僻处传入的埃及、亚述及腓尼基各因素集合成新的表现方式；同样日本也成为由印度佛教、希腊、中亚及中国诸传统在新纪律影响下混合在一起的熔炉。位于亚洲的边缘，日本就是其历史的缩影，在它内海的镜面中反映出对岸的文明：首先是古代中国的精深文化，然后是蒙古阿尔泰人的强劲军力，马来群岛与远印度的冒险的海上力量，佛教印度梦幻般的道德、仁慈和神

秘的美。日本文明就是这一切的混合，但又具有自己的特色。虽然临近大陆易受其影响，但这种孤立隔绝的位置又保护日本免被过深侵入。再者，日本的领土，本要经受各样强烈的气候变化，但被大海缓和了，也缓和了一切反差，使人类活动能和谐发展，而不致被大自然的极端力量所摧毁。

日本历史，与希腊相同，是由大海的影响所统治的。在日本，也如在希腊，海员们经过一串又一串岩石岛屿始终能看见海岸。两国都同样是火山结构，海水深深地流入内地，两国有同样的地貌，林木繁茂的山坡，海湾、小溪和内海，都分裂出许多小的河谷，形成无数面向大海的地区，各有自己的生活；两国同样都风光秀丽，在蔚蓝天空的背景上一个是奥林匹斯的雪峰，一个是富士山。

在日本，一如在希腊，山清水秀的大自然对居民性格产生决定性的影响，外面世界的轻柔明媚说明希腊和日本的艺术家们何以从未将宇宙和人生看得那么悲观。古老东方最黑暗的神话未能影响希腊人的宁静：一种微笑的美好心境一直伴随着奥林匹斯山的传奇。同样情形，日本的艺术家与诗人也未忘记，只要心地纯清对中国和印度的神圣是不必完全认真的。日本人性格像俄罗斯人，一般有些诡谲幽默，也同样在大自然面前不肯失去沉着自持和个性，日本人和希腊人都以其最便利的方面接近自然，使之和谐化并人性化。和希腊人相似，日本人轻松自如地越过一些重大问题，以优美的诗篇或愉快的对话使之呈现于我们面前。诚然日本人这种良好平衡的性质，与希腊人或法国人相像，也有相反的不利之处。他们虽然是中国人的弟子，但我们在日本人中却找不到朱熹式的形而上学的天才，李白或牧溪式可惊的浪漫主义。日本人的世界，也如希腊人,是局限于良好趣味中的幻想世界。日本的“根付”(netsuke)[*]犹如“塔纳格拉”(Tanagra)像[**],显示出相同的人生观。但这飞翔的幻想并不妨碍对人生有严肃的看法。希腊人和日本人对历代传奇的真实性虽未抱幻想,但赏心悦目于其古老魅力,尊重它们并认为是国家生活的支柱之一。日本人正像5世纪的希腊人一般,既是最不虔敬的人,同时又是最孝顺的人。①

此外我们还发现许多相似之点。日本人赞美冷血的英雄主义,赞美个人为当地或国家的爱国精神去慷慨就义,这也像最盛时代的希腊人。还像他们有个人荣誉感及对不成文法典的信奉感,能含笑自我牺牲。苏格拉底临终前的安然机智只有日本人能做到。在某种意义上,他们不是薛西斯、苏里曼或奥朗则布诸大帝臣民那样的奴隶,他们的精力不是自外发动起来的集体力量,而是由内在灵魂激起的——是马拉松及萨拉密斯(Salamis)的力量。此外,日本人的英雄主义是隐藏在圆滑机诡的面纱下的:每个日本人中都潜伏着一个尤利西斯。

在这同一片欧亚大陆上由广袤时间、空间所分开的两个极端有两处四面环海的乐土,这两种人民得天独厚,在亚洲式思想中常常紊乱的观念得到光明与秩序,并将沉重的财富铸成纯净的金属——于是雅典的笑容遂照射在天照大神的土地上。

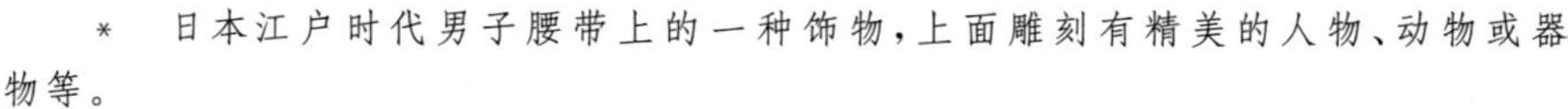

* 日本江户时代男子腰带上的一种饰物,上面雕刻有精美的人物、动物或器物等。

** 希腊塔纳格拉地区发现的世俗生活的小雕塑。

① 参看德·维瑟(M.W.de Visser):《日本民间传说中的狐与獾》,载《日本亚洲协会会报》横滨,1908年,卷XXXVII,图3,1—159页。

史前期的日本

应坦白承认，日本的史前时期一直延续到公元6世纪引入佛教成为普遍认可的宗教之时。否则，就我们今日所知，日本民族及其构成部分还是一项疑难问题。不过有些语言学家企图将日语与相邻的语系建立起联系。拉姆斯太特曾指出日本古语一方与另一方高丽语及阿尔泰语之间的相似处。松本信广也成功地指出日本语与南太平洋的语言如马来语及印支语之间的密切关系，还有南亚的民间传说与日本神话之间也如此。[①] 的确，在日本民族中也

636

相当可能有马来的和大陆的构成因素，比例却不能确定。但当历史开始时这些成分想必早已融合，日本民族已形成一个连结的整体，并从另一种民族——所谓阿伊奴族或虾夷的蛮人中赢得本土岛。

这是否意味着在日本初期历史时代不可能区分出不同的政治中心呢？正相反，据最古的史书《古事记》和《日本书纪》所载，我们可以假设至少有三个这种中心。[②] 一是在出云本土的一藩，崇奉

---

① 松本信广：《日语与南亚语比较语汇之研究》(巴黎：Geathner，1928年)；《日本神话题材的研究》(同前)。

② 见Y.石部：《古代日本故事》或《来自〈古事记〉的故事》；《日本书纪》，古日本编年史，自最初至公元607年，由W.G.阿斯顿教授译，(伦敦，1896年)；B.H.张伯伦《古事记》，1882年；K.弗罗伦兹：“*Japanische Mythologie, Nihongi, Zeitalter der Götter*”(1901年)。

雷水风暴之神素戋鸣尊；另一个是在大和信奉太阳女神天照大神，天皇的朝代——即建立日本一统的大和王朝——据称就是其后裔；其他一些中心是九州岛的氏族们自己形成的——例如熊袭及隼人，后者居住在萨摩藩及日向藩，崇祀各种海上的神祇。日本神话，如松本信广指出，是大和将其宗主权加于其他日本氏族时各种不同教派融合起来从属于天照大神教的结果。这种统一工作是与反虾夷蛮人的民族战争同时进行的。因此传奇显示：日本武尊太子(81—113年?)平息了南方九州熊袭的叛乱然后移师北上，自虾夷人手中夺取了称为关东的地区——即今日东京地区。再有，渡海远征朝鲜也已开始，其中第一次据传说似乎是在神功女皇时期(公元201—209年，或363—389年?)。[①]

近年考古出土了这些时代有趣的史前期及原史期的陶器。新石器时代及后新石器时代的陶器所谓绳纹时期型主要发现于北方。研究日本史前时期的权威人士在此中区分出各种型制：信浓(今长野)藩的"厚手"型，武藏藩的"薄手"型，陆奥(Mutsu)藩的"陆奥"型。其装饰，包括"厚手"型特有"结绳"纹，或"薄手"型特有的波浪纹，或陆奥型特有的上二种混合花纹(图1)。[②] 这两种花纹已有显著的强劲及高雅风格，但又显得与我们在第一及第三卷中所说中国新石器时代或后新石器时代的陶器完全不同。与此相关的还发现一些奇异的小陶偶，也具有非凡的强力匀称和凝练之致。日本史前期的权威们对此正做系统性研究，分门别类；写实型的小

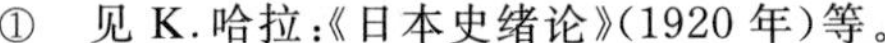

① 见K.哈拉:《日本史绪论》(1920年)等。

② 中谷治宇二郎:"L'Age de pierre au Japan", *Formes*, 1930年4月。

偶像；奇形怪状的人物（在信浓及岩代两地尤为众多）；“三角脸”的人像偶，主要在常陆及武藏；“猫头鹰脸”的人像偶，也来自以上地方；陆奥型的作品，在结构上有更多的建筑性和装饰性，总有些波利尼西亚人和美洲印第安人的风格。[①] 另一种史前时代陶器，所谓弥生时期（yayoishiki）——属后新石器时代，因同时发现青铜器——就简朴多了，主要出土于西部和南部。[②] 据中谷氏说，新石器时代文化一定滞留北部很久，几乎直到公元6世纪，而南部及西部则已熟知金属多时了，因为早当第1、2世纪青铜时代就已达到了顶点。[③]

早在历史最初期，小陶偶即被用作葬礼的埴轮（haníwa），日本与中国相同，陶制的武装战士、妇女、全副配备的马匹、禽鸟等都代替活的牺牲为古时的殉葬品，[④]据日本传说，这是公元2年在垂仁天皇统治下于大和决定的。[⑤]

① 同前《日本新石器时代的人像》《文献》，第2年，No.1（1930年3月）；《日本石器时代手册》（东京，1929年）。

② Kaizuka—贝冢，或厨房少女（Kjoekken moeddingš），常与各型新石器时代陶器相关联。著名研究者大山王子指出这些贝冢可分三期：（1）前期（即Egasaki者），与莲田（Hasuda）陶器有关；（2）中期（即Nagasaki者），与厚手（atsude）陶器有关；（3）近期（即Shinjiku者），与大森（Ōmori）陶器有关。（见Hagenauer，原书，55页）。

③ 群岛南部纯新石器作品延至公元前3世纪。早在前2世纪九州即有中国风的青铜器出现。反之在北方江户，据叶理绥教授说新石器时代直延续至4世纪，至于汉代铜器，见梅宣（Baisen）：《日本出土汉风铜镜图集》。

④ 还可提及在肥后Jōgashita及八幡等处墓葬中所发现最奇怪的原始绘画——即壁画马。见高桥贤治教授《日本古代原始绘画》（1926年10月）

⑤ 与此有关，最近考古学发现，我们可注意这种人类大祭在原始葬礼中如何普遍；如莫列氏（M. Moret）1929年在吉美博物馆所讲最初历史中的埃及；和武利（Wool-Iey）1928年在吾珥（Ur）发掘的古迦勒底等皆是。

将各个不同民族成分统一起来成为后来的日本，并使他们成为历史上最同文同种人民的因素是其海岛位置。如果古老传说可信，乃是天神主持这一机构的。与“圣岛”希腊相同，日本也的确是天神的土地，它诞生了这个民族；天神是日本原始宗教“神道教”所崇拜的目标[①]。神道，严格地说，是个当地的教门。神道教徒们所敬奉的神在本族祖先外包括大自然诸神：山神土地，季节时间和在芦苇间波涛上轻语曼舞的神祇。神道教大神除日本王朝为其后裔的太阳女神“天照大神”外，有月之神，它使月光洒落银辉到伊势海面上；伊弉冉和伊弉诺，它们产生了这片列岛；还有富士山女神，即使树木开花的神灵仙源（Sengen），如希腊的宗教那样，神道教也寻找风光秀丽的处所为圣坛。其宗教中心，在伊势山田的内宫，位于一片圣林中，令人产生一种浪漫的敬畏之感。那神圣的门廊或“鸟居”出现于名胜风景之中，湖畔海角，壁立千仞，俯瞰着群山间的大海，或出现在尘世松林中的古径转折处。

在这黑土、树木和水的宗教中，礼拜仪节往往真是十分壮丽的：那主持祭司宣称：“请听，我当着收获诸神面宣称，如果他们使晚熟的庄稼充满稻穗，这是由我们两臂的汗水和满腿稻田泥泞产生的，我要将成行的酒坛作为奉献给他们的最佳果实”，这几乎如赫西俄德的诗句了。

神道教乃是整个日本文化之根。日本的戏剧与抒情诗即起源于宗教的舞蹈及颂歌，神道教徒称他们在此中揉入了宇宙的生命

① 见加藤玄智：《日本国教神道之研究》（东京明治日本协会社，1920 年）；K. 鹿子木：《日本国教神道教》；大角春：《日本宗教及哲学思想史》（京都，1929 年）等。

和快乐。以下就是颂歌之一："大地乃是母亲，一切万物皆由此得以生存；因此众生同声唱此宇宙的圣歌。高树、小草、岩石、砂砾，我人所踏的土地，风和波涛——一切万物都具有神圣的魂灵。春天林木中和风的吹拂声，秋季湿润的花草中昆虫的嗡嗡声，都是大地的诗篇，微风的叹息，急流的怒吼，都是生活的赞歌，于此应皆大欢喜。"我们看到，这种宗教既单纯又深奥，在许多方面与希腊宗教有千丝万缕的因缘。[①]

① 见 H. L. 朱里安：《日本艺术中的传奇》（伦敦及纽约，J. Lane 公司，1908 年），关于晚近在日本各地发现的古墓中岩石壁画与神道教的关系，参看高桥谦治的研究：《日本古代原始绘画》，图Ⅻ，《国华》440 期（1927 年 7 月）。

佛教的传入

对于刚读过中国历史的人来说，日本是一个有强烈兴趣的特殊存在。在前一卷，我们看到佛教文化是如何置于一种土生土长、有强大古老根源的中国文明地基之上的。在一短期的惊愕之后——而且仅限于北方和异族的北魏——国家的传统又迅速重占上风。早在唐代中叶，佛教的因素即已被同化，中国才智之士的内在演进又重新继续其合理的旅程。当佛教加在这一具有极古老的文学和艺术传统的民族上时，它证明仅是一种丰富及鼓舞的因素——一种插曲。[①]

反之，在日本，佛教的传入是发生在一个文化上还年轻因而易于接受的民族中间。这并非说这种民族消极被动；正相反，日本人的气质突出的是有其自发的反应性和坚持的本身个性，这种力量只能以其海岛的位置来解释。然而，事实上因为缺乏一切早期文化，加上显著的人事的特点，此时遂使日本的佛教有了在古代中国从不允许的重要性，尽管中国在若干朝代佛教也曾风靡一时。当然，更重要的是通过佛教，中国的文明才传入日本。

显然有趣的是我们所称的“日本经验”。在本书第二卷中我们

---

① 见本书卷三“中国的文明”。

已看到佛教的思想及灵感乃是印度－雅利安人心灵之花的产物。在第三卷我们又看到佛教扩展经过中亚与希腊、伊朗及印度笈多朝等艺术的接触。因此最有趣的是注意它由各种积累而更加丰富后，此时如何透入一个未曾触动的民族并将构成其全部文明，而不是一个久已稳定并难忘其自身传统的文明。大乘佛教（“摩诃衍那”）的精神特色，希腊的造型艺术①，伊朗的优雅和笈多朝艺术的柔和②——这种启示随大乘佛教僧团的到来，几乎一夜之间突然要被世界最有才智的民族之一的人民所接受。③

公元6世纪，中国北魏对佛教的热忱达到顶峰，在南朝的梁代佛教传入日本。据传说，首先提及这一话题的是在钦明天皇统治时，约自540—571年。据说552年西南朝鲜的百济王河成赠送佛经及佛像给钦明天皇作为礼物。但对是否接受这一新宗教，在皇室周围各大家族——中臣、物部及苏我氏之间意见分歧。苏我家赞同，而中臣及物部家反对，直到40年后才被正式承认。此后各朝，大臣苏我马子——死于626年——以武力取得佛教的胜利。

① 见泷精一：《显受印度－希腊影响的青龙寺释迦造像》，《国华》236期（1910年1月），232页。可注意希腊影响中偶现罗马写真手法。

② 见 Tōyei Shukō：《正仓院插图目录》Ⅰ，图版46—51；十都晴川：《欧美所藏唐宋古物精品》大阪，图Ⅵ B（鹿禽织锦，斯坦因使团，大英博物馆）；松本荣一：《中亚佛画的发展与远东的关系》，《国华》465，466期。

③ 见 Reischauer：《日本佛教研究》，（纽约1917年）；K. 鹿子木：*Der Geist Jopans*（莱比锡，1930年）119页，《美的宗教佛教》；姊崎正治：《日本宗教史》（伦敦1930年）66页，《佛教灵感及表现，奈良时代》等；南条文雄：《日本佛教十二宗史》（东京）；M. V. de Visser：《日本古代佛教，七、八世纪所用之经文与仪节及其后期历史》（巴黎，1928—1930年）；《中国及日本的 Arhats》，有图16（柏林，1923年）；又佛教对日本艺术的影响见姊崎正治教授《佛教艺术与其理想之关系》（波士顿，1916年）。

在587年于信贵山击败物部之后，他为本族利益建立一种独裁统治，那是与新观念的利益连接在一起的。为了维持其地位，他毫无顾忌地谋杀了已厌烦他的崇峻天皇，并于592年代之以死者外甥女为推古天皇，在此朝代她与圣德太子协同治理（参看插图24、28）[1]。圣德太子（574—622年）是推古天皇之侄，继承皇位，实际上作为摄政，592—622年他已是日本的真正统治者。他的第一件行动就是宣布佛教为国教。[2] 奈良地区一些最庄严的寺院就是由他敕建的，例如建自607年的法隆寺；他令人学习他所喜爱的《妙法莲华经》的教义，同时于604年颁布法令。在苏我氏眼中，引入佛教及随之而来的中国文明，作为加强其家族的声望的方法，圣德太子更进一步看到将日本的天皇变得如中国的天子一般，也是增强皇室权威之一法。而且事实上是中国的中央集权和朝仪使得古代大和的王子们——他们的权威经常受到各家族的怀疑——转变成以汉、隋君王为模范的绝对君主。在这种意义上，607年由圣德太子遣往中国朝廷的使节对政治及宗教的改革都是意味深长的。

皇室本身一取得中国化及佛教运动的领导权后，苏我氏的协助即不再需要，他们原本是为了其本族利益才赞成此运动的。苏我入鹿既被认为曾刺杀妨碍其野心的皇室太子，另一位皇子中大兄也主持了一次阴谋，在645年使苏我入鹿遭谋杀，苏我家遂

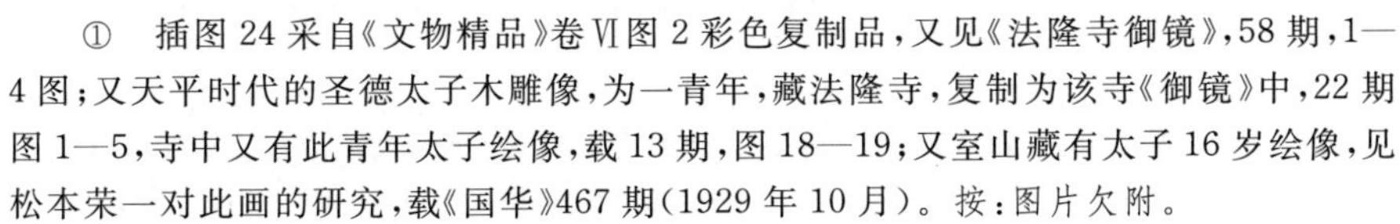

[1] 插图24采自《文物精品》卷Ⅵ图2彩色复制品，又见《法隆寺御镜》，58期，1—4图；又天平时代的圣德太子木雕像，为一青年，藏法隆寺，复制为该寺《御镜》中，22期图1—5，寺中又有此青年太子绘像，载13期，图18—19；又室山藏有太子16岁绘像，见松本荣一对此画的研究，载《国华》467期（1929年10月）。按：图片欠附。

[2] 见姊崎正治：《日本宗教史》，57页。

失宠。

苏我家的衰落标志着中国影响新的进展。在孝德天皇治下(645—654 年),朝廷及各地行政都依照唐朝的模式改革——这一过程被称为“大化改新”[①]。中大兄皇子,即天智天皇(668—671 年)继续改革运动,于 670 年颁布近江律令;最后天武天皇(673—686 年)颁令制定朝仪、服装、姓氏及地方区域等而完成这一改革。由此,古代日本从大和皇子们族长式权威下组成的氏族联邦遂让位于仿效唐代中国的中央集权国家。直到此时日本还没有固定的国都,大和的城市互相争胜;传统要求每一位天皇选择一处新都。遵照唐天子之例,现在日本天皇决定也要有一个与西安或洛阳相比的固定首都。710 年朝廷遂定居于奈良。奈良直到 794 年始终是日本首都。

然而以中国模式建立起的朝廷及行政事务甚至对于皇室本身也并非没有缺陷。不久天皇也如同时的唐天子一样变成宫廷生活及官僚组织的奴隶。闭处深宫中,他们越来越将新集中于自己手内的国家大事转移到随从的背上。渐渐一位权臣家族藤原氏占据了宫廷总管的位置。此家的历史创始者中臣镰足(死于 669 年)原曾协助皇子制服苏我家而立殊功;实际上藤原现在只是重复苏我氏的企图,但更为温和而成功。他们建立了一个事实上的大臣朝代——在 882 年以后被称为“关白”——与皇朝并存,并进而以婚姻联系起来,结果遂成为传统习惯,天皇要纳藤原家人为皇后。在

① 见 J.Murdochi:《日本史》,143—180 页“645 年大改革”;O. Nachod:Gesehichte von Japan. Ⅱ(“ü bernahme der chinesischen Kultar, 645—850”)(莱比锡 1929—1930 年);大隅竣:《日本宗教及哲学思想史》,87—145 页。

8世纪中藤原内麻吕甚至一度充任皇帝制造者和独裁者的角色。但因为这是一个行政的而非军事的家族，专制政治和中央集权仍如过去。

在此佛教时代，也完成了和平征服全国。当圣武天皇（724—748年）统治时，高丽著名僧人行基（670—749年）来日本定居，为了击败神道教的反对，他传布了所谓两部神道，据此教义，本土诸神仅只是佛陀的显现。僧正良弁（689—773年）也发挥了同一教义。所有这些高僧都积极传播了大陆的艺术，并在圣武天皇命令下，良弁于746年在奈良东大寺造了一尊高逾50英尺的佛祖大像①。他还是一位卓越的画家。另一位高僧是中国的大德鉴真（687—763年），他于754年到达日本。②

① 见泷精一教授《天平时代的美术》，《国华》453期（1936年8月）。据他说这尊巨大铜像造的是毗卢那佛，当时盛行崇敬此佛，并形成《华严经》的主题。

② 关于日本古代佛教艺术，除审美书院的出版物外，参看A. Maybon:《日本的寺庙，建筑及雕刻》（1929年）；Lamgdon Warner:《推古时代的日本雕刻》等。

奈良时代

奈良时代(710—794年)是日本诗歌的黄金时代。阿斯顿(W.G.Aston)[①]说:"读者预想在这刚从文化愚昧阶段升起的国家,其诗歌将是粗犷无华的,但讶异地得知正相反:其特色却是婉约多于豪放。而且感情敏锐语言洗炼。"这种微妙处只能以当时有朝廷诗歌的事实来解释。著名的《万叶集》,编纂于约750年并完成于9世纪之初,即包含了这一文化过高的社会的许多回声。集内的诗人如人麻吕、赤人及安艺王子甚至超过我们在卷三"中国的文明"中所提及的伟大唐代诗人,予人以震撼的感觉与印象:

在梅花上
落了厚厚的雪;
我想收集起来
送给你看。
　　但它在我手中融化了。

或:

---

① W.G.阿斯顿:《日本文学史》(伦敦及纽约,1899年),34页。

在群山中
仍卧着积雪——
但垂柳
在急湍冲刷处
　　已完全发芽。

或：

我走出去
越过荒野
那里升起薄雾。
夜莺在歌唱；
　　春天，似乎来了。

或：

轻轻地落吧
啊，春天的雨
不要滴碎
樱花
　　直到我能看过它。

又或：

我将用什么相比
我们这一生？
它像一叶扁舟
于破晓时划走
　　其后未留下一丝痕迹。

或：

天空是一片大海
涌起云朵的波浪；
月亮是一只帆船
去往群星的丛林
　　它正划行它的路程。①

在艺术史上，也如在政治组织上，日本为哲学家们提供了一个极有趣味的实例："人类的选种"，由于它与外隔绝，一直处于"野蛮"状态，忽然几乎一日之间接触到大陆最精美的文明，于是便采取、适应，并尽量使之成为己有，而且要青出于蓝而胜于蓝了。

传递此种教育或更可说艺术灵感的媒介便是佛教。的确，佛教不仅给这岛国带来印度哲学，还有中国建筑，印度－希腊、印度－笈多，北魏和唐朝的雕塑，以及一切印度、伊朗和唐代的绘画

① W.G.阿斯顿译，原著44、45、47、48诸页。又参看J.L.皮埃松译《万叶集》。

传统。现在由于在中亚及高丽的发现大家已熟知。[①]

日本建筑的古迹最可称道的是在朝鲜对面海岸的出云大社院，和在本州以东伊势湾的伊势寺院，都属原始神道教建筑，其中当地木匠的古老技巧必系受到中国六朝建筑范例之影响而丰富起来。叶理绥教授对各种建筑风格有深入研究，指出初期神道教庙宇不过是日本房屋的扩大形式。如浜田博士所说："祖先住所并不需要设计得与平常住房有何不同式样。"然而屋顶结构的曲线已证明受中国－朝鲜影响。同样，进门从右侧——即长方形的较短边，如"出云式"——移至长边的中央如伊势式，也由此影响而来。但内部排列尽管日益繁复，这一建筑形式在此后各世纪已成定型，尤其皇宫，始终是伊势庙宇的式样。

引用装饰性的铃也是从中国经朝鲜传入的，但可注意，这种古铃装饰始终为日本特有，如吉美博物馆一件优美范例所示。[②]

早在推古时代（约 540—646 年）[③]，佛教寺院在大和各地大量涌现；其中可提及四天王寺，此系圣德太子 587 年于内海岸上所建，593 年移至大阪；其次是法隆寺群，同一太子由高丽工匠之助于 593—607 年建于奈良附近，完全按中国模式。法隆寺的主殿金堂起于二层石台上，复以中国式的重檐屋顶，是对称雄伟的古典结构的范例，为所有大和建筑的特色。经验丰富的权威叶理绥教授

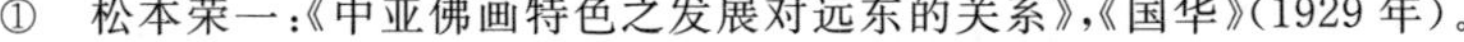

① 松本荣一：《中亚佛画特色之发展对远东的关系》，《国华》（1929 年）。

② 参看高桥贤治：《史前期日本的原始设计》，《国华》416 期，（1918 年 7 月）。

③ 推古天皇在位于 593—628 年；但尾口京助教授对此期艺术年代提出不同看法，认为起自推古天皇即位第十五年（607 年）到天智天皇告终（671 年）。见《国华》455 期（1928 年 10 月）。

指出这所建筑的布局直接受中国北魏建筑的影响。

此种影响在同时期的雕塑中更为明显。[①] 佛教及其圣像画的降临突然带来中国北魏的全部艺术观念，其中包括所有印度－希腊传统，它已适应了一种新式的宗教情绪。在本书第三卷“中国的文明”中，我们曾指出正当希腊式佛教艺术到达中国北魏时，它已经经历了一次转变，类似后期希腊－罗马于6世纪之后在法国南部的影响，即产生了最初真正本土的法国作品（Opus francigenum）。造型艺术此时已空无内容，仅成为向往来世的充满祈祷的神秘崇高热忱。北魏的艺术加强了此种倾向，所产生的作品足可与西欧的罗马式雕塑相比，在推古时代经朝鲜传入日本的正是这种所谓“佛教的罗马式”。

此期最早之作品之一是本州法隆寺的释迦三尊的一组铜像，高约二英尺，作者鞍作止利，包括释迦和左右两位菩萨。[②] 这肯定是朝鲜式的作品，但其风格却超逾朝鲜而回溯到（中国）北魏的艺术——即最初的龙门浮雕[③]以及同时期陕西辉煌的石碑。[④] 其服装帷帐等的扇形皱褶与本书卷三“中国的文明”中插图149、150及

① 参看 Langdon Warner：《推古时代的日本雕塑》，尾口京助：《推古时代的佛教雕塑》，载《国华》1928—1929，455期起。他指出“此时代之特色为：第一，所有造像不论木铜，都受到用于在岩洞平滑表面上的雕刻技术的局限，而不去用现成材料自由发挥以取得艺术效果；第二，由于抑制造像外貌的灵感度而提高了其形式美；第三，由于以上效果，自然导致有意识地追求精神的美。另一特色是在纯朴无华的外表中显示出固有的令人惊叹的神韵。”

② 参看《法隆寺御镜》，49期，图版1—10；奥托·库美尔：《中国，日本及朝鲜的美术》，图版Ⅶ；Langdon Warner，前引书，图23，又图18—22为金堂的美丽的药师。

③ 喜龙仁：《中国的雕塑》，Ⅰ图80。

④ 同上书，图136—138，141等。

151* 完全相同，还有作为造像背景的巨大光轮及其火焰装饰与插图145（本书图28）、147、149等** 造像上所有相同；最后佛左右两尊胁侍的服装也与卷三图149*** 中卢氏藏品魏碑上有同样的挺拔的衣褶。①

此种"罗马式"或"哥特式"的特色在法隆寺内梦殿高6英尺6英寸的木雕观音造像尤为突出，其上部复制如插图2。②那高高镂空的王冠，轮廓分明的侧面像，修长瘦削的身躯，棱角显著的下垂披肩——这一切特色都加强了造像的神秘气质。此件作品，与上述者相同，属于鞍作止利派，因此时代为7世纪初叶25年，我们的意见，这是可称为"魏－推古"式（中－日）的最优美的一组作品之一——永远在这止利流派上保留着高丽遗存下的强烈印记。较此尊更高更瘦的是法隆寺金堂中的高约7英尺10英寸的木雕观音像。位于塔恩省加龙河畔穆瓦萨克的著名哥特式教堂中的圣像，是法国哥特式艺术中唯一可与此修长躯体相比的作品，它的形象如此清瘦竟似并入于下垂的袈裟中，好像在那巨大尖突的火焰状光轮下，一具无实质的幽灵向天空翱翔。我们可以注意，这些日本作品，通过朝鲜的渠道直接受到北魏艺术的启示，立即取得自己特

* 图片欠附。

** 图片欠附。

*** 图片欠附。

① 见法隆寺中的精美木雕日光像，风格不同但有某种北魏的灵感，载《法隆寺御镜》18期，图版12—15；又载 Langdon Warner 前书，图版69；又见《法隆寺御镜》21期，图8—11；26期，图6—9。

② 见《法隆寺御镜》，51期，图9—14；40期，图1—7；Langdon Warner，前书图9。

有的完美成果。中国魏代的造像从宗教的观点上往往比美学的观点上看更有趣味，[①]但几乎所有的推古派的相应作品，在任何艺术准则的判断下都是突出的杰作；这正由于它们剥去了一切繁杂累赘的装饰，仅保存动人的淳朴之风，恰反映了大乘佛法的精义。这种情况将贯穿整个日本历史的进程，因为借鉴了中国各时期的艺术主题及技巧的日本，在每一实例上都完成得尽美尽善。[②]

推古时代（540—646 年）之后通常称为奈良时代，虽然直到 719 年奈良才正式成为首都。因此这一时代又分为两个时期：白凤时期（646—710 年）及天平时期（710—794 年），而且二者都代表了大和文明；白凤期的主要寺庙都建于奈良周围，包括兴福寺，建于 670 年，药师寺建于 680 年，前者于 711 年，后者于 718 年都移入奈良。[③]

至 7 世纪后下叶，来自中国的影响性质有明显的变化，取代北魏的艺术，佛教传来了隋代的型式。这里我们看到在编年上有约

① 我们可同样注意，正如伯希和教授指出北魏伟大的浅浮雕也都是了不起的杰作。

② 大口京佐教授指出“推古朝雕塑有两种不同倾向：其一以所谓止利派为代表，现存实例为法隆寺主殿中的释迦三尊，另一以 Kokan（即古硐）派为代表。”关于前者，大口教授指出“此种流派的出现，是于南北朝时雕塑史的第二期（自 5 世纪末至 6 世纪初）传入了中国的外来雕塑方法，而按中国方式形成的结果”。但据大口氏说，这种过程绝非仅仅模仿，而是使之精神化并对细节更加精炼。“此派显著的实例于该寺主殿中的药师像上即可看到。而于上述释迦三尊中，止利派达到最充分的发展”（《国华》456 期）。

③ 白凤时代在艺术史上是 640—710 年，从严格的历史意义上是指天武天皇在位时（673—686 年）。同样，天平时代，从文明观点上看是指圣武天皇在位（724—743 年）而得名，时经 710—794 年。

40年的微小不符处，但此种不符由于距离关系在任何阶段的中国艺术和日本相应艺术间一直可以看出。

我们可能记得，隋代及唐代初期的艺术特色是返回对雕塑造形派的偏爱，不过经常受到它取得灵感的宗教理想的局限，并附属于一种教条式的理念，而这便是它和谐地将物质美与崇高的精神混合在一起的原因。此种佛教“罗马型”的传统形式随之是丰富哥特式。7世纪下半叶甚至天平时代的日本雕塑也有此特色。[1]

要形成获得的此种进步的观念，我们只需将图6* 及图7与图9做一比较，后者为弥勒菩萨（类似佛教的弥赛亚）像，木雕高4英尺3英寸，约造于650年，藏奈良中宫寺。从其侧面（图10）看出，此造像仍具有如图7复制的弥勒那种质朴清瘦之风，而且姿势也相同；但正因这坐势（āsana）及手指样式（“手印”mudra）的一致，我们可估计其时代前后仅相差几年。此像头部充满活力，表情温良，前所未有。纯真的侧面，仍如印度——佛教派的准确，似由崇高冥想的内部光明所照亮。面部体现的此种高贵内涵至比例匀称的赤裸胴体中可再看到，它恬静优雅地直立于圆圆波浪般的袈裟中，这是从北魏晚期艺术传入的[2]。那绵软欲融的裸体，宽宽的肩膀，柔和的轮廓，纤细的腰肢，都属于我们已熟悉的一种风格，这次

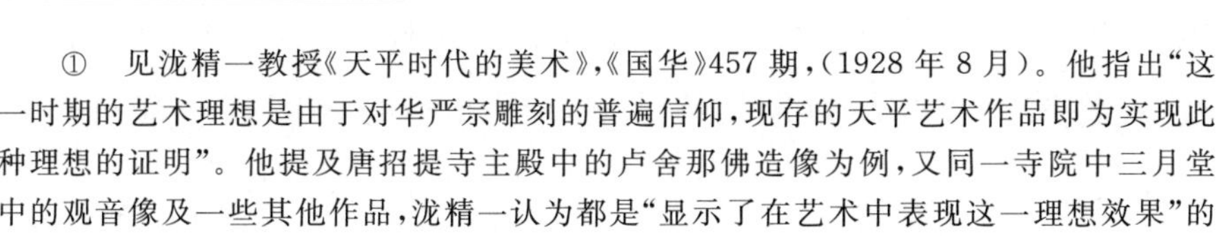

① 见泷精一教授《天平时代的美术》，《国华》457期，（1928年8月）。他指出“这一时期的艺术理想是由于对华严宗雕刻的普遍信仰，现存的天平艺术作品即为实现此种理想的证明”。他提及唐招提寺主殿中的卢舍那佛造像为例，又同一寺院中三月堂中的观音像及一些其他作品，泷精一认为都是“显示了在艺术中表现这一理想效果”的典型作品。

* 本段述及图片均指原书图片，为原书图片序号。相关图片中译本欠附。

② 见卷三“中国的文明”图150及151。按：指原书图片，中译本欠附。

乃是笈多朝印度艺术而非犍陀罗希腊式佛教艺术的继承者。[①]

我们曾经在本书卷二“印度的文明”中指出，佛教在中亚以输入了犍驮罗希腊佛教艺术开始，经过“罗马式”的阶段和神秘发展，演进为中国北魏艺术及日本推古艺术。直到其后第6及第7世纪，生动的印度笈多朝艺术理想才取代了陈旧的中亚希腊式范本，就是这种新鲜活跃的思潮自恒河谷涌向北方，产生了如本书第三卷所述中国隋代的文艺复兴，又由此转化为日本伟大的奈良诸派。但又一次由于其生气勃勃的艺术创造性，日本在获得的金属材料及主题上，成功地赋予一种卓越无比的形式。在所有这些受到来自恒河流域的印度艺术准则之启示的作品中，以上提及的如意轮观音像恐怕是最为强劲有力了。这一尊参禅的佛像，虽有其独特的慈祥力量，却与埃勒凡陀（象岛）的摩诃萨穆提（大自在天）像，甚至奇怪的是与密拉萨（Mylasa）的宙斯像或罗丹的《思想者》完全类似。[②]

日本有一种特别才能，将来自亚洲的各种外国艺术型式发展得尽善尽美，并传给我们一种印度、中国式的艺术而青出于蓝，同时由这些明显的袭用中开创出有深厚原始性的日本艺术。以日本的精神复活中－印的主题，其秘密无疑在于日本将她天赋敏锐的几乎希腊式的人类个性感——在中国或印度都缺乏此感——注入她一切作品中，注入印度或中国的佛像，这样说，往往可以互相交换，在性质上或可称为是集体式的。但日本的诸佛菩萨却有一特

---

① 见卷二“印度的文明”图41、42等。按：指原书图片，中译本欠附。

② 可比较 Langdon Warner：《日本推古时代雕塑集》图版47，48，52—68，此类姿势的各尊雕像为弥勒或如意观音。

色,(此点仅高棉人兄弟们与之相同),即在众多类似形象中突出鲜明的个性,好似每个心灵的肖像。在许多方面,日本艺术可定名为将个人主义气质向远东美学思潮的引入者。①

又在约公元717年所造的药师寺佛陀三尊中,明显有着纯印度的影响——尤其印度河-恒河或笈多朝影响②。那中央坐佛,其犍驮罗式特有的普通建筑般造型及衣褶已被柔润欲融和谐一致的笈多朝艺术所软化,但两位胁侍月光及日光那赤裸的胴体,近乎放荡的体型,微扭的臀部,曲折优雅的双层袈裟,则都明显带有笈多朝及隋、唐时代的特色。奈良药师寺的观音及势至像已返原至造型的处理法,含有深刻的热带激情,暗示着在菩萨贞洁无性的庄严神态下有某种印度教黑天神式肉欲的神秘气息。其形象轻微趋向丰满,也许揭示唐代艺术强劲的造型技法最后将退化为沉重笨拙。但这两尊高约五英尺的大铜像,其淡漠含蓄神情正与中亚有笈多式倾向的作品相关连。③ 现在法隆寺的19英寸高的阿弥陀佛三尊小铜佛,也属于7世纪初叶,则暗示一种更恬静的唐代影响;阿弥陀佛头部那无比的丰满及柔和之风,④表明阿波罗的型式如何经过犍陀罗到达亚洲的极边,在这有特殊才能的民族的刻凿之下,呈现一种新的精神面貌。

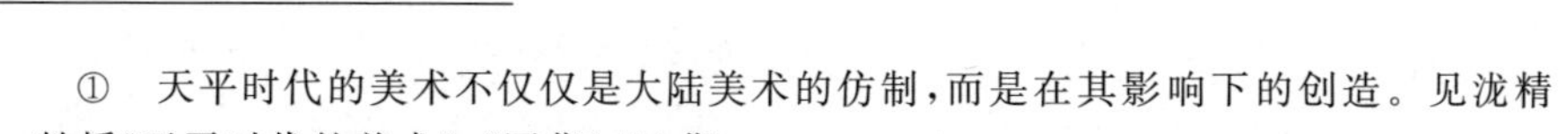

① 天平时代的美术不仅仅是大陆美术的仿制,而是在其影响下的创造。见泷精一教授《天平时代的美术》,《国华》454期。

② 《唐宋文物精品集》卷Ⅴ,图3;奥·库美尔,前引书,115页;Curt Gläser:*Ostasiatische Plastik* 图版81—82,83—84;并比较敦煌一些菩萨像,本丛书卷三"中国的文明"原图205;又高丽750年来自石窟庵的著名浮雕,常据朝鲜古石器复制,见奥·库美尔前引书,图199,189页。

③ 参看伯希和自敦煌带回的普贤菩萨绘画,今存吉美博物馆,卷三,203图。

④ Curt Gläser 前书,图版37。

此种印象在奈良东大寺三月堂中大观音像右侧高约7英尺半的干漆梵天(Brahmā)造像上较前更为突出。[①] 此作品年代为8世纪中叶，认为属于良弁(689—773年)，他是东大寺长老。因此这一派可以从唐代一般写实主义艺术取得丰富的灵感，尤其天龙山那种和谐圆润的作品(参看卷三，图27)。的确，三月堂的这尊梵天像预见要有一些了解所有流派的艺术家：那完美的结构及无瑕的古典风格的线条使人回想到希腊式的法则，那简朴恬静的形象几乎可经天龙山派直追柔软欲融的笈多艺术，而那高贵的神态使人想到隋代最优美的作品。但这些只是其构成因素，而作品本身则是统一完美的；或者更可以说：我们于此看到日本如何从各式各样的外国因素中创造出一种日本特有的艺术，同时又将每一种外来的风格提升到其最高境界，这就是为什么日本学派能在第二手的表现下成功地返回本源。在这尊梵天的优雅有力的浑圆形体上，静穆古朴的直缀线条上，重又发现并复活了希腊的奇迹。的确，要达到此种自然的庄严肃穆之风，必须回到公元5世纪的希腊；事实上，那纯希腊式的谐调一致的美，及佛教的伟大和平的美，犍驮罗的艺术想完成却徒劳无功，印度、中亚或中国的摹本也未能实现，现在日本几乎发轫初试就轻而易举地达到。

在三月堂的梵天像上，希腊式佛教派所追求的目标才首次圆满完成。而且，它完美地将希腊的法则与笈多朝的理想，同时还有本土天才最强烈的民族杰作融合在一起。

又有8世纪中叶前半期许多干漆制僧侣造像，也予人以同样

① 参考伯希和："Note sar la lague seche"，《亚细亚杂志》1923年，4—6月。

纯希腊－罗马古典式作风的印象；我们可提到特别是奈良兴福寺的须菩提和释迦牟尼其他众弟子的立像，都披着袈裟（Samghati）。[①] 其姿势的率真庄严，袒露右胸的袈裟的自然式样，及处理光头的现实直接手法，都使我们想到公历纪元初期的罗马最佳肖像画。[②] 又建于800年左右的奈良东大寺所藏良弁坐像，那威严冷漠的神情，及直缀的静穆古典之风，也可如此评说。[③] 已退化为平庸之作的希腊罗马模式，以一种不可理解的、迟误的和几乎僵化的手法，经中亚及中国，在这长途旅行的终点到达"新希腊"即日本的土地，褪去包裹的尸布，重新苏醒，恢复意识，以崭新的充沛精力变得活跃起来。因为在这里希腊与日本之间可以说有命定的和谐一致处。插图12* 所复制的梵天即显示出如何在其本身雅典式韵律美和高贵气质中发现日本的精神。这就足够说明作为对希腊的遥远记忆传送至奈良时代的日本在此接触中揭示出她自己心灵内隐藏的希腊天才。兴福寺的佛陀十大弟子像进一步显示出本身所有的严肃写实主义风格，这种冷漠庄严之风曾构成了罗马肖像的美。的确，此种肖像画感觉，表现出我们前述日本艺术中另一点的个人主义趣味。早在8世纪奈良唐招提寺及法隆寺的鉴真及行信趺坐

① 《文物精品》卷Ⅹ，图4；库美尔：《远东的艺术》，图19；Curt Gläser前书，图115。

② 见《法隆寺御镜》3期，图版3—5，复制的动人肖像，足可与孟裴特埃及的人物造像相比，举例如卢浮宫藏坐地的所谓书记像。

③ 奥·库美尔：《远东的艺术》，图版23；《精品》卷Ⅵ，4；又见Giyin Sōjō木雕像。大和省冈寺的良弁坐像。《精品》ⅩⅧ，5期。

* 图片欠附。

的肖像上，①我们即看到此种恣肆不羁的民族气质的一面，并且由于为表现自己而创造的近乎粗糙简朴的写实主义，使得这些造像成为进行深入的心理和社会研究的对象。

就是在来自外国的激励下焕发出本民族才智的这一阶段，大和的日本人接触到史诗般的风格。他们从中亚及唐代中国接受了“护世天王”的型式，这是勇武之神，要守护佛陀寺院免遭尘世的或邪魔外道的侵袭。② 这些佛教的圣迈克尔（St. Micheal）和圣·乔治（St George）立刻被日本转变为与其本身才能相匹配的形象，我们只需将东大寺的四天王（图 3）与中亚或唐代中国类似的最好造像（参看卷三图 184*）加以比较，即可认识到日本天才的贡献如何重大。在中国，唐代艺术特有的强劲之风已失去活力，笨拙地退化为空洞而显著的造作，但日本则以十倍的精力恢复这一艺术，注入勇猛的武士道精神和对刻画动作的喜爱。在本书卷三中我们曾描述过中国艺术的演进，显示出潜伏于周代铜器中的无比巨大势能如何首先在汉代然后在六朝的艺术中得到具体表现，并在唐代雕塑上臻于圆满发展，但随即丧失了推动力，最终在其晚期形式的虚饰浮夸风中好像变得瘫痪了。唐代以后中国艺术的造型力量即已死亡。但这种力量，现在却被日本所继承，并以出乎意料的精力开动起来，于是原认为已失去活力的造型力量又重生于一种不知有

---

① Curt Gläser 原著，图 119—122；又《法隆寺御镜》，8 期，图 4—6，7 期，图 10—17 为同一风格；又该寺天平时代表现有须的维摩诘的卓越的陶偶，也有此风格，复制于前书 9 期，图 9—11。

② 显著的是北方天王，药叉王毗沙门天。关于此种圣像图见佛教辞典《法宝义林》（东京，1929 年）Ⅰ，70 页“毗沙门”。

* 此为原书插图序号。中译本图片欠附。

止境的事业中。东大寺的四天王像，那威风凛凛的姿态，令人生畏的盔甲，可怕的表情和手势——杀气腾腾的面孔和目光，好像在蓄力准备跃起一击——都预告我们在远东一种新生力量正在抬头，在艺术史上也如在世界史上一样，宣称继承着步履蹒跚的中国。现在，一个与基督教十字军的史诗般时代类似的史诗般佛教就要出现了。[①]

我们这里可再一次注意，佛教艺术在所有其他土地上都呈现为集体式和“僧侣式”，何以在日本却变成了一种个人主义的艺术？不仅在作品上盖有个人印记，作品本身也有浓厚的个性。

最后，这些著名造像的实例显示出在佛教本身开始要发展一种世俗化的艺术。而自佛教之胜利中产生的这种较世俗化的艺术在建筑上也同样得到表现。叶理绥教授曾指出，事实上，天平时代的寺院——如建于 741 年及 747 年的东大寺，759 年的唐招提寺，759 年的法隆寺的梦殿，及 747 年的新药师寺——此时都不仅是庙宇，也是政治和知识的中心，有各级学校或附属的药局，视情况而定，此外，他还说：“启发他们这种观念的精神是理性主义的而非神秘的；因此，举例说，他们避免用原始寺庙所喜爱的朦胧光线”。

奈良时代即将结束；但在其早期的热忱中，它曾以最美妙的杰作，即效法印度阿旃陀绘画的法隆寺壁画丰富了佛教世界。[②]

甚至这些壁画的准确时代至今也还是有疑问的，法隆寺的金堂——其墙壁就是以壁画装饰的——完成于 607 年；传说 670 年

① 见《法隆寺御镜》34 期，图版 6。

② 《法隆寺御镜补编》“金堂壁画”；尤其《补编》Ⅰ号，图版 1—4，9，12；2 号图版 6，7；3 号图版 18，21，22；4 号图版 15，16；又《补编》1，图 22 儿如达·芬奇所画。

失火受严重损坏,708—715 年间大部修复。至于壁画是作于大殿原建时还是重建时,问题尚待解决。

不论问题如何解决——其年代相差自 7 世纪初期或中期至 8 世纪初期——这些壁画极可能并非出于日本人之手,而是熟谙印度影响的中国或中亚艺术家所画的印度风格。这些画乃是衍化自阿旃陀,经和阗、库车、敦煌及高丽三墓里等壁画而来。其型式、服装、姿态、表情,全是希腊-笈多式,并追溯到始于 7 世纪初叶的阿旃陀 1 号窟。要信服这一点,我们只需将本卷图 16—21* 的菩萨像,与卷三图 43 及 47,** 或本卷图 7 的飞天与卷三图 17 的敦煌飞天加以比较即可明了。①

但正如我们以上所看到:奈良的雕塑产生了最精纯的杰作,或可说,希腊-佛教式及印度笈多式雕塑的最高成就;同样情况,法隆寺的壁画则展示一种阿旃陀风,但净化了其天生热带的异教型式并提高到纯理想的水准。诚然,阿旃陀 1 号窟中妙相庄严的菩萨,以大慈大悲的姿势屈身向苦恼的尘世,已是一种超自然的手法。也许正因为这尊神像以大慈悲心肠表现出如此深广的人性,才误使这位神祇大大降低到我们人的水平。而另一方面,如这“智者”的目光迷失于深不可测的玄思冥想中,这种超然的优越性又显得使其高高地远离一切尘世变化之上。法隆寺的菩萨似乎正处于

---

* 此为原书配图序号。参考本书图 5 和图 6。

** 此为原书配图序号。

① 还可提到巴米延的飞天(Godard 及 Hackin:*Antiguilés bouddhigues* 图 XVI—XVII);克孜尔的飞天(伯希和拍照,前书图 XLIV—XLVI)及 6 世纪高丽的壁画(Eckardt:《高丽艺术史》,图 217)。见《法隆寺御镜补编》4 号,图 21;《文物精品》VI,10(天使壁画,京都附近日野之法界寺)。

这两种哲学态度之间。尽管它们有悲天悯人的心肠——这乃是其整个“存在的原因”——却不愿使自己沉湎于先验的梦幻中，虽然仍认为是救苦救难的化身。这些神圣的英雄，在那面孔周围辉煌的巨大光轮下，在那镂金的印度三重冠或装饰着鲜花的座台之下有超凡出尘之美，这仍是印度土壤上所赋予的难以名状的优雅风致，其阿波罗般的高贵形体及静穆表情，全未减弱奥林匹亚众神的特色——在阿旃陀的同类作品中也如此。正如它们共同的精神之父释迦牟尼，依然是“人中雄狮”。也许由于强调雅利安人纯真的侧面型，日本甚至着重表现出耽于逸乐的迷人王子似的神情。在印度式的斜耸臀部姿势，及辉煌的项圈臂钏与无华的肌肤素质对比之下，这里呈现出一种洋洋自得的雅致；而那裸露的肩头胸部以及胴体，有时虽不如阿旃陀的轻盈苗条，却更为柔和圆润，充满刚健婀娜之致。

总之，在这些既高傲而又温和的美丽躯体，这些奥林匹亚理想主义宗教式形象和这种永葆青春的豪情之中，都深深孕育着智慧的肃穆之气，万事皆空之感，以及如此热烈虔诚而神秘的成熟经验，以致间或从中流露出对人生的烦厌之意。正如在阿旃陀，那沉思的双眉好像在整个额头上画了一张弓，似是展翅飞翔。而且，仍如在阿旃陀，我们不禁自问：在那微垂的眼睑下神秘难测地偷偷一瞥中隐藏着什么深奥的不解之谜？或在四大皆空之念下保持温文悲悯的默默双唇上颤抖地吐出什么言语？

更重要的是其姿势，有一种震撼人心的神秘感和近乎高傲的纯真感之美。[①] 这里有修长的玉臂，齐腰伸出纤手，拈着莲花，显

① 见《法隆寺御镜补编》Ⅰ，图版6、11、14。

出长长的自然天生的线条(图 5);还有手指的姿势“安住印”或“施无畏印”,都可与达·芬奇的作品媲美,具有深奥的救世和安谧意味。最后还有祈祷的手势——不像基督教艺术中的屈指合掌,也不像“合掌印”似的手掌相叠,而是无限美妙地指尖简单交叉(图 6)。这是法隆寺形象的典型姿势——一种沉思超脱而慈祥温柔的姿势,表现了大乘佛教时代的全部精神。

从技术观点看,这种艺术的秘密,也许仍可在犍陀罗派的巧妙结构与笈多派法则软柔神秘的精神特色完整地统一中找到(参看图 6)。

法隆寺壁画的技艺是印度式的,而显然作于 7 世纪后半叶的著名圣德太子及其二子的“肖像”则完全是中国式的,如内藤教授所说“是六朝绘画的一幅美好实例”。有趣的是将此画与本书卷三中提到的平壤附近“双柱墓”中 6 世纪下半叶的高丽绘画加以比较,二者服装式样虽然不同,但技巧却有些类似,尤其是对光彩照人的清秀面孔的处理上。更有传说认为圣德太子的肖像是高丽的阿斯(Asa)王子。实际这些作品,无论中朝的还是中日的,都与古老的中国“文人”(儒家)画派有关,大英博物馆中顾恺之的画卷及伯希和自敦煌携回的几件残卷都是其性质之明证(参看卷三图 215,221*)。

* 此处为原书配图序号。

平安时代

在恒武天皇统治下(782—805 年),开始了一个新时代。这位君王是这朝代的强有力人物,他于 794 年将居处自奈良迁至京都,初名平安京,自 794—1868 年一直是帝国首都。伟大的京都时代,在文学方面被称为平安时代(约 794 年—1192 年)。但从艺术史的观点上,较早期称为贞观时代,自 794 年延至 889 年。[①]

恒武天皇下令迁都,据姊崎正治说,部分原因是为躲避佛教僧侣在奈良地区取得的优势。对这已经过于染指凡事的教会的最初改革是传教大师最澄(767—822 年)发动的。802 年,在恒武天皇命令下最澄出访中国,带回天台宗的教义。这一新宗派对佛教玄学赋予一种强有力的推动力,其所在地是最澄于 788 年在京都东北比睿山建的延历寺。姊崎正治教授阐述了传教大师改革的重要性。他反驳在奈良的古老教会所信奉的认为只有圣者才可能入佛门的教条,而是发现一切众生皆有"佛性",都能得正觉。[②]

公元 804 年,循传教大师先例,其弟子,另一位高僧弘法大师(774—835 年)也赴中国修习佛法,尤其是神秘的真言宗。在 816

① 在纯政治观点上,贞观时代尤指 859—876 年清和天皇在位的时期。

② 作为艺术家的传教大师,见近江的观音堂的十一面观音的木雕像,《文物珍品集》Ⅴ,图 7,复制。

年，弘法大师于高野山建金刚峰寺，创此新教派。[①] 真言宗的教义更甚于天台宗，信奉一种大慈大悲的神秘佛法。在这系统中，佛陀被认为是一个形而上的实体——Maha Vairocana，即“大日如来”，日文是だぃにちにょらい。如姊崎正治教授所说：他被设想为“包罗万象的心灵，宇宙间一切众生不论神人野兽都是其能力及意愿的表现。因此这位‘大明王’的身心甚至可辨识于一粒微尘或一滴水中。他的身体言语和行动造成宇宙生命的全部或每一部”。

弘法大师的奥妙诗篇使我们能对这宏伟的教义形成评价，通过佛教，日本的心灵接触到强有力的中国及印度佛教前系统：

秘传奥义之净水洗刷掉了尘埃，
现今神奇语言的宝库已经打开，
其中一切隐匿珍藏均重见天日，
一切美德与力量也为具体存在。
在多至无量数的神仙佛国之中，
只有唯一佛祖在我们灵魂深处；
众多如大海中水珠之金莲——
乃是我们芸芸众生之身躯。
每一神圣字体蕴涵亿万形象，
在笔、凿或金铜的每一制作中，
表现出大千世界的生命活力。

① 见《高野山寺艺术珍品》，关于艺术家的传教大师，见京都东寺的龙树菩萨挂轴画，被认为系大师化身，《文物珍品集》Ⅻ，图 4。

内有亿万胜业美德，
每人皆称之为智识，
为其光辉肉身所具。

此类观念与中国道藏，或《奥义书》《世尊书》及印度的《吠陀》有惊人的类似处。佛学的理想转移了焦点。它已不复是纯消极的慈悲无为而温和的学说，而是最初“小乘”佛派的消除幻想的观念。在佛教的表象下它发展成一种僧侣的神学，于此世尊恢复了在万物众生心中的位置；一种热忱的玄奥神学，在其眼中，为奥秘普照的宇宙中一切信士皆可进入，成为神圣的巨大象征。①

这种理想与婆罗门的印度，与湿婆教及黑天教的理想相同，本书卷二“印度的文明”中对此曾有描述。诚然，日本并未从这些学说中直接正式获得知识；但正如通过遥远的犍陀罗艺术的媒介、中国北魏艺术的传播，重新发现了希腊式的天才，正如通过敦煌艺术的媒介在法隆寺重新发现了阿旃陀的作风，现在通过印度教的因素——大乘佛教不自觉地产生于其中——重新创始了印度教。因此，发现天台宗和真言宗的玄奥学说将印度教的价值移置于日本佛教中，也就不足为奇了，尤其想到西藏的“红教”正产生同样现象时更是如此。

对此论点的一个生动肯定，就是在9世纪及10世纪时，平安朝艺术重新发现了中古的印度教艺术的原则。在这方面最典型的是著名木雕六臂观音坐像，高逾3英尺，藏河内之观心寺，年代约

① 见姊崎正治：《佛教艺术与佛教理想之关系》，第Ⅱ章。

为 900 年;或稍小的木雕"十一头"观音立像,藏奈良法华寺,也属 10 世纪。[①] 如叶理绥教授指出,像这些雕刻之类的作品不再是以"个人风格"来处理,而是从哲学－宗教意义的观点制作的。前者的多臂或后者的多头所具有的象征手法,与日本原有的温和中庸及纯人类形态主义背道而驰,显示印度教突然侵入的倾向。不过在这一点上也要考虑其年代,我们看到这些已属于 10 世纪初期或较后了。如果指出这些雕像受有印度影响——实际也显然如此——那么来自何种流派呢?如果不是来自很久以前产生埃罗拉(凯剌萨,年代约 757—783 年)及象岛(约 685—900 年)[②]石窟的雕像,或来自北印 750—1060 年的玄奥而具造型特色的波罗派、即将在尼泊尔及西藏出现的天台宗观点的印度教主题的先驱,那么抑或是由笈多式所发展?但如果深入研究作为与笈多派佛教印度艺术对立的印度教式或天台宗佛教特色,我们将看到其中代替笈多艺术的人性及人类形象特点的是包括一种神圣的宇宙观念,有时是先验超凡的,有时是怪异可怖的。超出人体形象之外,雕塑变得非人物化或非个性化了。为了达到真神的整体观念,根据一种无可计量的理想,上帝已不再是个体,而是玄妙虚空的现实化。既然如此,右臂长度过膝,法华寺中十一头观音的明显不合比例,使奈良老一辈的大师们都不免为之震惊,在这里却微不足道了,这方面我们应想到的不是"东方雅典"的奈良,而是波罗朝的、尼泊尔的和西藏的观自在菩萨。而且,类似情况,如观心寺的六臂观音,要

① 见《文物精品集》Ⅱ,3;及田泽坦:《贞观时代雕塑说明》图版Ⅴ,载《国华》,435 期(1927 年 2 月)。

② 见卷二"印度的文明"。

寻觅其渊源可以参看埃罗拉或象岛的宇宙大神湿婆像，如卷二插图（大自在天三面像之中央头面），可与插图 26* 相比。

来自纯中国的影响并不是要与“印度化中国”式的影响取得平衡。的确，在中国，我们已看到晚唐、五代以及宋朝的雕塑变得何等毫无生气、墨守成规。强制的造型传统及炫耀的现实风格的全面优势，使得造像肌肉笨重僵硬而累赘，淹没了一切个性的表情。这种笨重感诚然在平安时代远不如在宋代的雕塑明显，因为有精确敏感活力及天生个人主义气质的日本艺术家对此种作风的厌恶是无以复加的。因此上述的两尊观音像仍有巨大的魅力与风致，另一尊更明显的是大和室生寺内 10 世纪的彩绘木雕六臂观音坐像，高近 3 英尺，如禅定姿势。① 又在大津园城寺的僧侣智证大师木雕坐像也有很强的个性，那种凝思默想的神情表现得有血有肉。② 实际上这些造像与和谐匀称的人类形态已有些距离，在这里自最早作品即存在的日本精神已证明它是希腊精神在东方的对应物。

另一方面，平安时代的造像在远东思想史上也有极为重要的价值，即使我们不理解天台宗和真言宗的深奥玄想，这种艺术本身也足以显示出日本现在已初次抓住形而上学的问题。③

许多实例说明绘画也有同样倾向，表现出强有力的幻象，使我

---

* 此为原书配图序号。中译本此图欠附。

① 奥·库美尔：《远东的艺术》，图 28。

② Curt Gläser，前引书，图版 142。

③ 见田泽坦教授《贞观时代雕塑说明》图版Ⅲ，《国华》425 期（1926 年 4 月），及图版Ⅳ《国华》432 期（1926 年 11 月）。

们有时产生一种难言的不适，例如京都曼殊院中的高5英尺5英寸的绢本彩色“不动尊”像，或高野山的“不动尊”像。[①] 但这些绘画已不再使人惊讶，或更可说是其中承认了我们已知的倾向；因为“不动尊”就是日本形式的大神湿婆。真言宗将他作为至尊的大日如来佛的表象之一，即有意将湿婆教与佛教联结起来，或更可说在这系统中，佛教当时仅如一乘车辆，载着印度宗教信条的全部精神。的确，如以上显示，在火焰中出现于凯剌萨山峰的恐怖之神湿婆陪罗缚这位埃罗拉和象岛的神灵现在好像已降临于高野山的寺院了。[②] 此外，为了进一步了解这一派的作品，要记得中国六朝及初唐时代的佛画都有“强烈的宗教神秘性质”[③]。就是当时的此种心态产生了波罗孟加拉、尼泊尔及西藏的天台宗，当时流行于一般佛教世界的敦煌魔怪图景更进一步显示出这一点。[④]

此类观念导致日本绘画和雕塑的表现方式几乎与其民族天生才能完全相反；趋向追求“丰碑”式的效果，蔑视造型技法认为是限制了神的个性，反之其目的就是要造成一种不受拘束的印象；还趋向选用重彩，但并非为了调谐的美学效果，而是如日后在西藏那样为了宗教的象征或一些类似的道理。这一切特色，叶理绥教授曾详加分析，使得平安时代的艺术在日本的正常进化之外

---

① 奥·库美尔：《远东的艺术》，图29—31。

② 参看卷二，又《高野山艺术珍藏》图版18，20，40；《国华》240期（1910年5月）。图版Ⅰ，335页，（山城园城寺的“不动尊”，11世纪）。

③ 伯希和1927年6月16日讲授中国的美术（在Ecole des Hautes-Etudes Chinoises）。

④ 见《高野山寺院艺术珍藏》图版46，61，69，72。

独树一帜。[①]

平安时代有许多著名画家，尤其如百济河成（782—853 年），死于 853 年；又有巨势金冈，活跃于宇多天皇统治时期（889—971 年）。巨势金冈之名与大量作品有关，但都未能确定为他所作，甚至京都仁和寺中的少年圣德太子像也难肯定；虽然作者不详，这画却是令人赞叹的作品，恬静淳朴，线条纯净，表情庄重温和，更不用说它所表达的强烈个性，或神秘的暗绿淡粉颜色，给人一种远离弘法大师时代的天台宗理想的印象。[②] 这种论点——虽然有其他原因——也可适用于卢浮宫所藏原认为巨势金冈作的地藏菩萨（图 9）：此种风格（此外柏林博物馆有同等作品）[③]一定属于约 13 世纪。必须承认，要确定伟大的巨势金冈在这个国家艺术法则发展中的地位，正如确定吴道子在中国艺术中的地位同样困难。另外，关于巨势金冈还流传许多神话。其一述及他在京都仁和寺——恰巧是真言宗的寺院——中所绘的一匹马每夜都从画上逃出来到附近奔跑，后来直到有人将它的眼睛自画中抓掉为止。这种传说很符合古老的中国信仰，被佛教所吸取，来对绘出的形象赋予一种生命。而且作品的神秘观念与艺术本身同样古老，无疑地解释了它何以会出现。例如在中国古代，认为在描绘动物时一旦画上瞳仁才算成形；据伯希和教授说在代表死者的小牌“神主”上点一点的

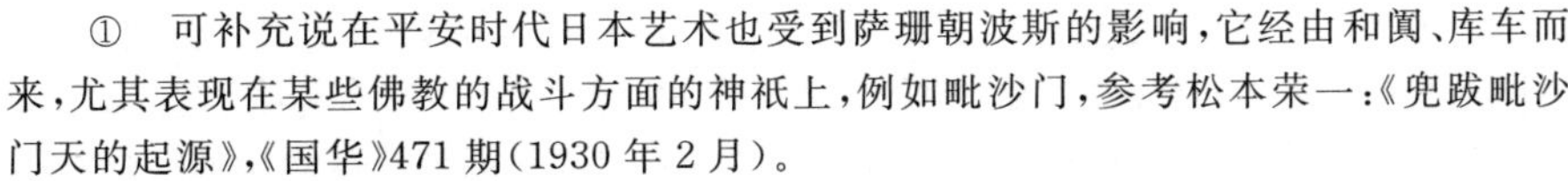

① 可补充说在平安时代日本艺术也受到萨珊朝波斯的影响，它经由和阗、库车而来，尤其表现在某些佛教的战斗方面的神祇上，例如毗沙门，参考松本荣一：《兜跋毗沙门天的起源》，《国华》471 期（1930 年 2 月）。

② 《珍品》II 9。

③ 奥·库美尔：《远东的艺术》，图 38。

习俗即表示点睛。[1] 但最有趣的是看到此种古老的泛灵信仰竟得到秘传的佛教天台宗和真言宗的支持。[2]

平安时代(794—1192 年)的文学是一种社会的和宫廷的文学,较奈良时代更甚。女性的影响占统治地位。如阿斯顿所说:“它多描写家庭及宫廷生活的场景,热情及激情的浪漫事件。”这时代最著名的作品是诗文集《古今集》即《古今和歌集》,搜集于905—922 年。其中大多数优美甚至过于纤丽的篇章给这温文尔雅的时代作出一幅绝妙的图画,将佛教的道德与日本人民对大自然的深厚情感愉快地融合在一起:“我们把睡眠中看到的仅称作幻梦吗? 这空虚世界本身我也不能当作现实。”又如“花的颜色与雪混起来,所以看不见了;但由于香气还能得知其存在”。再如“春天的夜,无形的黑暗,梅花的颜色确实看不见了;但它们的芳香如何能隐藏呢?”[3]我们可以注意这诗的性质。奈良时代的长歌即“长诗”,现在已被限制为 31 音节的短歌即“短诗”所代替。从主题的观点上,它们也趋向将微妙或深厚的情绪,强力或飞逝的感觉,珍藏在简短的个人经历或速写的小型画般的狭小局限内,将这些精炼凝缩的动人短诗与丰满和谐的唐诗加以比较是奇妙的。由死于

① 由有地位人士以朱笔点在神主上原缺一点的主字上,即称“点主”。——译者

② 此期画家还有僧津惠里,死于 936 年,为京都东寺僧,著名作品为阎摩天,藏该寺观智院,参看《珍品》Ⅻ,6。平安时代中期还出现“大和绘”派,后面将于藤原时代中详述。此处只需提及著名的《源氏物语》画卷《源氏太子的浪漫史》及其他一些作品,都有属于平安时代的宁静特色,还可指出在此期之末出现了另一种“大和绘”——它们开始采取一种“生动活泼”的特色,参看信贵山寺中关于建寺的画卷及尾崎夏彦教授画卷,《国华》442 期(1927 年 9 月)。

③ 见 W.G.阿斯顿:《日本文学》60、61 页。

946 年的纪贯之所写的《古今集》的序言即显示出，早在这一时代，日本人的兴味与诗情已达到完美的境界。

此种情绪的特色是温和中庸之感，它避开一切逾越人性限制的事物，与印度的狂热和中国的昂扬心灵成为对照。我们将在平安时代的日本艺术中，找到与后来这国家整个艺术理想相同的人性感，相同的温和中庸及追求完美之感。同样内在的古典主义也启发着这时代的传奇小说；例如 10 世纪之初的《伊势物语》及作于约 1000 年的《源氏物语》，这是宫廷女官紫式部所写，她以既有高尚教养又充满忧郁的笔调及无限深情，叙述天皇与宠姬所生迷人的源氏太子的恋爱故事①。我们还可提到出于另一宫廷女官及女诗人清少纳言（生活于约 1000 年）之笔的《枕草纸》。这两部作品，使我们被介绍入一个空前高雅社会的消闲生活中：华丽服装和高贵仪表的宫廷场景；缠绵微妙的情感；偶尔还有些爱情的诗词，精通心理的道义反思及幽默。作为这些社会生活场面之背景的是对日本大自然的一瞥："春天，我爱观看曙光渐渐发白，直到一抹淡淡的玫瑰色染上山峰，其上展开一道道紫云。夏天，我爱夜里，不仅是明月之夜，也爱黑夜，那时萤火虫穿来穿去地飞，或在下雨。秋天，那美丽的黄昏最使我深深感动，我注视乌鸦三三两两地寻找栖枝，落日在离近山边时发出灿烂的余霞。更可喜的是看雁阵飞过，在远处显得极微小。太阳完全落下时，倾听草虫的唧唧声或轻风的叹息声，何等令人销魂！"②

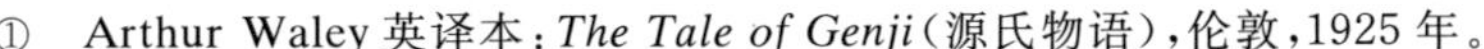

① Arthur Waley 英译本：*The Tale of Genji*（源氏物语），伦敦，1925 年。

② W. G. 阿斯顿：《日本文学》，106 页。

平安时代全部芬芳气息都在这些公元1000年时的女诗人笔调下复苏了，如清少纳言自己所表白："和服被薰香了放在一旁柜橱里，时间流逝，前天，昨天，今天……日日……月月……，它们全被遗忘了。一天心血来潮，又一次拿出这已忘却的衣服，完全浸透了过去的芳香，香气升起弥漫于空中，……这过去的芳香远较今日的芬芳更微妙馥郁。"[①]或听听皇宫中紫式部1007—1010年所作的温柔夜曲[②]："秋天临近了，池边的树巅，河岸的灌木，染上了各种色彩，在柔和的落日余晖中越来越浓。在整夜里，水流的潺潺声与不断的诵经声相合，犹如清风沁人心脾，皇后的侍女们娓娓闲谈着。这还是在深夜。月色明明暗暗隐藏于星光下。此时我们听到一位宫廷官员呼道：'打开皇后的外宫门，女官尚未到，记室可先来！'懿旨传出时钟声正敲三响，在空中飘荡，祈祷立刻于五座圣坛开始，僧侣高声诵经，彼此争胜，远近相和，声调庄严。观音院主持由20僧众相从，自殿东前来祈祷，圣洁的脚步声在游廊中回响。我目随他们身披无瑕白袍的圣体，走过壮丽的中国桥，沿路前进。"[③]也许较紫式部更机敏但少忧伤而且更世俗的女作家清少纳言，给11世纪初期组成京都宫廷的大贵族、作家及可爱妇女们的生活描绘了一幅更为优美的图画。她精选了上层社会最感兴趣的爱情诗词，理佛念经，时常变换的时髦式样，这些礼貌仪表一般日

① 清少纳言的《枕草纸》曾由A. Waley译为英文（伦敦1928年）。

② 见《紫式部日记绘卷》，传为藤原信实（死于1206年）作，今为蜂须贺藏品，《珍品》Ⅳ，17；《紫式部日记》《国华》XX，239（1910年4月）；《日本美术年鉴》，1929—1930，图版LXVI。

③ 参看Shepley Omori及土肥光知：《古代日本宫廷贵妇日记》（纽约及伦敦出版，1920年）有Amy Lowell序。

本人都难于仿效。请看清少纳言的篇章:“在御门私室北面滑门上,画有大海中生活的可怕怪物,有的生长臂,有的生长腿……一天近中午时,我们正笑着说着,谈论这些丑恶东西,并在游廊栏杆旁大青瓷瓶中插花,插满了五尺长花枝的最美丽的樱花,花朵散落到栏杆下,这时大纳言(皇后的兄弟)驾到。他身穿樱桃色的长袍,穿得已不够挺括,暗紫色的裤子,脖颈处又露出白内衣,有朱红色的可爱花纹。当时皇帝与皇后在一起,他坐在门前的平台上,听取禀报公务。侍妇们,樱桃色的无袖坎肩松松地下垂着,有的穿姹紫,有的着鹅黄,五颜六色,赏心悦目,从帷幕缝隙中显露出来。此刻宫中传膳了。我们能听到侍从的脚步声,头儿在呼叫‘禁止喧哗’。天气清和宜人。上过最后一道菜后……皇帝自中门离去,大纳言相陪,随后他又回归花旁的原位,于是皇后分开帷幕,走到门槛迎接他。他谈到周围的华美和仆从的举止合度,最后引述诗句说——

日月流逝,
三室山却永存。

我被深深感动了,衷心愿望这情景延续千年。”

当这种高度文明繁盛于京都的宫廷时,由恒武天皇在 794 年所建皇宫御所起,“关白”藤原家族开始贬低皇室地位,使其仅起名义上的作用,天皇宇多(889—897 年)由大臣菅原道真协助,试图阻止此事,而太子醍醐(898—930 年)软弱,牺牲了菅原道真,因此这些年虽然文学辉煌，称为延喜时代(901—922 年)，虽然宫廷壮丽，而醍醐天皇统治下的乡间却日渐骚乱。地方总督们开始放弃委托给他们的领地住所，到宫廷来居住，在这里他们与中央政府官员一起形成一种平民贵族，名为“公家”。地方军事阶级的家族在各行省逐渐以其自己的权威取代了“公家”贵族。于是封建制度的过程开始，与西欧标志中世纪开始的情况类似。不久，在有领土的贵族之间必将发生分裂，包括土地的继承者与武装力量之间；同时坚固地保留着民族的及好战的小小平民社会，以及中国 - 印度式文化与不可名状的高雅风格，却充满了皇宫御所。

藤原时代(889—1192 年)[①]

集聚于宫廷及京都寺院中的文雅社会,及其对儒家礼法与佛教温情的热忱,抵挡不住这民族的好战气质。它是一枝过于优美的花朵,在外来的影响下提前开放了,不久便发现自己成长过度,虽然尚未被原始激情的丛生野草所掩没,它仍以减弱的精力在有限的土地上——五畿内即京都区——存活下来,日本其余的地方则进入一种中世纪的封建制度阶段,与西欧相同,那是个凶杀暴乱的时代,但同时也是英雄主义与武士道的时代。

早在 11 世纪,以庸弱的天皇的名义夺权在手的藤原家族宫廷长官(关白)们即发觉自己被崛起的封建势力所压倒。大贵族家庭破坏了奈良天皇和京都藤原家取代氏族统治的中国-印度式的微弱政治结构。统一的帝国在理论上削弱了,但天皇的君权则转变为仅是宗主权。于是 8 世纪的治理民政并集权中央的政体即让位于一种军事团体。它是以世袭的办事处,封给战士的采邑及分裂的领地君权为基础的,每一位名田或大名即大爵士们都认为自己是其领地的绝对主人。他们在理论上全承认京都的皇帝是最高主

① 藤原时代一般分为两阶段,尤其有关艺术方面:第一阶段 889—1026 年,第二阶段 1069—1192 年,这种艺术史的划分,我们依据泷精一教授的表格,见《日本艺术史年鉴》(1929—1930 年),72 页。

教和临时宗主，但事实上则从他们的城堡墙后违抗着天皇的指摘，也抵御着贵族同侪们的攻击。

城堡是由巨大石块垒成的雄伟巨筑，不用灰泥，能守望远阔的平原。城墙前有整个壕沟及渠道系统，在封建战争中保护堡主以防袭击[①]。大贵族的武士们即侍从们形成一种传统献身职责所规定的骑士精神，[②]其法则即“武士道”，武士最普通的美德是要有奋不顾身的勇敢，绝对蔑视困苦与危险，完全效忠于主家。在遵守誓约时，他一定要至死保卫其氏族的荣誉，用血来消除他所效忠的家庭在武力上的耻辱，他宁死不屈，要采取所谓切腹的英勇自杀方式。武士道是将骑士式的荣誉提高为一种宗教。对中世纪日本赋予武士的高尚举止与礼貌，令人想到中古西欧的骑士传奇。

武士在身体与道义上都与西方的骑士类似。他戴着鳞甲式的头盔，顶有簇饰和犄角，身穿同样的紧身铠甲，肩臂股胫都有护甲，还有金属的长手套。他的进攻武器包括一张用得百发百中的巨弓，双刃剑、直刀或弯刀，斧子和戟。在头盔两角间的面甲之上还有氏族的徽章，在封建统治下，宗谱纹章的艺术确有很大发展，不过当时已是以花卉或几何图案为依据而非动物图腾了。日本历史上最著名的盾徽是属于皇室的日本桐树花和十八瓣菊花，藤原家族的一枝紫藤花，平氏家族的展翅蝴蝶，源氏家族的五片竹叶上三朵龙胆花，北条家族的三个三角形，足利家族的日本桐树，德川家族的三片细辛（二叶葵）树叶围成圆形的图案，等等。大领主的旗

① 见大类信：《日本城堡的艺术外貌》，《国华》236 期，（1910 年 1 月），205 页。

② 关于日本骑士的马术运动，见武外史：《皇家犬追物图》，《国华》436 期（1927 年 3 月），这是一种礼仪上的运动，武士骑着快马，用弓箭追射在圈场跑道上飞奔的狗。

帜,也装饰着氏族的徽章,在混乱中指引着武士,而将军们则一手持铁扇作为指挥的象征,另一手掌剑。

甚至佛教团体也卷入这种打斗中。僧人们不顾一切经文所戒,也顶上头盔,投身氏族间的斗争,在祈祷的间隔中作战,最终导致这些约翰修士的前辈们开始离经叛道。建于比睿山的天台宗延历寺僧人,以及奈良兴福寺僧人都有相当强大的军队,在京都造成恐怖。佛教世界中出现这些穿袈裟持宝剑的奇异高僧形象,是日本一件不小的功绩。事实上,全日本上自皇族亲王,下至“浪人”即强盗骑士,从尘世的公侯至巨刹的方丈,此时都仅有一种宗教——武士道了。

整个日本中世纪,自11世纪至12世纪,充满大规模封建战争,在每一方面都使我们想到西欧的类似斗争。最初是平氏家族和源氏家族之战,由此引起其他一切战斗。

平氏及源氏是由9世纪皇室幼子所建的两大世袭家族,都是暴躁好战的。长支的天皇们只从事吟诗作赋服饰装修,旁支的堂兄弟们则似乎继承了民族的全部精力,他们经常骑马佩剑,厌烦于地方政府——藤原氏皇宫总管们——的中国式官僚作风,更不准备忍受敌对氏族的要求。

早在939年,平将门在关东爆发叛乱,失败被处死,但两族中所有野心分子都群起效法,并选择关东——即今东京所在地区——为战斗中心。这地带有坚固的武士家族团体,易于激起去征服富足的帝国省份五畿内(即京都地区),平氏及源氏两氏族都试图争取。而且在这史诗时代还有些至今仍戴着传奇面纱的人物，如源赖光(944—1021 年)，他以神奇的业绩扫平出没于京都边远地区的强盗。传奇故事中同样著名的是源赖光的侄孙源义家(1041—1108 年)，也是一位除暴安良好打不平的游侠。

平氏和源氏两族的斗争至平清盛(1118—1181 年)进入决定性阶段，并发生两次战争，1156 年为保元之战，1159 年为平治之战，第二次战争中平清盛的大敌源义朝战败被杀，平清盛仍为京都之主及立法者。作为不屈不挠的军人和强有力的领袖，他的政策残酷无情，褫夺人权，令人想到古罗马的苏拉。他统治的 20 多年中(1159—1181 年)，国家处于铁的暴政下，任何叛敌都立即被血腥镇压下去。[①] 平清盛甚至对反抗他的寺院也不宽贷，而是令他的一伙人予以焚毁。对于皇帝本身他也没有表现出军人所应有的最起码的传统予以尊敬，而是不仅以自己的豪华使之黯然失色，还要逼宫及下毒，或强使自己的女儿作嫔妃，这样最后便可使自己的外孙登上皇位。他虽机巧百出，但这些过分行为却使其业绩难有久远效果，而命运之神也突然转向源氏家族。

平清盛这位独裁者在夺权争位中干了一件奇怪的轻率事，他赦免了源义朝的儿子源赖朝和源义经以及他们的堂兄弟义贤。在到达下属的庄园后，这些年轻人经过一系列浪漫的冒险后终于从被囚禁的寺院逃走，平清盛听到此消息于 1181 年气愤而死。他一死，已经集合了关东军队的源氏三兄弟即于 1183 年占领京都，平氏家族遂逃往西南。经过两次恶战，一次是 1184 年于摄津的一之谷，一次是 1185 年于长门的坛之浦，源氏获得决定性胜利，平氏一

① 参看英一蝶(1652—1724 年)作源义经骑马像，载《精品集》Ⅻ，35。

派及其家族被消灭。源赖朝为了报复,将平清盛所订的法律转向针对这独裁者血亲本身,有计划地歼灭了这一地区的居民。

源氏的胜利及平氏的灭亡,标志着北方对南方的胜利,关东的武士打败了五畿内及九州的人,并将取得的霸权保持七个世纪之久。

源氏兄弟的长兄源赖朝以高超的技能领导本派克敌制胜,而在处理人事上他的谋略更为熟练。他曾将军队的指挥权让与幼弟源义经,但现在已经胜利在握,源赖朝又要除去其弟,迫使其于 1189 年自杀,由此他遂成为日本的唯一主人。

这些事件标志着藤原时代的结束。

日本在这铁和心灵的时代又向佛教寻求安慰,秘传的而且已经有些西藏化的天台宗和真言宗教义乃为一种全新的形式所接续,这几乎成为一种新宗教:即阿弥陀佛教。①

阿弥陀意为"无量光",日文あみぢ,是大乘佛教中的一位菩萨,直到公元初期他才在印度、伊朗和中亚的边境印度－大月氏即贵霜帝国开始占有显著地位。② 的确,这一神祇可能源出伊朗,可认为是属于波斯多神殿中某些光明神灵的佛教化身③。事实上,是由一位安息的王子,中国称之为安世高,于 148—170 年

① 见 S.列维及高楠顺次郎主编佛学百科辞典《法宝义林》中"阿弥陀"条目(东京 1929)Ⅰ,26 页,Hans Hass:《阿弥陀佛》;D. T. Suzuki:《东方佛教徒》,Ⅲ,2。

② 见卷二第一章。

③ 当阿弥陀佛风靡于中国及日本时,另一位伊朗大神 Mithras(密特拉,古波斯太阳神)在基督教之前征服了罗马帝国,如此则"基督教世界"(Christendom)恐将被"袄教世界"(Mithradom)代替了。

间引入中国。他首先将统治一个神奇的天堂西方"极乐世界"(Sukhāvati：日语"净土")的慈悲菩萨的信条传布至亚洲极东，那是一个美与善的住所，纯洁的灵魂将于此在阿弥陀佛脚下重生，[①]虽然信奉阿弥陀佛早在公元第二世纪已传遍中国，但直到很久以后才有重大发展，在中世纪初叶唐代开始时是弥勒(Maitrēya，慈氏)佛教的"弥赛亚"[②]，他的名字是7世纪的朝圣者玄奘所祈求的，他希望往生于弥勒的天国。稍后，在9、10世纪，敦煌的图画显示出另一位菩萨占有主要地位，即印度的Avalokitesvara，中国称为"观音"，日本名Kannon；奈良和平安派的艺术，受到唐代的感染也显示对这神衹的普遍爱戴。事实上，阿弥陀佛的重要性直到7世纪之末在中国才开始得到确认，并在唐代的后半期胜过他派，至此时及在五代和宋朝，阿弥陀佛极乐世纪的学说才全面流行起来。

此种成功，如伯希和所指出，自有合于逻辑的解释，激情使一些信士不能以涅槃为满足，而要追求来生的幸福为个人慰藉。于是他们想象存在一个天堂，其统治者最初即指定为弥勒，佛教的救世主弥赛亚；[③]但弥赛亚式的作用与这天国的角色之间无疑有些相反之处。另一方面，阿弥陀佛以主宰极乐世界为天职，因此成为这一新教派的中心，由于它适应中日虔诚信奉者的需要而更广为流布。随藤原时代剧烈内战给人民带来灾苦，几乎使所有软弱单纯的心灵都转向这位神圣的救世主，他别无所求，只要一点信任与

① 见卷二第一章。

② 中国称弥勒佛，日语Miroku；参看图7。

③ 见Max Wegner：《中国阿弥陀佛圣像》，Ostasiatische Zeitschrift，1929年，156页。

爱心就肯施恩宠。

阿弥陀佛派的确是最为抚慰人心的教门了,虽然其出发点与天台宗及真言宗系统有同样的神秘之处,但此次却并非基于一种由激烈言辞所表达并带有魔法的秘传教义,而是愉快安抚的有寂静主义色彩以信念为基础的虔诚——一种温和的宗教本能,依据此说一切众生都成了阿弥陀佛"法身"(dharma kāya)的一部分,他爱他们犹如自己。如我们所看到,虽然阿弥陀教是根据形而上学的僧侣教义,在实践上它却等于一种一神教。阿弥陀佛看来并不是空虚而绝对的神祇;他乃是无以复加的有个性的上帝,是无与伦比的与人类密切接触的慈悲救世主。他的教派在信条中充满祥和的信任及不可名状的欢乐之感,信士们只要念诵他的名字一次便可得救。这就是痛改前非、诚心向善的行为——所有罪过由此即一扫而空。但最主要的是,完全改变阿弥陀教的是相信有纯洁的天堂。日后日本绘画都喜描写壮丽的光明来世,在那里,于阿弥陀佛眼下洁白无瑕的灵魂将在神奇的莲花中重生(图 10)。

日本阿弥陀教的第一位伟大传教者是僧良忍,即圣应大师(1072—1132 年),他开始在比睿山出家入天台宗,后去山城的大原建立来迎院,及在摄津的住吉建大念佛寺供奉阿弥陀佛。但此派流传青史的最卓越的弟子则是法然上人。

与良忍相同,法然上人(1133—1212 年),又名源空,开始在比睿山延历寺出家,属天台宗。[①] 但发现一部阿弥陀派经卷后他又

① 见 H. H. Coates 及石冢龙学:《法然上人行状绘图》,《佛教圣者法然其一生及教义》(京都,1925 年)。土佐吉光绘有一系列法然画传(14 世纪),今藏东京增上寺。见《日本美术年鉴》,1929—1930 年,图LXVIII。

接受了这新的教义，脱离了天台宗，于是先到黑谷的隐士庐居住，后来又到吉水去隐居，1174年在此创立了“净土”宗。姉崎正治写道：“乐泉成为和平的真正源泉，并激励了许多饥饿的心灵——对学院式的哲理或神秘的礼仪已不能满足的僧侣们；由于首都豪华突然衰落而感生活脱节要在来世寻求快乐的宫廷达官贵妇们；厌倦于刀剑而渴望永久和平的武士们；因贵族的教会可望而不可即，终于希望解除精神干渴的穷苦人们等……在法然的追随者中可以发现有高官显宦也有卑贱的娼妓盗贼”。[①]

再者，法然教义得以迅速传布也由于它简单易行：信奉阿弥陀佛，冀求阿弥陀佛，敬爱阿弥陀佛，就足以使人们——所有的人——得救。“正如重石”，这位使徒教导说，“放置船上，即渡过大海，远航万里而不沉没，我人的罪恶虽如重石，但在祈祷阿弥陀佛的船舶中却能航至无边乐境，不致沉于苦海。”事实上阿弥陀是将父亲对子女的温情推向全人类。法然有一首诗描写这种慈悲之广大：

在任何土地上，都没有这么小
这么隐秘的村庄，以致银色的月光
也映照不到。虽如此，但若有人
大大地打开窗，久久地向外望
天国的真理便将进入与你同享……
春天晨雾遮住了初日的阳光

① 姉崎正治：《日本宗教简史》71，74页。

只是不情愿地让几缕黄色的
光线通过,好像
纯洁的光并不存在,但在面纱之后
可看到太阳充满宇宙的白色光芒!

这种鲜明的描写是用来给热烈的慈悲教义做一件衣服,它回溯到淡漠的"大乘"玄学的后期形式,返还给我们原始佛教会的真正精神。法然说:"以挚爱及怜悯想念一切虔诚愿往福地并口呼佛号的众人,无论其居住何处甚至宇宙之外,也怀想之犹如对亲眷子女。"

这种属于心的宗教,这种舍弃一切虔诚信佛的宗教,使得天台宗或真言宗的繁文缛节变得毫无用处了。法然临终时教谕说:"我们的崇敬仪式,并不包括在依照古圣先贤所训导的沉思冥想中。我们祷告的成果也非学识与聪慧所能赋予:我们祈求佛祖,口呼其名,确信将往生于极乐世界时,可肯定有一日必会受其接引;为此目的,我们除诚心念诵其名外别无任何神秘。我们每人无论是否了知释迦教义,自从信仰阿弥陀佛能救世之一刻起,即可认为自身与不识一字之愚人相等。我们应与愚昧无知者共同称颂佛名而完全排斥智者之道路。"

不足为奇的是,威信已被寂静主义损害的古旧的天台宗教派,于 1207 年将这位使徒驱逐至赞岐,而不顾他当时已有 74 岁高龄。他含笑接受了处罚,说"没有人能阻止这一教义的传布",并以漠然的心情注视死亡来临。

我们的肉身脆弱如露水滴滴，
随时随地消无形，又何需顾及？
我们的灵魂在欢喜日将再相逢，
在极乐世界的一个个莲房之中。

他最后的言语是对渴求的极乐世界之光的敬颂。他终于看到此光，预示着阿弥陀佛降临：

他的光芒扩散于世界的四面八方，
他的恩宠不会使祈求它的人失望。

对于如法然所了解及传播的阿弥陀佛派有两项说明：第一，我们要再一次强调日本才智之士惊人的领悟力和重发现力。我们已看到，佛教是从中国六朝及唐代以大乘系统的形式传入日本的，虽然它无疑是一种有力的玄学及神学结构，但与朴素的原始教义却已相距遥远。而日本人的心灵在阿弥陀教中重新发现的正是这后者，在它本身中觅得"不害"(ahimsā)清新的甘泉以及经卷的无限甜美。它从后来学院式宗派所聚集并贮存了十六个世纪之久的经卷中释放出纯真的宝藏。在这教派组织下它以极大喜悦发现了佛教的真正灵魂，即大慈大悲的教义。

不仅如此，第二，在重复发现原始佛教的过程中日本又增加一些完全属于自己的事物——它的人文主义。印度佛教，发源于亚热带郁闷空气中的险峻土地上，生来就渴求一种逃避转世轮回——即终身劳作——的道路，在许多方面是一种消极的教义，其信条之一便是否定和破坏个性。这一信条,对于适合中庸节制、倾向个人的愉快生活并和谐地反映出空前美好土地的日本心灵,是不可能始终成为主要宗教形式的。诚然,对于日本佛教徒,正如所有释迦牟尼的追随者一样,佛家戒律在理论上仍继续遵奉,但实践上涅槃已被阿弥陀的天国所取代,在那里被菩萨拯救的灵魂可延长生存至永久。因此,我们一方面返回以纯粹慈善为念的全部原始佛教,它已被中国-印度的玄学所覆盖;另一方面又由于信奉新的阿弥陀佛教而恢复了人类个性;最后,作为媒介将各种因素融成一个完全信赖及温情的宗教,表达于充满心声的微妙诗句中。

又有另一种教派,以和阿弥陀佛派同样的精神发展起来:即对另一位地藏菩萨(Kshitigarbha)——日文为じぞぅ——的崇拜。在敦煌已见到"地藏",这是灵魂的和蔼的裁判者,[①]在日本则成为孩童、旅行者、带孩子的妇女的特殊保护人。其像为剃光头作和尚装束,一手握宝石,一手持禅杖,顶端有金属环。[②]

阿弥陀教的影响很快就在艺术中出现,我们可举1053年在京都以南宇治市所建的寺庙平等院为例。这圣殿的柱顶上天使们(飞天)环绕于佛的周围,这是出自阿弥陀派观念的——因为此派也如圣芳济派,在艺术上以满怀热情的成队天使为特色。阿弥陀教的信条也启发了于1121年* 建起金色堂,这寺院中有三尊阿弥陀和六尊地藏像;还有约在12世纪之末山城法界寺的阿弥陀佛殿

① 本书卷三图206,207,210。按:此为原书配图序号。中译本图片欠附。

② M.W. de Visser:《中国及日本的地藏菩萨》,Ostasiatische Zeitschrift,柏林,1915。

* 按:应为1124年。

及其伎乐天壁画。如叶理绥教授所指出，这殿堂仅有大柱而未用栅栏挡住群众，即显示了阿弥陀派普遍虔诚所带来的改革，与秘传的天台宗教义是泾渭分明的。

此外，传说还保留了在雕塑及绘画中出名的许多阿弥陀派高僧如地藏宗先驱惠心（942—1017 年）的作品。[①] 另一位雕塑家也是僧人定朝，他死于 1057 年，在平等院建一尊高近 6 英尺的金装木雕阿弥陀像，至今仍存，[②]其宁静简朴与平安时代真言宗作品的夸张粗犷形成对比。同样柔和朴素之风也见于 12 世纪初期 25 年在中尊寺所造高约 2 英尺 6 英寸的木雕大日如来坐像：在处理那赤裸胴体及文雅披肩上有近于做作的精致，而其静穆之风则更可注意，因为我们这里看到旧日真言宗无所不在的最初一佛大日如来。这尊易于愤怒的凶暴神祇，在此却降为几乎有女性优美的造像，这一事实即显示阿弥陀派温情教义影响的深远。吉祥天女——即印度司幸福及美丽的女神斯丽（śri）或拉克希密（Lakshmi）——的各种造像也有同样的女性美，例如法隆寺中高约 3 英尺 6 英寸的彩绘木雕的吉祥天（1079 年）[③]；及京都净琉璃寺的一

① 见据云惠心作彩色绢本挂轴二十五尊菩萨像，中央为阿弥陀佛，藏京都净福寺《珍品集》XIX，7；同上，卷Ⅳ，图 8，高野山八清宫图画；又传为惠心僧都作《来迎阿弥陀图》属越前福井的安养寺，复制于《精品选》Ⅻ，7；又京都禅林寺的阿弥陀像同上，Ⅰ，9；京都智恩院的阿弥陀下降天国图，同上，XIV，6；又山越阿弥陀像，（大阪），见《国华》309 期（1915 年 7 月）。

② 奥·库美尔：《中国、日本及高丽的艺术》图Ⅲ，及 Gurt Gläser：《东亚的造型艺术》图 143。

③ 奥·库美尔：《远东的艺术》图版 43，见同样风格的 8 世纪图画 Benzaiten（舍卫城女神），今存东京美术学校吉祥天祠，复制于《法宝义林》64 页，图版 8。

尊,也是木质,约高3英尺3英寸,属12世纪,复制如插图30[1]。这两座精致造像,以其成熟辉煌的美,敏锐聪慧的表情,温文尔雅的姿态,以及漂亮的宫廷式服装,确如库美尔指出正像藤原时代上流社会的贵妇,是宫廷的优美花朵,将此二像与本书卷二图25的印度吉祥天像作一比较有某种刺激感,二者的目标都是表现一位东方的阿芙罗狄蒂(Aphrodite),希腊的海中出生的女神。[2] 但一方面是达罗毗荼人型的裸体,如热带土壤上醉人的果子,那年轻、柔软、袅娜身躯的丰满圆润的曲线,使观者目眩神迷;而另一方面则是一位高级的贵夫人,在华美的长衣和繁多的饰物中显得秀丽端庄——或使人想到前一代的某位女诗人,如清少纳言或紫式部。这两尊造像生动说明了印度和日本两种不同的社会,两国妇女所处的不同地位,同时对女性美的两种不同观念和对艺术的不同理想,这也是两种不同气质和道德氛围的民族的产物。

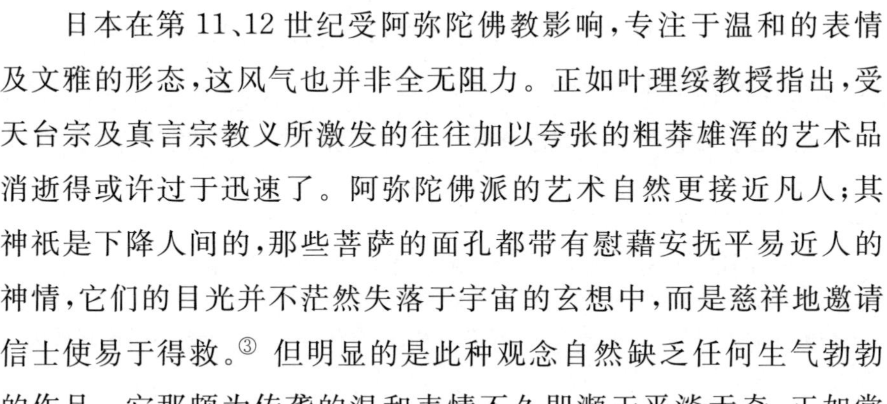

日本在第11、12世纪受阿弥陀佛教影响,专注于温和的表情及文雅的形态,这风气也并非全无阻力。正如叶理绥教授指出,受天台宗及真言宗教义所激发的往往加以夸张的粗莽雄浑的艺术品消逝得或许过于迅速了。阿弥陀佛派的艺术自然更接近凡人;其神祇是下降人间的,那些菩萨的面孔都带有慰藉安抚平易近人的神情,它们的目光并不茫然失落于宇宙的玄想中,而是慈祥地邀请信士使易于得救。[3] 但明显的是此种观念自然缺乏任何生气勃勃的作品。它那颇为传袭的温和表情不久即濒于平淡无奇,正如常

---

① 《精品集》Ⅵ,6。按:此处指原书插图及序号。中译本图片欠附。

② 参看卷二“印度的文明”,原书122页。

③ 见净福寺藏阿弥陀如来,《高野山珍藏》图版60。

有意做出的童稚单纯神态也冒过分强调独特风格的危险。然而总的说来它是有魅力的艺术型式，那温柔而神奇的幻境有时足可与安吉利科(Fra Angelico)* 的天堂媲美，如在高野山著名的阿弥陀佛为 25 位菩萨环绕的图画中即可看到。①

我们在此复印几幅受此种教派启发的名作。** 造像中有一尊弥勒坐像，漆制，黏土胎，藏京都兴隆寺，年代属 11 世纪；② 又一金装木雕阿弥陀像，存卢浮宫，属于 12 世纪后半叶；绘画中有月光菩萨战达罗像，存教王护国寺，属 12 世纪之末，③ 又一乘寺有一天台宗僧侣肖像，虽属异宗却更类似阿弥陀教形像；④ 还有上文提及的原认为金冈所作地藏像。

从京都金戒光明寺的阿弥陀佛像(《阿弥陀佛与十界》)也可看到这一传统，它身体的上半部现露于比睿山后的天上，左右为观音及势至菩萨，这显然属于较晚期。引库美尔氏的话说它是"一次金彩迷目壮丽超凡的显灵，是阿弥陀佛自圣山后升起，来寻觅虔信的灵魂接引至极乐世界……"⑤

但此种慈悲的艺术也有其一时的消闲娱乐的效用，这表现在

---

* 安吉利科(1387—1455 年)，意大利文艺复兴时期的僧侣画家。

① 见奥·库美尔：《中国、日本及高丽的艺术》，图 112，又《高野山艺术珍藏》，图 72；又图 57 著名的《阿弥陀佛天国》属镰仓时代，存松寿心院，吉美博物馆有精美复制品。

** 中译本图片欠附。

② 《精品集》，Ⅴ，6。

③ 同上书，Ⅵ，13。

④ 播磨(Harima)省，《精品集》Ⅻ，6。

⑤ 此三圣图见库美尔在《远东的艺术》图 40，这里仅用中央一像，原画被认为系惠心僧都作，参看《精品集》，Ⅻ，7。

如鸟羽僧正(1053—1114 年)的绘画上,这位佛门僧正是幽默的“浮世绘”及讽刺漫画的创始者,后来常被人效法。在这些小幅作品中,他以惊人的活力及轻松的笔触描绘出的小兔、青蛙、猴子都模仿人类的动作和姿势,尤其是和他及那些模仿者们生活的善良僧侣们的念经拜佛场面(图 11)。[①] 他的艺术充满精妙新鲜气息,它在心理描绘上的狡猾诙谐,刻画动物真正生活时的传达方式,以及引用乡村背景时的巧妙,都使人想到拉·封丹[②]的精神。

① 参看《珍品集》Ⅰ,15;Ⅻ,8;《日本美术年鉴 1929—1930 年》图LⅩ,LⅪ,LⅫ(京都高山寺鸟兽戏画,日本著名艺术珍品展览)。

② 拉·封丹(La Fontaine,1621—1695 年),法国寓言作家。——译者

镰仓时代(1192—1333或1337年)

我们当记得,1189年平氏家族的征服者源赖朝在消灭敌人后,又除掉了他的弟兄源义经,从而排除了自己家中所有可能的竞争者。在翦除异己的情况下,他显示出自己为日本历史中最伟大的政治家。由于他的务实感,他知道如何从前人和对手中汲取经验。这位伟大寡言的英雄,较平清盛更深沉,更谨慎,更能文过饰非,但也同样无情;他不好虚夸,但自上至下重新改组了国家。他开始以稳固的领土为基础建立起家族的权势;他祖先在关东的采邑曾为源氏事业立功,也分享其家的胜利,他在关东的镰仓以1192年天皇赐给他的"将军"的名义建立幕府。他在此组成的政府即名为"幕府",与关东的宫廷"公家"政权相对。将军在各藩都有军事代表,长期驻军,并有财政代理人,和以前的民事长官并存,现在后者的权力已被剥夺了。

由此关东的日本式的日本遂使五畿内的中国式的日本处于被监护的地位,但也并未毁灭它。皇室是不能触动的;独裁者平清盛原来似企图置身于京都天皇之侧,挟天子以令诸侯,这种态度可与恺撒削减罗马元老院权力而欲问鼎王冠相比。同样正如恺撒,平氏家族也受到被其迫害的贵族的打击,因为,源赖朝即也得到了这种经验的教训,正像在恺撒被刺后,继承人奥古斯都对元老院礼敬有加,而自己却躲在背后,将平民行政权让与其手中,现在源赖朝——他在生活的审慎简朴上,行政才能上,又在权变伪善及背信弃义上,都使人想到奥古斯都——对传统的权威人氏也采取同样态度,皇帝并不比他更受尊敬;日本的平民行政也无任何改变,继续与幕府政权同时存在,正如共和时代的罗马的制度在帝国时代仍然保留一样。源赖朝并未触动前皇室贵族"公家"阶级的特权,自发展军事政权以来它已变为仅是平民贵族。诚然,他在其岳父,伊豆的爵士北条时政的命令下在京都附近建起自己的驻军,但他注意把军队驻于视线之外的六波罗郊区,并将首都及五畿内诸省的行政让给皇室官员。至于他自己,对外他只扮成一个简单的军事领导人,生活正派严肃,纯真节俭,与最低级的武士相同,言谈举止都朴讷无华。京都继续为皇宫所在地,是皇帝及神权的首都。源赖朝留意不在日照大神后代王朝的土地上与他们竞争,他自己的首府是在关东的镰仓,于东京湾进口处。因此这关东军事殖民地所起的作用就有些像古希腊的马其顿,德意志的普鲁士,或意大利的皮德蒙特。在镰仓有一位武士的部队领袖,在京都有一位公家的平民和宗教的君王。所以尽管源赖朝力言忠心无二,这两种权力的分离却是确定不移的;至于二者的重要性:镰仓是一切在握,京都则微不足道。[①]

在这种基础上,源赖朝树立的政治机构,包括幕府及将军府,延续了六个世纪,是奥古斯都所建的两倍。但虽然这伟大的源氏

① 作为生动说明这一时代好战天才的作品,今仅举两尊彩绘木雕像波夷罗及安底罗,为药师佛十二守护神中之二,属镰仓风格。见《国华》451 期(1928 年 6 月),图Ⅰ及Ⅱ,为当时的写实手法,高贵而统一。

将军的功业享祚绵长，他自己的家族并未由此获益，在他死后 20 年，被一次新的宫廷革命所推翻。[①]

源赖朝死于 1199 年，其寡妻为精力充沛的北条政子，属北条家族，为他生有二子：源赖家及源实朝。父亲死时二王子尚未成年，但长子赖家在其外祖父伊豆的爵士北条时政的监护下仍宣布为"将军"。

现在初次出现于高级政治舞台上的北条家族，原来只是关东的一个小贵族，倚靠源氏家才得以上升出人头地。此家的族长北条时政是一位讲实际而无所忌惮的阴谋家。他的性格是为了出名可以不惜牺牲自己的亲外孙，即伟大的将军源赖朝的儿子们的。对于幕府的运作，没有人较他更了解，因为他曾大力建起这机构。一旦源赖朝去世，他认为无理由不承袭其位。北方军队的确一直依附将军家族并忠于源氏的徽章，整个日本虽都狂热敬爱天皇，将军源赖朝却成功地剥夺了皇帝的权力而未受到抗议，因为他保全了皇帝的称号、荣誉和特权。现在北条氏决心将源赖朝对待皇室的方法还加于其子孙之身：即只需把将军置于浮华宫廷中皇帝之旁，如此日本就将有两位名誉上的最高统治者——精神上的君主天皇，名义上的军队之首将军——但实际只有一个主人：小贵族北条。

再者，在源赖朝的学校内，北条时政还学到日本马基亚维利主义[②]的所有秘诀。适逢名义上的将军源赖家是一个喜好作乐的轻浮少年，对于他外祖父的精明政策一无所知，在北条家的鼓动下，

① 见 James Murdoch：《日本史》Ⅰ，412—490 页（"镰仓幕府"）。

② Machiavellianism，意大利政治家马基亚维利（1469—1527 年），主张为目的不择手段。——译者

他的顾问们劝服他将部分领地让给其弟源实朝——源氏的权力遂告分裂。当源赖家意识到自己所犯的重大错误后，就威胁要屠杀北条家；但结果他却被废，削发，禁闭在寺院内，并在他能欣赏寺院生活的魅力之前即于 1204 年被害。他的弟弟源实朝遂被大权在握的北条家宣布代他为将军。新的将军是一位高雅的画家与诗人，他写的一些诗文可能是在倾吐皇帝的绝望心情。[①] “自箱根一路望去”，他一日写着，“伊豆湾出现在我眼前，远处是开阔的大海，小岛、波漾，好像在彼此压挤，但愿这可爱的世界永驻不变！”这些都是无足为害的消遣，北条家即请他去相模湾的别业中寻梦，而自任为“摄关”即摄政，将一切实权都抓在手中。数年后，在 1219 年，源实朝于一次争吵中受他侄子的打击而丧命，此后源氏家族即荡然无存了。

北条家族抗拒住自称“将军”的诱惑，并审慎地将这尊号授给藤原家的一名成员，该成员于此时被宣称是源氏家族的后裔；特来他们即保持这一系“影子将军”作为镰仓政府的首脑，实际上北条家族在谦逊的“摄关”即宫廷总管或代理人的名义下，才是幕府的唯一领导。北条时政之子北条义时继承父业，1205—1224 年占据了他的位置，将他家族的地位建立得更为稳固。一位雄心勃勃的天皇后鸟羽在 1221 年企图利用此环境恢复他合法的权位，失败后被北条氏放逐。其后北条家的权势在这列岛上再未遇到对抗。他们以镰仓为根据地作为绝对主子统治了日本 130 年。

不论日本历史学家对北条时政非法取得源氏的将军职位如何

---

① 见秀松和田教授:《Ye-awasé，用比较法论画》,《国华》449 期(1920 年 4 月)。

评论，北条政府对国家也并非全无功绩。如第六任摄关北条时宗（1276—1284 年）便有将日本自蒙古人侵袭中拯救出来的光荣。*

事实上，这正是蒙古人征服中国后，目光进而又转向邻国的时代，他们认为中国邻邦乃是其大帝国的天然附庸。成吉思汗的孙子、中国的蒙古族皇帝忽必烈令日本人投降，否则就派远征军来攻击。

日本从未遭遇过此种危险，在所有亚洲国家中只有它至今还未受到突厥－蒙古人的入侵。现在亚洲其余部分已被征服，日本就将面对整个亚洲的进攻，而他们脑中是从未想到屈服的，于是全国奋起如一人，拒绝了忽必烈的侮辱性要求，后来被称为“镰仓的伟大武士”北条时宗号召人民拿起武器。此刻日本所经历的几天时光，就与后来在 1905 年等待（帝俄）波罗的海舰队的到来相似，或当时的紧迫更像马拉松及萨拉密斯（Salamis）对希腊世界一样。一方是如蒙古人自称的“世界征服者”，另一方是日本岛国冒死相对。

1274 年，第一次中－蒙远征军企图在九州的筑前岸登陆。虽然中国的火器造成意外损失，攻击仍失败了，蒙古人只得退到船上。1281 年他们又返回，驶来可怕的大舰队，据说载有 10 万人。但自上次遭袭击后日本人已有时间在肥前及筑前沿岸加强防卫，由人守护。人们激于爱国热情蜂拥至伊势的神宫，天皇也自朝廷退隐的深宫祈求祖神相救，并祷告天照大神及诸神勿令野蛮人亵渎这神圣的列岛。天神似乎听到了祈祷，在 1281 年 8 月 14 — 15 日，不仅蒙古的陆军被驱逐出九州的海岸，他们的舰队也被一次可

* 按：北条时宗生年当为 1251 年，1276 年任“摄关”。

怕的飓风所毁灭。

大海平静后,自朝鲜及中国各港口出发要征服这天神土地的无敌舰队已踪影皆无,日本岛国战胜了“世界征服者”。

是北条时宗,这镰仓的“大武士”在此胜利中功成名就,在驱除蒙古人后日本欢呼他为解救者。其子北条贞时继任为摄关,1284—1311 年保持此位,显示出是能和他父亲相比的独裁者。但在 1311 年,摄关职位传至一个无能的北条高时手中,由于他的软弱,在不多几年内就毁掉了他先人的业绩。

很久以来,由源氏家族所享有的将军称号已不过是一个虚名,然则如果由于北条高时的无能使摄关的职责也有名无实,将来一旦有事谁来肩负重任?日本政府受到衰落的威胁,或更可说,被委托的代理人相继逐渐颓败,以至必须留下一个真正的首脑,土地的真正主人,再来掌权。天皇对帝国的权力并无规定,他可以让别人管理他的财产,任别人为他代表许多年甚至几个世纪,而且显然对政治问题自己已完全失去兴趣。自奈良时代及平安时代以来,这个溯源于天照大神的,降自太阳的王朝,即可能撤退到皇宫神秘的隐居处,正像神在完成尘世的生活后又回归天上一样;但在时间推进之中,当人民的安危需要它时,朝廷也同样有责任再次出现在人们眼前。这至少就是在 14 世纪之初一位卓越的君主后醍醐天皇或称醍醐天皇二世(于 1319 年登基日升之国)的观点[①]。

① 在相模、藤泽、清净光寺的后醍醐天皇肖像,见《精品集》Ⅵ,22;京都大德寺的肖像见《精品集》Ⅹ 13 及《国华》237 期,(1910 年 2 月),图Ⅰ,又 307 期(1915 年 12 月),140 页。

后醍醐天皇的统治热情似乎是由于他有使命的尊严感和神圣感，日本君主们很少有此种神圣根源并受到日光照耀的意识。作为传袭了十个世纪之久并溯源至天照大神的一个世系天皇的后裔——作为神的子孙，本身也是神和有千年之久的宗教的主持，他的全身仍然浸浴在他本民族过去的神话中——这位后醍醐天皇断定，推翻一切由他祖先所准许而自置于君民之间的居中势力的日子已经到来，他应面对自己的人民讲话。

后醍醐天皇之子英勇的护良太子(1308—1335 年)出现了。他在计划的复辟工作中征得当时第二大道义势力——佛教团体——的合作，并将比睿山及奈良的富裕寺院团结到合法的一边来。他的任务是由比睿山僧众及“公家”之助将幕府的驻军逐出京都，解放五畿内，并号召南方的武士们拿起武器。天皇不久即征集了一支小军队，为首的是护良太子及他可靠的友伴、豪侠的楠木正成(1294—1336 年)，他于 1331 年成了“日本的巴亚尔*”。

但幕府过于强大，不能一战取胜。而不论关东的武士或北方一般氏族都不会赞同皇室复辟，因为复辟后首先的行动将是取消他们自己的权威。因此他们又聚结在北条家周围，一起突击京都。这一次北方又占了上风。后醍醐天皇被俘、被囚，并被放逐到朝鲜海岸外远远的小岛隐岐上。但一旦皇室的意愿传播于广大群众之间时，如火燎原，人们群起准备为此目的做出牺牲，护良太子及楠木正成在京都和大阪以南的大和山中据守，加强这些部分大寺院

---

* 巴亚尔(Bayard，Pierre Terrāil Seigneur de，1475—1524 年)，法国将领。1521 年，法兰西一世与神圣罗马帝国皇帝开战后，他带兵坚守梅齐埃尔，抗击了 35000 敌兵，使法国赢得时间驱逐了日耳曼人。——编者

的防卫力量,打退了镰仓政府方面的数次进攻。他们这种忠贞不贰的消息传到孤岛上的后醍醐天皇,他设法脱身,经过一次奥德赛式的传奇经历在山阴道的海岸登陆,并与护良的军队会合。皇帝的不幸及流放本已在全体民众间引起强烈激动,他的归来遂如同凯旋。这位天皇在北条氏的处治下几乎被奉为一名殉道者,他的返回也似乎由于神迹,故受到群众的狂热欢迎。他利用人心所向推翻仇敌。一旦恢复祖宗帝位,并成为传统神道教的教主,他即宣布北条家犯有叛国罪及渎神罪。北方两个主要氏族的领袖,新田家的义贞和足利家的尊氏站在他的一方,足利尊氏献给他京都幕府的最后堡垒,难攻不落的六波罗,同时新田家则以将北条高时驱出镰仓的城堡为己任。1333 年镰仓堡垒被新田义贞攻陷,北条家族灭亡。

五个世纪以来日本第一次除皇帝外别无其他首脑。对于人民大众,天皇仍是天照大神的后裔和本土宗教的高级祭司;还有儒家文人,他们都是信奉中国模式的"天子"观念的,最后都看到他们的祈祷已得实现。这帝国的合法主人重新获得祖先基业后,大内战的时代似已永远结束了。经过四个世纪的无法律根据的政府后,这国家又回到一个合法的政体,"一时民众充满莫大希望"。

但封建制度在法律上虽然被取消,其遗风犹存。[①] "军人阶级虽已群龙无首,但仍大权在握"。如果后醍醐天皇要防止他们死灰复燃,本应像五个世纪以后睦仁(明治)天皇所为——自称武士头领,并勇敢地将政府迁至江户,不幸他在皇宫所受的教育使其不可能与外界有任何真正接触。在他 1333 年的丰功伟绩之后,他又沉

① 见《Iriki 文献,日本封建制度之发展》,K. 朝川编译(新哈芬,耶鲁大学出版社,1929 年)。

湎于宫廷生活中，认为万事大吉，只待安享胜利果实了。他只过问民政而不理其他，好像幕府政权根本未曾存在过。他所因袭的倾向和教育对他影响之大甚至使他抛弃了在斗争中站在他一方的新朋友，那些曾为他流过血的武士们看到许多文人墨客、朝廷中无用的“公家”反较自己更受恩宠。诚然他的儿子护良得到“将军”的称号，他对主要副手也酬以广大的封地，楠木正成封在大阪，新田义贞封在西海岸。但这两位忠实属下所得还不及赐给足利家的一半，而后者却未必忠贞不贰，只是在宫廷更能随机应变而已。

足利家族的世袭领地位于下野在日光之南，足利尊氏就是从此处扩大其势力的。他呈请后醍醐天皇赐给他关东的大部土地，然后又要来东海道海岸的远江，保有此地就可使他控制去京都的道路。后醍醐天皇把这片广大土地赏给最不忠实的家臣，便自毁了由胜利获得的一切好处。他机智不及足利家族人，看不出他们正为本家族的利益恢复如北条家那样的军事权位；因为情况是谁为关东的主人谁就早晚必自任为北方氏族之首，而复辟幕府制度。

后醍醐天皇的儿子护良较他父亲有远见，看到这危险，起来反抗，甚至不惜违背父命。他认识到父亲的盲目性会将王朝引至何处，便以“将军”名义号召可靠的追随者拿起武器，这是一个强硬行动，以皇太子为幕府之首将使全国军事派系为帝国效力。但后醍醐天皇由于懦弱不明看不到自身利害所在，竟和儿子断绝关系，太子遂为足利家所俘，后不久于1335年被杀。年轻的太子原是足利尊氏目标的障碍，一旦除去，足利尊氏判断抛去假面具的时刻已到，便在镰仓自立，攻占了关东的其他城堡，召集北方所有武士，自任将军,并于 1335 年宣称重建幕府。

这戏剧性的一步最后终于打开了后醍醐天皇的眼睛。他暴怒于受恶徒之骗,又痛悔于自己儿子之死,即勒令新田义贞务必为他复仇,但已太迟了。足利家已有时间将所有北方氏族集合在他左右,自为前导突向京都并袭占其地。

京都失陷,标志着皇室复辟的不可逆转的失败。但为了一个已失败的目标而自我牺牲则是武士道的特色,而且日本再没有比楠木正成(皇家事业的 Bayard)及其子楠木正行更贯彻始终的武士了。足利家的军队和在楠木正成统率下皇家军队的决战是于 1336 年在神户附近发生的。战斗一开始楠木正成即被杀,他的阵亡也带来全军的毁灭。足利尊氏胜利进入京都,在此庄严地重建起将军和幕府的政府。

后醍醐天皇在掌权时显得如此软弱,一旦遭遇不幸又激起群众的悲悯。在他丧命的次日,大量传说即接踵而来,对他的怀念都被美化及理想化了,在后来很长的时间里鼓励着守卫者的勇气。在楠木正行率领下——他继承了他父亲楠木正成的豪侠性格——他们继续据守九州及四国的岛屿和本土的某些据点。1348 年他在四条畷的英勇战死,则是对皇室事业的最后打击。若说这合法一派在南方又偏安数年,这并非由于本身的强大,多半倒是由于敌方的内部纷争。

镰仓时代自 1192 年延至 1333 年,我们已简述其历史,并目睹日本才智之士终于得到解放。如今这民族的个人性格一劳永逸地从这些艰苦的封建战争中脱颖而出了。军事独裁者自镰仓的城堡中将其意志强加于日本的封建贵族，将国家的分散力量集中起来，并使民族有一种自尊意识；再有意义的是，这一伟大时代是以日本战胜亚洲征服者的史诗般奇迹而结束的。

现在日本也确定了它在宗教上以及政治上的良好地位。这是真宗及日莲宗已定形而禅宗正达高潮的时代。

真宗或称净土真宗，义为"真正的净土宗"，这是影响及阿弥陀教型式的改革运动，以著名的使徒亲鸾上人（1173—1262 年）出名并完成改革的。[①] 亲鸾初入天台宗，后转入净土宗，其后决心于 1224 年自创新派，他接受净土宗的阿弥陀佛慈悲教义但反对它的仪式，他认为祈祷者高呼"阿弥陀佛"只是口头禅，他要代之以谆谆教诲的"惟思想"主义。对于慈善行为甚至僧侣美德他都以热烈信仰来代替。因此他谴责僧徒的独身，并以身作则与藤原金纪之女结婚。同时，他将阿弥陀佛派的寂静主义推行至极端。他训谕说：功业与佛陀的慈悲相比是不足道的，后者注定使我们得救。引用姊崎正治所说："得救之机仅在于自忘其身，一心向佛。"亲鸾所建的教团具有"第三教团"的性质，由于僧众普遍可娶妻，故保持强烈的组织性，其后代尤其形成一种传袭的教宗权，尽管此创始者慈善为怀，这阿弥陀佛教派的教权——1272 年之前在京都本愿寺所建，可下令僧徒结婚——逐渐发展成政治势力，成为国中之国。至 15 世纪本愿寺即成为一个正式堡垒，由一队僧兵守护。在这里日本的尚武精神又一次发扬出来，产生一种军事佛教现象，其组织使人想到西欧的圣地和波罗的海地区的武士团。这一切都是以最虔

① 见 G. 佐佐木：《佛教真宗之研究》，（京都，东方佛教协会 1925 年）。

诚寂静的教团兄弟方式实施的,所以更激动人心。当然,我们要马上补充说明,本愿寺虽有此段染及红尘的经历,仍是慈悲道德的宏伟庙堂。

在早期阿弥陀佛派的温和教义之后,日本民族的充沛精力在日莲①的一生及教义中又重新觉醒。日莲(1222—1282 年)生于安房藩小凑村庄一个曾一度高贵的家庭,后败落以打鱼为生。少年时他入了生气勃勃的真言宗为僧,后在一部古梵文的《妙法莲华经》影响下,他不仅与真言宗分开,还与当时一切其他宗派都脱离关系,另立新教即"法华宗",自有庄严的教义为基础,信奉这一宗派的目的是要使自身与佛性等量齐观——即有宇宙的灵魂。

这位贫苦的渔民之子身上具有某种以赛亚或萨佛纳罗拉*(Savonarola)的先知性格。一旦掌握了真理,他便到日本的政治首都镰仓去开始宣讲,反对社会的堕落和其他宗派的无价值,规谏政府并提出改革国家的计划,在 1260 年他甚至指出蒙古人来袭击已为期不远。

"降给他们灾难!"他讲到敌人时说,"他们未能被引入真正佛门,他们已坠入伪教的深渊。……这些无信念的人,不得迟疑,将灵魂转往唯一的正道吧!"

北条政府的答复是将这使徒流放到伊豆半岛的荒野海岸伊东去。在那里他完成并发展了自己的学说,现在其中已混合着天启

① 见姊崎正治:《日莲,佛教的先知》(剑桥,哈佛大学出版社,1916 年)。

* 萨佛纳罗拉(1452—1498 年),意大利宗教改革者。

式的预言，因为他相信他的话是要在人类末日时讲的。1263 年他流放归来后即去全国各地旅行布道，这位幻想者成了一名煽动家，而他的预言得到了更多人的信任，认为国家正生活在蒙古人即来进击的恐惧中。这次他被判处死刑，但在 1271 年他正要受刑时一个奇迹使大刀从刽子手的手中落地，北条时宗遂将他减刑为严厉的放逐，他被驱逐到日本东北海岸外的佐渡岛。他在这孤寂的地方于冰雪中度过严冬，但任何事都不能使他摒弃自己的教义。

他这教义越来越采取一种神秘的形式，如姊崎所说[①]："至上者为佛陀，乃宇宙之神髓，天地之灵魂，具足一切真谛。换言之，佛陀一身在其永恒实在及圆满意义中，与宇宙本身相等。另一方面则每人或诸天甚至鸟兽妖魔皆有佛性。因此如得佛阐说一切众生皆可真实相处，盖佛性乃万物及行动之根。"

自流放地被召回后，日莲又凯旋镰仓，在这里他以一个"忧虑的旁观者"看 1274—1281 年蒙古人侵略的一幕，因为他不仅是使徒，同时也是热忱的爱国者。他爱日本，将它看成抚育赎罪者之地。他怀着这一崇高希望于 1282 年在念诵《妙法莲花经》中逝世。他的教团"法华宗"永久基地为久远寺，是他自己在甲斐的身延建造的。

这位自民间崛起的忧心忡忡的天才，其强烈个性对日本的发展有深远的影响。他的严峻的说教将国家从轻易的虔敬行为中激励起来，使它在各方面都恢复了其凶猛的活力。

---

① 见姊崎正治：《宗教简史》。

禅宗也向同一方向产生影响,[①]这一著名宗派起于“禅定”——即来自印度的沉思默想,或更可说精神集中的道理——经几次的小有成就后,最终自1192年起由僧人荣西传遍日本,荣西曾去中国入此法门,归国后在筑前的博多建圣福寺。又一位更有名的禅师道元(1200—1253年),年轻时曾入比睿山寺院,因不满天台宗教义,也于1223年赴中国,并在1228年取回曹洞经。这是禅宗的一种改革形式,以越前的永平寺为中心。

姊崎正治教授写道:“禅宗是精神活动的一种方法,信奉者之目的是要达到灵魂之纯净,一旦获得即保持远离纷扰不安的人生。……禅宗僧人无视理性及推论,努力使自己从通常思维中解脱,永远拒绝明确表达其教义,因为教义一落言诠即使人生麻痹、心灵呆滞……禅宗的目标是令人直觉在灵魂深处已发现自身的实体,它超越一切个性差异及暂时改变并取而代之。此实体即被认知为精神,或心灵,或宇宙及精神的基本性质。它含有存在的最高统一,弥漫于个人及其变化形式的潜在统一之意,此种统一不应在外界寻求,而可于我们自身中直接发现。一旦禅宗的修炼赋予了这种自我及宇宙的基本性质或原始特征的意识时,吾人即将天地容纳于自身,等于说天人合一。”(《宗教简史》)

虽然如姊崎正治教授指出,日本自中国杭州南宋时代取来的这一宗派名义上属于佛教,实际却深深蕴含古老中国的强大道教

① 见铃木大拙:《佛教禅宗论述》,(伦敦1927年);Arthur Waley:《禅宗佛教与艺术之关系》,(伦敦1922年);K.滑谷:《武士宗教》(伦敦1912年);姊崎正治:《佛教艺术与佛教理想之关系》,(波士顿1915年),第Ⅳ章。

玄想。通过这一媒介，老庄学说以其磅礴之势、大自然的哲学和对人生事物的感受遂泛滥于日本人的心灵之中。这些如姊崎正治教授所恰当称谓的“佛教的道家”，事实上乃是神秘的自然哲学家，森林泉水、幽境峰峦的热爱者。他们与大自然亲密无间，但也未放弃个性或无用的多愁善感——反之：禅宗虽是一种彻头彻尾的自然哲学，却同时也是着眼于行为的心灵集中的思想体系，一种强烈无限制、超人的教义，一种为己的甚至纯精力的信仰。禅师们，如姊崎正治指出，将自己置于善恶与苦乐之外，心灵即宇宙，主宰着本身及宇宙。禅师犹如巍巍岩石，不为暴雨狂风所动。我们可看到何以在日本中世纪的大战乱中，社会的动荡中，这种铁的学说仍坚韧如钢，而成为武士的宗教——一种个性的学派，一种锻造自我的铁砧。它是骑士的佛教，比起女性式的阿弥陀派佛教用途远为重大。他们的天国与安吉利科的天堂已无何共同之处，而是为刀光剑影所掩。早在13世纪北条时赖和他儿子、蒙古人的征服者及“镰仓的伟大武士”北条光宗便已是热诚的禅宗信徒，而且上行下效，13、14世纪的日本许多军事领袖们都是从禅宗的先验的平静中得到超人勇气的。著名的军人法典“武士道”也只是这同一教义的实践应用而已。

在当时的美学理想上，我们也遇到这一概念，尤其是水墨风景画。因为依照禅宗的信条，心灵与宇宙为同一，二者的和谐创造出一种广泛的象征主义，而风景画即可表现心境。“月光意味着精神明澈，山石表示坚强，雪景为冷峻”。作为由于一尘不染而达到完全自由的心灵之表征，道元描写了一只在广大无边虚空中漂浮的

小舟:

在平平的水面上,不见一丝涟漪,
空际寂静如死,深夜一片安谧,
扁舟信意漂移。
看月光皎洁,透过清空水波,
将小舟沐浴于苍白的光辉里。

在此种说教之下,我们看到日本美学思潮有所改变便不足为奇了。它现在由于为既在精神上也在行动上的充沛精力所鼓舞,变得生气勃勃,对大自然展示出一种全新的感情。

禅宗的直接启示,如叶理绥所说,可以在建筑中看到:"其寺庙都建在正方平面上,有四根大圆柱,形式坚固而庄严"——例如镰仓的圆觉寺,为北条光宗在 1282 年所造[①],这种雄健的禅宗简朴之风与真言宗的繁复风格成一鲜明对比;后者在近江的石山寺仍可见到,这是源赖朝时重建的,底层在一正方形平面上,其余自第一层屋顶以上都是圆形平面。

在雕塑艺术上[②],其现实主义的形式即显示出有禅宗的灵

① 圆觉寺的大屋顶属于较后时代。再者,在镰仓时代初期,僧人重源以一种新型式所谓"天竺样"重建了著名的东大寺。见田泽坦:《镰仓时代初期之美术及僧重源》,《国华》第 462、464、466、467 各期(1923 年 5—10 月)。

② 见浜田耕作:《镰仓时代之日本美术:雕塑》,载《国华》XX,239 期(1910 年 4 月),305 页。

感[①]。我们曾看到禅宗最感兴趣的是“人的现实化”，其目的要雕造一个心中理想人物的模型，遂发展出一种强劲、庄严而有霸气的造型方法。活跃于12世纪之末的康庆及他的儿子运庆，约生活于1150—1220年，两位天才大家足可与意大利的多那太罗(Donatello，1386—1466年)及维洛齐欧(Verrocchio，1480—1528年)媲美，他们还有继承者即运庆的儿孙湛庆及康圆，使奈良[②]和镰仓的寺院充满了他们的作品。这一派的造像都是彩绘木雕，高度不超过6英尺6英寸，乃是真正的肖像。如叶理绥教授所说：“形式已个性化了，对强烈个性的喜爱使造像栩栩如生”。[③] 在这些作品中，的确，日本全部的“个人主义”都在起着作用，并给它们盖上印记：赋予它们灵感的禅宗可能来自中国；但日本人的力量及个性却在此充分地表现出来了。此外，当时中国的雕塑已经僵死；而另一方面在日本的土壤上，则发现一种与真言宗相关联的强大的雕塑传统。当然，在此也如在玄学中，真言宗是活动于漫无边际的虚空范围内；另一方面禅宗则对此种洋溢的精力赋以具体、真实而个别的表现。其雕像表达有各自生活的人物，标记其社会情况、体格状态，或年龄痕迹——从某一角度看来即系每人的自身漫画像——仅为表达出他精神上的个性来。事实上，这全部写实手法始终严肃强健，异乎寻常，因为它是精神的升华——或更可说只不过是精神深度的表现，这种人体式雕刻能如此传神，只因它首先是一尊有

① 见熊谷宣夫：《大和绘风之肖像画》，《国华》446期(1923年1月)图Ⅴ。

② 见奈良兴福寺中定庆所造的那罗延天(Nārāyana)及执金刚(vajrapāni)木雕像，使人联想到米开朗基罗。《精品集》，Ⅻ，12。

③ 叶理绥教授在巴黎卢浮学院的演讲，1929年。

知识有道德的肖像。[①]

在奈良兴福寺有一尊康庆所雕属于此种风格的玄昉僧肖像,跪着,双手合十,木像高约 2 英尺 2 英寸,[②]显示一个老人的消瘦萎缩布满皱纹的脸——一副僧侣相貌带着或显狡诈的冷峻锐利的目光,实际只表现一种灵性和热忱,使我们想到多那太罗的 Zuccone 或行贺。此寺中另有两座康庆所作的雕像,一座是僧人玄宾,有着猿猴般面孔;一是行贺,神情冷漠威严,栩栩如生,[③]其写实手法也同样强烈。不过,如玄昉像,此手法用得适可而止,以免过于粗犷而模糊了道德上的个性。在京都的三十三间堂,另有一件运庆的惊人杰作,即婆擞仙(Bashisen)或世亲尊者(Vasubandhu)的彩绘木雕像,[④]高约 5 英尺 10 英寸。此处复制了这一著名作品的正面像。[⑤] 没有言语能形容这种激动人心的效果,老人体瘦如

① 在绘画艺术中,也有同样解放个性的趋势。泷精一教授在《国华》439 期一篇可注意的论文中说:"在镰仓时代以前,属于'大和绘'派的肖像有双重性质,包含宗教的及艺术的成分,受二者的影响,这些肖像画有过大的做作性。在镰仓时代以前的天平及平安时代,日本的人像画忠实于中国唐画的法则,在藤原时代此类图画因需要注入肃穆气氛,如佛画,故采取装饰性及一本正经的特色。而的确在镰仓时代肖像画才开始从宗教的意义解脱出来,有了独立的内容。在此时期甚至佛教题材的作品,在企图表现其观念时也包含许多凡夫俗子的因素,我们举神画像为例,有学说认为此'神'与佛陀合二为一,不同处在一化身于印度、一化身于日本。后者由于图画中个性艺术之发展预示着以生人为蓝本的普通肖像画的来临,以及自藤原时代末年起在宫廷中举行仪式时做纪念图画的风俗。此种转变约起于'大和绘'开始关注人物活动的场所时,此外描绘神佛也开始带有凡夫俗子的性格"。泷精一:《大和绘作风的图画》,《国华》,439。

② 此尊的正面图见 Curt Gläser:《东亚的造型艺术》图 156,参见《精品集》Ⅹ,9。

③ 同前书,图 157、158。

④ 正面像载 C. Gläser:《东亚雕塑》图 156。按:图片未附。

⑤ 同上书,图 157、158。

柴，赤露上身，腰腿包在几片碎布里，精细的双腿立着好像在发抖，右手拄一长长的禅杖，左手拿着经卷。尤其头部正面，那枯绉无肉的外貌，若非深陷如两道细缝的异样灵活的眼睛，几乎是一具悲惨的尸首；而从侧面看，长削的鼻子，短硬的胡须，更显得老态龙钟。然而在这风烛残年的形相中却流淌着一股凶猛的精力！

因我们曾提及多那太罗，这一造像使人想起佛罗伦萨国家博物馆中的圣约翰像，而另一方面运庆在兴福寺所造的无住尊者(Asaṅga)或玄奘像，其美好高逸更使人想到圣米凯尔(San Michele，1484—1559年)的圣马可像[①]。在这里，的确，僧侣的印记、主教式的面容又一次强烈地表达出来，这强健匀称如罗马人似的头颅，暗示着既掌握各种概念，有驾驭众人的能力，治理思想体系及宗教－政治机构的才干，了解人性而不含幻觉的知识，同时又有惯于思考高尚问题的心情。它是永恒的教会型式，但从这些肖像的个性中又流露出一种崇高静穆之气。这一严肃的写实主义也昭示强劲理想主义的来临。物质的外表和精神的内涵完善地和谐，使人充满庄严、宁静和完美的印象。此外，那袈裟的飘逸简朴可与古今最美好的造像、梵蒂冈索弗克利斯或德摩斯坦斯，或在亚眠的上帝像媲美。要认识到这一派雕塑与肖像画相似至何等程度，我们只需看看运庆所造无住尊者之旁，其兄弟世亲尊者的雕像：那结构与袈裟都一样，但那结实的面貌，浸注聪慧及高度智慧

---

① 其归属为奥·库美尔所矫正。《中、日、韩的艺术》，图129，154页。

的额头,却与蠢笨的下颚形成对比,显示出是一个耽于色欲的和尚。[①]

在此派的无名氏作品中,我们可提及奈良西大寺中的木雕睿尊僧像,[②]高恰在 3 英尺以下,属 13 世纪后期。此像丑陋如猿猴,如圣文森型(St. Vincent de Paul),是一般僧侣及日本面貌的一幅讽刺画;但同时具有一种非凡的灵巧温和的心理表情,正像“文森先生”。最后还有一座俊吾僧像,较前像低约半英寸,1200 年左右为奈良东大寺雕造。[③] 此僧如日本人式的屈膝而跪——一个百岁老人,脸上皱褶纵横,光秃瘦小的头颅显得脆弱不堪,皮肤紧包在衰残的形体上,那鼻、嘴、下巴简直如一副人骨架。他正数着念珠,似乎喃喃念着经文,表情呆滞衰老,初看好像无知无识,但仔细观察下即发现在这凄惨的面具背后却有一种坚强的个性隐藏于炯炯目光中,向人追寻不舍。[④]

这同一理想也激励着镰仓时代的绘画。[⑤] 接近藤原时代末期,即 12 世纪后半叶,古老的民族画派大和绘出现过两位有个人

① Curt Gläser,前书,图 150;《珍品集》,Ⅱ,15,又见维摩诘(Yuima)木雕像,也由运庆作,藏奈良兴福寺,《珍品集》Ⅱ,16,又Ⅱ,17,两尊可怕的神祇那罗延天及金刚力士木雕像,亦运庆作,藏东大寺。

② 奥·库美尔:《中、日、韩的艺术》,图 133,157 页。按:一说此像乃善春所作。

③ 奥·库美尔:《远东的艺术》图版 106。

④ 日本木雕之衰落始自镰仓时代末期。据丸尾彰三郎的意见,企图对镰仓时代特有的写实手法加以夸大,就敲响了木雕精神性质的丧钟。参看该氏一文,载《国华》467 期(1929 年 10 月)。

⑤ 浜田耕作:《镰仓时代的日本艺术:绘画》,《国华》241 期,369 页。

风格的大师藤原光长和藤原信隆(1141—1204 年)[①]。有少数几幅历史图景的挂轴,即悬挂而不成卷的立轴被认为是光长的手笔。例如东京的酒井直道藏品中的《伴大纳言绘卷》,画中有大火,成群哭叫的女人——杂乱汹涌的民众,惊恐悲痛的表情,乃是有强烈戏剧性的令人赞叹的作品。很明显的是,在此我们看到不再受中国任何启发的日本特有之作。同样气质的是由某一庆温住吉(1166—1237 年)作的三幅著名画卷,他倘非画了这《平治物语绘卷》则将是默默无闻的,此画是 1159 年平氏和源氏两家族斗争中的一个场面,年代至少属于 13 世纪,其一今藏波士顿博物馆(图 12),余为日本人收藏[*]。那队队骑兵,疯狂奔驰的马队,烈焰中的皇宫,凶猛的攻击,狂乱的人群,混战与屠杀,乃是一幅激动人心的历史景象,一页由火与血写的史诗。更有甚者,此种混乱场面与激烈行动都是以空前精确冷静的高雅笔法处理的。我们可以注意到,画家在对事后奋蹄腾跃或要脱缰狂奔的马匹的研究上,显示出在解剖学上的深厚洞察力,若将这些兴奋优美的动物与后来流行于中国的赵孟頫派所画倔性执着的小蒙古马加以比较,[②]前者如日本型式的史诗,后者则是蒙古式的。

---

① 据熊谷宣夫教授说,大和绘肖像最早的作品为藤原信隆作,今藏神护寺,又后白河天皇像,今藏妙法院。这些作品表明对研究个性有强烈爱好,此种个性是由纯日本人的因子所丰富起来,而不属于前时代那种一本正经以摹写人物形象为特色的作品。"可注意的是这些作品在处理宗教题材及世俗题材时有所差异,但同样应指出一切作品都以其轮廓笔触产生普遍的效果。大和绘派即自此点起使这一趋势更向前发展,因此大和绘画在宗教肖像上适应了这时代的一些需要,所以这一派的原型历久不衰。"载《国华》441 期(1927 年 8 月)。

* 按:另两卷分藏于东京岩崎静嘉堂文库与东京国立博物馆。

② 卷三"中国的文明"附图 49 等。

此派的另一良好范例见本书附图 13，画的是一名宫廷马夫正努力拉开一匹变得不驯的马，它在凶恶地咬另一马夫的臂。此画藏主奥定氏否认作者是藤原信隆之子藤原信实①，但这肯定是与《平治物语绘卷》近似的作品，具有同样的大火、动作的场面和优雅的笔法。

在绘画方面，镰仓时代也看到非宗教性肖像的发展，此处复印两幅杰作：藤原信隆所画的源赖朝像，今藏京都神护寺土佐恒隆所画的菅原道真像，年代约为 1240 年。* 二像在表现心理的深度、引起怀古之情的能力、冷漠高贵的姿势，以及布局的雄浑上，乃是提香或委拉斯开兹最有力度的肖像画在日本的翻版。同样的艺术，应用在动作上，见奥定氏藏品中贵人从帘后观看舞台表演的一幅，其中我们可以注意脸部的装扮，旁观者的惊异，富于表情的长长眼睛和女人的微笑（图 16）。在一幅僧侣的肖像，即主持大德国师（1292—1337 年）②的画上，我们看到一位典型的主教：圆圆的胖脸，双下巴，小口，但有不寻常的微妙心理表现和稳妥的处理手法。与此同类的有查·吉罗特（M. Charles Gillot）赠卢浮宫的志清僧的著名肖像（图 20），虽然年代上无疑为 15 世纪作品，但在各方面都属镰仓时代的土佐派。我们在这里又看到一张教会人士和精神指导者的面孔，惯于接受宗教上的信任和治疗精神上的创伤，充满

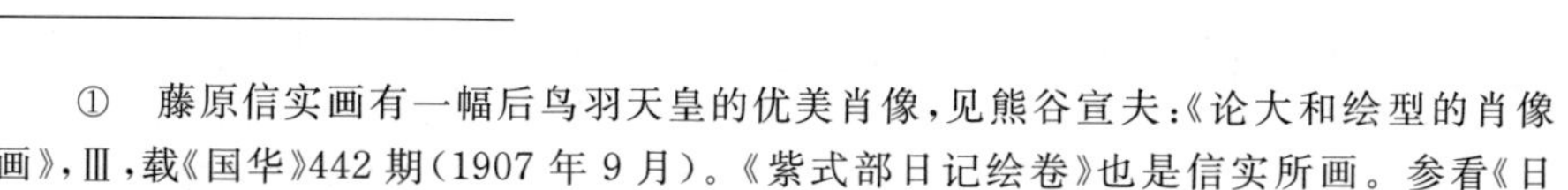

① 藤原信实画有一幅后鸟羽天皇的优美肖像，见熊谷宣夫：《论大和绘型的肖像画》，Ⅲ，载《国华》442 期（1907 年 9 月）。《紫式部日记绘卷》也是信实所画。参看《日本美术年鉴（1929—1930 年）》，图版 LXVI。

* 中译本图片欠附。

② 奥·库美尔：《远东的艺术》，图版 73；《中、日、韩的美术》，图 124。

智慧、审慎、权威及温和的神情，并以中色调的烟草褐色及灰色的华丽服装，给人一种如霍尔班(Holbein) 一般的印象。[①]

在有关以上许多作品中我们曾提到土佐派，这一著名画派衍生自古老民族的大和绘，首先以此历史性名称出现的是上述藤原光长之子土佐恒隆。他大约作画于1229—1255年间，是一长列画家之祖，其世系可追踪经足利、桃山、德川各时代直传至19世纪中叶。[②]

① 至少从正式观点上可与柏林明安禅师(1480—1567年)像相比。奥·库美尔复制于《远东的艺术》图版75。

② 在本节结束前，我应提及熊谷宣夫教授所区分的大和绘派此时的两种倾向。他说："以描画人物轮廓为特色的大和绘图画，后来开始以写实的素描方法加工细部。这种新的倾向在信实作的后鸟羽天皇御容上显然可见。另一方面，这些轮廓采取一种较快的节奏，并减少了主题的意义。此类轮廓自然有活泼的效果，但使总体大大简化了。这倾向在镰仓时代之末另一信隆所作的花园天皇像达到顶峰。"载《国华》442期(1927年9月)。

足利将军时代(1337—1573年)

后醍醐天皇企图复辟皇室唯一的结果是权势易手。足利家族现在代替了北条家族自任为“幕府”首领;封建家族彼此取代,除某种细节外将军府的政体是全部恢复了。

事实上,足利尊氏一旦获胜后,他立即复原了幕府统治,举皇族的一支为有名无实的元首,这角色如今已贬为仅是尊号了。然而后醍醐天皇另一支后裔下的合法人士则在南部的诸岛上据守起来。战争持续了很长时间,1392年后醍醐直系的正统天皇退位才结束了这“大分裂”。但同时足利家族自己也发生分裂了。族长尊氏在京都为将军,儿子们却要在江户闹独立,最后将军足利义满(1368—1408年)制服众敌,动乱才告终结。

这位义满是足利家族的将军中最著名的人物,我们已看到,他于1374年攻取后醍醐天皇后裔的九州,使这一系皇帝于1392年逊位,从而结束了两支皇室的阋墙之争。义满还是一位辉煌的君王和文学艺术的大庇护者。他美化了在京都的住所室町宫,将其装饰得美轮美奂,并于1378年在此建立了将军府;此外又营造了许多有名的建筑物。如相国寺,1383年建于京都,又金阁寺,即金堂,远离城市。1394年他逊位为僧,即退休于此,不过仍在这佛寺里治理国事,但他是末一位有能力驾驭日渐犯上的“大名”的足利将军了。在义政(1149—1160年)将军府统治下,封建制度取得胜利,十多年中氏族争吵不休,1467—1477年的应仁之战甚至血染京都街道。此时义政已退养于京都以东的银阁寺宫,身旁围绕着一批僧侣、诗人和"能"(nō)剧的演员,不顾国家大事,只专心致志于文艺方面。[①] 到他去世时,无政府状态已完成,在封建政权下日本遂为大领土家族所分割,此种状态直到16世纪后半叶由于日本复兴三大政治家(即信长、秀吉及家康)的努力才得以中止,

因此16世纪初期的日本很像15世纪的意大利,日照大神后裔天皇的道义权威正如罗马的大主教一样消失了。足利将军家的军事力量也像日耳曼的恺撒们那般破灭了。在皇城京都,天皇和将军们都被地方的氏族所控制,也与罗马教皇相似。取代这两位传统大权威的是10名左右的诸侯,都野心勃勃不肯安分,便如意大利的瑞米尼或博尔吉亚、维斯康提或美第奇各家一般,将列岛瓜分了各自为王。的确,日本16世纪的"大名"们可看作意大利文艺复兴时代的君侯们,各用武力或诡计推行其国策,同时保持互派使臣,有高雅的社会关系和文艺交往——不用说也有奸细和叛逆——一切都受国家的缘由所支配。但此外他们还是辉煌的米西奈斯[②]及美术与诗歌的大爱好者,把得到一幅挂物或一篇俳句看得和赢来一场战争同样重要。

为了明了日本的发展,必须了解这些主要贵族之家,他们对当

① 见外山英策:《足利将军家族对风景庭园的爱好》,图版Ⅶ,《国华》423期(1926年2月)。

② Mæcenases,古罗马政治家及文艺的支持者。——译者

时的艺术及中央政权都有重大影响。在北方,北部的本渡,我们可提到属于伊达家族的仙台侯国,这里出过审慎的政治家伊达政宗(1566—1636年)。在中部本岛,可提及三个强大的敌对家族,即上彬,小田原的北条氏,以及武田。头一家曾为短时期的江户之主,但至16世纪中叶被第二家逐走,仅保留了越后一域,虽然后来著名的上杉谦信(1539—1578年)又恢复了祖业。在他战胜北条家族后在中部本岛的第三个封建家族遇到劲敌,即其领袖,甲斐藩的大名武田信玄(1521—1573年)。这两位武士的决斗持续了30多年,自1530年至1560年。再往南的京都地区是日本的必争之地,因为这是皇都所在,各派意在必得。16世纪京都仍为足利将军及天皇的住所,但天皇与将军在政治上都软弱无力,城市已成为各敌对贵族之间的猎物,如细川、三好、畠山等家,还有参加应仁之战(1467—1477年)的比睿山僧众。在本岛西南的长门半岛,即铫子,属于有野心的毛利家族(Mōri),其中最出名的是毛利元就(1497—1571年)及毛利辉元(1553—1625年)。最后,南部岛屿则在少数几家氏族势力内,例如四国的土佐长宗我部、九州肥前的柳藏氏、丰后的大友家族,以及最主要的是萨摩的岛津家族。末一家族极特出的政策是趋向于海上探险及重视对中国和欧洲的关系,预示出后来历史发展的路径。

这里不是细述萨摩人及九州其他伟大家族出海远征之处。我们必须注意的是——因为这与文明史密切相关——在整个16世纪,他们从未停止向华中及华南的海岸进行袭击,而在17世纪许多这种大胆的海盗船开始远征台湾、海南岛,或是菲律宾。[1] 在这

① 见竹越与三郎:《台湾的日本规律》,Shimpei Goto序,伦敦1907年。

些航行中，九州的水手接触到西班牙及葡萄牙的征服者们，后来还有荷兰的殖民主义者们，这就是基督教进入日本列岛的开端。1549 年 8 月 15 日，圣·弗·沙勿略(St. Francis Xavier)在鹿儿岛登陆。他在日本停留到 1551 年 11 月 20 日，主要在伯方、山口及丰后的府内(Funai)。丰后的大名大友义镇(或宗麟，1530—1587 年)对他盛情招待，倾听他的教谕，并于 1578 年受洗礼，基督教由此在九州得到立足点；但因其传入从政治及封建的考虑上受到赞许，所以信教的大名们经常只认为此举有助于反抗邻邦，其成功也一直从属于纯暂时性的考虑。因此注定发生的是，耶稣教会会员们尽管有政治感，在九州的封建斗争中他们最后支持最软弱的氏族，无论如何，日本的西班牙传教会在一般世界史上是受关切的，因为他们第一次使岛国的文明接触到西方文明。吉美博物馆中著名的"南蛮屏风"较任何文献都更清楚地显示出，西方人形貌的突然展现对日本人自身有何意义。[①]

足利家族是文学及艺术的非凡的赞助者，他们在京都的住所室町就有自 1392 年至 1603 年的"文学时代"的美名。1397 年，最著名的足利义满将军在京都西北建金阁寺，即金堂，上下两层，他于此退养，"为一班聪敏的美学家所拥簇"。[②] 同样情形，他的孙子义政于 1473 年在京都以东为他兴建了一座宫殿"银堂"即银阁寺，并召集当时最有名的艺术家来装修。寺中主要珍藏为足利义政造像，高 2 英尺 9 英寸，在某种意义上它与信隆所画的源赖朝像相

---

① 参阅叶理绥译、I. 志村作"L' Introduction de lapeinture occidentale au Japon"，《亚洲艺术杂志》第四年，4 期(1927 年 8 月)。

② U. 奥定：《亚洲艺术》XIV，10。

等,都有雄浑的意境、宁静工整的布局和简朴的质感。但自然在源赖朝与足利义政的个性之间有很大的差别。源氏伟人像的质朴之风仅使这位忧郁人物显得有更大的集中精力,而在义政——末一个有实权的足利将军——肖像中,此种朴素风格似乎只是更见高雅精练而已。①

在绘画方面,足利时代也有巨大甚至首位的重要性。如叶理绥教授所指出,它标志着艺术的普遍世俗化和日益增强的民族气质。此时天才的日本土佐派中出了最著名的大师土佐光信(约1434—1525年),及土佐光元(1530—1559年),他有精美的笔法及敏锐的色彩感。② 依然画佛教题材的艺术家,如京都东福寺的高僧、兆殿司,原名明兆(约1352—1431年),在其作品引入一种前所未有的气质。如在奥定氏藏品中的文殊像上即可看到,这虽是此题材的"传统表现"——引奥定氏所说——在那面孔的精神个性及迷人的表情上,衬托着飘落在云端的美丽的黑发,却是一件罕见的独创性作品。同一藏品中如图51*的观音像也如此。这里也是一幅传统题材的画像,与本书第三卷宋代牧溪画法图235*相同,但增加了纯日本的个性资质。

对于日本的创始性,中国的影响与佛家教义的影响同样少有妨碍。所谓"中国派"的水墨画约于1370年由僧如拙创立,题材虽肯定是中国的,却发展成一种确切无疑的日本性格。要相信这一

① 《精品集》Ⅵ,27。

② U.奥定藏品,《亚洲美术》XV,图Ⅻ(蓖麻蚕及一枝白桃花),及京都北野神社藏品(菅原道真在天然背景中)载O.库美尔《远东艺术》,图60。

* 指原书图,中译本欠附。

点，我们只需想到如拙弟子中有两位“周文”[①]，其一就是小栗宗湛(1378—1464年)大师。又有曾我蛇足大师(约死于1483年)，其弟子中则有雪舟。此派山水画仍是以宋画为蓝本的。

日本虽经常受到中国影响，但也常有一些年代上的差异。在足利家族治下(1338—1573年)，这列岛感受的则是中国宋代(960—1279年)画派的影响。我们当记得，宋代中国艺术有两种最典型的风俗画：一方面是“哲学的肖像”——即受禅宗教理影响的人像画派，以前所未知的无穷强劲笔意表达着潜伏于自我深处的力量与遍布一切的宇宙感；另一方面，山水画则不仅孕有一种心理状态，而且是宇宙真谛的象征，竟如天人的本来面目一般(参看卷三有关内容，及本卷插图)。我们在足利时代的绘画中也可看到这相同的玄妙境界。尤其周文的风景画是受到夏圭一派感染的——只要对大阪藤田藏品中有他署名的一幅及宇谷野(?)所藏的一幅加以研究即可深信不疑，前者画的是秋日晚景，后一幅为一哲人居所。[②] 谁都看出这两幅作品，尤其后者，会令人立即想到宋代那位大师——例如神户岩崎所藏的《秋风图》[③]或同风格的元代山水，如卷三所复制的图240*。其前景都有相同的盘屈多节的树木，树荫下的隐士庐，或再有透过重重雾气看那天边耸立的一根根如史前巨碑似的石笋，均令人喜爱。

---

① 一度曾认为名周文的画师即岳翁，今知不然，见《国华》440期(1927年7月)。

② 复制于格鲁塞：《远东的水墨画》图版77，78。又见于《精选文物》Ⅵ，24(蜂须贺藏风景画)，及《国华》305期21(1915年10月)，81(论周文绘画标准)。

③ 格鲁塞上书，图12，13。

* 指原书配图，中译本欠附。

小栗宗湛的水墨画也使人联想到夏圭的技法,由伊达藏品中多次复印的纸本风景即可证明[①];画上那些松树,沿岸蜿蜒而上的陡峭小径,悬崖边梦幻般的亭子,烟霭蒙蒙的远景等,都是仿自中国特有的景色;虽然一些松树或悬出海上的苍苔岩石都各有独自的性格,这是日本的法则,即一切有生无生之物都以详细的笔触揭示其自身。中国风景画却与此成尖锐对比,在理论上是僧侣式的,在实践上则是综合式的。中国的风景画——或至少宋、元时代的风景画——本质上都是与宇宙相融的;它无论选择了什么地点或时刻,首先并主要采取一种普遍的哲学性格。另一方面,日本的山水画虽然受到同一理想原则的启示,却往往是某些特殊景致;不管带有什么象征意义,艺术家或观画者都不会忘记它赋予的当地情景;它总是使之地方化而具体化了,或至少以某些景色为依据。但无论它受到多少浙江山川——那宋代美学法规的"圣地",通过心智上及情绪上传统理想化媒介来看与一切其他"圣地"相同——的感染,它仍然或隐秘或直率地保持着日本风景画的特色。

在死于1483年的曾我蛇足(小栗宗湛的一名弟子)作品上我们可以注意到有一种新鲜的进展,这不仅因为蛇足显得有青出于蓝的充沛力量,还由于我们认为他的作品在远东两大文化的关系中标志着一个头等重要的时刻。事实上,有了他,艺术的主位显然已由中国转到日本。中国宋代大师们的真正继承者,即要发扬光大其作品及传统的,并不是明代的山水画家(他们仅是缺乏创新的抄袭者),而是日本的蛇足、雪舟以及相阿弥之类的风景画师。

① 格鲁塞:《远东的水墨画》,图79,80。

有了曾我蛇足，日本的技法便一劳永逸地依照日本人气质而形成了。奥定藏品中的盛开桃花画得几乎如雕塑一般，诚然我们在中国马远或署名宋徽宗的仿作中（参见卷三图 231* 及本卷图 14）也可看到；但于花枝上可感受到的“个人”特色在中国的范本中却找不到。宋徽宗的松树往往有一种玄学的象征；但曾我蛇足所画却有其独自的价值，好像活人一般。同样理由，德川藏品蛇足氏的冬景及夏景[①]——纸幅尺寸虽很小，高仅略超过，但显得是如此辽阔——则是完全日本式的，与已流行的一派版画较之宋画有更多的共同之点。其技法确仍仿自宋代艺术，树木都以稀释的水墨画得如飘浮的一片，使整个景象有一种炭画似的夏圭及张方举**风格的外貌。然而此处复制（图 15）曾我蛇足的浪漫情调的《夏景》，尽管有此种迷濛景致，并以“铅笔”式的处理法使第二平面朦胧不清而前景则如用炭笔所画，但与中国类似的画截然有别，因为它带有日本人的气质，那种精确细致的特色。宋朝的山水画，虽借名为某一特定地点的景象，其实却是泛指无限的；而日本的风景画，自曾我蛇足时代以后，虽以普及宇内的幻想为出发点，却反映着日本领土某一确定地点的某一确定时刻。[②]可以说，日本的绘画乃是将无边无际的中国艺术引导至一具体而特殊的形式。以长江或黄河河口为例，它将这些如大海之臂的无岸河流减削至隅田川

---

* 指原书配图及序号。中译本图片欠附。

① 格鲁塞：《远东的水墨画》，图版 33—34，见尚德藏品中蛇足氏以同样风格所作的两幅画，《精选文物》Ⅳ，22 复制。

** 译者据英文 Chāng Fang-ju 音译，未查到此人生平。

② 例如参看京都大德寺真珠庵所有之曾我蛇足风景画，载《精品文物》Ⅰ，16。

般的平常比例。

这一论调也可应用于“哲学式”的肖像上。我们记得,“浮世绘”发展于佛教禅宗,这是一种重直觉的教派,轻视经卷,如中国道教,要以极大的心理力量求得佛性。依照此种观念,禅师的肖像十分重要,因为这难于言说的真理大部要由他们传播。在本书第三卷中曾提及此派在宋代中国艺术中的重要性;此处复制几幅主要作品(如图 18),与日本同类作品尤其曾我蛇足的苦行僧像并列(如图 19)。比较之下我们可以做结论说滕昌祐、梁楷或牧溪所画的僧侣具有更庄严尊贵的仪态及广大的力量。同样,曾我蛇足在日本对这些题材的画法中,并未使他们显得枯燥乏味,因为在他笔下他们仍有动人的心理深度;而他又使之人性化了,将这些玄学的肖像变成奇妙的心理学研究对象。宋代的苦行僧像超越了人性,通过人的面貌使我们直接瞥见神圣;而另一方面,日本的僧侣面孔乃是对各人灵魂的有力、深刻的研究。我们难以忘怀常德院中菩提达摩像的有智慧的强烈表情,奥定藏品中萦绕人心的深刻表情,或大德寺中的德三像,这乃是古今艺术中最奥妙的思想家肖像之一,可与哈尔斯的笛卡尔(Descartes)像媲美。[①] 这理由是它们首先而主要是肖像——诚然,是超人的个人肖像,但仍旧是个人的像,不似宋代作品那样,假借人类的装扮表现弥漫宇宙的力量。日本的天才们又一次与希腊的一般,使人、天得以接近。

① 《精品文物》Ⅰ,13,a,b,c,又见京都南禅寺中绍庆作菩提达摩像(15 世纪),《精品文物》Ⅵ,25。

这一时代的绘画大师是雪舟，他生活于1420—1506年，并为兴福寺的著名僧人，[①]在1463—1469年间他访问中国[②]，受到明王朝的优待，这一事实本身即证明其价值。明代的大师们虽然技法高超、博学多识，实际上却已将宋派的神思玄想贬低为一种因袭的公式（参阅本书卷三），而留待雪舟将它提升到一种个人的浪漫主义风格。有一点，他虽是一位禅师，却在其风景画中消去了宋代玄学派的有意模糊的情调。——我们认为这证明他受到明代的影响。他那稳健的笔触很少有模糊的线条或含混的轮廓。诚然他画面上时常保留着重重雾气以分开远近层次，这乃是远东水墨画法的一般传统，但他画来却全未损及由此产生形式上的勃勃生气。反之，在此种作品中其线条变得更为强劲与稳定，更显黑而宽，成为一小片墨迹。[③] 我们知道，中国这一风格的起源可回溯到南宋的马远一派（卷三图231*）。在雪舟作品中我们看到：同样奇突扭曲疤瘤累累的树木，同样枝干横出犹如圆雕，同样怪兽般的岩石，同样线条狂放的壁立山峰与危临绝壑的悬崖、撕裂山石的险径（图21），[④]而雪舟则有一种粗犷的风格，一种浪漫的莽莽之气，我们可以说，他笔触浓黑，这使他有别于中国的原作。[⑤] 有时他的画可代

① 参考《雪舟杰作》（东京审美书院，1910年）。

② 参考奥·库美尔在Hirth Festscbrift之研究，及泷精一《雪舟在中国之活动》，载《国华》444期（1927年11月）。

③ 参看叶理绥：《日本的中国水墨画》（对雪舟一派的研究），载《亚洲艺术杂志》第二年，2期（1925年6月），又见京都曼殊院藏雪舟山水画，《精品集》Ⅹ，17。

* 指原书图，中译本欠附。

④ 参看塔特美术馆所藏山水画，《精品集》Ⅶ，29，ⅪV，17；及ⅩⅦ，20。

⑤ 雪舟还有些作品显示以其才能如何适应并改变明初画家所喜的“四季花鸟”题材。见M.利为藏画，《国华》444期（1927年11月）复印。

表最富幻想的维克多·雨果的作品，[①]但甚至在这些浪漫的景象中，尽管有水面升起的蒸气，山脚聚拢的烟霭，这景色仍有一种实实在在的影响，使人可以身临其境，为我们所熟悉甚至亲近。它虽然是一处想象的风景，却又让人觉得完全可以居住的，因此它并非什么虚无的设想。而且，雪舟的山水画也不常是浪漫主义的，仅只是为了要"美景如画"，例如黑田藏品中的"冬景"[②]，或某些略加色彩的广阔全景画，如著名的"毛利挂画"[③]以及京都曼殊院中的一幅[④]。在这两件作品中，景色有一种全景式的连续性，一种结构力量，一种果断的线条——无论是笔触粗犷水墨淋漓，还是依据山峦轻勾细描——都更好地表现出他典型的个性才能。诚然，此种形式的来源又一次可以从岩崎氏所藏的中国画家夏圭的某些山水画中找到，[⑤]但其中线条的转折处画得更为稳健，屈曲交叉处笔触更为奇突恣肆，更富个性，这乃是日本艺术的特色之一。中国艺术，甚至在最伟大的画家笔下，也是一个派别的产品，为集体的及宗教式教诲的传统所奉献。但即使在具有某种特色的那些派别的作品中，日本艺术也展示出抑制不住急欲表达的艺术家个性。就雪舟而言，应该承认，个人因素对他起了主要作用；因为他是古往今来最气势磅礴、浩莽的风景画家之一。[⑥]

① 参看黑田所藏山水画，载《精品集》Ⅹ，17。

② 格鲁塞：《远东的水墨画》，图版111；《精品集》Ⅸ，19及196。

③ 同前书，图版112，114；及《精品集》Ⅳ，24及29。

④ 同前书，图版115，116。

⑤ 同前书，图版11，及12—13。

⑥ 作为个性人像画家及直觉心理学家的雪舟，见东京九木林一所藏他卓越的达摩像，载《精品集》ⅩⅤ，23。在肖像画中雪舟表现出和他山水画中同样的浩莽作风。

相阿弥，生活于约1450—1530年，可称浸润于烟雾与温柔中的雪舟。我们复制他们的三幅画（图70—72*）[①]，其中前景树木的枝叶已不再像雪舟那样的潦草和曲折——可以说有一点类似杜比尼及泰奥朵·卢梭——但仅如柯罗（Corot）式的"葱翠烟雾"。而且，虽做一切保留，相阿弥也使我们联想到柯罗——不过这位"柯罗"他爱水胜于陆地，或更可说喜爱水陆迷濛相融的一点，好像晨昏时刻在山中走近河边所见那样。相阿弥的作品，的确，其形式的不固定并不具有宋代类似作品那种强烈的暗示力量。在这位日本大师的画中，雾霭并不使人幻想去瞥视这面纱后不可见的"存在"。它的软柔之风是自有的。在东京福冈所藏[②]，或大德寺大仙院所藏相阿弥的雨雪作品[③]，均直接触动人心，不需任何玄想的暗示——河上细雨迷濛，模糊了漠漠平林的对岸；或依偎于海湾一角的村庄上大雨滂沱，湿润了周围草场，散发出水、草、空间的气息；或树下白雪覆盖的茅屋，树枝上也撒满雪花，形成白山脚下茫茫大地的唯一暗处，都有迷人的魅力。我们对此有一种温柔睡梦的印象，"烟雾下入眠的安静大地，亲切轻柔的梦境"，[④]或再如雾夜月亮升起天空，除月外均不可见，前景中壁立的危崖，丛丛树木，以及隐失于雾中的迷人景色。[⑤]

---

* 指原书配图，中译本欠附。

① 《精品集》Ⅹ，18。

② 格鲁塞：《远东的水墨画》，图版99，100。

③ 《精品集》Ⅴ，22。

④ E. Hovelague：《日本》（*Le Japan*），219页。

⑤ 见京都大仙院中此画；格鲁塞前书，图版97、98。

另一方面,雪村——1572年他仍在世,但生卒年不详——以雪舟为榜样,发展出一种更刚劲的线条。他那金属般精确的笔触与烟雾蒙蒙的效果是不能并存的。在东京佐竹所藏的《风涛图》中[①],颠簸于波涛上的船只就是以稳定明确的线条画出的,浪头几乎形如怪兽,像多头的水蛇;那些枝干扭曲的光秃树木,好似象征着大地的反抗,也是以强劲直线式的笔法处理的;那些指爪般的苗芽犹如某种百足之虫。此外,雪村对景色似不如空中飞禽更注意,这使他充分表达出其豪放的笔触,发泄他炽烈的灵感。[②] 因此他描绘强大的猛禽,钢羽的鹰鹳,如京都曼殊院中所藏[③];或术士,如益田太郎所藏的吕洞宾图,跨青龙直上云霄,另一条火龙正在空中相待,再有的则如元代画派所作的龙。[④]

通过雪村,“中国”画派与“狩野”(Kanōs)派联接起来。[⑤] 这一著名画派,其诸大师自15世纪至明治维新时期的日本艺术史中一直盛名不虚,该画派以线条生动、笔法疾捷、布局简洁为特色,这些性质也是所谓中国画派的根源。狩野派的创始者狩野正信约生活于1453—1490年,也是小栗宗湛的弟子和雪舟的友人。这些大师们都以其有力并富于创造性的个人风格予我们强烈印象,而狩野

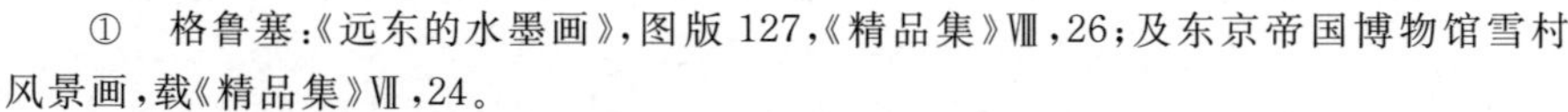

① 格鲁塞:《远东的水墨画》,图版127,《精品集》Ⅷ,26;及东京帝国博物馆雪村风景画,载《精品集》Ⅶ,24。

② 见同样风格垂柳苍鹭图,岩崎藏,《精品集》,XIV,19。

③ 又见东京美术学校藏雪舟花鸟挂轴,《日本美术年鉴》(1929—1930年),图版71—72。

④ 格鲁塞前书,图版124—126;《精品集》Ⅸ,21。

⑤ 叶理绥教授对此题材有一重要论文《狩野派绘画》,见《亚洲艺术杂志》卷Ⅱ(1925年),2期,30—38页(有图二幅)。

氏更是被正式准许以绘画装饰将军府宫廷一派的首要成员或其大师的门徒；所以他们的作风必须是综合式并迅速完成的。其中大多数，如以上提及的正信，和他的儿子元信（1476—1559 年），的确都具有无比的才能，并且“发现有超凡的构图和既扎实又辉煌的技巧”。如将狩野氏与雪舟等创造性的天才相比，我们可感到有某种形式主义，但至少在正信、元信及探幽诸人的作品中我们发现一种很高层次的艺术。芬诺洛萨写道：“在处理方法上它是自身完善的，在构图上则丰满而充实。”今日的艺术评论家们予以更高的赞扬，奥定写道：“元信的作品乃是最有抱负的中国大师们一切成功特点的缩影；虽然他自己的作品也很成功，但又无疑表现出他要达到的深度而不过分。它显得光辉夺目而非简洁不繁。……然而在掌握了当时所有的传统法则后，他还增加一些其他手法，以证明他的独树一帜，渴求将自己的思想印在作品上。他以不懈的努力取得了很高声价，虽未跂及雪舟，然而由于其作品的易于了解及努力，使狩野派统治了日本美术三百年。”①

概括起来，狩野派代表一种中－日画院式的风格，但充满活力，所以远远超过软弱的宋代学院画。我们复制几幅水墨画淡彩画，以说明这一定义。亨利·里维收藏、出自狩野正信笔下的“三圣图”（老子、孔子、释迦牟尼，图 22）②，有前述宋人笔意的典

① 《亚洲艺术》ⅩⅣ，11—12 页。

② 参看波士顿博物馆藏狩野元信的类似画幅；又同样风格的《丰干、寒山、拾得像》，元信作，挂轴，《精品集》Ⅻ，24；又笑向 Hu-Hsi 的三像，《精品集》Ⅶ，31；最后，还有元信作的同样风格的布袋和尚像，泷精一教授有文论及此画，载《国华》434 期（1927 年 1 月）。

* 指原书配图，中译本欠附。

型圣像图(图15等*),在京都妙心寺灵云院中有狩野元信的两幅风景画[①],另有奥定所藏的一幅风景(图23),这些表现出狩野氏熟练掌握绘制水、山、桥、树、茅屋、烟雾及阳光等的全景;将这几幅样品加以比较即能显示狩野氏利用中国宋画传统的成分和本国伟大的雪舟、雪村、相阿弥的创见,给日本古典风景画法则带来了纪律与秩序,这比任何理论都更能说清。无疑,实践的眼睛能识别出在某处山峦溪水中有雪舟的雄浑[②],某处云雾雪景中有相阿弥的影响[③],或与雪村相似之指爪般的枯树[④]。当时的中国画派也做出了贡献。京都灵云院藏有一幅《仙鹤图》[⑤],仙鹤栖息于横出急流的一株盘曲多节的树枝上,使人联想到中国明代画派的某幅美丽禽鸟。但认出一种古典画派的来源也无碍于我们对它的赏心悦目。若因我们能识别狩野派艺术的组成因素,便诋毁它,那是没有意义的。他们精湛的技术,他们掌握"诗情画意"的专业和几乎世袭的方法,使人激赏。只是冒有一种危险,即模仿明、清时代的山水画,那么会趋于陈腐平淡。但至少开始时不曾发现此种情况。狩野家族,由于日本人对大自然的感情和对土地的密切接触,的确使他们防止了此种危险。甚至因官方的赞助而迫使他们绘制定做的图景时,他们也永远记得在东海道各东部滨海地区的某些小小

① 见《精品集》Ⅳ,28,及Ⅰ,19。又,妙心寺东海庵藏《潇湘八景》四幅挂轴,《精品集》Ⅰ,18复制。

② 参看元信风景,格鲁塞:《远东的水墨画》,图版143;又雪舟《四季》,前书,图版110—111,山树作风相同。

③ 雪景见格鲁塞前书,图版100(相阿弥作)、143(元信作)。

④ 同上书,图版133。

⑤ 同上书,图版145。

角落，某些海湾、山路，或渔村——这些都是真实存在的地点。可以承认，他们的作品形成各传统及分类景色的一种收集品，但这些景色仍然是真实的。而且甚至最陈腐的题材也显示出这艺术家的有力印记。其作品无疑经常有熟练精妙的技巧，但也常伴有一种感觉像是遗传似的，这理所当然不足为奇。在此种艺术与明代艺术间有明显的差异，后者在其常规的技法中已不再伴有真实的感情。事实上，明朝作品虽然博大精深，那学院式的技巧却未能掩盖其弱点。反之，在狩野元信，我们则发现有丰富充沛的气质，多式多样的构图，洞悉一切的目光，轻松愉快的精神。[①] 在这国家里，甚至古典风格作品也能有如此活力，真是一大快事！[②]

① 参看东京赤本氏藏品中的《瀑布图》，载格鲁塞：《远东的水墨画》，图版 141。

② 见《精品集》Ⅸ，22，狩野元信这一双屏风上的两幅著名风景画为毛利亲王藏品。

桃山时代。信长、秀吉及家康[①]

织田信长(1534—1582年)属于日本最著名的阀阅之一。织田家领有尾张的名古屋地区,是在中世纪史诗式战争中扮演重要角色的平家后裔,然而其庄园却不太广大。但在16世纪无政府时代的日本,一位刚毅的领袖是能为所欲为的,而且这个有古老血统的贵族,意志坚强,无人能比,冷漠多疑,蔑视民众,却又能驾驭他们。他的庄园有幸位于东海道大路上,在关东与五畿内中间,这两地是日本生活往来之处;再者,织田信长还在青年时就必须保卫他的遗产免受邻居的攻击,所以深知若无武力徒具虚名是毫无价值的。于是他建起当时最优良的封建军队,并派几名强干的冒险者作头目,如丰臣秀吉,他从一个普通农夫渐升至部队之首;随着此种崛起,另一位有古老血统的贵族德川家康也投入其麾下。所有这些附骥织田信长飞黄腾达之人,无论农民还是贵族,都和他分享了建立一个新日本的光荣。

信长在一系列封建战争中逐渐蚕食日本领土,进行很慢。当他的敌人开始领悟他的目标时,则为时已晚:他的工作三分之二已经完成。在1560—1564年间,他攫取了邻近大名们的骏河、远江

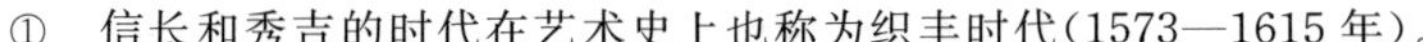

① 信长和秀吉的时代在艺术史上也称为织丰时代(1573—1615年)。

以及美浓诸藩。此时他接到天皇及将军府继承者足利义诠的吁请，二人对京都可怕的无政府状态都难于支撑下去了。在他们的邀请下，他在1568年胜利进入首都，并于1568—1570年间平抚了整个地区。但软弱的足利义诠将军不满意被贬低的副手地位，在信长使他官复原职以前又发动了反抗其保护人的阴谋，因此被废。信长于1573年宣布夺去足利家族的将军称号，而将权力直接握入自己掌中，由皇帝封给他一个不太高的名号"权大纳言"（副大参议）。一些大封建家族也企图抗拒他，本岛的三位最有力的大名：据有富士山地区的武田信玄，越后的大名上杉镰信，以及当时为山阴道及山阳道主人的毛利辉元都举兵起义。但武田信玄为德川家康所阻，于1578年阵亡，其子武田胜赖于1582年被信长及家康一举剿灭；上杉镰信于1578年不知去向，他的儿子随即被降伏；最后，在1582年织田信长逝世时，毛利辉元被丰臣秀吉迫降。同时这位日本的黎塞留[①]一面打败了封建贵族，一面又推翻形成许多国中之国的佛教团体。这并不是一件轻而易举的任务。驻据京都东北比睿山的难攻不落的寺院的天台宗教派，及在大阪的碉堡式的本愿寺教团，都俯视着首都，几世纪来惯于以他们的话作为朝廷的法律，他们深信其宗教威信在普通人民中是极为巨大的。但信长的为人，却不能容忍这些较多数世俗王侯更强大的僧侣战士们的狂傲不逊，对他们的猛烈抗议，信长充耳不闻。这位不屈不挠的大贵族，既不怕破出教门，也不怕下地狱，他包围了大阪的寺院，这

① 黎塞留（Richelieu，1585—1642年），法国政治家兼红衣主教。——译者按：黎塞留1624年出任法王路易十三首相，独揽大权，成为实际统治者。

是日本最坚固的要塞，而且还受到迷信恐怖的保护。经过10年的围困(1570—1580年)，城堡被攻陷。同时，在1571年信长也使比睿山的僧侣们饮剑，并毁其庙宇。另一方面，信长对天主教团体却不像对佛教团体那样有所谴责，他待他们很亲善，在他的政府下，日本传播福音的事业有了长足的进展。①

1582年6月22日织田信长在京都被手下军官明智光秀刺死。但这位独裁者的另一大将，前文提及的平民出身的佣兵丰臣秀吉于同年即集结亲信，在山崎一战中击溃叛将明智光秀，光秀于逃亡中被杀。

凶手被处死后，将领们召开军事会议，公认信长之孙、仅有几个月大的婴儿三本子为国主，实权则仍在信长的两员大将丰臣秀吉及柴田胜家手中，但不久他们就为此相争。不到半年，秀吉即受到柴田胜家的挑衅。1583年在近江省的贱岳之战中秀吉击溃了胜家，迫使其自杀。其余的将领们都对胜利者归降效忠，唯一能抵制他的德川家康也于1584年与他联姻。日本的这位新主人受封为“关白”即宫廷长官，表示权力已被批准，不久又晋封“太阁”即荣誉首相，历史上一直以此相称(1592年)。②

秀吉计划的第一项是列岛政治的统一，1585年他派远征军去四国阻止土佐大名长宗我部家族勿使压迫该岛的其他大名；在1587年，他又派遣部队去九州岛以制止企图征服相邻贵族的萨摩

① 见H.长冈:《16、17世纪日本与欧洲关系史》(1905年)；永山时秀:《日本之罗马天主教史料集》(东京1927年)。

② 见W.Dening:《丰臣秀吉传》(1930年)。

大君岛津家族。自此以后，这片南部大岛不再成为与这日出之国分离的领土，这是秀吉最重要的成就之一。同样，他也留意不过分挫折萨摩，因为它是日本海上大业的柱石。在这两次战事之间，他个人又在本岛的西方和北方指挥作战，征服了上杉家族及该地区的其他贵族。在1590年他完成了这件工作，将北条氏族逐出小田原，把他们原来统治的江户地区则付与他的亲戚德川家康治理。于是自中世纪初期以来这列岛第一次真正统一了。

丰臣秀吉的出身及他事业的初期阶段很像斯福尔扎*家族的始建者——一个农夫，不耐于被武装人员所压迫及掠夺，一天丢下他的犁与小屋，走进森林依次成为强盗头子、雇佣兵、将军和与国王共餐的君主。秀吉也同样依次为简单的农民、土匪头目及佣兵，但他的命运更为壮丽。日本的作家甚至将他与拿破仑相比。秀吉的问世，一如拿破仑，标志着事物的一种新秩序的开始。在日本历史上，这是第一次有出身贫贱的一介草民飞黄腾达获得最高权位。这位体格拙笨、丑陋粗俗的冒险家的胜利，表示了一种实在的革命。在16世纪的大内战中，日本社会必定深深地被搅动起来，使得其原始的因素浮到表面上来。

此外，想必秀吉具有最高的天才，因而使自己在世界最门第森严的贵族中能出人头地。其原因是，这位独裁者当权势在握时仍保持着寻常百姓的爱好与行为，对各种事物有宽广的视角与看法，亦非当时其他政治家所能及。当时的皇帝及将军、贵族、武士都是

* 斯福尔扎(Sforza Francesco，1401—1466年)，意大利雇佣兵队长，1450—1466年任米兰公爵，为15—16世纪统治米兰的该家族的创始者，也是一位文艺保护人。

按照他们的阶级声望并依据世代相沿不能摆脱的习惯对待政治的。日本政治上的孤立及其三大部分的特殊的政策乃是信条，甚至织田信长自己也要受此束缚。但丰臣秀吉这个来自尾张的农民儿子对统治阶层的这种心理却是陌生的，他只听从个人的天才而不顾其他。像拿破仑一样，他大胆将他的国家推上一条前所未走过的路。他强使北方和南方，仙台和九州，都统一于相同模式。在接受基督教方面，他使孤立的日本居民接触到西方，将国家向西方开放，但不像织田那样小心翼翼，而是正式公布不加限制。他勇敢地放弃日本孤立地位所获的益处（曾保卫它免受入侵），而开始侵略大陆。在打破了延续千年之久的闭关政策后，他渴望他的国家成为一个亚洲大帝国——像拿破仑一般的无边无际的梦想，这在16世纪的远东也许并非是不能实现的。

丰臣秀吉的伟大观念使他名垂青史，事实上这就是指他决定对中国及朝鲜的远征。*

过去很长时期，日本人都认为朝鲜是他们帝国的天然附属品，是他们到大陆的踏脚石。自神功女天皇神话般的远征以来，他们的冒险者已经20次想登上相邻大半岛的海岸。他们也不缺乏干涉朝鲜内政的理由或外交困扰，1500年朝鲜国王下令破坏了在釜山的日本贸易机构，秀吉抓住口实要朝鲜人承认日本的宗主权，朝鲜人则依赖中国的支持予以拒绝。秀吉久已等待这一时机，因为他要通过朝鲜攻打中国。他以豪言壮语宣称日本在远东的扩张计划，正如后来在20世纪初叶所实行的，他说：“我要集结庞大军队，

* 所谓一家之言，这种评价显然是不正确的。

进攻大明国土，剑气将充满四百州天空；朝鲜要为我前锋！”

幅员辽阔、人口众多的中国，当时也和后来 1894 年一样轻视小小的日本：“蛤介竟欲包容大海，蜜蜂妄图蜇刺中国巨龟”。但日本人不为此嘲讽所动。明朝统治中国已逾二百年，已极端腐败。这位治理日出之国的戴皇冠的雇佣兵深明此事，他知道自己率领的是经过 6 世纪内战磨炼的精兵，日本的全部武士们历史上首次团结在同一旗帜——他的旗帜之下。他了解他的同胞的价值，了解被将军纪律及幕府法条所加强的武士道的威力。掌握了这些手段的丰臣秀吉势必要征服朝鲜，甚至经此进而入侵中华帝国。史学家们曾怀疑在当时日本侵略中国有无任何成功机会；但不多几年后，满洲人证明征服中国内地没有什么不可克服的困难，因为他们的资源肯定还不及秀吉所有的丰富。既然中华帝国经历了突厥人、通古斯人、蒙古人的许多朝代，若再有日本人的朝代也不致大为惊奇了。

于是在 1592 年 4 月派遣了 13 万人的远征军，由名将如小西行长及加藤清正等率领进击高丽。日军在釜山登陆，围困首都汉城，并推进至平壤。但 1593 年，一支强大的中国军队到来，迫使它撤回釜山。和议破裂后，秀吉又遣 10 万人去朝鲜，于 1597 年及 1598 年在半岛南部的釜山及蔚山与中、朝军队作战。斗争中加藤清正及所部勇毅超群，若非因秀吉逝世于 1598 年召回远征军，对南部朝鲜的征服也许可能最后完成。

在宗教观点上，丰臣秀吉开始也如织田信长一样赞许基督教。1590 年他数次接见耶稣会的柯尔贺神父。他的两员大将小西行长（他死于 1600 年）及黑田孝高曾至基督教教堂受洗礼。这位大人物和教会的关系正处于绝好状态时，西班牙征服者的威胁却在他心中引起疑虑，他怀疑从澳门至马尼拉建起统治的人是否也准备进攻日本，而以教会为前驱。这使秀吉改变了态度，最后于1597年甚至下令迫害基督教徒。①

一旦丰臣秀吉去世，织田信长死后曾出现的问题又复出现。与信长相同，这位太阁也遗下一子为继承人，即秀赖。皇帝的将军们也又一次为争权夺利互相斗争起来。

其中势力最大的是德川家康，由于他与秀吉相知，曾为旧军事藩地关东的首长，那是将军们最主要的地区，他即在江户（Yedo或Edo，今东京）建立居室。

秀吉把家康看为同盟者而非属臣，在政策上与他紧密团结，所以家康乃是这位独裁者意见的真实继承者。虽然与秀吉相比，他所支配的资源较少，也较少炽情和创造天才，但同时却有更多的办法和组织才能。他必须开始进行与当年秀吉相同的工作，因为其他冀求权位者有各种理由自愿联合群起而攻之。日本多数大家族的族长们，以及秀吉的多数下属军官们，如上杉景胜、毛利辉元、吉田一重及小西行长等也团结一致，以阻止像秀吉曾计划的、现在家康也企图的那样为私利而建立王国。

面对此种危险，德川家康决定不惜一切代价打开到京都之路。他认识到首先要做的，是甚至冒失去其领地的风险也要夺得帝国

① 见《京都帝大考古研究报告》卷Ⅶ（1923年）：新村、滨田及梅原等教授：《高槻之基督教圣物》《京都庆长时代基督教墓碑》《基督教盾徽》《葡萄牙商人图画》，等等。

首都。于是他将关东托付友人千台守卫，自率大军向东海道进攻，这是从江户到琵琶湖及帝国省份入侵的历史大道。诸侯们起来迎战，要阻拦他去京都之路。1600 年 10 月 21 日，在琵琶湖东北、近江的关原山峡被多次战事染遍鲜血的土地上，双方遭遇。交战中毛利家族一位王子投向德川一方，这一叛变及关东旧旅的坚忍不拔使家康获胜，[①]联军的一些头领落入他手中，其中有基督徒贵族小西行长，被他处决。家康的一员大将加藤清正渡海到九州岛，迫使该岛首领承认他主子的权威而取得完全胜利，加藤因此在该岛受赐大片封地作为奖赏。[②]

日本在 16 世纪这三位独裁者的时期，通常称为桃山时代(Momoyama)，这是取自秀吉于 1593 年在山城的伏见为自己所建城堡之名，虽然严格说这只适用于 1593—1600 年[③]。在艺术史上，它看到两大民族流派土佐派及狩野派的发展。这是土佐光吉(1539—1613 年)及他儿子土佐光成(1583—1638 年)的时代。土佐派的特色是笔法工致金彩丰富，这不久即发展为所谓“大规模的小型画”，并可与书稿上彩色装饰字相比；但这无碍于它仍产生出很精美的作品，虽显得刻意求工，却具有狩野派的一切雄浑之气。此处复制几幅维未尔所藏及卢浮宫所藏的骑马者像(参看图 24，

---

① 见狩野探幽：《关原之战》，藏日光东照富神道庙，《珍品集》XVII，26。

② 见默多克及山形友郎：《日本史》，II《早期对外交往的世纪》(1542—1651 年)(第二版，伦敦，1925 年)。

③ 我们可注意当时丰臣秀吉对艺术及文化有深切影响，尤其茶道，这在日本已变成一种正式美学，还有庭园艺术。参阅贝利奈：《日本的茶道》，及外山英策：《桃山时代的日本庭园》，《国华》427 期(1920 年 6 月)及以次各期。

图 25)。这些作品都与前文提及的 13 世纪《平治物语绘卷》(参看图 12)的传说有关。日本史诗的传说就这样保存在古老的民族土佐派中。

狩野派中,之信(1513—1576 年)曾遗留一些有力的猛禽作品,如波士顿博物馆的鹰。[①] 狩野永德(1543—1590 年)则被秀吉任命装潢其桃山宫室及京都西本愿寺的墙壁。如芬诺洛萨所说,在执行使命时他开始改变狩野风格,在其先人的水墨画法上极轻地增加丰富色彩以及迄今仅为土佐派所用的金色背景。[②] 他因此在描绘欢庆宴乐的场面上,如波士顿博物馆所藏出自他手笔的《洛中洛外图》[③](图 79 *)[④],足可与土佐氏匹敌。由于此类新奇题材,使得狩野家致力于盛妆人物及风景,这一爱好导致一种通俗艺术所谓"浮世绘"(Ukiyo-e)的产生。

这种进化过程似乎是普遍的,因为狩野山乐(1558 或 1559 年至 1635 年)就是近乎遵循这一步骤的。[⑤] 如叶理绥教授所指出,由于大规模应用中国的方法,包括将彩色布于胶上,山乐使狩野氏风格逐渐接近土佐氏。因此,狩野派也成为装饰美术的一种形式。

① 芬诺洛萨,Ⅱ,102 页。

② 见金地松树图(东京,九条),库美尔:《远东艺术》,图版 141;及《珍品集》,Ⅻ,25。

③ 芬诺洛萨,Ⅱ,110 页。

* 指原书配图。中译本欠附。

④ 又见古典风格的山水画《潇湘八景》,狩野永德作,黑田藏品,《珍品集》Ⅷ,27。

⑤ 我们可以提及原在秀吉的桃山宫殿中狩野山乐所作《骑士行猎图》壁画,今藏京都西本愿寺,复制于《珍品集》Ⅱ,35,其中可找到有波斯影响。又清六野间所藏有趣的猿猴图,《国华》460 期(1929 年 3 月),图 3。

对彩色本身，尤其金色背景的喜爱，预告曾为雪舟派及初期狩野派之辉煌的中国水墨画时代已经过去。原因是新的影响已从中国大陆传来——虽然与以前相同，在时间上又一次有些间隔。在足利将军统治下，自14至16世纪，日本曾受宋代艺术的感染；而回溯到11、12及13世纪，它对单色水墨画的爱好即来源自此种灵感。从桃山时代以后，当明朝自身在中国已将消灭时，该派艺术家最后却在日本产生了影响。明代的艺术法则，我们在本书卷三中已看到，是以一种感觉上的赏心悦目为特色，喜欢美丽的物质与颜色。此种心态传播至海外时，在桃山时代及德川时代的日本即创造出一种新的艺术表现方式。现在漆器制作的艺术家已与画家有同等的地位，或更可说每一位大画家同时也是漆器作品大师，这情况甚至在光琳时代以前即如此。又如光悦（1557—1637年），一位用各种媒介物的华丽装饰家，在绘画方面有奥定所藏的成仙教士像，在漆制品方面有维未尔所藏的牡鹿图（图26）。[①]

① 见波士顿博物馆及弗里尔博物馆藏光悦所作屏风，芬诺洛萨卷Ⅱ，124，130页。

德川幕府（1603—1868 年）[①]

关原之战的胜利（1600 年 10 月 21 日）使家康家族或德川朝代成为日本列岛无可争论的统治者。胜利者凯旋进入京都，天皇以礼相迎。在处决了个人仇敌后，家康又大封功臣。1603 年，他自天皇处接受将军称号，正式获得权位。1605 年，为了在有生之年巩固其王朝，他名义上让位于儿子德川秀忠，而实际上仍指导国事直到 1616 年逝世为止。长时期以来，他对曾使之留守大阪城堡的丰臣秀吉之子、软弱的秀赖予以宽容；但当那年轻人有迹象要独立时，这位将军即攻取大阪，1615 年秀吉之子葬身于焚烧的城堡废墟之中。

织田信长、丰臣秀吉及德川家康三人在性格及方法上虽各不相同，历史却将他们组合在一起，因为一位大复兴中的贵族，一位平民的雇佣兵，以及一位专制君主国的建立者，联合起来是为了一个共同事业——首先将封建纷扰的本渡恢复秩序，其次将南方各岛与中部本岛置于同一领导之下，第三将由此统一的土地置于永久的中央政权的严格命令之下，由此，他们三人遂使在中世纪基础

① 日本艺术家将德川时代划分为两部分：第一江户时代，自 1615 年至 1736 年；第二江户时代自 1736 年至 1863 年。

之上的日本成为一个现代国家。

关于德川将军们应说明几点。一方面，为其自身利益恢复幕府仅是承认一种地理上的需要。在全部日本历史中，谁是关东即镰仓或江户地区之主，谁就有权成为这列岛的军事领袖，因此德川家取得权势证实了一种古老的事实即北部诸省军事上较日本其余部分优越，因为北方氏族直到明治维新始终是此片土地之主。另一方面，与所有夺得权力的前辈独裁者相同，这位新将军也保留着皇室朝廷，并且与他并肩继续在京都执政，甚至皇室还受到他表示忠诚的尊敬，但过去许多世纪以来，天皇的职责仅仅属于一种精神上的性质；现在第17世的皇帝也不过是神道教的最高祭司，地位较同时代的罗马教皇更为低微，甚至也更少关切世俗事物。他们是半教士、半偶像，作用只限于荣誉方面，敕封德川家康为王侯是毫无困难的。

日本作家们曾将德川家康比作路易十四，德川家族比作波旁家族。正如路易十四完成并肯定了黎塞留及马萨林[*]的工作一般，家康也巩固了织田信长及丰臣秀吉的战绩，建成了一个稳定的政体。与路易十四相像，这位专制君主国的建立者也不能容忍叛逆者和任何不同政见者。他为君主国装备一个完整系统的民事和军事机构，在这古老的幕府基础上，他重铸了一种固定的财政、常规的军队、令人畏惧的警察以及豪华的宫廷。由源氏家族在中世

---

* 马萨林(Jules Mazarin，1602—1661年)，意大利籍枢机主教，1643—1661年任法国首相，继承其前任首相黎塞留的政策，对内巩固专制王权，对外积极扩张，进行了一系列战争，加强了法国在欧洲的地位。

纪创始的军政府“幕府”从来未被消灭,但由于内战和封建贵族们的敌对行为已变得无所作为了,家康则又一次赋予它一个传袭的首长——他自己,一个标志——德康家的三叶徽,一个宫廷——他自己在江户的宫廷,从而使之复苏。与信长及秀吉不同,家康并未将他的首都迁移到南方,到京都或大阪去,他放弃了那座诸神无灵、伟大已逝的城市京都,将其留给太阳后裔的天皇,使他像18世纪的罗马教皇那样凄凉地漫游于古迹及废墟之间,而以其家族在关东古代幕府及军事土地间的世袭领地江户为自己的首都。江户吸引了这列岛的一切政治生活,对于德川家来说,它既是巴黎,也是凡尔赛。

与路易十四的国家相同,德川家族在某些方面也显示出反对文艺复兴理想的迹象。在德川家族统治下,那动荡而喜好新奇事物、以致一个农夫之子能变成独裁者的日本,其复兴社会分化为固定而界线分明的阶级,相继承袭,各有成规。一支多疑的警察部队——幕府的可怕警察——监视着公民的公私生活以及他们的言行文字。所有人的才能精力都要服从纪律、指导和制压。16世纪的那些辉煌、好斗、凶猛、永不安宁的贵族们已让位于彬彬有礼的朝臣,犹如凡尔赛宫或埃斯科里的群臣忠顺地参拜其主人一般。德川家康及其继承者迫使贵族们拆毁城堡,解散军队,放弃个人一切政治权力。那些最高傲的大名们都不得不定居到江户,在将军的宫廷里,他们将于欢宴之中度过一生,毁灭自己,驯服日本可怕的贵族阶级,也像法国在专制时代驯服其贵族同样巧妙。文艺复兴时期自由的个人主义及强烈创始精神被古典作风及规章制度所取代。家康的整个功业显示出一种组织的天才,它不具备秀吉那

样有吸引力的外貌。但秀吉只是一个沐猴而冠的雇佣兵，一个既无过去也无未来光辉的冒险家；而家康则是国祚绵长的将军们的祖先，像法国的波旁家族一样受人尊崇甚至更受敬畏。

在内政外交上，家康的统治标志着对文艺复兴时代的反动倾向。复兴期的日本，焦急匆忙地从孤立处境中脱颖而出，其水手商人们闯到远东的每一个海岸，出现在中国及中国台湾岛，菲律宾、印度支那半岛和印度。它的军队企图征服朝鲜并向中华帝国挑战，它的官方或半官方使者尽力寻求与欧洲建立关系，那里的观念及习俗当时在这列岛上激起强烈的好奇心。基督教曾被热烈欢迎，有些贵族领地上几乎全体居民都受洗礼入教。德川家族掌权后，则使日本对欧洲的态度完全转变了。他们对所有外国人，不论是海员还是教团都严格地闭关自守。德川家康与信长及秀吉相同，起初对欧洲事务还显得有兴趣而好奇，到晚年却竭尽全力使日本回复到古老的孤立状态。他的继承者德川秀忠（1605—1623年）及德川家光（1623—1651年）更进一步加强了这种政策。[①] 只有经过困难的商谈，他们才被说服允许荷兰人进来，且严格限制在九州长崎的小岛“出岛”经商。[②]

德川时代初期的绘画与桃山时代无任何区别。这是一个华丽的装饰性流派，它博采众长，并对所承袭的遗产灌注惊人的精湛

① 默多克及洛格福特：《日本史》，Ⅲ，《德川时代》（1652—1668年），（伦敦，1928年）。

② 关于荷兰对日本绘画的影响，见黑田源次教授著《日本图画中的西方影响》（东京，1924年），叶理绥教授有注释，载《亚洲艺术杂志》，Ⅴ，Ⅰ（1929年），59页。

技艺。

在狩野派中,狩野山雪(1580—1651年)就是具有此种熟练技巧的实例。这里复制奥定氏所藏他的一幅精品(图91*),我们可于此看到中国宋代水墨画所表达的自然哲学在日本如何转变为印象主义的作品,它尺寸虽小但画面的暗示力量却很大,纵使那笔触的优雅泼辣也许难以激起沉思冥想。这些作品表现的都是一般生活插曲而非普遍的悲痛心情。任何流派画出如此种质量的题材确是可以自豪的——特别如才华横溢的狩野探幽(1602—1674年),他使早期狩野家的精湛技艺又起死回生。在其风景画中,我们只需提及维未尔所藏的那幅风景(图92*)及奥定所藏的《月光映雪》[①]及《暴风雨》[②]。这些作品无不卓绝非凡,艺术家于此显示出一种可惊叹的巧妙手法——这里又一次自然天生地表达着个人敏感——轻而易举地以古典方式画出中国与日本画派常见的图景:烟云霜雪或月色风光;停泊在芦苇港岸的扁舟;[③]有鸟居般屋顶的渔人茅屋;迷失于雾霭笼罩的树木,叆叇中峰峦隐约仅现一灰色轮廓,山麓沐浴于深谷中升起的白色蒸气之内。[④]这一切更构成一种

* 指原书配图。中译本欠附。

① 《亚洲艺术》卷XIV,图版36。参看稻尾松方所绘风景画:载《国华》439期(1927年6月),图版3及4。

② 格鲁塞:《远东的水墨画》,图版147。

③ 《珍品集》XVI,2。

④ 泷精一教授说:"探幽是一多才多艺的艺术家,善于画阳光下的景物,笔法简洁,如其水墨风景画即可证,所画云雾常用'泼墨'(即无线条法),雪舟狩野尤喜用此法,但应记得雪舟的风格是纯中国式的,而探幽则以日本特色作画,在这方面后者可谓成功地同化了中国因素。"载《国华》439期(1927年6月)。

高层次的艺术，其笔触之精确，布局之匀称，自不得被认为是疲弱无力——而在同时代的中国作品中却很少仍保存此种优点。

对狩野直信（1607—1650 年）也可如此评价。今复制亨利·里维所藏的两幅（图 93—94*）。① 我们可注意这些小型图景如何发展为一派风格的传统速写：几片墨迹，几个曲曲折折的屋顶，几道平行条纹，以及天空一团混沌不清的轮廓，表示有垂柳村庄环绕的水面，急骤的阵雨，空中弥漫着地上升起的水气，一抹远山隔断了视野等。②

德川时代的绘画并非完全限于水墨风景；它也有若干伟大的装饰画家如光悦引导道路，还有宗达（他工作的时期可能在1624—1643 年），都喜爱金色背景和透明的颜色。但宗达虽然是彩色画家，却也一直仍是精细的描绘者，在处理动作及从令人目眩的高处造成空间印象时有一种魔术般的力量，如所画猿猴探身于绝壑上（图 28）及在满月的背景上一群大雁自天空飞下等即是。③

于此我们来到辉煌的元禄时代（1688—1703 年），这时期有最著名的艺术家尾形光琳（1665—1716 年），他是经过狩野派及土佐派训练的绘画及雕漆的全面天才。光琳作品有狩野派的大胆设计

---

* 指原书图。中译本欠附。

① 狩野直信为探幽之弟，其风格见岛津忠重所藏之山水画，载《国华》423 期。

② 关于狩野家“图画风格”（如狩野长信，死于 1654 年）之开始，见泷精一教授在《国华》423 期《六波罗所藏赏樱花图》。

③ 宗达也画一些有力的战争场面，其中骑兵突击如土佐派作风，见泷精一：《宗达在 M.玛耶达侯爵藏纸本屏风上所画源氏与平氏之战》一文，载《国华》461 期（1929 年 4 月）。

和豪放线条,也有土佐派的装饰价值观念,如对鲜艳背景、蓝色、黑色和金色的喜爱即显出来了。作为工笔画者,他以青春的自发性,在狩野派风格中呼吸了新鲜的生命,那确实是一种可惊叹的艺术表象。例如,他画的一丛松树以自然不断地向上生长运动并主宰着景色,或以模拟雕刻画法(Qrisaille)在月光背景上简单速写出一群鹿的剪景等即是。[①] 作为雕漆画家及用色行家,他以对镶嵌效果的惊人耐性及明暗色调对比和颜色变幻的技法,刷新了土佐派的方式。而且,这位工笔重彩的艺术家在兴之所至时也能表现出无比的豪放情怀。甚至北斋所绘著名的《神奈川冲浪里》也不及波士顿博物馆藏光琳所画狂风暴雨惊涛裂岸的屏风精美。[②]

动物画的艺术——光琳对此也享有盛名——将由森狙仙(1747—1821年)推广至18世纪后半叶及19世纪开端,我们可将他的作品与那位雕漆的伟大艺术家作品归于一类,虽然时代不大相符。这里可提及维未尔所藏的《鹿》,或亨利·里维及维未尔所藏的《猿猴》(图30)[③]——狙仙是有"猿猴之仙"称号的;他能在这动物毛发似在颤动着的生命中传达出其本能。

最后一位应提起的伟大风景及动物画家是圆山应举(1733—1795年)。圆山应举由于其强烈的个性又一次将心灵注入风景之

① 又参看奥定藏品中的《鹿》,《亚洲艺术》,XIV,图版XLV。

② 库美尔:《远东的艺术》图版146—147,及芬诺洛萨卷Ⅱ,138页。关于同样豪放风格的见德川藏品中光琳所画折叠屏风上的《风神雷神图》,《精品集》Ⅸ,27,至于光琳的全部作品见《国华》出版社精美画册《光琳及乾山杰作选集》(东京,1906年);田岛清一:《光琳派杰作选》(东京,1914年);又野口米次郎:《光琳》(1922年)。

③ 又见芬诺洛萨卷Ⅱ,172页。《精品集》XVII,37:《秋日群鹿》;Ⅲ,38《猿》;及另一种风格的大山水画——自然,也有猿猴——在塔特藏品中,《精品集》Ⅸ,31。

中，以精妙技法使之有一种幻梦、宁静和神秘的气氛。如他的《云中富士山图》，或《河上月光图》可为证明。[①] 甚至自他以后至明治维新前，日本仍有些高超的风景画家，如谢芜村（1716—1783 年）[②]及谷文晁（1763—1842 年）等，都以较前人毫无逊色的强劲精致笔法成功地描绘了夜色与云雾、水边小路与茅屋，或半山间烟霭茫茫的羊肠小道[③]，都予人以深刻印象。但过去人们的爱好早已从这些学院式的题材转向通俗的浮世绘派了。

这里又一次可追踪到中国的影响，明、清绘画中一大部分是盛妆或卸妆色情的仕女图（参看卷三图 261—263 及本卷图 110 与 111[*]）。在德川时代的日本，人们也看到一种同类艺术的发展，这是受江户安逸生活所激发的。此种恰当地名之“浮世绘”的图画，喜好描写妇女日常生活或私生活情景，观察到她们种种的家务工作或优美动作（图 31，图 32）。但这种新艺术形式主要是以印刷品来表现的。[④]

制作这种被现代美学家所诟病的通俗版画的艺术家们，也同

① 《珍品集》Ⅳ，32，可注意的是圆山应举也受有欧洲影响，参阅叶理绥注释黑田书，载《亚洲艺术杂志》Ⅵ，59（1929 年），看圆山应举杰作《雷雨》已大有欧风，今藏近江、三井寺、圆满院载《珍品集》Ⅸ，30；以及应举作《雪景》，载《国华》303 期（1915 年 8 月）；黑田源次：《日本画中的西方影响》（东京 1929 年）。

② 见《国华》471 期（1930 年 2 月）。

③ 见谷文晁作《富士山》，长谷川藏，《国华》457 期（1928 年 12 月）。

* 此处均指原书配图。中译本欠附。

④ 我可再次指出，与日本版画题目有关的是艺术评论奇才雷奈·特雷魁（René Trénguet），他死于 1918 年世界大战中，是东方学的一大损失。

样学得要与最优良的流派接近。[①] 此一艺术形式据称得到如岩佐又兵卫(1568—1650 年)的赞许,此人是日本画界的自由职业者,在学过学院式的土佐派及狩野派后终于转向浮世绘。[②] 事实上他是菱川师宣*之师,后者死于 1694 年,乃是此种流行版画艺术的奠基人,菱川描绘并雕刻妇女的一些日常活动,或在花树下散步的情景。他追随她们到家庭生活之中,留下每一时刻姿势的永久记录。因为他知道他所喜爱的人们需要梦想及罗曼史,所以乐于创造史诗式的场面,如那幅令人目迷神摇的女骑兵队(图 36)便是。[③]

怀月堂一派风行于 1707—1714 年,偏好服装艳丽的大幅艺伎像,此种灵感之来源统治了此后约一个世纪的流行版面。吉原所绘的艺伎生活或"青楼"(即花街柳巷)景象日渐繁多,鸟居清信(1664—1729 年)则又增加了名演员肖像的绘制。

直到此时版画还只是黑白色的,最多不过胆怯地试图用手着色。但到 1742 年,发明了用几块不同颜色的木板套印的方法,使这艺术更为生动。此法的第一位巨匠是政信,他死于 1761 年左

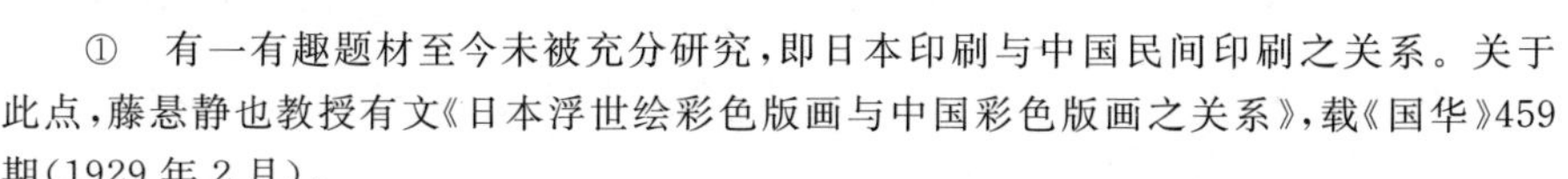

① 有一有趣题材至今未被充分研究,即日本印刷与中国民间印刷之关系。关于此点,藤悬静也教授有文《日本浮世绘彩色版画与中国彩色版画之关系》,载《国华》459 期(1929 年 2 月)。

② 见《岩佐又兵卫之肖像画及其履历》,《国华》XXVI,303、304 期(1915 年 8、9 月),但泷精一教授否认如通常所说岩佐又兵卫为"粗鄙"派浮世绘的创始者。这位名教授指出,岩佐又兵卫不仅经常充满土佐派的学院式精神,而且始终忠实于贵族人物及历史、古典题材。如森元安艺所藏《平治物语》屏风可见。大部分指为他作的流行画都是赝品,见 S.他喜:《岩佐又兵卫的绘画特色》,《国华》450 期。

* 按:原作将"菱川 Hishikawa"误译为"石川 Ishikawa"。

③ 见 J.库尔思:《日本早期木刻》(1922 年);《日本木刻杰作自师宣至广重》(1924 年);F.朗夫:《日本早期木刻》;维及尼尔及稻田:《铃木春信、湖龙斋及胜川龙章,装饰美术馆日本版画展品说明,1910 年 1 月》,有 R.koechlin 序(1910 年)。

右。由于他的制作，彩色版画不仅体现在技法上，也体现在全部题材节目上：演员，受崇拜的英雄，传奇场景，还有主要是“青楼”女子的职业等——就其题材本身来讲已是一件杰作。她们所表现的优雅生活，显然不免有些俗艳，但我们对这种江户青楼人物的假作天真、眉目传情的虚饰姿态也仍然觉得可喜。在这方面我们可提及石川丰信（1711—1785 年），他作的化身春风、夏风、秋风的三艺伎，穿着华丽的轻飘飘的长袍，露出修长的玉腿，更显得纤美窈窕。[①] 有同样魅力的是清满（1735—1785 年）的浴女，或肥或瘦，和服从圆圆的肩头滑下；或如清广（死于 1776 年），他似乎较为正派端庄——虽然也许为此原因，她们的放荡更显得天真无邪。

彩色版画至铃木春信而告大成，他约生于 1730 年，死于 1770 年——是一位大艺术家及日本妇女生活最初期的诗情式解说者。[②] 其作风虽然几乎过于纤巧，但仍具有巨大的魅力及甜美之意味。维未尔藏品中有保存极好的他的版画——例如有感情微妙的女子赏雪图，或女人洗发图，那裸女的形体既丰满又秀丽；尤其如图 33 的一幅——由黑、灰、白三色以及雪中一对粉红色服装的恋人组成，轻轻的雪花落在树上并覆盖了地上的足迹；在灰色的天空下地面是白色的，人物戴着头巾，优美而多情，使整个图景予人一种可喜的亲切之感。

春信的弟子湖龙斋，在 1770—1780 年间达到其艺术活动的高峰，他除了熟练地掌握色彩之外，更具有描绘动物的才能。他所作

① P. A. Lemoisne：《日本版画》图版 8，37 页。

② J. 库尔思：《铃木春信》（1923 年）。

艺伎的华丽长袍，以及羽毛辉煌的雄鸡，或猎鹰扑击雉鸡等，同样展示一种可注意的装饰效果。

胜川春章(1726—1792 年)画过许多演员和强有力的角斗士肖像，他的豪放作风使他成为写乐的前驱者。春章有弟子春潮。

吉左卫门春潮(约 1780—1800 年)流传下一些女性图像，都线条和谐，表情端庄，有在水边吸烟的(图 35)，有划船游乐的，或在春天花园内有诗意的露台谈天的。[①] 这些并非政信或石川丰信笔下的丰满少女，而是真正的妇人，近似西方女性美的传统，身体已趋向修长。春潮的最好作品已与清长十分接近了。

一笔斋文调(约卒于 1796 年)与春章及春潮同时创作，人物也是同样题材，但更为柔和及女性化。

日本的彩色版画至鸟居清长(1742—1813 或 1815 年)达到最高水平，在他的美感中不存在任何传统、琐细或幼稚的事物；反之，它要求一种新的广阔天地和有秩序的章法。[②] 日本通俗艺术大师中，没有别人像他这样与欧洲的艺术法则有如此多的近似之处，他恢复了人体的正常比例，而无损于任何日本式魅力。对于教化日本人的这一“粗俗学派”，无论艺术批评家或爱好者都显得不愿毫无保留地予以赞赏，而可怪的是此派一位艺术家所画的人物却有一种静穆端庄之美，使人想到希腊艺术。这种冷静和谐的现实主义风格也同样扩大至人物画的背景上；所处环境的恬静气氛乃是

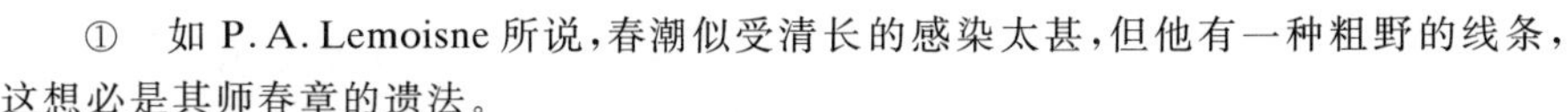

① 如 P. A. Lemoisne 所说，春潮似受清长的感染太甚，但他有一种粗野的线条，这想必是其师春章的遗法。

② 见维及尼尔及稻田：《鸟居清长、谷文晁、写乐，装饰美术馆日本版画展品说明，1911 年 1 月》，有 R. Kocchlin 序(巴黎，1911 年)。

人物心理安详的补充，因此清长所画的妇女已超出于其他大师笔下女子的俏丽迷人之上，成就一种与文艺复兴时代意大利艺术法则近似的古典特色。试看大幅印刷画中的年轻母亲正在梳妆，其他女人则在哄戏她的婴儿，即可证明此点（图 38）。清长与意大利人的另一类似处在于二者都同样通晓大规模布局艺术，有秩序井然的典型排列章法。在这方面，我们只需提及有名的自茶肆阳台眺望品川湾一图，前景上妇女姿态优美，背景则为海风吹拂、阳光闪烁的辽阔海岸，直到天边。此处复制了常被误称为“别离”的《隅田川码头登岸》的一幅*，其中几个人物也同样值得注意。

但对清长，我们不仅必须考虑这种古典美学观念及总体感，还要想到他的国家和时代所具有的特色。他的精神虽看来是古典的，但别无其他艺术家能对日本魅力的秘密了解得如此深刻。他完成一种诗意弥漫的魅力而不寻求任何精微秀丽的效果，正像后来一些迷人的大师那样。他的魅力是无穷无尽的——例如《少女春日题诗花树上》的版画，一切都沐浴于淡金色的光辉中，各物的色调由浅黄至深红，精美而和谐，纵使没有那诗意盎然的醉人花园背景，那风姿优雅的人物，以及衣料的富丽适度，仅仅是在色调的选择上也足可使此图成为不朽之作。它不显现任何过于雕琢或卖弄技巧的痕迹，装饰效果的豪华程度也保持在审慎的范围内；无任何细部来独领风骚统辖全局——事实上这位画家的心灵已传入他的作品之中。另一幅版面《少妇乘船渡过隅田川》则是一首真正的诗，它在维未尔藏品中保存良好；另外，《隅田川上划船》和《海滨少

*　图片欠附。

女》中的场景也都美不胜收,令人难于取舍——如色彩的柔和典雅,姿态的活泼生动,或景致所沐的光辉气氛,无不使人赞叹。再有他所画寺庙中的欢愉节日,在此他创始了一种作品类型,为所有后来者所沿袭;又如许多女性生活插曲,我们从中看到同样女性形象,线条高贵,置于符合真正普遍美学法则的场景中。对于这一切,我们又将如何评说呢?

所以,鸟居清长在欧洲受到如此好评是不足为奇的,因为日本没有其他大雕刻家比他更密切接近西方的艺术传统了。费诺罗沙写道:"他的线条较波提切利更和谐,较希腊绘画更柔顺流畅,而且的确使人甚至联想到……希腊雕塑。"[①]或可再引阿伯特(Louis Aubert)的话:"清长版画中的欢快、青春和文雅气氛,及女主人公保持的静穆神情,唤醒了人们对旧日生活的回忆。妇女梳妆、宴会或跳舞及恋爱等场景,还有青年及风月女子,正如雅典画家用黑线条在他们 Iecythi 的白背景上描绘的那样。"[②]事实上,一种顽固的社会及文学偏见,禁止今日的日本批评家无保留地称赞浮世绘大师,但这是无关紧要的。倘若认为我们也必须同意这样的见解,那只是旧式的,随波逐流而已。

写乐则至少在某种程度上处于此种偏见之外,原因是他的全部事业——对此虽然少为人知,但他的最佳作品当在 1789—1800 年之间——都致力于描绘当时最著名的演员,这经常是日本很流行的题材。此外,我们可以在他所画演员的脸谱看出惊人的强烈

① 维及尼尔及稻田:《鸟居清长、谷文晁、写乐,装饰美术馆日本版画展品说明,1911 年 1 月》,Ⅱ,195。

② L.阿伯特:《日本版画中的女主人》,129 页。

的心理表情，这种通俗版画在此下意识地又回到描绘禅宗法师肖像的伟大传统中去了。[①]

到了歌麿（1754—1806年），一种新的形式出现了。[②] 清长在刻画女性形体时主要称赏其线条美和姿势的韵律美；歌麿则不仅从艺术家，也从恋人的观点来描绘女人本身。作为“青楼”腻友，他已成为特许的画家，他生活在日本艺伎影响正达高峰的时代，这在江户社会中形成一种可称教团式的艺术。正是这些青楼女子，多多少少激发了伟大作家们的灵感。歌麿则在她们生活的每个阶段中，不论外出时的搔首弄姿或私室内的轻怜蜜爱，都作为爱慕者、信赖者和友人与之相伴。在这方面，他的某些名妓画像乃是无价之宝的社会文献，也是装饰华丽、令人目眩的辉煌作品。同样情形，歌麿此种题材的一套版画——如《名媛与花比美》《吉原十二时》《青楼事纪》，或是色情系列如《枕上诗》或《落花》——使他成为日本所了解的性爱神秘的合格阐释者。

像清长一样，歌麿也喜爱描绘日本艺伎在盛大节日或欢宴聚会中的场面；但后者则以更直接的观察才能，更充沛的精力复制出此类场景，而且尽管人体的变形已渐成传统，但在整个结构上却有更多的写实风格。清长及春潮都较保守，一般仅描绘团体像；但歌麿作为人民的朋友却以愉快同情的目光关注群众，然而在他的作

① 见 J. Kurth：《写乐》（1922年）。

② 见 J. Kurth：《歌麿》（1907年）；野口米次郎：《歌麿》（1925年）。维及尼尔及稻田：《歌麿，装饰美术馆藏日本版画展品说明，1912年1月》，有 R. Koechlin 序（巴黎，1912年）。

品中,甚至平民生活的场景,也不至庸俗粗鄙。他所画的群众,活动于与团体像同样的背景中——求爱的动人场面或威尼斯式的节日。因为歌麿是一位灵巧的彩色家,精妙细致得近乎颓废派艺术。要认识他在这方面的精湛功力,我们只需想到维未尔保存良好的一些版画作品,例如《少女采桑叶》《女子樱花下漫步》及《节日在隅田川之夜,两国桥畔》。在末一幅版画上,女人与孩子懒洋洋地在岸边散步,黑暗的河水衬出人物侧影,远处是一列沙舟。但色彩家歌麿的最佳杰作或许是《夏日黄昏,隅田川大桥上妇女》,该作品良好保藏于巴黎装饰美术馆——在节假日,一群兴高采烈,身穿紫、黑、黄、绿及一抹红色服装的人们,一群名媛艺伎们,出现在醉人的场景上。

歌麿起初企图以香艳抚爱的笔触将依据清长一派形成的传统日本妇女典型画描绘出更多内容,但不久他就把作为其人生及艺术的这一偶像转变为随心所欲的非实有物,半花半蝶,好似一个梦中形象。[①] 他的女主人样子都摇曳弯曲成一株大花般的曲线;再加上习惯拉长的脸部,一道双重线条表示的半闭眼睛,及两片小花瓣似的嘴唇,更显得有些奇形怪状(图34)。脸面和躯体不合比例地加长,不免令人产生一种贵族气派的印象。在这方面日本人甚至比西方人更敏感,歌麿的这种双重态度,即又是美学者又是象征主义者——虽然也许是急就章式的艺术家——无论可能有何相反的见解,总标志着一种真正颓废衰败之风,尤其与清长的稳健匀称

① 见歌麿作《夏日丽人》,复制于《现代日本图画三十种杰作集》,久保田于六编(东京,1925年)。

的作品相比更是如此。

与歌麿相同，荣之（1764—1829 年）描绘的也几乎都是艺伎。他也将她们当作传奇中公主一般，那扭扭捏捏的文雅姿态时而令人为之销魂。维未尔藏品中，荣之的某些艺伎版画背景为阴暗的中色调，具有波提切利的“Bella Simonetta”的自然轻柔特色，再加服装色彩的富丽华美，更使人赏心悦目。他这作为色彩大家的才能在另一幅版画中也可看到：少妇持酒杯而坐，旁有福物“龟”，女人墨玉般的头发插着金钗，衬着粉白甜蜜的鸭蛋脸儿，浅蓝的长袍与乳黄的背景相配，并和棕红色的花朵形成一首完美的颜色交响乐。尽管法、日两国距离遥远，它却有法国 18 世纪作品的某些丰神。最后，在《隅田川海岸茶肆》一幅中，荣之显示出在处理群像的技巧上足可与鸟居清长本人媲美。与荣之应相提并论的还有他的两名弟子：荣昌，他留下了一幅十分动人的妇女头像；荣里，他有一幅充满青春、活力及轻快风致的剪影，经维未尔同意复制于此（图 145 * ）。

我们现在谈到葛饰北斋（1760—1849 年），现实主义派之首，“为作画发狂的老人”，在欧洲而非在日本他被认为是古今各国最伟大的艺术大师之一。[①] 同时我们也承认他有许多缺点：他全不注意传统的书法风格及服装的优美，他无可否认地缺乏卓越的心灵，而且所用的颜色也是粗野的——这些缺陷使他被日本的艺术评论

* 指原书配图。中译本未附此图。

① 米野口：《北斋》（1925 年）；维及尼尔、让·莱拜尔及稻田：《荣之、长木、北斋，装饰美术馆日本版画展品说明，1913 年 1 月》，有 R. Koechlin 序，（巴黎，1913 年）；H. Focillon：《北斋》（巴黎，1914 年）。

家认为不过是一个画图广告牌或廉价彩色石板印刷的设计者。但话虽如此,他也始终是有无比的才能和技巧的设计家。他作品的多样性和产量确实是惊人的:在62年多不间断的工作中,他笔下产生了不少于159种题材的作品。

与他的前辈不同,北斋并不局限于专门描绘女子与演员,而是首先引入了"写实风景",其中有形形色色活跃的人群。他这样以充满谐趣的笔触解释着日本人的全部生活及各种性格,而且不管正统派怎么说它从不缺少迷人之处:如在睡莲芦苇间的粼粼水波上荡舟,前景舟子的姿势轻快而优美;又如浣衣女跪在河边,初升的月光美景笼罩着她这贱役的辛苦劳作,月色凄迷,模糊了嫣红,暗淡了翠绿;又如日本诗人仲麻吕被暴风雨抛到中国海岸上,在光辉的大海前梦想着祖国,那沐浴于初升月光下的林木葱茏的岛屿。还有难于仿效的狂风怒号场面,如北斋《漫画》第七卷内所刊,斜扫出的条条大雨,或如《漫画》第十二卷内,飞卷起片片枯叶;画上都有弯腰曲背的变形人物,北斋抓住了他们那奇突的姿态,滑稽的愁容,被风吹皱成怪样的衣服,等等。他将日常生活百态的奇异姿势绘成了漫画。

因为北斋深晓姿态之奥秘——无论街头百姓还是从事贫贱职业的人,作坊里的工匠或店铺中的掌柜,渔夫装上新饵或从鱼口取出钓钩,制桶匠举起木槌——如从尾张的富士见原看富士山的版画——渔人拉网(图37),木匠在坑中锯木,铁匠锤打烧红的金属,面饼学徒做坏了面饼,最后还有懒惰的作家在刚摊开的纸张前伸起双臂,穿过旁边圆窗看到枞树上有一长串飞鸟,富士山山峰升出云外的晴朗天空。

葛饰北斋的名声在欧洲主要起于其《富士山三十六景》，他在这些图景中集合了日本人生活和乡间的面貌。我们看到自鸭川瞥向富士山，四周是汹涌的波涛和卷起的浪头，小船颠簸于起伏的水面上。波浪以一种神秘而几乎神圣的生命活跃起来，好像某些恐怖的不可抗拒的力量，使人命如游戏。水上点缀着随风散布的白色浪花，似小鸟般融入云间。或者我们还可看到炎夏中的富士山，背衬有条状云彩的天空，云后拖着长长的雾气；还有从佃岛看富士山，这是一座快乐的小岛，房舍都迷失于一片葱翠之中；那平静的微笑的蓝色海洋，融入天际成为白色，由落日晚霞映照着一抹金黄，轻轻拍洗着林木茏葱的海岸，那就是最接近富士山的平原；在岛周围重载的小船搅起汹涌的波浪。我们还看到如图 151* 的类似的富士山景色，所谓“蓝色风光”；还有雪下的富士山，大片大片的雪以无数白点布满黑暗的天空；还有一队运输的人在雪地上留下行行黑色的足迹；或穿过渔网，蜘蛛网，或穿过模糊了河岸轮廓的浓厚的芦苇帘幕观看富士山，河中飘过木筏，前景为两个渔民坐在木堆上，一人小心地在钩上装鱼饵，另一人则以轻巧准确的动作抛出钓线，同时一个孩子懒洋洋地倚在下桁上，俯身水面，一只鸟在水上滑翔寻找游鱼——一幅寂静如梦的图景。我们还有另一幅富士图，是从附近一座小山上穿过一片有长长主干和下垂枝条的竹林观看的。还有红色的富士，衬托着朵朵“芝云”的天空，具有强烈的装饰效果；山峰仍残留着几处白雪，山脚的暗红色逐渐消失，变成暗绿色的松林。最后，我们还可看到暴风雨中的富士山，如

* 指原书配图，中译本未附此图。

图155*。

北斋除一系列富士风景外,还有同样著名的一套桥梁图,人所尽知的如《八曲桥》或称《虹膜桥》。此类作品迷茫若梦的特色确与相阿弥或园山应举的精致圆润的风景画相去甚远,因它们对事务的看法有时是传统的,有时是粗俗的;有时表现朦胧云烟"如手套中的手指";有时又几乎如摄影般描绘出准确真实的全景。但人们无理由非难这些闲情逸事似的图像,它们都是以如此有趣的笔触写出,并有一种特异情调令人神往。北斋的瀑布也与桥梁相同,具有微妙的日本特色和古今共有的追求自然之感。我们可以任意指出如"养老"瀑布,那泡沫翻飞的流水由蓝色变为白色,灰尘似地喷洒于绿树间。树下部为瀑布升起的云气所掩,而在河道左方,水势逐渐平稳,自行流去,左侧前景则为一间茅屋和几个观瀑的人;又如"雾降"瀑布,是透过美景迷人的小树丛看到的;还有最著名的"木野"阿弥陀瀑布;又"良弁"瀑布;最后还有诗人李白对瀑沉思的一幅,也是这位大师最卓越的作品之一。

告别北斋之前我不得不提及图146*的《弄舟图》,其中少女以优美敏捷的动作撑着船,显出对女性的娴雅的感觉,在掌握力量和动态方面可与春潮清长或歌麿相媲美。

对于欧洲赞誉葛饰北斋也有极反对的意见。当龚古尔兄弟时代,雪舟等杨(1420—1506年)尚不为人所知时,北斋是日本美术唯一的代表者。日本人嘲笑欧洲误将他们自认为全无艺术价值的作品当作日本的伟大艺术,并选出"平庸无奇"的一名艺术家为木

* 指原书配图。中译本未附此图。

刻代表人物，这是没有意义的，北斋在绘画上的技巧却不能掩盖他在着色上的缺点。这几如将特尼尔斯选作佛兰德斯的艺术典型而不选鲁本斯或凡·戴克。今日我们也许在反对早期所赞美的事物方面走得太远了。日本美学家的否决票并不能束缚我们，我们要从艺术的时尚中解脱出来，包括对一大师的诋毁或过誉。应该坦白承认，不论对北斋在日本或世界艺术界所占地位有何看法，他始终是一切时代的生气勃勃画面的最有才能的设计者和描绘者。

还有另一个人的名字与葛饰北斋直接相关——他就是荣之(1790—1848年)。

另外一个流派，虽属于次要的但也决不可轻视，即由丰春(1733—1814年)及丰广(1773—1828年)建立的“歌川派”。我们只需提及后者的《Uyeno晚钟》，画中场地已沐浴于暮色之中，几条长长的玫瑰色云气以朦胧的笔法飘浮在苍白的天空上，遮掩了松树顶端，下面一群人围在佛寺周围倾听着钟声；尽管是传统式布局，画面却充满一种超凡脱俗的宁静气氛。属于同一组的丰国(1769—1825年)堪称第二位喜多川歌麿，但是他以北斋笔法描绘出女性更丰满的轮廓，以取代歌麿的过度修长的女性型式。例如那幅迷人的《少妇入浴图》即是(图156*)。维未尔藏品中也包括他所作的十分精美的三联图《艺伎与侍女滚雪球》，另一幅印有两名少妇所穿和服从肥腴的双肩溜下，几乎露出一个乳房——这是浮世绘派最色情的图景之一。

---

* 指原书配图。中译本未附此图。

国政(1786—1865 年)开始与丰国合作时,常以北斋风格的恣肆笔法作画,如图 157* 中一匹马的速写可见。国芳(1797—1861 年)是国政的同学,也留下一些景致优美的画幅,例如描绘日莲僧雪中去参禅:地面覆盖着依然轻软的白雪,被曙光映成玫瑰色,照在灰暗的天空上;红色偷偷地染到天际的海面;前景左侧,从海边升起险峻的山峰,山麓近水处挤着一个渔村,在雪下安睡;可看到一条陡峭的小径延上山侧,僧人日莲正在攀登,他弯着腰,已达到一株积满白雪之树的地方;雪仍在落着,点点飘洒于灰黑色的天空和深蓝色的海,僧人的脚步在粉红和灰色的雪上留下黑色的足迹。整个图景吐露着一种更多的人类忧郁,宗教的情感却较少。

一位更伟大的人物是广重(1792—1858 年),他的确与北斋同样伟大,并且也常将二人相比。[①] 安德烈·勒穆纳曾指出二者差别:“北斋将新鲜的生命注入风景版画中,但他不是色彩家。此外,他虽以更写实的精神描绘,但经常通过他的浪漫幻想的媒介观看,以至他那精力充沛的设计超过其景致的界限而引入像是田园诗般的精神,这必定要引起一种变化。要将广重与北斋区分开来,并在浮世绘中置于更高水平的是他对自然的热爱和他的真诚,这使他与欧洲画家中的柯罗或杜比尼** 相类似——且不说他笔调的简洁和从题材本身不加任何改变而取得的诗意;再有,更主要的是他那暗示气氛的才能。在他的作品中我们再也看不到堆砌神奇的险峻岩石,或如北斋那种恣肆怪诞的自然景色,勾画粗野,衬托着莽

* 指原书配图。中译本未附此图。

① 见春田次郎:《广重》(1929 年)。

** 柯罗(Jean-Baptiste Camille Corot, 1796—1875 年),杜比尼(Charles-Francois Daubigny, 1817—1878 年),均是法国著名的风景画家。

莽苍天；而是弯弯曲曲冒着泡沫的宽阔海岸，它蜿蜒起伏，以新奇的手法融入天际；或盛开的花树倒映在溪流之中，或一个悦目的山谷，其中坐落着几间黄顶的房舍，或灰色的沙丘为蓝色的小河截开——一个崭新的田园诗式的日本。”①

然而把广重看作仅为一位美景的爱好者则是误会。事实上他也是惊人的浪漫主义者，生活得和北斋一样充满热情，也许甚至更为执着。正是这种执着的灵感使他的作品易于受到肤浅之士的蔑视。在北斋题材内占了绝大部分比例的闲情趣事，现在在广重作品中都已看不见了，或消失在一般印象中了。广重笔下的人物都与背景保持一致，二者形成一个整体，好像人物仅是场景的一个成分，正如在瓦格纳的管弦乐中人声并不比一件乐器更重要。

广重的许多风景画流行于欧洲：在隅田川的桥梁，田野间的桥梁，时间是雨天、晴天、破晓或黄昏；他所看到的桐烟或去秋叶圣地的路上，等等。一幅最著名的月景竟好似由熟读莎士比亚或雨果的读者所构成：一条路道与河并行，路边栽有大树，透过高高的水生植物可瞥见那条河流；月光在水面上形成异样的几何图形，天空中部略为明亮，映得惨淡的巨大树干好像幽灵一般；路上旅人牵着马匹顺斜坡而行，经过沐于光亮中的开阔空地，再次投入阴影中。这是一幅有浪漫气氛的景色，令人幻想着有什么水仙木怪及魔法符咒之类。

广重最常画的图景是由上下视的鸟瞰式大地和大海。在图41中即可看到，我们犹如生有鸿雁或鹰鹳的双翼从天上向远远脚

① P.A.勒穆纳：《日本的版画》(巴黎，Laurens)，138页。

下展开的一片辽阔海湾或稻田俯冲下来,有一种飞翔的滑行、降落和空茫无际的感觉和印象。

这的确是广重所喜爱的题材,他不断反复应用而加以各种变化:鸿雁高飞,身影背衬行云之上的月轮;另一雁阵月夜飞过(图41);或大雁飞过花田沼泽地。在另一版画上我们看到一只雄鹰栖身在积雪的松树上,寒夜闪烁着繁星;松针覆盖着冰晶,鸟羽处理得有如北斋一样的装饰效果或更超过了他(图40)。

到一立斋广重(即安藤广重),旧日本时代大师们的名单即告终结了,甚至他的技巧已显露出浮世绘派有从港口荷兰商人那里学来的欧洲透视法知识。

现代最伟大的日本雕刻家是一位细木工——即一位木匠大师——左甚五郎(1594—1634年)。这位天才的工匠建造装修过德川家康在日光的寺庙,装修过京都的西本愿寺,以及名古屋城堡的巨大突出的壁缘,可以说是"雕刻界的葛饰北斋"。在他神通广大的手下,整个神话中存在的世界从木头中苏醒起来,布满了建筑的每一平面——自门至壁缘,至天花板的横梁。首先,我们看到有辉煌装饰效果的茂盛植物,巨大的菊花,盛开的桃树,以及各种各式的并蒂缠枝花草。其次,是野兽和人的世界,从纷繁的花叶中涌现,好像轮番地起死回生由饰板中跃出,过一次自己的生活。这里我们看到壁画的粗犷和小型画的细致,都移入木刻之中了。

小小的"根付",即木质或象牙质的装饰钮也分享同样微妙而有力的生命。除了纽伦堡的古代巨匠外,无人能将木头雕镂得如此细腻。它们都像是从左甚五郎创造的纷扰世界中分离出的许多片断；在这细微有限的空间内，集中着强烈的生气与惊人的动作。其中许多是动物习作——蜗牛或蚱蜢，老鼠或小兔，都完善无瑕、栩栩如生，其雕造者足可列入古今动物雕刻名家之林。但此种写实的艺术在精神方面基本上还是诙谐的，充满了机智、讽刺和漫画情调。它在飞逝的一瞬间，抓住一个独特的性格，一个滑稽的透视镜头，一个怪样鬼脸，一个荒谬举动，由于人们的激情、年龄或行业产生的扭曲形态，都活灵活现地表达出来了。我们所收集的“根付”上的人物，大多数都像是从北斋版画上走下来的；因为“根付”的发展过程正与版画同时并行。最初，它作为一种适宜的艺术处理形式出现在元禄时代，至 18 世纪中叶在一代著名的雕刻家，即三和手中达到顶峰。再说，连最伟大的日本艺术家如尾形光琳或理都於*也不轻视雕刻“根付”。

在金属雕镂艺术方面，丰臣秀吉时代的铠甲已较中世纪的优美，特别在德川时代则可与东方伊斯兰教的任何作品争胜。17 世纪的军刀护手乃是同类物件中最优良的，在为“武士道”而生的武士国度里，此种上层男子的武器，其美观与否是有着极大重要性的；因此刀护手之于日本更甚于瓷器之于中国，作为一种凭借物，在上面制作出最精湛的图案与浮雕。17、18 世纪许多简单的刀剑护手上都有一幅迷人的小型图画，一首小诗，使我们肃然起敬。的确，山水、花卉以及翎毛画的历史，如果我们不同时展示铁匠们在金属上雕镂的此类绘画，还是不完备的；但这一题材请读者参阅庞

* 这两位艺术家的名字原文分别作 Miwas 与 Ritsuō，对译似不确切。

赛通博士的大著。[①]

最后,17世纪的瓷器也从模仿中国、朝鲜的装饰中摆脱出来,这从京都一位真正民族陶瓷艺术创造者仁清的作品上即可看到。在京都、萨摩、尾张及备前生产的陶瓷器,将此艺术推进到最高点。[②]

当日本的上层社会正繁荣兴盛时,东方大陆的古代文明则日薄西山或已毁灭,印度、中国和波斯都在忘掉它们崇高的体系,在亚洲的极端仅有孤立的日本保存着古老东方文明宝贵精髓。伟大的德川将军们十分明智,强使国家保持一种有益的与世隔离状态,以待日后有可能实施明治维新。面对东方的衰落及世界普遍的重商主义,日本采取了唯一可行的态度——绝对强制的贵族孤立政治。仅此一端,它始得以在全亚洲避免了亡国灭种之危,像以前受蒙古威胁下一度发生的那样。江户幕府的主要业绩即在于保全了日本所有宝藏完整无缺直到好日子来临。在世界各地都动荡不安的局势面前,这片天照大神的土地却作茧自缚,从而使自己的艺术、神祇以及灵魂存留不衰。

我们如果希望捕捉日本历史中的秘密,日本人会推荐我们到日光的德川家康的圣地去巡礼,[③]使日本闭关自守的将军德川家光于1617年为其先人建造了这座墓地。巡礼者走过一条长长意味深远的大道,经过红漆的小桥和大理石的"鸟居(torii)",进入与

① 见F.庞赛通:《日本刀剑护手》,有50幅图版,182件(巴黎,1924年);真吉原:*Die Meister der Japanischen Schwertzierathen*, *Überblick ihrer Geschichte*, Verzeichnisder Meister mit Daten über ihr Leben, ete(汉堡,1902)。

② 在此节我仅能做一概述,尤其关于左甚五郎,请读者参阅Migeon氏的渊博佳作:《日本,艺术殿堂漫步》第二版(巴黎,Genthner,1929年)。

③ 见R.C.何伯:《日光的寺庙与神社》(1894年)。

神殿一同成长起来的古松林。穿过藏有17世纪艺术珍品的庙宇，经由一条林中小径登上一座堂皇壮丽的简朴陵墓，在这里，宁静的巨大松柏之间安息着日本统一的缔造者。这位伟大的将军希望最后长眠于这不容亵渎的大山的圣洁神秘气氛之中。日本也和他一样，同在退隐的艺术、诗歌及期望中安睡了两个世纪，当她自动脱颖而出时，忠贞的武士之剑在手，亚洲的帝王将相也已相继消失不见；大陆的各式各样文化——波斯的，印度的，以及中国的——都已完结了它们演进的轮回。唯有日本保存着自己的创造才能和艺术及政治二者的自我更新。在荒芜的东方只有她依然屹立。①

竹内栖凤*的天才——在今日艺术家中仅举此一名——即证明其艺术传统辉煌的连续性（图165**）。②

这样我们就完成了在亚洲的旅游。我想留待将来的著作中再来总结，即要阐明我们在这四卷走马观花的行程中获得的艺术的概念，将它们分门别类，在消除一切借自邻族的因素后，辨认出何者是本族所固有的成分；最后，从广阔的全人类的观点上，将这些美术思潮与西方世界的加以比较，然后也许才有可能对亚洲在创造共同文明上所做的贡献有更精确的评价。

① 冈仓天心：《东方的理想，特论日本艺术》（1921年）。

* 竹内栖凤（1864—1942年），日本近代著名水墨画家，其名作《雪中噪莲》曾在巴黎万国博览会上获奖。

** 指原书配图。中译本未附此图。

② 关于日本今日的流派，请读叶理绥：《日本当代绘画》（巴黎，1923年），有图版81幅；Y.弥四郎教授："Japanische Malerei der Gegenwart"（1931年），《日本美术年鉴》；以及平福百穗：《日本的西方绘画起源》（东京，1930年）。

译名对照表

A

Adi-Buddha	最初的一佛
Ainu	阿伊奴族,虾夷
Akahito	赤人
Akechi Mitsuhide	明智光秀
Aki	安艺王子
Akiha	秋叶
Amaterasu	天照大神
Amida	阿弥陀佛
Amida-dō	阿弥陀佛殿
Amidism	阿弥陀佛教
Amiens	亚眠
Anesaki Masaharu	姊崎正治
Angara	安加拉
Annyōji	安养寺
Asa	阿斯王子(高丽)
Ashikaga	足利
Ashikaga Takauji	足利尊氏
Ashikaga Yoshiaki	足利义诠
Ashikaga Yoshimasa	足利义政
Ashikaga Yoshimitsu	足利义满
Atsude	“厚手”型
Awa	安房
Awari	尾张

B

Bakufu	幕府
Bhagavad gītā	《世尊书》
Bhairava	陪罗缚,湿婆
Biwa,Lake	琵琶湖
Bizen	备前
Bodhidharma	菩提达摩
Bonten(Brahma)	梵天
Borgia	博尔吉亚
Bourbons	波旁家族
Bunchō	(谷)文晁
Bungo	丰后
Bushido	武士道
Buson	与谢芜村
Buzen	武祥
Byōdō-in	平等院

C

Caesar,Julius	恺撒
Chandra	月神战达罗

Chikuzen	筑前
Chion-in	智恩院
Chionji	智恩寺
Chishō daishi	智证大师
Chōdensu	兆殿司(明兆)
Chōshi	铫子
Chōsokabe	长宗我部
Chūgūji	中宫寺
Chūsonji	中尊寺
Coelho, Father	柯尔贺神父
Confucius	孔子
Corot	柯罗

D

Daibutsu	大佛祖
Daigo	醍醐
Daimyō	大名
Dai-nembutsuji	大念佛寺
Dainichi	大日(如来)
Daisen-in	大仙院
Daitō-kokushi	大德国师
Daitokuji	大德寺
Dan-no-ura	坛之浦
Daté	伊达家族
Daté Masamune	伊达政宗
Daubigny	杜比尼
Demosthenes	德摩斯坦斯
Dengyō daishi	最澄大师
Deshima	出岛(长崎)
Dhyāna	禅定
Dōgen	道元

E

Ebisu	虾夷,夷族
Echigo	越后
Echizen	越前
Eiheiji	永平寺
Eiri	荣里
Eisai	荣西
Eishi	荣之
Eisho	荣昌
Eison	睿尊
Engakuji	圆觉寺
Engi	延喜时代
Enryakuji	延历寺
Eshin	惠心

F

Fenollosa	芬诺洛萨
Francis Xavier, St	沙勿略
Fudō	“不动尊”,不动明王
Fujimigahara	富士见原
Fuji-san	富士山
Fujisawa	藤泽
Fujita	藤田氏
Fujiwara	藤原氏
Fujiwara Kanenori	藤原金纪
Fujiwara Mitsunaga	藤原光长
Fujiwara Nakamaro	藤原内麻吕
Fujiwara Nobuzane	藤原信实

Fujiwara Takanobu	藤原隆信
Fukui	福井
Fukuoka	福冈
Funai	府内
Fusan〔Pusan〕	釜山
Fushimi	伏见

G

Gakkō	月光
Ganjin	鉴真
Gembō	玄昉
Gempin	玄宾
Genji Monogatari	《源氏物语》
Genroku	元禄时代
Ginkakuji	银阁寺
Go-Daigo	后醍醐天皇
Gokinai	五畿内
Gosho	皇宫，御所
Go-Shirakawa	后白河天皇
Go-Toba	后鸟羽天皇
Gyōga	行贺
Gyōgi	行基
Gyōshin	行信

H

Hainan	海南岛
Hakone	箱根
Hakuhō	白凤时期
Hals, Frans	弗·哈尔斯
Hamada	浜田
Hanada	花田
Hasuda	莲田
Hatakeyama	畠山
Hayatos	隼人
Heian	平安时代
Heiji	平治
Heiji Monogatari	《平治物语》
Hesiod	赫西俄德
Hidari Jingorō	左甚五郎
Hidetada	（德川）秀忠
Hideyori	（丰臣）秀赖
Hieizan, Mount	比睿山
Hishikawa Moronobu	菱川师宣
Hīnayāna	小乘（佛教）
Hiroshige	（安藤）广重，一立斋广重
Hitachi	常陆
Hitomaro	人麻吕
Hizen	肥前
Hoang-ho	黄河
Hōfukuji	兴福寺
Hōgen	保元
Hōjō	北条氏
Hōjō Sadatoki	北条贞时
Hōjō Takatoki	北条高时
Hōjō Tokimasa	北条时政
Hōjō Tokimune	北条时宗
Hōjō Tokiyori	北条时赖
Hōjō Yoshitoki	北条义时
Hokkaiji	法界寺
Hokke	法华

Hokkeji 法华寺
Hokkeshū 法华宗
Hondo 本土(岛);本渡
Hōnen-shōnin 法然上人
Honganji 本愿寺
Hōryūji 法隆寺
Hosokawa 细川
Hsia Kuei 夏圭
Hsüan-tsang 玄奘
Hugo, Victor 维克多·雨果
Hui-tsung (宋)徽宗
Hyuga 日向

I

Ichijōji 一乘寺
Ichi-notani 一之谷
Iemitsu (德川)家光
Ieyasu (德川)家康
Ippitsusai Bunchō 一笔斋文调
Isé 伊势
Ise Monogatari 《伊势物语》
Ishikawa Toyonobu 石川丰信
Ishiyama-dera 石山寺
Itō 伊东
Iwasaki 岩崎
Iwashiro 岩代
Izanagi 伊奘冉
Izanami 伊奘诺
Izu 伊豆
Izumo 出云

J

Jichin 志清
Jingō-Kōgō 神功女皇
Jingūji 神护寺
Jizō 地藏
Jizō Bosatsu 地藏菩萨
Jōchō 定朝
Jōdo 净土宗
Jōfukuji 净福寺
Jogan 贞观时代
Jōruriji 净琉璃寺
Josetsu 如拙
Jōtokuin 常德院

K

Kagoshima 鹿儿岛
Kai 甲斐
Kaigetsudō 怀月堂
Kakinshu 《古今集》
Kamagawa 鸭川
Kamakura 镰仓
Kamatari 镰足
Kamchatka 堪察加
Kami 神
Kammu 恒武天皇
Kampaku 关白
Kannon 观音
Kannon-yin 观音院
Kanōs 狩野派

Kanō Eitoku	狩野永德
Kanō Masanobu	狩野正信
Kanō Motonobu	狩野元信
Kanō Naonobu	狩野直信
Kanō Sanraku	狩野山乐
Kanō Sansetsu	狩野山雪
Kanō Tannyū	狩野探幽
Kanō Yukinobu	狩野之信
Kanshinji	观心寺
Kantō	关东
Kato Kiyomasa	加藤清正
Katsugawa Shunshō	胜川春章
Katsushika Hokusai	葛饰北斋
Katsuyori	(武田)胜赖
Kawachi	河内
Kegon	华严宗
Kichijōten	吉祥天
Kichizaemon Shunchō	吉左卫门春潮
Kimmei	钦明天皇
Kinkakuji	金阁寺
Ki-no-Tsurayuki	纪贯之
Kiribatake	桐畑
Kirifuri	“雾降”(瀑布)
Kiro	“木野”(瀑布)
Kisen	成仙
Kiyohiro	清广
Kiyomitsu	清满
Kōbe	神户
Kōbō daishi	弘法大师

Kōen	康圆
Kōetsu	光悦
Kōfukuji	兴福寺
Kojiki	《古事记》
Kōkei	康庆
Kokinshū	《古今集》
Kominato	小凑
Kondō	金堂
Kongōbuji	金刚峰寺
Konishi Yukinaga	小西行长
Konji-kidō	金色堂
Konkaikō-myōji	金戒光明寺
Kōrin	光琳
Koriusai	湖龙斋
Kōryūji	兴隆寺
Kose Kanaoka	巨势金冈
Kōtoku	孝德天皇
Kōyasan	高野山
Kshitigarbha	地藏菩萨
Ku Kai-chih	顾恺之
Kublai	忽必烈
Kudara(Pei-chi)	百济
Kuge	“公家”
Kumasos	熊袭
Kunisada	国政
Kuniyoshi	国芳
Kuonji	久远寺
Kuratsukuribe no Tori	鞍作止利
Kurodani	黑谷
Kuroda Yoshitaka	黑田孝高

Kyōwōgokokuji 教王护国寺
Kyūshū 九州

L

La Fontaine 拉·封丹
Lao-tzū 老子
Lemoisne, André 安德烈·勒穆纳
Liang Ch'ieh 梁楷
Lo-yang 洛阳
Lu Tung-pin 吕洞宾
Lucian 俄罗斯

M

Makura no sōshi 《枕草纸》
Ma Yüan 马远
Macao 澳门
Maitrēya 弥勒
Manchus 满洲人
Mangwa 《漫画》(北斋)
Manila 马尼拉
Manjuin 曼殊院
Manshuin 曼殊院
Maruyama Ōkyo 圆山应举
Masa-ko (北条)政子
Masanobu 政信
Masashige, Kusunoki 楠木正成
Masatsura 楠木正行
Masuda 益田
Matabei Iwasa 岩佐又兵卫
Matsumoto Nobuhiro 松本信广
Mazarin 马萨林
Medici 美第奇(家族)
Meiji 明治(时期)
Metsumoto Nobuhiro 松本信广
Minamoto 源氏
Minamoto Yorimitsu 源赖光
Minamoto Yoritomo 源赖朝
Minamoto Yoshiie 源义家
Minamoto Yoshitomo 源义朝
Mino 美浓
Minobu 身延
Miroku Bosatsu 弥勒菩萨
Mithra 密特拉(太阳神)
Mitsuhide, Akechi 明智光秀
Miwas 三和(?)
Miyoshi 三好氏
Moissac 穆瓦萨克
Momoyama 桃山时代
Mononobe 物部
Mōri 毛利氏
Mōri Motonari 毛利元就
Mori Sosen 森狙仙
Mōri Terumoto 毛利辉元
Morinaga 护良太子
Mu Ch'i 牧溪
Murasaki Shikibu 紫式部
Murōji 室生寺
Musashi 武藏
Mutsu "陆奥"型
Mutsuhito 睦仁(明治)天皇

Myōshin-ji	妙心寺

N

Nāgārjuna	龙树菩萨
Nagasaki	长崎
Nagato	长门半岛
Naga-uta	“长歌”
Nagoya	名古屋
Naikū	内宫
Nakamaro	仲麻吕
Naka no Ōe	中大兄皇子
Nakatomi	中臣
Nakaya	中谷
Nanzan-ji	南禅寺
Nara	奈良
Nawa Monju	文殊像
Ngan Shih-kao	安世高
Nichiren	日莲
Nichirenshū	日莲宗
Nihongi	《日本书纪》
Nikkō	日光；日光菩萨
Ninnaji	仁和寺
Ninsei	仁清
Nishi Honganji	西本愿寺
Nitta	新田
Nitta Yoshisada	新田义真
Nobunaga	信长
Nuremberg	纽伦堡
Nyoirin Kannon	如意轮观音

Q

Oda	织田家族
Oda Nobunaga	织田信长
Odawara	小田原
Odin, Ulrich	乌尔里希·奥定
Ogata Kōrin	尾形光琳
Oguri Sōtan	小栗宗湛
Ōhara	大原
Okishima	隐岐岛
Ōmi	近江
Ōmiryo	近江律令
Ōmori	大森
Ōnin	应仁
Onjōji	园城寺
Ōsaka	大阪
Ōtomo	大友家族
Ōtomo Yoshishige	大友义镇
Otsu	大津
Owari	尾张

P

Pei-chi	百济
Pelliot	伯希和
Philippines	菲律宾
Phyŏng-an	平壤
Poncetton	庞赛通

R

Raikōin	来迎院

Ramstedt	拉姆斯太特
Reiun-in	灵云院
Richelieu	黎塞留
Rihaku	李白
Rimini	瑞米尼
Ritsuō	理都於(?)
Rivière, Henri	亨利·里维
Rōben	“良弁”瀑布
Rokuhara	六波罗地区
Rousseau, Théodore	泰奥朵·卢梭
Ryōben	良弁
Ryōbu-Shintō	两部神道
Ryōnin	良忍
Ryūzōji	柳藏氏

S

Sado	佐渡
Sagami	相模
Saidaiji	西大寺
Sakai Tadamichi	酒井直道
Samantabhadra	普贤菩萨
Sambōshi	三本子
Sammyori	三墓里
Samurai	侍从,武士
Sanetomo	源实朝
Sangatsu-dō	三月堂
Sanindō	山阴道
Sanjūsangendō	三十三间堂
Sanroku	山乐
Sanuki	赞岐
Sanyōdō	山阳道
Satake	佐竹
Satsuma	萨摩
Savonarola	萨佛纳罗拉
Sei Shōnagon	清少纳言
Seiho	栖凤
Seishi	势至菩萨
Seiwa	清和天皇
Sekigahara	关原
Sendai	仙台;千台
Sengen	仙源
Seoul	汉城
Sesshū	雪舟,雪舟等杨
Sesson	雪村
Settsu	摄津
Sforza	斯福尔扎
Shakspere	莎士比亚
Sharaku	写乐
Shen-si	陕西
Shibata Katsuie	柴田胜家
Shigi, Mount	信贵山
Shijōnawate	四条畷
Shikken	“摄关”
Shikoku	四国
Shimazu	岛津
Shimbi Shoin	审美书院
Shimozuke	下野
Shinagawa	品川
Shinano	信浓
Shingon	真言宗

Shinran-shōnin	亲鸾上人
Shinshū	真宗
Shintō	神道
Shin-Yakushiji	新药师寺
Shitennō-ji	四天王寺
Shizu-gatake	贱岳
Shōfokuji	圣福寺
Shōgun	“将军”
Shōjokoji	清净光寺
Shokuho	织丰时代
Shōmu-tennō	圣武天皇
Shō-ō	圣应大师
Shōsōin	正仓院
Shōtoku-taishi	圣德太子
Shūbun	周文
Shunchō	春潮
Shungō	俊吾
Sōami	相阿弥
Soga	苏我氏，曾我氏
Soga Jasoku	曾我蛇足
Soga no Iruka	苏我入鹿
Soga no Umako	苏我马子
Sōkokuji	相国寺
Sophocles	索弗克利斯
Sōtatsu	宗达
Sōtō	曹洞(经)
Ssang-yung-chung	双柱墓
Subhūti	须菩提
Sugawara Michizane	菅原道真
Suiko	推古(女皇)
Suinin	垂仁天皇
Sujun	崇峻天皇
Sulla	苏拉
Sumida	隅田川
Sumiyoshi Keion	住吉庆恩
Suruga	骏河
Susanoo	素戋鸣尊
Suzuki Harunobu	铃木春信

T

Taika	“大化改新”
Taiko	大阁
Taira	平氏家族
Taira Kiyomori	平清盛
Taira Masakado	平将门
Takanawa	高轮
Takeda	武田
Takeda Kasuyori	武田胜赖
Takeda Shingen	武田信玄
Tani Bunchō	谷文晁
Tanka	“短歌”
Tankei	湛庆
Taoism	道教
Temmu	天武天皇
Tempyō	天平时代
Tenchi-tennō	天智天皇
Tendai	天台
T’eng Ch’ang-yu	滕昌祐
Teniers	特尼尔斯
Tennō	天皇

T'ien-Iung-shan 天龙山
Titian 提香
Toba-Sōjō 鸟羽僧正
Tōdaiji 东大寺
Tōfukuji 东福寺
Tōkaidō 东海道
Tokugawa 德川氏
Tokugawa Ieyasu 德川家康
Tokusan 德三
Tōkyō 东京
Tomo no Dainagon 伴大纳言
Tori 止利
Torii Kiyonaga 鸟居清长
Torii Kiyonobu 鸟居清信
Tosa 土佐派
Tosa Mitsumoto 土佐光元
Tosa Mitsunobu 土佐光信
Tosa Mitsunori 土佐光成
Tosa Mitsuyoshi 土佐光吉
Tosa Tsunetaka 土佐恒隆
Tōshōdaiji 唐招提寺
Tōtōmi 远江
Toyoharu 丰春
Toyohiro 丰广
Toyokuni 丰国
Toyonobu 丰信
Toyotomi Hideyoshi 丰臣秀吉
Tsukiyomi no kami 月之神
Tsukuda 佃岛
Tun-huang 敦煌

U

Uda 宇多天皇
Uesugi 上杉
Uesugi Kagekatsu 上杉景胜
Uesugi Kenshin 上杉谦信
Uji 宇治
Ukiyo-e 浮世绘
Unkei 运庆
Urusan 蔚山
Usude “薄手”型
Utagawa 歌川

V

Vairocana 卢舍那佛
Vatican 梵蒂冈
Vedānta 《吠陀》,吠檀多
Velasquez 委拉斯开兹
Versailles 凡尔赛
Vincent de Paul, St. “圣文森”型
Visconti 维斯康提

W

Wagner 瓦格纳
Wu Tao-tzū 吴道子

Y

Yakushiji 药师寺
Yamada 山田
Yamagoshi 山越

Yamaguchi	山口
Yamashiro	山城
Yamato	大和
Yamato-e	大和绘
Yamato-ryu	大和绘
Yamatotake, Prince	武尊太子
Yang-tze	扬子江,长江
Yedo	江户
Yoriie	源赖家
Yoro	“养老”瀑布
Yoshida Kazushige	吉田一重
Yoshimizu	吉水
Yoshitaka	(源)义贤
Yoshitsune	(源)义经
Yoshiwara	吉原
Yumedono	梦殿(法隆寺)

Z

Zenism	禅宗
Zenrinji	禅林寺
Zojōji	增上寺

中国的文明

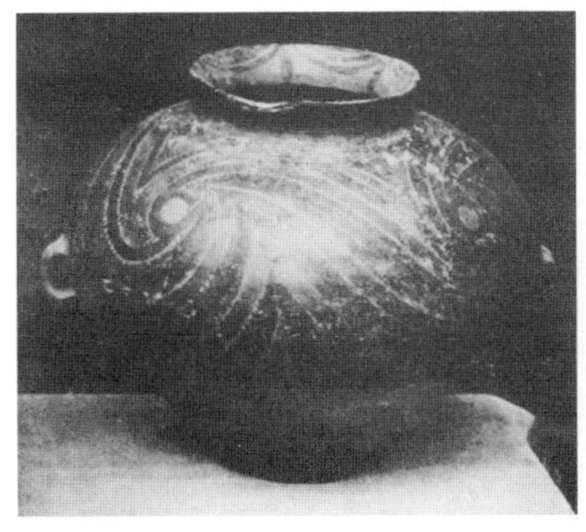

图 1 新石器时代后期陶瓶，仰韶型（C.T. 卢氏藏）

图 2 菱形格子纹的史前期装饰，仰韶型（卢浮宫藏）

图 3　三足铜鼎，前端方藏品（C.T. 卢氏藏）

图 4　铜龙，秦，更可能为汉代（司徒来特藏）

图 5　羊形尊（爱莫弗波罗藏）

图 6　“百乳”铜镜（吉美博物馆藏）

图 7　霍去病墓（公元前 117 年）

图 8　武梁祠浮雕

图 9　沈君阙，朱雀

图 10　沈君阙，饕餮

图 11　汉砖，虎（C.T. 卢氏旧藏）

图 12 陶偶，东汉或六朝（C.T. 卢氏藏）

图 13 巨石兽，梁代（公元 518 年）

图 14　魏陶偶
（维及尼尔藏）

图 15　图木休克浮雕（卢浮宫藏）

图 16　丹丹乌里克壁画残片（斯坦因考察团）

图 17　飞天（伯希和考察团）

图 18　丹丹乌里克绘画
（仿斯坦因藏品）

图 19　克孜尔画工洞壁画
（柏林民俗博物馆藏）

图 20　伯孜克里克壁画
（柏林民俗博物馆藏）

图 21，图 22　吐鲁番摩尼教小型画

图 23　云冈魏代菩萨像（沙畹考察团）

图 24　鎏金佛像（公元 518 年，卢浮宫藏）

图 25　隋代菩萨头像（司徒来特藏）

图 26　唐代菩萨造像（维及尼尔藏）

图 27　天龙山菩萨残像（吉美博物馆藏）

图 28　唐太宗墓马像（吉美博物馆模型）

图 29　随葬胡人骑马俑（万涅克藏）

图 30　木质及大理石猫科动物（卢浮宫藏）

图 31　随葬俑，隋风
（塞尔努斯基博物馆藏）

图 32　女舞蹈者及乐师，隋或唐（费城大学博物馆藏）

图 33　唐代铜镜（住友藏）

图 34　观音神通，敦煌绘画（吉美博物馆藏）

图 35　观世音画像，敦煌，宋代（吉美博物馆藏）

图 36　菩萨及供养人，敦煌绘画（吉美博物馆藏）

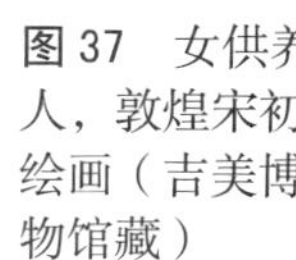

图 37　女供养人，敦煌宋初绘画（吉美博物馆藏）

图 38　骑马人，敦煌绘画（卢浮宫藏）

图 39　顾恺之画卷片断（大英博物馆藏）

图 40　文殊师利像，旧传吴道子绘（京都大福寺藏）

图 41　佛像，旧传吴道子绘（京都大福寺藏）

图 42　仙人观海图，传马麟绘（吉美博物馆藏）

图 43　蒙古人牧马图细部，赵孟頫派绘（亨利·里维藏）

图 44　骑马人像（兰格夫人藏）

图 45　白度母，西藏造像（吉美博物馆藏）

图 46　绿度母，西藏造像
（吉美博物馆藏）

图 47　荼吉尼（空行母）
（Mazot 藏品）

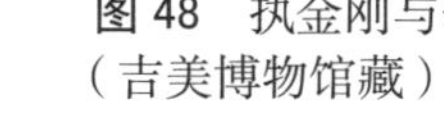

图 48　执金刚与莎可蒂
（吉美博物馆藏）

图 49　佛陀诞生画（吉美博物馆藏）

图 50　佛祖削发图（吉美博物馆藏）

图 51　须菩提护龙斗金翅鸟（片断）（吉美博物馆藏）

图 52　度化外道（吉美博物馆藏）

图 53　释迦班的答（吉美博物馆藏）

图54　班禅像(1663—1737年)
(吉美博物馆藏)

图55　佛陀像
(C.T.卢氏藏)

图 56　暹罗人头像
（pila 藏品）

图 57　暹罗人头像
（pila 藏品）

图 58　暹罗人头像
（Haase 藏品）

日本的文明

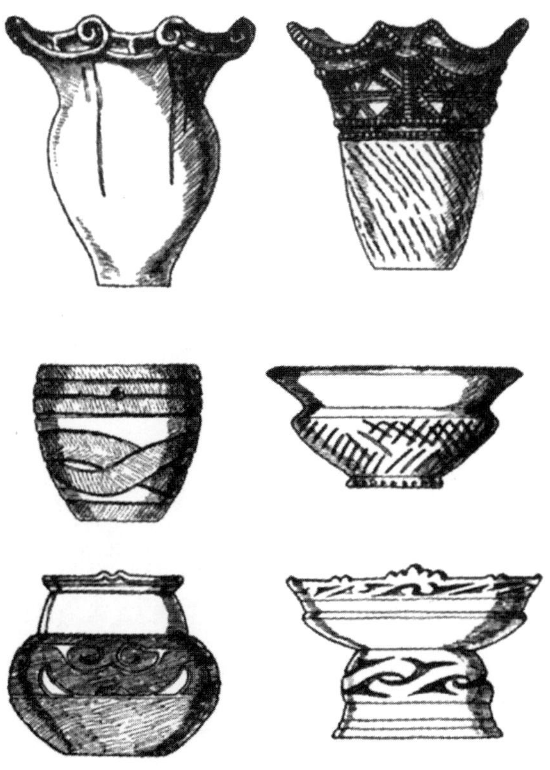

图1 新石器时代日本陶器三型（据中谷教授）

图 2 观音木雕像，
7 世纪（法隆寺）

图 3 护世天王彩塑，
8 世纪中叶（奈良东大寺）

图 4　弥勒或如意轮观音像（奈良中宫寺）

图 5　法隆寺壁画菩萨像（吉美博物馆复制）

图 6　法隆寺壁画菩萨像

图 7　法隆寺壁画飞天

图 8　彩绘木雕菩萨像
（亨利 · 维未尔藏）

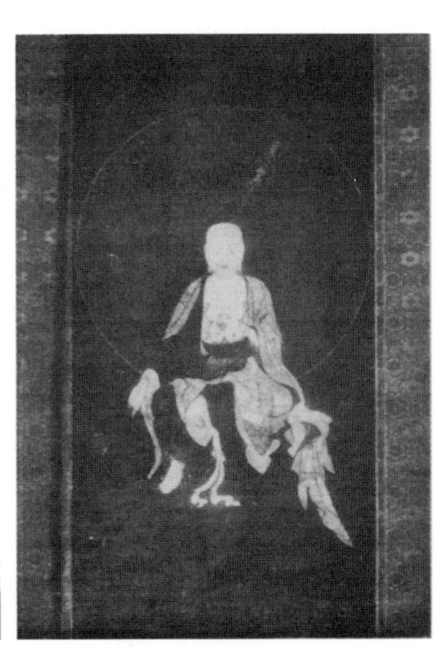

图 9　地藏菩萨像
（卢浮宫藏）

图 10　阿弥陀佛极乐世界（吉美博物馆藏）

图 11　幽默画（动物）

图12 平治物语卷轴（波士顿博物馆）

图13 驯马图，镰仓时代初期

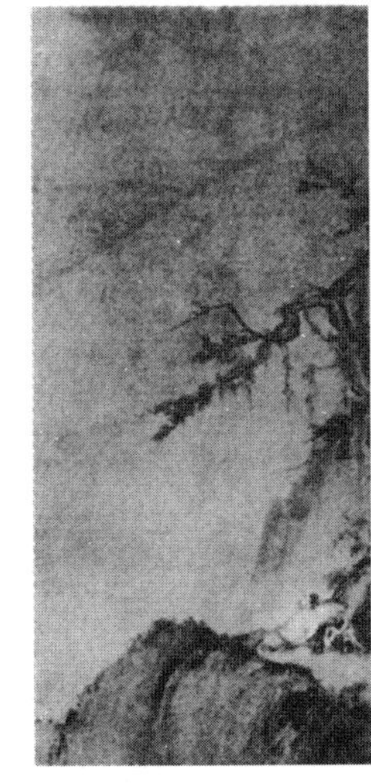

图14 仿宋徽宗山水（京都藏）

图15 夏景图，曾我蛇足作

图 16 剧院贵族，土佐派，约 12 世纪（奥定藏品）

图 17 观音，将军实朝作（1204—1219 年）（奥定藏品）

图 18　吕洞宾像，传为 9 世纪中国画家作

图 19　达摩像，曾我蛇足作

图 20　志清和尚像（15 世纪，卢浮宫藏）

图 21　雪舟作春景、夏景山水图（黑田藏品）

图 22　老子、孔子及释迦牟尼。狩野正信作（里维藏品）

图 23　元信作风景图（奥定藏品）

图 24　贵人控马图，土佐派（H. 维未尔藏品）

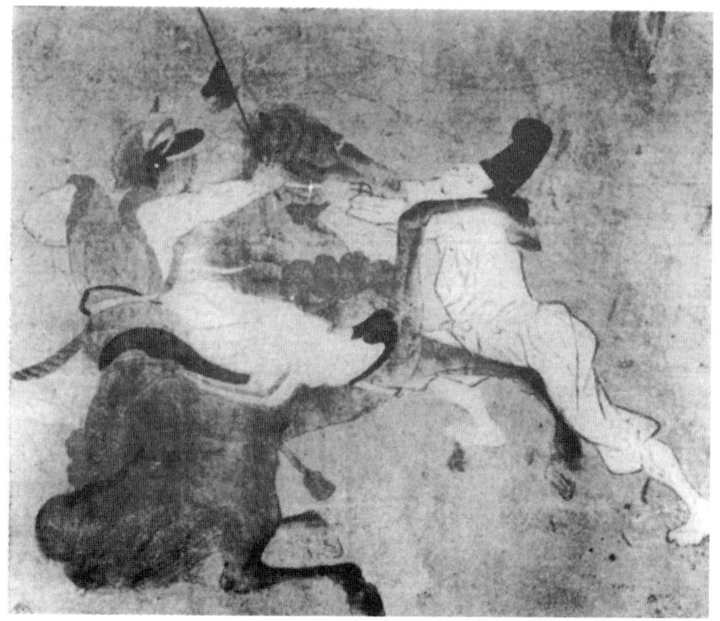

图 25　骑兵、步兵交战图。土佐光作

图 26　牡鹿仰月（H. 维未尔藏品）

图 27　观音像，狩野派

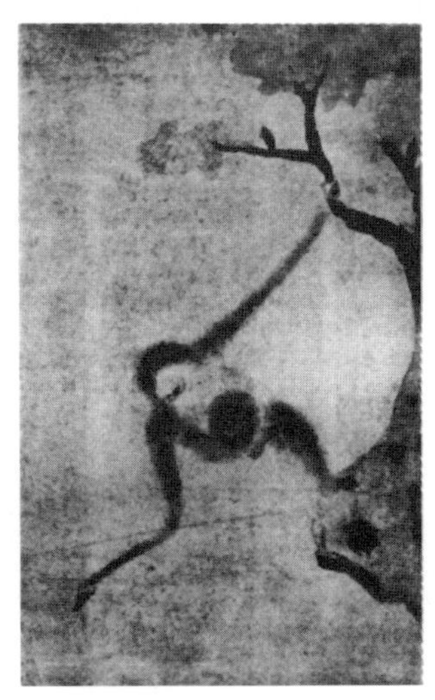

图 28　猿，宗达作

图 29　17 世纪的漆器
（H. 维未尔藏品）

图 30　猿猴，祖仙作
（H. 里维藏品）

图 31　卖扇女人，宽志作，17 世纪末。（奥定藏品）

图 32　肖像，宫川长信作（约 1720 年）

图 33　雪中情侣，铃木春信作（维未尔藏品）

图 34　吸烟的艺伎，歌麿作（维未尔藏品）

图 35　水边吸烟女子，春潮作（维未尔藏品）

图 36　女骑手队，师宣作（维未尔藏品）

图 37　渔夫，北斋作（卢浮宫藏）

图 38　戏婴图，清长作（维未尔藏品）

图 39　芦中，广重作（维未尔藏品）

图 40　松鹰，广重作（维未尔藏品）

图 41　月下鸿雁，广重作（维未尔藏品）

图书在版编目(CIP)数据

东方的文明:全2册/(法)勒内·格鲁塞著;常任侠,袁音译.—北京:商务印书馆,2017
(汉译世界学术名著丛书:120年纪念版:珍藏本)
ISBN 978-7-100-14278-6

Ⅰ.①东… Ⅱ.①勒… ②常… ③袁… Ⅲ.①东方文化 ②东方学 Ⅳ.①K107.8

中国版本图书馆CIP数据核字(2017)第141175号

汉译世界学术名著丛书
(120年纪念版·珍藏本)
东方的文明
(全两册)
〔法〕勒内·格鲁塞 著
常任侠 袁音 译

商务印书馆出版
(北京王府井大街36号 邮政编码100710)
商务印书馆发行
北京通州皇家印刷厂印刷
ISBN 978-7-100-14278-6

2017年12月第1版 开本 710×1000 1/16
2017年12月北京第1次印刷 印张 49¼ 插页 52
定价:245.00元